修訂二版

印度史

吳俊才　著

三民書局

國家圖書館出版品預行編目資料

印度史 / 吳俊才著.－－修訂二版二刷.－－臺北市：
三民，2017
　　面；　公分

ISBN 978-957-14-4739-1　（平裝）

1.印度史

737.01　　　　　　　　　　　　　　　　98004086

ⓒ 印 度 史

著 作 人	吳俊才
發 行 人	劉振強
著作財產權人	三民書局股份有限公司
發 行 所	三民書局股份有限公司
	地址　臺北市復興北路386號
	電話　(02)25006600
	郵撥帳號　0009998-5
門 市 部	（復北店）臺北市復興北路386號
	（重南店）臺北市重慶南路一段61號
出版日期	初版一刷　1981年10月
	修訂二版一刷　2010年1月
	修訂二版二刷　2017年9月
編　　號	S 730010

行政院新聞局登記證局版臺業字第○二○○號

有著作權·不准侵害

ISBN　978-957-14-4739-1　（平裝）

http://www.sanmin.com.tw　三民網路書店
※本書如有缺頁、破損或裝訂錯誤，請寄回本公司更換。

二版說明

　　印度在西元前二千五百年左右即已發展出燦爛輝煌的文明，同時也是世界三大宗教之一──佛教的發源地，在世界歷史的篇章中，印度實有其不可抹滅的重要地位。然而在出版市場中，以印度歷史為研究主題的著作，卻是寥若晨星。本書史事謹嚴、說解精詳，甫出版即在閱讀大眾中迭有好評，歷久而不衰。唯在歲月巨輪的刻蝕下，既有之銅版鉛字已略顯漫漶；開本及版式，亦有異於現代出版潮流。此次再版，除了放大開本、字體，重新設計版式外，並以本局自行撰寫的字體編排，不唯美觀，而且大方；同時，又增添地圖與圖片，更新若干數據與資料，並修正舊版一些訛誤疏漏之處，期望讀者在閱讀時能更加便利與舒適，抑或由此尋思或體認作者所欲表達之印度歷史的精義。

序

　　印度是中國南面最重要的鄰邦，中國和印度又同是歷史文化源遠流長的國家。照理說我們對印度歷史應當早有深切的認識和瞭解，可是事實並不如此。緣因之一，中國自東漢明帝從印度輸入佛學，漢唐以來，歷代中國的高僧學者極力研究印度的佛教教義和思想，而對一般的印度歷史反而較少注意，降至近代，也很少有人去從事印度歷史的研究，屬於這方面的專著，因此特別的貧乏。另一方面，現代印度對於印度歷史的研究，也是印度獨立以後才特別加以注意。在此以前是屬於英治時代，更遠一點是屬於蒙兀兒帝國的回教王朝時代，都是異族入主印度，並不鼓勵印度人民研究他們自己的歷史，因為這樣很可能激發其強烈的國家民族意識，不利於異族的統治。同時我們也都瞭解，印度並沒有像我們一樣有二十四史一類有系統而從未間斷的史書，記述各朝代有關的史實，因而也就增加了研究者的困難。在印度國內尚且如此，其他國家的學者要從事印度史的探索，更是加倍不易。但是我們和印度毗鄰，數千年來文化交流，和平相處，對於這樣一個具有悠久歷史的國家，自不能不注意其歷史的演變和發展。要瞭解現代印度，也必需從歷史著手。

　　二次世界大戰後，作者於民國三十七年前往印度，得到當時我首任駐印大使羅家倫先生的鼓勵，在德里大學研究印度史。那一段時期正值英國交還政權與印度，以及印回分治與印度獨立前後，得以親身目擊印度現代史上許多重大的變化，回國後曾撰《印度獨立與中印關係》一書，偏重在印度現代史方面的敘述，以後在國立臺灣大學、國立師範大學及國立政治大學東亞研究所，先後講授印度史一課。其間曾陸續出版《印度近代史》、《克什米爾與印巴關係》、《甘地與現代印度》等書，一直總

想能編寫一部較完備的印度史，供國人參閱。本書之作，即三十年來此一心願的嘗試。

我國學者治史，強調史德與史見，前者屬於涵養功夫，後者可稱為治史的心得，作者面對浩瀚的印度史料，乃不揣淺陋，提出印度歷史的特徵，作為導論，冠於篇首，或許也能對一般讀者提供一些參考性質的意見，仍請海內外人士不吝賜教。

研究印度史，不難發現一個顯著的事實，即印度歷史的演變，確與同時代的宗教信仰，有著密不可分的關係，每在轉捩性的關鍵時期，都是先有宗教的變革，然後方引發其他政治、社會各方面的轉變。因此之故，本書頗著重印度宗教方面的探討，諸如婆羅門教、耆那教、佛教、印度教、回教和錫克教、基督教等，其創教的時代背景，基本教義與教規，均盡可能作必要的說明。其中回教與基督教對印度而言，是外來的宗教，然其對印度社會的影響，仍然相當深遠而應為我們所不容忽略。屬於宗教方面的探討，原宜另有專史，但就印度而言，卻與一般歷史的演變，密不可分，因此無法從簡。作者不是研究比較宗教學的，在這方面自然難免掛一漏萬，亦請高明指正。

蒙兀兒帝國的回教王朝以及相隨俱來的英滅印度與英治時代，都是印度史中的重要部分，其對現代印度的影響也極大。對於這兩個異族入主印度的時期，作者盡可能作平衡的敘述。治史難免有褒貶，但無論如何也不可能如英國的印度史學者之偏見，認為英滅印度乃是理所當然；或者將東印度公司時期印人對英人侵略之反抗，稱之為「叛亂」，因為東印度公司究竟只是一個外商經營的公司，它並不是一個政府。即使後來公司將產權獻與英皇，在印度成立了殖民地政府，就印度人民來說，也仍然是有權反抗其迫害。這些都是作者個人的觀點。站在同屬民主自由國家人民的立場而言，持此觀點，應非偏見。

最後談到甘地所領導的印度獨立革命運動，這是一首可歌可泣的史詩，未經流血的戰爭而能贏得印度的獨立與自由，誠屬不可思議，但卻

為明顯的事實。甘地先生以頂天立地的氣概，悲天憫人的胸懷，領導此一開天闢地的事業，最後功成身退且以身殉道，都是值得大書特書的。三十多年前印度贏得獨立的最後階段，作者有幸均能親身體驗，所以記述也比較詳細。有關資料可能未必能見之於他人著作，只是作者個人之所見，如有謬誤或偏失之處，並請讀者見諒。

在印度現代史部分所涉及的中印關係，作者覺得也是不可忽略的。其間有不愉快的部分，作者也只是據實記述，因為始終相信，中印兩國合則兩利，分則同害，而眼前若干隔閡，終必消除，能重新攜手，共謀亞洲之安定與和平而齊心效力。

本書初稿曾在任課時多次講述，隨時增刪。作者前述拙作的資料亦曾引述，並有未經正式發表的個人研究報告，同時納入。當本書付梓之時，作者對故羅大使家倫當時所予之策勉，亡妻馬均權女士甘苦與共患難相隨予我之各種鼓勵，實不勝其感念追思，而新聞界前輩馬星野先生所予作者印度之行的各種協助與關懷，尤永誌不忘。本書得能出版問世，也得到張則堯教授與殷文俊教授二先生之協助，並此致謝。

目 次

第一章
導　論
——印度歷史的特徵

　　印度是具有悠久歷史文化的國家，其印度河流域的文化，據考古學家的考證，距今已有五千年❶。我國在唐以前，稱印度為身毒或天竺。《史記・大宛列傳》載張騫上漢武帝表，首稱印度為身毒：「臣在大夏時，見邛竹杖、蜀布，問曰：『安得此？』大夏國人曰：『吾賈人往市之身毒。身毒在大夏東南可數千里，其俗土著，大與大夏同，而卑濕暑熱云，其人民乘象以戰，其國臨大水焉。』」《後漢書・西域傳》天竺條則稱：「天竺國一名身毒，……有別城數百，城置長；別國數十，國置王，雖各小異，而俱以身毒為名。」唐玄奘遊印，回國後撰《大唐西域記》，始正其譯名為印度。「詳夫天竺之稱，異議糾紛。舊云身毒，或曰賢豆，今從正音，宜云印度。印度之人，隨地稱國，殊方異俗，遙舉總名，語其所美，謂之印度。印度者，唐言月，月有多名，斯其一稱。言諸群生，輪迴不息，無明長夜，莫有司晨，其猶白日既隱，宵燭斯繼，雖有星光之照，豈如朗月之明。苟緣斯致，因而譬月。良以其土，聖賢繼軌，導凡御物，如月照臨，由是義故，謂之印度。」❷

---

❶　近年考古學者在今巴基斯坦的信德省 (Sindh) 拉卡那區 (Larkana) 及旁遮普省 (Punjab) 的蒙哥馬利區 (Montgomery) 先後發掘了兩個古城，一個是摩亨佐達羅 (Mohenjo-Daro)，一個是哈拉帕 (Harappa)，同時在信德省及俾路支 (Balochistan) 等地還有其他出土的零星發掘。從已出土的所有古物研究，確知印度河流域在距今五千年前，已有相當發達的文化，只是尚未出現文字的記載。R. C. Majundar, *An Advanced History of India*, 1963, p. 15.

　　印度之人，在西元前四世紀以前，自稱其國為巴拉塔 (Bharata)，巴拉塔相傳為一國王之名，係月神後裔，兼有天下，故以其名為國名❸。現代印度人，仍不忘其國之古名。印度憲法第一條，定其國名為「印度，即巴拉塔，為一聯邦」。(India, that is Bharata, shall be a Union of States.)

　　印度之西名 India，首為希臘人所用。西元前 326 年亞歷山大 (Alexander the Great of Macedonia) 東征印度，至印度西北的印度河流域，即概稱所至之地為印度，從此沿用至今。

　　對於印度歷史的研究，印度的歷史學者到了 1950 年印度獨立以後，才開始作有系統的整理和著述，在此以前的英治時代，在殖民地政府的

---

❷　玄奘，《大唐西域記》，卷二。

❸　具有悠久歷史文化的國家如埃及、巴比倫、中國和印度，其國家的來源，常有許多流傳普遍而無從稽考的神話。印度古名巴拉塔，相傳為月神後裔兼有天下，即係沿自印度家喻戶曉的神話。因現代印度，於憲法中亦稱其國名原為巴拉塔，具見其頗饒歷史價值。相傳遠古時代，喜馬拉雅山下有一王國，國王名大夏塔 (Dashyata)。某日王入深山狩獵，忘路之遠近。忽於桃花溪畔，邂逅一秀髮披肩濯足清流之美女，詢之名姿康達娜 (Sakutala)，驚為天人。娓娓言談間，知其母原係月裡嫦娥蜜娜卡 (Apsara Menakar)，思凡被下放人間，父為婆羅門智者維希瓦米脫拉 (Vishwamitra)，亦已修成半仙之體。王聞甚歡，隨女至其精舍，見奶娘堪瓦後，是夕遂定情焉。多日後，王將行，謂返即來迎，並贈以金約指為信物。時光荏苒，經年王未迎而女則已懷孕生子矣，取名巴拉塔，意為偉大之王，將君臨天下。又春去秋來數易寒暑，幼子日與獅虎為伍，力大無窮，漸長母乃偕往探王，王拒不認。姿康達娜指兒謂王曰：「此兒為王兒，此物為王物，見兒如見王。睹物思人，今王竟不相認，豈能不認己，如此何能馭萬民、治天下？棄婦不足悲，但恐貽笑天下，有損王威矣！」言畢欲去，王受感動，遂悅納之。巴拉塔長接王位，智勇蓋世，萬民共仰，綿延萬代。此一神話，倘與玄奘《大唐西域記》所譯印度國名，謂「印度者，唐言月，月有多名，斯其一稱。言諸群生，輪迴不息，無明長夜，莫有司晨，其猶白日既隱，宵燭斯繼，雖有星光之照，豈如朗月之明」，亦相吻合，可見玄奘遊印時，或亦在北部印度，得聞此一神話。

教育政策之下，並不鼓勵印度人去學習和研究他們自己的歷史。但是英國的歷史學者卻很重視這方面的研究，其所記述則難免偏頗。例如《牛津印度史》一書作者史密斯將東印度公司如何滅亡印度，以及英國殖民地政府在印度的統治，都敘述為理所當然的發展，而對 1858 年印度人反對英國東印度公司的革命運動，卻又稱之為叛亂，顯然不易為英國以外的他國學者所能同意。至於英治印度以前的蒙兀兒王朝時期，乃至中古以前的佛教與印度教王朝時代，印度歷代的歷史學者卻也沒有留下完整的記載，更沒有像我國二十四史這樣能歷代相連貫的史書，因此史料雖多，還待繼續的整理、研究與編寫。

　　中印兩國唇齒相依，文化交流不絕如縷，且從未兵戎相見，真算是和平相處的兄弟之邦。不過我國史籍有關印度的記載以及國人對印度的興趣，過去卻都偏重在宗教方面。這些的寶貴史料，當然也有助於對印度歷史的研究，可惜涉及的範圍較窄，而且對有關的記載，也很少注意到時間的因素。玄奘的《大唐西域記》便是這種典型。例如在西元前四世紀印度第一個王朝孔雀王朝 (Maurya Dynasty) 建立之前，印度北部的一個地方政權摩揭陀 (Magadha)，可以說是一個關鍵性的王國。孔雀王朝就是在摩揭陀的基礎之上建立起來的。可是玄奘對於摩揭陀雖有一千字的記載，卻並不曾提到這一王國興亡的年代，而只是說明這一地方王國的國王如何「崇敬佛法，愛育黎元」，以及其遵從母命，「宥過好生」等❹。玄奘遊印度是在西元七世紀之初，距離摩揭陀時代也已經有了一千一百餘年，不過倘使玄奘能就當時所接觸到的史料有較詳的交代，則我們後人對摩揭陀乃至孔雀王朝的一切，就能有更為可靠的文字記載了。玄奘離印後不久，阿拉伯的回教勢力即已自俾路支攻入印度西北部，從此開始了八個世紀的戰爭黑暗時期，大部分佛教與印度教時期的文物毀於戰火，因此後人要研究印度中古以前的歷史，也就更加困難。

　　西方國家和印度的歷史學者，在研究中古及上古的印度歷史，較少

---

❹　玄奘，《大唐西域記》，卷四。

採用我國有關的史料，而偏重於希臘有關的記載，以及阿育王（Ashoka，西元前273～前236年）時代所留下的殘碑斷碣，和《吠陀經》、《羅摩耶那》(Ramayana) 史詩與《摩訶婆羅多》(Mahabharata) 等❺，不過，同樣無法獲得某一史實所發生的確切年代之記載。

　　歷史的史料與歷史的知識，本是兩回事。我們對印度歷史的知識不夠，有待繼續去探求，但我們不能否認像印度這樣歷史悠久的國家，雖歷經變亂，仍擁有很豐富的史料。面對五千年龐雜的史料，要想簡明扼要，理出其來龍去脈，實戛乎其難。現在只就作者認為可稱為印度歷史的特徵，或名之為影響印度歷史發展的關鍵因素，先作一說明，也許有此說明，我們能獲得一些基本的概念，作為進一步深入研究的參考。

一、宗　教

　　研究印度歷史，第一個值得重視的問題，便是宗教。從西元前十五世紀雅利安 (Aryans) 人進入印度創立婆羅門教開始，至現代印度甘地（Mohandas Karamchand Gandhi，1869～1948年）主張復興印度教的精神，使印度脫離英國殖民地的統治而獨立，印度歷史上每一關鍵時期的變化，均與當時的宗教改革密不可分。且往往都是先有宗教的改革，然後始繼之以政治、社會與文化經濟的變易。倘稱宗教為印度歷史的重心，亦無不可。因而我們如不能瞭解印度宗教演變的軌跡，即不能深入探討印度歷史的演變。這不單是因為婆羅門教、耆那教、佛教、印度教、錫克教等大的宗教皆係創立於印度，年代久遠，皈依者多，影響力大。也不只是由於印度能吸收其他地區的外來宗教，如回教與基督教等，均能兼容並包，在印度人民生活中占有很重要的地位。更重要的乃是宗教在印度歷史上所扮演的角色，不僅限於每一時期人們精神生活的層面，而是擴大及於整個政治與社會生活。在世界歷史上，我們還很難找到另一個國家像印度一樣，如此長時期籠罩在宗教影響力量的涵蓋之下。但這

---

❺　*G. Courtillier's Summary of the Poem*, p. 97.

不是說，有形的單純的宗教組織控制了一切，而是印度歷史上偉大的宗教家和政治家，一方面以超凡入聖救世濟人的精神，提供人們填補心靈空虛的宗教信仰，教化人們遠離世俗的污染，經營高度精神自由的生活，表現於純宗教的信仰，也表現於與宗教有關的文學、哲學和藝術。另一方面他們又朝著積極的政治領域努力，要將宗教家所描寫追求的理想在現實界實現，使宗教與政治合一，作為他們的政治理想。如釋迦牟尼，如阿育王，如現代的甘地，都是屈指可數的偉大人物。他們的理想和事業，尤其是他們的偉大人格，已成為印度歷史中不可分割的部分，深深掌握了在他們所處時代的印度社會，也影響著他們以後久遠年代的印度社會。

　　印度的地理環境，似乎是宗教信仰容易產生並普遍流傳的重要因素之一。北方巍巍的喜馬拉雅山與北部山區，處處是高山插雲，雪嶺綿亘的崇山峻嶺，使人望而生畏，仰之彌高。東、西、南三面均在浩瀚大洋的包圍之中，在遠古時代，這不是人們可以來往超越的。西北的印度河與東北的恆河源遠流長，給人們帶來灌溉與交通之便，也不時氾濫成災，使人感到自然力量之不可抗拒。同時西北的大沙漠，東北的原始叢林地帶，都是那樣的神祕，使人望而卻步。一般說來，印度的氣候相當炎熱，農作物容易生長，但終年日以繼夜的熱浪火風，使人頭暈目眩，覺得個人在宇宙中之渺小，必須尋求一種依託，作為精神上的安身立命之處。加以自西元前十五世紀雅利安人侵入印度半島的時候開始，就有不斷的戰爭，而且外患頻仍，人們幾乎很少享有太平歲月。這樣的自然環境加上人禍天災，最宜於宗教信仰的推廣。宗教信仰可以幫助人們從現實界的不滿中，去幻想追求不屬於這現實界的另一精神上的世界。因此他們才有勇氣和耐力，忍受各種的侵襲和打擊。宗教也提供人們一種無限的希望，希望明天和來世是那樣的美好在等待。世事如浮雲，變幻無常；人生若夢境，四大皆空，又何必執著於現實的苦海中不能自拔！？

　　關於印度各種宗教的教義及其異同與創教沿革等，準備在本書以後

的各章裡再加詳細探討，此處所要列舉的乃是宗教與政治變革相聯的關係。最早在印度創立的宗教，乃是雅利安人所建立的婆羅門教。雅利安人對印度歷史的重大貢獻，尚包括創造了文字梵文，建立了嚴密的社會結構階級制度。但文字最早用之於宗教的祭祀，四階級的說法更是根據婆羅門教的教義而來，所以說婆羅門教一開始就與印度歷史的演變，發生了密不可分的關係。

以婆羅門教為中心的印度社會，首先起於印度河流域，以後繁衍至恆河流域，大體是以北印度為範圍，最初並沒有統一的強大政權，只有散布在各地的城邦組織。其中最大的一個便是摩揭陀。由於婆羅門教主張神權至上，代表教會的婆羅門僧侶，一方面是現實界的中心人物，他們控制著各城邦的政治領袖，沒有經過他們所主持的祭典就職，城邦的政治領袖地位不會被社會所接受。僧侶們也直接干預每一家庭的生活，包括祭祀、婚嫁、納稅、司法處理在內。人們希望免罪超升，在未來世界獲得神的赦免，也必須由婆羅門來決定，所以他們是真正的統治者。教會也等於是掌管現實界與未來世界雙重性質的機構，對於社會逐漸進步，大的政治勢力之出現，這自然是一大障礙。當然也是思想進步的障礙，因為經典的解釋，也完全操之於僧侶。這樣一個社會，自然漸漸不能滿足多數人的需求，因為多數人被少數的婆羅門僧侶所主宰。

到了西元前五世紀，釋迦牟尼便出而創導思想解放、社會改革與宗教改革。與釋迦同時的還有耆那教的創主馬哈瓦拉 (Mahavira)，也是倡導宗教改革，但他主張人們應絕對苦修，控制情慾，方能獲得精神的解脫，更不易為一般人所能接受。釋迦的目的是推翻婆羅門教的腐敗特權階級，為一種打破僧侶壟斷思想的溫和改革運動，當然這更是一次劃時代的宗教改革。他主張泛愛眾生，使長久受婆羅門教所鉗制的思想專斷與階級壓迫，獲得解放，眾生平等，人與神之間並不需要一個婆羅門的特權作橋樑，根本否定僧侶們的神聖地位。他也反對僅憑殺牲、獻祭，就可以超升，對假借神意聚積財富的教會，作了澈底否定。認為任何人只要能

放下屠刀，便可立地成佛。釋迦牟尼將過去艱深的婆羅門教教義，改為大眾化的口語布教，使人人如沐春風，均能領悟。他也反對多神之說，提高創造神的地位，定為一尊，以收精神集中、意志集中的功效。人人因為受到這一新興宗教的思想啟發，不再畏懼婆羅門教的壓迫，而能激發每一個人在平等基礎上自我創造與自我發揮的勇氣，思想界、宗教界的這一轉變，正符合了當時社會發展與政治上的需要。政治領袖們也獲得了新的鼓舞，從婆羅門長期壓制下脫穎而出，其中尤以摩揭陀國的領袖旃陀羅笈多 (Chandragupta Maurya)，從此收攬人心，整軍經武，逐次擴展其勢力，最後終於締造了印度歷史上的第一個帝國——孔雀王朝。這一王朝的黃金時代則為西元前三世紀的阿育王時期，文治武功均極一時之盛。

佛教取代了婆羅門教的地位，並且催生了孔雀王朝，建立了帝國，乃是印度歷史向前的一次大發展，尤以阿育王主張泛愛非攻，罷黜武備，宣揚佛教，想要將佛家的理想在現實界實現，更是影響深遠。

在阿育王時期，佛教與婆羅門教的鬥爭是相當激烈的，婆羅門僧侶被剝奪了特權階級的地位，但是佛教的廟宇之設、偶像崇拜，和聖地巡禮，也難免被指為是形式上的功夫。過去婆羅門僧侶雖然壟斷了宗教的研究，但仍然保持了高深的義理，可以滿足若干人的需要。以後佛教提倡大眾化，高僧學者固然有其深厚修養，但是對一般合十如來頂禮膜拜的人來說，佛教就變成只是求福免禍的迷信了。加以阿育王時期雖去掉了殺牲獻祭的婆羅門教陋規，可是通令全國素食，也仍然干涉到人民的自由。他主張廢除全國的武備，從此中央無強大的國防力量，結果阿育王一死，中央政權瓦解，盜賊四起，便又使大家陷入苦悶時代，如是宗教界和思想界又醞釀再一種新的變革。

這種改革，表面上是對獨崇佛教的一種反抗，實質上可視之為婆羅門教的復辟，他們又掀起對遠古毫無拘束的浪漫狂熱。喜愛神祕的事物，不習慣於組織的生活，競向梵文經典中去鑽研，並且隨心之所愛，喜歡

拜那一個神，就拜那一個，不願意獨崇創造神。當然不會有人明目張膽，要恢復婆羅門的特權控制，不過總希望有變，變得更自由更和諧、百家爭鳴、百花齊放。這一種思想界與宗教界的轉變，是溫和的、漸進的，並不是經由一位新教主的倡導，而是經過相當長的時期所逐漸形成。丟掉一些東西，又恢復一些東西，可說是融和了婆羅門教與佛教二者之精神，成為一種新的宗教。阿育王死後中央政權之瓦解，提供了自由放任的環境，西元四世紀新的政治人物旃陀羅笈多一世 (Chandragupta I)，首先揚棄佛教而改為接受新思想，更加強了這一時代精神的轉變。其結果創建了印度歷史上的第三個王朝，通稱為笈多王朝或印度教王朝。這個王朝從西元 320 至 540 年，為時不過兩個世紀，不像佛教王朝之久，但是它在印度歷史上卻被稱為文藝復興的黃金時代。

就純宗教而論，印度教恢復了婆羅門教時代通用的梵文，以及對《吠陀經》的重視與致力研究。旃陀羅笈多一世也不再使用通俗的巴里文，又確定所崇拜的神為三神，即創造神、破壞神與保護神。雖不及婆羅門教所拜三十六神之多，卻較佛教獨崇一神有所增加。神的多寡，由人們自己喜愛，但天上每增一神，人間便多增一派勢力，多一個教會的支派，大家利益均霑，才得相安無事。亦可見印度教時期的印度社會已經逐漸定型，各行各業，井然有序，所以也將神的社會作了一次整理。他們歸納宇宙間的力量為三，即創造生命、破壞生命與保護生命的三種大力，各有一神為之掌管。其中破壞生命之神，雖不為人們所喜愛，但不能忽視其存在，故應敬之畏之拜之，使減少其對人類的損害。新興的印度教，也兼採佛教的輪迴之說，並重視殺牲獻祭、聖地巡禮、設立廟宇、崇拜偶像，故具有兩教之特徵，使利益得以互相調和。這時期社會上瀰漫一片祥和之氣，文藝、思想界各展所長，加以印度教王朝諸王的適度提倡與運用，所以成為文藝勃興的黃金時代，並在政治思想上確立了君為國主的地位。佛教創立於印度，普及於亞洲，見重於世界，但在印度半島上自西元四世紀以後，即日益萎縮，實因後起的印度教已融和，並取代

了佛教的地位。

印度由印度教轉入回教時代，經過將近八個世紀的歷程，從西元八世紀至十六世紀，但即使是回教勢力的全盛時期，印度教的信仰也仍然存在於民間，尤以印度的西南地區。不過中央政權的統治階層，全由回教徒所控制。回教是從阿拉伯半島經阿富汗進入印度的，由於回教本身的特質，它開始大規模進入印度時，便不單單是一種宗教信仰的傳播，而是政治與軍事力量之同時並進，及其建立帝國，則整個行政體系、社會結構、文教設施皆無不變易。唯從深入視察，其對印度傳統社會發生深遠影響的，仍應以宗教為主。回教之最不同於印度傳統宗教者，在其強調入世而非出世的現實主義精神。回教相信真主乃是唯一的、無所不在的、全能的、憐恤世人的、至高無上的、愛人的創世主。宇宙萬物之來源，係真主所創造化育，絕非自然形成。宇宙間的一切現象，均為全能真主所安排，人人應順此安排，信仰真主，適應生活，而非逃避現實，否定現實。回教也崇尚武德，並不否定戰爭，認為為衛道而戰，可獲真理，可入天國。回教又崇尚極端嚴格的、規律的宗教團體生活，不只是強調個人的行善、仁愛與友善，尤其注重團結合作，互助禦外。同時回教的思想信仰與宗教生活打成一片，宗教與政治的權威合而為一。這些都是傳統印度宗教的社會裡所罕見的，也是積不相容的。

回教勢力從半島的西北方進入印度，一開始即遭遇到極大的抗拒，因為回教所帶進來的思想信仰、生活方式、語言文字，以及政教設施，無不與印度社會格格不入，在軍事威力的掃蕩之下，無異是向幾千年來的古老印度宣戰。因而爆發為不斷的、廣泛的戰鬥，一直到十六世紀，雖然回教帝國已在印度建立其統治權，但是印度教與回教間的水火不能相容，仍在繼續擴大滋長。

到了十五世紀，歐洲人發現西方通往東方的新航路，1498 年達伽馬 (Vesco da Gama) 率領艦隊到達東方的終點，即是印度西海岸的卡利柯迭 (Calicut)。西方人前來東方貿易殖民，初期也仍然是豎的宗教旗幟，要消

滅野蠻的回教勢力，宣揚基督教，而且是得到教皇敕令批准的。最初葡萄牙人到達印度，也的確是全力強制推行基督教，以後取得了貿易據點，乃至占地殖民，教會即隨之建立。英國東印度公司在 1600 年成立，此後兩個半世紀之間，擊敗葡萄牙、西班牙，並與法國長期爭霸，漸次蠶食印度，至 1858 年滅亡印度，建立英治政權，也是步步深入，引進以基督教為骨幹的西方文明。後來的印度國父甘地在革命時期即曾指出：滅亡印度、統治印度的，不是為數有限的英國人，而是西方文明，是印度人在思想上放棄了傳統文化，接受了西方文明，所以淪為殖民地。因此要自救，便應當首先排斥西方文明，西方的物質文明。

從歷史的發展來看，是先有基督教，而且是在宗教改革之後，獲得了思想上的解放，加上工業革命的成果，然後才有西方文明的突飛猛進。西方文明究何所指，也很難有一明確的界說。它也是隨著時代的演進，而有所增損的。西方文明的基本特質，是崇尚理智的、科學的、向外征服的、重視現實與物質，是冷漠無情的。對於人生的目的，主要是求物質生活的改善、財富的累積，和征服慾望的滿足。至於心靈方面，生活的和諧、道德的進步，則只有靠基督教的精神力量來為之填補。另一方面，就具體的成就來說，西方文明催生了民族國家、民主法治、帝國主義、大量生產、現代經濟、科學技術與都市發展等等。西方文明最早是透過基督教的傳教士、貿易商人、殖民地官員，以後是整個殖民地政府所採取的殖民統治，逐步介紹灌輸到印度的。值得特別注意的是：東來殖民貿易的西方人以及後來在印度的英國統治者，只是有選擇的而不是全盤的對印度輸入西方文明。凡是有利於殖民統治、穩固霸權與帝國基業者，他們才作有計畫的移植，否則便斷然予以揚棄。所以又可以說，印度所接受的乃是更次一等、經過殖民化了的西方文明。

就宗教的領域而言，他們勢力所及之處，都大力宣揚基督教，到處建立教堂與教會，吸收教徒。他們認為回教固然野蠻，應該剷除，而印度的其他種宗教，亦屬落後原始的迷信，唯有基督教所宣揚的才是真理。

當基督教進入印度以後，凡是受洗入教的人，自然也相信基督教的教義，遵守基督教的教規，研讀基督教的《聖經》，參加基督教的各種社會活動，同時用基督教的禱文來祈禱。這種新來的教義、教規、《聖經》與祈禱文，乃至教堂裡的崇拜儀式等等，所反映的生活方式與意識型態，與原有印度人民的生活方式與思想，當然有所不同。葡萄牙人在印度，最初採取幾乎是暴力洗腦的傳教方式，遭遇的反抗很大，以後英國東印度公司經略印度，改採較為溫和的方式，同時也尊重其他宗教的信仰自由，所以基督教在印度的勢力，並沒有像國教那樣的普遍。

其次就語文與教育而言，無疑是思想改造的首要媒體。最初是為了傳播宗教並擴大其影響，引進英國語文，更為了培養殖民統治的幹部，灌輸效忠英皇的思想觀念，乃進一步設計一套殖民地的教育制度。英國東印度公司在兼併印度的程序上，是由通商貿易，進而經濟掠奪，再進而取得政治特權，最後始為軍事占領與政治兼併。語文的介紹，也是採取漸進式的，最初是研讀英文《聖經》，透過查經班、布道會、主日學等方式，傳播英語、教習英文。英國人所編的納氏文法，就是專為印度人學習英文而編的。以後規定與東印度公司來往的文件均需使用英文，逐趨普及，最後於 1858 年滅亡印度後，遂正式確定以英文為官方語文。印度的方言語文多達百餘種，歷代均無官定語文，故英人推行英語為印度國語，以英文為官方文字，反而沒有遭遇大的困難。至於英式的教育，除了課程安排經過特別設計，適合英屬印度使用外，其他如學制、考試，完全採取英本國的制度，自小學以至大學，且均為政府所設立。對於殖民式的這種奴化教育，甘地在 1920 年發動不合作運動 (Non-Cooperation Movement) 時，曾鼓吹所有愛國的青少年，均從殖民地政府所辦的英國學校中退學。他在《少年印度》雜誌上寫道：「讓我們的孩子們能在自由的空氣中接受教育，儘管是在茅棚裡、樹蔭下，讓那些自己已獲得自由的教師們，灌輸孩子們自由的精神，豈不更好？大家要知道，我們所熱愛的祖國，其前途不靠我們父母這一輩，而是寄託在我們的子女身上。

我們豈可不讓子女們擺脫那使我們習於懦弱的奴化教育？懦弱的人可能沒有力量，甚至也不敢想來掙脫枷鎖，可是我們竟愚笨的要讓我們的孩子也保持這些劣性嗎?」雖然甘地是那樣地鼓吹，可是大多數英國人辦的學校裡，仍然是人滿為患，特別是大學的醫科、法科與交通管理學科等，因為醫師、律師、科技人員，可獲得優厚的待遇。試想一個國家的才智優異青年，多投身於醫界，或忠於替英國人來執法，或專心於科技，那能不俯首帖耳聽從於英國人的擺布，又那有餘力從事反抗運動，這是英國滅亡印度以前從思想上教育上所下的功夫。

談到法律和經濟方面，從東印度公司經略印度的時代開始，就處心積慮建立殖民帝國霸業。東印度公司並非統治印度的政府，但是它的影響力量之大，遠超過當時徒有其名的回教王朝，而成了沒有名義但實質上等於殖民地政府的統治機構。在各地東印度公司分公司的勢力範圍之內，他們自訂法律、訓練律師、派任法官，還私設執法的警察、法院，乃至監獄。這些法律，完全是用來對付印度人民的，美其名要大家遵守法治，實質是控制印度人民的自由，奴役人權，根本談不到真正的平等與自由。但當大家屈服於英國人的淫威之下，高喊法治的時候，根本忘記這種法律的本身就是統治者的工具，而不是自由權利的保障。

在經濟方面，他們為了加速掠奪與搾取，也引進了機器生產技術、開設新式工廠、開辦交通與通訊設施、開闢港口與都市，甚至銀行、保險等金融機構的建立。他們說這都是為了發展經濟建設、投資生產，而事實上是控制印度的原料、勞力與市場。但是他們先介紹了一套堂而皇之的經濟理論與學說，先在人們思想上播了種，印度人民便自然相信和接受這種有害印度國民經濟與道德進步的精神枷鎖了。

簡單一句話，印度從回教時代轉入英治時代，不是開始於 1858 年英皇君臨印度之時，而開始於 1600 年東印度公司成立之日。不是被少數英國的殖民經略者所滅，而是滅於西方文明，滅於基督教，滅於印度人之放棄了其固有的文化。

　　因此第一次世界大戰期中，甘地從南非回到印度領導革命運動，即是從宗教著手，從思想建設開始。他主張揚棄西方的物質文明，復興印度的精神文明。他所推行的土布運動、不合作運動、民事反抗運動 (Civil Disobedience Movement) 等等，純粹是依賴一般印度人民的覺醒，激勵他們的民族意識與愛國熱忱。但是他知道以印度之大，英國統治之強，暴力憑藉之深厚，絕非以暴力對暴力、戰爭對戰爭所可能獲勝。甘地自幼受宗教生活的薰陶，母親是一位最虔誠的印度教徒。從英國學成歸國轉往南非的二十一年苦鬥中，更使他深切體驗到，被異族壓迫的殖民統治，必須推翻，而力量則來自真理、來自篤信真理而實踐不渝的人。採取的手段，是「非暴力」而不是暴力。他相信印度人民有服膺真理的宗教狂熱。他認為對社會國家的無私服務，就是實現真理的追求。他確信非暴力可以勝過暴力，愛永遠勝過恨。他認為信仰宗教，就是相信真理、相信神。他強調印度必須獲得自由，必能自治，但必須每個人自己先能擺脫情慾的束縛，作一個真正心靈自由而能自治的人。要能自由自治，又必須降低物質的享受，遠離物質的誘惑，所以應該節制飲食，每日祈禱，從神那邊獲得無限的力量與啟示。簡言之，甘地是以古代印度苦行僧的修為，出世的思想，作入世的救國事業。有關甘地一生之奮鬥，下面將陸續敘述，詳情參閱拙著《甘地與現代印度》一書。沒有甘地，不會有現代印度的獨立，沒有甘地對宗教的虔誠信仰與果決行動，也不會有波瀾壯闊的印度獨立運動。他能凝結印度人民的心志，主要的憑藉是宗教。他能戰勝自己，作為一位偉大無私的革命者，力量的泉源也來自宗教。甘地是印度的化身，一位自比賤民，以身殉道的宗教家，死後被尊為印度的國父。

　　以上所述，僅從印度歷史發展中，就其與宗教有關的史實，加以列舉，我想宗教乃是印度歷史推進的動力，應可成立，至少以往的歷史是如此。

二、民　族

　　印度是一個多民族的國家，而歷史舞臺上的要角，又均係外來民族，這是印度歷史的第二個主要特徵。

　　人類學者將人類依其不同的膚色、骨骼等，分成不同的種族，可說主要是基於血統的差別。民族則不然，除了血統之外，還加上語言、宗教、風俗習慣等因素。所以同一民族的親和力，遠較同一種族的認同感為大。尤以近代民族國家興起，民族主義勃興，因此民族意識更見重要。但是一國之內，也可能由多種民族組成，所以有些國家之內常有「少數民族」問題存在。不過也有的多民族國家，幾種不同民族的人口都很眾多，民族與民族之間，壁壘森嚴，這就潛伏著分裂的因素，而難產生堅強的單一民族意識了。尤以在遭遇外來侵略之時，往往因此而更擴大了內部的分裂，印度就是一個很明顯的例子。

　　據近年在印度河流域所發掘的兩處古城，考古學者推斷早在距今五千年前，印度河流域即曾有相當發達的農業文化存在。只因為在所發掘的古物中，尚未發現有文字的記載，所以不能確定這一時期在此生活的人是屬於那一種族。有的學者認為是達羅毗荼人 (Dravidians)，即印度的土著，但亦尚無定論。不過以之與後來進入印度半島的雅利安人所創造的文化相比較，他們二者之間並無相似之處。也可以說，歷史上光輝燦爛的印度文化，是由外來的雅利安人所創造，與早期達羅毗荼人的印度河流域文化，並無關聯。

　　雅利安人究竟從何時進入印度，到現在還不能肯定，有的人說早在西元前 3000 年，有的人則指係西元前 2000 至前 1500 年左右，主要都是根據最早期《黎俱吠陀》(Rig Veda) 所描述的社會生活作推斷，尤其是拿當時祭祀文裡所提到的神祇，去和周遭西亞國家相同的神祇作比較。雖然我們無法確知他們進入印度的年代和他們原住的地方，但有一點是完全可以確定的，即雅利安人體型修長、皮膚白皙、鼻樑較高、容貌俊美，

是從印度河流域漸漸繁衍到恆河流域，與前述的達羅毗荼人完全不同。《黎俱吠陀》和其他幾部《吠陀經》，還有《摩訶婆羅多》與《奧義書》，對印度早期社會有極詳盡之描述，此類經典與史詩之本身，即為不朽的文學傑作。玄奘對《吠陀經》曾有記載：「其婆羅門學四《吠陀》論，一曰壽，謂養生繕性；二曰祠，謂享祭祈禱；三曰平，謂禮儀、占卜、兵法、軍陣；四曰術，謂異能、伎數、禁咒、醫方。師必博究精微，貫窮玄奧，示之大義，導以微言，提撕善誘，雕朽勵薄。若乃識量通敏，志懷逋逸，則拘縶反關，業成後已。」❻這裡不但提到四《吠陀》的內容主旨，也指出了教育的方式。有關《吠陀經》中養生繕性之說，主要是探討宇宙及人生的哲理，我們將在討論婆羅門教教義時再詳加說明。我們瞭解雅利安人不只創造了文字，組織了社會，而且更有一套很綿密的高深哲理，同時也並不忽略經國濟世與富國強兵之道。對印度歷史有很大的貢獻。

　　雅利安人大舉移殖印度以後，尚有希臘人之東征入印，時在西元前326 年，亞歷山大的部隊曾占有現在的旁遮普省和西北邊省，希臘的歷史學者曾留下了不少記載。印度的英文國名，即採用希臘文的諧音而來，希臘人初至印度河，即以河名泛稱所到之地為印度，因而得名。又亞歷山大用兵印度，促長了印度內部之變亂，孔雀王朝之得以建立，亦未始不是受希臘入侵之影響。雖然希臘人在印度時間不長，但仍為東西交通的一次大接觸，對印度歷史自亦有其巨大影響。

　　西元前二世紀，印史上有薩卡人 (Sakas) 之移入，印度人稱薩卡，是泛指從隘道那邊進入之所有外族，可能包括蒙古人、土耳其人。薩卡人亦曾在旁遮普、馬多拉及卡西阿瓦 (Kathiawar) 建立小型王國。其中卡西阿瓦是在印度西部的一個半島，現代印度國父甘地，即出生於卡西阿瓦的坡爾板達 (Porbandar) 城，亦稱索達馬坡里 (Sudamapuri)。

　　西元一世紀，中亞的另一民族月氏或稱大月氏遷徙入印。其中主要

---

❻　玄奘，《大唐西域記》，卷二。

的一支庫善，曾在印度建立一個大帝國，從西北印度擴展至南邊的拉巴達。庫善是一種高大的白人，可能屬於土耳其種，也可能與伊朗人相近。歷史學家相信薩卡及大月氏給印度人民帶來大混血。

五世紀至六世紀，波斯和印度都受到來自中亞的匈奴大舉入侵。印度人稱匈奴，也像稱薩卡，自泛指外來的強族。這些匈奴人與西入歐洲的匈奴人稍有不同，他們是比較白皙的，有些像土耳其人，所以又稱為白匈奴。進入歐洲的匈奴人則顯然是屬於黃色的蒙古種，歐洲人也有稱之為黃禍，極言其慓悍勇猛。印度現在的拉吉甫迭 (Rajput)、贊迭 (Jat) 與古贊兒 (Gujiar) 等地的人民，即為白匈奴的後裔。他們都是屬於高大、白皙、俊美的一型。現在旁遮普與北方省 (Uttar Pradesh) 的人，顯然不是屬於蒙古種的匈奴人。白匈奴對北印度有極大的影響，本書以後將詳加說明。

除了雅利安人及上述各外來民族外，對印度歷史發生最大影響的，應為另一外族阿拉伯人回教徒之入侵，八世紀時由阿拉伯人開其端，至十六世紀時建立了稱霸全印的蒙兀兒王朝。回教徒入侵者，除阿拉伯人占領信德外，還包括其他許多亞洲人，如蒙古人、伊朗人、土耳其人和阿富汗人等。這些回教徒的入侵，對於印度人的血統，也發生很顯著的混合作用。

回教勢力擴張的迅速，幾難找出其真正的緣因何在，但作者認為主要還是因為回教徒不僅結合在同一宗教信仰之下，而且為一組織嚴密的、政教合一的、崇尚武德的戰鬥力量，他們在阿拉伯的生存環境不佳，自然勇猛向四周擴張，而印度那時內部四分五裂，印度宗教思想又偏向去世與消極厭戰，但印度地大物博，自然為回教徒渴望染指。回教的先知穆罕默德 (Mohammed)，在他五十歲之前尚沒有任何重大成就，他反對當時的猶太教與基督教，在西元 622 年從麥加轉移到麥地那，此後十年才有了突破性的發展。穆罕默德於 632 年死，他的徒眾隨即開始此後八十年的擴張事業，席捲了阿拉伯、波斯、敘利亞、西土耳其、信德、埃及

與西班牙。他們帶著他們的新宗教，一手執劍，一手執《可蘭經》，強迫他人或者接受信仰，或則犧牲生命。

　　阿拉伯人在 643 年到達馬卡蘭 (Makran) 沿海，712 年征服信德，此後幾個世紀的印度北部一帶，即在阿拉伯回教徒的鐵蹄之下。八世紀的時候，可能亦尚有阿拉伯人以外的回教徒到達信德，但印度本部尚未直接受到影響。1020 年，由波斯裔建立之伽色加王朝的馬罕默德蘇丹 (Sultan Mahmud) 將旁遮普合併以後，歷經五個世紀，回教徒不斷進入，不斷擴張，幾已形成為一個僅次於印度教徒勢力的第二大集團。到了蒙兀兒王朝創立，印度在政治上便淪為回教徒所控制的天下了。從此，印度人接受了回教的薰陶，他們的宗教信仰、語言文字、生活習慣，也都隨著改變，而蒙兀兒王朝治理下的印度，其政治制度、經濟生活與社會結構，都發生了根本的變化，對印度歷史而言，也可說多彩多姿，更加充實。

　　回教徒之後，到了十五世紀，葡萄牙、西班牙、法國與英國，相繼東來殖民印度，又是一次大改變，其中尤以英國東印度公司在印度的經營，到十九世紀中葉建立了英治印度的霸業，影響最大。前面我們在宗教及文化方面，曾列舉西方文明對印度的影響至深且鉅。若單就血統而言，新的西方統治者也與當地人民發生通婚關係，產生了許多英印混血兒，但為數不過三十多萬人，在人口眾多的印度，遠不如回教徒的影響之大，但也成為另一少數民族問題。

三、地理特性與戰略位置

　　第三個值得我們注意的問題，是印度的地理特性與其戰略位置，對印度歷史的演變，也有著重大的影響。印度幅員遼闊，面積達一百二十七萬方英里，從東到西計一千八百英里，從南到北凡一千九百英里，海岸線長達四千五百英里，如此遼闊版圖，居亞洲之第三位。其國境四周，有高山和深水屏障，雖其形狀不是理想的圖形，但由於縱深幅度極大，

如有外患侵入，能以空間換取時間，爭取備戰時間。歷史上回教徒席捲印度，前後經過了八個世紀，以後英國人滅亡印度，也歷經兩個半世紀。二次世界大戰期間，希特勒與東條英機想會師恆河，分割印度，則根本未曾實現。且以其人口眾多，國內民族複雜，縱然一時被軍事占領，亦不易長治久安。回教徒花了八百多年來征服印度，統治不過三百多年（1526～1858 年）；而英國人攻打了兩百五十多年得來的天下，統治印度卻不過八十九年（1858～1947 年），還不到一個世紀。其幅員遼闊之不易統治，應為重要因素之一。而另一方面，由於印度內部之地形複雜，有高山、深水、沙漠、叢林，在古代交通通訊不發達的時代，各地區均成封閉狀態，互少往來，故印度人民的畛域觀念極深，極難團結，但亦促成各地不同文化之發展。至於炎熱氣候養成了印度人濃厚的宗教信仰，前文已有所說明。

我們知道，有利的氣候，也是一個國家得以成為世界權力中心的基本因素之一。今日世界巨強，多位於北半球，並且是位於北迴歸線與北極圈之間，所以也可以稱為世界上的權力地帶。極冷與極熱、極乾燥與極潮濕的地區，都不會產生世界的強國。印度的氣候，最不利於它的向外擴展，反而成為其他擁有良好氣候的強國進占的對象。印度境內地形複雜，北有高山，南為海洋，氣候甚為惡劣，各地的溫度與雨量相差極大。例如克什米爾 (Kashmir) 的最低溫度為華氏零下三十九度，而拉甲斯坦 (Rajasthan) 的最高溫度則為華氏一百二十度，兩地相差達一百六十度，又如西北的沙漠區雨量全年不到四英寸，而東南面的乞拉朋吉的全年雨量，則高達四百二十五英寸，兩地相差達四百餘英寸。同在一國之內，酷暑、嚴寒並存，最乾燥的沙漠與最潮濕的叢林並列，所以平均溫度與平均雨量，失去意義。一般來說，整個印度均為熱帶性氣候，四分之三的時間均為熱浪火風所掩蓋，且日以繼夜，令人身心困倦，懶得振作，而於昏昏欲睡中，極易產生不切現實的幻想。炎熱的氣候，也使人多早熟，出生率高，死亡率亦高，平均壽命在六十四歲。更由於經濟環

境、教育程度、衛生保健等條件之不能配合，所以人口雖多，人力卻不能充分利用，眾多的人口變成了國家建設的負擔而非資產，這都成為歷史上所未能解決的問題。

印度的地理特性，不只是因為它幅員廣大，影響了歷史的演變，而其本身所居的戰略位置，也大大影響它的對外關係。我們看在近世紀海空交通發達以前，印度因為東北、西北均隔高山與亞洲大陸的國家相接，陸上交通僅有西北部的隘道可通，而歷史上的外患，也就來自西北部，如希臘、伊朗、阿富汗及阿拉伯之入侵印度，均從半島的西北部進攻，所以現代印度特別重視西北邊防，也多少受歷史心理的影響。現代印度隔阿富汗與俄羅斯接壤，中共則取得西藏高原後，亦對印度虎視眈眈，剛巧也都偏在印度的西北角。到了現代海上交通暢通後，印度的戰略位置，更增加了它在印度洋的重要性。所謂戰略位置，是指某一位置在戰爭中的直接或間接利用而言。有些地區是在防禦上有價值，有些地區則只有幫助人達到攻擊的意圖。任何戰略位置，可因環境而變化，並非永久固定的。同時新武器和政治同盟，也經常在變。不過明天的進步，對於今天的情勢，卻不能發生作用。

印度戰略位置的重要，是它恰好居於印度洋東西兩面門戶的中間，而且又是印度洋以內位置最優越、幅員最廣大的基地，如不能確保印度，則整個印度洋就受到很大的威脅。這一情勢自從新航路發現以後，變得更為明顯，也可以說新航路改變了印度的歷史。十九世紀中葉，英國滅亡了印度，印度洋的海上霸權也掌握在英國人手裡，印度西北的阿富汗，東北的緬甸，是英國的勢力範圍，北面與中國相鄰，高山阻隔，且中國與印度睦鄰相處。所以英國人只要看住帝俄，不使侵入印度洋，則印度與印度洋便能相互依存，高枕無憂，此所以英國極力牢籠阿富汗並直接統治著緬甸，將緬甸併為英治印度的一部分，但自從 1947 年英國將政權交還與印度，從印度半島撤退以後，1950 年中共又陳兵印藏邊境，直指印邊，這戰略形勢，便大大起了變化。印度曾利用其在印度洋的優越戰

略位置，北結中共與蘇俄，西聯埃及，東拉印尼，以亞非領袖自居，頗想稱霸於印度洋。然而究以其自身勢力不夠，且對外親共、對內反共之政策矛盾，反因此帶來近三十年的國內混亂。

四、文　化

印度歷史中的第四個特徵，即印度在亞洲地區建立了相當優越的文化位置 (cultural location)，且能充分擴大其影響。所謂文化位置，是指一個國家在一個大文化區中所占的位置。印度在東方文化中，尤其在亞洲地區，以佛教建立了極為優越的位置。至今斯里蘭卡、泰國、越南、柬埔寨、緬甸、中國、韓國和日本等國，主要仍為信奉佛教的國家，而且尚沒有任何其他宗教能取代其地位。

根據斯里蘭卡（舊稱錫蘭）歷史記載，阿育王曾組織龐大的布教團前往印度以外的國家宣揚佛教。他派他的兒子馬興達 (Mahendra) 以及另

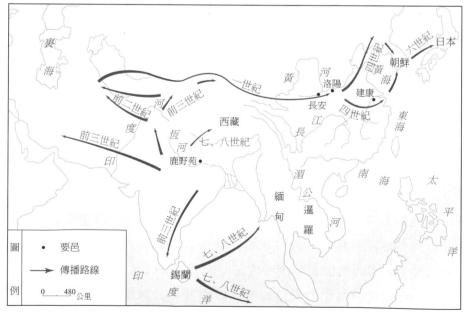

圖 1：佛教傳播示意圖

外四人前往錫蘭。錫蘭王和當地的人民對當時這種新興的宗教極感興趣，紛紛皈依，也有許多人出家成為比丘（和尚）。他們廣修寺院，建立浮屠。阿育王並曾下令移植釋迦悟道時坐在旁邊的菩提樹樹枝到斯里蘭卡，種植於今日斯里蘭卡古都阿努拉德普勒（Anuradhapura）附近，至今仍受人崇拜，應為世界最古的神木之一。作者於斯里蘭卡獨立時前往巡禮，看到這一古老神木依舊枝葉繁茂，沿著樹身，在下面四周並搭蓋有拜佛的廟宇，香火鼎盛。此後五百年左右，又從印度迎得佛骨，相傳為釋迦的牙齒，頂禮供奉，所以佛教在斯里蘭卡很快即傳遍各地，歷二千餘年仍為國教。西元前一世紀，多塔迦瑪利王在位時（西元前101～前77年）曾建巍峨佛寺（Great Stupa），落成之日，印度高僧雲集，為之禮讚。此後多塔迦瑪利在位，特召集五百位經師，用巴里文錄抄三藏經，對於小乘佛教的傳播，實有極大貢獻。斯里蘭卡因吸收佛教，而在文學、雕刻、建築與繪畫等藝術各方面也完全印度化，斯里蘭卡所用的字母，也是從印度傳入。

　　斯里蘭卡史並記載阿育王曾派有兩名高僧桑拉與烏塔拉前往緬甸布教，但另有一說則稱派往暹羅。依據緬甸古城卜諾美（Prome）近郊赫摩剎所留下的建築來考證，則可確定在西元五世紀時佛教已相當普遍流傳於緬甸，他們很可能從印度東海岸的達卡傳來。《唐書》記載：西元八世紀之末，緬甸的佛教已極盛行，首邑數萬人即有佛寺百餘處，人民自七歲至三十五歲須接受佛教的宗教教育，成績優異者始可成為社會的領導者僧侶，一般人民均樂生惡殺，君臣父子長幼有序，似為典型佛教社會。西元十一世紀時，緬甸名王阿奴利陀（Anawrahta）統一了全國，他也是一位佛教的狂熱者，他曾發兵前往但湯，俘虜了當地的土王，並將所有高僧連同佛經等文物，當成戰利品，用三十九匹巨象載歸。阿奴利陀以後諸王，均奉佛教為國教，且在政府中設立宗教部，並撥巨款，修築浮屠，爭相標榜。

　　佛教傳入泰國，似在一世紀至二世紀之間，距曼谷西邊約三十英里

的佛統 (Nakhon Pathom)，與再西行二十英里的邦托克 (Pong Tuk) 所遺留的宗教建築，從它上面所刻佛像，可斷定其為西元一世紀至二世紀時的圖案，至於較後笈多王朝時代的雕刻，更明顯地出現在泰國各地的寺院裡。八至九世紀泰國與寮國均被柬埔寨所敗，這時期此一地區諸國，婆羅門教與佛教並盛，因為柬埔寨是最早接受了婆羅門教洗禮的國家。到了十三世紀，泰國脫離柬埔寨的壓迫而獨立，泰國佛教轉趨鼎盛。泰王蘭甘亨 (Ram Khamhaeng the Great) 不僅大倡佛教，其本人也營僧侶生活，此後泰國國王與大臣，就位之前均需有一段時間服袈裟，沿門托缽，恪遵古禮。十四世紀初蘭甘亨復派高僧前往斯里蘭卡，學習經典，並迎沙迦拉咭大師至泰，設壇講道。由於王室的提倡，佛教遂成國教。

柬埔寨也是佛教之國，但在五世紀以前印度王朝時期，主要為婆羅門教時代，六世紀以後真臘建國始漸進為佛教時期，而以九至十三世紀時期闍耶跋摩諸王在位時，最為昌盛。據闍耶跋摩七世 (Jayavarman VII，1181～1219 年) 所留碑碣的記載，他是一位極為虔敬的佛教徒，為了紀念他的母后並使能早獲超生，他傾全國之力廣建廟宇，並舉辦各種宗教慈善事業。他在位時全國有佛寺七百九十八座，醫院一百零二所，他曾聘請高僧學者一千四百零九人，群集誦經，超度母后。他又捐贈無數金銀珠寶充作佛事與救濟之用。可以說柬埔寨乃是繼斯里蘭卡之後，在這段時期保存佛教文物發揚光大佛學最得力的國家。

佛教自北向印度以外發展，緊鄰即為中國，自中國而高麗而日本，可說是一大擴張。擴張者不只是使亞洲大陸歷史悠久之中華文化大國，亦接受了佛教的洗禮，歷數千年而不衰，且以佛教至中國後，更大大充實了內涵，成為東亞大陸思想界的異軍突起，即使是與佛教有關的文學、音樂、繪畫、雕刻與建築，也無不帶著很濃厚的宗教色彩，與我中華文化互相調和而相得益彰。中印兩國接壤最長，比鄰而能和平相處者歷數千年，此一國際關係中罕見的事實，亦可謂得力於佛教文化之交流。

佛教究係於何時傳入我國，未有定論。1956 年印度政府出版的官方

文書❼，根據民間傳說，認為阿育王的一個兒子庫斯坦拉 (Kustana)，在西元前 240 年曾在中國新疆省的和闐建立地方政權，而於前 211 年在此建立第一所伽藍，引進佛教，並引唐代玄奘所著《大唐西域記》為證，證明在八世紀時，和闐地方的佛教極為昌盛。此一傳說並無其他旁證，尤其認定和闐不僅最早接受佛教，且曾為印度人所統治，使人覺得別有用意。不過我國通印度的陸上交通，早期多經甘肅、新疆，取道阿富汗或克什米爾入印，例如法顯及玄奘均曾路過和闐，可見和闐曾是中印交通的重要過站，當地可能有印度商民，聚居拜佛亦屬可能之事，卻不能認定和闐曾為印度所統治，亦不能認此即為佛教之大規模傳入中國。

　　佛教之傳入中國，見於正史，為漢明帝永平十年（67 年），漢帝派至印度求佛法之蔡愔，偕僧迦葉摩騰、竺法蘭，用白馬載佛像與佛經回朝之時開始。明帝於洛陽西門外，建立白馬寺，為兩僧住宿，從事佛法弘通與經典漢譯。根據太原王琰《冥祥記》所載：永平八年（65 年），「漢明帝夢見神人，形垂二丈，身黃金色，項佩日光，以問群臣。或對曰：『西方有神，其號曰佛，形如陛下所夢，得無是乎？』於是發使天竺，寫致經佛，表之中夏。」歷兩年而後歸。佛教傳入我國，最初完全為接受階段，其後中印兩國高僧相互往來，我國學者高僧尤注重窮究真理，有所悟得，發願整理，而成十大宗派，譯經之風亦因此而盛，到了唐代，可以說印度的佛教已成中國化的佛教。所謂十大宗派，即指俱舍宗 ❽、成實宗 ❾、律宗 ❿、法相宗 ⓫、三論宗 ⓬、天台宗 ⓭、華嚴宗 ⓮、真言

---

❼　G. I. O. Government of India, *2500 Years of Buddhism*, New Delhi, 1956, p. 66.

❽　俱舍宗，亦名「有部宗」或「毗曇宗」，以《俱舍論》為依據，伐蘇畔度為宗祖，於佛滅後九百年興起。俱舍宗的主要理論，認為人生為無邊苦海，皆因我們在所住的世界、物質世界與非物質世界中，生起知覺、運動、喜怒哀樂等諸作因，無「明」起「業」，而致在輪迴中輪轉不息。但在這多變的宇宙現象中，「成、住、壞、空」四個時期則循環不息，無少變化。包括過去、現在與未來三世。是即「三生實有，法體恆有」。

❾　成實宗以《成實論》為依據，訶梨跋摩為宗祖，佛滅九百年後興起。成實宗

的主要理論是二空論，即我空法空。認「我」係五蘊假和合的假設名稱，非有實在的存在。法空即指所有物質與非物質世界均非實體，也只是因緣和合。我空法空，構成真的「無我」。

❿ 律宗，佛陀在世時，隨機所說，佛滅後，集結遺教，成立一部《八十誦律》，傳譯到中國的僅有四律。註解「律」的，另有四律五論，即《十誦律》、《四分律》、《摩訶僧祇律》及《五分律》。論為《毗尼母論》、《摩訶勒迦論》、《善見論》、《薩婆多論》及《明了論》。律宗至唐代分為三派，即相部宗、南山宗、東塔宗，而以南山宗獨盛。南山宗是唐時南山道宣作《四分開宗記》而稱宗派。其主要理論，認為內心與外相能相一致，大乘小乘調和得宜，理論與實行又不相違。

⓫ 法相宗，為「窮明萬法性相之宗」，故名法相宗，以研究宇宙萬物現象為宗旨。在印度原屬俱舍宗的瑜伽派，以《瑜伽師地論》為依據。唐玄奘之弟子窺基（亦稱慈恩大師），專研玄奘唯識因明之學，作疏百本，為法相宗的宗祖。法相宗綜合統一屬於唯心論的全部佛教教義。認一切萬有的成立或生起，都是依緣起法，都是因緣相依而生的結果。法相宗並不認為真有法、相，而只是生起法相的原理與原則。

⓬ 三論宗，依龍樹菩薩的《中論》四卷，與其《十二門論》一卷及其弟子提婆菩薩的《百論》二卷而立宗，故稱三論宗，而以鳩摩羅什為宗祖。《中論》說明中道觀，《百論》由百偈而成，《十二門論》是分為十二門的論說，所以各得其名。其所闡述的主要理論為：凡百事理有真俗，不生不滅之理性曰真，因緣所生之事理曰俗，真俗二者又有相互不可分的關係。我們說不通理性，不明事理，這理性是指法則的本體，不生不滅，真智即知，迷則不通；事理則為因緣所生，後得智，分明智即知、無智便不明。

⓭ 天台宗，起於浙江台州天台山，由開山宗師慧文禪師所住之山而得名，以《妙法蓮華經》為依據。其主要理論在諸法實相，說明宇宙萬物的本體，三諦圓融，一念三千。所謂三諦是指假、空、中三諦，圓融是謂關係之密切，合三為一。假者意指世界萬物如花紅、葉綠、人嬌豔，皆不過假的形態，而非本體，空謂各種形相，都是受因緣支配，狀若如此，實則並無，中則指假、空，都只看到一面，可謂空、假，未必空假，非有非空，有而亦無，才是真理。此處所講者還只是一理，我空、法空、無我無法，但「我空法空、無我無法」之「理」則「存在」。至於一念三千，謂我們一念中，具有三千世界。這三

宗❶、淨土宗❶、禪宗❶。每一宗派，各有其開山祖師，各有其依據之經典，且各有其所強調之重點。其中俱舍宗與成實宗屬小乘，律宗、法相宗、三論宗近於大乘，餘五宗均屬大乘。

　　佛教於中國之影響，一是屬於思想層面的，對宇宙人生，究其奧義，如玄學、理學，受佛學之影響極大；一為養生繕性，大義微言乃至求禍免福等菩薩之道，可以說是屬於修為方面的，更易為大眾所知曉。既有

千世界，有三千真理，故心念的作用最大。

❶　華嚴宗，以《大方廣佛華嚴經》為依據。以杜順禪師為宗祖。本宗不是以信仰為號召，而係因整理分類研究《華嚴經》而成派。經由善美的心來淨化這華藏世界為理想的世界，是華嚴宗描繪的目標。他們觀察宇宙全體，將它分為四類：事法界，山川草木；理法界，即有生之物；理事無礙法界，事理相關，如水與波；事事無礙法界，宇宙萬物同理顯現，互相融通。

❶　真言宗，亦稱密教，因傳大日如來之真言，故名。密教起源於印度，唐初由龍樹菩薩弟子龍智、龍智弟子金剛智、善無畏及不空等人傳入中國。密教所依據的經典是《大日經》、《蘇悉地經》與《金剛頂經》。主要理論為日常生活事物即係本體，但因人在迷惑之中，所以不能分別體驗真實正確的真理。

❶　淨土宗，是以持念佛號，為往生淨土的方便法門。所有大乘經論，雖明言十方無數諸佛，各住其淨土，各教化其眾生，但是有獨立經論的，只有彌陀佛、蘇師佛與阿閦佛，而以有關阿彌陀佛的經典為多，並且曾詳細說明阿彌陀佛發言成佛的經過，及其淨土「西方極樂國土」的莊嚴構造。因此彌陀的淨土，即成諸佛國土的代表，彌陀亦成願往生淨土的信仰對象。淨土的主要經典為《無量壽經》、《觀無量壽經》、《阿彌陀經》。特別是《阿彌陀經》，先說明念佛的方法與功德，後描寫淨土的莊嚴快樂，最能引人入勝。淨土宗強調只要一心念佛，即心成佛，地獄即成淨土，念佛是最簡單易行的修事，而往生淨土，乃極有把握的佛果。所以叫做方便不二法門。

❶　禪宗，自菩提達摩大師傳入中國。以《楞伽經》、《金剛經》、《維摩經》為依據。主要理論為「教外別傳、不立文字，直指人心、見性成佛」。不談高深玄妙哲理，在實際生活中，運用直覺、直觀、內省等方法，求悟宇宙人生之大道，故主張人人都能頓悟成佛。

深度，更有寬度，所以佛教與佛學於中國能歷數千年而不衰。

西元四世紀，佛教經由中國傳入韓國，時當晉孝武帝咸安二年（372年）。此時韓國分為高句麗、百濟及新羅三部分，其中高句麗位於北部，是年引進了中國的太學，同時也引進了佛教。三十年之後新羅亦傳入佛教。十一世紀時經由高僧多人前來中國學佛，元時改奉喇嘛教，明以後獨崇儒學。佛教在韓國不如在東南亞各國之昌盛。

日本之傳入佛教，係自中國經韓國而去，可分為三個時期：六至七世紀為初入時期，九至十四世紀為全盛時期，十五世紀以後則為維持現狀時期。佛教之在日本，係隨中國之高度文化而傳入，最初接受者為士大夫階級及貴族，以後漸次擴展至一般社會。

從以上簡略的敘述，我們已能瞭解西元前二世紀至西元十五世紀，印度的佛教確曾在亞洲奠定了最大的宗教勢力地位。最初是出於印度的主動傳播，七世紀以後，則是亞洲其他國家如斯里蘭卡、柬埔寨及中國代替了印度，保存了佛教文物並加以發揚光大。

五、缺乏明確的紀年史

印度歷史的第五個特徵，是缺乏明確的紀年史，特別是中世紀以前的歷史。為了研究方便，我們通常將印度歷史分成三個時期：即古代印度、中古印度與近代印度。其中古代印度起自雅利安人進入印度，至回教蒙兀兒王朝建立，約二十一個世紀，可說主要是雅利安人所經營的歷史，光輝燦爛，也是印度歷史的黃金時代。但可惜這一段時期的史實，缺少紀年的史料，尤其是在西元前七世紀以前的歷史。至於中古印度，自蒙兀兒王朝之建立，至英滅亡印度，以迄近代，由英治印度至新印度獲得自由，英國人將政權交還給印度政府，這兩段時期都是十分清楚的。

嚴格講，歷史本應該具備很明確的紀年。但是在古代印度歷史中唯一可以確定的第一個紀年，只有西元前 650 年，因為這一年印度有日蝕，經過希臘詩人亞契洛卻士 (Archilochus) 確實記載。在此以前的史實，都

不能確指為何年，有待後人再加研究判定。所以研究印度古代史，極難確認史實發生的先後。古人留下了不少經典史詩，敘述《吠陀》時期與印度河流域的生活情形，問題在沒有時間記載。又如亞歷山大東征至印度，希臘人的記載是在西元前 326 年，但是印度境內在此前後所發生的其他大事，就只能憑此年代有關的希臘記載間接推斷。通常找到的印度史史料，偶爾亦有記明此事發生於「第幾年」或某王接位後多少年，只是所謂「第幾年」，不知究何所指，又某王究在何時接位均無交代，因此推斷確期，根本無所依據，我們碰到這種情形，有時可採取就已知推證未知的方法，但也仍然有限。例如我們已知亞歷山大大帝的有關史料，可用以測定孔雀王朝創主旃陀羅笈多就位的大概年代。我們也可根據四世紀錫蘭王米迦瓦拉的年代，推斷同時期印度教王朝沙摩德拉哥甫塔 (Samudragupta) 的年代。我們研究印度古代史，往往須求證於希臘、中國及斯里蘭卡等國的史料，理由在此。

對於印度史本身的史料，一般說來包括有五部分，即碑文、錢幣、建築、遺物、文學作品中之記載及歷史性的記述。其中金石碑文，僅限於西元前三世紀為止，大多係記誦勳業之類，或巡狩與奠基之紀念等，也只有從金石本身去考證其年代，因金石文中均未載明時間。但這是最具體可信的重要證物。錢幣也是重要的史物，偶爾上面也刻有年代，研究錢幣需要有專門的知識，才能判定其所代表的各種意義。建築遺物的考證，更是專門的學問。梵文或巴里文的古代文學作品，是極有文學價值的遺產，但大多係描寫宗教祭祀及有關的社會生活，所以作為史料來研究，仍須再加深入的考證，才能確定它們編寫的年代。至於其他歷史性的記載，雖然很真實，但不完備。編寫的人並非為了從事歷史著述，多係婆羅門僧侶為了某種特定目的而作的記述。屬於統治者的君王們，興趣則集中在本朝本人的起居錄等——並無意為前代修史，所以也略而不談。

上述五點印度歷史的特徵，只是就作者個人的觀察，其實研究任何

一個國家的歷史，也都可以找出它的特徵所在，對於一些沒有時間從事深入研究的人，多少可以供參考。

第二章
古代印度

一、 地理概況

　　印度是亞洲大陸南部從高山區域穿過西藏高原向南伸出的一個劍形半島。這一巨大的半島，可稱之為副大陸，四邊都是很不整齊的地形。遠古的地理記載，指這一半島是四面被封閉的，「東、南、西三面是浩瀚大洋，北面的喜馬拉雅山像一張弓弦」。北部山區通稱喜馬拉雅山區，除喜馬拉雅主山外，並包括向西延伸的蘇里曼與吉撒支脈，以及向東延伸的帕卡、落霞與吉大港支脈。這些支脈一直延伸到海邊，將這個國家劃分為靠伊朗的桌形地帶，和靠伊洛瓦底的山林地帶。

　　就政治的意義來說，在 1947 年 8 月 15 日印度獨立以前的印度帝國，其疆域事實上超越了上述的自然界限，不但包括了吉撒山脈以外的俾路支，也包涵了孟加拉灣附近的一些地方。整個的印度，除了位於海中的幾處領土外，在經緯度上，是指東經六十八度至九十七度，北緯八度至三十七度的地區。最長的縱深達一千九百英里，寬達一千八百英里。面積為一百二十七萬方英里，人口十一億多。

　　傳統的說法，這片印度副大陸，從喜馬拉雅山南伸入海，稱之為巴拉塔的國土 (Bharata-Varsha)，是由七個海島的內陸所連成的。這種傳說近於荒誕，不過自從西元前三世紀的時候開始，大部分的印度半島已經是朝向一個統一的國土發展。印度的國名是由希臘人開始採用，與古波斯文的興度 (Hindu) 相近。《吠陀經》中也常見新達窪 (Sindavah)、Hapta Hindu，都是指印度河，流貫於北部印度，中世紀時也稱為興德 (Hind) 或印度斯坦 (Hindusthan)。

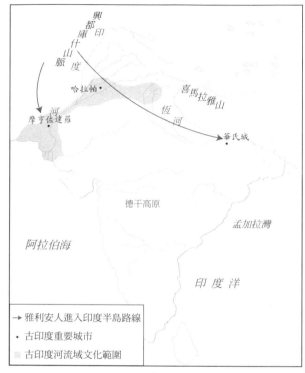

圖 2：古印度河流域地圖

　　印度本土，除了外面附屬的一些小的地方以外，通常可劃分為四部分：一為北部山區，中印邊境的不丹 (Bhutan)、錫金 (Sikkim) 與尼泊爾 (Nepal) 以及克什米爾都在此區之內。二為北部平原區，包括盛產小麥的印度河流域、信德與拉甲斯坦的沙漠地帶，以及肥沃的恆河流域，贊木拉河及布拉罕瑪玻脫拉河。三為中南部印度及恆河流域南端的德干區 (Deccan) 等。四為半島狹長的南邊部分，一直到海。這種自然的地形劃分，與古代文學作品中所描述的情狀並不一致，從前一般都是稱為五印度，我國亦有五天竺的說法。事實上所謂五印度，不過是指印度河流域及恆河流域所流貫之地。麻達雅 (Madhya) 居中，西為布拉亥瑪西 (Brahmarshi)，北為烏塔拉拔撒 (Uttarapatha)，南為達卡希拉巴撒 (Dakshinapatha)，東為甫爾瓦 (Purve)。有時，烏塔拉拔撒也泛指整個北

部印度，而南邊的達卡希拉巴撒，在古籍記載裡，有時也分稱兩個部分，即德干以北的地方稱達卡希拉巴撒，而將更南邊部分稱為泰密拉卡姆 (Tamilakam)。遇到這些名稱，我們可以大致瞭解都是指印度恆河平原區域。

印度史亦如其他國家的歷史，受自然地理的影響很大。自然劃分的每一地區都有它的特性。源遠流長的河流，無垠的沙漠，原始的叢林，將這片國土分成數不清的、不同的政治與社會小單位，他們對外完全封閉，獨自發展他們獨特的文化，同樣受到印度河與恆河的滋潤灌溉。綿亙的高山使整個印度半島與外界隔離，只有懸崖絕壁之中的小小隘道可通。而一波又一波的外來民族，也正是攀援這些隘道前進到印度平原。長長的海岸線，擁有富庶的港口，吸引著遠隔重洋航海而來的冒險者。

隘道與海洋不只是入侵者的門戶，也是與外界和平交通的要道，它們帶來各地的高僧學者與貿易商人，將印度的宗教文化，傳播到近鄰的亞洲大陸國家以及較遠的海島與馬來半島。

印度的面積廣闊，相當於除了俄羅斯以外的整個歐洲大陸，約二十倍於英國。它的內部地形之複雜，也使人難以想像。在它的疆域之內，有雪嶺高插入雲的崇山峻嶺，有罕無人跡的沙漠，還有廣大的平原與兩岸肥沃的河流三角洲。十九世紀的印度，大部分曾歸轄到一個統一的政權，但至 1947 年 8 月 15 日又分成為不列顛國協的兩個自治領——印度與巴基斯坦。尼泊爾與不丹及法屬、葡屬兩個殘餘的殖民地則未劃入自治領的範圍之內。另外有五百個大小不一的土邦，合占七十萬方英里的土地，它們在各土邦王子的統治之下，仍舊希望維持著來日無多的獨立地位。因此隨著印、巴兩自治領的分治，而展開了一場持續多年爭併土邦的鬥爭。轟動國際的克什米爾戰爭，便是印、巴兩國為了爭奪克什米爾邦而爆發的。戰爭初期，兩個自治領的軍事指揮權，都操在英國人之手。這實是十分滑稽的事。有關此一戰爭的經過與國際調處，請參閱拙著《克什米爾與印巴關係》。

　　印度人口眾多，西元前五世紀時希臘史學家希羅多德 (Herodotus) 即曾指出：「在我們所知的國家中，印度的人口最多。」據 1941 年的調查，人口已到達三億八千八百萬，進入 1970 年代，已超過五億，至二十一世紀更高達十一億。這麼龐大的人口，不知包含了多少不同信仰、階級、職業與政治、社會組織，他們的生活，從原始的漁獵一直到最現代化的享受，可謂應有盡有。仔細來研究，有無一種力量能使他們團結一致呢？雖然印度人標榜他們都是巴拉塔的後裔，但是作者覺得他們彼此間分裂的因素仍然很大。主要是由於外來民族眾多，不易形成單一的民族思想，加以宗教信仰有別，更容易形成對抗的壁壘。例如印、回兩教，不僅在歷史上彼此仇殺凡八百年，而在現代印、回分治時，更爆發了互相的仇殺。至於另一宗教集團錫克教徒，人數雖不到五百萬，但是他們本來就是以反回而創教的，因此和回教徒之間也互成水火。同時我們知道各地印度人民的語文不能統一，據估計在二百種以上。因此很難有大家都能瞭解的語文作基礎，這對於阻礙印度的統一與團結，也是重要緣因之一。

　　自從十七世紀以後，英國勢力進入印度半島，它們為了鞏固殖民統治，便採取分而治之的策略，擴大原有的歷史性矛盾，掀起彼此不和的新仇恨，以便於英國的運用。很清楚的，行政上除了英屬印度各省，還有形同獨立的五百個土邦，豈不是將印度分成為幾百個國家嗎？到了1947 年英國不得不交出印度政權時，也還是將英屬印度各省分成為印、巴兩國並使之互相對抗，然後又准許原有五百個土邦可以自決前途。或繼續保持獨立地位，或加入印、巴任何一方。這樣的安排，不是分裂印度又是什麼？而其結果，印度雖然合併了在它領土包圍之內的土邦，但要想統一巴基斯坦恢復為統一的印度半島，卻已經是萬不可能了。而巴基斯坦又由於東西兩部分的領土之間相距千餘英里，又再分成為孟加拉與巴基斯坦兩國。雖然這些政治變化，都是由於英國殖民帝國主義者的謀略，可是如果印度境內的各民族、各宗教、各社團均能親善友愛，團結一致，共為印度半島的統一而奮鬥，則縱然有英國人的挑撥分化，也

不會變成如今四分五裂的局面。所以作者始終認為印度缺少強烈的國家
民族意識，乃是其分崩離析的主要緣因。

二、史前史時期

　　歷史是人類的成就記錄。印度史亦如每一其他國家的歷史，首須研
究最先在此國土上生活的人。但是歷史是根據事實，事實則必須依據某
種的記錄。我們不知道那些沒有留下記錄的人的歷史。可能在最原始的
時候，有某種或某幾種人曾生活在印度，但是他們存在的證據卻還沒有
被發現。所以我們只能討論那些曾經留下了某種證據的人。現在我們所
已知的證據，全部是人們所使用過的生活工具，根據造成這些工具的原
料或性質，最早居住在印度的人類可分為舊石器時代與新石器時代。

　　舊石器時代所遺留的石器，都是各種形狀的石斧，非常粗糙，可用
作獵獸的武器，也可作為切割之用。在印度許多地方發掘出這種石器，
而且多半是用很堅硬的夸耳石做的，所以亦稱舊石器時代的印度人為夸
耳人。這是我們現在所能得到的唯一證據。至於他們當時的生活，還只
能憑想像猜度：他們不知使用金屬，也沒有陶器，更沒有固定的家室可
住，大底都是巢居穴處，經常受到野獸的侵襲。當然不知耕稼，靠茹毛
飲血而生活。也有人認為現在居住於安達曼群島的黑人與這些原始人相
近，矮小、扁鼻、捲髮、黑膚，但也只是推想而已，他們會是今日印度
人的祖先嗎？

　　人類求生的進步畢竟是驚人的，從舊石器以後，逐漸獲得了利用自
然力量的知識與技能。我們無法估計這種演進的進度，也許經過了幾百
年、幾千年，或若干萬年，印度才有了比較高級文化的人類，進入到印
度的新石器時代。這時期的人類也大部分還是使用石器。他們的石器比
以前更光滑鋒利，而且也不限於用夸耳石塊，與舊石器時代截然不同。
新石器時代的遺物，印度每一地區都有發現。甚至已在馬德拉斯 (Madras)
的貝拉里地方，發現了打造這種石器的工廠，可以看出打造的幾個過程。

新石器時代的生活，有很顯著的分別。他們已知開闢土地，種植果樹與稻類。他們畜養牛群。他們知道用竹木燒火。也發明了燒窯，先用手做，而後用窯輪。他們住在洞穴中，牆壁上並刻有狩獵舞蹈的圖案，現在在南部印度和北部印度還可以看到這種洞穴。他們使用的陶器上也有花紋。新石器時代的人也用木料造舟出海。他們已知紡織。他們慣於土葬死者，在印度已發現新石器時代的墓穴。這些墓穴是用石塊堆成幾層，採用合葬的方式，這些墓穴是印度新石器時代遺物的特色。

我們從已發掘的遺骨遺物中，只有這些資料可以參考，新、舊兩石器時代的人，究竟有無關聯，至少現在還不能加以確定。不過，到了新石器時代以後，人們開始使用金屬的時期，卻可以確定他們彼此之間存在著漸進的關係。因為有一個時期是金石並用，形狀也相彷彿。在我們發掘銅器時代的古物中，非常清楚的看到銅被普遍使用於各樣刀斧與家庭用具。北部印度由銅器進入鐵器時代，也很明顯，但南部印度似乎沒有經過銅器時代，而從新石器時代立即進入鐵器時代。到了鐵器時代，印度已漸漸進入文化的搖籃。在印度河流域發掘出來的印度河流域文化是否即為鐵器時代原始人的延續，還是考古學家正在研究的問題。

就印度的人種來觀察，依體型及所使用的語文，可分成四類：第一類，多數高階級的印度教徒，身材修長、白皙、長鼻，使用梵文系語文，通常為雅利安人，或稱印度雅利安種。第二類，多數居住於半島的南部，與第一類的人完全不同，使用泰米爾、泰洛格、卡拉雷賽、馬拉雅蘭語文，我們通稱為達羅毗荼種人。第三類，住在山區或叢林之中，膚黑、矮小、扁平鼻，所操語文亦不同於前兩類，他們是屬於柯爾、貝爾、芒達等部落的少數民族。第四類，是高大的蒙古種體型，少鬚、膚黃、顴骨高，多居住於喜馬拉雅山區及阿薩密 (Assam)，如哥卡爾人、不丹人即其一系。後二類可能與印度新石器時代的人種有關。他們的進步較慢，被後來的達羅毗荼人所壓縮，而更後進入的雅利安人又將達羅毗荼人壓縮。不過這也只是一種推想。印度原始的土著究為何種人，實尚無定論。

　　談到史前史，最重要的仍是印度河流域文化。

　　近年考古學者在巴基斯坦信德省拉卡那地方發掘出來摩亨佐達羅，又在巴基斯坦旁遮普省的蒙哥馬利地方發掘出來哈拉帕，兩所都是古城，還有在信德省與俾路支等其他地方也發掘出來一些零星古物，確切證明印度的遠古文化距今已有五千年，而印度河流域也與世界歷史上像埃及的尼羅河流域、巴比倫的底格里斯與幼發拉底兩河流域，中國的黃河流域，同樣占有人類文化史的重要地位。可惜的是在所有已發掘的古物中，無法找到文字的記載，因而不能瞭解當時的政治情形如何，文化的程度究竟又如何。

　　當地人將摩亨佐達羅所在的拉卡那地方稱之為拉克麗斯坦(Naklistan)，意思是信德花園，是在印度河與西雷諾渠之間的一片肥沃土地之上。人們於五千年前在這兒建築了一座城池。由於印度河氾濫成災，這座城曾連續被沖毀，至少重建了七次。自然不是每次被毀後立刻重建，可知它最後被埋於地底下之前，已存在了有相當長的時間。現在這座城市，被發掘重現在人們的面前，供大家研究。

　　城池的面積相當大，到處有住宅建築，從兩房的屋子到寬度八十五英尺，縱深九十七英尺的大廈，外面並有厚四英尺以上的圍牆，都是用質地很好的泥磚蓋成。有的磚長達二十英寸，寬十英寸，厚達三英寸。大型建築有高達兩三層的，並有地板、門窗、走廊等設計，屋內家家皆有水井和浴室。除一般民宅外，尚有不少巨型建築，設計相當精美，大廳寬大達八十方英尺，想是宮殿或廟宇。最受人注意的，是城內的大游泳池，長三十九英尺，寬二十三英尺，深八英尺。泳池的四周有更衣室與走廊，引水道高達六英尺，整個游泳池的建築長一百八十英尺，寬一百零八英尺，外牆厚八英尺。五千年來泳池的建築，保持相當完整。城的街道寬敞而平直，兩旁有排水溝。從城市的設計與建築來推斷，當時必定是相當繁盛的都市，建築的藝術也相當美觀，在同一時代其他各國所發掘的廢墟中，尚很少有這樣的規模和水準。

圖3：摩亨佐達羅的住宅及下水道遺跡

人民的生活也相當完備，他們食用小麥、豬肉、魚類和蛋類。棉織品是很普遍的穿著，也有羊毛織品用以禦寒。男人和女人都佩戴裝飾品，包括項鍊、手鐲與戒指。女人也戴鼻環與耳環，大小形式均有，大半為金、銀、銅與象牙質料。家庭用具多用金屬或窯器或石器，但沒有鐵器。有小型車子、轎子，還有兒童的玩具。武器多用銅或石做。另外發現幾百顆印章，上面刻有獸類，並有圖畫文字，但到目前為止尚未能辨認。這裡的居民必定與外地和國外有相當頻繁的商務貿易關係，銅和寶石顯然是外國運來。古物中亦有神像，其狀類似印度教的保護神濕婆 (Siva)，但也不能斷定此一區域的文化與後來的雅利安人有何關連，因後者遲至西元前十五世紀始遷徙入印，已相去一千餘年。也許將來續有發現則當別論。

主持上述發掘工作的考古學家馬歇爾教授 (Sir John Marshall) 曾謂：「有一件事是非常明白，摩亨佐達羅及哈拉帕發掘出來的古物，已證明這兩地的文化不是初發軔，而係經過了相當長時期的演進，存在於印度土地之上，背後有萬千人之努力所造成。因此應當承認，印度亦如波斯、美索不達米亞和埃及一樣，同是人類文化開創與演進的重要地域之一。」❶「例如這一時期棉花的紡織只限於印度，直到兩、三千年以後始傳入西方世界。我們也不知道在埃及、美索不達米亞或其他處所的史前史中，存在著有如摩亨佐達羅及哈拉帕一樣的住宅建築及那麼大的游泳池。在那些國度裡，花不少的金錢與精力去建築大的宮殿與廟宇，而一般平民的居處，似未受到大的注意。但是在印度河流域的情形剛好相反，

❶ Goldon Childe, *What Happened in History*, Piliean Books, 1943, p. 122.

最好的建築都是為了市民的使用。」「同樣值得重視的是，印度河流域所顯示在藝術與宗教上的獨特個性。我們還沒有在同一時期的其他國家中，發現有像這兩所古城中的古物，它們所表現的結構、設計，線條優美，功夫到家，有如這兒的藝術品。甚至在希臘的古典藝術時期以前，我們也找不到像在哈拉帕所發掘出來的兩座人像這樣好的作品。宗教方面，他們也像後代印度所有宗教的印度個性。」❷

　　也許我們還可以進一步指出，印度河流域文化與波斯、美索不達米亞及埃及文化相形比較之下，更略為超過。它是一種城市文化，商人階級富裕，顯居重要地位。街道平直，小店蝟集，頗像後代印度的市場。而種種設施，有條不紊，可想見必有相當完善的市政管理與法定程序。

三、《吠陀》文化

　　一般印度人對《吠陀》的認識，多當它只是古代雅利安人祭神用的經典，艱深而又神祕，但是歷史學者和文學家卻知道《吠陀》所記述的乃是初期雅利安社會的實際寫照，反映當時人們多彩多姿的生活，以及他們的感情與豐富的想像力，是千古不朽的文學作品，同時也是研究印度古代史唯一的、不可或缺的史料。《吠陀經》的範圍，通常按其編寫的先後，分成四《吠陀》乃至六《吠陀》，但不管如何區分，《吠陀》就只有《吠陀》，在同時期裡沒有《吠陀》以外的其他書籍可以用來解釋，所以只有憑《吠陀》本身的文字來作研究。所謂四《吠陀》是《黎俱吠陀》、《娑摩吠陀》(*Sama Veda*)、《耶柔吠陀》(*Yajur Veda*)、《阿闥婆吠陀》(*Atharva Veda*)，外加《梵書》(*Brahmana*) 與《奧義書》(*Upanishad*) 即成六《吠陀》。《梵書》是補充記載各種祭禮的規定，《奧義書》則是闡述哲理之學，二者均具有四《吠陀》的地位，故並稱六《吠陀》。《吠陀經》所使用的文字，不同於一般梵文，不但是為了便於祭祀，所以自成格調，不像普通梵文易懂，同時其中提到的神祇，都已人格化而用人名代替，所以很

---

❷　J. Nehru, *Discovery of India*, Pitman Press, 1946, p. 59.

難獲得清楚的概念。例如他們稱火神為阿格利，雷神為因德拉，天神為瓦諾拉，太陽神為蘇雅等等。《吠陀經》中最早的《黎俱吠陀》共十卷一千零二十七首，多係頌辭，即拜神的詩篇，充滿著虔誠的敬仰之心。試舉二誦於下：

頌黎明

> 神的女兒向我們顯現，
> 明亮的晨褸發出柔和的光澤。
> 掌管人世榮華的女神呵，
> 吉祥的黎明今日光臨我輩。
> 她使我們看到天上的奧祕；
> 女神已卸下了黑暗的袍服。
> 健馬如飛喚醒了整個大地，
> 端坐在上面的是黎明的來到。
> 帶著無數的祝福，
> 她放出光芒萬丈，
> 最後的哀傷也已成為過去，
> 第一個明亮的早晨來到當黎明興起！
> 興起，我們又得到了生的氣息，
> 黑暗遠逝，光明來臨，
> 她為太陽鋪路，
> 我們已經到達那人類長存的地方❸。

讚天神

> 是保衛者，世上的主，
> 看萬物近在眼前；

---

❸　R. V. I. 133, *History of Sanskrit Lit*, 1900, p. 83.

祕密中，想要做些什麼？

對神來說，一切都是公開的。

誰在暗地裡，叫人動或靜，

誰想找一庇護所，立刻躲避，

兩個人在祕密商量些什麼，

天神都很清楚。

天神擁有這地上的一切，

在無邊無際的天空。

海洋也是隱藏的，

但是最小的一滴水中也有它。

縱然我爬得再遠，

也逃不開他的威力，

看不見天上下來的密探，

但是億萬隻眼睛在觀察。

天地之間究竟是什麼，

天神公開的存在，

他無數發亮的眼睛，

包含著宇宙，也掌管著它❹。

　　這些辭句究何所指，實很難說，但是它讓人們彷彿看到黎明之神是何等親切溫柔，天神又是何等慈祥偉大，真像是那麼接近，那麼和人類友善相處，這宇宙真是莊嚴而可愛。在這兩首頌辭裡，提到女神的晨褸、馬車，還有天神所看到的人間祕密、密探等等，想也是當時社會的寫照。

　　在《黎俱吠陀》中出現不少河流的名字，喀布爾、蘇瓦特 (Swat)、谷蘭、耶朗、齊南甫 (Chenab)、古馬、新德、拉維、贊木拉等等，這些河流分布在阿富汗至恆河上游的地區，證明他們活動的地區包括了印度

❹　R. V. 16. 1–5, *After Muir in Kalgi*, p. 65.

河流域至恆河的上游。下面我們根據頌辭來分述當時政治、社會、經濟、藝術與宗教的情形。

《黎俱吠陀》時代，政治和社會組織，似為家族制。書中出現有三個組織的名稱：格拉瑪 (Grama)、維士 (Vis) 及雅拉 (Jana)。格拉瑪是最基層的組織，上面為維士（村級），再上面為雅拉（部落）。各部落之上為拉甲 (Raja，王)。一個拉甲，大概是管一個地區內的幾個部落，現在印度的王公也稱為麻哈拉甲 (Maharaja，大王)。拉甲住在很漂亮的房子裡，有僕役服侍。拉甲之下有兩個組織，一個名沙米底 (Samiti)，現在印度國會的人民院（下院），即稱沙米底，但遠古的《吠陀》時期，沙米底差不多相當於國務院，但有時也具有中央民意機關的地位，可謂兼有行政與部分立法之權。另一個組織稱為沙巴 (Sabha)，現在印度國會中的聯邦院（上院），也稱為沙巴。沙巴在過去是由社會賢達（長老）組成，一面輔助拉甲，同時也有制衡作用。拉甲、沙米底與沙巴構成中央權力中心，但是拉甲就位時，必須在沙米底與沙巴的聯合會中宣誓，如果沒有經過宣誓禮，就不會被承認為拉甲。有些現代印度學者，認為印度最古已實行民主政治，過分強調沙米底與沙巴的地位，嚴格說來，究竟是很勉強的。

說到社會生活，這時期主要是以家庭為主。家中的成員都合住在一個房屋內，通常都是木造，每家都有一個火爐，有會客室與臥室。一家之主稱為丹姆巴底 (Dampati)，一般來說和藹慈祥，但偶爾亦有粗暴的人，將兒子的眼睛挖掉，因為兒子不聽管教。一般風尚喜歡多子多孫，祈求多子，生女亦予善待。子女的教育也很重視，女兒成熟即論婚嫁。愛情與金錢同等重視。婚禮在父家舉行。一般為一夫一妻，也容許一夫多妻，但不准一妻多夫。寡婦可以再婚。法律上不認可婦女的獨立地位，必須由男性親屬照顧。婦女在家中的地位還是受到尊重的，可以參加宗教的祭祀。服飾也相當重視，上裝是三件頭的衣服，內衣、上衣加外衣，多為棉織或羊毛織品。外衣常綴有金飾，在重要宴會或節日穿著。一日三

餐，食用麥餅、牛奶、乾酪、蔬菜、水果，亦偶爾食肉，牛肉很少，也沒有看到用鹽的記載。飲水為河水或井水，也有植物汁作飲料。

最流行的娛樂是競技、狩獵和戰舞。弈棋是很普遍的，打獵則為獵獅、象、野牛和鹿，歌舞則多為婦女所喜愛，在喜慶的集會中表演，喪事沒有歌舞節目，除非是慶祝殺死了敵人。人死用火葬或土葬，當時還很少寡婦殉葬的事。

在印度那時的社會生活中，影響最深遠的，莫過於種姓制度的建立，是自然漸進的，而非由任何個人所決定。四個階級依次為婆羅門（Brahmans，僧侶）、剎帝利（Kshatriyas，國王、武士的貴族階級）、吠舍（Vaishyas，從事農工商的平民階級）及首陀羅（Shudras，奴隸）。這四個階級據說是依照神的身體來嚴格劃分的，婆羅門代表神的頭部，兩手為剎帝利，兩腿為吠舍，首陀羅則為雙足。階級的區分是世襲的，彼此不得逾越，也不准相互通婚。我們知道前面三個階級，依規定都是屬於雅利安人，最後一個階級則是戰敗的俘虜，屬於達羅毗荼人。設立階級的最初目的是要保持征服者雅利安人的純潔血統，以後逐漸演變成職業性的分工。屬於思想高超，地位超然的人，決定政策方向的人，當然應該是高人一等，不必實際負責國事，但有極高的發言權，這便是婆羅門。其次軍政領導人物，必須利用他們的專業技術管理政治，捍衛國家，握有實權，但他們仍應聽命於決策者，所以屬於第二階級。再其次為農工商人，也可以說是生產者的中產階級，亦為社會的重要分子，他們經營貿易，溝通有無，擁有財富，但其地位則次於軍政領

圖4：種姓制度示意圖　左上是婆羅門，右上是剎帝利，左下是吠舍，右下是首陀羅。

袖。最後一個階級則為奴隸，是不可接觸的、卑下的，只能永生永世聽命於高階級，從事體力的勞動。

社會進化到某一程度，應有職業性的分工，原是很合理的發展，也唯有如此，方能使整個社會利益得以和諧進步。但是職業分工，應隨個人的天賦、興趣與努力程度，經由自由意志的選擇，而不可予以限制，尤其不應當世襲。這樣就會產生階級的矛盾，否定了個人的自由與權力，其結果必造成社會的不安與動亂。因此雅利安人定下四階級的制度，雖係基於分工的原理，但因為它是強制的，而且不承認立足點的平等，久之自然形成嚴重的社會問題，今日也成為歷史性的包袱。一般而言，愈至低階級，所占人數愈多，且愈有不平之感。現代印度國父甘地力主打破階級制度，並自比為賤民，很能得到一般人民的愛戴。

《吠陀》前期的經濟生活，主要是鄉村型態，《黎俱吠陀》中根本沒有提到過「城市」，不像史前期印度河流域的文化，已有相當發達的都市建設。每鄉均有鄉長，稱為格拉瑪里 (Gramani)，負責鄉政與治安。鄉民均以農為業，首陀羅則為農奴。當時很少人從事經商，鄉民彼此間交換有無，均以牛為計算單位，家畜除牛以外尚有馬匹羊群。運輸工具則用牛車或馬車。渡河有木筏，長途水運似少記載。手工業限於紡織、金、銀、銅匠與木匠，還有窯匠、雕刻匠。雕刻藝術品相當豐富，主要為神像。

宗教方面，很顯然與後代印度教有許多不盡相同之處。例如印度教徒將牛看得很神聖，聖牛是受人尊敬的，不可侵犯的。所以現在的印度牛口為患，無數的野牛成群出沒，毀壞農作物，但無人敢捕殺。牛肉是絕對不許食用的，殺牛而食等於侮辱全體印度教徒，必將群起攻之。可是在《黎俱吠陀》時代，經常出現殺牛為祭，並食其肉的記載。他們也崇拜多神，但婆羅門教已取得較高地位，雖然整個的教會組織等，尚有待進一步的演進。在《黎俱吠陀》時期，階級制度的建立，也是按著婆羅門教的規定而設立的。創造神和保護神已曾提到，這與後代印度教所崇拜的神祇相同。

四、《吠陀》後期

通常我們稱《黎俱吠陀》以後的三《吠陀》為《吠陀》後期。在《吠陀》前期中，我們已瞭解他們所活動的區域包括印度河流域至恆河上游區域。在他們發展的過程中，各部落互相爭奪，小的部落被併吞，到了《吠陀》後期的記載中，便出現了較大的王國，並有城市的出現。同時大的王國，逐步擴大其政治與文化力量，向東向南發展，沿贊木拉、恆河上游及干達克河流域的肥沃土地，幾全為雅利安人所取得。他們並深入雲達雅叢林，在德干區建立了強大的力量。他們的中心係從沙拉斯瓦底到恆河平原，由庫諾斯 (the Kurus) 及班察拉斯 (the Panchalas) 兩個大部落所占領。也就是從這個中心，婆羅門的文化向其他地區擴散。庫諾斯部落以安山德瓦底 (Asandivat) 為首邑，他們所轄的區域還包括了現代的德里 (Delhi) 與邁諾迭 (Meerut) 地區。德里是印度的舊都，邁諾迭則是1857 年大兵變中反對英人殖民統治的發難處，都是歷史性的政治中心。班察拉斯係以甘比拉 (Kampila) 為首邑，主要是今北方省的地區，這兒也是印度人文薈萃，物產富饒之區。庫諾斯族名王輩出，政績輝煌，直到佛教興起前始衰。班察拉斯族則代出賢人，尤多有道之士，但亦在佛教興起前衰落。值得注意的是，大部落的首領，在《吠陀》後期已逐漸由部落變成為王國的統治者，他們不但控制政權，而且擁有兵權與司法權，名義上婆羅門雖仍居高位，但王者的權勢愈來愈大，已不如早期《吠陀》時代，婆羅門得以唯我獨尊，發號施令，這一個新的演進，無疑是為佛教時代的出現，在政治上作了開路的先鋒。

社會生活方面，衣與住較少變化，食物則較多素食，少用肉類，大的集會並有歌舞樂隊的出現，所歌頌者多為史詩、較優美的梵文文學作品。女子的地位益見低落，不得參加祭祀典禮或政治事務，早婚、殉葬之事時有所聞，亦沒有接受平等教育的權利。在社會上四階級之間的禁制愈來愈嚴。王者雖有漸欲擺脫婆羅門控制的傾向，但是其他三階級之

間保持距離，壁壘森嚴。人民仍大多住於鄉村，但記載中已開始出現城市。鄉下農人漸成職業性的佃農或係農奴，土地所有權另由地主們所擁有。商人漸漸多了，他們販賣藥物、布匹、床墊和皮貨，且有國外買賣。

從《吠陀》後期至佛教時代之興起，在文學方面印度有很了不起的成就，我們稱之為史詩時期。所謂「時期」一辭，歷史的意義不大，因為前後很難劃分，但在文學上的意義極大，從這段時期的史詩作品裡，不但可以看到印度社會的各種變化，而且史詩本身具有極高的文學地位。家喻戶曉的史詩有兩部，一部是《羅摩耶那》，一部是《摩訶婆羅多》。前者係由詩人華米基 (Valmiki) 所寫，共七卷，二萬四千句，四萬八千行，描寫羅摩王子被逐、救妃、復國的故事。《摩訶婆羅多》係綜合有關戰爭詩歌編成，共十八卷，十萬句，二十萬行，並無作者。

《羅摩耶那》曾被改寫為歌劇、話劇及各種民間故事，流傳於印度、斯里蘭卡、印尼等地，它所描寫的故事極為生動曲折。據傳在恆河北岸有一個很古老的國家，名叫阿育陀，屬於雅利安人所有北部印度的一邦。國王為達薩拉塔，屬於剎帝利階級。達薩拉塔有皇后高沙麗雅、二妃蘇蜜特拉與最小的寵妃卡凱。皇后生長子羅摩旃陀羅，二妃生拉克與蘇特，寵妃也生一子，取名巴赫拉塔。羅摩王子容貌俊美，秉性仁孝，武藝超群，在一次國家射箭競技中，為鄰國公主茜妲 (Sita) 所傾慕，結為連理。後不久國王因感年老，冊立羅摩為太子，全國人民大喜，懸燈結彩，舉國慶祝。但國王的寵妃獨感不悅，故作愁容。王問之，始提出廢逐羅摩太子，另立己子為太子的要求。國王過去曾允諾，寵妃所求，有求必應，故只有含悲答應。羅摩謹遵父命，欣然同意，並告知母后。母亦欲偕往，但羅摩再三勸慰，請伴從父王，不宜從子。其妻茜妲堅持從夫，同甘共苦。同父異母二弟拉克手足情深，亦表示欲同行。因此兄嫂與弟三人，即辭別南行，從此過苦行僧宗教生活，食野菜樹根，專心祈禱。衣破則改著樹皮，四處飄流，居無定所，東至普拉雅拉，再南行入中印，棲居奇特拉庫特山中。

圖 5: 十八世紀描繪《羅摩耶那》史詩故事的繪畫

羅摩等飄流在外，國王思子心切，抑鬱以終。巴赫拉塔既傷父喪，又念王兄放逐痛苦，也就決心離家萬里尋兄，準備迎返交還王位。他們果得相遇於深山，但羅摩堅持父王曾命放逐十四年，限期未滿，不允中途回宮，並請其弟仍攝理國政。自是羅摩再南行，入叢林。該處為異族巢穴，反對婆羅門宗教信仰，與羅摩敵視，因此發生戰爭。羅摩大勝，如此者度過十三載。其時，印度南部隔海相對的獅子國（斯里蘭卡）國王拉瓦拉，聞茜妲之美，欲劫為己有，一日乘羅摩外出，偽裝乞丐入室，擄茜妲至獅子國，羅摩返回後，獲悉前情，結合德干諸部前往聲討。以渡海困難，填石築橋，時有猴王受其所感，亦發動猴群協助，橋成大軍直入，獅子國王戰死，羅摩攜茜妲回國，時已屆滿十四載，遂偕妻弟回宮，重掌國政，萬民歡騰。

這一段可歌可泣感人的故事，寫盡了忠孝節義的人間美德，無疑是為印度社會提出了千秋萬世的典型。當然這不是歷史，因此無從查證，整個故事根本只是出於原作者的想像，但以其年代久遠，家喻戶曉，故所敘述，實已成為印度後代兒女傳統思想中不可分的部分。

印度總理尼赫魯（Jawaharlal Nehru，1889～1964 年）曾謂:「在我童年最初的回憶中，總是想起母親對我講那些史詩裡的故事，就像歐美

的孩子們聽講勸世文與冒險小說一樣。我覺得史詩故事娓娓動人而又富
刺激性。以後我每年都被帶到露天戲臺去看《羅摩耶那》戲劇的表演，
那兒擠滿了人群，我也參加他們的遊行。這些自然都只是很簡單的表演，
但沒有關係，因為人人心裡都早知道這個故事。

　　是這樣的方式，印度神話和老的傳統漸漸進到我的腦海裡，混在其
他事物的各種印象中。我不認為故事的真假有何重要性，我甚至也批評
過它太戲劇化太離譜，但真像我看《天方夜譚》一樣，幻想為真。後來
年紀稍大，我又讀了好多好多的外國故事和神話，但我腦子裡所想的，
依舊是兒時所知的本國神話。

　　神話對我尚且發生這麼大的影響，那麼對其他更多的人，尤其是不
識字的群眾，將更產生何等巨大的作用！因為在理智上我是不很贊成神
怪亂離之說的。這些影響，無論是對文化對倫理道德而言，都是好的影
響，我反對將這些故事裡美的象徵加以破壞或者揚棄。

　　大部分的神話或故事，帶有英雄的觀念，也教人服膺真理，信守諾
言，知其不可而為之，置個人死生於度外，以大勇至善為大眾的福利而
奉獻犧牲。有時純粹是一片幻想，或者穿插了一些事實在神話之中，或
者過分誇張了某些地方，正如大家現在所知道的。事實與想像是這樣的
混淆不清而又難以分辨，也許不能清楚告訴我們究竟發生了些什麼事，
但同樣重要的是，人們相信它發生了，人們認為他們英勇的祖先能夠辦
得到，人們受到理想的鼓舞。所以不管它是真是假，它已成為他們思想
中的一部分，使他們能從日常的現實醜陋生活中昇華，為他們指引一條
人生奮鬥的大道，儘管它是那樣可望而不可即。」❺

　　尼赫魯這一段話，很恰當的說明了印度史詩對後人的影響，當然他
是從一位民粹主義派愛國革命領袖的觀點而說的，不是站在歷史研究的
學術觀點來討論。

---

❺　J. Nehru, *Discovery of India*.

　　S. Radhakrishna, *India Philosophy*, George Allen and Unwin, p. 50.

下面是羅摩回宮時的一段詩文：

家園在望，那兒是，
源出聖湖的沙爾蜜河，
湖畔的金蓮揚起香風，
沁透著每一位新娘的胸窩。
千百所廟堂聳立在湖邊，
碎浪打濺著阿育陀的城腳。
親愛的故國，皇室共同的媬姆！
妳的兒子，對妳千番思憶，
在妳洲渚環列的胸中撫育著百姓，
妳的流泉解救著萬民的飢渴。
她笑了，像慈母一樣的笑了，
她在伸手迎接她多年流放的
兒子，看，微風是多麼清和。

至於《摩訶婆羅多》，主要是描寫北印兩大部落爭霸之戰的經過。但是全書所強調的卻不是戰爭的本身，而是下面幾點：

㈠印度基本上是統一的，是由巴拉塔所創。本來最早的時候，他們不自稱為巴拉塔，而叫做雅利安瓦爾塔 (Aryavarta)，意思是雅利安之地，但那時雅利安人僅占有北部印度及中印雲達山脈的若干地方。《羅摩耶那》史詩所描寫的，是向南擴張的情形。後來《摩訶婆羅多》所敘述的，大約發生在西元前十四世紀，那一戰就是爭霸之戰，意即勝利者即為整個印度的主人，雖然事實上並沒有完全統一印度。有人說看了《摩訶婆羅多》，可以獲得兩個很強烈的印象，第一是複雜之中有和諧。第二是他們不斷追求統一，希望有一個發揚傳統的單一中央領導。

㈡《摩訶婆羅多》也包括了《薄伽梵歌》(Bhagavad Gita)，是寫黑

圖6：描繪《摩訶婆羅多》故事的繪畫

天尊者 (Krishna) 教訓一位將軍的話，這也是印度國父甘地最喜愛的聖歌。他在晚禱會中總是用來作唱詩之用，也有人說《薄伽梵歌》是印度哲學思想的基礎。聖歌中提示了修身齊家治國之道。缺少了這些倫理道德，社會就不能維繫。例如服膺真理與非暴力等等。它們是永恆的，不變的，而法律則隨時代與環境不同而變易。很奇怪的是一面描述戰爭，一面又倡導非暴力，好像二者並無矛盾。整個史詩的精神就是如此。非暴力主要從行為的動機上去分析，與其說是要求外表的非暴力，莫如從精神上保持自律，遠離憤怒與恨惡，來得更為重要。全部的《摩訶婆羅多》到處都有最寶貴的事物，它教人「己所不欲勿施於人」；「無益於社會而使自己蒙羞的事，千萬不做」；「成功不靠階級或家世，而賴真理、

自制、慷慨與非暴力」;「真的喜悅從憂患中得來」;「蠹因本身財富而死」;
「滿招損，謙受益」，類似這類的金句，都是至理名言。

五、孔雀王朝以前的印度

我們現在所欲探討的是孔雀王朝創立以前的土邦，耆那教與佛教的
興起，亞歷山大東征與西元前四世紀時的印度。

中國和印度乃是世界上歷史綿延最久的文化古國。中國五千年的光
輝燦爛歷史文化，不但活在我們歷代中華兒女的心目中，以迄今日，歷
久彌新，而且也有相當完整的史書與史料流傳後世。印度雖然沒有像我
們一樣的紀年史，特別是古代史，但是《吠陀》文化卻歷代相傳，活在
印度後世兒女的心目中，成為他們歷史文化的傳統。第一章中我們曾提
到，印度古代歷史中可以確定的紀年，要到西元前七世紀，而可以憑之
間接推斷印度史的年代，則是西元前四世紀亞歷山大東征那一年，西元
前 326 年。以這一年為基準，根據有關耆那教、佛教或婆羅門教的宗教
記載，我們大致可以瞭解西元前七世紀以後一段時期，印度北部土邦的
一些情形。

西元前七世紀印度大部分的土地，仍屬蠻荒未開發，但北部與南部
已有若干的小型城市，例如今巴基斯坦旁遮普省的塔克西拉 (Taxila)、信
德省的烏迦因 (Ujjain)，都可能是存在了很久的城市。另外和烏迦因齊名
的六大聖城，也是家喻戶曉的。它們是：瓦拉納西 (Varanasi)、哈德瓦
(Haridwar)、堪濟 (Kanchi)、阿約堤亞 (Ayodhya)、德瓦拉瓦底 (Dvaravati)、
馬索拉 (Mathura)，加上烏迦因，合稱七聖城。既為名城，必有長期以此
為中心的部落聚居，亦為較後時期發展成較大土邦的基礎。

較大土邦中最受人注目的，便是摩揭陀，相當於現在比哈爾 (Bihar)
省的南部。摩揭陀是部落的名稱，這個部落的首邑，也以部落名名之。
因為它具有相當的政治組織，通常我們也稱之摩揭陀國，玄奘的《大唐
西域記》，即稱之為摩揭陀國。在西元前四世紀時代，摩揭陀已擁有相當

地位，它與耆那教及佛教的興起，有很密切的關係。北部印度傳統的文學作品，大多是記載關於摩揭陀的事，所以摩揭陀的歷史也就成了印度早期歷史的代表，因為其他土邦更沒有可茲重視的紀年史。摩揭陀是在西元前 600 年左右，由貝爾勒斯酋長西索拉迦 (Sisulaga) 所創立的，我們即稱之為西索拉迦王朝，定都於迦雅 (Gaya) 群山之中的吉里甫拉迦 (Girivraja)。傳位至第五位大王賓婆沙羅 (Bimbisara) 時，征服了安迦 (Anga)，並建拉迦格利罕 (Rajagriha) 城，或稱王舍城。釋迦曾在此為賓婆沙羅講解佛義。賓婆沙羅曾是一位虔誠的耆那教徒。賓婆沙羅在位約二十八年，自西元前 582 至前 554 年。

關於摩揭陀國的情形，玄奘曾有一段記載，說這裡的國王幻日王，崇敬佛法，愛護百姓。近鄰磔迦國的國王大族王則荒淫無道，暴政虐民，欲來攻打。幻日王約集群臣會商，告以大族王將率兵來攻，實不忍殺戮，願遠走避戰。國人感動，跟隨國王逃到海島之上。大族王聞訊，領兵渡海來攻，幻日王以奇兵伏襲，俘虜了大族王，願與面談。大族王以衣蒙面道：「臣主易位，怨敵相視，既非交好，何用面談?」幻日再三告示，終不從命。於是幻日宣布其罪狀：「三寶福田，四生攸賴，苟任豺狼，傾毀勝業，福不祐汝，見擒於我，罪無可赦，宜從刑辟。」幻日王的母親博聞多識，又懂占相，聽說欲殺大族王，即囑幻日帶至宮中接見。勸慰大族王道：「大族幸勿恥也！世間無常，榮辱更事，吾猶汝母，汝若吾子，宜去蒙衣，一言面對。」大族道：「昔為敵國之君，今為俘囚之虜，墮廢王業，亡滅宗祀，上愧先靈，下慚黎庶，誠恥面目，俯仰天地，不能自喪，故此蒙衣。」王母道：「興廢隨時，存亡有運。以心齊物，則得喪俱忘；以物齊心，則毀譽更起。宜信業報，與時推移。去蒙對語，或存軀命。」大族謝曰：「苟以不才，嗣膺王業，刑政失道，國祚亡滅，雖在縲絏之中，尚貪旦夕之命。敢承大造，面謝厚恩。」於是取去面罩見面。王母曰：「子其自愛，當終爾壽。」又告幻日王曰：「先典有訓，宥過好生。今大族王積惡雖久，餘福未盡，若殺此人，十二年中，菜色相視。然有

中興之氣，終非大國之王。當據北方，有小國土。」幻日王遵母命，派隨
從護衛，送大族出海島。大族之弟，時已自立為王，大族失去王位，北
投克什米爾王，頗受禮遇。時間長了，大族竟率邑人矯殺克什米爾王，
自立為王，復西討健馱羅國，盡殺王族，株連百姓，未及一年，尋即殂
落 ❻。這段記載，人名、地名、時間均難確定，想係玄奘至印訪問之時，
聽人道說，姑予記載，但其中所引述幻日王母的話，在印度人心目中，
仍不失為一種傳統思想，亦說明了摩揭陀國在早期印史中的地位。

摩揭陀國崛起之時，印度西北方曾一度遭受波斯侵占，但此事與摩
揭陀國毫無關聯。波斯王大流士（Darius，西元前 521～前 485 年在位）
曾於西元前 16 年派斯開賴克士 (Skylax) 率領一支艦隊，試航從印度河到
波斯的航路。斯開賴克士從印度河上游裝備了一支艦隊，經過十三個月
的航行，終於抵達。大流士因此得以合併印度河流域成為波斯帝國的第
二十個行政單位，也是最繁盛富庶的一省，每年可收到鉅額的納貢。究
竟何時波斯失去對這裡的實際控制，尚未可知，不過亞歷山大東征時，
仍發現印度河被認為是波斯與印度的國界，但官方文書中未提到有波斯
官員管理河岸的記載，而當時事實上占有印度河流域的，卻是一些印度
的小土邦。

西元前 544 年摩揭陀由賓婆沙羅之子庫尼卡 (Kunika) 繼位，他在位
二十七年，建樹頗多，曾建築巴塔里 (Patali) 古堡，以後發展成華氏城
(Pataliputra)，他的母親是屬於利察維斯部落 (Licchavis)，他的妻子則是
矯薩羅 (Kosala) 國的公主。矯薩羅即今北方省，是最富饒的地區，當時
像摩揭陀一般，也是一個獨立國家。庫尼卡即位後，曾舉兵與利察維斯
及矯薩羅戰，打敗利察維斯並將矯薩羅予以合併。利察維斯這個部落，
居住於比哈爾的北部，他們的首邑瓦伊沙里 (Vaishali)，周二十里，為有
名的城市。這個部落上面有議會性質的組織，由民選長者組成，並互選
議長。他們採用獸葬，人死屍體掛在樹林，頗像過去西藏的習俗。有的

❻　玄奘，《大唐西域記》，卷四，「大族王與幻日王」條。

學者認為他們可能屬於藏緬族❼。甚至說西藏的第一代藏王也是屬於這一族，而且與釋迦牟尼同出一源。所以他們也假定釋迦牟尼以及耆那教的創主馬哈瓦拉都是屬於藏緬族的，因為當時在印度北部，確有藏緬族活動的蹤跡。婆羅門教徒則稱這些人為低階級的首陀羅。利察維斯族人維持他們在印史上的重要地位頗久，除摩揭陀的賓婆沙羅曾娶其族人為妻外，到了西元三世紀時，笈多王朝的創主旃陀羅笈多一世，也娶利察維斯族人為后。直至七世紀為止，該族族人也在尼泊爾居於統治者地位。

庫尼卡於西元前 527 年嗣位於其子達薩卡 (Darsaka)，503 年再傳至烏達雅 (Udaya)。他曾在恆河畔建築庫索馬波拉城 (Kusumapura)，距華氏城僅數里之遙。根據佛教方面的傳統說法，認為庫尼卡曾受到釋迦牟尼的堂兄狄瓦達塔 (Devadatta) 唆使，原係弒父自立，言之鑿鑿。但耆那教方面的記載，則謂庫尼卡忠於父王，在位期間，一切秉承父王賓婆沙羅的意旨而治理國政。實際是摩揭陀初創時，耆那教勢盛，最初兩位王者可能都是倡導耆那教的，所以後來佛教勢盛時，便對他們有所非議。不過這些傳說因沒有直接的有力證據，很難斷定事實真相。

賓婆沙羅父子與佛教創主釋迦牟尼及耆那教創主馬哈瓦拉二人有很密切的交往。賓婆沙羅最初和馬哈瓦拉的關係極深，以後也和釋迦牟尼有往來。庫尼卡則和二人保持同樣密切的關係，曾專訪這兩位聖者，聽他們講道。就在庫尼卡當國時期，釋迦牟尼於西元前 543 年證果，馬哈瓦拉則於西元前 527 年逝世。

西元前六世紀，印度社會上熱切追求信仰自由與宗教的解放。婆羅門自認為操人類禍福與生死大權的特殊階級，已引起屬於第二階級的王者剎帝利極大反感，王者們覺得並不低於婆羅門，更無理由承認婆羅門的特殊地位。另一方面，北部印度社會除雅利安人外，尚有藏緬族，他們受到雅利安人的種族歧視，尤其不滿婆羅門教殺牲獻祭，苦修以求解脫的那種機械理論，所以無不心謀反抗。當時有許多思想哲學界的人士，

❼ V. A. Smith, *The Oxford History of India*, p. 47.

提出神與靈魂、人神之間、救贖之道等類問題，百家齊鳴。有的主張唯識，有的贊成自救。但最大的兩支主流則為耆那教與佛教的思想，以及他們的教會組織。耆那教只流行於拉吉甫塔拉 (Rajputana) 及西印度，佛教則擴大成為全印度與世界性的宗教。而這兩大宗教都是發源於摩揭陀國，並且也都是在賓婆沙羅與庫尼卡的時代。

馬哈瓦拉出身利察維斯的貴族，放棄富貴榮華的生活，投拜巴斯瓦拉，研習哲理，四十歲時自樹宗派，即後稱耆那教。此後三十餘年間，遍遊摩揭陀即比哈爾南部，宣教布道。從者頗眾，據傳他在巴迭拉 (Patna) 去世時，已有徒眾一萬四千人，且有很嚴密的教會組織和教規。同時由於母為世家，因此與上層階級頗多接觸，摩揭陀國王賓婆沙羅及庫尼卡亦曾皈依耆那教。死年為西元前 527 年。

釋迦牟尼為靠近尼泊爾迦毘邏衛 (Kapilavastu) 城淨飯王之子，依婆羅門教的規定，屬於剎帝利階級。十九歲時與拘利城善覺王之女耶輸陀羅 (Yasodhara) 結婚，但世俗的安樂不能解除他心中的苦悶。終於在二十九歲時拋棄妻子，出家訪道。但苦行多年，悟道未成。後南行至菩提迦雅畢缽羅樹下始大澈大悟，隨後即雲遊各地布道，歷四十五年，八十歲時死於尼泊爾的拘尸那 (Kusinagara)。

釋迦牟尼成正覺時的場所情景，玄奘根據傳說曾如此記載：「如來勤求六歲，未成正覺，後捨苦行，示受乳糜。行自東北，遊目此山。有懷幽寂，欲證正覺。自東北崗登以至頂，地既震動，山又傾搖，山神惶懼，告菩薩曰：『此山者，非成正覺之福地也。若止於此，入金剛定，地當震陷，山亦傾覆。』菩薩下自西南，止半崖中，背巖面澗，有大石室。菩薩即之加趺坐焉，地又震動，山復傾搖，時淨居天空中唱曰：『此非如來成正覺處。自此西南十四五里，

圖 7: 釋迦牟尼

去苦行處不遠，有畢鉢羅樹，下有金剛座，去來諸佛咸於此坐而成正覺，願當就彼。」菩薩方起，室中龍曰：『斯室清勝，可以證聖。唯願慈悲，勿有遺棄。』菩薩既知非取證所，為遂龍意，留影而去，諸天前導，往菩提樹。逮乎無憂王之興也，菩薩登山上下之跡，皆樹旌表，建窣堵波，度量雖殊，靈應莫異。或花雨空中，或光照幽谷。每歲罷安居日，異方法俗登彼供養，信宿乃還。前正覺山西南行十四五里，至菩提樹，周垣疊甎，崇峻險固。東西長，南北狹，周五百餘步。奇樹名花，連陰接影，細莎異草，瀰漫緣被。正門東闢，對尼連禪河，南門接大花池，西阨險固，北門通大伽藍，壖垣內地，聖跡相鄰，或窣堵波，或復精舍，並贍部洲諸國君王、大臣、豪族欽承遺教，建以記焉。」❽

上述有關佛成正覺時的記載，或係當時發生地震而致地動山搖，無從查考，唯玄奘所見菩提樹情景，歷歷如目，亦甚有價值，數千年後之今日，該處仍為佛教徒頂禮膜拜之聖地。

耆那教與佛教在摩揭陀時代，亦可視為一種社會改革運動。二者均係反對婆羅門教之階級制度，反對殺牲獻祭。所不同者佛教循獨立發展方向，耆那教則常被認為係印度原有宗教之一。當然二者就其教義與教規而言，則有極大之區別。

1.《吠陀》精義

作者覺得佛教在印度，亦如耆那教，不是一種新創的宗教，嚴格的說，乃是一種宗教改革運動。釋迦牟尼要改革當時腐敗的婆羅門教教會，也不滿婆羅門僧侶所壟斷解釋的艱深教義。但是他的基本思想，仍自源於《吠陀》，不過加以深入淺出的解釋，發揚光大而已。所謂《吠陀》思想，我將它歸納為下列六點：

第一是「自我三生」。《奧義書》中，對「自我三生」之說，闡述甚詳。他們認為宇宙為無始無終的，而人生則是帶著無限的過去，走向無限的未來。「我」係父母兩個「自我」之結合，在母腹內十月懷胎時，即

❽　玄奘，《大唐西域記》，卷八，「前正覺山」條、「菩提樹垣」條。

開始為我之第一生。脫離母體，進入現世界，成為自覺生活之我，即為第二生。故「我」是帶著無限的過去而來。但有形體的第二生為時短暫，即使百歲人瑞，在人類整個古往今來的生命過程中，亦不過一瞬而已。第二生之結束，是必然的，人生自古誰無死？不過這一結束，只是一種變化，不是自我之最後結束，自我是無限的。第二生的自我，在現世界留下第三生，即綿延的子孫，奔向無限的未來。而另一方面自我還將繼續，成為另一第一生之開始。此一理論被佛教後來採用為因果輪迴之說。「自我三生」，對人生有一種積極鼓舞的作用，鼓舞人們不因第二生的艱難險阻，生離死別而悲傷，因為人人只須努力眼前的工作，就必能創造美好的第三生。因此他的前面，正有著無窮的希望與無限的前途。佛教輪迴之說，準此而論，基本上絕不是出世的、消極的。相反的，它是脫離情慾界，嚴守八正道，以金剛不壞之身，來救世界、救人類。這種我不入地獄誰入地獄的自我犧牲精神，乃是入世的、積極的。

　　第二是「自我至樂」。《奧義書》中，認定凡百事物之有數、有量、有覺、有聞者皆為有限；而無數、無量、無覺、無聞者為無限。依有限所產生之樂，永為有限，永待追逐，而永無止境，故非至樂。反之，無限的境界，再無補充，再無欠缺，生活在無限之中，精神上永遠是充實的、滿足的，享有至高之極樂。這「無限」在何處？無限就是宇宙，無限就是「自我」。認識自我、創造自我、發揮自我，就是至樂，不待他求。自我之外的物，均是有限，愈追求，愈空虛，但轉而向內，卻是海闊天空，既不患得患失，更無寵辱縈懷。這一理論之裨益於世道人心，應無置疑。

　　第三是「自我至大」。所謂自我至大，是不受空間限制，與「自我三生」合論，更不受時間限制。「自我」可大可小（對比而言），就像孫悟空，有時小如一根繡花針，搖身一變，又成了龐然大物，他也可遠可近，一個跟斗可翻十萬八千里，但翻來翻去，卻又在如來佛的手掌中。總之是隨「心」所欲，「自我」其實就是那個「心」，那個一念之間的「念」。

每一個自我，都是頂天立地的。我在宇宙中，宇宙在我以內。我之外是宇宙，我之內也是這個宇宙，我與宇宙根本就是一體。凡是認識自我至大的人，無所懼於天地之間，亦無所求於天地之間，所謂「為而不有，功成不居」，那是理所當然之事。當這種潛力發揮至最高點，必可動天地而泣鬼神，震撼全世界人的心弦。

第四是「崇尚一同」。《吠陀經》，特別在《奧義書》中，對宇宙本體，早持一元論。《吠陀》時代的雅利安人相信宇宙萬物雖呈現不同的外相，但本體相同，皆屬於「梵」，「梵」遍存於整個宇宙，充塞乎天地之間。只是「梵」依附的物質不同，故呈現不同的外表。人若只從外相觀察，那就只見得差別，識不出一同。人世間的紛爭，當然無可避免。試以燃燒為例。物質未燃燒前，看不見火的蹤影，此非火不存在而係潛伏著。林中之野火，爐中之炭火，燈中之芯火，雖其為林、為炭，為芯各不相同，但同潛伏有發火之能，同為可燃燒發火之物。亦若「梵」之存在於有情眾生。又如月像現於水中為例，波平如鏡的湖面，奔流不已的長流，汪洋無際的海洋，乃至幽谷深潭，涓涓細流，當其在明月之夜皆可映現一輪明月，見得水中之月，即知天空有明月。再以果實為例，美果千百，任擇其一，取其仁不斷二分之，分之無已，最後必得一種微質，此種微質雖非肉眼能見，但確為各種果樹生命的泉源，而宇宙萬物亦莫非此微質所形成。

芸芸眾生亦復如此。「梵」寄存於我人血肉軀殼中，使成為有生命之身。人若不能覺察其有「梵」之存在，則軀殼有若朽木，徒充肉慾工具，且必永淪苦海，與草木同腐。但若能自明為「梵」之附著體，心中有「梵」，則處處皆莫不見「梵」之存在，不特所見人類社會如此，即鴉雀亦皆我屬，山海亦我同族。無人我之分，至樂境界，隨即湧現。

人之所以無明，乃在於只見得差別相，而不辨萬物一同，宇宙一元之理。其無明係放縱情慾，困惑於財富，沉湎於物質的追逐，純至心神不注，意識外奔，糾纏在無邊的生死輪迴中，不得超脫。

《吠陀經》所提一同之論，雖不若今日科學昌明時代，能證明核子實為構成物質之基本，但已說明宇宙一體之理，且以此推及人類社會，因不察一同致矛盾衝突，歸於幻滅，因而勸世人營真實、苦行、真知及純良生活。

第五是「大仁大勇」。《吠陀經》極力闡揚勇毅果敢，自我犧牲，強而不暴的美德。其所描述的大無畏者，殆已成為後代印度兒女仰慕的典型。大無畏者所見芸芸眾生，莫非沉淪苦海，亟待救贖的弱者，外似兇狠，實則僅憑血氣之勇，內心時在恐怖中度日。無畏者對世俗榮華無動於心，又本濟世救人之心，行己立立人之志，與梵合一，自然無所懼於天地之間。此種精神，至佛陀便光大成為我不入地獄誰入地獄的犧牲救世之大慈大悲，也就是後來印度國父甘地先生所表現的絕食毀食，追求真理的大勇。

第六是「泛愛眾生」。前述崇尚一同與大仁大勇的精神，事實上已包含有泛愛的思想。《吠陀經》特別強調人生皆受羯摹律（因果律）的支配。所有種種之「業」，必有後果。善因善果，惡因惡果，絲毫不爽。而今世所積之因，當於後世收穫其果。肉體的死亡，僅為現世界一生的結束，同時又向來世的生命途程前進。善因中之大者，則莫如遠離塵身，獻身為梵，以保持靈魂的純潔，而泛愛便是獻身的實踐。

上述印度《吠陀》思想的基本精神，是雅利安人定居印度後，靜觀宇宙，體察人生所獲的心得，同時為了維持其優越地位與血統的純潔，因此乃創立婆羅門教及嚴格的階級制度，更提出苦行與獻牲，作為尋求超升解脫的捷徑。苦行意指個人的苦修，獻牲乃是殺牲祭神，以替代人類的血祭。屬於第一階級的婆羅門僧侶，不只藉殺牲獻祭的手段，得以斂積世間財富而構成為特權階級；且以其操持獻祭的大權，乃更可支配世人來世的禍福。加以其所倡導的苦修節慾，非一般人所能做到，而對於經典的解釋與研究，又不准次於僧侶以下的其他階級所問津，久之自然引起普遍的反感。雅利安人初居北印時，僅有部落式的政治組織，酋長聽

命於僧侶，藉以鞏固其地位，但降至西元前七世紀左右，小型的獨立王國乃開始出現，這些新興王國的政治領袖人物如賓婆沙羅、阿迦塔沙樹羅等，自不願見王權長此受制於婆羅門僧侶，因而一次大的宗教改革乃開始發生於印度。最先是馬哈瓦拉所領導的耆那教派，反獻祭殺牲，主張絕對苦修。其次乃是釋迦所提倡的佛教，而尤以後者的影響最為深遠。

2.耆那教教義

耆那教的教義強調宇宙萬物均有生命，人類、動物以及昆蟲、草、木、花、石，乃至風、火、水、氣等，皆莫不有知。傷害樹木花草，它們也會感覺痛苦，宇宙間有兩種靈魂，一屬物質的，一是屬靈的，同時存在。如何將屬物的靈魂，提升到屬靈的靈魂，則在持戒苦修。耆那教主張絕對控制物慾。認為宇宙間別無一偉大之神的存在，神即存在於屬靈的每個靈魂之中，是至高聖潔的、全能的。這也就是《吠陀經》所述天人合一的說法。認宇宙萬物同源，同為「梵」。雖有生與無生之物，各因其屬性之不同而有外表差別，然本體皆為「梵」，梵存在於宇宙之中，無所不在，附麗於萬物之內。耆那教徒不得傷害任何他人的感情、男女或孩童，也不得破壞教規。一切的人均應謹守道德原則，帝王將相、大商巨賈、工農大眾。「盡責、盡做人的責任」，此為耆那教的基本精神。禁殺戮，但不妨害應盡的職責。國王與法官必須處犯人絞刑。因罪犯的行為侵犯了被害者的權利。國王與法官乃係糾正不義者，同樣的，兵士在戰場殺敵，亦屬正當。耆那教主張絕對苦修，甚至要求控制身體的內臟，以求能超然物外，頗不易為一般人所能接受。今日所謂瑜伽之術，即係從耆那教分衍而出，但僅注意軀體之控制，已失原有精神解脫的宗教意義。

3.佛教教義

佛教的基本教義，即釋迦牟尼在婆羅拉 (Bornona) 附近的鹿野苑，向五苦行者說「法」時，所講的四諦 (真理)。《涅槃經》曰：「我昔與汝等，不見四真諦，是故久流轉，生死大苦海。若能見四諦，則可斷生死。」所

謂四諦，即苦諦（果）、集諦（因）、滅諦（果）與道諦（因）。何以先說果後說因，蓋「果粗易見，因細難尋。菩薩怕造因，眾生怕受果，故先說苦果，後說苦因，使眾生易於曉了。」同時先說滅後說道，在使眾生能證滅寂之樂，不致聞道而卻步。《佛遺教經》曰：「月可令熱，日可令冷，佛說四諦，不可令異。佛說苦諦實苦，不可令樂。集真是因，更無異因。苦若滅者，即是因滅，因滅故果滅。滅苦之道，實是真道，更無餘道。」可見四諦確為佛教的基本教義。

　　要解釋四諦，先要瞭解佛家的一項基本觀念。大體上他們認為宇宙一切，本是不增不減，不生不滅，我們所看到的只是因緣和合的「現象」，無常亦無我，只是一連串不斷的變化。這種變化包括六「相」：在現象世界中，就某一事物言，其事物之全體為「總相」，總相中之各部分為「別相」，總相與別相間之現象為「同相」（緣起），別相與別相之間的現象為「異相」，別相會合而成時稱為「成相」，別相不會合便是「壞相」。這種種錯綜複雜的排列組合，互為因果，剎那流變，是相對的、依存的。此生彼生，此有彼有，此無彼無，此滅彼滅，人之所以敗壞、死亡、哀傷、痛苦，是因為不明白上述的道理。因無知乃有種種意志的活動而成業。因為有種種意志的活動，乃有知覺的生起。因為有知覺，乃有精神與肉體的現象產生。因有精神與肉體的現象產生，乃有感官與心電對外境的接觸。因為有接觸乃生感受。因為感受，乃生貪慾、渴愛。因為貪愛，乃生執著。因為執取乃有存在。因存在乃有生命。因為有生命乃有敗壞、死亡、哀傷與痛苦。他們認為一切本為虛妄、為無常、為空、為相，偏偏執著為真、為實、為有、為常，所以流轉生死大苦海。必須

圖 8：鹿野苑遺址　釋迦牟尼悟道後首先在印度北方的鹿野苑教授佛法，也使此地成為古印度的佛教聖地。

經由正道，從大覺大悟中，從一切處、一切事、一切物中見「緣起」，明瞭諸法無常，諸行無我，才能因滅而果滅，證滅寂之樂。

有了這一基本的看法，我們再來細說四諦。

先說苦諦。是說一切有情有為心行，皆為「無常」患累之所逼惱，輪轉生死，無窮無盡，故名為「苦」而以「逼迫」為相。人生之中，約為八苦。即為生、老、病、死、怨憎會、愛別離、求不得、五蘊熾盛，其中「生」苦為源，蓋係眾「苦」所逼，變「苦」所依。整個人生，乃為一片苦海。但佛家認為他們的理論並不是悲觀，也不是樂觀，而是實觀。生命除了苦難與哀痛之外，並非別無他物。他們只是正確客觀地告訴眾生，即使是所謂快樂的感覺，快樂的境遇，也包含在「苦」裡面，因為如天倫之樂、五慾之樂、染著之樂、色身之樂、心靈之樂都是無常的，遲早要改變的，不是永恆的，所以終究還是產生痛苦。此外生、老、病、死，當然是苦。怨憎會是「苦」，求而不得是苦，愛忽別離是苦，五蘊熾盛更苦。

所謂五蘊熾盛苦，就是由於五種「因緣和合」而生的苦。這五種因緣和合便是色、受、想、行、識五蘊。「色」包括了所有物質的因緣和合，例如地、水、火、風；還有人的感覺器官眼、耳、鼻、舌、身，以及外境相應的對象色、聲、香、味、觸等等。「受」是感覺的因緣和合，包括所有身心器官接觸外界所生的感受。眼根——色塵，耳根——聲塵，鼻根——香塵，舌根——味塵，身根——觸塵，意根——法塵（思想意象）。「想」是辨別認識各種身心活動對象的因緣和合。「行」是所有善惡的意志活動，就是「業」。「業」就是先有了意志，然後指揮心智所發出來的善惡活動。「受」與「想」，不是意志的活動，不能產生業果。「識」是知覺的因緣和合。是以六根之一為基本以及相應的六塵之一為對象而生的反應。例如眼識是以眼根為基本而以可見的形態為對象而生的反應，只是察覺其存在而沒有認識，是普通的視而未見。

五蘊都是因緣和合而產生，如無因緣和合，就不能生起。各種的識，

是從使它生起的因緣而得名。如眼識必須眼根、眼塵、光與注意四緣俱備時才生起。一旦因緣消失，其識即停止。所謂因緣和合，換句話說就是指種種必備的條件齊備的那一剎那。但也只是一剎那，因為生命之流，遷流不息，無有恆常。所以五蘊中任何一蘊都不得認為是真正的我，但五蘊與肉體相互依存，卻並無真體實我存在，因為我也是不斷在變，一個消逝，接連一個生起。明瞭這個道理，就知苦之生起、苦之止息及滅苦之道。但一般人不見苦，所以流轉生死大苦海。

其次說集諦。集是招聚的意思，是說苦的生起和根源。苦的根源是渴愛，包括感官享受的慾求（慾愛），生存的渴求（有愛），不再存在的渴求（無有愛）。渴愛不只是對慾樂、財富、權勢的貪求與執著，也包括對意念、觀點、意見、概念、理論、理想與信仰的執著與貪求。世間一切困擾與紛爭，無不由這種自私的渴愛所引求。由此諸慾，招來苦報，是名為集。所集者皆是過去、現在及未來的苦因。眾生身壞命終，死此生彼，永不得離，皆由此因，招聚苦果。

再談滅諦，指苦滅無餘，苦是可以消滅的真理。謂人們所有貪愛，可永斷無餘，無染無著，永不再苦，即是涅槃 (Nirvana)。人類可以經由持續不斷的自身之努力，澈底消滅苦因，就是澈底消滅愛慾與五蘊之身的貪求，斷愛止貪，獲得永恆的解脫，就是苦的止息。但是涅槃不是結果，只是一種境界，在那種境界之中，智者內證，連感覺都沒有了，沒有感覺，就是快樂。只有清淨、溫柔、慈悲、和善、同情與寬容。如何能達到這種境界呢？這就是道諦。

道諦乃是導致苦之止息的途徑，稱為八正道。釋迦牟尼並不以神自居，而認自己是一個單純的人。他強調人性的完美，認為人都有潛在成佛的性能，人應自己主宰，能否成佛，則要靠自己的修行。照著八正道去苦修。八正道依次為正見（正實的知見）、正思（正確的思維）、正語（正直的言語）、正業（端正的行為）、正命（正當的職業）、正精進（正確的努力）、正念（正淨的意念）、正定（正統的禪定）。其中正見、正思

是修慧，去私乃慧。知見是理見，真知灼見，而不是表面的事見。正語、正業、正命是以愛與悲為基礎；正精進、正念與正定則是心智的鍛鍊。最後的境界是正定（禪定）。外離相為禪，內不亂則定。外禪內定而為禪定。

佛家的理論，歸納來看，是說這現象世界與本體世界都是變易的、虛空的，但是我們卻當它是不變的、實在的，因而生起貪愛之心，作出貪愛之業，所以煩惱痛苦，我們的淚水比四海之水還多。但如能「識」破法我皆空，「但有假立非實有性，依識所轉變而假設施」，並勤修克制自己，不為外界現象所動，不為內在思緒所亂，就可禪定滅苦，擴而充之，自覺覺他，達到完美境界的極樂世界。不必求神也不必他求。這些理論說來容易，聽來也很有理，但要篤信力行卻不容易。因為人憑知覺所認識的現象世界（法），好像一切都是真真實實的，本體世界（我）更是實實在在的，怎能說是「空」，是「無」，是「變」呢？這是因為沒有識破現象世界與本體世界，你認為是實實在在的「有」時，其實只是一些因素和條件的湊合，至於那些條件或因素叫什麼名稱，都不重要，而這種湊合又在不斷地變，因此根本就沒有什麼具體實在的存在了。就如浮光疏影，雁過長空，風來水面，踏雪飛鴻，若有實無。明瞭這一層道理，就不再有貪愛之心而能免除煩惱了。但佛家並不到此止步，其所以能發生大影響，更在於那自我犧牲，普救世人，普渡眾生的泛愛理想，加以人人都需要愛的滋潤，都難免煩惱痛苦，亟望脫苦得樂，所以佛教就易為人所接受了 ❾。

摩揭陀國西索拉迦王朝共歷十主，最後兩王共享國八十三年。末代王馬哈南丁 (Mahanandin) 娶首陀婦，生馬哈巴德馬拉陀 (Mahapadma Nanda)，弒父自立。此後即進入拉陀 (Nanda) 時代。馬哈巴德馬共有八子，合稱九拉陀。武功極盛而暴政虐民，擁有步兵二十萬，騎兵兩萬，戰車兩千乘，象四千匹。其時外有亞歷山大之東征入印，內有革命勢力之勃

❾ 吳俊才，《東南亞史》（增訂本），中華書局。

起。西元前 322 年被孔雀王朝之創主旃陀羅笈多所滅。

六、亞歷山大東征入印

西元前 326 年希臘馬其頓 (Macedonia) 的亞歷山大大帝東征印度，在東西交通史上是一件大事，對印度也是驚天動地的大事。在此以前，沒有歐洲國家曾侵入印度，也沒有西方人到達印度。但是這一史事卻沒有任何印度方面的記載，一切的經過都是希臘人所作的記錄。亞歷山大征服大夏 (Bactria) 之後，即決心實現希臘前王及波斯王等所久望實現的理想——東征印度。亞歷山大當時並不瞭解印度的情形，他是一位好大喜功的君王，但從不盲動，他行軍之前，必須掌握了前方的情報並確保後勤補給的安全，方採取行動。他的軍事情報部門，在每一次大的戰役開始前，很難提供正確的情報。

西元前 327 年 5 月，大軍越過興都庫什山，占領了喀布爾 (Kabul)，並肅清蘇瓦特與巴爵 (Bajaur) 兩河谷的野蠻部落，使無後顧之憂。西元前 326 年春初，亞歷山大指揮大軍，用船搭橋渡過印度河，前進到塔克西拉，這是一座繁榮的大城，是印度河與耶朗 (Jhelum) 河之間安比 (Ambhi) 王國的首都。安比王開城歡迎亞歷山大的大軍，宰牛三千頭、羊萬隻予以慰勞，可見在西元前四世紀時代，印度社會仍是宰牛宴客，並支援人力五千供亞歷山大調遣。塔克西拉城占地十二方英里，在今巴基斯坦旁遮普省拉瓦平底 (Rawalpindi) 的西北二十英里，是中亞通往印度的軍事重鎮，但由於安比王的綏靖政策，故當時無抵抗亦無進攻戰鬥。塔克西拉為文化都市，安比及附近小國的人民，均送子女前往此城就讀，研讀《吠陀經》，尤以醫科享有盛名。塔克西拉也有一些很奇怪的風俗，根據希臘人當時的記載，窮人家的女孩，長大後送到市場上出賣。買主要她們脫下上衣，先看背部，次看兩肩，最後相面，如果認為滿意，談好交易條件，即可買下。當地是多妻制。人死後棄屍山野獸葬。夫死妻室陪葬，其有不願者，則為人所不齒。此等賣女、多妻、陪葬、獸葬等

惡劣風俗，後代印度社會也仍風行，原來自西元前四世紀即已開始。此與中亞一帶的習俗亦頗相近❿。另由其他記載，我們瞭解這時期的婆羅門教已根深蒂固，一般社會生活，已有高度水準。可知塔克西拉與旁遮普一帶，曾是年代久遠的都市。

　　亞歷山大率部在塔克西拉略作停留補給，即揮師東攻位於耶朗河與齊南甫河之間的王國勃魯 (Puru)，。勃魯王嚴陣以待。亞歷山大看到高大的旁遮普戰士，知道他們是當時在亞洲最驍勇善戰的軍隊。果然在耶朗河遭遇到堅強抵抗。直到 6 月底 7 月初河水上漲，增援再攻。但是戰馬不敵戰象，如此又固守未進達數星期。最後選擇在營壘以東的河身狹窄處強行偷渡成功，兩軍遂接戰於卡利平原 (Karri Plain) 之上，勃魯軍有步兵三萬，騎兵四千，戰車三百乘，猛象二百匹。經過交鋒激戰，象隊或死或俘，戰車全毀，陣亡士兵達一萬二千名，被俘者九千之眾，被希臘軍大敗。整個希臘部隊的傷亡則不過千人，身高六英尺半的勃魯王則因受傷九處戰至最後被俘。亞歷山大慨允善待勃魯王為國王，並與之締盟。克勃魯後，亞歷山大驅師再進，渡拉維河，下阿塔斯城 (Altas)。希臘士卒以數經苦戰，且前路迢迢無止境，抗命不願再戰，遂止於阿塔斯城。亞歷山大將所掠城池委由勃魯王以副皇名義管轄，並決定造舟船一千，載輜重及部隊，循耶朗河坐船班師⓫。

　　亞歷山大的東征印度，證明東西之間海陸均可通行，雙方經此接觸，文化的交流與相互影響雖均為間接的，但卻十分重要。至於政治和軍事方面的影響，因亞歷山大部隊並未深入印度，所以並沒有留下大的改變。

　　西元前四世紀時的印度，尚沒有強大帝國的存在，有的只是若干獨立的王國，據亞歷山大東征後二十年希臘人梅迦薩納斯 (Megasthenes) 所作的記載，共有一百零七國，而希臘部隊所經之地則有七國，即今旁遮

❿　John Watson M'Cridle, *Ancient India as Described in Classical Literature*, Archibald Constable and Co., Ltd., 1901, p. 69.

⓫　J. B. Bury, *A History of Greece*, Macmillan, 1904.

普與信德兩省之地。這些王國有的是小王稱霸，有的則為共和形式的政制。總之強而有力者能擊敗他人，即可劃地稱王，受人擁護。

　　這時期的商業也相當發達，無論是國內和國外貿易，奢侈品也相當普遍。位於北印的人都知道最南邊地方的名字，大家也知道，好的象出產在東部，最差的是西南貨色，中等的象則係來自達散河流域 (Dasan River)。孔雀王朝的開國首相柯迭拉 (Kautilya) 在《治國寶典》(*Arthashastra*) 中曾記述，南方的貿易遠較北方重要，因為名貴的產品均係來自南方，北方則僅產毛毯、皮革與馬匹。黃金、寶石、珍珠也產自南部。我們也從記述中知道當時已有各種紡織品，甚至有來自中國的絲綢。作為貿易的媒介大多用銀幣，偶爾有銅幣，但極為稀少。

第三章
光輝燦爛的孔雀王朝與笈多王朝

一、旃陀羅笈多與孔雀王朝

印度歷史進入孔雀王朝時代，由過去的混沌不清而豁然開朗，重要史實發生的時間，都有十分明確的記載。一個空前偉大的帝國出現了，統一了無數分散的小王國。君王們都是雄才大略的天縱之資，世界性的布教工作也不斷推廣，使閉塞的印度，已與外面的世界密切接觸。西元前四世紀到前三世紀前後百餘年間，印度政府的行政效能、司法制度以及極為發達的對外貿易，都有劃時代的創新，且為世人所共曉。這主要是得力於三方面的力量。第一是開國首相柯迭拉所建立的規制和留下的記載，其次是亞歷山大東征以後，希臘人前往印度所述經過，同時阿育王所留下的各種碑碣，再加上若干野史的保存和流傳，使我們得以有充分可信的正確史料來瞭解這一時期的印度歷史。

孔雀王朝的創主旃陀羅笈多，為拉陀王朝末代國王與低階級婦人所生之子，屬於拉陀王朝的王族。因為目擊當時的內亂外患，遂與柯迭拉等共舉義旗，於前 322 年首先打敗印度河以東名義上屬於希臘的附庸，並擊潰拉陀軍，正式建國，成為印度史上的第一位君主。亞歷山大死後塞流卡斯 (Seleukus) 曾發兵擬收回印境失土，被旃陀羅笈多擊敗，並簽約認可為孔雀王朝所有，印方則送象五百頭。西元前 302 年塞流卡斯派專使梅迦薩納斯駐印，曾有不少有關印度的著作。旃陀羅笈多享國二十四年，於西元前 298 年謝位。在位期間所轄國土包括今阿富汗、旁遮普、北方省、比哈爾省以及西南的卡西阿瓦島，亦可能到達孟加拉。旃陀羅笈多秉性多疑，嚴刑峻法，謝位後據傳曾參加耆那教的南印開發團，適

逢大饑荒，歷經十二年而死。孔雀王朝第二代君王為賓多沙羅 (Bindusara)，繼續向東向南擴展。這時期的中央政府強大而有力量，可以有效統治各地。政府並有強大的常備兵，約七十萬之眾。但是大部分的制度仍沿襲拉陀舊觀。首都仍為華氏城，城池牢固，皇宮雕樑畫棟，金碧輝煌，宮娥彩女成千，君王或以歌舞自娛，或行大規模狩獵，生活極為奢侈。此時皇權至上的觀念業已確立，皇權不受任何限制，臣下僅能提奏意見，君王握有最後決定之權，但內心似存恐懼。旃陀羅笈多在宮中，白天絕不睡眠，夜晚亦不在同一寢宮連續住宿兩晚，宮中戒備森嚴，君王本人控制著龐大的情報機構來保衛君王，同時也監視著每一大臣的行動。

　　旃陀羅笈多時代，除其文治武功世所重視外，其輔助開國的首相柯迭拉，亦為赫赫有名人物。其所著《治國寶典》，更開印度功利主義政治學說之先河。尼赫魯總理對他推崇備至，在他獄中所寫《發現印度》(Discovery of India) 一書中曾寫道：「柯迭拉被稱為印度的馬基維利，就某一方面言，這一說法是恰當的。但他是一位更偉大的人物，他的才智與行動，不僅是君王的追隨者，更是一位指導者。勇敢、機智、力行，從不忽略細節，從不忘記所追逐的目的，盡一切可能以擊敗敵人。他和君王平起平坐，侍君如輔高足，自奉極簡，功成身退，從不為個人名位而計慮。柯迭拉主張為目的不擇手段，但他亦知所用手段可能破壞所要達到的目的。他曾提出『戰爭只是國家政策延續的另一手段，但戰爭乃是為了達到更大的目的，戰爭本身並非目的。政治家從事戰爭的目的，應為透過戰爭以獲致國家利益，而非止於擊敗摧毀敵人。戰而兩敗俱傷，是最壞的戰爭。戰爭必須使用軍隊，但更重要是能運用謀略，打擊敵人士氣，分化敵人的勢力，使在攻擊之前即已瀕於崩潰，而擊敗強敵不如贏得強敵。』」❶我們在《治國寶典》中又看到他對家庭、敵與友等等所作的解釋，與印度傳統的宗教思想極不相合。他指出：「家庭乃是罪惡的

❶　J. Nehru, *Discovery of India*, Pitman Press, 1956, pp. 112–113.

淵藪」;「朋友乃係可供利用之人」;「敵人乃最接近的朋友」;又說「君王
必須兇猛如獅子,又須足智多謀如狐狸」。這些論點,不只是他輔助締造
孔雀王朝時所使用,且透過他的著作,並已成為印度歷代君王所必讀、
所習用。這一學說的影響之大,就政治範疇言,實遠大於佛教思想,這
是值得我們同等重視的,它在印度思想上實具有其重要的地位。

二、阿育王對印度歷史的貢獻

　　賓多沙羅於西元前 273 年逝世,由他所選定的兒子阿育王繼承。阿
育王曾擔任西北塔克西拉區及烏吉延區的副皇,政績輝煌,極具功勳。
但是他的登基大典卻遲了四年,到西元前 269 年才正式舉行。在此期間
宮中發生了劇烈的權力鬥爭,根據記載,他曾殺死了九十八個王兄弟,
才撲滅了所有反對勢力,但另據印度的傳說,阿育王對所有皇兄皇弟均
極友善。總之阿育王是經過了一場四年之久的鬥爭方繼承王位,則係事
實。一般說來,阿育王是一個與人為善的、和平的君王,在他治理國政
三十七年之中(西元前 269～前 232 年),少有武事,僅有一次大的戰爭,
即柯林迦 (Kalinga) 之戰,討伐孟加拉灣的柯林迦,使他所統治的國土,
擴大到西起興都庫什,東至孟加拉灣,北達克什米爾,南至邁索爾
(Mysore)。這一時期內差不多大部分的史料,都是關於宗教事業與政策性
的指示,雕刻於碑碣之上。阿育王使佛教由一個地方性的小規模宗教,
擴展成為世界性的偉大宗教,同時他個人也留下勤政愛民的楷模,特別
是在社會福利建設的方面。

　　阿育王掌理國政的早期,也像前兩代君王一樣的奢華宴樂,歌舞狩
獵,同時也並不戒葷。但是在柯林迦戰役之後,因為殺戮無辜太多,內
疚於心,幡然悔悟而皈依佛教,從此完全轉變其生活方式為虔誠的佛教
徒。其所作為亦係致力於提倡宗教文化事業與社會福利建設,前後判若
兩人。

　　柯林迦之戰是阿育王一生事業的轉捩點,也是印度歷史上具有決定

性的劃時代大事。戰爭的痛苦，傷患俘虜的創痛，尤其是劫後餘生的孤兒寡婦，這些情景常常隨著戰爭的結束而被遺忘，像世界上其他不知多少的戰爭一樣。可是它們在當時這位勝利者良知上所產生的影響，到了今天仍可被人感受得到。阿育王在他所留下的第十三座石碑中曾刻下了他當時哀痛懺悔的心靈，以及乞求上蒼寬恕的誠意。

「大王在登基後的第八年，征服了柯林迦。被殺者十萬，俘虜十五萬，其他因戰爭而死亡者更數十倍於此。占領柯林迦之後，大王開始熱心於天道，熱愛天道，並謹守非暴力。只因為征服一個從前沒有被征服的地方，而造成這麼巨大的傷亡與許多人民流離失所，家破人亡，實是終身憾事。凡柯林迦的居民，除了被殺致死、已死不能復生以及被俘的以外，現在如再有百人或千人遭遇同樣命運，那將是大王所深切關懷的，即使是對任何一人行不義不當之事，只要大王知道，也是大王所引以為憾的。所有大王所統治的山野之人，也應一律善待，使其安土而樂生，否則報應必降臨到大王的本身。這一切都要暗中轉變，不必張揚。大王希望所有生民，均能安居樂業，各皆自制，享有和平與康樂的生活。」❷

阿育王致力佛教的宣教事業，是在柯林迦戰役之後，等於是印度中央政府派出的和平工作團。他首先派了九個團在國內布道，以後又派了兩團，一赴斯里蘭卡，一赴緬甸，也有傳說還派了一團到中國的西藏，但無正式記載。派到斯里蘭卡的一團，是由阿育王的兒子馬興達所率領，以後他的妹妹也有參加。在斯里蘭卡的布道十分成功，受到全國的歡迎。斯里蘭卡王鐵撒 (Tissa) 像阿育王一般，熱心佛教，在位四十年，並與阿育王締盟。斯里蘭卡全境奉佛教為國教，除僧侶外尚有尼姑七千餘人，皆享有優厚地位。各種文教設施與建築、藝術亦莫不印度化。

阿育王本人係於西元前 249 年皈依佛教，並曾親往釋迦牟尼誕生聖地朝禮膜拜。此後即不葷食，御廚禁殺牲，也不再狩獵歌舞。西元前 242 年當阿育王已治國三十年，對既往施政如提倡佛教、倡導道德、福利建

---

❷ Rcck Edict No. XIII, V. A. Smith, *The Oxford History of India*, p. 95.

圖9：阿育王時期的石柱雕刻
由圖中的法輪可知當時的藝
術品都有很高的佛教寓意。

圖10：阿育王興建之佛塔上的
雕刻

設等，曾作了一次全面性的檢討，檢討的結果，並曾立石刻碑。阿育王時代刻立的碑碣最多，有的是特為立石所刻，有的是鏤刻在建築物的石柱之上，而且碑碣分布的地方也很廣泛，東南西北邊遠地區都有。從碑石的地點，可以看出阿育王時期的版圖包括了阿富汗、興都庫什、俾路支、信德、蘇瓦特河谷，及印度本部，除阿薩密及邁索爾以南之地未入版圖外，其幅員之廣，實為空前的印度大帝國。

　　阿育王將全國分為四大行政區，各設副皇一人節制，第一行政區以塔克西拉為中心，管理旁遮普、信德、俾路支、阿富汗等地。第二行政區設於脫沙里 (Tusali)，管理柯林迦地區。第三行政區以烏吉延為中心。第四行政區則以索瓦拉吉利 (Survanagiri) 為首邑，位於德干區。這一個由中央統制的龐大體系，所有行政人員均必須嚴格遵守國家的法令與道德規律。中央另設有監察使，四處巡邏，如發現有不稱職或違反道德生活的官員，即予嚴懲。阿育王晚年沉湎於宗教生活，有人認為他曾畀予教會極大的權力，並廣修佛寺，浪費國帑，但見之於記載者甚少。不過

他確曾在碑碣上刻寫：「大王崇拜佛陀，遵守戒律，尊重教會，凡佛陀所說，均奉為圭臬。」

關於阿育王所定道德規律，根據碑碣所載，亦相當廣泛，他要求官員們嚴加督導，希望人民一律遵行。這些道德規律包括：孝順父母、服膺真理、尊敬師長、敦親睦戚、善待奴隸、護生愛牲、尊重他人、便民利民等。所有道德規律，亦如法律，擅自破壞不履行者，皆受懲處。

阿育王勤政愛民，自律極嚴，曾謂：「君王勤政，人民必定勤勞……不要讓請願者久候門外，當親自處理宗教事務，接待高僧，撫慰鰥寡孤獨廢疾者，依情節輕重，依序處理。道路之上多植樹木，遍設茶亭，大橋之上應搭蓋橋頂，以便行人。緊急事務應立刻處理，免失時效。君王應以民所樂者樂之，眾所悅者悅之，取悅人民而非取悅自己。王者之道就在勤政，勤政為國家致富之道。」又謂：「長時期以來，君王已不再日夜處理朝政，今重新規定，無論何時我在何地，寢宮或餐廳，書房或花園，凡屬有關人民之緊急公文，立即呈閱，立即處理。我從未以所作感到滿足，我的目的即在為民服務，而緊急處理公務，即係為民服務的根本。我要做的就是克盡職責，善待人民，藉以贖罪。」❸

阿育王於西元前 232 年病逝，由其兩孫達薩拉撒 (Dasaratha) 及沙甫拉帝二人接位，各領東、西，因而中央分裂。西元前 185 年孔雀王朝最後一代國王甫利哈德拉撒 (Brihadratha) 被部將卜希阿米脫拉 (Pushyamitra) 所弒，從此進入桑迦王朝 (Sunga Dynasty)。

阿育王在印度當政四十年，愛民如子，致力教化，以待罪贖罪之身自居，傾其全力於利民便民的服務工作，從不停懈。其仁民愛物的胸懷與德政，不只限於一般平民，且澤及俘虜奴隸乃至護生惜牲，普及所有有生之物。其全心全力所追求者，乃為將佛陀之泛愛理想，使能與實際政治相結合，得以在現世界實現。不僅罷黜全國之武備，且身體力行，倡導道德規律，而尤以對佛教之傳播，使由一地方性之宗教，變為全國

❸　Ibid.

性之宗教，更變成為世界性之宗教，實無異使印度的宗教文化與精神影響力量，傳遍於全世界，不只在其當國之時，且至千百代而至今日。其豐功偉業，非僅在印度歷史上是空前的，時至今日，可以說在印度尚無出其右者。孔雀王朝之所以被印度人歌頌，即因為有阿育王萬古流芳的貢獻。現代印度國父甘地即係承諸阿育王精神，發揚光大，濟世救人，乃能贏得印度的獨立與自由。

卜希阿米脫拉滅亡了孔雀王朝而自立，稱為桑迦王朝，據傳共持續達一百一十二年，至西元前 73 年始亡。他們的版圖已大為縮小，僅維持了摩揭陀時代的領土。有人認為自桑迦王朝開始，即為婆羅門教勢力的復辟時代，佛教鼎盛時期已隨阿育王之逝而一去不返。這時期的政治人物大多帶有反佛教之傾向。卜希阿米脫拉執政十年之後，曾大敗希臘勢力之入侵。西元前 175 年，希臘王自喀布爾東進，占印度河，長驅直入達華氏城，最後為印軍所逐，從此未再犯境。桑迦王朝最後的國王名堆瓦破底 (Devabhuti)，在一次宮廷政變中，被他的婆羅門教徒大臣萬索隊瓦 (Vasudeva) 所弒，自稱甘瓦王朝 (Kanva Dynasty)，共不過四十五年。西元前 28 年為南方的安達拉 (Andhras) 王所殺。

安達拉王朝共三十主長達四百五十年。安達拉在孔雀王朝時代即為附庸，阿育王死後趁機獨立，占有蓋池，即德干地區。安達拉以復興古印度文化自居，保護婆羅門教及其階級制度。有關該一王朝之詳細記載不多，約在西元 225 年後覆滅❹。

三、印度與西來外族

西元前三世紀中葉，約在前 250 年左右，當阿育王掌國，孔雀王朝鼎盛時代，小亞細亞的塞流息得國內有兩個省分，巴克脫利亞（中名為大夏）與帕西亞（Parthia，中名為安息），差不多在同時前後宣布獨立，對印度產生頗大的影響。安息醞釀獨立運動已有若干年，正式獨立是在

---

❹　E. J. Rapson, *Ancient India*, Cambridge University Press, 1916.

西元前 248 年。它位於裏海 (Caspian Sea) 的東南，人民都是慓悍的游牧民族，頗類似現代的土庫曼人 (Turkomans)。領導者為阿散肯士 (Arsakes)，率領族人為自由而戰，建立了安息的阿散肯士王朝，持續達五個世紀，直到西元 226 年始被波斯薩珊王朝 (Sassanid Empire) 所滅。安息曾不斷向東擴張，但是它對印度的影響，直到建國一百多年以後才發生。

大夏位於興都庫什與奧克索斯河 (Oxus River) 之間的肥沃地帶，擁有一千個富庶且文化程度頗高的城鎮。省長狄何多托士 (Diodotus) 領導大夏獨立，這一新起國家，與阿育王所控制的喀布爾相鄰，當然知道那邊發生的各種情形，但在印度史料中卻很少記載。阿育王當國時，印度力量強大且對外採取睦鄰政策，所以亞歷山大死後沒有受到希臘勢力的攻擊，一旦阿育王逝世，帝國瓦解，西鄰的希臘帝國餘部，便渡過印度河開始侵擾了。

大夏的第三代國王約西德膜斯 (Euthydemus) 在位時與敘利亞王發生紛爭，西元前 208 年亂平，敘利亞承認大夏獨立。此後不久，約西德膜斯即越過興都庫什攻打駐守喀布爾的印度王子，擄掠了很多金銀財寶和象而去。未幾第四代大夏王即位，大肆擴張，併略了阿富汗和印度西部旁遮普的大部分土地，人稱之為印度王。以後又有兩任國王曾統治西部印度，錢幣上都鑄有他們的像。這一部分希臘的勢力一直到西元前 130 年才被薩卡蠻族所滅。總計他們在西北印度擾攘了一百餘年。

西元前 174 至前 160 年之間，我國西漢文帝時，被匈奴所逐的西亞游牧民族，漸向西徙或南移，其中較大的一支名為大月氏❺。在他們西

---

❺ 據《漢書》卷九六載：「大月氏國，治監氏城，去長安萬一千六百里，不屬都護。戶十萬，口四十萬，勝兵十萬人。東至都護治所四千七百四十里，西至安息四十九日行。南與罽賓接。土地風氣，物類所有，民俗錢貨，與安息同。出一封橐駝。大月氏本行國也，隨畜移徙，與匈奴同俗。控弦十餘萬，故彊輕匈奴。本居敦煌、祁連間，至冒頓單于攻破月氏，而老上單于殺月氏，

竇時，推翻了希臘人所建立的大夏而組成政府。最早的一批中國稱為賽族，他們並且占領了安息所控制的土地。大約在西元前 150～前 140 年之間，賽族入侵印度，建立相當強大的帝國，版圖到達旁遮普，但為後來的大月氏所滅。大月氏降賽族，滅烏孫，立其總部於奧克索斯河之北。大約從這時起，即放棄游牧生活改為定居建國。約百年之後，大月氏其中一支名為庫善崛起，極為強大，其國王卡德菲塞斯一世（Kujula Kadphises I，中文名丘就卻）占有整個西北部印度。所有過去希臘、賽族、安息等勢力均被敉平。據說他享壽八十歲，直到西元 77 年方死。

　　當月氏王初被匈奴所逐西徙時，匈奴以月氏王之頭為飲器。月氏遁而怨匈奴無與共擊之。時在西元前 139 年，當中國漢武帝建元年間。「漢方欲事滅胡，聞此言，欲通使，道必更匈奴中。乃募能使者。（張）騫以郎應募，使月氏，與堂邑氏、奴甘父俱出隴西。徑匈奴。匈奴得之，傳詣單于。單于曰：『月氏在吾北，漢何以得往使？吾欲使越，漢肯聽我乎？』留騫十餘歲。予妻，有子，然騫持漢節不失。居匈奴西，騫因與其屬亡鄉月氏，西走數十日。至大宛。大宛聞漢之饒財，欲通不得。見騫，喜，問欲何之，騫曰：『為漢使月氏而為匈奴所閉道，今亡，唯王使人道送我，誠得至，返漢，漢之賂遺王財物，不可勝言。』大宛以為然，遣騫為發驛道，抵康居。康居傳致大月氏。大月氏王已為胡所殺，立其夫人為王，既臣大夏而君之，地肥饒少寇，志安樂，又自以遠遠漢，殊無報胡之心。騫從月氏至大夏，竟不能得月氏要領。留歲餘，還，並南山，欲從羌中歸。復為匈奴所得，留歲餘，單于死，國內亂，騫與胡妻及堂邑父俱亡歸漢，拜騫太中大夫，堂邑父為奉使君。」❻時在西元前 126 年。以上這段記載說明漢武帝聞大月氏西走建國，頗想聯月氏夾擊匈奴，故派張騫

　　以其頭為飲器，月氏乃遠去。過大宛，西擊大夏而臣之，都嬀水北為王庭。其餘小眾不能去者，保南山羌，號小月氏。大夏本無大君長，城邑往往置小長，民弱畏戰，故月氏徙來，皆臣畜之，共稟漢使者。」

❻　《漢書》，卷六一，〈張騫李廣利傳〉。

使西域。騫西使十餘載，中被匈奴扣留多年，娶妻生子，仍不失節，最後逃經大宛，至大夏見大月氏，傳告漢皇之意，雖為大月氏婉卻聯漢，但其不辱使命，始終不屈，大節大義，終底於成，實為我國歷史上外交使臣留下千古之楷模。這也是中國與大月氏之首次正式接觸。

卡德菲塞斯二世（中文名閻膏珍）即位後，採取擴疆主義，竟想東犯我邊。時在西元 90 年，東漢和帝永元二年，班超威震西域期間。「初，月氏嘗助漢擊車師有功，是歲貢奉珍寶、符拔、師（獅）子，因求漢公主。超拒還其使，由是怨恨。永元二年，月氏遣其副王謝將兵七萬攻超。超眾少，皆大恐。超譬軍士曰：『月氏兵雖多，然數千里踰蔥嶺來，非有運輸，何足憂邪？但當收穀堅守，彼飢窮自降，不過數十日決矣。』謝遂前攻超，不下，又鈔掠無所得。超度其糧將盡，必從龜茲求救，乃遣兵數百於東界要之，謝果遣騎齎金銀珠玉以賂龜茲。超伏兵遮擊，盡殺之。持其使首以示謝，謝大驚，即遣使請罪，願得生歸。超縱遣之。月氏由是大震，歲奉貢獻。」❼ 此為大月氏與中國之二度接觸。

卡德菲塞斯二世，大約在西元 110 年辭世，其後繼者為卡利希卡（Kanishka），他不是卡德菲塞斯二世的兒子，是在西元 120 年方接位。此人在位時，不僅統治整個印度北部，並且曾發兵攻新疆的和闐、疏勒、葉爾羌諸地。這是大月氏和中國第三次的接觸，當時班超已死，西域方面後繼無人，故曾被其占領。晚年也崇奉佛教，被稱為阿育王第二，他亦仿效中國，自尊為天子，可見其權勢之大。180 年卡利希卡死，其帝國由其子繼承，再二傳至瓦索堆瓦一世（Vesudeva I）即分裂瓦解。時在西元 220 年。

四、笈多王朝與文藝復興

笈多王朝係從西元 320 至 647 年，歷近三個半世紀。有關這段時期中所有的史實，一般說來，年代是比較明確的，除了在六世紀下半葉稍

---

❼ 《後漢書》，卷四七，〈班梁列傳〉。

有幾處尚待考證確定，不過比之孔雀王朝以後那一段較為複雜混亂的時期，總算是清楚得多了。

三世紀時如前文所述大月氏庫善國末葉的情形，至今無法認定。主要是由於那時國土分裂，缺少官方正式的記載，而民間傳說又未盡可信。我們還記得釋迦牟尼在世時我們曾提到印度北方的利察維斯族，沉靜了將近八百年，現在又出現在歷史舞臺之上。他們很可能曾盤踞在華氏城一帶，臣屬於庫善，那時庫善的大本營是在今巴基斯坦旁遮普省的白雪華 (Peshawar)。四世紀初利察維斯族的一位公主與有名的摩揭陀國旃陀羅笈多世家締結姻緣關係。這使得旃陀羅笈多得以擴大他的版圖到達烏督 (Oudh) 及阿拉哈巴德 (Allahabad)，他因而自建王朝稱為笈多王朝，他自己也上尊號為旃陀羅笈多一世 (Chandragupta I)，以別於孔雀王朝的創主旃陀羅笈多。一世王為了表示他與利察維斯族的深厚關係，在銀幣上鑄上他自己和皇后的像，以及利察維斯族的標幟。他在西元 320 年 2 月 26 日即位，330 年謝位，他的子孫也都自稱為利察維斯族之女的兒子，表示他們的皇族世系是從母親來的。

笈多王朝的第二代名王沙摩德拉哥甫塔，為印度歷史上享有盛名且建設最多的君王之一。早年從事擴疆工作，征服恆河流域各部落，繼而南下收服德干地區的土邦，再移師南征，幾達馬德拉斯境，俘獲金銀財寶無數，班師之日，舉行盛大馬祭（類似凱旋式的慶祝儀式），以記其功勳。沙摩德拉哥甫塔運用其戰勝餘威，奠定了君權無上的地位。在他統治期間，笈多王朝的版圖，北至喜馬拉雅山，東至婆羅門坡脫拉，西至贊木拉與贊巴河流域，南至拉巴達。若干未直接占領的小邦如旁遮普、馬拉瓦等地，亦皆收為附庸，予以保護。沙摩德拉哥甫塔具有靈活的外交手腕，他雖然幾乎完全征服了印

圖 11：沙摩德拉哥甫塔時期的錢幣

度本土，但與西北的庫善，南方的錫蘭卻保持完好的睦鄰關係。他又是一位多才多藝的君王，喜愛音樂，並且寫得一手好詩，常常操琴吟詩，並接見高僧學者。他享有高壽，使得印度獲得半世紀的安定與繁榮。

西元 380 年王位由旃陀羅笈多繼任，史稱旃陀羅笈多二世 (Chandragupta II)。武功方面，他又繼續收復了多年在賽族統治下的馬拉瓦、古茶拉迭、蘇拉希脫拉，時在 388 至 401 年。笈多王朝原以印度北部為主，經過幾次擴疆之後，西南方的財富也漸集中到帝國的首府。當時內陸最大的經濟都市為烏迦因，真是萬商雲集，十分的繁華。笈多王朝諸王都享高壽，二世王治國也近四十年，一直到西元 415 年，正當中國晉安帝時代，有一位著名的高僧法顯，他就是在安帝隆安三年 (399 年) 赴印，於 412 年返國，正是笈多王朝全盛時代。法顯赴印時取道甘肅、新疆越帕米爾高原，到達白雪華，然後歷居華氏城等地，從孟加拉取道斯里蘭卡、爪哇返國，所撰《佛國記》，即記述有關風土人情等事，可惜並未涉及當時政治的詳情。

據《佛國記》載，法顯係與慧景、道整、慧應、慧嵬等同伴至天竺尋求戒律。至張掖又與智嚴、慧簡、僧紹、寶雲、僧景等相遇，欣於同志，進到敦煌，停一月，與寶雲等別，隨使先發。敦煌太守供給渡沙河。「沙河中多有惡鬼熱風，遇則皆死無一全者。上無飛鳥，下無走獸，遍望極目，欲求度處，則莫知所擬，唯以死人枯骨為標幟耳。」可見當時越渡沙漠之苦。數月後得到于闐，「其國豐榮，人民殷盛，盡皆奉法，以法樂相娛，眾僧乃數萬人，多大乘學。」此與前文所述于闐等曾為庫善所占，從佛法，恰相符合。其後入蔥嶺，「草木果實皆異，唯竹及安石榴、甘蔗三物，與漢地同耳。從此西行向北天竺國。在道一月，得度蔥嶺，蔥嶺冬夏有雪，又有毒龍，若失其意，則吐毒風、雨雪、飛沙、礫石，遇此難者，萬無一全。」「順嶺西南行十五日，其道艱阻，崖岸險絕，其山唯石，壁立千仞，臨之目眩，欲進則投足無所，下有水名新頭河。昔人有鑿石通路，施傍梯者，凡度七百，度梯已躡，懸絚過河……渡河便到烏

莨國，其烏莨國是正北天竺也。」法顯等過帕米爾入印，始見印度河，可想見其跋涉之險，非心志如鐵，不易前行。

「（天竺諸國）國王皆篤信佛法，供養眾僧，時則脫天冠，共諸宗親群臣，手自行食，行食已，鋪氈於地，對上座前，坐於眾僧前，不敢坐牀。佛在世時，諸王供養法式，相傳至今。從是以南名為中國。中國寒暑調和，無霜雪，人民殷樂。無戶籍官法，唯耕王地者，乃輸地利。欲去便去，欲住便住。王治不用刑斬，有罪者但罰其錢，隨事輕重。雖復謀為惡逆，不過截右手而已。王之侍衛左右，皆有供祿，舉國人民，悉不殺生。不飲酒、不食蔥蒜，唯除旃陀羅。旃陀羅名為惡人，與人別居。若入城市，則擊木以自異。人則識而避之不相唐突。國中不養豬雞、不賣生口、市無屠行及酤酒者。貨易則用貝齒，唯旃荼羅，漁獵師賣肉耳。自佛般泥洹後，諸國王長者居士為眾僧起精舍供養，供給田宅園圃民戶牛犢，鐵券書錄，後王王相傳，無敢廢者，至今不絕。」此為法顯所見當時北印度情狀，雖已是印度教時代，但一般社會仍維持為佛教時代，政府及教會並未加干預，可見這一時期之社會享有自由康樂之生活。

法顯至印，原在求經，但無法獲得，乃又東行至摩揭陀國都城華氏城，彼時亦為笈多王朝之政治文化宗教中心。法顯記載：「摩竭提國巴連弗邑，是阿育王所治城，城中王宮殿，皆使鬼神作，累石墻闕，雕文刻鏤，非世所造，今故現在。阿育王弟得羅漢道。常住者闍崛山。志樂閑靜，王敬心欲請家供養，以樂山靜，不肯受請。王語弟言，但受我請，當為汝於城裡作山。王乃具飲食，召諸鬼神而告之曰，明日悉受我請，無坐席各自齎來。明日諸大鬼神各齎大石來，辟方四五步，坐訖，即使鬼神累作大石山，又於山底以五大方石作一石室，可長三丈，廣二丈，高一丈餘。有一大乘婆羅門子，名羅汰私迷，住此城裡，爽悟多智，事無不達，以清淨自居。國王宗敬師事，若往問訊，不敢並坐，王設以愛敬心執手，執手已，婆羅門輒自灌洗，年可五十餘，舉國瞻仰，賴此一人，弘宣佛法，外道不能得加陵眾僧。」此處所載當時佛法仍得傳播，並

非如阿育王時代獨尊佛教，不許他教流傳。法顯稱「本求戒律，而北天竺諸國，皆師師口傳，無本可寫，是以遠涉乃至中天竺，於此摩訶衍僧伽藍得一部律，……復得一部抄律，……又得一部經……。住此三年，學梵書、梵語、寫律。……南岸有瞻波大國，……住此二年，寫經及畫像，於是載商人大舶汎海，西南行……到獅子國（錫蘭）。」因為法顯專心佛法，隨處所記，皆精舍、伽藍、僧師，偶記民情風俗，政治經濟則少提及。但他來回佛國，歷十餘載，步行歷險，其精神與志業，實已開啟後代更多高僧學者赴印之門，乃有隋唐時代佛學之大盛於中土，使中印文化交流，成為黃金時代，對國家學術思想界受佛學之影響，實為一大功臣也 ❽。

　　西元 415 年旃陀羅笈多二世死，由其子庫馬拉哥甫塔 (Kumaragupta) 即位，有關此人的記載不多，但他在位時亦曾舉行馬祭，照例是慶祝成功而舉行，所以有可能亦有若干開展。455 年庫馬拉哥甫塔傳位於其子夏達哥甫塔 (Skandagupta)，此時笈多王朝連續遭受西亞游牧民族及匈奴的侵擾，雖然仍保持了國祚，但國勢日衰，領土日蹙，已非開國時之盛況了。自西元 320 年旃陀羅笈多一世建國，至夏達哥甫塔之衰退，歷經五代凡一百六十年，可稱之為笈多王朝的黃金時代，可比擬於希臘的伯里克里斯時期 (Periclean Age)，也可稱之為印度的文藝復興時期。這是一個充滿了和諧與滿足的時代，法顯當時目擊印度社會的情形確已不是孔雀王朝治下那種苛暴之治的情景，政治弊絕風清、崇尚文教，人民安居樂業、守法有禮。文學、藝術與科學都相當發達，宗教的改革也是溫和漸進的。

　　孔雀王朝的阿育王積半生之力弘揚佛教，使其成為印度全國性的宗教，但是婆羅門教與耆那教並未完全消滅。笈多諸王基本上接近印度教，但他們卻准許佛教照樣自由傳教，教會並有各種活動，不過由於當局重視印度教，所以佛教的地位自然遠不如前。這幾種宗教在每一時期甚至

❽　法顯，《佛國記》。

每一地區，都有很大的分別，不過在法顯所看到的，印度仍是佛教聖地，因為在他的心目中只有佛教，他也沒有提到其他種宗教的存在，可見笈多時代至少宗教信仰是絕對自由的。與此有關的便是文化的復古，現在婆羅門教重新得勢，所以高階層又恢復使用梵文。我們知道阿育王的官方文書是從來不用梵文的。笈多諸王卻多是梵文專家，他們的詔令手諭皆為梵文，他們也寫梵文詩篇，當時的文藝作品如戲劇和散文，有很多傑出的梵文作品。這時期的科學研究也相當發達，例如西元 476 年出生的阿亞巴塔 (Aryabhata) 就是很有名的天文學家，他也在首都華氏城的大學中講授天文學。還有瓦拉哈密希拉 (Varahamihira) 也是一位有名的科學家，他介紹希臘的自然科學，並使用希臘的科學名辭來講學。我們又知道沙摩德拉哥甫塔本人就是一位造詣很深的音樂家，他提倡樂教更是不遺餘力，不少音樂大師經他鼓勵培植而成。除音樂外，建築與雕刻也成為舉世聞名的風格，很可惜這些巍峨的建築與雕刻，幾乎全毀於匈奴入侵的戰火之中，只有極少數雕刻作品得以保存於邊遠地區的私人收藏中。同時在德荷迦 (Degarh)、貝拉勒斯 (Benares) 等地也還留下幾座石廟、壁畫與雕刻，設計精巧，雕刻生動有力，著色鮮美，實已達到藝術最高境界，表現出作者心靈深處所感受到的美，已反映到了他們的作品之中。除石刻外也還有銅像等鑄冶的作品，有的佛像高達八十英尺，可謂偉大之至，而且都是很細膩的線條，令人嘆為觀止，這些都是笈多王朝時代的產品。綜括說來，笈多王朝的建築、雕刻與繪畫，乃是印度藝術的代表，人們總是以此為標準來衡量同類作品的價值和地位，是在其他時代所找不到的。

　　這一時期在文教藝術上的成就，很可能是由於他們和東西方其他國家有著經常不斷的溝通與交流。在西元 357 至 571 共兩百餘年之間，印度曾十度派使赴華❾，並曾三次派使赴希臘，至於民間之互相往來，尤以中國高僧學者自晉至隋唐赴印者不下二百餘人之多，他們不但攜回經

---

❾　V. A. Smith, *The Oxford History of India*.

圖 12：笈多王朝時代的石雕

典弘揚佛法，且更發揚光大，於經義解釋等，多所貢獻，在留印期間並
曾受到印度宗教領袖之推崇，開壇講法，為眾悅服。此種文化思想之交
流，彼此均相得益彰。

　　笈多王朝末葉，曾受到匈奴攻擊，時在五世紀末 470 年，笈多王朝
從此陷入分裂狀態。匈奴強盛時，西由波斯起，東至和闐而北印，包括
四十餘國，皆淪入匈奴之手。西人稱此族為白匈奴，我稱為嚈噠。盤踞
印度的匈奴首領為米希拉哥拉 (Mihirakula)，暴虐無道，馬拉瓦王雅索達
曼 (Yasodharman) 乃擊敗之，時為西元 528 年。匈奴乃放棄北印，退入克
什米爾。匈奴攻擊北印，為印度歷史之轉捩點。從此笈多王朝一蹶不起，
在政治上造成了北部地區的大混亂。同時由於匈奴的燒殺，致使笈多王
朝各種文教建設與藝術成就，亦澈底蕩然無存，可謂乃歷史上之浩劫 ❿。

　　西元 606 至 647 年，北印又出現一強者之王，中國稱為戒日王。戒
日王係波羅羯邏伐彌那之次子，登基時年僅十六歲，東征西討，又使北
部印度納入他的強力統治之下。比哈爾、孟加拉皆臣服於他，南部則以
納爾巴德 (Narbad) 為界。戒日王以卡洛基 (Kanauj) 為首都，城寬四英里，
長四英里，四周碉堡林立，防衛牢固，城中戶宇高大，有公園、水池，
十分壯觀，以後至十六世紀時被回教軍所毀。

　　中國高僧玄奘於唐太宗貞觀元年至十八年遊印，正值戒日王時代，
玄奘曾入摩揭陀的那爛陀寺 (Nalanda)，隨戒賢大師學法，極為印人所推

❿　K. B. Pathak, *New Light on Gupta Era and Mihirakula*.

崇。玄奘後攜歸佛經六百五十七部，譯經七十五部一千三百餘卷。

　　玄奘對戒日王所統治之北印度記載頗詳：「今王，本吠奢種也，字曷利沙伐彈那，君臨有土，二世三王。父字波羅羯羅伐彈那，兄字曷邏闍伐彈那（唐言王增），王增以長嗣位，以德治政。時東印度羯羅拏蘇伐剌那國設賞迦王。每謂臣曰：『鄰有賢主，國之禍也。』於是誘請，會而害之。人既失君，國亦荒亂。時大臣婆尼，職望隆重，謂僚庶曰：『國之大計，定於今日。先王之子，亡君之弟，仁慈天性，孝敬因心，親賢允屬，欲以襲位，於事何如，各言爾志。』眾咸仰德，嘗無異謀。於是輔臣執事咸勸進曰：『王子垂聽：先王積功累德，光有國祚，嗣及王增，謂終壽考。輔佐無良，棄身讎手，為國大恥，下臣罪也。物議時謠，允歸明德。光臨土宇，克復親讎，雪國之恥，光父之業，功孰大焉。幸無辭矣。』王子曰：『國嗣之重，今古為難，君人之位，興立宜審。我誠寡德，父兄遐棄，推襲大位，其能濟乎？物議為宜，敢忘虛薄？今者殑伽河岸，有觀自在菩薩像，既多靈鑑，願往請辭。』即至菩薩像前，斷食祈請。菩薩感其誠心，現形問曰：『爾何所求，若此勤懇？』王子曰：『我惟積禍，慈父云亡，重茲酷罰，仁兄見害，自顧寡德。國人推尊，令襲大位，光父之業。愚昧無知，敢希聖旨。』菩薩告曰：『汝於先身，在此林中為練若苾芻，而精勤不懈，承茲福力，為此王子。金耳國王既毀佛法，爾紹王位，宜重興隆，慈悲為志，傷愍居懷，不久當王五印度境，欲延國祚，當從我誨。冥加景福，鄰無強敵，勿昇師子之座，勿稱大王之號。』於是受教而退，即襲王位。自稱曰王子，號尸羅阿迭多（唐言戒日）。於是命諸臣曰：『兄讎未報，鄰國不賓，終無右手進食之期。凡爾庶僚同心戮力。』遂總率國兵，講習戰士。象軍五千，馬軍二萬，步軍五萬，自西徂東，征伐不臣。象不解鞍，人不釋甲，於六年中，臣五印度，既廣其地，更增甲兵，象軍六萬，馬軍十萬，垂三十年兵戈不起，政教和平，務修節儉，營福樹善，忘寢與食。令五印度不得噉肉，若斷生命，有誅無赦。於殑伽河側，建立數千窣堵波，各高百餘尺，於五印度城邑、鄉聚、達巷、交衢，建

立精廬，儲飲食，止醫藥，施諸羈貧，周給不殆。聖跡之所，並建伽藍。五歲一設無遮大會，傾竭府庫，惠施群有，唯留兵器，不充檀捨。歲一集會諸國沙門，於三七日中以四事供養，莊嚴法座，廣飾義筵，令相摧論，校其優劣，褒貶淑慝，黜陟幽明。若戒行貞固，道德純邃。推昇師子之座，王親受法。戒雖清淨，學無稽古，但加敬禮，示有尊崇。律儀無紀，穢德已彰，驅出國境，不願聞見。鄰國小王，輔佐大臣，殖福無怠，求善忘勞，且攜手同座，謂之善友。其異於此，面不對辭。事有聞議，通使往復。而巡方省俗，不常其居。隨所至止，結廬而舍。唯雨三月，多雨不行。每於行宮日修珍饌，飯諸異學，僧眾一千，婆羅門五百。每以一日分作三時，一時理務治政，二時營福修善，孜孜不倦，竭日不足矣。

初，受拘摩羅王請，自摩揭陀國往迦摩縷波國，時戒日王巡方在羯朱嗢祇羅國，命拘摩羅王曰：『宜與那爛陀遠客沙門，速來赴會。』於是遂與拘摩羅王往會見焉。戒日王勞苦已曰：『自何國來？將何所欲？』對曰：『從大唐國來，請求佛法。』王曰：『大唐國在何方？經途所亙，去斯遠近？』對曰：『當此東北數萬餘里，印度所謂摩訶至那國是也。』王曰：『嘗聞摩訶至那國有秦王天子，少而靈鑑，長而神武。昔先代喪亂，率土分崩，兵戈競起，群生荼毒，而秦王天子，早懷遠略，興大慈悲。拯濟含識，平定海內，風教遐被，德澤遠洽，殊方異域，慕化稱臣，氓庶荷其亭育，咸歌秦王破陣樂。聞其雅頌，於茲久矣。盛德之譽，誠有之乎？大唐國者，豈此是耶？』對曰：『然。至那者前王之國號，大唐者我君之國稱。昔未襲位，謂之秦王。今已承統，稱曰天子。前代運終，群生無主。兵戈亂起，殘害生靈。秦王天縱含弘，心發慈愍，威風鼓扇。群凶殄滅，八方靜謐，萬國朝貢。愛育四生，敬崇三寶。薄賦斂，省刑罰，而國用有餘；氓俗無宄，風猷大化，難以備舉。』戒日王曰：『盛矣哉，彼土群生，福感聖主。』』**⓫**

⓫ 玄奘，《大唐西域記》，卷五，「戒日王」條、「玄奘與戒日王」條。

　　玄奘所記戒日王登基，征戰，勤政愛民，重賢崇法，以及約見玄奘時之問答，歷歷如目。戒日王雖奉佛法，但對婆羅門教並不歧視，其在外地巡視時，約見群僧集會，亦約婆羅門聚談，可見其氣度之開宏，自笈多王朝諸王以後，戒日王應為最有道之君，其對印史之貢獻亦大。

第四章
中古印度與回教入侵前後

一、轉變中的印度

　　七世紀中葉到十二世紀，是印度歷史的轉型期，由過去大致是雅利安人高居歷史舞臺之上，漸變為外族在北部和西部印度當權；由孔雀、笈多與戒日王朝的一統局面，變成為許多的小國；從擾攘不安的局勢中，各自為政，各自獨立，一直到後來回教勢力之大舉入印，以至建立了以回教為中心的蒙兀兒大帝國。這將近五百多年的亂局中，雖無中心力量，但它們卻是同屬於混血民族，其中包括歷代外來異種如希臘、突厥、大月氏、賽族、波斯及匈奴人等，他們在血統上與當地印度人有了混合，在生活習慣上也漸漸印度化了，構成為一個特殊的部落或階級，而且大多是屬於較高的公侯將相階級，在歷史上統稱這些混血外族為拉吉甫迭人。拉吉甫迭就是剎帝利，僅次於婆羅門的第二階級，也稱這一時代為拉吉甫迭時代。不過我們還要注意，拉吉甫迭人並非都是第二階級的後裔，其中也有他們的祖先原來是屬於婆羅門第一階級的。因為在有的地方，那些有學問的領導分子，他們本身對政治也很有興趣，放棄了他們的專業宗教領導事務而自己稱王，治理國家。例如烏迦因國的國王，就是婆羅門，所以他們的後裔也就被視之為剎帝利王子和將帥武士階級了。也有外族的王子，他們在未入印度以前，是屬於婆羅門第一階級，例如從伊朗來的馬吉 (Iranian Magi)，到了印度就稱霸稱王了。這些拉吉甫迭人之逐漸崛起，是利用了印度大混亂時代，奪權鬥爭而來，到了第八世紀時便開始在歷史舞臺上顯露頭角了。總之，他們不是屬於一個固定的種族，根本與種族無關，不過有一共同特點，就是他們同屬第二階級的

後裔，所以也比較容易的在各地取得政權。在沒有繼續說明這些小國的興亡活動以前，我們先在此看一看這一時期前後，印度與中國及尼泊爾、克什米爾和阿薩密的關係。

七世紀下半葉是中國唐高宗時代。高宗顯慶二年（657 年）伐西突厥、龍朔三年（663 年）滅百濟、總章元年（668 年）滅高麗，國威大盛，四夷稱臣進貢，北印克什米爾亦遣使進貢。降至八世紀玄宗時一度重振聲威，但為大食所挫。與此同時，西藏地方與印度亦有其直接交往，尤以棄宗弄瓚當權時，唐以文成公主下嫁，使其地位大大提高，彼曾引進印度教化，建拉薩、創藏文，並確定佛教在西藏的地位。

《舊唐書》載太宗及玄宗時代與印度之關係頗詳，唯所稱印度實指西北印度由拉吉甫迭人分國而立之混亂時期。其中且載有王玄策使印被俘與中國合西藏、尼泊爾之兵反攻大勝情事，亦為中印關係史上鮮有之兵戎相見也。唐時稱印為天竺。「天竺國，即漢之身毒國，或云婆羅門地也（七世紀時婆羅門教復辟，故稱之婆羅門之地）。在蔥嶺西北，周三萬餘里，其中分為五天竺。其一曰中天竺，二曰東天竺，三曰南天竺，四曰西天竺，五曰北天竺。地各數千里，城邑數百。南天竺際大海，北天竺拒雪山，四周有山為壁，南面一谷，通為國門。東天竺東際大海，與扶南、林邑（指柬埔寨與越南）鄰接。西天竺與罽賓、波斯相接，中天竺據四天竺之會。」

「隋煬帝時，遣裴矩應接西蕃，諸國多有至者，唯天竺不通，帝以為恨。當武德中，其國大亂。其嗣王尸羅逸多，練兵聚眾，所向無敵。象不解鞍，人不釋甲，居六載而四天竺之君，皆北面以臣之（此當為戒日王時期），威勢遠振，刑政甚肅。貞觀十五年，尸羅逸多自稱摩伽陀王，遣使朝貢。太宗降璽書慰問，尸羅逸多大驚，問諸國人曰：『自古曾有摩訶震旦使人至吾國乎？』皆曰：『未之有也。』乃膜拜而受詔書，因遣使朝貢。太宗以其地遠，禮之甚厚，復遣衛尉丞李義表報使。尸羅逸多遣大臣郊迎，傾城邑以縱觀，焚香夾道。逸多率其臣下東面拜受敕書，復遣

使獻火珠及鬱金香、菩提樹。

貞觀十年，沙門玄奘至其國，將梵本經論六百餘部而歸。先是遣右率府長史王玄策使天竺。其四天竺國王咸遣使朝貢，會中天竺王尸羅逸多死，國中大亂。其臣那伏帝阿羅那順篡立，乃盡發胡兵以拒玄策。玄策從騎三十人與胡禦戰，不敵，矢盡，悉被擒。胡並掠諸國貢獻之物。玄策乃挺身宵遁，走至吐魯，發精銳一千二百人，並泥婆羅國（尼泊爾）七千餘騎，以從玄策。玄策與副使蔣師仁率二國兵進至中天竺國城，連戰三日，大破之，斬首三千餘級，赴水溺死者且萬人，阿羅那順棄城而遁。師仁進擒獲之。虜男女萬二千人、牛馬三萬餘頭匹，於是天竺震懼，俘阿羅那順以歸。二十二年至京師，太宗大悅，命有司告宗廟，而謂群臣曰：『夫人耳目玩於聲色，口鼻耽於臭味，此乃敗德之源。若婆羅門不劫掠我使人，豈為俘虜耶?』」❶

關於尼泊爾臣服於西藏，而西藏屬中國，故自亦為中國之附庸事，《舊唐書》載：「泥婆羅國，在吐蕃（西藏）西，……（其王）那陵提婆之父，為其叔父所篡。那陵提婆逃難於外，吐蕃因而納焉，克復其位，遂羈屬吐蕃。貞觀中，衛尉丞李義表往使天竺，途經其國，那陵提婆見之大喜，與義表同出觀阿耆婆沴池，周迴二十餘步，水恆沸，雖流潦暴集，爍石焦金，未嘗增減。以物投之，即生煙焰，懸釜而炊，須臾而熟。其後王玄策為天竺所掠，泥婆羅發騎與吐蕃共破天竺有功。永徽二年，其王尸利那連陀羅又遣使朝貢。」❷

其次談到克什米爾，前曾述及在孔雀王朝時代，阿育王即曾在此推行佛教教化，但至印度教勢力代起，西元六世紀時，已不見阿育王時代的建樹了。克什米爾人的獨立自治能力，八世紀時已具表現。這時已有卡柯達王朝 (Karkota) 建立，其第三代名王拉利塔迭雅 (Lalitaditya, 697～738 年)，不僅使克什米爾漸漸強大，而且武功極盛，曾遠征中亞細亞，

---

❶　《舊唐書》，列傳卷一九八，「天竺國」條。

❷　《舊唐書》，列傳卷一九八，「泥婆羅」條。

帶回大批客卿，多係學者或工藝專家，至今在巴基斯坦境內之墨爾坦
(Multan)，尚留有他當時所建太陽寺遺址。玄奘遊印時曾訪克什米爾，在
《大唐西域記》中曾有如下的記載：「迦濕彌羅國，周七千餘里，四境負
山，山極峭峻，雖有門徑，而復隘狹。自古鄰敵無能攻伐。國大都城西
臨大河，南北十二三里，東西四五里。宜稼穡，……。國為龍護，遂雄
鄰境。容貌妍美，情性詭詐。好學多聞，邪正兼信。伽藍百餘所，僧徒
五千餘人。有四窣堵波，並無憂王(阿育王)建也，各有如來舍利升餘。」❸

　　玄奘訪問克什米爾時，這裡尚無回教勢力的蹤跡。拉利塔迭雅死後，
其孫培拉雅迭塔 (Jayapida Vinayaditya) 即位，更潛修內政，講求文治。
不過理財技術不見高明，到了西元 855 年，即被另一本地崛起的力量所
代替。這就是烏打拔拉王朝 (Utapala Dynasty) 的阿巴迭巴瑪
(Avantivarma)。新朝特別注重水利建設，由名相蘇雅 (Suyya) 主持。傳至
二代山卡拉巴滿 (Sankaravarmo) 又以好用兵，致國庫空虛，民怨沸騰，
未得善終。山卡拉巴滿之后蘇乾達 (Sugandha) 垂簾聽政，試圖挽回厄運，
卻為貴族近臣所反對，他們另立雅沙卡拉 (Yasakara) 為王，三傳至克希
瑪哥布塔 (Kshema Gupta)，又出現了一位母后狄旦 (Dita)，最初也是垂簾
聽政，後來索性自立，她以蘇乾達為前車之鑑，手段又特別高明，謹慎
治事，居然能維持國祚至 1003 年。

　　十一世紀開始，克什米爾已無力維持獨立政權，其時大食已入印度
西北。1015 年盤踞於旁遮普一帶的馬罕默德 (Muhmad of Ghazni) 曾數度
攻打克什米爾，結果兩敗俱傷。1315 年有回教冒險家米渣 (Shah Mirza)
入克什米爾政府中服務，二十年後米渣稱王，自號席姆斯烏亭夏
(Shams-ud din Shah)，從此建立回教政權。三傳至察烏阿畢亭
(Zain-ul-Abidin)，國勢大盛。阿畢亭為一仁慈、開朗，且富有自由思想的
統治者，他曾全力肅清匪患，又減輕賦稅、平抑物價、整頓幣制、廣修
水利。同時提倡文教，准許人民有信仰自由，婆羅門教及印度教學者亦

❸　玄奘，《大唐西域記》，卷三，「迦濕彌羅國」條。

受重視。阿畢亭擅長波斯文、印度文與藏文，曾命人將梵文的《摩訶婆羅多》譯為波斯文。其仁民愛物之風，甚得人民愛戴，故有克什米爾的阿克巴大帝之稱❹。阿畢亭於 1470 年死，享國五十年，阿畢亭死後，克什米爾又復混亂，至 1540 年蒙兀兒王朝胡馬庸部屬海達 (Haidar) 征服克什米爾，1586 年阿克巴大帝正式將之歸併入蒙兀兒帝國的版圖。

阿薩密古名迦摩縷波國 (Kamarupa)，孔雀王朝及庫善時代均利用其地理的隔絕地位保持獨立，四世紀時對笈多王朝的沙摩德拉哥甫塔，曾有某種程度的臣服，佛教似未曾在此得勢，七世紀時其王曾派人迎玄奘前往論道，時玄奘在摩揭陀國（今北方省）的那爛陀寺，學佛深法，遐邇聞名，據《大唐西域記》載：「迦摩縷波國，周萬餘里，國大都城周三十餘里。土地泉濕，稼穡時播。般㮈娑果、那羅雞羅果，其樹雖多，彌復珍貴。河流湖陂交帶城邑。氣序和暢，風俗淳質。人形卑小，容貌黧黑，語言少異中印度，性甚獷暴，志存強學，宗事天神，不信佛法。故自佛興以迄於今，尚未建立伽藍，招集僧侶。其有淨信之徒，但竊念而已。天祠數百，異道數萬。

今王本那羅延天之祚胤，婆羅門之種也，字婆塞羯羅伐摩（唐言日胄），號拘摩羅（唐言童子）。自據疆土，奕葉君臨。逮於今王，歷千世矣。君上好學，眾庶從化，遠方高才慕義客遊，雖不淳信佛法，然敬高學沙門。初，聞有至那國沙門在摩揭陀那爛陀僧伽藍，自遠方來，學佛深法，殷勤往復者再三，未從來命。時尸羅跋陀羅論師曰：『欲報佛恩，當弘正法。子其行矣，勿憚遠涉。拘摩羅王世宗外道，今請沙門，斯善事也。因茲改轍，福利弘遠。子昔起大心，發弘誓，願孤遊異域，遺身求法，普濟含靈，豈徒鄉國？宜忘得喪，勿拘榮辱，宣揚聖教，開導群迷，先物後身，忘名弘法。』於是辭不獲免，遂與使偕行，而會見焉。拘摩羅王曰：『雖則不才，常慕高學，聞名雅尚，敢事延請。』曰：『寡能褊

❹　阿克巴為此後將討論的蒙兀兒王朝第三代名君，其在印度之地位，可媲美佛教時代之阿育王。

智，猥蒙流聽。』拘摩羅王曰：『善哉！慕法好學，顧身若浮。踰越重險，
遠遊異域。斯則王化所由，國風尚學。今印度諸國，多有歌頌摩訶至那
國秦王破陣樂者，聞之久矣，豈大德之鄉國耶？』曰：『然，此歌者，美
我君之德也。』拘摩羅王曰：『不意大德是此國人，常慕風化，東望已久，
山川道阻，無由自致。』曰：『我大君聖德遠洽，仁化遐被，殊俗異域拜
闕稱臣者眾矣。』拘摩羅王曰：『覆載若斯，心冀朝貢……。』❺

　　十三世紀初，阿薩密被上緬甸攻擊，並逐次併略，於 1816 年受治於
緬甸，至 1825 年又復為英人所取得，以後成為英治印度之一省。

二、西北諸邦

　　自戒日王死後至回教勢力席捲印度，其間相距五個半世紀。五百餘
年之中，除旁遮普地區以外，絕大部分印度地方，均沒有任何外國勢力
發展成為強大的統治者。無數的印度王子，此起彼落，各自稱國稱雄，
彼此之間，干戈擾攘。他們雖忙於殺伐，但其中也有若干小國在文學、
藝術、建築與雕刻上有不少表現。他們雖大半使用梵文，不過地方性的
語文，如孟加拉文、興底文、古荼拉迭文也漸漸受人重視而成為官方所
接受的語文。

　　五世紀和六世紀時強大的外國侵略者，曾留下數百年的影響。例如
古賈拉 (Gujares) 的族長頭目們，混入剎帝利階級，在拉吉甫塔拉取得了
統治階級的地位，並繼續發展。九世紀與十世紀時，古賈拉帕利哈斯人
（Gujara-Prafiharas 或 Parihars）演變成西北印度的主要勢力。巴拉斯
(Palas) 人控制孟加拉達四個世紀，而馬爾瓦 (Malwa)、古荼拉迭等小國也
都獲得了不少的財富。

　　北部印度的歷史，常照它自己的方向發展，不過問這半島之上其他
諸國的變化。偶爾德干也會進入到富庶的印度平原，使它們的勢力短時
期之內達到恆河兩岸。但從來沒有北方的王子試圖征服德干。遠在南方

---

　　❺　玄奘，《大唐西域記》，卷十，「迦摩縷波國」條。

的泰米爾人 (Tamil) 也有他們自己的天地。它可以說是完全孤立的，除了有時和德干及斯里蘭卡為了競爭對外貿易而發生戰爭。古代的那些小國如帕笛亞 (Pandya)、卻拉 (Chola)、齊拉 (Chera) 早已沉寂多時，特別是在七世紀巴拉瓦王朝高峰的時代。

這些巨大的變化，並無相互間的關係，也不是連續發生，所以很難按照年代的先後來記述，而在政治演變的同時，又伴隨著宗教、風俗習慣，以及藝術方面、地域性的變化。這種政權興衰永無休止，並沒有在政治制度上發生什麼新的影響，都是千篇一律的由一個強人出來掌權，偶爾也受到一些宗教領袖的干擾。所以我們對這些史實的發展和演變，只能抽出一些特殊重要的來加以敘述，藉以明瞭這段時期印度的情形。

古賈拉帕利哈斯國。古賈拉人得到六世紀初進入印度的一些外族部落之助，在好幾處地方建立了國家。其中的一個即是拉吉甫塔拉，玄奘七世紀上半葉訪問到此時，其王為外族屬剎帝利階級。

西元 725 年當地又有一個新王朝崛起，創主拉迦巴塔 (Nagabhata)，屬古賈拉人的一支。大約在一個多世紀以後西元 816 年，他們曾攻到恆河流域，占領了卡洛基，並遷都到哈夏 (Harsha)，以後又傳留了好幾代。拉迦巴塔王朝的國王一直要到十一世紀初才被迦茲里 (Ghazni) 的回教王公馬罕默德所逐。

卡洛基長期在外族的占據之下，損失慘重，八世紀初 731 年曾派使往中國求援，並無結果。這段時期，北印相當混亂。

百賈的古賈拉帝國 (The Gurjara empire of Bhoja)。卡洛基的巴利哈王 (King Mihcia Parihar of Kanauj)，一般通稱為百賈，從西元 840 至 890 年，曾達到十分強大的地位。百賈繼承者馬亨德拉帕拉（Mahendrapala，890～908 年在位）據說曾占有蘇拉希脫拉與烏督，可夠得上稱為一個大帝國。北至喜馬拉雅山麓，西北抵蘇狄拉吉河 (Sutlej)，西隔哈克拉河 (Hakra) 與信德相接，南為贊木拉河，西南為拉巴德河 (Narbada) 的下游，東至摩揭陀。馬亨德拉帕拉也守住了他父親的基業，這時比哈爾南部（摩

揭陀）至少也臣服於古賈拉帝國一段時候。

關於此一帝國內政的情形，缺乏史料，所知不多。一位阿拉伯的旅行家❻曾記載道，九世紀中葉印度北部有一個強大的古賈拉帝國，擁有極為精壯的作戰部隊，特別是騎兵，包括駱駝隊伍，最為有名。當地以飼養駱駝著稱，駱駝隊伍在戰爭中發揮很大的威力。百賈運用騎兵和駱駝隊的機動性，遠勝於其他印度王子。這個國家也非常富有，百賈可以說已搜盡印度的財富。這段簡單記載，概括說明了這一帝國的情狀。百賈是一個印度教徒，崇拜毗濕奴。在他的時代所鑄造的錢幣，都有毗濕奴的字樣。一般說來，異族在印度稱霸稱王，很少人去鑄造錢幣，通常都是採用波斯錢。

馬亨德拉帕拉曾從一位德干的大詩人拉迦賽卡拉 (Rajasekhara) 學詩，此人著作頗多，是百賈的宮廷詩人，他的著作也流傳很廣。

孟加拉的阿狄索拉 (Bengal Adisura)。戒日王死後，孟加拉與比哈爾的歷史極為混淆不清。七世紀末比哈爾南部的統治者是屬於原來笈多王朝的王族，北方則由摩卡利 (Maukhari) 所控制。至於孟加拉地方，則由一位頗負盛名的阿狄索拉王所統治，他以柯爾 (Kaur) 為都城，並企圖復辟婆羅門教。他特別從卡洛基請了五位婆羅門學者來傳授教義。時間約在西元 700 年。

孟加拉的情勢之混亂，已使人民長期處於無政府狀態，到了 750 年人民擁戴哥帕拉 (Gopala) 為王，建立了孟加拉帕拉王朝。哥帕拉的兒子達瑪帕拉 (Dharmapala) 在位甚長，曾遠征到孟加拉與比哈爾以外的地方，成為當時北印的霸主，即使在卡洛基的百賈王朝也受到他的影響。達瑪帕拉是一位狂熱的佛教徒，他創建了全印聞名的超戒寺 (Vikramasila)。帕拉王朝所傳揚的佛教，其教義與釋迦牟尼所講授者大不相同。達瑪帕拉的兒子德瓦帕拉，據說是帕拉諸王中最有權勢的一位，在位的期間也特別長久。他和他父親一共治理了將近一百年，橫跨八、

---

❻ 吳俊才，《喀什米爾與印巴關係》。

九兩個世紀。德瓦帕拉的部將羅孫拉 (Lausena) 並且合併了阿薩密與柯林迦。帕拉時代並沒有留下偉大的建築物，但卻有不少水庫為這一時期所造。九傳至馬希帕拉（Mahipala，978～1030 年），曾與南邊的泰米爾作戰，十傳至拉雅帕拉（Nayapala，1043～1058 年）曾派使赴西藏。

帕拉王朝時衰時盛，直至 1199 年回教勢力征服了比哈爾。孟加拉的一部分於十一世紀改由錫拉王朝 (Sena Dynasty) 所有。娃拉拉西拉 (Vallala-Sena) 曾重訂階級制度，又創苦林教 (Kulinism)，允許前三階級娶較低種姓。錫拉一系源出德干的婆羅門，他們可能是受到 1022 年卻拉的攻擊而進入到孟加拉地區的，其他史實不詳。

張第王朝 (Chandela Dynasty)。張第王朝雖不如安達拉王朝及帕拉王朝之強盛，但是它存在的時間卻長達三個世紀並且在印度政治舞臺上，扮演了相當重要的地位。九世紀時張第王朝的初期諸王，戰勝了鄰近的外族帕利哈人而建國，在今北方省建立了好幾處重要的都市。他們原本附屬於百賈王朝，直至十世紀時完全獨立。丹迦（Dhanga，945～1002 年）在位近半個世紀，他是第一位號召印度王子會議以對抗回教勢力入侵的人，其繼任者也曾組聯軍對抗馬罕默德蘇丹。十一世紀下半葉，克爾第瓦瑪 (Kirtivarman) 重振聲威，擊敗古代馬哈柯塞拉王的後裔卡拉德瓦 (Karnadeva)。克爾第瓦瑪在文學史上也負盛名，曾主編名劇《昇起的智慧月光》(Prabhada Chandrodaya)，在宮中上演，將吠檀塔 (Vedanta) 哲學思想，用戲劇的型式巧妙地表達出來。同時他開闢了一個大的人工湖在馬合巴 (Mahoba) 附近。張第王朝享有獨立地位的最後一位國王是帕爾瑪 (Parmardidev)，他在 1203 年被庫迭白亭一巴克 (Kutbu-d din Ibak) 所擊敗。此後張第王朝的王公們即退居為地方性的小頭目。其間有一位有名的皇后多迦娃底 (Durgavati)，她嫁給光達 (Gond) 王子為后，恢復了邊遠部落與平地拉吉甫迭族人的婚姻關係，並曾於 1564 年率眾抵抗阿克巴大帝部將阿沙夫罕 (Asaf Khan) 的入侵。

張第王朝的建築，頗著盛名，前面提到的人工湖，是在萬山之中開

闊，湖畔並築有寺院，湖光山色，寺院鐘聲，成為印度人所熟悉的景色名勝之一。這些寺院有印度教的，也有耆那教的，都是巍峨大石築成，工程頗為浩大。

這些印度小國的王子們，一直到十世紀末葉，均享有完全自由的發展，不受外來干涉，對內則擁有至高無上的王權。然而當回教勢力挾帶新的宗教、社會、思想觀念與作戰方法，出現在印度政治舞臺上的時候，他們的地位受到嚴重的打擊。

西元 986 年，這一歷史性的變化由野心勃勃的回教領袖沙波克笛勁 (Sabuktigin) 掀起。他當時是迦茲里的首領，他首先攻擊印度巴辛達 (Bathindah) 地方的錚帕王公 (Raja Jaipal)。兩年後，錚帕伐兵雪恥，卻被擊敗議和簽約，割讓印度河西岸四處堡壘並賠償巨款，隨後又再迫割邊地議和。991 年錚帕王公聯合帕拉王公、張第王公等舉兵再戰，結果大敗，白雪華一帶戰略要地，遂盡為沙波克笛勁所占。六年以後，馬罕默德繼承父位並自上尊號蘇丹（Sultan，王之意），自以神武蓋世，不斷向印度諸邦出擊，幾乎每年來犯，每擊必殺掠滿載而歸。通常總是選在每年 10 月秋高馬肥的時候發動攻勢，經過三個月的盡興燒殺擄掠，天氣轉熱時，然後班師而去。

1001 年 11 月馬罕默德再次重創錚帕軍，並俘錚帕本人與家屬，不久錚帕獲釋，舉火自焚，其子安拉德帕啷哀奮勵，又聯合印度諸邦，以維塞拉德瓦 (Visala-deva) 為大將，組成聯軍攻馬罕默德軍。兩軍在白雪華附近對壘四十日，印方獲旁遮普哥卡部援軍，猛攻回教軍大寨，數分鐘之內，攻殺四千餘眾，軍威大振，勝利可期，不意安拉德帕父子坐象，突然不聽駕馭，離陣逃奔，如是印兵潰亂。回教騎兵盡出，追殺印兵兩日夜，斬首八千餘。聯軍各自逃竄，全勝而返，獲金銀財寶無數，並占有干格拉堡 (Kangra)。

1018 年 12 月，馬罕默德發動了第十二次的攻勢，目標是印度北部當時最富庶繁榮的都市卡洛基，時值拉賈雅帕拉‧巴利哈 (Rajayapala

Parihar) 在位的時候。大軍渡過了贊木拉河，所向無敵，直赴通往卡洛基必經之處巴蘭 (Paran)。巴蘭王子哈達體 (Hadatt) 不戰而降，士卒萬人且均改奉回教。第二站為印度教名城馬多拉 (Mathura)，市中心有一座高聳大廟，據估計需要兩百年才能建成裝修完竣，廟內有五尊赤金的偶像，每尊高達五英碼，大眼睛是用名貴的寶石嵌成，金碧輝煌。馬罕默德基於宗教因素，下令火攻，將全城所有的廟宇夷平，這些曾是古印度藝術結晶的建築物，乃無一倖免，盡燬於戰火。過此即為卡洛基，外圍有五個城堡聯防，應可禦敵，但拉賈雅帕拉不敢應戰，棄城渡恆河而逃。馬罕默德於一日之間，占領五處城堡，然後直撲卡洛基，部屬大肆燒殺搶掠，於 1019 年 1 月班師回去。拉賈雅帕拉棄城而逃，引起其他印度王子憤恨，乃合力捕殺，又激怒了馬罕默德，認為他們是故意挑戰他的權威，於這年秋天再次攻打張第王朝，俘象五百八十匹而返。

1023 年馬罕默德發動第十六次掃蕩，目標是摧毀蘇拉希脫拉沿岸的桑姆拉德寺 (Somnath)，這是一次漫長而艱苦的遠征，馬罕默德自墨爾坦經阿基米爾 (Ajmer)，穿過拉吉甫塔拉沙漠區 (Rajputana desert) 到達華氏城，直至第二年 3 月方攻占蘇拉希脫拉，盡燬桑姆拉德寺，斬首五萬餘，擄獲財寶無數。回歸取道信德， 於 1026 年 4 月始返抵迦茲里。

經過這多次的戰爭，旁遮普盡為馬罕默德所占，當時被稱為是印度的主宰，回教歷史家更歌頌他為伊斯蘭的光榮，神武善戰，從不氣餒，且其本人喜歡波斯文學，宮廷中並禮聘有偉大傑出的文學家、史學家與科學家，注意回教文化的發揚，介紹波斯文化至印度❼。但是印度的歷史學者則認為馬罕默德不過是一個窮兵黷武，好大喜功而又殘忍成性、

❼ 例如阿貝諾里 (Alberuni)，即是印度史上少見的歷史學家與科學家，他曾深入研究印度的哲學思想源流，考證各種史料，搜集民情風俗野史，著有《印度》一書而為回教史學中的巨作。其中並曾探討天文學、數學、物理學、化學及地理學與礦冶學等，因其涉獵之博，研究範圍之廣，故其著作未有作系統之譯述。

奢侈淫佚的惡霸而已。他窮其全力摧毀印度社會的一切而毫無建樹，他對印度內部所征之地亦只是發洩殺戮野性，而並無長治久安之計，即使控制了旁遮普也談不到休養生息，僅僅剝削壓迫作為他窮徵暴斂的對象而已，根本無重要性可言，對整個印度歷史的發展，並無絲毫貢獻。

三、南方諸國

中世紀時印度本部諸國，有別於北部諸國多係為外族所支配，一般是屬於兩大系統：一個系統是德干高原諸邦以及其較南的邁索爾；另一個系統是屬於泰米爾諸邦，包括帕笛亞、齊拉、卻拉與巴拉瓦。泰米爾諸邦相互之間保持著相當密切的關係，但其與德干諸邦和北部印度，則幾乎是極少接觸。

對於這些南部各國的歷史，研究它們和北部印度諸國有著同樣的困難。它們的世系非常不易弄清楚，同一人名的名字也時有變化，各種大事發生的年代，尤其混淆不清，加上語言、宗教、風俗習慣互異，每邦之間，差不多都是各自為政，嚴格地說，這些小國的歷史，只能分門別類當作地方誌來處理，很難說是構成印度史的一部分。不過國家雖小，有的卻存在很久，也仍然有它們的地位。我們在這裡只能挑選幾個比較有名的小國或者知名的人物，加以簡要地敘述，大體瞭解在中世紀時中南部印度的情形。

所謂德干系統諸邦，其中以較南的邁索爾邦比較有充分的史料可以記述，特別是兩個朝代，一個稱為卡丹巴王朝 (Kadamba Dynasty)，卡丹巴族是在三世紀至六世紀之間脫穎而出的，他們活動的區域在邁索爾西部，即後代所稱卡拉娜區 (Kanara)，都城是巴拉瓦西 (Banawasi)，或稱瓦賈揚地 (Vaijayanti)，在阿育王時代即已聞名。邁索爾被稱為印度的文教古邦，可能亦與此有關。卡丹巴王族原是屬於婆羅門的第一階級，但是因為他們變成了統治階級的王族，所以改屬於第二階級的剎帝利。到了十四世紀初，卡丹巴出現一位傑出的人物拉雅士 (Rayas)，曾建立頗為強

大的國家。第二個朝代是甘迦斯王朝 (Gangas Dynasty)，曾於二至十一世紀統治大部分的邁索爾。十世紀時候的甘迦斯自認為耆那教的保護者，983 年大臣旃摩達拉雅 (Chamunda-Raya) 下令在貝哥拉 (Sravana Belgola) 地方的山頂上，利用尼麻巖就地雕刻了一座巨大的神像，像高五十六英尺，被認為是鬼斧神工，全印無二。

德干諸邦在中世紀早期著名的王朝，是恰羅怯雅斯族人 (Chalukyas) 所建立。約在六世紀中葉，卜拉開心一世 (Pulakesin I) 創立西恰羅怯雅斯王朝，自號巴達密之王 (Lord of Badami)，在今孟買 (Bombay) 的貝迦甫爾區 (Bijapur)。卜拉開心一世的孫子卜拉開心二世 (Pulakesin II)，是一位強大的國王，他與當時卡洛基的戒日王南北齊名。玄奘訪印時曾遊此，當時譯名摩訶剌侘 (Maharashtra)，國內有阿京達石窟 (Ajenda Cave)，為印度最負盛名的佛教聖地之一，玄奘亦曾往遊。時在西元 641 年，當時取道西南印度經此。《大唐西域記》載：「摩訶剌侘國，周六千餘里。國大都城西臨大河（今印度西南海岸的拉西克 Nasik），周三十餘里。土地沃壤，稼穡殷盛。氣序溫暑，風俗淳質。其形偉大，其性傲逸。有恩必報，有怨必復。人或凌辱，殉命以讎。窘急投分，忘身以濟。將復怨也，必先告之。各被堅甲，然後爭鋒。臨陣逐北，不殺已降。兵將失利，無所刑罰，賜之女服，感激自死。國養勇士，有數百人，每將決戰，飲酒酣醉。一人摧鋒，萬夫挫銳。遇人肆害，國刑不加。每出遊行，擊鼓前導。復飼暴象，凡數百頭。將欲陣戰，亦先飲酒。群馳蹈踐，前無堅敵。其王恃此人象，輕凌敵國。王，剎帝利種也，名補羅稽舍（今譯卜拉開心），謀猷弘遠，仁慈廣被。臣下事之，盡其忠矣。今戒日大王，東征西伐，遠賓邇肅，唯此國人獨不臣伏。屢率五印度甲兵，及募召諸國烈將，躬往討伐，猶未克勝。其兵也如此，其俗也如彼。人知好學，邪正兼崇。伽藍百餘所，僧徒五千餘人，大小二乘，兼功綜習。天祠百數，異道甚多。」

玄奘記遊阿京達石窟佛像稱：「國東境有大山，疊嶺連嶂，重巒絕巘。

爰有伽藍，基於幽谷。高堂邃宇，疏崖枕峰，重閣層臺，背巖面壑，阿折羅阿羅漢所建。羅漢，西印度人也，其母既終，觀生何趣。見於此國受女人身，羅漢遂來至此，將欲導化，隨機攝受，入里乞食，至母生家、女子持食來施，乳便流汁。親屬既見，以為不祥，羅漢說本因緣，女子便證聖果。羅漢感生育之恩，懷業緣之教，將酬厚德，建此伽藍。伽藍大精舍高百餘尺。中有石佛像，高七十餘尺。上有石蓋七重，虛懸無綴，蓋間相去各三尺餘。聞諸先志曰，斯乃羅漢願力之所持也。或曰神通之力，或曰藥術之功。考厥實錄，未詳其致。精舍四周雕鏤石壁，作如來在昔修菩薩行諸因地事，證聖果之禎祥，入寂滅之靈應，巨細無遺，備盡鐫鏤。伽藍門外，南北左右各一石象。聞之土俗曰：此象時大聲吼，地為震動，昔陳那菩薩多止此伽藍。」❽

　　玄奘訪當地後的第二年，卜拉開心二世被巴拉瓦國國王拉諾辛哈瓦滿 (Narasinhavarman) 擊殺，巴拉瓦遂稱雄南印，674 年之後，卜拉開心二世之子力報父仇，占領堪濟，兩族互爭又多年。八世紀（757 年）時，另一族人拉希屈拉庫達 (Rashtrakuta) 興起，遂推翻西恰羅怯雅斯，建立拉希屈拉庫達王朝，成為德干的新霸主，共維持達兩個半世紀。西恰羅怯雅斯雖為高階級之婆羅門，但其遠祖實仍屬於外族，所以為當地土著部落所不容，必欲推翻而後快。他們得勢的時代，提倡印度教，曾修建有不少巍峨廟宇，迄被推翻，新得勢者亦頗重視宗教建築。例如克利興拉一世（760 年掌權），即曾在今海德拉巴邦境內興建巨大的石廟，整個廟宇依崖石鑿成，看來像是一座單獨的建築。

　　拉希屈拉庫達的名王阿姆迦瓦夏 (Amoghavarsha) 在位最久，從 815 至 877 年。當時有阿拉伯商人訪遊德干，認為阿姆迦瓦夏治下的地方，富庶冠於全印度，且稱其為世界四大名王，與巴格達的回教王、中國王及君士坦丁王齊名。拉希屈拉庫達諸王與信德的阿拉伯統治者和平相處，鼓勵工商貿易。阿姆迦瓦夏擁有龐大馬隊與象隊組成的騎兵及一支強大

❽　玄奘，《大唐西域記》，卷十一，「摩訶剌侘國」條。

的常備部隊。他以馬利亞克達 (Manyakheta) 為首府，即今海德拉巴境內的馬爾克達 (Malkhed)，他篤信耆那教。當時佛教勢衰，九世紀至十世紀耆那教得以盛行於德干地區。

西元 973 年塔意拉帕 (Tailapa) 推翻了拉希屈拉庫達，建立後恰羅怯雅斯王朝，以卡南里 (Kalyani) 為首邑。新朝與鄰邦時有爭戰。十一世紀初，後恰羅怯雅斯被卻拉王拉甲拉甲 (Rajaraja Chola I) 大敗，婆羅門僧侶、婦女兒童，皆遭屠殺。1053 年蘇美斯維拉・恰羅怯雅 (Somesvera Chalukya) 復仇，於科班 (Koppam) 殺死當時的卻拉王。

1076 至 1126 年維克拉滿卡 (Vikramanka) 在位，他是一個很特殊的霸王，先殺了自己的一個兄弟，才取得王位，又處死另一個據說圖謀叛亂的兄弟，並與南部的鄰邦繼續作戰。這時卻拉王朝已取代巴拉瓦王朝成為堪濟的霸主。維克拉滿卡據說曾經幾次占領過堪濟。他不斷南征北伐，想用他自己的名字創建一個朝代，但事實上並未成為氣候。他的御用詩人皮哈拉 (Bilhana) 曾寫詩歌頌他的彪炳戰功與愛情專一。

十二世紀時，後恰羅怯雅斯勢力衰弱，1190 年以後變成為地方上的小王公，他們的領地也由新起的雅達瓦斯 (Yadavas) 與賀一薩拉斯 (Hoysalas) 所瓜分。雅達瓦斯亦稱阿蘭迦巴德 (Aurangabad)，原是恰羅怯雅斯的封建後裔。十二世紀末葉他們頗為活躍，十三世紀初曾攻打古荼拉迭，擴張勢力，但只是曇花一現，不數年即為回教勢力所擊敗。賀一薩拉斯則屬於西蓋茲 (Western Gates) 地方小部落的後裔，大約在十二世紀中葉，他們即在邁索爾慢慢的苗長壯大，最初是臣服於後恰羅怯雅斯。到了 1190 年才正式獨立。賀一薩拉斯的名王為畢狄卡 (Bittideva)，他也是不停地忙於戰爭，但是他的貢獻則在宗教生活與建築雕刻。畢狄卡原是一位虔誠的耆那教徒。相較於卻拉王朝諸王肆意摧毀宗教廟宇，頗為一般人民所不滿，那個時候雖然在政治上不斷有戰爭，但是對於宗教信仰，卻保有笈多王朝時代的傳統，完全是信仰自由，對任何宗教均不加迫害。畢狄卡在十一世紀中改奉印度教，將他自己的名字改稱為維希奴

瓦達哈拉 (Vishnuvardhana)，決心提倡他所改奉的印度教，但並不壓迫耆那教，他有一位妻子和女兒也仍是耆那教徒。維希奴瓦達哈拉特別熱心於印度教廟宇的建築，他以及他的後代諸王在十二世紀與十三世紀修築許多廟宇，都是集藝術之大成，無論是構圖設計，畫棟雕樑，均別具一格，至今邁索爾仍保有印度最優秀的建築家、雕刻家與藝術家，受此一時代提倡廟宇建築的影響頗大。維希奴瓦達哈拉三傳至他的孫兒巴拉拉 (Veera Ballala II)，曾向北擴張，擊敗了雅達瓦斯，成為十二世紀末德干最強大的王朝。不過它的命運亦如雅達瓦斯，最後到了十三世紀末葉仍是被回教勢力所撲滅。

以上是南印德堪諸邦的簡略情形，其歷史活動的舞臺很少超過德干與邁索爾，也可以說依然是一種地方政權的變化，對整個印度歷史的演變和發展，關係不大。

其次是泰米爾諸邦，在印度半島的更南邊。首先是巴拉瓦這個地方政權。西元一世紀至二世紀之間，前面曾提到泰米爾王國，從那時起曾一度中斷，一直到四世紀中葉，笈多王朝的沙摩德拉哥甫塔曾在堪濟遭遇到一位巴拉瓦王子的抵抗，這個巴拉瓦王子可能就是他們的後裔。

巴拉瓦人的來源在印度歷史上帶有幾分神祕性，很難確定他們的來處。有的人認為他們來自印度西北部，屬於波斯外族；但也有歷史學者斷定他們原是半島上的土著，與古朗巴人 (Kurumbas) 相近，在泰米爾早期歷史中扮演過重要的角色，非常勇敢、粗獷。到了六世紀中葉至八世紀中葉的兩百年之間，巴拉瓦人事實上已完全控制印度半島南部。包括現代的北阿柯迭 (North Arcot)、南阿柯迭 (South Arcot)、馬德拉斯、屈利契諾坡里 (Trichinopoly) 和坦爵爾 (Tanjore)，北鄰奧里薩，南達南貝拉河 (Southern Pennar)，東至孟加拉灣 (Bay of Bengal)，西接班迦洛 (Bangalore)，都城是堪濟，以設計進步，市容整潔，廟宇宏偉，著稱於印。玄奘曾遊此，稱其「人戶殷盛，家室富饒，……大小二乘，兼功習學，天祠數十，外道眾多」，可見為一繁華都市。巴拉瓦諸王亦如德干諸

王，注重宗教建築，故對建築藝術特有貢獻。巴拉瓦所建政權於九世紀末被卻拉人所擊潰，最後到了十七世紀時，已不復再見有巴拉瓦人的蹤跡，他們已被完全同化於卡拉 (Kalla) 及巴利人 (Palli)。

卻拉王朝擊敗巴拉瓦王朝，遂代之而起成為新的南方之王，其全盛時期的領地，相當於後代的馬德拉斯區。名王「王者之王」拉甲拉甲及其子拉吉德拉卻拉德瓦 (Rajendra Chola I) 在位時，均採擴張政策，且保有一支強大的海軍向海外發展，曾一度占領緬甸的庇古 (Pegu)，並取得安達曼尼可巴群島 (Andaman and Nicobar Islands)，後者至今仍屬於印度的版圖。十三世紀時卻拉逐漸式微，最後仍是被回教勢力所滅。

值得一提的是卻拉王朝的行政組織。在中央政府之下劃分全國為六省，省以下為縣，縣以下為區，區以下為鄉村，而以村為基層單位。每一村有民選的村議會，負責地方預算的制訂等工作，與政府所派行政人員密切配合，管理有序。賦稅以田賦為主，中央取其六分之一，餘由各級地方政府運用，故地方建設相當發達，水利設施、道路橋樑均作有計畫的開闢，甚得民眾的擁戴。這些制度多係仿古印舊制而行，沒有受外來異族的影響。

四、北方回教諸強

回教勢力對印度開始攻擊，起於阿富汗群山之中的哥爾 (Ghor) 部落。很少有人知道這個地方，哥爾城現在也已成了廢墟。1150 年迦茲里蘇丹巴赫蘭 (Bahram Sultan Mahmud of Ghazni) 捕殺了兩名哥爾王子，哥爾王胡笙 (Alaud din Husain) 立即採取報復手段，連續七天七夜血洗迦茲里，所有遇到的男子盡被屠殺，婦女兒童則被俘虜，只剩下馬罕默德的墳墓未被掘毀。從此即占有此城作為侵印的基地。1175 年哥爾部落進入印度本部，攻占了墨爾坦。1178 年發動南攻，企圖攫取古荼拉迭，受挫北返。1187 年合併旁遮普與信德，1191 年再揮師南進。印度土邦的王公們深感危機嚴重，所有北部印度的重要土邦均團結起來，合力禦侮。他

們組成了一支聯軍，由卜利齊納基 (Prithiraj) 統帥，列陣於塔拉茵 (Tarain) 迎敵。初次接戰，哥爾王與卜利齊納基的胞弟交鋒，受傷而退。翌年傷癒，大軍再進，卜利齊納基兄弟均陣亡，卡洛基與阿基米爾王公皆敗，哥爾王贏得了決定性的勝利。聯軍之敗在於號令不能統一，且以象隊為主力，稍有突破即潰不成軍。塔拉茵之戰結束後，哥爾王班師而返，將盡占之地交由庫迭白頂·阿依巴克 (Qutb-ud-din Aybak) 處理。阿依巴克為土耳其人，係買來的奴隸，供役於軍中。1193 年阿依巴克占領德里，向貝拉里斯 (Benares) 推進。卡洛基、格瓦利阿及古荼拉迭的首邑安希瓦那 (Anhiwara) 等名城均被占領。

印度東部方面的攻擊，是由阿依巴克的部將摩罕默德契爾基 (Muhammad Khilj) 負責。1197 年攻占了比哈爾。當時比哈爾地區是由一群腐敗的婆羅門所統治，從帕拉王朝以來已經有了三百餘年。這兒原是佛教文物薈萃的聖地，在回教徒的燒殺之下，除了少數逃往尼泊爾與西藏的部分僧侶外，餘均無一倖免於戰火。從此佛教的勢力，在印度即一蹶不振。從比哈爾到鄰近的孟加拉，原也有相當的距離，但是契爾基卻採取了閃電戰的奇襲，自領騎兵十八人，偽裝馬販子，突攻王府。婆羅門王公賽納 (Sena) 正在晚宴，聞警從後門潛逃。契爾基召集部隊入城，大肆燒殺，隨後並將王府遷往哥阿 (Gaur)。從此孟加拉一直為回教勢力所統治，直至十八世紀始被英國人所擊敗，亡於東印度公司。

德里方面，阿依巴克於 1206 年即位為德里蘇丹，為了鞏固他的權勢，他娶了一位艾爾多士 (Eldoz) 的女兒為后，將他的妹妹嫁給信德的王公庫巴察 (Kubacha)，又將自己的女兒嫁與比哈爾的王公伊托底米希 (Iltutmesh)，如此一來，德里、信德與比哈爾結成了牢固的姻親關係，而三個地方的王公都是奴隸出身，所以在歷史上合稱他們為奴隸王朝 (Slave Dynasty)。阿依巴克在位不過四年，死於德里。這些回教王公在位之時，第一件事就是戰爭、殺人，可以說是嗜殺成性，必見血流成河，方始稱快。第二件事就是修蓋回教的清真寺，利用印度的人力與物力，

為他們修築巍峨的回教廟宇，德里附近的許多清真寺就是他們下令建築的。第三件事就是修建墳墓。回教王公們因為生前殘殺過多，深恐死後被掘墓鞭屍，所以對於陵墓也很重視，必選在妥善處所，用牢固的大石來修築。

阿依巴克死後，傳位於其子阿蘭姆 (Aram)，此人資質平庸，1211 年即被其姊夫比哈爾王公伊托底米希所取代。他得勢後大部分的精力用在奴隸王朝內部的奪權鬥爭，同時併略印度教的地盤，1236 年死。他也修築了不少回教建築物，其中之一就是他自己的陵寢，據說是「印度藝術的結晶」。阿基米爾的大回教廟也是他下令蓋的，而且取材自印度教廟拆下的建料。

伊托底米希在位時，曾險遭成吉思汗大軍的攻擊。成吉思汗西征班師時，原想取道印度和西藏回國，他的大軍到了西旁遮普以後，他突然改變了主意，止於白雪華，沒有再深入印度。

伊托底米希死前，決定不傳位於其子，而指定其女娜茜亞 (Raziyya) 為繼承人。但是王族們卻認為王子諾克樂亭 (Ruknud din) 足當大任，策擁就位。幾個月以後仍被娜茜亞所趕走。女王掌權後自稱為娜茜亞王 (Sultan Raziyya)，像男人一般，東征西討，並自己乘象指揮，但是她的體力究竟不如男子，她同意下嫁稱兵反叛她的首領，依然未能挽回噩運，和她丈夫同被印度教徒所殺。娜茜亞死，由伊托底米希的幼子拉錫諾亭 (Nasiru-d din) 繼位，不久又傳位與巴爾班 (Balban)。巴爾班是伊托底米希四十個侍從奴隸之一，為了鞏固自己的權位，登基後即將其他三十九個奴隸殺光。在他的時代從西北方逃避蒙古人入侵的回教王公王子們，都齊集德里請求他的保護。他曾有效地控制了旁遮普、孟加拉、北方省、比哈爾、烏督、格瓦利窩、信德等地，但旁遮普後來被蒙古人占去，孟加拉則宣布獨立。這隻好戰的老狐狸，盤踞德里六十年，1286 年老死德里。巴爾班死後由他的孫子卡一柯巴德 (Kaikobad) 以十八歲稚齡即位，沒有幾天就被推翻，奴隸王朝也就結束了。

1.雄據一方的德里王

奴隸王朝的統治者雖然結束，回教的貴族依然存在，他們推舉了一位七十歲的貴族弗洛茲夏 (Malik Firuz) 出來稱王，上尊號為賈拉羅亭蘇丹 (Sultan Jalal-du-din)。這位皇袍加身的老蘇丹，極不得人望，他甚至不敢住在德里，另在近郊修了一座行宮隱居。即位的第二年，發生了大水災，成千上萬的印度老百姓，被氾濫的贊木拉河水席捲而去，四方哀鴻遍野，怨聲載道。年事已高的賈拉羅亭蘇丹卻無能為力。這時候西北方的蒙古人也常來德里附近侵擾，賈拉羅亭與他們協商退兵，也有的蒙古人願意定居下來，並改奉回教，住在行宮附近的村莊裡。1294 年賈拉羅亭的姪兒阿羅亭 (Ala-ud-din) 奉派遠征馬爾瓦，大軍一直深入德干。擄掠金銀財寶無算，但均不繳庫。大家都知道阿羅亭有篡位之心，但那個老伯父卻一無所知，並且不接受旁人的警告。最後他居然轉入阿羅亭的權力中心阿拉哈巴德，乃被謀害，1296 年阿羅亭自任為蘇丹。

賈拉羅亭蘇丹在位時，對於實際行政工作的處理，可以說完全是門外漢。常常有罪犯帶來御前審理，只須宣誓不再犯罪，即予釋放。那時水賊綁匪甚多，他的處置辦法是將他們用船送往孟加拉的首邑，如此孟加拉地方就無形中成了水賊綁匪的大本營，這也就是為什麼後來孟加拉境內水賊最多的緣因。

關於阿羅亭蘇丹，歷史資料中有兩種完全不同的記載。十四世紀時一位非洲的旅行家巴托塔 (Ibn Batuta) 稱他是所有蘇丹中最好的一位。可是從他奪取政權所使用的手段及其後來的政績看，卻是一個嗜殺成性，濫殺無辜，雖婦女與小孩亦常誅殺的暴君。真相如何，似無定論。他在位的時候，不斷有對外的戰爭，也經常有對內的鎮壓。例如為了對付那些實際業已定居德里附近村莊的蒙古人，一個晚上便殺了三萬人。阿羅亭嘗謂有學問的人沒有經驗，他沒有學問，但是看到知道的比旁人多。他認為印度老百姓是絕不會低頭的，除非將他們個個置於飢餓之中。因此任何民家均不得藏有金銀財寶，一經查出，除全部沒收外，還需重罰。

只准許他們有計日的口糧，其餘一律由政府掌管。他也嚴格執行限價政策，任何商品均需按政府規定的價格出售，不得擅自標價，違者重懲。他有一套嚴密監視與管制人民的辦法和特務系統。他還想自己創立一種宗教，他就是教主，但世界上的暴君，很少同時又是宗教的教主。他自比為亞歷山大第二，攻無不克，戰無不勝。他可以征服全世界。這些狂想和夢想，自然永遠沒有實現。1316 年 1 月阿羅亭病死。大權落入權臣卡福 (Malik Kafur) 之手，以蘇丹幼子登基，而自掌國政，謀殺王族，僅三十五日即被其部屬所殺。

　　阿羅亭的另一子摩巴拉克罕 (Mubarak Shan) 取得王位，此人又是一個無惡不作的暴君，他在位四年四個月，沉湎酒色，聽信佞臣，荒淫無道，亦被部屬所殺。貴族們另選馬立克 (Ghazi Malik) 出來承繼大位。馬立克恢復了內部秩序，並嚴陣戒備蒙古人的入侵。但是馬立克不久又在一次閱兵典禮中被他的兒子所殺。1325 年 2 月其子托拉克 (Muhammad bin Tughlak) 篡位自立，歷時二十六年而死。托拉克表面上博學多才，博聞強記，他對波斯文與阿拉伯文的造詣很深，熟研希臘的論理學與哲學，對數學也很精通，為了深入獲得實際的臨床經驗，他並且親自為病人看病。自奉極簡，滴酒不沾，對賢能才俊之士，頗能禮恭下士，似乎應該是一位勤政愛民的賢君。但事實卻不然，他對部屬與人民，均十分嚴苛，他要求所有的人絕對服從他的權威，他所訂下的戒律，倘有絲毫違反，則以酷刑相加。他說他不能輕信他人，尤以周圍的部屬，眨眼之間可由忠臣變為叛逆，所以必須嚴懲不貸。1326 至 1327 年間，托拉克據報有德里市民在街頭散發傳單攻擊批評朝政，他大為震怒，決心要毀滅德里城。他下令在德干修築一座新的城池，名為多拉塔巴德 (Daulatabad)，從德里遷都該處。他付錢給德里市民，收買了他們的住宅，然後命令遷往新都。大部分的人被強迫離城，小部分的人深藏不動。於是托拉克動員軍隊，挨戶搜查，查獲者綁走。有一個瘸子一個瞎子被抓到，瘸子當場擊斃，瞎子則由象隊拖走，拖到新都時，人已被拖成粉碎，只剩下被綁

牢的一根大腿骨。如此酷刑，誰敢不服。到最後托拉克本人離城前一晚，他登樓四望，全城已看不到一縷炊煙，一戶燈光，才感到心滿意足。

此外，托拉克也十分耗費公帑，自感財力不繼，國庫空虛，因此他又仿效中國的辦法發行銀票，他說中國皇帝能辦得到的事，他一定也能辦到，強迫人民接受使用，但是銀票不能兌現，只能換取銅幣，新都銅幣如山，像石子一樣毫無價值，因此民怨沸騰。1347年托拉克竟異想天開，遠征中國。他派外甥庫斯諾馬立克 (Khusru Malik) 領兵十萬，計畫經尼泊爾越喜馬拉雅山攻打中國，結果自然是鎩羽而歸，回到德里的不過十人，盡被斬首。他的另一個外甥憤而起義，不慎被捕。托拉克下令活活剝皮，人皮曬乾，用稻草填充，送全國示眾，人肉則拌米煮熟，迫令犯人的妻子兒女吞食，另外盛一大盤餵象。象也不吃。如此慘無人道的暴君，所屠殺者多為印度教徒，人民迫於淫威，不敢造反，但在宮殿史官的筆下，他仍然是一位忠於回教，嚴守教規的明君，這實在是很難使人相信的。

2.德里王的敗亡

在德里回教王的控制之下，孟加拉從十二世紀開始一直保持若即若離的態度，表面上承認德里王的宗主權，並經常進貢，但實際上則伺機而動，隨時準備脫離羈絆而獨立。十四世紀上半葉托拉克在位時的淫威暴政，逼使孟加拉的法克拉 (Fakhra) 首先發難，隨後遍及整個孟加拉地區，宣布獨立。托拉克蘇丹因無暇東顧，任憑其維持獨立地位，直至阿克巴 (Akbar) 大帝時代，始又被征服，重歸回教帝國所統治。

1340年南面的科羅蠻達 (Coromandel) 省長哈三 (Saiyid Hasan) 亦稱兵反，翌年托拉克自率大軍南下平亂。到達瓦攬迦 (Warangal)，距離目的地尚須三月行程，軍中發生霍亂，死亡甚多，不得已還軍德里，瓦攬迦旋即被叛軍所占。托拉克曾允已遷新都之人得回歸德里，百姓絡繹於途，又遭天旱饑饉，田園荒蕪，耕牛倒斃，雖由官家舉辦農貸，但農民亦無法恢復耕種。在此天災人禍連綿之時，托拉克又異想天開，要與埃

及的回教教王發生密切關係。自行遣使赴埃，請求回教教王承認其在德里的統治地位，並下令將錢幣上自己的鑄像，換上回教教王，表示誠心擁戴。但是此種轉移注意力的作法，並不能挽救他搖搖欲墜的政權。有關托拉克腐敗乖張的情形，可謂罄竹難書。總之，他是採取極端高壓而殘忍的手段，圖迫使所有印度教人民，屈服於他的淫威之下，就像歷史上妄自尊大的暴君一般。但是他畢竟無法戰勝他必死的身體，在殘民以逞統治了二十六年以後，終於在 1351 年病死於信德省的印度河邊。

托拉克病死軍中，三軍頓失重心。一般印度行軍，兵營之中總隨帶有大批的婦女兒童，回師途中，又受到叛軍的襲擊，故軍行遲緩且損失慘重。德里王的堂弟費洛茲夏 (Firuz Shah Tughlaq)，這時恰好正在軍中，事實上他統治著四分之一的領土，即被強迫推為繼承王位的人。1351 年 3 月 23 日，宣布即位。從此軍中有主，大軍得以班師德里。當費洛茲夏尚未抵達德里前，德里省的省長瓜加迦罕 (Khaja Jahan) 因誤信新王亦死，遂自立幼主為王，逕行攝政。後知費洛茲夏已率軍回都，即開城歸降。費洛茲夏原想寬恕他，但是王族們堅持正法，遂被處決。所謂幼主事實上亦並非托拉克之子，也就不成問題的予以廢棄。

費洛茲夏本人不長於戰陣，他即位後亦曾督師遠征孟加拉與信德，但皆徒勞無功。最後終於默認孟加拉與信德形同獨立王國的地位。

回教習俗不得飲酒，國王卻是例外。費洛茲夏偶爾小飲，最喜狩獵，他在位期間，因西征南討不利，遂盡量避免戰爭，而傾其全力於各種建築。第一優先是修復舊有建築，其次是大規模建設都市，興建各種公用設施，如修築運河、建築回教廟宇、大學、公共圖書館等。他本人對歷史研究亦饒興趣。在他治理之下，對於印度教仍然是採取高壓手段。十四世紀的回教統治者依然認為回教以外的其他信仰，均為異端邪說，容忍異端便是罪惡。所以凡有人膽敢不奉回教，甚至建築印度教廟宇，聚眾傳說異端，即被嚴格取締，主事者斬首示眾。費洛茲夏因為堅持此一政策，所以對印度教徒絕不寬貸，不過對一般人民的殘忍屠殺則已減少。

他並且為國民建築了一座大的醫院，因此也有人歌頌他的德政。現在新德里的街道，還有以費洛茲夏作為大道的路名。

費洛茲夏登基時是四十二歲，他活到八十歲才死，時在 1388 年。他死後缺乏強有力的繼承者，諸子互爭王位，互相殺伐，各地群雄並起，各省紛紛獨立，成為無中央政府的狀態，如此擾攘者十年之久，直至 1398 年鐵木耳 (Amir Timur) 入侵，局勢又激轉直下。

鐵木耳是土耳其的回教徒，他的父親是早期皈依回教的土耳其人之一。他生於 1336 年，三十四歲時為撒馬爾罕 (Samarkand) 王，從此發動一連串的遠征，以對抗成吉思汗的部屬。鐵木耳死於 1405 年當他正計畫遠征中國，企圖消滅億萬異教徒的時候。說到攻打印度，那早已是他輕而易舉的事，他曾派出了不少官方的間諜，對於印度的國情瞭如指掌，那兒的無窮財富當然也是很大的誘惑，尤其當地人民對於外來的征服者，總是屈從多於抗拒。

圖 13：鐵木耳像

早在 1398 年他派遣他的孫兒，率領了一支先頭部隊，圍困墨爾坦，六個月之後即加以正式占領。是年秋季，鐵木耳自率騎兵九萬，渡印度河，血洗了墨爾坦東北的托蘭巴 (Tulamba)。軍至巴利帕迭 (Panipat)，當時托拉克曾試圖阻止，不經一擊。鐵木耳因此揮軍東下，占據德里，宣布為王。曾有少數反抗，均被敉平。囚犯十萬人均被斬首。他在德里城盡情燒殺五晝夜，擄掠財物無算，並俘獲無數婦女而歸。鐵木耳還強迫優秀的建築技術人員，隨軍返回撒馬爾罕，去建設他自己的首都。

鐵木耳無意留駐印度，他取道邁諾迭 (Merrut)，燬滅了城池，未逃出的居民，無不

被殺，復經哈德瓦 (Hardwar) 循來時的路線，從旁遮普班師回國，留下北部印度在饑饉的破碎田園之中。鐵木耳攻印，使所經之處再沒有一個有組織的政府。但是其他部分則未受戰亂的影響，甚至有的地方還不曾聽說鐵木耳的回教軍到過了印度。直到鐵木耳離開半個世紀之後，德里方再出現正式的蘇丹政府。1414 至 1451 年之間，德里和鄰近的一部分地方，最初是在曾任旁遮普省長的契茲罕 (Khizr Khan) 的控制之下，以後由他的三個傳人相繼接管。但是他們從不敢稱王，自承是鐵木耳的部屬。他們原是屬於回教的薩伊派 (Sayyids)，所以歷史上也稱他們為薩伊王朝 (Sayyid Dynasty)，並無太多的作為可述。

1451 年旁遮普的省長巴羅罕 (Bahlal Khan) 進兵德里，正式稱王。巴羅罕曾東攻強甫 (Jaunpur)，廢其王公，派其子巴巴克夏 (Babrak Shah) 接替，又收復了一些過去德里王所統治的土地，東至貝拉勒斯 (Benares)，南達旁帝罕 (Bundekhand)。這一段時期從 1206 至 1450 年之間，曾進入德里稱王的回教徒，有土耳其人、有阿富汗人，還有其他地方的人，他們並非都是屬於阿富汗或巴撒人 (Pathan)，倘稱這一時期為德里的阿富汗王時代，那是錯誤的。

巴羅罕於 1489 年死，王族們推其子尼沙罕 (Nizam Khan) 接位，上尊號為錫卡達迦齊蘇丹 (Sultan Sikandar Ghazi)。他即位以後，立刻免除他弟弟巴巴克夏在強甫的職位，又合併了比哈爾。像以前的德里回教蘇丹一般，錫卡達痛恨印度教徒，將馬多拉的大印度教廟完全拆毀，用來建築回教廟宇。他嚴格遵守回教法律，對於窮苦的老百姓，讓他們能免於饑饉。德里附近的阿格拉 (Agra)，曾被馬罕默德迦茲里所毀，降為一個小鎮。錫卡達下令重建宮殿，事實上他自己也常駐節於此。錫卡達於 1517 年病逝，由其子伊布拉罕 (Ibrahim) 繼位。新蘇丹與貴族們相處不睦，互相鬥爭，蘇丹占上風時，即大施報復，誅殺貴族。最後這些原籍阿富汗的貴族們即上書喀布爾的拔巴大帝 (Babur) 請援。拔巴曾幾度出兵攻印不成，1525 年發動最後一次的猛攻，第二年的春天在巴利巴迭給予伊布

拉罕致命的一擊，使其滅亡。有關詳情，留待下章敘述。

從十三世紀初至十六世紀上半葉，德里經歷了不少回教蘇丹的統治。他們大半是暴虐之王，對印度教徒濫施屠殺，對印度教的文物，肆意摧毀。偶爾有幾個喜歡建設的，也多是拆毀印度教的建設去用作回教的建築，包括廟宇、陵寢、宮殿，及大學與圖書館等。所以我們在德里一帶，後來很少能看到回教蘇丹以前的建築。留下來的都是各種回教建築，又大半是取法麥加與大馬士革的式樣。十五世紀時的巴羅罕蘇丹，是唯一原不屬於阿富汗的統治者，也不過歷經三代，因此如斷言德里一帶的回教建築多係仿效阿富汗，那是牽強附會之辭，不符合事實的。

談到回教入侵者的作戰能力，顯而易見遠勝當地的印度部隊。他們懷著征服異教徒的宗教狂熱，認定為道而戰可以超升入天國，有敵無我，一往無前，戰志高昂。而大多數的入侵部隊，均係來自氣候較寒地帶，飲食習慣多肉食，體力充沛，且印度之財富亦具有極大吸引力。回教軍在戰場之上，軍紀森嚴，指揮統一。一旦攻克城池，又任其肆意燒殺，有如出籠之猛虎，其殘忍嗜殺，使印度之兵，望而生畏。印度階級制度甚嚴，約束極多，各邦王公又係臨時組合，號令不統一，戰法守舊，不加改進，故遇大敵來臨，倉惶應戰，但求自保而不可得，無逐敵取勝之雄心，故屢為入侵者所敗。

回教入侵者憑武力占領印度，缺乏遠大的政治眼光，以後要到阿克巴大帝滅亡印度，始立下數百年蒙兀兒王朝的基業。在此以前，入侵者雖雄據德里，但對各省的控制並不嚴密。只需表面順從，按時朝貢，即可相安。若干印度教的省區，亦聽其自然，能保持名義上的宗主權，即不加干預。而在中央及地方整個的行政管理上，並無新的建樹，若干經由中央派出的地方首長，且時與中央奪權，故亦加速回教政權的敗亡。中央方面，貴族王室似有相當大的發言權，其優點在每遇危難之時，能形成捍衛力量；缺點在其不能與蘇丹合作時，即發生牽制作用，難能樹立堅強的中心統治。數個世紀之中，由於回教蘇丹掌握了印度的統治權，

儘管並非澈底牢固，但畢竟能發號施令，且以其殘民以逞，視被統治的印度人民如草芥，對整個印度社會的生活，自亦帶來巨大變化。尤其在蘇丹執政之時，高級文武官員，均係來自外國的回教徒，又有大批回教徒移民印度，其人數之多寡雖無統計，但在 1948 年印度與巴基斯坦實施印、回分治時，所知在印的回教徒將近一億人口。應可概想十五世紀左右，回教勢力不止是有形的軍事與政治力量，即以人口而論，必也占有相當數額。當然到十六世紀以後，由於蒙兀兒王朝的建立，在印的回教徒自然是大量增加。值得特別注意的是歷代進入印度的外族很多，如薩卡、如匈奴、如蒙古人等，他們人數不多，定居印度者，大多漸漸被同化，但是外來的回教徒，他們不但人數眾多，而且自認信奉回教者為優越階級，視所有印度人為異端，加以語言、文字、風俗習慣與血統之不同，所以始終保持為一個特別的 集團。後來蒙兀兒王朝的阿克巴大帝以及現代印度國父甘地先生，均主張印回親善，印回通婚，但仍舊無法打破鴻溝，終至使印度分成為印度與巴基斯坦兩個國家。後來孟加拉獨立，更變成為三個國家。造成此種分而不和的現象，後來的英國人故意採取分而治之的策略，自亦為重要緣因，不過二者在宗教上積不相容，形同水火，可能仍為根本緣因。

五、孟加拉

德里蘇丹時代，各地的地方政權，名義上是奉正朔，地方首領或係由中央派遣，或即承認當地掌握實權的人物，彼此間的關係，可以說是若即若離，完全看德里蘇丹是何等人物，有多少力量而定。地方政權之中，有幾個很重要的省區如孟加拉、馬爾瓦、古茶拉迭與克什米爾等，它們的政治傾向，對德里中央的穩定性，亦有關連。

就孟加拉來說，在托拉克蘇丹時期，由於他的暴虐無道，法克拉於 1340 年即稱兵反抗，等於完全獨立。直到 1576 年阿克巴大帝時，始重新納入統治。在此以前，孟加拉的回教統治者之中，倒有一位比較知名

的人物，即胡賽因王 (Husain Shah)，他原是孟加拉省的首席部長，後來被推為執政，勤政愛民，致力建設，許多大的回教建築，都是在他任內完成。他又重視古代印度的傳統文學，曾鼓勵翻譯梵文的《羅摩耶那》與《摩訶婆羅多》兩大史詩為孟加拉文。他在位二十六年，死時有十八子。長子拉斯拉迭 (Nusrat Shah) 性仁孝，受命接位。即位後一反過去宮廷奪權惡習，對於他的十七個王弟，均優待有加，故能贏得地方人民的愛戴。

其次是馬爾瓦，這是古代印度很負盛名的地方，後來英國人滅亡印度，即改稱為中央印度特區 (Central India Agency)。它的地理位置南為拉巴達 (Narbada)，張巴 (Chambal) 在其北，西為古荼拉迭，東為邦光堪 (Bundelkhand)，從 1310 年的時候開始，即為回教王公阿羅亭所統治，一直到德里蘇丹的崩潰。他們最初以達爾 (Dhar) 為首邑，後來遷至滿督 (Mandu)，經過幾代的經營，滿督被建設成為一個十分整潔漂亮的省會，有巍峨的宮殿、宏大的回教廟宇，後來十七世紀回教蒙兀兒王朝的傑罕基 (Jahengir) 到此，也非常欣賞這兒的宮殿建築，他花了三十萬盧比將它整修，並以此作為他的行宮。根據傑罕基的記載，有一位吉爾基王公季阿薩丁 (Sultan Ghiyas-ud-Din) 在八十歲的時候，被他的兒子拉錫諾丁 (Nasir-ud-Din) 所毒死，這是當地盡人皆知的故事。他曾三次下毒，要毒死他的父親。最初兩次被識破了，第三次他自拿了一杯毒藥，強迫他的父親喝下。當時他的父親已知劫數難逃，一仰而盡。但死前仍祈禱道：「主呵！我的年紀已經到了八十歲，過去的歲月都在安適愉快中度過，是其他國王所不易得到的。現在是我最後的時辰到了。我希望不要為了謀殺懲罰我兒。死亡乃是自然的法則，誰也逃避不了的，請不要對他施以報復。」這位寬宏大度的老人，竟然視死如歸，死前還替他那叛逆的兒子祈禱，真是少見的事。

至於說到古荼拉迭，這是印度教力量最根深蒂固的地方，到了現代卻又是吸收西方文化最早的地區之一，而且印度國父甘地，也出生在這

一地區，所以更是革命策源之地。英國東印度公司在印度第一個設廠製造貨物的地點，即在本區的蘇拉迭 (Surat)，葡萄牙人在印度的第一個殖民地果亞 (Goa)，也是位於本區。這兒不但人文薈萃，物產富饒，同時擁有多處港口，是對外通商貿易的要地。它的範圍大體上是包括現代孟買省的六個行政區和幾個土邦，即阿亥瑪達巴德 (Ahmadabad)、卡一拉 (Kiara)、潘奇麻哈吉 (Panch Mahajs)、布洛奇 (Broach)、蘇拉迭、撒拉區 (Thana District)，還有監克瓦土邦 (Gaikwar) 以及卡西阿瓦島等。但是也有人認為還應包括半島最南邊的廓欽 (Kutch)，因為這裡的人也是使用古茶拉迭語文的。

1024 年迦茲里蘇丹曾發兵打古茶拉迭，毀壞了有名的蘇拉茲寺，並洗劫財物而去，但並未能長期占領，仍為印度教王公的天下。1297 年吉基蘇丹將古茶拉迭併入德里管轄，從此由蘇丹指派回教徒為省長，直至德里蘇丹之覆滅，最後一個被任命的回教省長是 1391 年的沙法罕 (Zafar Khan)，此人雖為德里蘇丹所派，卻不受節制，1401 年正式宣布獨立，並立其長子為古茶拉迭王，自稱拉錫諾亭默罕莫德王 (Nasir-ud-din Muhammud Shah)。1407 年沙法罕又將他自立的兒王毒死而自任蘇丹 (Zafar Khan Muzzaffar)，四年以後，他也被他的孫兒阿亥默德 (Ahmed Shah) 毒死。可見回教領導人物之間，為了權力鬥爭，雖父子之間亦不念骨肉之情。

阿亥默德蘇丹統治古茶拉迭三十年 (1411～1442 年)，他可稱為是使古茶拉迭取得完全獨立地位的回教王，在他父親和祖父任內，還沒有能完全統治阿亥瑪達巴德，到了他的任內便牢牢地掌握住這一區域。他也蓋了一些回教廟宇，並重建阿亥瑪達巴德城。他死後由他的曾孫皮迦哈 (Mahmud Begada) 即位。此人接掌國政時，只有十三歲，但他卻趕走了攝政，自行掌權達五十二年之久。回教歷史學者說他是一位真正偉大的蘇丹，使古茶拉迭更加富庶繁榮，也更提高了它在印度各邦中的地位，他宅心仁慈、勤政愛民、勇於任事、明察秋毫，自童年、中年至老年，

都充滿了精力、能力與毅力。事實上確也如此。1507年他曾遣使聯合土耳其蘇丹，合海陸兩軍之力，在孟買南方擊敗葡萄牙的遠征軍，但是兩年之後，卻被葡國海軍大敗於卡西阿瓦。1510年葡國占領果亞，遂以此作為經略東南亞的基地，直至1961年方被尼赫魯用計收回。皮迦哈的食量驚人，每天要吃二十磅的食物，而且由於年幼時服過防毒之藥，所以長大後百毒不侵，他的鬍鬚也特別長，必須捲起來放至頭髮後面，總之是一位傳奇性的人物。古茶拉迭也以建築與雕刻著稱於世，阿亥瑪達巴德是印度最美的城市之一，到處是美的雕刻和小型手工藝品。在皮迦哈時代，據說就有九十萬人口，而且居民都很殷實。

六、南方的割據

十四世紀中葉，由於德里蘇丹托拉克之暴虐無道，而致叛亂紛起，德里所能控制的版圖，日益縮小。1347年德干省長哈三宣布獨立，自上尊號為阿羅亭一世蘇丹 (Sultan Ala-ud-Din I)，是為歷史上所稱的巴罕曼利王朝的創主。因為他自認是古波斯王巴罕曼利的後裔，所以稱之為巴罕曼利王朝。他的首都位於海德拉巴境內的庫爾巴爾迦 (Kulbarga)，不過他將庫爾巴爾迦改為回教名稱阿亥三拉巴德 (Ahsannager)。1351年，阿羅亭一世攫占了德干大部分的土地。到1358年阿羅亭一世死時，實際上他已占了向西一直到果亞海邊的地盤，東邊則到了旁拉基爾 (Bhonagir)，北至潘迦迦河 (Pen Ganga)，南抵克利興拉 (Krishna)。

第二任德干蘇丹摩罕默德夏一世 (Muhammad Shah I) 自命為捍衛回教的天使，在他任內，不斷和印度教土邦的王公互相戰爭，殘殺人民。據估計被殺戮的印度教徒達到五十萬人以上，像卡拉勒斯 (Kaneres) 這些地方幾乎被趕盡殺絕，多年之後仍是人煙荒蕪，一片瓦礫。摩罕默德夏一世對待他自己境內的人民，也是同樣的殘忍。凡有反叛者，必誅殺斬首懸於城門。在七個月之內，他曾斬首懸掛了八千個首級。他擁有無數的財寶與三千頭象，結果死於醉酒。他的一位臣子沙一夫丁哥里 (Saifudin

Ghori) 代為攝政並輔佐六任新王，壽長超過百歲。

第八任蘇丹為費諾茲 (Taj ud-Din Firuz Shah，1397～1422 年在位)，他以全力宣揚回教為天職，真是右手執劍，左手《可蘭經》，信者偷生，不信者斬。在他接任之前，德干有連續十二年的大饑荒，就像《羅摩耶那》史詩中所描述的，破壞神到處施虐，田園荒蕪，野多屍骨。費諾茲欲以戰爭掠取財富，任內每年遠征，從不間斷。回教徒原是禁酒的，但是他每喝必醉，醉中作怪。據說他的宮中養有各國來的美女，供他玩樂，他居然能用不同國家的語文和那些妃子們談話。他也像後來的阿克巴大帝一般，娶了兩個印度教女子。又有人說，他居然也看基督教的《聖經》。他在晚年時將江山交給他的兩個土耳其奴隸治理。

費諾茲的姪兒阿亥默德夏 (Ahmad Shah I Wali，1422～1436 年在位) 甚為不滿奴隸執掌國政，1422 年發動了一次宮廷政變，將他的叔叔和奴隸們一併處死，自立為王。像這樣的權力鬥爭，在回教王朝中原也司空見慣，並無人指責殺親自立有何不可。阿亥默德夏接任後，又是連年戰伐，要恢復他叔叔早年的神武，擊敗所有印度教土邦。有一年他在庫爾巴爾迦患病，他認為是因舊都不祥，便下令遷往新都畢達 (Bidar)。畢達在舊都東北六十英里，海拔二千多英尺，確是氣候涼爽，風景如畫的都城。城分兩部分，從平原上山入口處築有城堡，牢固無比，經城堡通往都城為整齊的街道。四周有很厚的城牆。現代的畢達，雖只是縣轄市，但它依然是外來遊客觀光的聖地。

1436 年阿亥默德夏傳位於其長子阿羅亭二世。每一新王登基，總是向外征討，耀武揚威，這幾乎成了回教蘇丹的習慣，不問它的國家大小，也不問它實力如何，總以宏揚回教，征服異教徒為職志，而其使用的手段，都是殘忍無比的。即使是同屬回教勢力統治的土邦，王公之間也互相戰爭，為的是擴充勢力，攫取領土。總之，在這一時期的回教王公，似乎都有一個同一的想法，他們的責任便是從事戰爭，從戰爭中取得一切。勝固可喜，敗亦不餒，生活在這一時期的印度人民，就難免兵連禍

結的厄運了。阿羅亭二世即位，當然就是發動戰爭。他居然第一次使用
當地皈依回教的印度人組織軍隊，去征討鄰邦的回教部隊，並且替他們
修築專用的回教廟。但是等到戰爭結束，又藉辭予以屠殺。阿羅亭二世
採用這種互相制衡的策略來穩定他的權勢，自己則縱情於酒色。晚年他
所統治的德干形成了兩派力量：一派是外籍回教領袖為主的沙一德派，
大半是原籍土耳其、阿拉伯、波斯和蒙古；一派是本地的入籍回教徒。
兩派之間互爭雄長。

　　1458 年胡馬庸 (Humayun Shah) 即位，此人自比為德里蘇丹托拉克，
滿心充滿憤怒之火，想盡各種殘忍的手段來處決他所擊敗的異教徒或叛
黨。他的大臣每日上朝前，都和妻室家人訣別，立好遺囑，因為他們隨
時都可能被胡馬庸以莫須有的罪名突然處死。對於婦女，則百般凌辱致
死，孩童亦無倖免。最後他自己也被僕人殺死。死了以後民間流行一首
祝賀的歌謠：「胡馬庸現在去世了，天哪！他死得真好。他死之日，世界
大放光明；光明的世界定了他的死期。」

　　胡馬庸如此暴虐，卻有一位得力的大臣瓜嘉麥罕默德・迦萬
(Khwaja Mahmud Gawan)，但他亦無力阻止胡馬庸的暴虐。接上來的新王
是摩罕默德夏三世 (Muhammad Shah III)，從 1463 到 1482 年共享國二十
年，均得迦萬的臂助，可說是出將入相，又大大擴張了巴罕曼利王朝的
基業。這中間曾經歷了一次大的饑荒，連續兩年乾旱，到第三年開始降
雨時，農村之中幾已無人可以下田了。

　　1481 年摩罕默德夏三世曾遠征印度七大印度教聖地之一堪濟。當時
有人告訴他，堪濟之富世無倫比。印度教廟的屋頂和牆壁都是用金葉子
包著的，並滿綴著珠寶，尚未有一位回教王公看過。他聽了大為所動，
挑選六千精銳騎兵，自領數十騎，自康泰巴里 (Kondapalli) 發動奇襲，居
然一戰成功，在堪濟燒殺了一個星期，然後滿載金銀珠寶而返，摩罕默
德夏三世在戰場上獲得的成功，更使他耽於酒色。但是得到迦萬的忠心
輔助，外表上仍然看不出絲毫的敗相。迦萬原籍土耳其，算得是外籍回

教徒中的佼佼者。他大權在握，又得王上的信任，頗為本地一派回教領袖的不滿。他們用盡各種挑撥離間之計，趁摩罕默德夏三世酒醉時，誣告迦萬謀反。摩罕默德夏三世未加細察，即下令處決。等到酒醒發現錯誤時，已為時過晚。迦萬死後，巴罕曼利王朝的氣數已盡，老王醉死，餘下幾個庸碌無能者又縱情聲色犬馬之樂，1526 年被阿密巴利 (Amir Barid) 所篡。

　　巴罕曼利王朝的歷史，像前面所敘述的，除了不斷的戰爭和殘忍的蘇丹外，實在很少有使人欣賞之處。例如從 1347 到 1518 年之間的十四個蘇丹之中，四個是被謀殺而死，兩個被廢而且挖出眼睛，只有第五任蘇丹是一位比較和平仁厚的人。在這些蘇丹的蹂躪之下，對印度歷史可以說毫無貢獻。也許有人說，他們提倡了回教，而且也有幾個蘇丹為了增加賦稅而興修了水利工程，有利於印度東部的農村建設，但是若以他們所破壞的一切來比，實在不成比例。

　　當然，老百姓在這種暗無天日的暴政之下，真是苦到極點。但是蘇丹及其王公貴族的窮奢極樂，卻又令人瞠目結舌。例如蘇丹出外狩獵，包括欣賞狩獵的后妃及宮娥彩女、衛隊、祭師、舞女、樂隊，還有外國進口的美女等，動輒以萬人計，其耗費可想而知，而所有耗費的金錢，均從人民的血汗中榨取，或從戰爭中燒殺搶掠而來。像這樣的暴政，居然也延續了一百八十多年，實令人難以置信。這些蘇丹的狠惡好戰並保有相當龐大的軍隊，可能是人民不敢起而抗暴的重要緣因。

七、德干地區的蘇丹

　　十五世紀中葉以後，德干地區因巴罕曼利王朝衰落，各省亦紛紛獨立，可謂群雄割據，各自為政，計有貝拉 (Berar) 的伊邁德王朝 (Imad Shahi Dynasty)，阿亥瑪德拉迦 (Ahmadnagar) 的尼撒 (Nizam Shahi Dynasty)，畢迦坡 (Bijapur) 的阿狄王朝 (Adil Shahi Dynasty)，畢達的巴利德王朝 (Barid Shahi Dynasty) 及哥爾康達 (Golconda) 的庫底甫王朝

(Qutb Shahi Dynasty)。

貝拉省是最早叛變的，它是巴罕曼利王朝治下最北的一個省區，相當於古代的維達爾巴 (Vidarbha)，是有名的梵文文學最盛的地方，也是巴罕曼利王朝所轄四個省區之一。十五世紀時，貝拉省分為南北兩區：南區馬荷爾 (Mahur)，北區伽維 (Gawil)。德干蘇丹摩罕默德夏四世當政，1490 年伽維的印度教首領花多拉 (Fath-ullah) 宣布獨立，控制了全省。他自稱為伊邁德王朝，一共傳了四代。十六世紀末葉於 1574 年被併於阿亥瑪德拉迦。1596 年又被阿克巴大帝的兒子摩拉德蘇丹所占有，首設首邑於巴拉坡 (Balapur)，後遷依利契坡 (Ilichpur)。

巴利德所控制的畢達，只是一小塊地方，事實上是屬於巴罕曼利王朝首都附近的特區，當外地幾省紛紛獨立後，特區長官巴利德也在 1492 年事實上獨立，到 1527 年自建王朝。這個小朝廷至 1619 年被畢迦坡所併，無足記述，但有些建築物頗值稱道。

在其餘幾個獨立邦之中，哥爾康達是最晚宣布脫離巴罕曼利王朝的，一直要到 1518 年才宣布獨立，它除了和畢迦坡有過戰爭外，並沒有像其他幾邦一樣長期混戰。哥爾康達原屬古印度教的卡卡狄雅王國 (Kakatiya)，於 1423 年被巴罕曼利王朝所併，占地相當大，大部分是哥達瓦利 (Godavari) 與克利興拉 (Krishna) 兩河之間下游之地，並延伸到孟加拉灣海岸。西邊與畢達相鄰，北界哥達瓦利河與潘迦迦河，土壤肥沃，並維持著古印度時的灌溉系統而加以整修。

哥爾康達的創主係原籍土耳其的一個地方官，由巴罕曼利王朝的摩罕默德夏四世任命為東方省的省長。因不滿朝政，於 1518 年獨立，自號柯利柯鐵布夏 (Quli Qutb Shah)，執政頗長，九十歲時被其子賈姆希德 (Jamsheed) 謀殺。此子在位不過七年，由其弟伊布拉罕 (Ibrahim) 所接替。新王頗為開明，准許印度教徒參政，直至 1580 年由其子摩罕默德庫力 (Quli) 接任，但從此即勢喪，1687 年被併於蒙兀兒王朝的阿蘭齊甫 (Aurangzeb)。

哥爾康達首邑最早是在瓦蘭迦 (Warangal)，後遷至哥爾康達，再遷至巴拉迦 (Bhanagal)，此地後更名為海德拉巴，發展極為迅速，在十七世紀時即有人口五十餘萬，為印度第四大都市。

阿亥瑪德拉迦的頭目馬力克阿亥馬德 (Malik Ahmad) 是在 1490 年經過一場戰爭之後宣布獨立的，自號阿亥馬德尼撒夏 (Ahmad Nizam Shah)，稱為尼撒王朝，以阿亥瑪德拉迦為都城。此地在英治時代，亦被指定為孟買行政區的一個地方行政中心，相當發達。這個小王朝的幾任小王都忙於對鄰邦的戰爭，沒有什麼建樹。1636 年被併於蒙兀兒帝國。

在上述幾個自謀獨立的小王朝之中，比較重要的要算是畢迦坡，由創主約索夫・阿狄罕 (Yusuf Adil Khan) 所建，他原是畢迦坡省的省長，和貝拉及阿亥瑪德拉迦差不多同時宣布脫離巴罕曼利王朝而獨立。約索夫・阿狄罕原係一名喬治亞的奴隸，由瓜嘉麥罕默德・迦萬買來，放在身邊作侍從，他的膽識才能漸漸被欣賞，而提升為宮內大臣，並派為畢迦坡省長。但也有人說，他原是土耳其蘇丹莫拉德二世 (Sultan Murad II) 的兒子。莫拉德於 1451 年合併沙朗立卡 (Salonica) 後即死，遺其位於子摩罕默德，兩年之後，並占領君士坦丁堡 (Constantinople)。倘使此說屬真，則約索夫・阿狄罕乃係一位王子，於襁褓中為逃避宮廷權位之爭而被攜至波斯，十七歲時又假扮為奴隸，被賣至印度德干地方的巴罕曼利王朝。

約索夫・阿狄罕是一位英俊、機智、有教養、重學術、尚人道的小皇帝，他雖然提倡回教中的什葉派，但對其他派別也相當尊重。他聘了不少土耳其與波斯的顧問，幫助他建設畢迦坡。他要大臣們注意道德而自己以身作則，他喜歡音樂，在他治理之下，人民都能安居樂業。他也注重印回親善，自己娶了一位印度教女子為后，准許印度教徒參加他的政府工作。

在約索夫・阿狄罕稱王的時候，葡萄牙正向印度大舉殖民貿易，首任葡萄牙駐印總督阿波格爾格 (Albuquerque) 即以經營果亞為其東方殖

民貿易的中心。果亞當時屬於畢迦坡的勢力範圍，約索夫・阿狄罕本人也很喜歡這一瀕海港口，頗想遷建至此作為都城。1510 年葡人占有果亞，約索夫・阿狄罕亟圖整軍經武奪回，曾於 5 月一度收復，但不久葡國援軍到來，又重占果亞，並大殺回教居民。約索夫・阿狄罕在這時病死，果亞即被葡人完全取得，直至二十世紀中葉印度獨立之後，方為現在的印度政府所收復。

約索夫・阿狄罕由其子伊士邁 (Ismail) 繼承，權臣卡瑪罕 (Kamal Khan) 陰謀篡位，被處決。伊士邁在位時，波斯王曾派大使駐節畢迦坡，承認他們的獨立國地位。伊士邁被他的兒子挖出雙目後所廢。幾個月後伊士邁的另一子亞伯拉罕 (Ibrahim) 即位。此人不按他祖父在世時的意旨行事，在宗教上放棄什葉派，卻與德干當地的回教勢力親近。在外交上也不和波斯修好，卻與阿比西尼亞聯繫，有許多外國人來到畢迦坡。1535 年並親訪印度教土邦維賈雅拉迦 (Vijayanagar)，帶回金幣、馬匹與象群等厚禮，引起其他回教鄰邦貝達爾、阿亥瑪德拉迦、哥爾康達群起而攻，但倖免於難。亞伯拉罕晚年縱情酒色，御醫們或被斬首或被分屍，1557 年死。

新王阿力阿狄夏 (Ali Adil Shai) 又恢復獨崇回教什葉派，但他仍聯合維賈雅拉迦的叛黨，攻打阿亥瑪德拉迦。此時印度教徒趁機大殺回教徒，以洩兩百年來的積恨，阿力阿狄夏至此改變主張，與其他四個回教土邦共組聯軍，誓言保衛回教利益。維賈雅拉迦則在拉瑪王公 (Rama Raja) 及其兄弟的協力之下，組軍迎戰。此為德干地區印回雙方的一次決定性戰爭，回教聯軍總部設於塔利柯塔 (Talikota)，距離大戰場所不到三十英里，故又稱為塔利柯塔之戰，於 1565 年 1 月 26 日爆發。回軍以阿亥瑪德拉迦王為主力，渡過克利興拉河，直逼維賈雅拉迦。大戰中拉瑪王公坐象驚逃，遂被捕斬首，印度教軍望風披靡，回教軍大獲全勝。至此德干區乃全部落入回教徒控制之下，印度教徒已無政治上的反抗力量。

戰後阿力阿狄夏於 1580 年被侍衛所殺，傳位其子，母后攝政，1584

年交遷政權，頗多政績。再傳至 1686 年為蒙兀兒帝國所併。

八、印度教王國維賈雅拉迦

　　與巴罕曼利王朝及其以後各獨立回教小王國同時存在於德干地區的維賈雅拉迦印度教王國，頗值得我們特別加以注意。因為這一個小的印度教王國對於同時期同一地區回教政治勢力之擴張，產生了一種牽制作用。另一方面此處的印度教係以泰洛哥 (Telugu) 與卡納瑞斯 (Kannada) 派為主，而與北印各地的印度教頗不相同，也很值得研究。維賈雅拉迦本身具有不少可靠的史料，加上同時期回教鄰邦的記載，所以不難搜集，不過截至目前為止，尚無一部完整的維賈雅拉迦史，尚有待印度學者的繼續努力。本篇取材則主要是根據塞維爾 (Mr. Robert Sewell) 所著《一個被遺忘的帝國：維賈雅拉迦》(*A Forgotten Empire: Vijayanagar*) 及薩斯迭里 (Mr. H. Krishna Sastri) 有關的論文，載於《印度考古年報》(*Annual Reports of the Archaeological Survey of India* for 1907～1908, 1908～1909, 1911～1912)。這一印度教王國是梵文與泰洛哥文文學相當發達的地方，藝術作品亦獨具一格。不過我們所記述的只限於有關內部政治變遷的大事，而且難免與上一章回教諸邦中若干記載，稍有重複之處，以他們彼此間的密切關係，實亦不可避免。

　　關於維賈雅拉迦印度王公的來歷，傳說不一。但無疑他們是山迦瑪 (Sangama) 的五個兒子，齊心協力抵禦回教勢力在半島南部的發展。一說認為這五兄弟乃是從東邊的泰洛哥國瓦拉迦爾逃出的難民。另說則認他們是邁索爾巴瓦拉王朝治下的首領。前者於 1323 年，後者於 1327 年均被回教軍所毀滅。他們這五兄弟的行動乃是對回教血洗泰洛哥與邁索爾的報復。德里蘇丹托拉克在位時，未曾併略半島南部的印度教勢力。後來德里蘇丹的叛將奪取了德干而獨立並建立了巴罕曼利王朝，以及由此一王朝所分離出來的五個回教小王國，均曾是維賈雅拉迦的死敵，所以此一印度教王國的對外關係,絕大部分就是和回教諸邦鬥爭的奮鬥歷史，

中間雖有短時間的和平相處，但最終仍在戰力強大戰法較優的回教聯軍壓力之下，被完全擊敗。維賈雅拉迦亦曾與 1510 年東來印度的葡萄牙人有所接觸，若干有關此一王國的記載，亦得自葡國史料。

維賈雅拉迦五兄弟中最突出的兩位就是哈利哈拉一世 (Harihara I) 與布卡 (Bukka)。他們在南方領導印度教徒抗衡回教勢力，並於 1336 年在湯迦巴特拉河 (Tungabhadra) 河岸建立了這一小型的印度教王國，他們大部分的時間，都用之於對抗北方來的回教侵犯，犧牲很大。1377 年哈利哈拉二世即位，正是巴罕曼利王朝第五任蘇丹任內，較少對外用兵，所以維賈雅拉迦也獲得了暫時的和平。接著堆瓦拉雅一世 (Deva Raya I) 於 1406 年繼承王位，與回教蘇丹之間又是連年戰爭。1406 年費諾茲蘇丹且攻入維賈雅拉迦都城，堆瓦拉雅被迫結城下之盟，並將女兒嫁與蘇丹。此後一個半世紀之中，印、回兩部分之間，不斷戰爭，直至 1565 年維賈雅拉迦被整個摧毀。對於這些大小戰役的經過，我們毋需在此贅述。值得重視的是強敵對峙之下，印度教王國所從事的各項建設，顯示出他們堅強的戰鬥意志，而且人民一直享有相當富庶的生活，如果沒有回教徒所帶來的戰爭破壞，他們甚至可以建設成為足以與後來蒙兀兒帝國相抗衡的印度教大帝國，形成南北對立之勢。不過，軍事上棋差一著，所以最後仍免不了敗亡的命運。

根據當時歷史學者費利希塔 (Firishta) 的記載，維賈雅拉迦城是一個人口集中，充滿巍峨建築、物資充斥、居民殷實富足的都市。費諾茲蘇丹前往堆瓦拉雅王宮迎親時，通往王宮六英里長的大道兩旁，均用織金的彩帶，結紮著各式各樣的彩牌，上面還綴上閃閃發光的飾物，又送給蘇丹無數的珍珠寶石作為嫁妝。另有一位義大利的旅行家尼可羅 (Nicdo Conti) 說，這個都市大約周圍六十英里，四周的山上都有牢固的要塞。他想這裡的印度教王公應是印度最富有的，他擁有一萬二千個妃嬪與宮娥彩女。其中有三千個是要在王公死時陪葬的。1443 年鐵木耳的兒子夏樂克蘇丹 (Sultan Shahrukh) 派了一位大使阿布多拉散克 (Abdur Razzak)

到薩墨林 (Zamorin)，即後來的卡利柯迷。這個著名的港口雖不直接屬於維賈雅拉迦，但印度教王公卻命令阿布多拉散克必須去朝見，因此他得以目擊那時這個印度教王國的繁華景象。他記載道：首都四周遍布碉堡要塞，市中心也分七層，最裡面才是王宮所在。從北堡至南堡，相距八英里，東西兩堡相距亦等。在第一、第二、第三道城牆之間，是開闢後的都市用地、花園與民房。從第三至第七堡之間，則為商店、市場。王宮周圍則有四個大廣場。每一廣場均有很高大的拱門建築面對著王宮，但王宮的建築比四門都高。全城到處都是鮮花，好像沒有花的芬芳，他們就不能生活似的。各行各業的店鋪多不勝數，也都有一定的區域，販賣出售寶石的人，在廣場的周圍就有，並不會感覺不安全。王宮之內有噴泉，有假山，有流水，亭、臺、樓、閣，拱衛著大的宮殿，世上沒有比這再美好迷人的地方。所看到的居民，無論高下，都是衣著整齊，雙耳、項頸、兩臂、腰上、手指都戴著裝飾品。

另一位葡萄牙人巴斯 (Paes) 於 1522 年到達維賈雅拉迦，據他估計這裡至少有十萬戶計五十萬居民，可能和羅馬一樣的大。他發現這裡的貨物應有盡有。他還看到一間完全用象牙造成的房間，從上樑至四壁，都是用象牙雕花嵌成的，這樣美而富足的社會，別處絕看不到。

關於維賈雅拉迦的國防軍，據說常備兵達百萬，包括騎兵三萬五千，必要時還可再動員一百萬。巴斯曾指稱在 1520 年代，克利希拉拉雅 (Krishna Raya) 曾調集七十萬步兵，三萬二千騎兵，五百五十一頭象，另加無數後勤部隊，以對抗雷卻 (Raichur)。此一記載與西元前四世紀孔雀王朝初期旃陀羅笈多所能集合的兵力幾乎相同。根據希臘歷史學者米迦賽拉斯 (Megasthenes) 的記載，那時國王所能調動的部隊也不過步兵六十萬，騎兵三萬，象隊九千。不過一般說來印度教的部隊數字雖然龐大，戰術與戰力均欠理想。戰士們單獨作戰，可能相當驍勇，但作為部隊的戰力而言，則遠不如回教部隊。

在行政上，這個印度教王國劃分為兩百區，每區由一貴族管轄，須

對中央提供一定數額的賦稅與常備兵。國王有自己的御林軍及王室的土地，也可隨時收回貴族們所管轄的領地。老百姓除了對貴族，還需對王室繳納賦稅提供勞務，所以均須勤苦工作。一般來說，整個收入的六分之一，事實上多數達到十分之九，均須繳納，生活是相當困苦的。一般的刑罰也相當嚴峻，犯偷竊罪者，不論多少，一律斷其一手一足，對貴婦或處女強暴者處絞刑。叛國者死刑或五象分屍。

在維賈雅拉迦，妓女賣淫是合法的，政府並按戶抽稅。據巴斯記載：首都繁華之區必有妓女戶，其他城市亦如此。她們的地位並不低，甚至躋身貴族之中，公開為王親國戚之情婦。任何有地位的男子可以隨時進出妓女戶，並不受社會所指責。有時她們被帶往宮廷宴會中，與一般貴婦同坐同食，毫不足怪。這些妓女均相當富有，有的名妓擁有十萬枚金葉以上的家產。

另據阿布多拉散克記載：公安局就在妓女戶正對面，擁有一萬二千名保鏢，他們的薪給完全取之於娼妓。這裡的妓女戶看來好似公娼，但卻生活十分豪華，不過聚居在同一地區而已。每戶門前均有漂亮的坐椅，牆壁門楣也漆畫著各種鮮豔的圖畫，每天正午以後，穿著打扮得嬌嬌滴滴的女子，就都出來坐在椅子上。尋芳客走過來，可自由地選擇，隨後帶著中意的女子走進去。保鏢們會過來招呼著，不管帶有任何貴重的東西，都不會遺失，遺失了也一定可以找回來。女孩們也和那時的男子一般，除了牛肉、豬肉外，其他任何東西都吃，飛禽走獸，尤其是羊肉吃得最普遍。

維賈雅拉迦諸王對於公共事業與大型建築均極熱心，龐大的要塞工程、水利系統、水庫、巍峨的宮殿、廟宇，無論是設計、施工、壁畫、雕刻，都有很高的水準，可以想見當時的建築業與美術工業十分發達。他們能用不同的建築材料，完成一種建築物，對於材料結構，也有豐富的經驗，反映出當時社會的富庶。

第五章
蒙兀兒王朝始末

一、蒙兀兒王朝的興起

拔巴，喀布爾王，印度蒙兀兒王朝的創主，是一位傳奇式的英雄人物。他的正式名號是沙希諾亭摩罕默德拔巴 (Zahir ud-din Muhammad Babur)，但是一般人都以綽號——獅虎——拔巴稱呼他，後來他也就以拔巴作為正式的名稱了。他的父系是鐵木耳的後裔，母系據說也有著成吉思汗的血緣，集此兩大征服者的血液於一身，真是強人中之強者。十一歲的時候，即登上了撒馬爾罕的寶座。幼年時期就經歷不凡，曾兩度丟掉了王位，直至 1504 年他才牢牢的掌握了喀布爾，因此得與印度接觸。印度的富庶，自然引誘著他的冒險精神，作了幾次試探性的攻擊。1519 年沿著過去亞歷山大東征印度的舊路，曾攻入印度的巴爵爾，大肆殺伐。然後渡印度河，並以鐵木耳後裔旁遮普的合法統治者自居。不過這一次以及以後兩次的軍事行動，都只是試探性的初露鋒芒。1524 年旁遮普省長多拉鐵罕 (Daulat Khan) 曾請拔巴派兵合攻德里王，但因多拉鐵罕未能久持，所以拔巴只好回師喀布爾等待第二年 11 月的正式攻擊。

拔巴正式發兵攻擊的對象為伊布拉罕羅底蘇丹 (Sultan Ibrahim Lodi) 的轄區，包括旁遮普、北方省、阿格拉與烏督及拉吉甫塔拉的一部分，乃係北部印度平原最富庶的部分。這是一個相當大的冒險，他只不過率領了一萬二千名的部隊，但他的冒險攻擊卻成功了。

1526 年 4 月大軍進抵潘尼帕底 (Panipat)，這是兵家必爭之地，拔巴擁有一支強大的砲兵部隊，並使用未曾在印度戰場上見過的土耳其和歐洲新砲。拔巴的部隊用牛車拖著七百門大砲，列陣敵前，以集中的砲火

圖 14：拔巴

攻擊，掩護著步兵和騎兵前進。決戰是在清晨開始，守衛的一方雖然擁有十萬之眾，並有戰象百頭，但抵不住猛烈的砲轟。一位年輕而不知調度的阿富汗蘇丹在拔巴勇猛的攻擊之下，全軍潰敗，伊布拉罕羅底陣亡，拔巴全勝而進。德里與阿格拉也很快被占領。拔巴將所占領的土地，慷慨地按功行賞，分交給部將統治。因為德里一帶的氣候炎熱，從喀布爾來的士兵不慣酷暑作戰，頗有怨言。拔巴召集中級以上將領講話，鼓舞他們激勵士卒繼續前進，以創造更多的輝煌戰績，軍心大振。後方得到酋長們的合作，供應無缺，拔巴更無後顧之憂。

　　緊跟著來的，是與烏打益坡（Udaipur，約位在現今印度的拉甲斯坦）的對抗。烏打益坡的統治者瑞拉（Rana Sanga，1484～1527 年）是很有名的戰將，曾身經百戰，只留有一眼一臂，身上曾帶傷八十餘處，算得上是一名戰場上的英雄。他聚集了八萬騎兵，包括五百頭戰象，列陣於阿格拉的西邊二十三英里處，準備和拔巴決一死戰。剛毅勇猛的拔巴，自知大敵當前，自己和部隊的生命繫於此一戰役之勝敗，勝則生敗則亡。他在營帳中盛酒滿杯，摔杯於地，發誓再不飲酒，以顯示其一心一意求勝的意志。

　　1527 年 3 月 16 日決戰開始，拔巴的部隊仍舊採取了上一次的戰法，集中砲火攻擊強敵，結果又大獲全勝，渡贊木拉河，揮軍東進，所向無敵，至 1529 年而席捲了恆河平原。

　　1530 年拔巴病於阿格拉，召他的兒子胡馬庸趕來宮中。胡馬庸當時亦發高燒，他在宮中拔巴的病榻前，繞室徨徨，跪地祈禱：「願真主將父親所有的病痛加在我身。」1530 年 12 月 26 日拔巴病逝時，胡馬庸身體已經康復，人們說這是孝心動天。拔巴的遺體運到了喀布爾，葬在他所心愛的山麓花園，百年之後，蒙兀兒王夏家罕在此建清真寺一處，以紀

念其祖先。

拔巴可以說是馬上得天下，雖不曾完成蒙兀兒帝國的建國規模，但是他已打下了帝國的基礎，不過那時僅控制了北部印度，基業尚非穩固，要到二十年之後，他的孫兒阿克巴大帝方完成建國的大業。

胡馬庸接替拔巴就位時，年僅二十三歲，對於主持軍政大計已略有所知，但他的地位卻不穩固。表面上他統治了半個印度，但是外面受到古荼拉迭國與比哈爾及孟加拉的首領們的覬覦；內則其老家喀布爾與拉合爾已交給長兄卡姆蘭 (Kamran Mirza) 所統治，所以是既無外援又無內應，陷於相當孤立的地位。胡馬庸應非是一個完全懦弱無能，優柔寡斷的年輕君王，他即位後曾遭到顛沛流離無處棲身的痛苦，最後卻仍然恢復了在德里的權位。他的命運不很順利，吸食鴉片可能影響他的體力和意志，至於他在政治上所使用的食言寡信技倆，在那個時代也可說是常見的事。

胡馬庸就位之後，必需繼續戰伐來保持他在北部印度的地位，1535年他成功地攻占了古荼拉迭，但卻不能不撤軍東進，以鎮壓比哈爾方面的叛亂。叛將謝爾罕 (Sher Shah Suri) 已自立為王，並且攻占了朱拉 (Chunar) 與羅塔斯 (Rohtas) 兩處重要的要塞。胡馬庸奪回了朱拉並長駐孟加拉，但卻被迫西走。1539 至 1540 年間，謝爾罕兩次發兵擊敗胡馬庸，同時奪得了旁遮普。胡馬庸如亡國之君、喪家之犬，東逃西竄，隱匿於信德省的沙漠中。就在此流亡期間，他的兒子阿克巴，於 1542 年 10 月 15 日降生，以後成為蒙兀兒帝國的實際創主。1544 年胡馬庸潛赴波斯，請求塔赫瑪斯甫王 (Shah Tahmasp) 的保護，答允將來收復堪達哈爾 (Kandahar) 後，歸併於波斯。1545 年秋胡馬庸得塔赫瑪斯甫王的援助，收復了堪達哈爾，卻並沒有交出土地，同時又將他的長兄驅逐出喀布爾，自行占領，最後並將他挖出雙目下獄。

1555 年 7 月胡馬庸自喀布爾發兵攻印，收復了德里與阿格拉，1556 年 3 月在德里跌傷致死，結束了他不愉快的一生，距他父親拔巴之死已

二十五年，但其中有十五年的時間等於是在放逐之中度過。

二、歐人東來殖民

在繼續敘述蒙兀兒帝國阿克巴大帝的創業之前，有必要在此對歐人東來與早期的殖民工作，作一綜合說明。事實上當拔巴攻入印度之前，葡萄牙人即已循新航路抵達印度，占有果亞，迅速發展其在遠東的殖民事業。因此蒙兀兒王朝初創時期即與外來的葡萄牙勢力多所接觸。一個係自北而南建立印度大陸的政權；一個則是以印度的西南海岸為據點想深入印度半島的西方殖民者。兩者對印度而言，都是外來的力量，也可以說蒙兀兒帝國自建國之初，即遭受西方殖民勢力的威脅，最後敗在來自西方的英國東印度公司手中，不過也正因為有蒙兀兒帝國之建立，始延緩了印度被英國滅亡的時間，至少有兩個世紀。

十五世紀以前，歐洲人到東方來經商貿易，都是取道地中海經中東而入印度。1498 年葡萄牙人沿大西洋海岸繞道非洲南端的好望角，經印度洋而至印度西海岸的卡利柯迭，乃是東西交通史上第一次新航路之開闢，從此改變了整個世界的形勢，也是印度歷史的轉捩點。葡萄牙人之所以能完成東西航路的開通，主要是為了擴展國際貿易的動機，同時得到教皇的鼓勵，對抗非洲與中東地區阿拉伯的回教勢力，經由葡萄牙王子亨利的持續努力，航海家狄亞士與達迦馬等的艱辛奮鬥，始得實現。

1497 年的 7 月，達迦馬率領了四艘海船，沿非洲東岸航行。1498 年 2 月到達梅林達 (Melinde)，獲得補給後續向北航，5 月 20 日乃到達印度的卡利柯迭。此地當時是一位印度教王子沙莫林 (Zamorin) 所管轄，對葡萄牙人初來並無惡意拒絕，不過回教商人橫加干涉，達迦馬並沒有多作商務上的接洽，即於 1498 年 8 月返回里斯本。

1500 年葡萄牙王派遣一支由迦布拉 (Cabral) 率領的較大商船艦隊，他們到達印度後在卡利柯迭設了一個貿易站，並在附近購買了一些東方的貨物。葡人對印度教徒初尚和善，對回教商人之橫加干擾則殺鬥不已。

此時葡王已獲教皇詔封為「衣索比亞、阿拉伯、波斯與印度地區的航海商務征服主」(Lord of Guinea and of Conquest, Navigation and Commerce of Ethiopia, Arbia, Persia and India)，顯然除通商貿易外，亦有鼓勵其向東方擴展政治勢力的目的。

葡萄牙人對遠東的經略，有兩派顯著不同的主張：一派是主張藍海水政策 (Blue Water Policy)，即海權至上政策，以首任駐印總督阿米達 (Dom Francisco de Almeida) 為領導人物。他不主張在陸地上拓展，因為葡萄牙缺乏足夠的人力占領城堡要塞，至於就地建立的若干工廠，可經由海上的艦隊來加以保護。他不認為葡萄牙可以在亞洲大陸建立一個殖民帝國，因為在陸地上需要維護的地方愈多，愈削弱了自身的力量，不如集中一切的力量在海上。只需掌握了海上的優勢，印度即為葡萄牙所有，如果喪失了制海權，則地上的城堡便無濟於事。

繼阿米達為總督的阿波格格 (Afonso de Albuquerque) 則持完全相反的看法，他的目的是在遠東建立一個葡萄牙帝國。他主張循四個步驟進行：占領若干貿易據點，直接控制；選擇若干地區大量殖民，並鼓勵其與當地人民通婚；不能殖民貿易的重要地點，則建立城堡要塞；倘其無法執行則迫使當地王子接受葡萄牙國王的王權，每年致予若干年金。

阿波格格運用其在葡萄牙國內的影響力，使葡王接受了他的政策，但結果卻失敗，一則由於他所能掌握的條件有限，再則由於他任滿離印時，當局又改變了政策，如此把持不定，自然無法建立殖民大帝國。

阿波格格最初頗雄心萬丈，在 1510 年占領果亞後，立即施行他的殖民政策，建立了一個小型的殖民政府，由葡萄牙人直接控制。同時他又計畫從紅海以東，逐次建立幾個殖民據點，其中包括亞丁、亞姆諾斯，以及果亞以東，馬來半島上的麻六甲，並使它們聯結成一條戰略交通線，然後再作面的擴張。因為那時候的亞丁、亞姆諾斯及麻六甲都是東方貨物運往西方的重要集散處或中途站，控制了這些地點，自然就掌握了貿易大權，可以打破回教徒壟斷東西貿易的局勢。他曾成功地占領麻六甲

及亞姆諾斯，不過不久離任病死，未能完全實現。

　　葡萄牙人在遠東的興起與衰落都非常迅速，他們初期對待印度回教徒過分殘暴，復繼之以強迫人民接受基督教洗禮，且其派駐海外工作的人員又多貪墨，加上國內的經略大計舉棋不定，派伐鬥爭，這些都是影響他們殖民霸業不能進一步發展的緣因。

　　荷蘭與英國幾乎是同時採取措施抵制葡萄牙的壟斷行動，當十七世紀荷英兩國先後出現在殖民舞臺之上，葡萄牙即紛紛敗退。它在遠東所攫取的利益，陸續輸與荷蘭，以後又由荷蘭轉入英國人的手中。果亞雖始終保持在葡人之手，但其重要性大減，對整個印度的大局無重大作用。

　　荷蘭聯合東印度公司 (The United East India Company of the Netherlands) 於 1602 年創立，隨即派出商船艦隊。1619 年在爪哇建立巴達維亞，作為荷人經略遠東的總部所在，以後即成為荷屬印尼的首府。1641 年荷蘭人從葡萄牙人手中奪得麻六甲，1638 年斯里蘭卡也落在荷蘭人的掌握之中。

　　荷蘭人在印度半島雖亦建有根據地，但並不重要，例如 1609 年在馬德拉斯以北所建立的卜利卡迭 (Pulicate)，1660 年又在馬德拉斯沿岸建立了雷迦帕坦 (Negapatnam)，不過荷蘭人的注意力都放在對印尼的經略，而且他們的據點都不是軍事性的，所以並不能妨礙後來英國人在印度的發展。

　　說也奇怪，當時西歐對東方的貿易熱，像一窩蜂似的大家都搶熱鬧。例如丹麥在 1616 年也成立了一個東印度公司，四年之後並在印度東海岸脫蘭格巴 (Tranquebar) 建立了一處工廠，又在加爾各答 (Calcutta) 附近的塞拉坡 (Serampore) 設立了殖民區，但是最後到 1845 年都賣給了英國人。

　　法國正式成立東印度公司 (La Compagnie des Indes Orientales)，時間上比較落後一點，一直到 1664 年方建立起來，不過英法兩國在印度的殖民爭霸戰卻歷時頗長，達二十五年之久，以後我們將再詳加說明。

　　十六世紀末葉是西方國家爭霸海上最重要的時期。1588 年英國的海

軍擊敗了西班牙的無敵艦隊，從此稱雄海上，並開始逐步建立大英帝國的世界霸業。1600 年 12 月 31 日英女皇伊莉沙白下詔核准英國東印度公司 (Company of Merchants of London Trading into the East Indies) 得以壟斷對東方的貿易。最初幾次公司方面的遠航貿易係採取臨時湊股的辦法，獲利時平分，1612 年才開始集資經營。1608 年英國東印度公司有一艘船到達蘇拉迭，回程買了少數的貨物，遭到葡萄牙人強烈的反對，1612 年得到古荼拉迭蒙兀兒地方政府的許可，才取得在蘇拉迭合法貿易的權利。那一年英國人在海上與葡萄牙人曾有很激烈的戰爭。後來他們在蘇拉迭也正式設立了一家工廠，並有護廠軍隊，蘇拉迭便成為英國東印度公司的總部，漸漸發展成孟買總部，到最後成了經略印度帝國的總部。

　　1615 年英人在海上又大敗葡萄牙人，1622 年並自葡萄牙手中奪得阿爾姆斯，從此不再畏懼葡人在海上的干擾。1615 年英皇詹姆士一世 (James I) 派諾艾 (Sir Thomas Roe) 為駐印大使，駐節蒙兀兒王朝，那時正是傑罕基在位。諾艾駐印四年，雖非有求必遂，但也替英國人爭來了不少權利，他們在印度西海岸建立了不少貿易據點與貿易站。後來又深入到東海岸的孟加拉灣，設立工廠。第一個工廠是在 1625 年設於阿爾馬迦旺 (Armagaon)，又在馬索里巴坦 (Masulipatam) 設置殖民中心，在阿爾馬迦旺工廠附近建立起要塞。

　　英國人沿著東海岸發展貿易，一直都處心積慮想取得一些土地的所有權，1639 年公司的代表德氏 (Mr. Day) 找到了東南海岸的馬德拉斯，這裡雖然只是一片完全沒有開發的海灘，但位置好、腹地廣、海水淺、有發展前途，於是與當地的成德拉吉利王子 (Raja of Chandragiri) 簽約，由公司年付租金，將這塊不到四方英里的土地租下來，在此修築城堡與碼頭工程，以後成了有名的聖喬治城堡 (Fort St. George)，也是公司在印度東海岸的重要據點。

　　在孟加拉方面，公司出售商品或購買原料，均不能在船邊交貨，必須經過相當的路程，所經之處，即發生抽稅問題，關卡既多，耗資亦不

少。1651 年英人獲得省長向賈蘇丹 (Sultan Shuja) 的同意，每年由公司整付三千盧比以替代所有的稅款。1656 年更明令規定英商貿易公司所有的買賣除依一般貨物稅規定，值百抽二，在地方上均毋需再行納稅，所經之地亦不得開啟驗貨，一律准許自由通行。有此規定之後，公司方面雖已得到不少便利，但英人仍感不足，圖以武力迫使印方就範，1686 及 1687 年曾兩次嘗試，結果失敗。1690 年與蒙兀兒王立約修好。1696 年孟加拉省的白達瓦 (Burdwan) 區發生暴亂，公司方面以保廠為名，出兵平亂，事後邀功，向地方政府租得三處地方索丹洛底 (Stanuti)、加爾各答及哥雲達甫 (Gavindapur)，其中加爾各答實為一理想的良港，以後建設成東北印度的最大吞吐港，且為殖民地政府的重要政治與經濟中心。

十七世紀末葉，東印度公司在查理士二世 (Charles II) 及詹姆士二世 (James II) 的大力支持之下，欣欣向榮，引起英國國內其他方面的嫉妒，1694 年英國下議院通過一項法案，規定所有英國子民均有從事東印度貿易的平等權利，非依法律不得限制。1698 年因另組成一家英商公司 (English Company of Merchants)，與舊公司敵對競爭，直至 1708 年方始合併為一，止息內爭，此一改組合併後的公司即稱之為聯合英商東印度貿易公司 (The United Company of Merchants of England Trading to the East Indies)，直至 1793 年未再變動。上面提到英皇查理士二世，他曾在 1668 年將印度西南海岸的孟買送與東印度公司，每年只收象徵性的租金十鎊。孟買原屬葡萄牙所轄，1661 年作為葡萄牙公主與查理士二世成婚的嫁妝，後來由英皇交給東印度公司。公司得到孟買後即銳意經營，至 1687 年時孟買已成為印度西海岸的英國重要殖民地。

我們從公司經略的方向來看，十七世紀期間雖在商業上並無重大進展，對殖民地的開拓工作亦不如葡萄牙早期殖民事業之迅速，但是他們是有計畫地漸進，穩紮穩打，一方面派使駐蒙兀兒王朝，從事外交之折衝，為經商貿易與特權之取得鋪路；一方面則選擇優良海港，經由各種方式取得其使用權，積極經營，以為由點至線發展的根據地，東北之加

爾各答，東南之馬德拉斯以及西南之孟買，均已在此一時期打下基礎，印度之亡於英國，可以說已經是門戶洞開，只是時間之遲早而已。

三、阿克巴大帝

　　蒙兀兒王胡馬庸於 1555 年收復德里，1556 年病逝。死時留下二子，長子阿克巴，時年十三歲；次子哈景 (Muhammad Hakim) 十一歲。名義上喀布爾省屬哈景的領地，隸屬德里中央，但事實上一直是保持行政上的獨立性質。阿克巴在他父王崩逝時，正隨同他的攝政王巴益拉罕 (Bairam Khan the Turkoman) 遠戍旁遮普，當時謝爾罕的姪兒錫卡達蘇爾 (Sikandar Shah Suri) 正在該省招兵買馬，圖謀篡位自立。1556 年 2 月，阿克巴正式宣布就位，尚只是一個空洞的頭銜而已，除了旁遮普方面的敵人外，德里也已被另一叛部所占，為首的是希姆 (Hemu)，且已自上尊號為畢克拉馬希迭大王 (Raja Virkramaditya)，並調兵遣將，準備與阿克巴一決勝負。

　　阿克巴和他的攝政王率部自東邊直趨潘尼帕底，三十年前阿克巴的祖父拔巴也曾在此大敗伊布拉罕羅底蘇丹。這時希姆也滿懷希望領大軍從西邊趕來會戰，他擁有強大的戰象一千五百匹，聲勢浩大。1556 年 11 月 5 日兩軍接戰，驍勇善戰的希姆，初時頻獲進展，突然亂軍之中飛來一箭，射中眼睛，倒地不省人事。阿克巴獲知趕來，手起劍落，斬其首級，餘眾潰敗，因乘勝收復阿格拉與德里。此後兩年阿克巴又平服了旁遮普及格瓦利窩、拉吉甫塔拉及強甫等處的殘軍，逐漸規復拔巴時代的舊觀。

　　早在 1560 年時，年僅十八歲的阿克巴即已對其攝政王巴益拉罕深感不耐，此人剛

圖 15：阿克巴

愎自用，只當阿克巴是個不懂事的少年郎，很少向他請示。阿克巴的母親阿蜜達巴洛 (Nawab Hamida Banu Begum)、媬姆馬哈馬阿娜迦 (Mehma Anaga)，以及媬姆的兒子、親戚等都不喜歡攝政王，而這幾個人也都是阿克巴最親近的人。1560 年的春天，阿克巴乃決定廢攝政王而自掌國政。取得政權後不幸又為媬姆馬哈馬阿娜迦及其同黨所左右，如此者達兩年之久，才確實掌握實權。阿克巴在戰場上是蓋世的英雄，但在王宮之內被母后及媬姆的同黨等所左右，甚至有兩次幾被謀殺，所謂同室操戈遠比外來的敵人更為可怕，直到 1564 年才清除了這批想奪取政權的人。

　　就整個印度半島的形勢來說，1556 至 1562 年，阿克巴大帝尚只能實際控制部分的地方，即旁遮普及墨爾坦地區、恆河平原與贊木拉，中部印度的格瓦利窩、拉吉甫塔拉與拉甲斯坦等地，合計尚不到全印面積的七分之一。西北的喀布爾是在皇弟的手裡，為半獨立性質。喜馬拉雅山麓之地包括克什米爾完全處於獨立狀態。孟加拉、比哈爾與奧里薩是在一個阿富汗王子蘇蘭滿卡拉里 (Sulaiman Kararani) 的統治之下。中部印度除拉甲斯坦一部分地區外，大部分仍各自為政，不承認德里的發號施令。德干五邦原在巴罕曼利王朝統治之下，現在也各行自治且互相對抗，至於半島南端的地區當時是在印度教王公們的勢力範圍之中。所以要建立一個大一統的帝國，還需要經過很長時期的奮鬥。值得注意的是這時期西方人的殖民勢力，以葡萄牙為先鋒，已經敲開了印度之門，葡國海軍也經常在印度西海岸活動。

　　阿克巴默察當時的情勢，深知要建立偉大帝國，必須講求文治武功，二者不能偏廢。文治方面最重要是建立廣泛的政權基礎。過去回教諸王尤以巴罕曼利王朝等，均係以回教的少數統治多數的印度教徒，採取殘酷的暴力統治，所以極不為印度教徒所歡迎。阿克巴一反其前代作風，改採印回親善，兼顧多數人民利益的政策。他首先自己娶贊坡印度教王子畢哈瑪兒 (Raja Biharimal of Jaipur) 的公主為妃，生下一子，取名傑罕基，後來繼承王位。阿克巴還連續娶了幾個印度教的女子，這種印回通

婚的作法，頗能調和兩者之間的感情。他又廢止對印度朝聖者的苛捐雜稅，禁止虐待戰俘，他策訂這些明智的政策，奠定了大帝國的基礎。

　　阿克巴大帝無疑是一位雄才大略的野心家，喜愛權勢與財富。他東征西討，南平北伐，目的就在建立至高無上的王權，絕不容許在他權勢之下仍有地方獨立王國的存在。因此摧毀獨立王國乃是他的目標，他認為帝國得以存在，在於能征服鄰邦，否則必遭合力攻擊；而軍隊更應當不斷在戰場上訓練，否則便成為無用之師。第一個被他牛刀初試所摧毀的獨立王國，便是中央省西北的冠德瓦拉 (Gondwana)。這是一個印度教女王所治理的小王國，政治修明，人民安樂，但「獨立」有罪，阿克巴即命東部省省長阿沙夫罕率軍予以掃平，女王多迦瓦底 (Rani Durgavati) 戰死。阿克巴要從事大規模的征伐，也不能容許回教王室之中有異己分子的存在，凡是不聽從其意旨的王親國戚，都被他一個一個祕密處死，然後他便放手施為。對於擁兵獨立的印度教土邦，阿克巴的政策是連根拔除，澈底毀滅，1567 年他以三萬之眾攻打契托 (Chittor)，不但將其獨立的政府推翻，而且將這裡的城堡要塞整個摧毀，使之蕩然無存，成為野獸出沒之處。

　　靠西海岸的古荼拉迭邦是十六世紀下半葉印度最富庶的省區，過去曾一度為阿克巴的父王胡馬庸所占領，在 1572 年時省內四分五裂，正是阿克巴下手收復失地的最好時機。在這一年的 7 月，他率部親征，直指蘇拉迭，圍攻猛打之下，占領該城，宣布合併了古荼拉迭省，交部屬管理即回師阿格拉。途中獲悉部將密撒斯 (Mirzas) 有割據稱雄的詭謀，因又立即率快騎三千，兼程趕往阿亥瑪達巴德，將六倍於他的叛部，完全擊潰，1573 年的 9 月取得了決定性的勝利，牢牢掌握了古荼拉迭，並自阿格拉遷都錫克里 (Sikri)，定名為勝利之都錫克里 (Fatehpur Sikri)。

　　古荼拉迭之役，阿克巴大獲全勝，聲威大振，唯在軍事進行之中，仍未忘行政改革。在此以前，回教政權之下的地方行政，各省區首長雖名義上由中央派定，但所有轄區內的民政、役政、財稅，悉聽自理，每

圖16：阿克巴時的蒙兀兒帝國領土

年僅繳納中央若干，或提供兵員若干而已，極易形成獨立王國。阿克巴因決心澈底改革。將德里中央所能有效控制的地區，重新劃分省區，統由中央直接統治，並將各級官吏劃分為三十三等，按級支薪，皆為政府官員，依照規定任免。各省之民政、役政及稅收亦均依照中央規定辦理，任何地方官吏不得僭越或擅取。此一改革，遇大有為之君王在位，自能形成強有力之大帝國，如遇昏庸之君，則又難免綱紀不振，號令不嚴，徒然擁有龐大官僚機構，反致無人負責，形同癱瘓，蒙兀兒王朝末期，便是如此。這當然不是阿克巴始料所及。

擊敗古茶拉迭，阿克巴正值三十多歲的壯年，當然對於東邊的孟加拉，更是虎視眈眈，其時孟加拉係在一阿富汗王子多德罕 (Dand Khan) 的

控制之下，其人自視甚高，對阿克巴不屑一顧。1574 年阿克巴發兵東征，雖值雨季不宜行軍，但他不顧一切勇猛前進，終於大敗多德軍於帕迭拉，最後於 1576 年 7 月俘殺多德罕，占領了整個的孟加拉。大體說來，印度全境的富庶肥沃地區西起阿拉伯海，東至孟加拉灣，北自喜馬拉雅，南至拉巴達，此時均已在阿克巴的勢力範圍之內。區內人口眾多、土地肥沃、物質富饒，兼有對海外之商務貿易，可稱得上很富足強大的國家了。至於克什米爾、奧里薩、信德、德干以及喀布爾等，則尚待繼續併略。

　　阿克巴對回教的信仰原是很堅定的，他曾在 1575 年於首都建築了一座巍峨的崇信堂 (House of Worship)，約集世界各地的回教權威學者來討論回教的教義，從 1578 至 1579 年舉行的多次討論會，阿克巴都親自主持。當時甚至有人主張擁阿克巴為回教的教皇，但他沒有接納。很奇怪的是他對回教教義愈是加深研究，愈覺得不能接受，以後他又接觸基督教徒、耆那教徒、印度教徒交換對於宗教方面的心得。到了 1582 年他公開宣布不再是回教徒，並頒布了一連串違反回教教規的法令，反而對其他種宗教採取優容的態度。他禁止為兒童取回教的名字，禁止再建築回教廟宇，甚至不准再用阿拉伯語文等。沒有人知道阿克巴為什麼對他原所篤信的回教發生強烈反感，也許是有感於當時許多回教籍的部屬常常叛變，或者是由於回教的嚴格教規使他深感厭煩，或是因為他受了其他宗教人士例如所娶印度教籍的后妃對他發生的影響，總之他是印度的回教皇帝中公開叛離回教信仰的一位君王。在阿克巴以前的七個世紀中，所有入侵印度的掌權者，都是屬於回教籍，回教徒成了統治階級，阿克巴居然反對統治階級的信仰，並且制訂違反他們利益的法令，卻絲毫不曾受到阻撓，這固然是由於他個人鋼鐵般的意志，同時印度教徒對他的支持，也是極重要的原因。回教統治階層在整個印度來說，究竟還是占少數，而阿克巴的印回親善政策使他能受到印度教徒們的愛戴，可以說是很明智的決策，事實上在印回政治勢力集團不能調和的情況下，自只有寧取多數而背棄少數。

雄心萬丈的阿克巴一直是朝著大一統印度的方向邁進，1581 年時他擊敗了他的兄弟而合併喀布爾，又收復了克什米爾、奧里薩、信德與俾路支。但是他仍耿耿於懷未能向南擴展，因此再接再勵，一直到 1605 年仍不斷征伐。但是年 10 月因身體不支而病死於阿格拉，葬於西卡達拉 (Sikandra)。由他的兒子沙利姆 (Salim) 繼承了王位，正式的名稱是傑罕基。

阿克巴大帝死前，他已將印度劃分為十一個大行政區或稱省。即喀布爾、拉合爾（旁遮普，包括克什米爾）、墨爾坦（包括信德）、德里、阿格拉 (Agra)、阿瓦德（Awadh，即烏督）、阿拉哈巴德、孟加拉（包括奧里薩）、堪堆希 (Khandesh)、貝拉、阿玄瑪德拉迦。

阿克巴是一個中等身材的人，不算高大魁梧，但是臂力過人，聲如洪鐘，「兩眼明亮如日照下的海洋」，自然威嚴。他的火爆脾氣受著嚴格的自制，一旦發作，千萬人頭落地。據說他平日對人頗為平易近人，卻有一種令人肅然起敬的懾服力。「在偉人之中獨顯偉大，在卑微之中見其卑微」。他處事公平，特有遠見，一生之中經歷無數驚險與謀殺而能善終。年幼時不受庭訓，不習文墨，不識詩書，至死自己不能書寫名字，但是記憶力特強，興趣廣博。他請人為他講述歷史、宗教、哲學，乃至文學作品，並能背誦卻不能書寫，一生無他嗜好。戰爭可能是他最所醉心，其次是宗教的探討。他善待印度教徒，表裡如一。所娶印度教后妃絕不歧視，以禮待之。他的密友之中，更不乏印度教徒。他可說是蒙兀兒帝國的真正創始者，也是第一個實行印回親善而卓有成效的大政治家。

四、風流皇帝

傑罕基於 1605 年 11 月繼承帝位，距離阿克巴大帝之死不過一週，上尊號為「信心之光」、「世界之主」傑罕基大帝 (Nur-ud-din Muhammad Jahangir Badshah Ghazi)。他繼承王位之後，曾作了兩項保證：第一是必須維護回教；第二是對那些擁護他兒子庫斯諾 (Khusrau Mirza) 謀奪王位

的大臣們不予追究。就位之初他也詔令減稅簡政，以收攬民心。

　　庫斯諾王子在他父親尚未繼位前，受若干大臣的慫恿，加以其祖父阿克巴與父親傑罕基之間長期不和，頗想在祖父的庇蔭之下取得帝位而自立。一般認為庫斯諾和悅近人，深得民心，是一位很好的繼承者，但是阿克巴病逝前，仍將帝位傳與其子傑罕基，乃使庫斯諾惴惴不安，深恐父王繼承大統後將對他不利。1606 年 4 月庫斯諾自阿格拉宮中潛逃出境，密赴旁遮普，沿途獲得不少支援。傑罕基聞訊，親往緝捕，拉合爾省長拒不收容庫斯諾，三星期後終被逮捕，所有隨從亦均下獄。傑罕基下令親審，將護送王子的所有從眾均處絞刑，並綁押王子遊街示眾，隨後挖出雙目，老病以終。

　　傑罕基對他的兒子如此絕情，但對夢寐以求的美人奴家罕 (Nur Jahan) 則一往情深，自初見單戀至計逼進宮，娶立為后，沉醉以終者，前後共數十年，終未移情。

　　奴家罕，小字蜜赫若麗沙 (Mihrun Nisaa)，簡稱蜜若，父名彌沙幾亞司 (Mirza Ghias Beg)，是一個波斯難民，投奔阿克巴部下，在赴印途中，生下蜜若，彌沙幾亞司後漸躋身顯職，蜜若則美慧可愛，常被攜往宮中，並受帝后所喜愛。當時阿克巴大帝在後宮每個月有遊園之會，廣徵商賈陳列產品，供后妃宮女選購，貴婦淑女亦得奉命入宮，共與其盛。蜜若於某次遊園會中突遇太子傑罕基，驚慌之餘，迅將面紗覆蓋。當時傑罕基正雙手玩鴿，意欲調教，誤以蜜若為宮女，將兩鴿交與，不意失手，一隻飛走。太

圖 17：傑罕基

圖 18：奴家罕

子怒責之。蜜若亦微慍，將另一隻亦放走，以示抗命。此時面紗落下，頓現麗容，明媚風姿，太子一見，驚為天人，即晉謁父皇欲娶為妃。阿克巴據查報，蜜若籍屬波斯，且已許配阿利庫利 (Ali Kuli) 為妻，以為太子不必奪人所好，且當時執行印回通婚之親善政策，乃強太子另娶印度教王公之公主為妃，並促蜜若速與未婚夫婿成婚，以斷太子之念，時蜜若年甫十七歲。唯太子於一見傾心之後，情有所鍾，無時忘懷。

　　蜜若婚後與夫婿阿利庫利感情甚篤，居孟加拉省。1605 年傑罕基登基後，即授阿利庫利采邑，兩年後密命孟加拉總督柯卡 (Kaka) 設法召見阿利庫利。柯卡與阿利庫利晤面時言辭衝突，阿利庫利刺殺總督，本人亦被衛士所殺，蜜若乃被接進宮中，求庇於太后，命侍左右。

　　傑罕基重睹花容，訝其嬌豔宛如相逢未嫁之時，且益增姿韻，然蜜若已春秋三十有四矣。帝降尊求愛，屢遭峻拒，曾為盛怒，一度斷其采邑所入，但蜜若不為所屈，竟藉針黹以自給，復採後花園之玫瑰花製成香水求售。帝因知其不可力奪也，乃又恢復其采邑所入，而心中之敬愛，轉而益增。每於晉謁母后之時，對隨侍一旁之蜜若，輒溫語有加，傳情無間，宛轉通辭，力辯非有意置其前夫於死地。如此者易寒暑，蜜若終為所感，轉而近帝，乃於 1611 年正式冊立為后，加尊號為奴家罕，意謂宮廷之光。

　　大婚之日，下令全國大慶，鋪張之盛，前所罕見。奴家罕既立，寵擅專房，朝覲征伐，出必與俱，蓋在定情之日起，即開同治之新局矣。嗣後傑罕基沉湎於酒，且染芙蓉癖，政事悉委諸后，以后之才，肆應無

礙，於是專政十有六年。1627 年帝崩，后為盧基相守者又十八年而死，即葬帝側。后擅波斯詩文，死前自題其基碣云：「照我可憐基，望勿耀明燈；玫瑰縱鮮豔，毋庸麗此墳。為免飛蛾撲火而長生，更何勞夜鶯為我啼辛酸。」（參羅家倫先生《心影遊蹤集》）

　　現在我們再來看看這位風流皇帝在位之時，究竟還做了一些什麼大事。1608 年 8 月，英國的威廉霍金斯 (Captain William Hawkins) 率艦抵達蘇拉迭，帶著英皇詹姆士一世致傑罕基的親筆信，要求獲得最惠國貿易的權利。這是英國東印度公司創立以後，首次派東印度的官方使者，想運用外交力量，敲開印度的大門，和葡萄牙競爭。威廉霍金斯還準備了兩萬五千枚金幣的厚禮，得到傑罕基的厚待。不僅接見他，並答允給予英國最惠國的貿易權利，並且居然授他以相當於上尉的官階，年薪三萬盧比，又要他和一個基督教的印度女子結婚，對威廉霍金斯來說可算是一次成功的外交，對印度而言，無異引狼入室。

　　葡萄牙駐果亞總督蒙多薩 (Mendosa) 聞訊威廉霍金斯已取得貿易特權，極為憤怒，認係蒙兀兒王朝對葡萄牙之極不友好行為，提出嚴重抗議。傑罕基受到葡人之威脅，即不敢履行對英商之承諾。此時英人尚未在印建立其根據地，亦未能力爭，但是威廉霍金斯仍留印，直至 1611 年始返英國。其所獲有關印度內情與葡人活動之情報，自為英國東印度公司此後部署發展之最重要資料。

　　1612 年英派貝斯迭 (Captain Thomas Best) 率艦至印，與葡國海軍遭遇，竟以一敵四，擊敗葡軍，從此蒙兀兒王朝對英國的海軍潛力乃刮目相看。蒙兀兒諸王係以馬上得天下，毫無海軍戰力，對於葡軍在海上之猖狂，無法反擊。1613 年葡又在印度海域施虐，俘虜印度商船，劫掠財物並鎗殺回教徒。是年被毀之商船中有皇室貨輪，係為太后裝運貨物者，亦被葡軍截留，傑罕基極為震怒，下令在陸地上採取報復手段，封閉葡國教堂並拘捕所有在印葡人，且望借助於英國的海軍反擊。英人以有機可乘，即於 1615 年正式派遣諾艾為首任駐印大使。諾艾為一資深外交官，

他受命與蒙兀兒王朝談判一項條約，以保障英國通商貿易的安全，同時窺察印方的虛實，離間葡印的關係，以取得英國東印度公司的優越地位。諾艾使印四年，雖終其任未能簽訂條約，但從傑罕基處卻獲得不少實質的承諾，為英國東印度公司在印度的經略打下了十分堅實的基礎。

傑罕基與英人的加深接觸，不能算是外交的成功，只是前門拒虎，後門進狼，更便利了英國人的侵略。

內政方面，晚年的傑罕基可說是困於老病纏身，絲毫無所作為，國政既悉聽奴家罕全權處理，太子夏家罕 (Shah Jahan) 又公開稱兵反叛，加以波斯王阿巴士 (Shah Abbas) 入侵，內憂外患交逼。1626 年移駕喀布爾，次年回京途中病逝於克什米爾山麓的賓巴 (Bimbhar)。

傑罕基一生除其風流韻事引人注目，文治武功實無足稱道。其人喜怒無常，感情用事，頗擅詩文藝術，但並無佳作遺世。

五、多情種子夏家罕

夏家罕於 1628 年 2 月繼承皇位，距父皇傑罕基之死已四個月，為皇位之爭，中間曾經過了很激烈的流血鬥爭。

夏家罕亦如其父傑罕基，對蒙兀兒王朝的軍政建設無重大建樹，他們取得王位又都是從殺伐中得來，其晚年且都遭遇兒子的叛變，抑鬱以終，唯一被人所注意的是他們對皇后的專情，可說是一對風流父子皇帝。

傑罕基崩逝時，夏家罕正在南部德干，他的弟弟卻近在權力中心阿格拉，而且得到母后奴家罕的全力支持，因為夏家罕弟弟的王妃乃是奴家罕未入宮前與前夫所生的女兒，可說是他的岳母，所以自認為勝利在握。但是傑罕基蒙塵遠在克什米爾，而朝中掌權大臣阿沙夫罕 (Asaf Khan) 係奴家罕的哥哥，密受指揮，用閃電方式，殺盡所有王室中可與爭位的男子，夏家罕並兼程趕回阿格拉乃奪得王位。

夏家罕登基十六年，娶雅瓊曼葩露 (Arjumand Banu Begum) 為妃，入宮後之尊號孟太足瑪哈 (Mumtaz Mahal) 意為宮廷之冠冕。系出波斯，生

有絕色，明麗照人，獨具慧心，太子即位後即立為后。雖在戎行亦必並駕，朝夕相共，無或分離。后苦多育，舉八男六女，1631 年亦因難產致死。時年三十有九。彌留時，帝問遺言，乃執手含淚答曰願帝勿再娶並為其建至美之墓，以資憑弔，永垂不朽。后死後帝克踐諾言，鰥居三十五年，並以十八年之時間為其建築泰姬陵 (Taj Mahal)，用情之專可謂舉世無雙。

圖 19：夏家罕的愛妃雅瓊曼范露

有人謂遊印度而未訪泰姬陵，等於未至印度；訪泰姬陵而不當月盈之夜，等於未至泰姬陵。泰姬陵位於阿格拉城濱贊木拉河畔，離德里車行不過三小時左右行程。作者居印數年，對舉世馳名之泰姬陵總以為隨時可訪而竟未往。1948 年自印赴歐洲，飛機離德里後，機師轉繞泰姬陵一周，供旅客在空中俯覽，時在黃昏，但見夕照餘輝下，陵在虛無飄渺中，純白色的建築，玉立亭亭在贊木拉河邊，使人有迷濛若失之感。1956 年再往德里出席聯合國教科文大會，始特抽空前往一訪。所獲印象之深，至今猶若眼前。夏家罕窮十八年之時間，役工二萬人，親身設計督工完成之此一建築，距今雖已數世紀，仍猶皎潔如新，以其所取建材主要為上品大理石或紅砂石，質地牢固，確可如孟太足瑪哈所望永垂不朽。

自阿格拉驅車至陵址不過三英里左右。首先映入眼簾者為陵外的高聳紅牆，中有一峻偉的門樓，入門後即有一條長達四百餘英尺的大理石通道，兩旁碧樹垂蔭，中間是白大理石砌成的渠道，間以長方形的噴水池。泰姬陵全景，倒影其中，一望而令人驚嘆不已，心曠神怡。

通道盡處即為泰姬陵臺，臺分兩層，第一層為紅砂石所砌成，左右分建典型之回教廟堂，堂內則係晶瑩之大理石裝成，雕刻各種人物圖案，

圖 20：泰姬陵

極為精美。第二層較第一層為高，整個建築全為純白大理石，紅白相襯，愈顯佳妙。登上此層之石級，自外視之，幾不能見。因採隱蔽設計，以臺基遮護石級，石級分置於左右兩旁，轉折上升，至正對陵墓方向復合而為一。大理石建築四周各有圓柱形塔，內有盤梯，可作每一角度之憑眺。圓形塔與陵寢間，四周均有陽臺，美景盡收眼底。月夜至此，幾疑真是天上人間。陵寢之內係一圓頂建築，高達二百餘英尺，光華四射。建築之內並未見燈光，但明亮照人，當時應無電燈設備，此一設計之美，使人嘆絕。泰姬之棺置於正中，此為虛棺，遺體則埋於地下。自棺蓋中心點，向陵外大理石通道盡處中心點對望，恰成一直線，肉眼望去，分毫不差，足證當時之建築，非但匠心設計，且亦具鬼斧神工之技術。寢殿四周均為大理石之鏤空雕刻，且綴滿寶石花紋，環繞如屏，玲瓏似織。在此陵寢內，稍作高聲，即嗡嗡之回聲久久不絕，若此呼彼應，易使人產生一種幻覺，此非墓穴，而係當年綺麗之內宮，笑語輕顫，充滿生命。

夏家罕晚年被其子阿蘭齊甫囚禁於贊木拉河之對岸，與泰姬陵寢盈盈一水之隔，朝夕相望，悽楚可知。迨至 1666 年病卒，始並葬於泰姬之側。泰姬虛棺旁之另一棺，即後死之夏家罕。

夏家罕之另一癖好為收藏鑽石珠寶，不惜以國庫之財搜購各種珍貴珠寶，藏之宮中，時時展玩。其祖父阿克巴大帝亦曾酷愛金銀珠寶，其

所擄掠征伐獲來之金銀，分別存放於兩座寶庫中，寬七丈高三丈。夏家罕於登基後，又發奇想，欲用金銀珠寶鑄造一張龍椅，其價值應超過所有世間皇帝所用之寶座。他命大臣比巴德罕 (Bebad Khan) 督工，依照他自己的設計，用七年時間果然鑄造了當時價值一千萬盧比合一百二十五萬英鎊之御椅，名為孔雀寶座。此椅狀如臥榻，四腳用純金鑄成。上面有十二根柱子，每一柱上有兩隻展翅的孔雀，棲息樹下。樹的枝幹葉子及孔雀，皆用鑽石珍珠綴滿，閃閃發光，臨朝時，他就疊坐在此椅上，以顯示其高貴。孔雀椅曾使用數代傳至 1739 年，始被拉笛夏 (Nadir Shah) 運往波斯。

　　夏家罕在宮中如此奢華宴樂，民間卻窮苦萬狀。在他登基後的第四年，德干及古茶拉迭一帶原為極富饒肥沃之區，卻發生了大饑荒。賣兒但求一飯，無人願買，到處都是餓死的人，到後來人吃人肉，易兒而食。加以疫病流行，遺屍遍地，白骨成堆。此情此景似並未為夏家罕所知曉，仍在誇耀其財富與滿足。

　　夏家罕在位時，亦曾和葡萄牙人發生激烈衝突。葡人除在西南海岸取得果亞的殖民之治，同時在東北方的孟加拉省，也取得了一個通商據點虎格利 (Hugli)。他們不僅壟斷當地的進出口貿易，並且還擅自抽稅，又擄掠印度婦女，有兩個被選定即將進宮為皇后隨從的女子也被擄去，夏家罕因此下令孟加拉總督嚴辦。當時印方以葡人海軍強大，未敢輕舉，曾調集十五萬大軍於 1632 年包圍虎格利。葡人兵力連當地僱傭兵合共不到千人，但固守城池達三個月，死傷甚大，終被攻下。所有被俘葡人及當地基督徒共四千餘人均被押至阿格拉，令其選擇：或改奉回教或接受死刑，大部分均被處死。在前朝傑罕基時代，對於基督教徒曾採寬容政策，但夏家罕則改為迫害手段。

　　位於中南部的德干諸邦，過去阿克巴時代曾一度臣服，接受了蒙兀兒王朝為宗主國，以後傑罕基當政，也大體保持了這一政治關係，維持了名義上的宗主權，實質上卻未能作進一步的控制，因此有的地方等於

是半獨立或高度自治狀態。到了夏家罕接位之前，他本人即係派駐德干的總督，對當地情勢深入瞭解，因此登基之後，即改採積極經略政策。自 1630 至 1636 年曾多次發兵征討、建立霸權，並於 1634 年派王子阿蘭齊甫以副皇名義，駐節德干。

阿蘭齊甫王子所轄德干，共分為四個省分：㈠堪堆希省 (Khandesh)，以波漢坡 (Burhanpur) 為省會，擁有阿席迦城堡 (Asirgarh)。㈡貝拉省，省會阿利契甫 (Ellichpur)，城堡哥維迦 (Gawigar)。㈢德林迦拉省 (Telingana)，省會蘭德爾 (Nander)，城堡卡達爾 (Kandhar)。㈣多拉塔巴德省 (Daulatabad)，省會阿倫迦巴德 (Aurangabad)，本身即為重要城堡。

阿蘭齊甫王子遠戍德干十年，應屬有功，但並不為父皇夏家罕所欣賞，主要是受太子達拉錫柯 (Dara Shikoh) 的影響。太子深恐王弟的聲譽日隆，權勢過大，將來會奪取王位，所以屢進讒言。1644 年 3 月夏家罕的愛女賈漢娜惹 (Jahanara) 病重，阿蘭齊甫手足情深，入京探病，夏家罕即將之免職，直至 1645 年 2 月，始又派命為古荼拉迭省督。兩年後再調為巴爾克省督。阿蘭齊甫對此調遷，懷恨在心，已種下後來叛變篡位幽禁父皇的惡根。

當時印度與波斯的關係極為密切，商務頻繁，蒙兀兒王室貴族中不少人來自波斯，而兩國間之領土爭奪亦經常兵戎相見。阿克巴大帝經略印度之初，係以喀布爾為基地，建國後亦在該地置省，故與波斯接壤，頗想擴充勢力，併部分波斯之地以固疆域。喀布爾西南，墨爾坦西北之堪達 (Khandhar) 遂成為雙方必爭之地。夏家罕在位時曾於 1649、1652 及 1653 年三次派兵圍攻，均損兵折將毫無所獲，且耗費達一億兩千萬盧比，約占其全部國庫收入之半數。負責遠征之總指揮即係阿蘭齊甫王子，因連番敗戰，於 1652 年又被派往德干，擔任該區之副皇兼總督。到任後在該區採取嚴苛政策，鞏固統治作為問鼎王位的資本。

夏家罕有四子，太子達拉錫柯，遙領旁遮普及西北邊區總督，極得寵信。次子蕭賈 (Shuja)，派治孟加拉與奧里薩。三子阿蘭齊甫係德干區

總督。四子巴克夏 (Baksh) 治理古茶拉迭。四人均有軍政經驗，又均係同
父同母，每人皆認為自己有奪得王位之能力而又決心死拼。太子達拉錫
柯得父皇寵信，且接近權力中心，就地位論較勝一籌，但個性倨傲，脾
氣暴躁，樹敵最多，阻力不小。次子蕭賈性情溫和，易與人處，但愛玩
樂且優柔寡斷，非有為之君。四子巴克夏勇猛過人，但酗酒肇事，有勇
無謀。唯三子阿蘭齊甫能屈能伸，狠毒無比，且富政治鬥爭經驗，無時
不以繼承者自居而奮志謀之。1658 年 2 月，阿蘭齊甫以時機已至，舉兵
北上，勢如破竹。6 月攻克阿格拉，將父皇夏家罕囚禁於贊木拉河畔，
並繼續掃蕩其兄弟之殘部，天下大盡之後於 1659 年 5 月重返德里，正式
就皇帝位。其父夏家罕被囚八年，於 1666 年 1 月病逝阿格拉。

　　夏家罕一生充滿了傳奇性的遭遇，不能算是一位成功的君王，尤以
迷戀泰姬，沉湎酒色，將國政委於婦人女子之手，自做其風流皇帝，對
其四子不能管教統馭，任令同室操戈，互相殘殺，終至己身被廢禁於囚
宮中達八年之久，可謂史所罕見。但夏家罕熱衷藝術，尤以對建築特有
心得，泰姬陵之築，竟使其名並傳不朽，自非其始料所及。

六、憂勞一生的阿蘭齊甫

　　阿蘭齊甫就位後，仿前代帝王之所為，下令減稅，以減輕人民負擔，
其本人為一極虔誠之回教徒，且嚴格要求自己遵守回教之各項教規，生
活嚴肅，不沾滴酒。但是對阿克巴大帝所手訂之印回親善政策，則不再
執行，各級官員均以回教徒擔任，對印度教廟宇亦不予保護，頗獲回教
教會領袖們之一致擁護。

　　阿蘭齊甫能排除異己，取得王位，得力於米爾張拉二世 (Mir Jumla II)
之輔助最大。阿蘭齊甫登基後即派米爾張拉二世為孟加拉總督，以酬其
功績。米爾張拉二世於 1661 年到達孟加拉後不久，受部下慫恿，居然想
經由阿薩密攻打中國。阿薩密為印度最多雨的地區，與中緬交界處多為
原始叢林，人跡罕到。米爾張拉二世督師入山，進退維谷，士卒又為疫

病傳染，死傷慘重，最後幸退回平地，但已奄奄一息，於 1663 年死於任所。阿蘭齊甫另派夏一斯達罕 (Shayista Khan) 繼任省督，直至 1680 年，保有長期的和平。

阿蘭齊甫未登基前，曾兩任德干總督，對中西部情形自然瞭如指掌，但在其繼位前後，貝迦甫 (Bijapur) 境內卻出現了一股瑪拉撒族 (Maratha) 的反回勢力，如野火燎原，聲勢日大。阿蘭齊甫初忙於穩定皇位，未曾注意，至 1660 年方始採取行動。瑪拉撒族人被認為野蠻落後不受教化之少數民族。他們那時的新領袖是西瓦咭 (Shivaji Raje Bhosle)，生於 1627 年，最初在貝迦甫附近的山區打家劫舍，糾合一群族人，專以攻擊回教徒為目的，不問是官家或良民，只要是他們選定的對象，即神出鬼沒進行打劫。他們熟悉山地形勢，攀援絕壁如履平地，勇猛過人，官兵搜捕，亦莫奈何。1659 年貝迦甫省督阿夫沙罕 (Afzal Khan) 決心派大軍圍剿，調動一萬兵馬，圍攻招降。狡黠的西瓦咭佯稱約地議和，將省督騙至山野，予以截殺，並擊潰所部，俘獲馬匹四千餘，武器無算，聲威大噪。1660 年阿蘭齊甫獲悉，即命夏一斯達罕趕往德干征討。此人對當地情況毫無所知，其每日行止動向均在西瓦咭監視之中，半途即被其竄入營寨，險被斬首，斷其兩指始落荒逃出。

阿蘭齊甫乃改令其子摩阿沙 (Muazzam) 接替並派足智多謀的賈辛 (Raja Jai Singh) 輔助。但是依然無法推進。賈辛改採招安政策，1666 年偕同西瓦咭進京，面覲阿蘭齊甫請封。所獲不過萬夫長，西瓦咭大失所望，留京數月，潛返舊地，重整所部，擴大作亂，占有今海德拉巴之地，儼然成為中南王。阿蘭齊甫其時忙於應付阿富汗，亦未能平剿，直至 1680 年西瓦咭因病而死。但瑪拉撒族對回教王朝之對抗並未因此消逝。

西瓦咭的族人，從十七世紀以後，已漸露頭角。他們自許為古老印度的救贖者，繼承了古印度的精神，代表印度教的傳統文化，誓以回教王朝為敵，並反對任何外來的侵略者。有人認為瑪拉撒族實際上就是不可接觸階級的賤民，他們自稱有悠久的歷史，個個勇猛過人，團結在他

們的頭目之下，鋌而走險，從不後退。這種論說，大抵多出自英國史家之筆。因為在蒙兀兒王朝以後英人奪取印度之時，瑪拉撒族也始終是反英最激烈的勇者。例如邁索爾的海德阿里 (Hyder Ali) 與鐵甫蘇丹 (Tippu Sultan) 等抗英的英雄，他們曾聯絡瑪拉撒族合力抗英，但不幸均歸失敗。

　　若謂西瓦咭僅憑匹夫之勇，毫無精神力量的憑藉，亦言過其實。西瓦咭是一個很虔誠的印度教徒，他的母親也是最崇拜印度教的。西瓦咭認為世界有真理，人類有靈魂，靈魂之中貫注著真理，就做到了天人合一。但最要緊還是要有信心，沒有信心，生不如死，信心是唯一能拯救的力量，除信心以外，再無其他。西瓦咭所強調的信心，是他對印度教的信，所以他誓死反對回教，他也相信能戰勝回教和其他的異端。至於被批評為嗜殺成性，有違宗教精神，他卻不以為然。他認為屈服於罪惡，尚不如以惡制惡；制惡只是手段，目的還是為了行善。

　　西瓦咭對部隊的組織與紀律極為嚴格，不像一般印度軍隊或東印度公司的僱傭兵，兵營之中可有女眷或營妓，他絕對禁止軍眷隨營或營妓存在，違者斬首。各級部隊長均為薪給制度，嚴禁擄掠。每年 10 月至第二年的 4 月為操練或出征的時間，5 月至 9 月則休兵罷戰。除了步兵也有騎兵及少數的海軍，目的在防止外國人從海上進攻。

　　西瓦咭所控制的地區，也被描寫為完全是強盜式的管理，人民不納正常的賦稅，但需繳納保護費，而軍隊的目的，就是奉命向外搶奪，以所得來維持開支。他將行政的工作分為兩大部門，他自己負責軍事，而將一般性的行政工作交給婆羅門僧侶管理。他要軍隊只管戰鬥，不必學習文墨，因為讀書寫字對戰士們毫無用處。西瓦咭所追求的只是印度教的光榮。這種說法，正是所謂勝者為王，敗者為寇。蒙兀兒王朝如此，英國滅亡印度後的專制統治更是如此。

　　現在我們再來看看阿蘭齊甫治下的印度。當他統治了十年之後，他發現居然各地還在公開宣揚印度教，認為這是對朝廷的侮辱和挑戰，因下令各省省督，如再發現有宣傳異端的教派，應即予嚴懲不貸，並摧毀

其聚會之所。許多印度廟宇因而被毀，在其廢墟之上蓋上新的清真寺。阿蘭齊甫深為得意，卻不知其喪失民心，莫此為甚。

　　阿克巴、傑罕基、夏家罕諸帝對待印度教多係採安撫懷柔政策，尤以阿克巴之印回通婚，收效最大。阿蘭齊甫不法先王之法，自以回教之護教者自居，極力摧毀印度教，當然引起普遍反抗。人民即不斷上書請願，指陳前代諸王政策，寬宏遠大，深洽民心，國家昌盛，而今則民不聊生，國勢日蹙，推源其故，實因政府之未能俯順輿情，恣意迫害有以致之也。倘皇上篤信宗教，則應知真主應為所有人之真主，而非僅回教徒之真主。真主眼中，人人平等，願天生萬物，各安其位，各得其所。真主所創造之宇宙完美無缺，不容破壞。阿蘭齊甫對各地此類請願均置諸腦後，一意孤行。

　　阿蘭齊甫有兒子五人，摩罕默德蘇丹（Muhammad Sultan，1676 年處死），另摩阿沙、阿沙姆（Azam）、阿克巴（Akbar）及卡巴克希（Kam Baksh）。他用次子、三子、四子執行各項使命。其四子阿克巴最為阿蘭齊甫所寵愛，但他頗不認同父王所為，屢諫不成，於 1681 年潛往拉吉甫迭，稱兵反抗。他公開指出像拉吉甫迭等地方的人民，歷年來效忠朝廷，出兵納糧，從無怨言，但竟受盡虐待。地方官吏賣官鬻爵，魚肉百姓，朝廷置若罔聞，自難責其稱兵抗拒也。阿克巴並要求父王早日遜位，以謝國人。他說：「你對你的父親作了什麼？卻對你的兒子如此苛求？你曾教旁人明白事理，為什麼不用教訓旁人的話來好好管理自己？你既然自己都管不了，從此不要再訓誡旁人。」阿克巴為此上書直諫，更激怒了阿蘭齊甫，遂派兵征討，阿克巴王子不敵，逃往波斯，1704 年死於國外。

　　為了收拾中南部殘局，阿蘭齊甫決定於 1681 年 9 月親赴德干，一面追緝阿克巴王子，一面掃蕩西瓦咭死後的瑪拉撒族人。大部分的工作交給摩阿沙執行。自 1681 至 1691 年逐次取得了貝迦坡、哥爾康泰等地，但費時既久，耗費又多，且因連年戰伐，又造成了摩阿沙與父王阿蘭齊甫間之不睦。摩阿沙亦如其弟阿克巴公開反對父皇，被囚七年，至 1694

年 4 月始獲釋被派往喀布爾任總督。

　　阿蘭齊甫在生活方面極為嚴肅，管教子女亦極為嚴峻，衣食起居均極省儉，處處符合回教教規，他雖然對音樂頗有心得，卻拒絕作為一種生活的享受。但是作為一位君王，常顯得心餘力怯，事倍功半，甚至徒勞無功，優柔寡斷而多疑。他不相信任何人，包括他的兒子在內。他也不曾真正喜愛任何人，所以並無真心的擁護者。他有很多機會可以獲致軍事上的大成就，卻缺乏統馭指揮之才。他憂勞一生，為他所信仰的宗教而奮鬥，但由於胸襟狹窄，固執迫害印度教徒，所以也不能真正成為一位宗教家。1707 年 3 月病逝於阿亥瑪德拉迦。死前他留下了三封遺書，大意說：「我不知道我是誰，到那裡去，我充滿罪惡的一生也不知會怎麼樣。現在我要對世上每一個人告別，將所有的人民交託與神。希望我的幾個兒子不要彼此爭奪，讓真正的僕人——所有人民去作決定。大好的年華我都虛度了，真主在我心裡，但我卻盲目地不見真光。我的將來已經無望了。熱度雖退，但只剩下一把皮包骨。雖有軍隊卻無鬥志。離開了真主，心不得安寧。對我自己已經失望，還能對旁人存什麼希望？你們要接受我最後的遺命，不要殺害回教徒，我願擔當他們的過失。我犯了太多的罪惡，不知將受什麼懲罰。我希望你們和你們的兒孫能得真主庇佑。願真主賜福與你們。永別了。」

七、後期的蒙兀兒王朝

　　阿蘭齊甫死前雖有遺囑，告誡王子們不可因爭奪王位而自相殘殺；並且還留有一個分割計畫，希望能在不得已時諸子各據一方，以免兵戎相見，但是這些安排顯然不能實現，到最後仍免不了一場廝殺。摩阿沙遠在喀布爾，無法立刻趕回，阿沙姆與卡巴克希均近在德干，立刻宣布各承王位，發布命令，並鑄造錢幣。大家的目標是首先奪取阿格拉，因為宮中的寶藏可用作招兵買馬費用。摩阿沙首先派遣幹員摩林罕 (Munim Khan) 自喀布爾兼程赴京，與阿沙姆的部隊相遇於阿格拉的南

方，卡巴克希占領了貝迦坡與海德拉巴，一時抽身不得。摩阿沙部與阿沙姆激戰結果，後者兵敗被殺，摩阿沙占有阿格拉，將財寶分賞貴族大臣將帥，自上尊號為巴罕多夏 (Bahadur Shah)。1708 年復御駕親征德干，將王弟卡巴克希擊敗並俘殺之，王位之爭，遂告終止。

1710 年巴罕多夏聞訊有錫克教 (Sikhs) 首領班達 (Banda) 作亂，遂又親往平剿。錫克教係十五世紀在印度創立的一種新宗教，盛行於旁遮普省,而以阿姆利渣 (Amritsar) 為中心。創教教主 (Guru) 為拉拉克 (Nanak)。基本教義有五：㈠崇拜一神，歸榮耀於造物主，事實上類似印度教中之膜拜創造神，而與婆羅門教之崇拜多神者不同。㈡真摯的友愛，愛普天下人。㈢追求真理。㈣知足。㈤節慾。錫克教的教規有四：㈠禁止吸煙。㈡婚姻神聖，一夫一妻，寡婦不得再嫁。㈢不拜偶像，冥冥中自有主宰。㈣終身必須配帶五 K，即長髮 (Kes)，無分男女，出胎即不剃髮，不刮鬍髭。男子用白色頭巾裹成兩瓣蓮花狀，終年不卸，看到頭裏包巾，頭髮鬍髭連成一團的印度人，準是錫克教徒無疑。短裝 (Kachh)，短裝齊膝，特別是女子服裝，此與印度女教徒的紗麗曳地，截然不同。鐵鐲 (Kara)，戴於右手腕上。短劍 (Kripan)，男女老幼均須佩帶，長七英寸，實際上即為匕首。女子短劍為象徵性，長兩分藏於衣邊內。木梳 (Kangha)，梳子插在頭髮中間，每日梳洗頭髮時用。這種顯明的標幟，使錫克教徒更易形成一特殊社會。

錫克教之所以在印度受人注目，並非由於宗教上之信仰與教規，而係基於其他三項因素：㈠該教雖強調真摯友愛，但創教之時正值回教勢力大弱，印度教徒受盡迫害，因此歷代十個教主中，除少數與蒙兀兒朝廷勉強相處外，大多採取反回政策，誓以消滅回教徒為天職。㈡有極堅強之團結精神，錫克教社會有其自辦之銀行、報紙、學校、青年會等組織，在嚴格的教規下，團結一致，服從教主的號令。因為印度教社會是很散漫的，回教社會則相當團結，為了對抗回教社會，所以也有嚴密的組織。㈢錫克教人培養尚武的精神，以從事軍旅為榮譽，甚至為了增加

體力，一反印度人的素食原則，鼓
勵教徒們食肉。所有錫克教徒從小
即練武事，因此容易組成戰鬥部隊，
他們的目的是勝利，絕不投降，戰
死為榮。此與過去回教部隊相仿。

　　其教主之產生，均係由前任指
定後任，但至十代教主之後，僅指
定有軍事上之負責人而未指定其為
教主，此即巴罕多夏所欲剿平之班
達。

　　班達係由十代教主哥雲德辛
(Gobind Singh) 任命，統帥所部，以
報復席赫林 (Sirhind) 地方的華西
罕 (Wazir Khan)，他曾殺害了哥雲

圖21：錫克教創教者拉拉克

德辛的幼子。班達所率領的錫克教軍隊，像出籠的猛虎，殺盡所有席赫
林城的回教徒，燒盡所有的回教廟，唱著得勝的歌兒，歸榮耀於歷代教
主。巴罕多夏的大軍一到，雖將他們趕往山區，但班達卻未被捕。

　　1712 年巴罕多夏已六十九歲，未竟全功而死。從 1707 年奪得王位，
不過做了五年的皇帝，可說毫無建樹。他的四個兒子也同樣同室操戈，
爭奪王位。阿西姆夏 (Azim-ush-Shan) 是四子中比較成器的一個，時任孟
加拉省督，卻首先在爭奪戰中被打死。最壞的一個賈罕達夏 (Jahandar
Shah) 奪得了王位，十一個月後卻被姪兒法諾克西亞 (Farruksiyar) 斬首。
以後是一連串的你爭我奪。1719 年四子阿克巴的曾孫摩罕默德夏奪得王
位，居然維持了二十九年之久，一直到 1748 年，但是這時的蒙兀兒帝國
已經是四分五裂了。其中阿沙夫賈 (Asaf Jah) 霸占了德干，創立了後來獨
立的海德拉巴尼撒王朝。沙達德罕 (Saadat Khan) 占據了烏督。阿拉瓦狄
罕 (Allavardi Khan) 占有孟加拉。羅希拉斯 (Rohillas) 盤據恆河流域以北

的地區。這些事情的發生距離阿蘭齊甫之死不過十七年，中央的蒙兀兒朝廷，實際上已是有名無實。

這段期間，中南部的瑪拉撒族人又恢復了新的活力，1714 年夏胡 (Shahu) 當權，他起用了一位婆羅門賢人巴拉吉維斯瓦拉 (Balaji Vishwanath) 為相，整軍經武，聲威日隆，有問鼎德里之勢。六年後巴拉吉維斯瓦拉死，將首相職位傳於他的兒子巴吉拉荷一世 (Bajirao I)，較乃父尤為能幹。從此首相世襲，變成了一種新的制度，而且瑪拉撒族的國王必定予以承認，因為首相是實際當權執政的，所以首相反而成為權力的中心了。巴吉拉荷一世任首相後，整頓部隊，向北擴張，約束海德拉巴的尼撒，1737 年並攻至德里近郊。在巴吉拉荷一世的扶植之下，使瑪拉撒族出現了三支大的力量：即格克瓦 (Gaikwar)、辛笛亞 (Sindia)、賀卡 (Holkar) 與旁斯拉 (Bhonsla) 等四大家族，他們分別盤據在巴諾達 (Baroda)、格瓦利窩、英度 (Indore) 與奈格甫貝拉 (Nagpur Berar)，以後即成為這四邦的統治者。

蒙兀兒王朝內部的分崩離析，引起了波斯王的覬覦之心，1739 年拉笛夏正式督師攻印，直取迦茲里、喀布爾、拉合爾，如入無人之境。大軍進逼德里，摩罕默德夏率部匆忙抵抗，潰不成軍，親赴波斯王營帳求和，二人偕赴德里。此時外間謠傳波斯王已死，隨從被殺者數百人。拉笛夏大怒，召軍入城，盡情屠殺，然後入駐德里王宮，指揮所部搜括蒙兀兒王宮中所有寶藏，包括孔雀寶座，運回波斯。兩個月之後下令班師，併印度河西岸之地盡為波斯所有，阿富汗從此脫離印度。

拉笛夏走後，留下一片創傷。整個蒙兀兒王朝所控制的北部印度只剩下孟加拉省尚未波及，德里中央成為無政府狀態。1748 年摩罕默德夏死，傳位其子阿亥馬德夏 (Ahmad Shah Bahadur)。波斯又回軍占旁遮普。1754 年阿亥馬德夏被貴族挖目後廢立，另以阿蘭姆吉二世 (Alamgir II) 取代。

十八世紀中葉的印度，由於德里蒙兀兒王朝的衰落，其政治勢力範

圍大致可分為三部分，第一是孟加拉、烏督、海德拉巴及恆河流域西岸
之地，分別控制在幾個各自獨立的回教王公之手。第二是瑪拉撒族在巴
吉拉荷一世等名相整軍經武之下，掌握了中南部，並隨時威脅著德里中
央。第三是波斯入侵的力量不但囊括印度河西岸之地，而且占有旁遮普。
至於蒙兀兒王朝的中央只不過保有德里、阿格拉極小的地區，有一個名
義上的傀儡皇帝而已。這三種力量可說是鼎足而三，互相監視，互不相讓。

　　1760 年瑪拉撒族決定攻擊北印，企圖取得全印度的霸權。他們很輕
易地占領了德里，但是強敵卻是列陣西北以待的波斯軍，總數在二十萬
人左右，波斯王多拉里 (Durrany) 亦志在必得。他擁有旁遮普作為補給中
心，而且已數度攻占德里，地形地貌瞭如指掌。瑪拉撒族雖係志取全印，
政治號召上卻是反回，所以他們也不能聯合所有境內的回教領袖，抵禦
波斯外侮。不但如此，若干回教領袖甚至與波斯王聯盟，結果變成了一
場印回之間的大戰。戰爭結果，波斯軍大勝，瑪拉撒族幾個大邦的首領，
僅以身免，逃回中南部老窠。波斯王取得了軍事上的勝利，但亦未竟全
功，因為士卒遠離本土，不願繼續作戰，遂還師喀布爾。

　　現在我們可以來總結蒙兀兒王朝衰落的緣因。蒙兀兒的專制王朝，
在印度自始缺乏堅實的基礎。它們的崛起與壯大，主要是依賴開國君王
的才能以及軍事的力量。它們沒有得到被統治者的支持，不是以印度傳
統文化為基礎，不能在內亂外患時激發群眾的愛國情操。它們是完全孤
立在印度國土之上的外國統治政權。王朝事實上的創主阿克巴大帝，確
是雄才大略，在他四十五年的個人統治中（1560～1605 年），曾建立了
一個強大的帝國規模，使傑罕基的二十二年平庸之治，得以勉強維持。
夏家罕治國三十年，大部分是採高壓政策，接著阿蘭齊甫也是主張霸道
的，他差不多掌握政權近五十年，他們大體上均維繫了蒙兀兒王朝的權
力中心，當然阿克巴大帝是最為優越的。但自阿蘭齊甫以後，很明顯的
在中央方面忙於王位之爭，互相殘殺，僥倖獲勝者亦資質平庸，無統馭
帝國之才能，更缺乏統帥軍隊作戰的本事。阿克巴大帝的印回親善政策，

曾收效於一時，卻被夏家罕、阿蘭齊甫等破壞無遺。加以末期瑪拉撒族崛起於內，波斯壓迫於外，使德里的中央政權有名無實。蒙兀兒王朝還有一個致命的缺點，即完全沒有海軍，因此對於從海上長驅直入的敵人，毫無防禦之能，英國東印度公司之得以滅亡印度，絕非偶然。

八、東印度公司與英法之爭

自波斯王入侵與瑪拉撒族之間的回印之戰結束後，到 1818 年英國東印度公司在印建立優勢地位，前後半個世紀之間，印度歷史進入了一個新的轉型期——逐漸走向英治印度時期。在這期間，瑪拉撒族又重新集結力量，而孟加拉、海德拉巴與邁索爾的回教領袖也日益坐大，相互敵視。他們都希望擴大勢力，成為印度的強者，卻忽略了從歐洲來的兩大殖民力量——英法兩國，正在印度沿海進行殖民爭霸戰。它們雙方任何一方的勝利，對整個印度的命運都是絕對不利的，因為兩國的目的都是要滅亡印度。爭霸戰的結果，英勝法敗，英國的東印度公司遂建立了在印度的優勢地位。

法國東印度公司係於 1664 年創立，是由路易十四的財政部長哥貝脫 (Colbert) 推動的。1674 年取得馬德拉斯以南八十五英里的邦底雪里 (Pondicherry)，在此設廠並構築城堡。1683 年購得土地所有權，積極經營。1693 年一度被荷蘭人所占據，1697 年荷法簽訂《里斯維克條約》 (*Treaty of Ryswick*)，1699 年始由法國收回。此後半世紀之間，馬丁 (F. Martin)、多馬斯 (Dumas)、多布勒克斯相繼擔任邦底雪里督辦，使該地欣欣向榮，商務貿易額不斷增加。法國在印度的第二個根據地是在加爾各答附近的成德拉哥 (Chandannagar)，1673 年開始設廠，1688 年取得永久所有權。除此兩地外，另有麻拉巴 (Malaba) 沿岸的馬亥 (Mahé)；柯諾曼德 (Coromandel) 沿岸的卡利卡 (Karikal)，以及哥達瓦利 (Godavari) 河谷的耶納昂 (Yanaon)，都是較小的貿易站。法國東印度公司所擁有的幾處殖民地，無論是勢力、財富與貿易，都遠不如英國東印度公司。

1740 年 12 月歐洲發生奧地利王位繼承戰爭（1740～1748 年），法、英兩國相繼捲入戰爭，1746 年英法之間的衝突，擴展到了遠東。其時英國巡弋柯諾曼德沿岸的艦隊勢力單薄且未警戒，法國海軍上尉波多拉依斯 (La Bourdonnais) 即領兵直趨馬德拉斯，未遇抵抗，即行占領並索價四十四萬盧比始允交還。法駐邦底雪里督辦多布勒克斯不予同意，認為他係殖民督辦，有權決定，堅持占有馬德拉斯。波多拉依斯則認為海軍有獨立作戰地位，亦有權處置他所占領的任何地點，雙方爭執不休。未久，英方海上援軍趕到，波多拉依斯被擊敗迫降，釋放後回巴黎，法政府以叛國罪判刑三年，刑滿出獄病死。馬德拉斯則仍為多布勒克斯所占領，直至 1749 年始被法政府迫其交還與英國。

卡拉迭克 (Carnatic) 王公阿瓦諾亭 (Anwaruddin Muhammed Khan) 對法國人之占領馬德拉斯而未獲其事先允許，甚為不滿。因派大軍欲奪回該城，卻被法國人以極少數守軍予以擊潰。由此證明印度部隊與有訓練的歐洲軍隊對壘之下，根本不堪一擊，此對以後印度人的自信心打擊之大，幾令人難以估計。1748 年英國海軍曾圖收復馬德拉斯，亦被法督多布勒克斯所擊敗。照當時情勢論，法國亦能保持其在印度東南沿海的勢力，但法政府無此遠謀，多布勒克斯等亦非人才，此後連串失敗，誠屬不可避免。

1748 年英法簽訂《阿克斯‧拉‧夏培里和約》(Aix-la-Chapelle)，本應息爭止戰，但是雙方駐印人員卻分別利用當地政治勢力，繼續戰爭。最初是英國人曾干預南部一小邦坦爵里 (Tanjore) 的繼承人問題，惡例一開，外人干政，乃成為不足為怪之事。1748 年卡拉迭克區王公阿沙夫賈死，他的許多兒子及孫兒之間互爭王位，乃被英法兩國所利用。次子拉錫賈 (Nasir Jang) 與外甥摩沙法賈 (Muzaffar Jang) 首先發難，爭奪王位。同時卡拉迭克區總督阿瓦諾亭死，其子摩罕默德阿里及前任總督的女婿張德沙希甫也都自認為合法的繼承者，此四人為爭兩個職位相持不下。法方決定支持摩沙法賈及張德沙希甫；英人則支持拉錫賈與摩罕默德阿

里。1749 年阿里由英軍保護以屈利契諾坡里為中心；張德沙希甫擁法兵自重，據守卡拉迭克區。1750 年拉錫賈被殺，法人擁摩沙法賈正式出任為王，法人亦獲厚酬，取得南印的宗主權，即從克利興拉至柯摩林角 (Cape Comorin)，包括邁索爾、坦爵里、馬多拉等邦。不久之後，摩沙法賈又被殺，在法人保護之下已死去的老王的第三個兒子沙拉巴迭賈 (Salabat) 接任王位。這段期間，法人占盡優勢，掌握了兩個地方性的傀儡政權，取得了南印的宗主權，多布勒克斯的計謀也在逐步實現。

處此情況，英人要扭轉頹勢，只有採取冒險突變的手段，因為時間愈久，法方將益鞏固其地位，但英公司方面的力量亦極有限，故唯有循冒險奇襲之一途。獻此計者為公司馬德拉斯方面的一個青年書記克來武 (Robert Clive)，當時只有二十六歲。他主張組織一支敢死隊，出其不意，猛攻阿柯迭，此地為張德沙希甫的首邑，必往救援，如此即可解屈利契諾坡里之危。克來武的計畫獲得批准，即組織成五百人的敢死隊，其中英軍兩百，餘為印度籍的僱傭兵。克來武等勇猛地攻占了阿柯迭，並且立即構築工事固守達五十三天之久。張德沙希甫率部來救，久攻不下，最後英軍出城猛攻，竟獲大勝。張德沙希甫死，英人支持摩罕默德阿里接任卡拉迭克區總督，克來武之奇襲成功，士氣大振，終於創造了奇蹟。

法國東印度公司方面，雖然在卡拉迭克區失利，但整個德干仍在他們的控制之下，德干王摩沙法賈於 1751 年已遷首邑於阿倫迦巴德 (Aurangabad)，同年摩沙法賈死，沙拉巴迭賈繼位，法派布西 (Bussy) 輔助，銳意建設，頗具政績。但是法國總公司方面對多布勒克斯諸人在印的積極經略卻不予支持，且一再命令其不許再生事端。1752 年復派公司董事哥登豪 (Godeheu) 親至印度，迫使多布勒克斯於 1754 年辭職返回法國。英、法在印的殖民地爭奪戰，暫告一段落。

1756 年歐洲爆發七年戰爭，法奧同盟，英普合作，英、法又成對敵，其在海外的戰鬥，主要則集中在北美及印度。那個時候從歐洲到印度的通訊非常不便。法國政府在 11 月及 12 月下達兩道命令給海軍中將拉里

(Count de Lally)，命他為印度地區總司令及行政官，得以統帥所有在印軍政力量，並指令其驅逐英國勢力出印度。但是遲至 1758 年拉里始抵印度。事實上這時英、法兩國在印的殖民勢力已有了很大的變化。英國東印度公司在孟加拉已有相當牢固的地位，可以支援在東南海岸的作戰，而法國則僅擁有東南一隅之地。拉里並不瞭解印度國情及英軍情況，他接獲命令之後，尚以為可以很順利占領孟加拉，且其第一個行動是從德干召回布西，削弱法國在德干的影響地位，可以說一開始即錯。拉里早年參與歐陸戰爭，戰功彪炳，擢升甚快，極為皇室所依界。1756 年受命赴印，被認為是法國將領中最富足也最勇敢的人，可以獲得政府一切的支援，必能達成所負的使命。但事實上當時法政府最關心的還是加強加拿大的防務，所以指派往印度作戰的部隊，不少被改調北美戰場。另一方面已在印度邦底雪里的駐軍，聞知拉里握有軍政大權，唯恐其抵任後即整頓軍紀，遭受處罰，所以採消極不合作態度，既不備戰，也不蒐集軍情。拉里率部抵達後，在各種條件缺乏的情況下，他仍然攻占了聖大衛城堡。1758 年他發動對馬德拉斯的攻擊，卻因邦底雪里不予支援，而英人又固守不屈，終致徒勞無功。此後拉里退守邦底雪里，彈盡糧絕，最後被英軍俘送英國。1763 年獲釋歸國，被判刑兩年半後處死。

綜觀法國東印度公司在印殖民爭霸之所以敗北，應有下列主因：㈠公司的組織規模、企業經營及財務狀況均遠遜英國東印度公司。實質上法國東印度公司僅為法國政府中的一個小單位，績效不彰。公司的投資人亦為普通股東，並不積極參與公司業務的處理。所有公司的負責人等，極少勇於負責的幹才，派駐印度的工作人員亦多平庸之輩，且資金短缺。㈡法國政府連年在歐洲與北美用兵，無法給予印度方面各種開展計畫的必要支援。㈢除多布勒克斯及布西等極少數人外，其他派駐印度的高級代表，均缺乏旺盛的企圖心，僅以保有適當貿易機會的地點為滿足，也不支持擴張勢力的任何大膽計畫。㈣多布勒克斯本人大部分的經驗為貿易商，有商業頭腦而非著著成功，1748 年占有馬德拉斯以前，並無擴張

的遠大計畫。㈤ 1759 年英人收復馬德拉斯，1751 年取得阿柯达，1752 年復占屈利契諾坡里，使其形勢轉劣，而法國本土亦從未給予適切的支援。㈥ 1757 年英人掌握了富庶的孟加拉之後，基本上已使法國的殖民爭霸盡失優勢，縱有半島東南一隅之地爭奪戰，事實上已難挽頹勢。英人在海上的節節勝利，使法方在印度陸地上的些微斬獲，已不能發生扭轉乾坤的作用。㈦ 1758 年 4 月，拉里抵印，而為時已晚，當時法方處境無望。縱然 1754 年之前多布勒克斯未奉召離印，但哥登豪抵印前，他已崩潰。布西在尼撒政府中的地位，並未發生積極影響作用。多布勒克斯與布西任何一人之力或二人之合力皆無法勝過英人，因其既擁有海上之航路，復掌握了富庶的恆河平原。㈧其實就當時的全盤局勢而言，非但拉里或多布勒克斯個人無法完成在印度的霸業，即使亞歷山大大帝或拿破崙復出，亦不能單以邦底雪里為基地，來對抗一個極有海上優勢與孟加拉資源的強敵。過去在印度歷史上亦從沒有一個從南方發跡的力量能夠統治印度。㈨多布勒克斯的個人野心，性喜誇大，表裡不一等性格，以及貪戀財物與毫無軍事統馭才能等缺點，也可能是影響他成功的部分緣因，但是最重要的還是他僅能作為一個行政人員，而根本缺乏遠大眼光與雄偉氣魄，自我犧牲，這些都是締造霸業帝國的政治家所不可或缺的。

當英法在印度半島上從事殖民爭霸戰的同時，南方崛起了一位新的回教王公。即邁索爾邦的海德阿里。邁索爾邦約莫相當於中世紀時被維賈雅拉迦所合併的何沙拉 (Hoysala)。1565 年維賈雅拉迦崩潰時，邁索爾的權勢落到了印度教的武德雅王朝 (Wodeyer) 手中。十八世紀中葉武德雅王朝勢衰，給予海德阿里一個奮起的機會。阿里生於 1722 年，是邁索爾政府一位官吏的兒子。他得到首相南加拉吉 (Nanjaraj) 的信任，組訓了一支部隊，三十三歲時被任命為地區司令，以後擢升為總司令。1761 年邦底雪里之戰時，事實上他已控制了整個邁索爾。阿里雄心勃勃，以南印度之王自居，對英國東印度公司的殖民稱霸，自亦為頗具潛力的威脅，有關鬥爭容在下章詳述。

九、孟加拉的回教殘局

　　孟加拉是印度大陸最富庶的省區之一，位於半島東北部瀕孟加拉灣，是包括恆河三角洲及世界著名港灣如加爾各答、吉大港在內的重要工商業中心。孟加拉的幅員在印度歷史上有不同的涵義。在十八世紀蒙兀兒帝國及其後英治印度時代，它是一個單一的省區；1950 年印回分治時則分為東孟加拉與西孟加拉兩部分，前者屬巴基斯坦，其居民為回教徒；後者屬於印度，以印度教居民為主。1972 年起東孟加拉脫離巴基斯坦而獨立，稱為孟加拉國，故今日所稱孟加拉省純係指印度所統治的原西孟加拉區。蒙兀兒帝國時代，孟加拉由德里皇帝派封疆大吏駐此，以其地位重要，亦擁有王位，其與德里之關係，則視蒙兀兒中央實力之消長而定。英國東印度公司掠取印度，在地略上是從三個方向進行：西南的孟買地區，東南的馬德拉斯區以及東北的孟加拉地區，三者皆可以得到海上的支援，有利於後勤補給而不利於缺乏制海權的蒙兀兒王朝。

　　十八世紀上半葉的孟加拉地區亦如蒙兀兒王朝治下的其他地區，處於半獨立或獨立狀態，非德里的中央政府所能節制，而區內的行政效率極低，賣官鬻爵成風，人民生活困苦，社會極不安定。1727 至 1739 年時，孟加拉王為學覺亭 (Shuja ud-din) 被認為是一個相當自制，尚能守正不阿的人，對德里中央也仍能按時納糧進貢。他起用了比哈爾的首長阿拉瓦底罕 (Alivardi Khan) 為首相。1739 年學覺亭死，傳位沙弗拉茲罕 (Safaraz Khan)，次年阿拉瓦底罕殺新主沙弗拉茲罕，並重賄德里皇帝，篡取了東部省政權（包括孟加拉與比哈爾），形同獨立。阿拉瓦底罕在位十五年，大部分的時間用之於對抗瑪拉撒族的擴張。1756 年阿拉瓦底罕死，由外孫多拉 (Nawab Siraj ud-Daulah) 繼承。此時的英國東印度公司在加爾各答整修武備，多拉極為不滿，接位後即通知公司當局，孟加拉王視英人為外商，允宜守分經營商業，不得擅築城堡，武備應予撤除。英人未予理會。是年 6 月，多拉發兵五萬，圍攻加爾各答，英軍不滿百人，

連同眷屬亦不過二百餘人，公司負責人德瑞克 (Drake) 聞警先逃，董事之一賀威爾 (Howell) 勉起糾眾抵抗，眾寡懸殊，兩日後悉被俘虜。多拉獲勝，留部將守城，班師而返。所俘英軍等一百四十六名，拘於二十英尺見方的石穴內，隔宿尚能呼吸未死者僅二十三人。此事使英人怒不可遏，記恨在心，誓言報復，多拉則毫無所悉亦未知有所戒備。

1756 年 10 月，克來武與萬桑 (Admiral James Watson) 組海陸聯軍自馬德拉斯出發，直赴加爾各答。先是克來武在 1750 年組敢死隊攻阿柯迭解屈利契諾坡里之危後，於 1753 年回英，1755 年率砲兵三營，返抵孟買，占領孟買以南一百七十英里的迦里亞港 (Gheria)，以之與瑪拉撒交換，得有班柯迭 (Bankot)。1756 年抵馬德拉斯，獲悉加爾各答被占，因與海軍領隊萬桑合作，組海陸聯軍趕赴孟加拉。1757 年 1 月，攻克加爾各答，與多拉簽約，要求恢復一切權益，戰事暫時中止。3 月又攻下了加爾各答以南的法國屬地成德拉哥，盡毀城堡，以斷法人之干預，法軍逃赴多拉處暫避。倘此時多拉聯法，制敵機先，合力攻英，未始不能湔雪前恥，但多拉卻拖延不決，使克來武得以從容部署。克來武首先收買了多拉部將賈法 (Jafar)，接戰時按兵不動，許以事成後立其為孟加拉王，然後調兵三千，重砲八門，於 1757 年 6 月 21 日，列陣於普拉西 (Plassey) 西北，與多拉的大軍對壘。多拉備有步兵五萬，騎兵一萬五千，以賈法為前敵總指揮，準備從左翼包抄克來武。兩軍接戰，克來武集中火力猛攻多拉之右翼，賈法則按兵不動，不數小時而全軍潰敗，多拉被捕，賈法稱王。克來武獲酬二十三萬四千鎊，被擢為總公司董事，年薪五萬鎊，又獲加爾各答以南之地為采邑。普拉西之戰，戰鬥並不激烈，但其歷史意義至大，此一戰役使英人聲威大振，進而控制孟加拉，奪得全印度。克來武的謀略與勇猛，多拉的優柔寡斷，賈法的叛逆，造成了此次英國的勝利。

1759 年蒙兀兒皇太子夏亥沙達聯絡烏督省王公謀反，合攻比哈爾。克來武軟硬兼施，從中斡旋，平息叛亂，得以結好蒙兀兒王。同年荷屬

秦蘇拉 (Chinsura) 地方當局與孟加拉王
賈法密商，圖對英人有所不利。因賈法
受英人之制形同傀儡有所不甘。荷從印
尼（巴達維亞）調動戰艦六艘，顯有出
戰之勢。克來武知事危急，集兵八百，
緊急備戰。是年 11 月於成德拉哥與秦蘇
拉之間的畢堆拉 (Bidera) 大敗荷軍，從
此荷人永遠退出印度半島，戰役雖小，
其歷史意義則甚大。

圖 22: 克來武

　　1760 年 2 月克來武結束在印事務
返英，離印時將所部交賀威爾暫代，以
待孟加拉新發表的負責人華錫塔 (Vansittart) 從馬德拉斯到任。7 月 27 日
華錫塔就職，正式結束了克來武在孟加拉的三年職務（1757～1760 年）。
這段期間克來武表現了他的行政長才與主動精神，對英國東印度公司來
說，可說是初建奇功。克來武離印後，是年賈法死，孟加拉王位繼承虛
懸，而英人以賈法之子米爾賈法既有聯荷倒英之事，且年事已高，遂迫
其讓位於賈法之孫卡新 (Mir Kasim)，公司並因此獲得白達瓦 (Burdwan)、
米達甫 (Midnapur) 與吉大港，又英人在孟加拉之貨物全部豁免關稅。卡
新雖勉予同意然極為不樂。1763 年舉兵與英戰，兵敗逃德里。卡新既走，
英人促米爾賈法復位，1765 年米爾賈法死，再立其子烏多拉 (Najimuddin
Ali Khan)，但規定副王必須由英人指定，未獲同意且不得任意撤換。至
此英人乃握孟加拉之統治大權。是年 4 月英國總公司鑑於印度方面的局
勢動盪，特選派克來武再度赴印，英皇為酬謝其功並曾封以伯爵。5 月
克來武抵印就任，偕行者有助手二人，一為卡拉克將軍 (General Carnac)，
一為華瑞士 (Harry Varest)，襄助處理政治與外交業務，此為爾後英治印
度政府外交部之先河。

　　克來武於 1765 年第二次至印度主持公司業務，較五年前離印返英

時,印度當地情形已有若干重要的變化。㈠瑪拉撒族經過 1760 年之戰後,銳氣暫時受阻。法國在印度半島的稱霸企圖已成泡影,南方的海德阿里則漸露頭角。㈡ 1764 年的布克沙 (Buxar) 之戰,使軍事征服孟加拉與比哈爾的工作告一段落,基本上英國東印度公司已實際控制,但是德里的蒙兀兒皇帝與孟加拉王依然是名正言順的合法統治者。㈢印度分公司的英籍職員,過去大半都是帶有幾分冒險性前來印度淘金的,也並非政府中奉公守法的官員,他們到了印度參加公司的業務,但是正式獲得的薪俸很少,因此乃利用公司之名,在印度國內兼營商業,並收受禮物。總公司的董事會雖三令五申嚴禁,但印度方面並未遵行,以致造成內部紀律鬆弛,極待整頓。克來武抵印之後,原決心大刀闊斧整頓,但以公司既未調整待遇,仍不能不遷就現實。並且高級職員還組織了一個貿易協會 (Society of Trade),專門走私食鹽及鴉片等,破壞印度政府的法令,不顧人民的生活與生存,唯暴利是圖,也可看出東印度公司的侵略本質了。

克來武到任之後,集中精力求前述第二個問題之解決,即如何取得東部省區之合法統治地位。當時的情形是德里皇帝擁有名義上的統治權,烏督王公與德里皇帝有隙,孟加拉王則操縱在英人之手,他的下面有兩個副王,一個管孟加拉省的政務,一個管比哈爾省的政務。克來武的策略是照舊維持孟加拉王的傀儡地位,公司的決定均透過孟加拉王的名義行之,同時極力分化德里皇帝與烏督王公的關係,表面卻為之調停。1765 年 8 月克來武因調停有功,德里皇帝給予英國東印度公司以孟加拉、比哈爾與奧里薩三省行政官 (Diwani) 的地位。

克來武外交成功,遂專心整頓公司內部:禁止貪污納賄,樹立辦事制度,調整人事機構,為東印度公司創建英屬印度的第一人。他於 1767 年卸職回英,今日倫敦殖民事務部大廈前,仍有克來武的銅像雄立,以紀念他對帝國開疆闢土的不朽功勳。克氏初返英倫,頗受禮遇,其政敵因克氏在印度曾接受孟加拉王賈法巨額贈與,一意攻擊,謂其貪污,國會調查多年,因而憤然成疾,長時失眠,恨國人無恩。1774 年 11 月以

小刀割破喉管自殺而死。克來武自十八歲任公司書記，後入軍旅，積功升少尉，其後歷戰南印並開拓孟加拉之新局，得封伯爵。其兩度主持東印度公司在印業務，均表現其不畏危難，不避艱苦，雄才大略，開疆闢土之長才，對大英帝國之殖民霸業而言，自為有功之臣。

十、華倫哈斯丁士督印

華倫哈斯丁士 (Warren Hastings) 於 1732 年 12 月出生於英國西部的牛津郡 (Oxfordshire)，原為貴族世家，後以家道中落，成為窮苦的農家子。自小由姑丈撫養，初就學於威斯敏士脫 (Westminster)。十六歲時另一姑丈擬介紹其至東印度公司服務，以年齡未滿十七歲，不合規定，因再學習會計一年，至 1750 年方獲准赴印。初至加爾各答，被派擔任卡新巴渣 (Kasimbazar) 收貨站的練習生，任事勤勞，操守廉潔，頗得信任。孟加拉王多拉占有加爾各答時，華倫哈斯丁士被俘，後逃往花爾塔 (Falta)，在克來武部下工作，極受賞識。1761 年積功擢升為加爾各答公司的參事。1764 年因公回英國，1769 年再派至印度，擔任馬德拉斯公司方面的副主管，負責貿易事務，任職期間，表現優越，1772 年董事會將其擢升為孟加拉省督，從此展布才華，勳業日隆，時為四十歲。華倫哈斯丁士事實上在其服務東印度公司的前一階段內，即已受到董事會方面的特別重視，1771 年 5 月曾推許其「才能器識與品格實為出任孟加拉省督最適當之人選」。當時的英國首相羅茲爵士 (Lord North) 也在下院中鄭重推薦華倫哈斯丁士的廉潔與才識。但是到了 1774 年卻被其政敵法蘭西斯 (Philip Frances) 大肆攻擊，指其貪污腐化，確為不可想像之事。

華倫哈斯丁士對印度社會有相當瞭解，且好學多問，博聞強記，曾於 1774 年致書

圖 23：華倫哈斯丁士

曼斯菲德爵士 (Lord Mansfield)，表示意欲依照當地人民的意願，以樹立不列顛政府在孟加拉的權威，因此多與群眾接近。在處理行政事務時更處處表現其卓越識見、過人精力與組織天才，但其獨斷獨行，在政治上樹敵頗多。

華倫哈斯丁士主持孟加拉業務時，印度社會已缺乏中心維繫力量，更談不到民族道德。例如印人之投身軍旅者，並非繫於愛國熱忱，而係認之為一種收入優厚的職業，故可以被僱替蒙兀兒王朝作戰，同樣也可以替英國人效命，所謂僱傭兵 (Sepoy) 就是專指東印度公司在印度當地僱用的兵丁。吏治方面，各級政府官吏，其職掌、任期、薪給、升遷等，皆無法度可循，僅憑私相授受，便宜行事，不以為怪。財政方面，主要收入為田賦，但亦無一定稅率，聽憑各地官吏自定標準，強行徵收，絕大部分中飽私囊，僅以一部分繳入國庫。至於公司方面，雖已取得孟加拉、烏督及奧里薩行政官的名義，但亦徒有其名，且瑪拉撒已崛起於西南，整軍經武，正作驅逐英人之計，而海德拉巴與邁索爾之回教籍王公，亦無時不想併有南印，與孟加拉之英人平分秋色。更由於倫敦公司當局對印度殖民費用之津貼逐漸減少，控制日益加嚴，因之受僱於公司之職員，無論其為英籍或印籍，除為公司服務外，亦各皆藉公司名義，兼營私業，公司業務日落，私人獲利則日多。此等情勢，實使此時的東印度公司面臨重大危機。

華倫哈斯丁士受命於艱危之際，奮志力行，希望能對東印度公司有所作為，然而四面楚歌，事倍功半，有時亦不得不遷就現實，委曲求全，但整個說來，當然還是有所貢獻的，茲舉其舉舉大者如下：

㈠決心負起孟加拉與烏督兩省行政官的責任，以後即稱之為英屬印度各省，在加爾各答正式設立稅務局，負責稽徵稅務。從 1772 年起加爾各答即變成了新的行政中心，直至 1911 年殖民地政府方遷至德里。

㈡削減孟加拉王年津一半，但預算中仍有足夠的錢供他使用，同時任命邁利比干姆 (Mani Begam) 作這位年輕孟加拉王的監護人。我們必須

瞭解，當時的東印度公司不過被德里的蒙兀兒朝廷，授以孟加拉與烏督兩省行政官的名義。這兩個省區仍有它本省的王公，也是經過德里的中央所委派或承認的。照理所謂行政官，應該是直接聽命於省區的王公，並間接受德里中央的節制。但是因為德里皇帝受制於瑪拉撒族，形同傀儡，而且還依靠東印度公司每年提供兩百四十萬盧比維持皇家的開支，所以華倫哈斯丁士反實為主，逕自任命一個監護人來監督年輕的孟加拉王，根本不將德里中央的小朝廷看在眼裡，後來率性將每年的規費也全部停發，但是他對烏督王公學賈多拉 (Shaujan-d-daula) 卻優禮有加。因為多拉在烏督尚能發生實際作用，並可利用其作為對抗瑪拉撒的緩衝力量。

　　㈢在轄區內開始設置法庭，受理民刑案件。將英國的司法制度推行於當時的印度，但其中牽涉到許多實際的困難，當地原已有蒙兀兒王朝治下的一套舊的制度，而且在理論上司法是屬於內政的一部分，何容外人干涉，何能准許外人公開設立法庭？華倫哈斯丁士的這種作風，事實上已視孟加拉等地為英國的殖民地，而英國的東印度公司也儼然以統治者和主權者自居了。有些英國的歷史學者居然讚譽華倫哈斯丁士是在建立法治，其實他是破壞印度的法治。

　　㈣著手整理田賦。這個時期地方上的稅收，主要是田賦，但是田賦的徵收，並沒有很好的制度，完全看地方官吏怎樣辦理。有關的冊籍文卷等既不齊備，而且是用波斯文或孟加拉文與烏督文記載的。華倫哈斯丁士被稱為是一位親民的行政官，因為他也懂波斯文與幾種印度的地方語文。他主張採納古印度與蒙兀兒王朝中幾位開明君主的政策，歸納這些政策中的優點，訂出一套公平合理的制度，他曾親自主持此一工作，令出必行。地方人民感覺到田賦減輕，公平而合理，實際上的收入，因為杜絕了中飽，反而有顯著的增加。

　　㈤致力文教與藝術工作。華倫哈斯丁士不僅勇於任事，堅持原則，同時好學不倦，對於文教與藝術，尤熱心倡導，尤以對地理學之研究，特饒興趣。曾創立地理學會，並測繪孟加拉全省地圖，於 1781 年由諾拉

爾 (Rennel) 主編出版。

㈥四度派使赴藏。西藏基於其地理、宗教與歷史的關係，近兩百年來的外患，主要來自英、俄兩國。西藏西南的印度半島，曾被英國東印度公司及其後來於 1858 年建立的印度殖民地政府，長期用作對西藏進行併略的基地。英人窺藏，首須避免與中國正面衝突，次又顧及帝俄可能的干預，而印藏之間有高聳入雲的喜馬拉雅山，山麓有尼泊爾、不丹與錫金等三小國。尼泊爾與不丹為中國保護國，錫金屬藏，故必須先撤藩籬，始能入藏。但此時英對西藏內部缺乏瞭解，是以華倫哈斯丁士所採取的政策，乃是緩進與長期的蠶食。

華倫哈斯丁士任內四度派員赴藏，圖打通孟加拉與西藏間的直接貿易關係。第一次是在 1774 年，命白格里 (George Bogle) 為代表；第二次在 1775 年，第三次在 1777 年，均係以哈密爾敦 (Dr. Hamilton) 為代表，第四次是在 1782 年，由托拉 (Samuel Turner) 為代表。他們雖然都沒有能直接到達拉薩，但作為初期的刺探工作來說，卻已有相當的收穫，特別是對不丹的聯繫，已有了密切的關係，不過此時清廷在藏聲望正隆，英人尚需作長期的打算。

㈦建議強化土邦王公與英國皇帝的關係。當時華倫哈斯丁士雖名義上為孟加拉、比哈爾與烏督的行政官，但卻老謀深算，思考如何使這三個省區脫離蒙兀兒王朝，歸併到英屬印度的範圍內。為了便於此一計畫之實現，乃以三省王公與英皇發生直接關係為誘餌。但就法理言，東印度公司不過是一個外商投資公司，過去蒙兀兒王給予公司代表行政官的名義，乃是對人而言，而不是對整個公司而言，更不是對英國政府而言，不是主權的分割，應僅為客卿的聘用。華倫哈斯丁士卻將它視為印度政府等於割讓三個省區與英國，這就是英國式的帝國主義作風，先造成既成事實，然後再謀法律上的承認。華倫哈斯丁士在 1775 年 2 月 26 日上書英國首相羅茲爵士時，曾有下面一段話，其用心之深遠，昭然若揭：「我時常認為，不論英屬印度採取何種必要的形式，希望能長保其權勢

並強化其與土邦的關係，均莫過如使土邦能直接與皇家政府發生關聯為好。有了這種直接的關係，他們的信心將必大為增強。目前強要他們依附我方，他們總感覺到有一種屈辱之感，而且也擔心因為人事上的種種變化，不夠牢固。一旦與皇家政府建立了制度上的直接關聯，他們將覺得地位提高，引以為榮，且其權位更獲得了保障。兩年前國會所通過的印度管理法案，既已確定皇帝陛下直接介入東印度公司的管理事務，且完全控制其有關政治問題的處理，無疑應獲英印帝國所有臣民的服從與效忠，這也是符合民意與傳統習俗的。」這段話裡，已經使用了英屬印度、英印帝國等字眼。可見華倫哈斯丁士心目中英國在印度的地位，不只限於做三省的行政官，而且併吞整個印度，滅亡印度，使印度變成大英帝國的子國。他在十八世紀末葉所作的建議，雖未被立即採納，但到了十九世紀中葉英國滅亡印度時，卻完全是照著他的構想去實行的。

　　華倫哈斯丁士初抵印度時，公司方面都希望能大大獲利，甚至可以年繳四十萬英鎊與國庫。但實際上所獲利潤尚不足以支付龐大的行政管理費用，需向財政部借款百萬英鎊。因而股東方面迫使羅茲首相採取步驟，經由國會立法來解決：一是公司的財政問題、一是公司的管理問題，因而有 1773 年《管理法案》(*Regulating Act*) 之通過。

　　1773 年英國國會所通過的《管理法案》，等於是具體而微確定了印度殖民地政府的組織形態。設於孟加拉省加爾各答威廉堡 (Fort William) 的最高管區 (Presidency)，將由首相提名經正式任命之總督一人及參事官四人組成之參事局治理之。除負責處理孟加拉政府之軍政事宜，管理孟加拉、比哈爾及奧里薩之一般政務外，並得監督馬德拉斯、孟買及朋柯倫（Bencoolen，位於印尼之蘇門答臘，亦稱馬波羅堡 Fort Malborough）三管區之業務。公司董事會對有關印度事務之處理，並須向內閣相關部長提出報告，又每半年應向財政部長提出財務報告。此已無異確定東印度公司應透過政府向國會負責。法案並正式提出人事任命，由華倫哈斯丁士任總督，年薪二萬五千英鎊，任期五年。參事官四人為約翰克來維

林 (John Clavering)、喬治滿孫 (George Monson)、李嘉圖巴維爾 (Richard Bawell) 及菲律甫法蘭西斯 (Philip Francis)，均年薪一萬英鎊，任期同總督。法案並規定所有官員均不得再私自兼營貿易，並禁止接受餽贈與其他不法的收入。法案又決定在威廉堡設立最高法院，任命首席法官一人，年薪八千鎊，法官三人年薪六千鎊組成之，以保護境內所有皇帝陛下之臣民，處理有關司法檢審工作。

法案有關行政、司法及人事之規定，雖已規模粗具，較以前東印度公司管理，大見改善。唯各項規定僅有廣泛之原則，並無實際明確之權責分工，故極窒礙難行。例如總督本身之職權及其範圍，行政與司法部門間之關係，以及參事局如以多數票反對總督之裁決將如何處理等，均無規定，因此《管理法案》付諸實施時，華倫哈斯丁士總督即遭遇極大困難。

十一、英人的殖民策略

在未繼續敘述華倫哈斯丁士出任印度總督後的作為以前，有必要在此就英人的殖民策略作一綜合說明。英人的殖民策略非一朝一夕所成，亦非任何個人所獨創，而係經長期積累不斷因應所得到的結果。其中有的是屬於盎格魯撒克遜民族重功利現實的傳統特性所形成；有的是吸取葡萄牙、西班牙及荷蘭人的早期殖民經驗，也有的是因時因地制宜所策訂，久而久之乃沿習成制，歸納其要點，則不外下列數項：

第一是維持海上交通的生命線並掌握沿線所經的戰略要地，同時著重在陸地生根，轉化當地的人力物力為己用。此一策略，其實是葡國首任駐印總督阿米達的藍海水政策，及其繼任總督阿波格格的大陸政策之揉合。目的在一面掌握海上優勢，保有制海權，控制貿易路線及海岸港口，同時就其占領的貿易據點之中，擇其重要者，推行長期殖民政策，漸次擴大為殖民區域，再進而迫使所在國的政府承認此一既成事實，放棄其主權。過去葡萄牙的兩任駐印總督皆各持偏見，互不相讓，故不能

擴大在印度的殖民事業，英人則取二者之長，加意發揮，故能後來居上。

　　第二是進略的方式。英人向外殖民爭霸，形式上最初均採商業的經營，漸次為特權的取得，然後擴大為經濟性的投資，最後變成政治的兼併。凡屬英人商業經濟利益所至之處，也即英國政治力量伸張之處；其政治權力之所在，亦即其商業經濟利益之所在。例如華倫哈斯丁士以後英國侵略西藏的大本營，一直稱之為貿易辦事處 (Trade Mission)，即其證明，而所謂東印度貿易公司，根本就是英國人滅亡印度的軍政指揮部。

　　第三是進略的路線。英人雖富冒險性，但其對殖民地之經營卻從不急躁。他們慣於穩紮穩打，最有耐性，且長於以退為進，從不氣餒。其謀取印度，是先從沿海之據點開始。1639 年占馬德拉斯；1668 年得有孟買；1696 年取得加爾各答、印度東北、東南與西南之重要吞吐港均已在其掌握之中。由點的掌握然後伸向內陸，發展為線與面的控制。

　　第四是進略的手段。英人在遂行商務貿易活動時，從來都是配合政治與軍事的進略。十八世紀時代的蒙兀兒帝國本已並非團結的整體，德里的回教皇帝形同傀儡，其與各地方政權之間存在著許多的矛盾衝突，暴露出許多弱點。這些矛盾和弱點，便受到英國人的利用，用來擴大其分裂，同時使地方與地方政權之間也互相嫉忌，互不團結，乃能予以各個擊破。英國人在進行各種交涉時，慣用的手法是先造成既成事實，然後再取得合法的承認，並不計較名正言順，以減少外在的壓力，一旦水到渠成，自然唾手可得。十九世紀中葉東印度公司事實上已控制了整個印度半島，仍未取消蒙兀兒王的法定統治者地位，直到 1857 年大暴亂以後，才正式宣布廢其帝位，代以由英皇君臨印度。

　　說到英國對殖民地的統治，亦有其獨到之處。在行政上是採分而治之的策略，依地理、階級、民族、宗教的分野，劃分為若干各個不同而彼此獨立的單位，使其互不相屬，而共擁殖民地政府為最高的統治者。其中無任何一個單獨的力量可足以與殖民地政府抗衡，並使其互不團結，乃能達到分而治之的目的。在印度殖民地政府之下，有英屬印度各省，

均由英人直接治理，另有半數的土地和人口，區分為五百餘個土邦，各邦均有獨立的王公，各個直接聽命於英皇，實際由副皇兼總督管理，如此則印度永無聯合抗英的可能。其在馬來半島，則除馬來聯邦各邦與馬來藩邦（相互獨立）之外，另外尚有所謂海峽殖民地；又如緬甸，除各行省之外，另有禪邦，其性質類皆大同小異。從表面看是英人尊重殖民地各種利益不同者的意願，實質上則是分而治之的安排，可說是高度政治藝術的運用。在軍事上則控制戰略要地、戰略武器與戰略資源，在經濟上則推行附庸經濟。獨對當地的宗教、風俗、習慣則極力保持其原有傳統，有時且出面加以提倡，以示與民同好。至於教育措施，特別著重技術人員的訓練，例如醫師、助產士、交通通訊人員等，同時也鼓勵才智之士學習法律。英人所訓練的殖民地律師愈多，則對殖民地的所謂法治，更易假手於被統治的律師來維持，反而顯得高高在上操立法行政大權的英國人是如何尊重民主與自由了。

現在我們再來細述華倫哈斯丁士受命為第一任駐印總督後的若干發展。1774 年 10 月 17 日，被派至印的最高法院的法官們抵達加爾各答。來自倫敦的三位參事官克來維林、喬治滿孫與菲律甫法蘭西斯於兩日前亦已到達。因此 18 日晨參事局的第一次會議即正式舉行。會中首先宣讀了董事會的最新訓令。㈠在印另設貿易局，負責處理有關商務，參事局可不再過問，這是行政與商務的首次劃分，以前二者是合併由公司駐印機構掌理的。㈡嚴格限制軍費的開支。㈢批准華倫哈斯丁士原已在執行中的賦稅制度。㈣公司所有對外公文書，規定由總督署名行之，但均必須提報參事局。㈤倘發現有濫用職權之不當情事，得在會中提出檢討。㈥希望共同以維護和平、保護公司財產、致力公司業務之拓展為努力目標。

董事會的指示，使華倫哈斯丁士總督在行政處理上倍感困難。新由倫敦派來的三位參事官在會議中占多數，自到任之日起即不斷檢討總督之種種措施不當，目的在迫使華倫哈斯丁士於五年任期內提前退職。但

董事會對華倫哈斯丁士信任有加，而其中兩名參事官於兩年後亦相繼死亡，另一名則被調返國內，乃使內部鬥爭未繼續擴大。另一方面最高法院法官們與參事局之間的關係，亦極不和洽。法官們常憑個人意見，對行政官員提出糾舉，總督無權過問。但是這些人事上的糾紛並未影響華倫哈斯丁士的銳意開展，尤以在對外事務的處理上，頗多創新。

華倫哈斯丁士任職期內，曾與東印度公司的勁敵瑪拉撒族作戰。這時期瑪拉撒族已擁有印境北緯十六度至二十二度間的區域，以普拉 (Poorna) 為政治中心，下隸四個屬邦，即巴諾達、格瓦利窩、英度、奈格甫貝拉，分別由格克瓦、辛笛亞、賀卡與旁斯拉四大家族所掌握。

1772 年瑪拉撒的第四代首相麻多拉荷 (Madhavrao) 死，由拉諾雅拉荷 (Narayanrao) 繼承，旋為其叔父拉哥巴 (Ragoba) 所殺，因此拉哥巴與擁拉諾雅拉荷之一派發生戰爭，互爭相位。當時孟買省東印度公司當局伺機干預，而拉哥巴亦圖援引英人之力，許以事成割薩西脫 (Salsette) 及巴辛 (Bassein) 二地與東印度公司。內戰甫起，拉哥巴即被擊敗，而英軍已占薩西脫，且迫拉哥巴交出巴辛，因此東印度公司乃與瑪拉撒正面衝突。

戰事初起，華倫哈斯丁士總督受制於參事官諸人，未能對孟買英軍作任何聲援。1779 年 1 月英軍與瑪拉撒簽立《瓦崗協定》(*Wargaon Convention*)，英允交出 1773 年以來所占之地，並允交出拉哥巴。華倫哈斯丁士獲悉此內容，「羞憤交集」，公司董事會亦不予批准。是年 2 月，華倫哈斯丁士毅然發動反擊，派哥丹領軍三萬，直趨蘇拉迭，占領阿亥瑪達巴德，並與瑪拉撒屬邦之一的吉瓦克結盟，繼續前進。1780 年 8 月，又占另一屬邦之地格瓦利窩，顯欲直搗普拉，然其後勤補給亦至感困難。1782 年訂《薩爾巴條約》，允英人獲有薩西脫，英則承認拉諾揚拉諾一派當權，繼任瑪拉撒的首相。此約雖東印度公司所獲不多，但卻具有劃時代意義。印度境內足以威脅公司發展的瑪拉撒族，終於認可了英人的優勢地位，同時雙方因此約之簽訂，保有二十年之長期和平，故可認為

華倫哈斯丁士對外的重要建樹之一。

除瑪拉撒族外，南部印度另一割據稱雄的地方勢力，為邁索爾的海德阿里。海德阿里為回教軍人，盤踞在印度教徒占多數的邁索爾邦，其人出身行伍，目不識丁，但極謹慎苦幹，野心甚大。他的兒子鐵甫尤驍勇善戰，父子二人齊心合力，圖統一南印，與東印度公司分庭抗禮。1780年6月，海德阿里率軍八萬，攻入英人勢力範圍之卡拉迭克區，事先並曾聯合奧里薩，意圖合圍。馬德拉斯方面之英軍，全力迎戰，被海德阿里所擊潰，情勢危急，華倫哈斯丁士總督即派軍往援，1781年海德阿里還師，第二年獲法國海軍之助，再度出犯，激戰經年，海德阿里戰死，鐵甫繼位，戰爭暫止。

第一次邁索爾戰爭，東印度公司雖未全勝，但海德阿里戰死，元氣大喪，印度諸邦之欲自建王朝者，至少已暫時匿跡，予英人以整補機會。

就華倫哈斯丁士在印度之建樹及其經略政策言，無疑乃係東印度公司自克來武以後之最大功臣，應屬前途似錦，更多展布。但是在倫敦政敵們的眼裡，華倫哈斯丁士留印的時間愈長，成就愈多，愈將成為他們的勁敵，因此董事會雖一致支持華倫哈斯丁士，但當時的首相皮特(William Pitt)則刻意阻撓破壞，無所不用其極。1784年所通過的《皮特印度法案》(Pitt's India Act)，立法主旨即係剝奪印度總督的大權，使之完全置於英國政府的嚴密管制之下。形式上成立了一個六人印度事務委員會，負責處理有關印度問題，事實上卻由委員會的主席總攬一切，此即爾後內閣印度事務大臣之開端。至於公司之董事會及股東大會可以說形同虛設，徒有其名。《皮特印度法案》就其某種意義言，使印度殖民事務與國會及政府之間，有了更進一步的確實聯繫，然而就當時在印度的總督職權而言，無疑為一極大的打擊，而為任何開疆闢土、雄才大略的人所不能容忍。因此華倫哈斯丁士乃毅然辭職，於1785年2月將職務交與馬克蜚聲(John Macpherson)，啟程回英。

華倫哈斯丁士返抵英國，理應受到崇高的獎賞與禮遇，但是在他退

休後三十三年的時間中，除了對他糾纏不清的彈劾進行外，可謂一無所獲。華倫哈斯丁士於 1818 年病逝鄉間。

華倫哈斯丁士在印度工作的時代，原本就是一個眾說紛紜、異議糾紛、是非不明的時代；而華倫哈斯丁士所執行的任務，更是一種既艱難又易被誘惑的工作。他從年輕的時候起，就能拒絕誘惑，並以其卓越的才幹在同僚中嶄露頭角。公司擢拔他擔任孟加拉省督，更以無比的信心與超人的智慧，大刀闊斧，開展業務，以後就任印度總督，尤表現出堅忍不拔，堅苦卓絕的精神，處處以建立大英帝國殖民霸業的胸懷奮勇前進。他之所以受到英國國內若干人士的打擊與暗算，正是他守正不阿堅持原則的性格最好的證明。也許唯一使他聊以自慰的，即纏訟經年的彈劾，到最後仍是由法庭宣布無罪，還他清白，並沒有含冤而歿。

十二、柯華里斯繼任印度總督

柯華里斯 (Charles Cornwallis) 於 1786 年奉東印度公司董事會指派為華倫哈斯丁士辭職後的繼任印度總督，時年四十八歲。他是職業軍人，在戰場上相當活躍。但是 1781 年美國獨立戰爭中，在北美海岸的約克郡 (Yorktown) 戰役中，因制海權為格拉薩 (de Grasse) 所率領的法國海軍艦隊所掌握，全軍敗北，結束了北美戰爭而致美國獨立。柯華里斯鎩羽回英，已無心問政，但當時的倫敦當局卻執意命其赴印，並全力予以支持，授他以駐印三軍統帥之職，並享有在參事局中的否決權。柯華里斯缺少才華機智，但是擁有爵位，勇於負責，為人所景仰。過去華倫哈斯丁士所得不到的軍政大權與國內支持，柯華里斯也都水到渠成，不再困擾。首相皮特並不主張在印度大肆擴張，只要其守成待時，國會中更不乏支持柯華里斯的貴族，他的政治環境，可以說遠比華倫哈斯丁士為好。

柯華里斯抱定從安定中求進步的穩健政策赴印，他曾宣稱除非為了保衛帝國與公司的利益，絕不輕言戰爭，可是當時印度國內的情勢卻十分緊張，若干強大的土邦與東印度公司之間，早已形成劍拔弩張之勢，

非戰不足以立威，建立英人的進一步優勢地位。

抵任後的前三年，柯華里斯專心於改革政風、肅清貪污、建立文官制度。過去服務東印度公司的職員，正式待遇很低，暗中舞弊營私的財路卻廣。柯華里斯就任後大幅提高各級人員待遇，任用升遷、解職退休，均予制度化，但嚴禁貪污。幕僚之中如蕭約翰 (John Shore)、約拿丹唐肯 (Jonathan Duncan) 均力助其進行各種行政改革。

1782 年第一次邁索爾戰爭的結果，海德阿里陣亡，其子鐵甫繼任土邦王公，整軍經武，仍圖再起，實現他父親想稱霸南印的夢想。鐵甫必須克服的強大敵人，除英國的東印度公司外，尚有鄰近的海德拉巴與瑪拉撒家族。1786 年海德拉巴王公先發制人，聯合瑪拉撒族中的辛笛亞與賀卡，迫鐵甫借款三百萬盧比，否則訴諸武力。約成後，海德拉巴根據 1768 年與華倫哈斯丁士總督所簽協定，於 1788 年請求柯華里斯派兵援助。柯華里斯允其所請，但提出兩項條件：東印度公司希望取得鐵甫所轄巴拉迦迭 (Balaghat) 之地；英軍絕不攻擊曾與締約之盟邦如瑪拉撒。鐵甫獲悉此一情報後，極為憤怒，佯作不知，於 1789 年發兵攻入脫拉萬柯 (Travancore)，這是卡拉迭克區西南的一個小土邦，早已接受東印度公司的保護。柯華里斯認為鐵甫師出無名，且無異對東印度公司宣戰，乃正式與海德拉巴及瑪拉撒締結攻守同盟，共同攻打鐵甫，同時命令馬德拉斯省督約翰賀蘭 (John Holland) 出兵應戰，不料此人畏戰，棄職潛逃，遠走美國。柯華里斯乃親率大軍督戰，1790 年 12 月占班迦洛 (Bangalore)，直指邁索爾首邑薩林迦巴坦 (Seringapatam)，但以後勤補給困難，還師班迦洛。1791 年獲瑪拉撒之助，再攻薩林迦巴坦，於 1792 年迫鐵甫簽《薩林迦巴坦條約》。割讓邁索爾一半之地由東印度公司、海德拉巴與瑪拉撒均分，賠款三千三百萬盧比，釋放所有政治犯，並以鐵甫兩子為人質。柯華里斯未乘勝占領邁索爾，殺平鐵甫後患，係顧慮當時公司實力不足，且恐引起海德拉巴與瑪拉撒之不滿。因而種下未來第四次邁索爾戰爭之火種。

　　柯華里斯擔任印度總督時代，在內政上的一項重大措施為新的土地政策——永久墾殖 (Permanent Settlement)。印度是一個農業國家，政府的收入，大部分來自田賦，因此政府的農業政策極為重要。占絕大多數人口比例的農民能否安居樂業，擁護政府，主要就看政府的農業政策是否健全，執行是否有效。阿育王時代的農業政策，一般說來是比較為農民所擁護的，因為理論上雖一切土地均為代表國家的皇室所有，但農民耕種土地所得僅須繳納三分之一與政府，其餘自有，至於農田水利的修護，均由政府負擔。所以雖然沒有土地所有權，卻也等於是自耕農，可以世代耕種，也可保有溫飽。自孔雀王朝以後，歷代變革甚多，各地的辦法亦不一致。一般來說，誰控制了一個地區，土地即為他們所有。他們之中有的是封建主，有的是軍人，有的是王公，還有流寇土匪。生活在土地上的農民，被迫從事耕種，而耕種所得幾乎大部分甚至全部為控制土地的人所搜括，像牛馬一般的農奴，勉能糊口而已，可說是毫無所得所有。這些土地持有者，如為封建主、軍人或王公，則依其與中央的關係，提供若干所得與皇室，卻也並無統一和固定的比例。縱然一時定有制度，執行時卻視中央政府實際能貫徹的力量程度而定。

　　柯華里斯擔任印度總督時期，東印度公司事實上已控制了孟加拉、比哈爾、貝拉以及奧里薩省的一部分。這是依據克來武的時候起由蒙兀兒王朝畀予東印度公司以行政官的地位，英國人即自認這是屬於他們的「領土」。柯華里斯所設計的土地政策，就是由公司認定一批地主，與之簽約。公司負責保衛安全，地主則提供賦稅。區內農田由地主負責開墾並享有所有權，因此他們必將全力推動農業的進步並保護其佃農，否則便將無所收穫，亦不能繳納田賦了。他認為這是最切合需要的新土地政策，可以一勞永逸，故稱為永久墾殖。但是批評者則認為，向小農或佃農徵收田賦固屬問題甚多，但小農或佃農關心自己的農田，自願全力耕種灌溉，因為有收益才能維持生活，才能繳納租稅。現在地主持有土地卻並不親自耕種，除加重剝削壓搾佃農中飽，絕不會自動投資改善生產

條件，而且地主既已取得土地所有權，自亦不能禁止其買賣。因此表面上政府徵收田賦可只問地主，簡單易辦，事實上則徵收不易，農田荒蕪，且民怨沸騰。唯此項政策當時因柯華里斯堅持執行，並獲董事會及首相支持，故仍決定辦理。

柯華里斯另一改革措施為地方法院的建立。過去華倫哈斯丁士時代，依改組法案的規定，在印度設立有高等法院，由倫敦派來法官數人，實際是受理東印度公司內部職員的違法案件，並未建立完整的地方法院，處理民間的一般民刑案件。柯華里斯為了強化統治，遂決定在轄區各地設置地方法院，分為民刑二庭，由英籍法官主持。同時建立警察機關，由地方法院的英籍法官指揮。警察的待遇很低，當時也沒有正式的刑法與刑事訴訟法，所以設立法院與警察機關，不僅未能改善東印度公司與當地人民的關係，保護人民的安寧與社會秩序，反而增加了社會的騷擾和人民的困苦。有人批評柯華里斯的執政，純係帝國主義者的高壓政策，他也不相信所有被統治的印度人民，他只是固執一己的看法，完全不瞭解印度人民的心理，所以他的各種改革並不為當地社會所歡迎。不過如果就異族統治者來說，無疑是在一步一步建立其威權，最後走向滅亡印度的目的。

柯華里斯對印度土邦繼續保持和平政策，除與邁索爾一度交手外，其與海德拉巴、烏督及瑪拉撒始終保持和平相處，但瑪拉撒內部亦發生了相當大的變化，柯華里斯並未插手。瑪拉撒諸邦中的一個屬邦辛笛亞，由馬哈達咭 (Mahadaji) 統治，其人勇武有才識。1787 年曾受流寇諾希拉 (Zabita Khan of Rohillas) 所攻打，益勵精圖治。馬哈達咭聘請法國軍人白格黎 (Count de Boigne) 為顧問，訓練新軍，擁有三旅二十四營的陸兵，包括砲兵與騎兵，裝備和東印度公司的英軍不相上下，戰法戰術也完全是歐式的。1789 年諾希拉之子哥蘭卡狄 (Ghulam Kadir) 部的流寇，攻占了德里城，俘虜了蒙兀兒阿南夏 (Shah Alam)，挖掉了他的雙眼，大肆燒殺，並劫掠宮中女眷。馬哈達咭於兩年前曾遭流寇攻擊，因即派大軍馳

往德里勤王，光復德里城，盡殺流寇。當時瑪拉撒諸邦雖早已形同獨立，但名義上瑪拉撒王公仍為德里的蒙兀兒王所派，是德里中央的藩邦。辛笛亞屬於瑪拉撒，所以亦等於德里蒙兀兒王朝的屬邦，其發兵勤王，自然是振振有辭。今勤王成功，馬哈達咕的地位自然提高，1792 年還軍普拉，正式被封為瑪拉撒的瓦克木拉克 (Vakil-ul-Mutlak)，意為副王。1794 年馬哈達咕死，無子，由姪孫多拉拉荷 (Daulatrao) 繼位，與東印度公司繼續保持睦鄰關係。

1793 年柯華里斯辭職回英，推薦其部屬蕭約翰繼任，獲得董事會與英國政府的同意任命，蕭約翰本人自感難以勝任。他在擔任了兩年多的總督之後，於 1796 年 3 月 9 日寫信給他的朋友，自稱：「依我的能力，我深深感到力不從心，所負的責任太重。我常常希望現在仍舊是柯華里斯當總督，我做他的部屬，這樣的配當，對我而言，要容易辦事多了。」從蕭約翰接任後所處理的幾件大事來看，的確也是措置失當。例如 1795 年瑪拉撒攻打海德拉巴，海邦王公根據 1768 年與東印度公司所立之盟約，請求保護，蕭約翰不予理會。又如 1797 年烏督新王公米查阿里繼位，蕭約翰曾予以承認，但四個月之後，卻另立阿立罕為王公，因而與米查阿里結怨。

蕭約翰總督任內，瑪拉撒諸邦中喪失了一位最傑出的女王，她就是賀卡的遺孀阿亥娃王妃 (Ahilyadevi Holkar)。阿亥娃於 1767 年掌理邦政，1795 年病逝，做了近三十年的女王。在她治下的地區，內政修明，社會安定，前所未有，不僅澤及百姓，而且普愛有生之物。印度教的女子，依宗教傳統，本不許拋頭露面，但阿亥娃駕馭群臣號令部將，從無一失，可稱為當時混亂世局中的一顆彗星。

十三、威里斯里積極擴張

威里斯里伯爵 (Richard Colley Wellesley，1760～1842 年) 繼蕭約翰之後於 1798 年就任東印度公司總督。威里斯里系出名門，為摩林敦伯爵

圖 24：威里斯里伯爵

之長子，生於 1760 年 6 月，畢業於牛津大學基督學院。二十一歲時即繼承父親爵位並為貴族院議員，二十四歲進入英國下議院為議員，三十三歲起被任命為國會印度事務委員會委員，三十八歲出任總督，對印度事務早有深切瞭解，而學識淵博，資質過人，決心不顧一切，實際掌握印度，以達成兩項目標：第一，建立東印度公司的無上權威，使超乎所有印度政治權勢之上；第二，驅逐其他外國勢力，使之在印度境內絕跡。換言之，即配合皮特首相的意圖要整個滅亡印度，使之成為大英帝國的直轄殖民地。這個計畫在他督印期間雖沒有完全實現，但卻已大大擴張了東印度公司的權勢。威里斯里是一個滿懷帝國主義思想的傑出行政人才，他利用加爾各答舊有的威廉堡，作為訓練統治印度人才的基地，他認為經略印度的目的，不應局限於商務的發展，而應該是為大英帝國開疆闢土，征服印度，略取遠東，因此在政策上與當時東印度公司的董事會時有衝突，於 1805 年奉召返英。回英後又先後出任英國駐西班牙大使、外交大臣，並兩任駐愛爾蘭總督，於 1842 年病逝任所。威里斯里擔任印度總督七年，穩固英人在印優勢地位的基礎，與克來武、華倫哈斯丁士，並稱為英滅印度的三大功臣。

威里斯里到任前，公司方面曾有六年長期的和平，但是強大的瑪拉撒諸邦以及邁索爾的鐵甫蘇丹也獲得了養精蓄銳的機會，隨時準備和英人動手。另一方面拿破崙的遠征軍已於 1798 年抵達埃及，也是以攻略印度半島為其東征的最後目標。鐵甫頗想運用法國之力以驅逐英人，拿破崙亦圖藉印度的地方勢力以打擊英國在遠東的殖民事業，但是他們彼此之間卻缺乏相互的認識和瞭解，所以雖有企圖，卻不能成為事實。

位於印度中南部的海德拉巴，當時已經是東印度公司的盟邦，接受

英人的保護，但是在蕭約翰擔任總督時期，威信不立，所以海德拉巴王
公和法國人合作，訓練新軍，漸謀脫離英人的羈絆。威里斯里抵任之後，
即選擇這一弱勢之敵下手，以迅雷不及掩耳手段，解除了海德拉巴新軍
的武裝，允以英人代替法人，另練團勇，但必須將海德拉巴的外交權交
於東印度公司，不得再與他國發生直接關係，亦不得聘用任何其他外國
顧問，隨後於 1800 年另立新約，由公司派行政官長駐海德拉巴，從此海
德拉巴乃成為英人的附庸，名義上仍以海德拉巴王公為統治者。威里斯
里此一行動，目的在整肅內部，重樹威信，解除後顧之憂，專心對付鐵
甫蘇丹與瑪拉撒諸邦。

　　邁索爾於 1781 年敗於卡拉迭克之役後，割地賠款，鐵甫蘇丹立志雪
恥，忍辱負重，整軍經武，較之其父海德阿里，可謂智勇雙全。有志氣，
有眼光，懂外交。他深知以邁索爾一隅之力不足以抗英，而環顧印境諸
邦，自相殘殺，不能團結，所可引為援助者，唯國外勢力。又知英國在
印度的殖民擴張，早已引起法國與阿富汗的嫉忌，正可密與合作。因此
派使駐節法國。法國成立共和國，鐵甫在邁索爾首邑植自由之樹 (Tree of
Liberty)，以示崇慕。法國此時在印度的影響力量雖已遠不及英人，但頗
樂於煽動各土邦反英，因此不少法國人在政府鼓勵支持之下，進入邁索
爾效命於鐵甫蘇丹。法國政府亦與鐵甫簽訂了攻守同盟，目的自然是以
英國的東印度公司為假想敵。只是鐵甫缺乏實際的地理知識，法軍要從
歐陸馳援印度，非朝發夕至，故攻守同盟雖可壯大聲勢，但一旦與英人
啟釁，則非短期內可獲法援，此正是英人之所恃而未為鐵甫所察。

　　鐵甫蘇丹本人篤信回教，極為回教人民所推重，又驍勇善戰，絕不
放過敵人。治理邁索爾勤政愛民，注意農工建設。擅波斯文與烏督文，
所有政令，皆出自親筆，又曾發明新曆法、新的度量衡制，可算得是一
個相當標準的回教王公。唯其如此，英國人必欲去之而後安，威里斯里
以鐵甫蘇丹為頭號之敵，自亦有其道理。

　　1799 年 2 月，威里斯里到任後經年餘之部署與備戰，即正式向鐵甫

蘇丹宣戰，分由馬德拉斯、孟買，從東南及西北兩面夾攻，直取首邑薩林迦巴坦，從 2 月 22 日至 5 月 4 日在不到兩個半月的時間，即大獲全勝，鐵甫陣亡，全境為英軍所占領。

如何處理擊敗後的邁索爾，頗費思量。依威里斯里原有滅亡印度之構想，既敗鐵甫，自當正式合併邁索爾，直接統治，以求逐步擴大基礎，統一全印。但需顧慮者有三：瑪拉撒諸邦仍虎視一旁，未容輕視；鐵甫雖被擊敗，但印度人未必願意接受英人的統治；同時蒙兀兒王朝仍為名義上的共主，東印度公司並沒有取得印度的統治權，何能免於其他國家的干預。總之時機未至，仍需緩進。因此威里斯里乃採間接控制的方式，決定在邁索爾境內挑出一名印度教的舊王室後裔，年僅五歲，立為邁索爾王；廢除回教王公，但仍以輔助鐵甫蘇丹的大臣卜利亞 (Purnia) 為首相，實際執政，唯必須秉承英派行政官的意旨。邁索爾不得再與其他外國發生任何關係，其四周地區則分由英軍管轄，必要時總督得直接掌理土邦的統治權。此一安排表面上為土邦王公治理，且由原有老臣執政，實則事事聽命於英，無異已成東印度公司的領地。但也只是緩兵之計，時機一至，即可斷然合併。

威里斯里在逐步進行實力兼併的同時，亦特別訓練東印度公司所有職員應澈底改變過去的觀念，不要再自視為公司營商的夥計，而應以強大的統治者自居，並充分負起權責。他認為公司的各級幹部是在執行縣長、省長、法官、大使的職務，亦如其他國家的政治家。因此他們除了應接受一般基本文史學科的教育，還要特別學習有關印度歷史、語文、宗教、風俗習慣與法律的知識，更應當牢記大不列顛在亞洲的政治與商業利益。他曾計畫在加爾各答創辦一所專門的學院，負責培養殖民事業的人才，但沒有為公司董事會所批准。直到 1806 年英國政府方在赫里伯利 (Haileybury) 設立東印度公司學院 (East India Company College)，訓練公司所需的專業人才，課程內容大半採自威里斯里的建議，但不是設在印度境內的加爾各答，而是設在英國本土倫敦附近的哈迭福特

(Hertford)，共維持了半個世紀。

在邁索爾邦東面的卡拉迭克區域，原已在英人掌握之中，但尚未被併入為公司的領地。威里斯里征服邁索爾後，在鐵甫的案卷中，查獲該區曾與之締有密約，指其對東印度公司不忠，是以在印度的英國政府為敵，遂於 1801 年宣布廢棄原在該區的統治者，另立阿沙墨多拉 (Azamu-ddaula) 為名義上的省督，並由英人接管該區行政權。同年亦以同樣手法，兼併了烏督邦。從此，海德拉巴、邁索爾、卡拉迭克及烏督，均已為東印度公司所併略，公司的領地既廣，乃無法避免與瑪拉撒諸邦間的勢力衝突。過去海德拉巴及邁索爾兩邦與瑪拉撒諸邦之間，時有矛盾，乃至訴諸武力，現在東印度公司既以兩邦之保護者自居，要想與瑪拉撒和平相處，殊不可能，因此威里斯里步步為營，準備作最後的衝殺。

早在 1798 年 4 月，威里斯里初任總督時，已曾照會瑪拉撒的宰相巴吉拉荷二世 (Bajirao II)，欲其接受公司的保護，並不得另與他國發生外交關係。但那時瑪拉撒實際掌權的是拉拉法蘭維斯 (Nana Fadnavis)，他對公司的一紙通知，未予理會。此後兩年之中，威里斯里忙於併略其他小邦，亦無餘力染指瑪拉撒諸邦。到了 1800 年海德拉巴相繼歸附，而此時瑪拉撒內部也發生了奪權鬥爭，遂予威里斯里以可乘之機。

原來以普拉為首邑的瑪拉撒王，不過是瑪拉撒人的象徵性共主，實權則為拉拉法蘭維斯所掌握。瑪拉撒王所轄的四個屬邦，名義上雖共戴他為政治領袖，但皆各有企圖。其中勢力較大的辛笛亞邦邦主已升格為副王，賀卡邦則久欲問鼎普拉的王位。拉拉法蘭維斯忠心耿耿，英明過人，節制調度，使各屬邦均無可乘之隙。不幸 1800 年 3 月拉拉法蘭維斯病逝，瑪拉撒邦的政治中心乃開始動搖。

1802 年 10 月賀卡邦首先發難，賈斯萬拉荷 (Jaswant Rao) 領軍直搗普拉。巴吉拉荷二世偕殘部於 12 月逃抵巴辛，請求東印度公司保護，自願以瑪拉撒為公司附庸。賀卡軍既占普拉，即另立阿姆利拉荷 (Amrit Ras) 為王。東印度公司方面固早圖染指，乃應巴吉拉荷二世之請，派軍

普拉，趕走賀卡邦並復其王位，另訂《巴辛條約》(*Treaty of Bassein*)。
規定：㈠由普拉王年付公司二百五十萬盧比，請英方派兵六營，駐紮普
拉，負長期保護之責。㈡不得僱用其他外國人士為客卿。㈢承認 1779 年
華倫哈斯丁士總督與瑪拉撒屬邦巴諾達所立之約。㈣割蘇拉達與英。㈤
未得公司同意不得與他國有任何交涉。㈥此後瑪拉撒諸邦如與海德拉巴
及巴諾達發生任何糾紛，悉聽東印度公司處理。

　　巴吉拉荷二世所簽條約，顯已將瑪拉撒之獨立地位完全喪失，割地
賠款，悉憑英人宰割，自非各屬邦領袖所能接受。約成之後，以辛笛亞
邦為首，結合大軍二十五萬，另有經過法人訓練之新軍四萬，圍攻普拉，
期一舉而盡逐英人。威里斯里一面趕派援軍分路迎戰，一面促使海德拉
巴、邁索爾嚴守中立。英軍以五萬五千勁旅，攻弱避堅，連戰皆捷。五
個月後，辛笛亞邦簽降，至此東印度公司之勁敵僅剩賀卡邦尚待最後之
處理。

　　1803 年威里斯里迫蒙兀兒帝國的德里王正式宣布：凡東印度公司之
轄地與保護邦，均不再受蒙兀兒王朝的統治。威里斯里征服印度的計畫，
至此十之七八已告實現。其在印期間，一切措施皆以建立大英帝國之殖
民霸業為主旨，故能大開大合，開疆闢土，而甚少注意細節，亦不考慮
經費預算之限制。公司因此債臺高築，亦被指為好大喜功。威里斯里 1805
年自印返英後，雖亦有人控之於國會，但終以其建樹頗多，未成訟案，
且由董事會通過致獎兩萬英鎊。1842 年 9 月威里斯里病逝，依其遺囑葬
於伊頓 (Eton)，墓園靠近其所熱愛之母校。

十四、英國統治基礎的建立

　　威里斯里奉召回英，主要是因為東印度公司的董事會反對他的擴張
政策。1805 年時的東印度公司仍然是一個商業機構，經營印度與中國的
進出口貿易，希望多獲利潤，股東關心的是他們的投資、出口的貨物，
而不是大英帝國的擴張。雖然帝國勢力能夠擴張，將來必可獲得厚利，

但是眼前公司收支卻是入不敷出，債臺高築，無利可圖。此種情勢促使大多數股東譴責威里斯里，要求召返英倫。董事會方面最後決定派遣康華里斯 (Lord Cornwallis) 前往印度接替。康華里斯此時已六十七歲，雖然過去戰功彪炳，但究竟已是老態龍鍾，且健康不佳，一般人相信，對他而言，最壞的和平也比最好的戰爭為好，絕對不會採取積極擴張的政策，而且聽到人家說他是東印度公司的救星，更沾沾自喜。不過，事實上以他當時身心疲憊的情形，對公司的發展只是障礙。他在 7 月 5 日就職，乘船赴印度，抵任不久，即於 10 月 5 日病逝任所。他的健康情形早已很壞，在印度上岸後已經不能處理業務。面對繁劇的工作，也根本不能作正確的判斷。瑪拉撒諸邦的辛笛亞，搗毀了公司派駐的行政官署，並扣留行政官賈金斯 (Jakins)。康華里斯最初要求釋放人質，轉又軟化立場，聲稱不過是為了「榮譽」。倘使辛笛亞方面堅持非扣留賈金斯不可，那麼為了息事寧人，維持雙方的和平相處，也就不必要求放人。因此當他還能扶病握筆簽字，他所採取的一切政策，都是否定前任所作，為了和平而實際不是和平。他決定讓辛笛亞取得格瓦利窩與哥合德 (Gwalio and Gohud)，以贊木拉為公司地界，並放棄贊坡與拉吉甫迭等邦，使瑪拉撒得以大肆擴張。

　　康華里斯死後，由他的副手喬治巴羅 (George Barlow) 接代，喬治巴羅是一個稱職的部屬，卻不是合適的指揮官，他曾被人稱為最無能的總督。此人既無眼光，又固執己見，使得公司的處境益見危殆。曾在威里斯里時代每戰皆捷的雷克將軍 (General Lake)，現在擔任英軍總司令，曾多方進言，但均被擱置，因憤而辭職離英。喬治巴羅的基本立場是絕不輕舉妄動，絕不激怒印度的土邦，一切以維持安定為首要，真是所謂大丈夫能屈能伸，即使屈辱亦忍辱苟安。他的這種作風自然也毋需增加公司的財力負擔，因而喬治巴羅短期的代理，居然使公司轉虧為盈，贏得董事會的讚響，認作奇蹟。但是當時的董事長明多爵士 (Lord Minto) 卻不置其所為，也不贊成正式批准喬治巴羅為繼任總督。1807 年喬治巴羅

調任馬德拉斯省督,而通過任命明多爵士為總督。

明多抵任後,默察公司方面的多數意見,既不恢復威里斯里時代的積極擴張;也不採取康華里斯及喬治巴羅的遇事退縮路線,而選擇了彈性政策。當他認為有機可乘時,絕不放棄機會,以提高公司威望,擴展英人勢力,但並非好大喜功,動輒用兵,大多是謀定而動,而尤著重外交的運用,並且事先取得倫敦方面的首肯。最為特出的成就如遠征爪唯,掃蕩好望角以東的法國勢力,以及與北印錫克教派取得長期的和好。但是由於此時的英國朝野正密切注視歐洲戰場對抗拿破崙之戰,所以明多在印度所有的成就,均未被人所重視。

盤踞在印度西北部的錫克教派,在明多總督時代正是名王蘭吉辛 (Ranjit Singh) 當權威振西北。蘭吉辛繼承父位時,年僅十二歲,據說曾手弒親母。1799 年據有拉合爾,受阿富汗封為錫克王。三年後取得錫克

圖 25:蘭吉辛王

聖城阿姆里渣 (Amritsar) 而掌握了整個錫克教派。此後不斷擴張至整個旁遮普,1806 年復渡蘇狄拉吉河,占有陸底安拉 (Ludiana)。明多總督為免與之發生衝突,派使敦睦與之締約,互不侵犯。

1813 年公司派羅頓‧哈斯丁士 (Francis Rawdon-Hastings) 繼明多為總督,又轉趨積極擴張政策。

羅頓‧哈斯丁士係英國兩大貴族羅頓與哈斯丁士族的後裔。曾在北美服役八年,美國獨立戰爭時任英國部隊的軍官,以後調派歐洲,均無顯著戰功或赫赫之名。其人揮霍成性,浪費資財,但也因此結識

了當時的皇太子，登基後稱為英皇喬治四世 (King George IV) 的密友。
1813 年被提名為駐印總督並獲得公司董事會的同意。那時羅頓・哈斯丁
士已有五十九歲，派往印度擔負那麼繁劇的工作，很明顯的是太老了一
些，從他過去的記錄看，也難使人相信他在後來九年半的任期中居然幹
得有聲有色，躋身於偉大的總督之林，而他的任期之長也僅次於華倫哈
斯丁士。羅頓・哈斯丁士從不到山中行獵，每天清晨也從不會遲過四點
鐘到辦公室處理公務。1817 年因處理尼泊爾戰爭因應得宜而晉封伯爵，
通常大家就拿封地的地名稱之為馬奎斯哈斯丁士 (Marquess of
Hastings)。

　　康華里斯及喬治巴羅所全力執行的保守避戰政策，在明多總督任期
內，只是作小幅度的調整，主要是靠靈活的外交肆應，雖然勉強維持了
相安無事，但問題並未澈底解決，因此到羅頓・哈斯丁士到任，幾乎處
處都可能觸發戰爭。

　　第一個首先處理的問題，就是烏督與尼泊爾之間的邊境衝突。東印
度公司既已大部分控制了印度半島，且以滅亡印度為目的，自然對於與
印度相鄰的中國亦圖染指。但是要以印度為基地入侵中國，必須先控制
中印邊境的藩籬，因此對於尼泊爾、不丹與錫金乃久存覬覦之心。早在
華倫哈斯丁士任內，即曾四度派員入藏，先圖打通商務貿易關係。1774、
1775、1777 及 1782 年所派四次代表，雖然均沒有能進入西藏，但是作
為初期的試探工作，已有很大的成果，特別是對沿線交通情況，三小國
的民情風俗及其與中國的關係等，均已熟諳。但是這個時期正是清高宗
乾隆年間，能有效維持中央與西藏間的正常關係，並有駐藏大臣看守邊
陲，所以英人未敢輕進。華倫哈斯丁士於 1784 年離印，柯華里斯繼任，
繼續其謀藏工作，1801 年派商務代表駐加德滿都，已經建立了印、尼之
間的商務貿易關係。1813 年羅頓・哈斯丁士就任印度總督後，發現東印
度公司的轄區烏督與尼泊爾之間發生了邊境衝突，遂於 1814 年 5 月兵分
五路進攻尼國。尼泊爾的廓爾喀兵短小精悍，驍勇善戰，尤長於山地戰，

以逸待勞，予英軍迎頭痛擊，五路兵馬，四路皆敗，主將陣亡，軍心震動。戰事延至 1816 年，始取得優勢，但也傷亡慘重。是年 3 月迫尼泊爾訂城下之盟，訂《薩喀里條約》(Treaty of Sagauli)。約中規定割大黎 (Tarain) 及古芒 (Kumaon) 與錫金，並不得再干涉錫金事務，又割卡里河 (Kali) 以西之地及西姆拉 (Simla) 與英，並准英派行政官長駐加德滿都。

羅頓‧哈斯丁士於約成後對尼泊爾恣意牢籠，加意分化其與中國關係，揚言尼泊爾為獨立國家，若有人侵略其權益，英國不能不予保護。終於以後在 1854 年發生了藏尼之戰，戰爭結果尼泊爾獲勝，1856 年訂《藏尼條約》，英國人更得據尼伸張勢力入藏。

東印度公司掠納尼泊爾為保護國，獲益極大，不僅得以便利其滲透入藏，進可取，退可守，且獲廓爾喀善戰之師加入印度兵團，為看守英國利益而戰。又以尼國為佛教聖地，氣候涼爽，風景絕佳，使統治印度的英國人獲得避暑的夏都，西姆拉即為國際馳名的暑都。因此羅頓‧哈斯丁士在尼泊爾之戰中，初期損兵折將，但最後獲勝而贏得伯爵的爵位。所謂抵任後急待處理的首要之事，即為尼泊爾問題，亦不過說明此時英國人的侵略野心而已。

其次，羅頓‧哈斯丁士認為迫不及待的問題，乃是對中部印度地區進行一次全面的清剿，消滅在這一地區出沒無常、殺人越貨的匪盜。大約有為數三萬人以上的劫匪，盤踞於中部印度，他們並不屬於某一特殊教派或某一少數民族的部落，也並無一定的根據地或政治組織，完全是一群靠打家劫舍為生的亡命之徒，像蝗蟲一般，所到之處，無惡不作。其中有較大的三股勢力，分別擁戴契托 (Chitu)、萬錫摩罕默德 (Wasil Muhammad) 及卡利罕 (Kalim Khan) 為首領。契托自稱與瑪拉撒有密切關係。此時瑪拉撒王雖已與東印度公司訂有盟約，但四個屬邦辛笛亞、賀卡、旁斯拉與格克瓦仍然各據一隅，也和這些盜匪互相呼應。盜匪們的流動性極大，要進行全面清剿，必須對中部印度四面合圍，需要動員相當大的兵團，而且最後可能要與瑪拉撒殘餘的屬邦作最後決戰。

　　明多總督時代，受制於倫敦的董事會，未敢輕言舉兵，羅頓・哈斯丁士則認為唯有決心一戰，方能剪除後患。1817 年部署完成，調兵十二萬之眾，火砲三百門，區分為兩個兵團，一為北部印度兵團，一為南部德干兵團，從孟加拉、德干、古茶拉迭，以阿拉哈巴德為中心，四面圍攻，戰線長達七百英里，戰區之大，使用兵力之多，為東印度公司進取印度歷史中前所未有。由於指揮靈活，後勤有效，且各路兵馬均奮勇作戰，遂將所有盜匪盡數殲滅或俘虜，三股匪酋亦或死或降。盜匪既滅，羅頓・哈斯丁士鼓其餘勇，於 1818 年一舉戰敗瑪拉撒屬邦，並廢去瑪拉撒王，使東印度公司的威權大振。

　　自十八世紀末葉至十九世紀初期，全印各地崛起了不少土邦，利用蒙兀兒帝國的式微，稱兵作亂，割地稱雄，且曾援引法國之力，圖與東印度公司相抗衡。但是它們既不能互相團結，相依共保，又乏共同的政治號召，以抵禦外人的侵略，而致被英人各個擊破。其間克來武播下了英印帝國的種子，華倫哈斯丁士與威里斯里刻意經營，羅頓・哈斯丁士則收穫其果實。威里斯里時代，德里、烏督、邁索爾、海德拉巴、卡拉迭克等區事實上已為英人所掌握。羅頓・哈斯丁士則進一步奠定了統治印度的基礎，使瑪拉撒無再起之力，並結束了以前各邦干戈擾攘的混亂局面，也扼殺了舊王朝復國的雄心。

　　德里的蒙兀兒王朝早已是名存實亡，老王阿蘭二世 (Emperor Alam II) 東奔西竄，朝不保夕。有時託庇於土邦，有時則無聲無息地蟄居德里。瑪拉撒人和英國人均曾假他的名號為號召，來達到他們自己的目的。1806 年阿蘭二世死，其子阿克巴二世 (Akbar II) 即位，羅頓・哈斯丁士命令其宣布自行廢止在名義上作為各邦元首的尊號，蒙兀兒帝國最後的覆滅，也就為期不遠了。

十五、英人據印多面擴張

　　羅頓・哈斯丁士在印度本土刻意經營，卻並未因此而忽略了他對周

邊地區的注意力，他南占爪哇並向北擴張至尼泊爾，均是深謀遠慮，策印度半島的安全，真可謂進可攻退可守，創立霸業的百年根基。當時的英國政府及公司董事會對於尼泊爾的併略，極感興趣，因為尼泊爾是經西藏入侵中國的要道，然而對於爪哇的取得，似不過分熱心，因恐引起與荷蘭的拼鬥。所以在1815年滑鐵盧之戰擊敗拿破崙之後，又將爪哇歸還與荷蘭，但相約從此互不干預：麻六甲海峽以西為英屬勢力範圍，東則為荷蘭的印尼。但是羅頓‧哈斯丁士仍然努力要為公司通往遠東的交通線，策劃最安全的部署，因而又有新加坡的開闢。1819年派萊佛(Raffles)前往新加坡主持開發工作，那時當地只有幾處漁村，有漁民百餘人，並為海盜出沒場所，但是它的戰略位置極為重要，扼麻六甲海峽咽喉，為歐亞海路交通要道，可建設成為貿易吞吐港與優良的海軍基地。新加坡在名義上屬於柔佛邦的天猛公，萊佛與天猛公立約，每年由東印度公司付租金三千元，同時保護天猛公的安全，以換取新加坡的築港使用權。萊佛招募華工修建船塢、架設橋樑、開闢馬路、劃分市區，一切按圖建設，又建議闢為自由港，以發展貿易。1824年東印度公司並與柔佛邦另訂新約，取得新加坡之永久占有權，漸次建設成為世界馳名的商港，並作為英國看守馬來半島與支援太平洋及印度洋海軍作戰的重要基地。羅頓‧哈斯丁士對英國遠東霸業的建立，確有其獨到的眼光與魄力。

羅頓‧哈斯丁士對印度本土的建設，亦有其比較開明的遠見。依照當時一般英國人士的想法，對待殖民地的人民，應使其處於貧而且愚的境地，才能減少他們的反抗阻力，以便於英國的統治，因此不主張多闢道路，多設學校；而田賦則不妨苛徵，軍警則加倍駐守，如此則可永保無虞。但是羅頓‧哈斯丁士則認為以印度如此廣大幅員，如何設法取得殖民地人民的合作，才是根本消除反抗的上策。因此應盡可能謀印度建設之進步、教育之發達與生活之改善，以穩固英國的統治。至於適當的控制，法律的森嚴，頑劣的懲處，只要運用得宜，就能收寬猛相濟之效。這一種政治藝術的運用，確亦有其長處。英國人基本上是憑藉這種作風

而建立並統治其殖民地，而其最後的失敗，卻是由於殖民政策的目的，就在滅人之國，亡人之族，因此不問其過程中所採取的手段究為何種方式，仍然無法長治久安，這是目的的錯誤，而不是手段問題。手段高明，失敗較慢；手段惡劣則敗亡更快。歷史的事實，已提供了最佳的答案。

羅頓・哈斯丁士於 1823 年辭職，就在這時被人以貪污案提出控訴。著名的帕爾蒙公司 (Palmer & Co.) 在海德拉巴有官商勾結圖利他人之嫌，而羅頓・哈斯丁士的義女則參與舞弊，因此連帶被控。1823 年 1 月羅頓・哈斯丁士勝訴回英，公司董事會通過慰勉案，並前後撥發獎金八萬英鎊。1824 年英政府復派其擔任馬爾他 (Malta) 總督。1826 年死。

1823 年 1 月羅頓・哈斯丁士卸任離印，由行政官亞丹 (Adam) 暫代，8 月新任總督阿姆赫斯脫 (Lord Amherst) 到職。

長達九年三個月的羅頓・哈斯丁士時代，英人在印度的優勢地位業已建立。法國及荷蘭等外國勢力已被完全排除於印度半島及馬來半島之外，印度本土德里以南及東西兩面足以威脅東印度公司的強大土邦，亦已漸次敉平。然而就全局觀察，仍未能高枕無憂，安而治之。第一、半島西北部的錫克集團雖與公司訂有和平友好條約，但雄據一方，日漸強大。境外的阿富汗介於印俄之間，若欲阻止帝俄勢力之擴張，亦必取得阿富汗為緩衝，此皆公司之隱憂，終需謀長遠之策，但非經猛烈之戰爭，殊無經由和平唾手可得之可能。第二、印度半島東面的緬甸，正在強盛時期，且蓄意向西擴張，隨時有爆發戰爭之可能。第三、北面之中國，固亦為英人所望染指，但亦恐中國勢力介入，尤以中南半島及緬甸與中國之關係頗深，倘有事於緬甸是否將引發中國的干預，殊無絕對把握。第四、印度內部土邦雖平，究竟仍未納入英國直接統治之下，且人民懾於英國人之淫威，卻並非忠心擁戴英國人為異族的皇帝。因之想要建立英印帝國，仍有相當遙遠的距離。此四大問題均非一蹴可幾，迎刃而解，在阿姆赫斯脫任內，首先處理的是緬甸問題，因而引起一場大戰。

早在十七世紀時代，東印度公司即和緬甸有商務貿易的來往，不過

當時的注意力係以印度半島及馬來印尼為角逐中心，亦無餘力在緬甸大
肆擴張，且緬甸在商業活動的範圍內，地位並不顯著，凡是東印度公司
所需東方各地的產品，大都可從麻六甲轉口取得。緬甸本土極少精巧手
工藝品或特殊農產品如絲綢、香料等可資運銷國外，所以對於這一廣大
市場之掠奪，要到英國在印度半島建立優勢地位後才開始行動。

十八世紀中葉，緬甸的雍藉牙王朝 (Alaungpaya) 代東牛王朝
(Taungoo) 崛起，建都阿瓦 (Ava)，統一全緬，並向西陲擴疆，勢力日盛，
雍藉牙諸王常多援引外力以穩固政權，然又不諳國際情勢，致陷緬甸於
滅亡境地。緬王波達甫拉 (Bodawpaya) 在位三十七年之後於 1819 年病
逝，由其孫法其朵亞 (Bagyidaw) 嗣位，祖孫二人均採積極擴張政策。1784
年併阿臘干 (Arakan)，1813 年占曼尼坡 (Manipur)，1821 至 1822 年掠阿
薩密，1823 年占有吉大港附近的蘇巴諾 (Shuparu)，漸次與東印度公司在
印度的領地步步接近。老王波達甫拉曾於 1818 年正式通知東印度公司總
督，要求取得印度境內的拉姆 (Ramoo)、吉大港及牟斯達巴德
(Moorshedabad) 諸地，公司方面均未予置答。新王登基後復整軍經武，
於 1824 年 1 月派名將班多拉 (Maha Bandula) 率軍西進，奉命將英人逐
出孟加拉，為第一次英緬戰爭。緬軍滿懷信心，認為白人洋鬼子不堪一
擊，已準備好金質的腳鐐手銬，要將東印度公司總督俘虜回緬，2 月阿
姆赫斯脫遂正式對緬宣戰。

英軍係分陸、海兩路出戰，陸路自印緬邊境攻入阿薩密，海路直趨
仰光。初期作戰目標為驅逐緬軍出阿薩密，奪回曼尼坡，暫不攻入緬境。
戰爭爆發後，陸路方面節節失利，因阿薩密一帶叢林密布，地形與氣候
均不利於英軍，且緬將班多拉驍勇善戰，英軍無法推進，戰事呈膠著狀
態。自國內開赴海外之僱傭兵士氣低落。駐防加爾各答附近的巴拉克甫
(Barrackpore) 步兵第四十七團拒絕開拔，釀成兵變，英軍以砲兵轟擊，
死亡慘重，始勉予鎮壓，可見當時遠征作戰之不易。但海路方面未三月
即攻陷仰光，守軍退守庇古 (Pegu)，情勢危急，主將班多拉自阿薩密回

師國內，急馳南下增援，卻與英軍在陸上決一死戰。1825 年 4 月班多拉中流彈陣亡，英軍遂乘勝北上，趨阿瓦。1826 年 2 月緬甸被迫與英簽《揚達坡條約》(*Treaty of Yandabo*)，約中規定：㈠賠款一百萬英鎊；㈡割阿薩密、曼尼坡、阿臘干與頓賽林之地與英；㈢緬人不得再干預阿薩密事務；㈣曼尼坡成為獨立邦；㈤英派行政官常駐阿瓦，緬甸亦得以商務官派駐加爾各答；㈥約期另訂商務協定；㈦英自緬甸撤軍。

此次英緬之戰，英國東印度公司獲得了不少土地，但是兩年多的遠征，兵力和財力消耗也極大，事實上當時的戰鬥只能說是倖勝。因為㈠遠征部隊尤其僱傭兵未經充足訓練，戰鬥力極低，士氣尤其低落；㈡後勤補給毫無準備，彈藥有的還是兩百年前的舊彈，已完全不能使用，原估計登陸後可就地解決運輸問題，事實上卻無車輛可用；㈢戰略錯誤，先期作戰將主力置於陸地，而又不知叢林戰術，攻擊阿薩密等於攻堅，損兵折將，陷入泥淖；㈣主帥阿姆赫斯脫不諳兵法，尤欠果斷，使戰事曠日持久。唯一值得一提的，是在仰光之戰中，使用了一艘小汽輪狄安娜號 (Diana)，發生了很大效果，這也是第一次用汽輪參與海戰，可說是開了海戰的新紀元。

東印度公司對阿姆赫斯脫終於能戰敗緬甸，仍決議獎勉，未予深究在戰鬥中所遭受的無謂損失。1828 年 3 月阿姆赫斯脫辭職卸任，由行政官巴益雷 (Mr. Bayley) 暫代。

阿姆赫斯脫辭職離印，公司董事會提名威廉朋迪克 (Lord William Bentinck) 繼任，他曾擔任過馬德拉斯省督，1828 年銜命再度赴印任總督，1835 年回英，1838 年當選為下議院議員，1839 年死。有人說他在印度用和平所建樹的政績，像其他總督用戰爭獲得的成功，是一樣的輝煌。他究竟有些什麼樣的輝煌政績呢？威廉朋迪克不是一個雄才大略的政治家，對董事會的命令奉命唯謹，小心翼翼的執行，例如為了減少財務的負擔，大幅度的削減各級軍政人員的津貼，同時以種植及推銷鴉片作為公司的額外收益，又極力避免干預印度土邦的事務，絕不輕言戰爭，凡

此都只是消極性的保守措施，不能說是政通人和的改革。不過，對於若干久為人所詬病的不合人道的陋習，他卻毅然以行政命令予以廢止，也許這就是被人稱為輝煌的政績：一個是通令禁止寡婦殉葬的陋習；一個是掃除暗殺黨，二者均與迷信有關，一直被認為是不可能剷除的。

寡婦殉葬（或稱蘇體，Suttee），在中亞、西亞及東歐是流傳很廣的一種陋習，經由印度的西北方傳入，大概在西元前四世紀左右就已經在旁遮普盛行。不過並非所有寡婦均須陪葬，也不是各種階級或宗教信仰的婦女都採納了這種陋習。一般說來，應該是出於自願，當一個家庭裡的男主人身死，女奴為了表示對主人的忠心，而引火自焚，通常是在火葬禮中祭司為主人誦咒超度時，獻身陪葬；或是丈夫身死，妻妾等未亡人為了顯示愛心不渝，陪葬而死，相偕進入另一世界，而且被認為是這一家族的高貴與榮耀。但是各地的殉葬幾乎都是強制執行的，由祭司們的手下或家人，將那些可憐的婦女綑綁至火葬場，活活燒死，尤其是在當地有政治地位的人物或王公死後，所有妻妾、妃嬪、宮娥無一可以倖免，自然是非常殘忍的。在威廉朋迪克以前幾位總督都感覺到這種陋習應予禁止，但均不敢輕試，唯恐因此引起民間的不滿，激成民變，影響了政府的統治，因此一任流傳。1815 至 1828 年間，孟加拉各地尤以在加爾各答附近，特別盛行殉葬之風，年達千件以上。官家對此陋習，亦曾多方勸阻，但未收效。妻妾被選中殉葬者，多猶以為榮，但事實上極少自動出此，往往被綁燒而未死，即予活埋，實在極不人道。

威廉朋迪克總督經過仔細衡酌，並徵得公司董事會與印度當地各方領袖的同意，遂毅然於 1829 年下令禁止殉葬。如有脅迫婦女殉葬者，一律以謀殺罪論，處以極刑。命令首先在孟加拉生效，並擴及英屬印度各地，從此即將千年以上的陋習完全剷除，對印度婦女而言，無疑為一德政。

另一為禍社會、威脅善良百姓生命的陋習，就是暗殺黨（亦稱桑基，Thuggee）存在於印度各地。桑基亦與宗教信仰有關，這是一種古老的組織。我們知道婆羅門教、印度教都主張殺牲獻祭，每週宗教祭典時，宰

殺牛羊，以其所流的鮮血代替人類的血，獻與神祇，表示人類因感自身有罪，因此犧牲生命，請神贖罪，以求得今生與來世的幸福。即以此宗教上的想法，以後就有些旁門左道假借此說，硬要在宗教祭典時殺人獻祭，祈求多福。所殺的人則為外地過境的陌生人，或被選中的少女與童男等。久而久之，各地即出現有以暗殺為業的桑基黨，他們接受富豪委託，殺人為業，或到處獵取對象，作為宗教祭典時的犧牲者，一切均由他們代辦，每次事後獲取報酬。這些桑基黨的背後都有豪門或地方惡勢力撐腰，而大眾亦習見為常，熟視無睹，反而認為他們做了好事，可以代表大家辦事，大家都可得神庇護。

威廉朋迪克總督深感此種祭神陋規，無異給惡勢力以藉口，為禍社會，因下令禁止並嚴捕桑基黨，或處絞刑，或終身囚禁，或放逐孤島，始漸杜歪風。

威廉朋迪克熱心改革社會陋習，同時亦積極推廣福利政策，在他任內曾明令提倡現代化教育，將英制教育推行於印度，並創辦加爾各答醫學院 (Calcutta Medical College)，介紹西醫教學，培養醫師，同時通令各級官員，凡英屬各地人民，不因宗教、籍貫、膚色或種族之不同，對任職就業有所差別歧視。1835 年威廉朋迪克請求退休回英，他在總督任內所致力的各項改革，頗為印度社會所懷念。

東印度公司董事會接著提名前英國駐俄大使麥卡菲爵士 (Charles Theophilus Metcalfe) 繼任，並經自由黨首相匹爾批准，在倫敦宣誓就職。但他赴印度履新前，英國內閣改組，保守黨的墨鉢雷 (Lord Melbaurne) 出組新閣，認為麥卡菲非適當人選，改任保守黨籍的奧克蘭爵士 (Lord Auckland) 為總督。內閣認為奧克蘭為人溫和、保守，愛好和平，將能使印度在安定中求進步。奧克蘭爵士時年五十二歲，過去雖無赫赫之功，但至少應不會好大喜功而又臨事張惶，致令印局惡化使政府蒙羞。未料奧克蘭抵印後，優柔寡斷一再錯誤，而保守黨內閣仍然極力為之掩飾，其後並擢其為海軍大臣，這是英國憲政史上黨爭中最不名譽的一段醜史。

　　奧克蘭初到印度的一段時期，追隨威廉朋迪克的政績，蕭法曹規，尚未暴露其缺點，例如繼續提倡教育，培養西醫人才，停徵朝聖者稅，廢止政府對寺廟財產的直接管理，不准在宗教祀典時派軍隊保護等，頗像一位尚符眾望的總督。但是他畢竟無力抗拒國內黨爭的壓力，事事聽命內閣的操縱，而在處理重大軍政大計時，又聽信左右一批庸才的建議，使自己完全變成了自私野心政客的工具。

　　奧克蘭總督鑄成歷史的大錯，肇因於當時外相帕米斯敦 (Lord Palmerston) 的反俄政策。倫敦方面根據來自聖彼得堡的一項不正確情報，謂阿富汗的叛黨已與波斯當局簽訂了密約，波斯如能助叛黨當政，願割希拉迭 (Herat) 城與波斯，而波斯有帝俄撐腰，且希拉迭為印、阿邊境的軍事重鎮，亦即等於是帝俄的勢力威脅到了英屬印度的安全，直接危害到大英帝國的利益，所以必須盡一切可能加以阻止。奧克蘭係於 1836 年 3 月抵任，6 月 25 日即收到董事會祕密會報轉來外相的密電訓令，這一訓令就是依據上項情報的分析而下達的。訓令指出：

　　「我們現在想要做的，就是你必須判斷，看看應該採取什麼樣適合需要的步驟，來嚴密監視阿富汗局勢的發展，以及如何反制帝俄在這一地區的勢力擴張，因為它最接近英屬印度，一旦建立，勢必損害我們已有的印度盟邦體系，也可能危及我們領土的安寧。

　　處理這種十分重要的問題的方式，我們完全授權你去自由決定，或者派可以信靠的專使常駐喀布爾去監視多士德摩罕默德 (Dost Muhammad) 的行動，或與之建立政治關係，或最初僅建立商務性質的關係。也許採取其他你認為適當的措施，以阻止帝俄在這一地區的前進。假使你覺得直接來自你自己方面的邊區情報可靠，或者從我們派往波斯的工作人員麥克乃爾 (McNeill) 先生抵達任所後的情報有用，由你去綜合判斷，是否已到了決定性介入阿富汗事務的時機。

　　此種介入的前提是：阻止波斯在阿富汗建立據點，或及時防堵帝俄勢力的擴張」。

　　英國外相的此一訓令，說明了英國政府對帝俄的顧忌，也顯示出英國人為了保全印度利益而圖染指阿富汗的野心，可以說不是偶然的，即使奧克蘭不採取行動，遲早也會發生衝突。不過當時的錯誤，發生在外相帕米斯敦並不瞭解印、阿邊境的實際情形，缺乏定力，過分緊張，而負責執行的奧克蘭總督也根本判斷錯誤，戰略錯誤，用人錯誤，所以遭受極大的失敗。但由於他是執行外相的錯誤指導，所以仍不能不替他庇護，為他脫罪。

　　歷史上的國際戰爭，有時也是偶然的因素所觸發的。印度對阿富汗之戰就是一個例子。當時英國外相所使用的一份印度邊境地圖實在是非常的簡略，而他卻據以作為查證情報與重大決策的依據。事實上當時的英屬印度並不與阿富汗接壤，印、阿之間還隔著旁遮普、巴哈瓦坡、信德及拉甲甫塔拉大沙漠，即使是波斯取得了阿富汗的希拉迭，也絕不致立即影響到英屬印度的安全，根本毋需採取十萬火急的冒險行動。而印度總督奧克蘭奉到密令之後，同樣地粗心大意，沒有去查證邊界位置的情形，也沒有妥善計畫應有的準備，就立刻調兵遣將，近似兒戲的發動戰爭，其失敗可以說是必然的。

　　當時的阿富汗王為向賈 (Shuja Shah)，係陀難尼 (Ahmad Shah Durrani) 之孫，於 1809 年被逐流亡國外，居英屬印度境內的陸底安拉。1826 年阿國境內的巴拉克薩易 (Barakzai) 族領袖多士德摩罕默德控制了喀布爾與迦茲里地區，並於 1835 年就位阿富汗王。至於信德，早於 1832 年亦曾與英屬東印度公司簽約，互尊領土主權，互不侵犯，並允英商利用境內的印度河從事通商貿易，但規定不得運輸軍火武器，行駛戰艦，或在境內長期定居。

　　奧克蘭為了執行上級的指示，曾派白勒士 (Burnes) 以談判商務為名前往喀布爾窺探虛實。多士德摩罕默德希望英方加壓力於錫克教團的首領蘭吉辛，將白雪華讓與，奧克蘭不敢開罪蘭吉辛，故白勒士無所收穫返印。1838 年 7 月奧克蘭與蘭吉辛及阿富汗被逐老王向賈訂立三邊條

約，允助老王返回阿富汗，但需執行親英反俄政策。10 月 1 日命令集結部隊攻阿。孟加拉及孟買兩路大軍，預定在阿境堪達爾 (Kandahar) 會師後直取喀布爾。自孟加拉往堪達爾，應以通過錫克教團的旁遮普為捷徑，但又怕刺激蘭吉辛而繞道千里，穿過波南隘道 (Poland Pass)，士卒疲憊，糧秣不繼，未戰已多傷亡。孟買軍則循水路在信德境的印度河登陸，一路占城掠市，根本不理會與信德所簽之互不侵犯條約，並迫令信德王公負擔軍費，名為保衛邊防，完全失信於人。1839 年 4 月兩軍抵達堪達爾，宣布老王向賈復位，並正式聲討多士德摩罕默德。英軍統帥約翰肯雷 (Sir John Keane) 初聞阿軍採不抵抗政策，故將重砲殿後，僅帶二日糧輕裝推進，但卻遭遇極猛烈抵抗。幸工兵效力，成功爆破喀布爾城門，乃得入城，否則以糧秣不繼必致餓斃。阿富汗王多士德摩罕默德轉採堅壁清野戰術，向北撤退。向賈隨英軍進城。奧克蘭命柯湯將軍 (General Cotton) 率軍一萬留守堪達爾，復調洛迭將軍 (General Nott) 戍守喀布爾，餘部撤回印度。阿富汗之政務悉交政務官威廉馬克拉鄧 (Sir William Macnaghten) 處理，向賈無任何實權，等於完全的傀儡。多士德摩罕默德於 1840 年 11 月投降，謫居加爾各答。不久柯湯將軍調返印度，奧克蘭改派老邁無能的艾爾勛士當將軍 (General Elphinstone) 接替，又是一大敗筆。威廉馬克拉鄧主管政務，等於是阿富汗的行政首長，對外宣稱一切安寧，並鼓勵所有軍政官吏接眷赴阿富汗團聚，以享太平盛世，毫無警覺之心，事實上也未採取絲毫防範措施。

1840 年年底，公司董事會檢討阿富汗局勢，發現軍事防務脆弱且甚危險，而長期軍事占領，所費不貲，曾建議「完全放棄阿富汗並坦白承認澈底失敗」，但奧克蘭堅持政策不變。1841 年 1 月，各地不斷發生民變，紛紛攻打英國占領人員及其家屬。占領軍司令艾爾勛士採取一連串不當措施，將駐軍撤離要塞，紮營無險可守的平地，同時對糧倉彈藥庫等也疏於防範。駐守阿富汗的軍政領袖之間，無人可統一發號施令，彼此又少配合協調，多的是彼此攻訐，大家眼見局勢危急，卻無人挺身而

出負責，只有眼睜睜看著一天天情勢惡化。因為英人扶持向賈復辟，根本不得民心，向賈名為阿富汗王，不能過問政治，只在深宮奢華宴樂，而被英軍逐出的多士德摩罕默德雖謫居加爾各答，但阿富汗人對他仍甚懷念。阿境經濟不能自足，氣候多寒，民性剽悍，以當時英國占領軍的疏忽大意，可說是危機四伏，到了 1841 年年底，惡運終於降臨英軍。多士德摩罕默德的兒子摩罕默德阿克巴 (Muhammad Akbar)，於 12 月 23 日計誘政務官威廉馬克拉鄧會談，當場予以捕殺，同行三人皆被拘禁，顯然是對英國占領軍政府發動了全面的攻擊，目的在驅逐所有英國人出阿富汗。英軍司令艾爾勛士當理應占領要塞，憑險固守，但不此之圖，改與阿方談判，簽約撤退。其時風雪交加，一部分軍眷躲進了向賈的收容所裡。1842 年 1 月 6 日，敗部四千五百人攜眷一萬二千人以及傷病，向甲拉拉巴德 (Jalalabad) 逃竄，八天之後，只剩下八百人，所有婦孺及傷患或被截留或已死亡，到第十一天時只剩下兩百人，最後於 1 月 13 日萬幸安全逃回甲拉拉巴德的，只有一個人蒲力當博士 (Dr. Brydon)，他回來報告的第一句話是「全軍覆沒，奇恥大辱」。但由於奧克蘭僅僅執行英國內閣所交付的任務，因此並未受到懲罰。2 月新督艾倫伯勞 (Lord Ellenborough) 抵印，奧克蘭回英。10 月艾倫伯勞宣布改變以往的對阿政策並指責其錯誤，復自加爾各答接回多士德摩罕默德，使復王位。

　　奧克蘭在阿富汗損兵折將，自然是東印度公司的損失，艾倫伯勞繼任總督後，便想從其他地方獲得補償，因此到任不久，即選定以合併信德作為此一計畫的目標。信德原與公司訂有友好互不侵犯條約，並能完全履行其條約義務，本是東印度公司最好的盟邦，縱然在奧克蘭攻阿不利的困難時期，亦從未有乘人之危的任何不友好行動。但是像艾倫伯勞等抱持帝國主義侵略思想的人，則只知弱肉強食，從不知有條約義務需要履行和尊重。1843 年 2 月乃藉口公司在信德的專員公署受到攻擊，即派拉匹爾 (Sir Charles Napier) 率軍攻打信德而「大獲全勝」，拉匹爾亦因此而被任為信德省的省督，併入孟買行政區管轄。

　　艾倫伯勞總督併有信德之後，又對瑪拉撒的格瓦利窩用兵，是年該邦的首領辛笛亞 (Jankanji Sindia) 病逝，義子多拉迭拉荷 (Daulat Rao) 執政，實權卻為軍方所掌握，局勢紊亂。格瓦利窩與錫克的勢力範圍相鄰，時錫克擁有大軍，隨時可能爆發大戰。艾倫伯勞不想格瓦利窩為錫克所併，因先攻格瓦利窩，險勝。但用兵之後並未合併格瓦利窩，名義上仍維持其獨立地位。到了 1846 年東印度公司與錫克發生大戰，格瓦利窩得以嚴守中立，免於英人的後顧之憂，可以說是艾倫伯勞的先見之明，並採取了先戰之戰的行動。錫克之戰英方仍是最後勝利，待以後再為敘述。

　　艾倫伯勞總督在印度的任期不長，內政上建樹不多。1843 年曾正式下令禁止販賣奴隸。此項禁令以後併入英屬印度的刑法之中。對於各地的警政，他也透過各種人事的安排，予以提高效率。英國女皇維多利亞及首相匹爾等人都認為艾倫伯勞勇於負責，有果斷力，不失為一優良的總督，但東印度公司董事會則對艾氏甚為不滿，1844 年運用董事會所保留的人事任命權，將艾倫伯勞免職調回，另派亨利哈定爵士 (Sir Henry Hardinge) 繼任。

　　東印度公司董事會任命哈定為駐印總督，當時被認為是上上之選。他曾參加過滑鐵盧之戰及其他戰役大小數百次，驍勇善戰，富統馭長才，負傷四次，左臂被割，坐騎也五度遭射殺。在國會哈定曾擔任上議院議員二十年，出任過作戰部長與管理愛爾蘭事務部的首席大臣。像羅頓‧哈斯丁士總督一般，受命赴印度時已五十九歲高齡，但滿懷壯志。1844 年抵印，前任總督曾留話給他：這裡是一片祥和之氣，政府十分受人尊敬。可是不到一年半的時間，錫克的大軍已渡蘇狄拉吉河向英軍大舉進犯。

　　哈定在事先並未疏忽對錫克的防禦，但較多的注意力集中在內部事務的改革。他著手設計印度的鐵路系統，修築通恆河的運河，改革教育並廢除社會的陋習。當時在奧里薩山區有一種極不人道的陋習，農民們迷信他們的田地要收成好，必須以人肉作獻祭。舉行祭禮時，搭一個高高的祭壇，上面綁著一個活人作祭品，大家圍繞著祭壇呼嘯狂叫，然後

祭司一聲令下，刀斧手便跑上去將那個活人的肉一塊塊割下來，直到他被活活割死，然後連同木架與屍骨一併燒去，就算完成，這樣便可保證田地豐收。以往每年在奧里薩山區平均有五十個人被抓去獻祭，實在太殘忍。這種陋習禁止後，農民們發現收成像以前一樣的好，從此便不再殺人了。

十六、錫克之戰

　　哈定總督任內最重大的工作，便是對錫克之戰。明多總督時代，公司方面曾與錫克王蘭吉辛立約，暫時阻止了他向南擴張。到了 1820 年蘭吉辛在旁遮普的勢力已然十分牢固，1823 年，又從阿富汗取得了白雪華省，至 1839 年他五十九歲病逝的時候，已占有克什米爾全境。蘭吉辛因酗酒而兩度中風，大家都知道他不久於人世，所以晚年已無駕馭的能力。蘭吉辛死後，錫克內部統治集團發生了長期的權力鬥爭，一直到了 1843 年大家才同意由一個被稱為是蘭吉辛子嗣的五歲小孩多力甫辛 (Dalip Singh) 繼承王位，母后瑞麗 (Rani) 聽政，而軍權則操於拉爾辛 (Lal Singh) 及泰咕辛 (Tej Singh) 之手。二人聯手迫使孤兒寡婦同意，發兵六萬南進，圖一舉而攻占德里。哈定總督遂於 1845 年 12 月 13 日正式對錫克宣戰：「錫克軍現無故挑釁，侵犯英國領土，本總督因而必須採取有效措施，保衛英屬各省，維護英國政府權益，並懲處破壞條約與公共安寧之暴徒。本總督茲並宣布沒收蘇狄拉吉河南岸原為多力甫辛所據有的土地，合併為英屬印度的領土。」

　　哈定總督前為避免戰爭，未採納參謀總長的建議，部署重兵於前線，故戰事突起，險象環生。錫克人以勇猛善戰著稱，愈戰愈勇，勝不驕，敗不餒，為英人侵占印度後從未遭遇過的強敵。哈定總督以沙場老將，親自督陣，亦屢陷險境，侍從近衛死傷纍纍，從 12 月 13 日至 2 月 10 日經過四次大會戰，始將錫克軍驅逐至蘇狄拉吉河的北岸，總計英軍的死傷在五千人以上，中間且曾一度擬撤換總司令，可見勝來不易。英軍乘

勝追擊，直趨拉合爾，迫簽城下之盟。錫克允割蘇狄拉吉河所有南岸之地與英，賠款一百五十萬英鎊，三分之一付現，其餘改以克什米爾抵充，繳出所有火砲，並削減步兵人數為二萬，騎兵一萬二千人。改組錫克政府，在幼主之下以拉爾辛輔助，但需服從英派行政專員勞倫斯 (Sir Henry Lawrence) 的監督；英得派軍長駐拉合爾，直至幼主成年，暫定駐軍八年。勞倫斯名義上雖只是駐在拉合爾的英國行政專員，但事實上他卻成了錫克的實際統治者，所有錫克人自然不會心悅誠服，而且他們還保有相當的軍事力量，不過在大敗之後英人監視之下，要發動另一次戰爭，卻也需要長期準備，因此在哈定總督任內，得以相安無事。

對於以上錫克事務的處理，哈定皆獲英本國政府的批准認可，但卻均非長治久安之計，只能算是不得已的過渡時期措施。第一，錫克仍保有名義上的統治者，就法理言仍係獨立性質，究應如何使之變成為英國直接統治，尚無妥善安排。第二，錫克大敗之後，固然元氣大傷，但東印度公司方面本身的戰力亦需要大量補充，而以占領地區日廣，如何有效維持內部安寧，深感負荷過重。第三，合併克什米爾只是權宜之計，因克邦居民多係印度教徒而非錫克教徒，現在英國人從錫克手中取得了克什米爾，如使之仍合併在錫克行政範圍之內，由行政專員遙控，實不如使其有獨立分治之名，而另派高級專員管轄，更為相宜。最後英國人乃決定以七十五萬英鎊將克什米爾在名義上賣與哥拉甫辛 (Raja Gulap Singh)，使其獨立於錫克之外，仍由英派專員所監督。

哈定總督於 1848 年奉調回英，擔任英軍總司令職務，頗多建樹，為擴充砲兵部隊，更新陸軍裝備，創立哈塞軍校 (School of Musketry Hythe)，建築亞德索基地 (Aldershot) 等，1855 年晉升元帥，1856 年 9 月病逝，卒年七十一歲。

十七、達爾侯洗督印

繼任哈定為印度總督的是一位年輕的蘇格蘭人達爾侯洗伯爵 (Earl

of Dalhousie)，只有三十五歲。他曾擔任過貿易局局長，那時正是加速發
展鐵路運輸系統的時候，貿易局的職務十分艱鉅，但是他的表現卓越，
因此出任印度總督，大家都覺得是最適當的人選。不過他的健康情形不
佳，在加爾各答上岸時，行動已不靈活，事實上在往後的八年任期之內，
可以說每天都是抱病從公，離職回英時，是扶著枴杖勉強上船的，完全
靠著堅強的意志力，才戰勝了身體上的軟弱，表現出一位傑出政治家的
領導才能，比那些身體健康的人政績更佳。

　　最初的四年之中，達爾侯洗忙於第二次錫克之戰與英緬之戰，後四
年方集中精力於印度內部的建設。錫克之戰是由墨爾坦的錫克首領墨拉
咶 (Mulraj) 所蓄意挑起的。墨拉咶掌管墨爾坦地方的軍政大權，不服拉
合爾英國專員的節制，亦不按期繳納稅款。英方通知他到拉合爾來當面
報告，墨拉咶即佯請辭職。英派官員二人前往接替，不久即被謀殺，墨
拉咶則堅守不出。達爾侯洗深知非接受挑戰不可，才能澈底解決錫克的
問題，因此乃調兵遣將全面備戰。1848 年發兵兩萬，火砲百門，由高爾
將軍率領，向墨爾坦進攻。達爾侯洗發表應戰聲明：「錫克人未經示警宣
戰，即向我全面攻擊，好的，你們要戰爭，我就給你戰爭，給你懲罰。」
一個是為了保衛錫克政權的存亡，一個是為了帝國霸業的擴張，兩不相
讓，全力拼鬥，亦如第一次錫克之戰，雙方死傷均大，延至 1849 年 2 月
古茶拉迭一役，英方取得了決定性的勝利，達爾侯洗乃斷然宣布合併旁
遮普省，廢錫克王，撤消前派專員公署，正式派約翰勞倫斯 (John
Lawrance) 為省督，直接由總督統治。

　　至於第二次英緬之戰，不若錫克之戰激烈，而且時間也較短，但是
意義卻同樣重要，使英國得以進一步控制了緬甸。緣自 1826 年第一次英
緬之戰結束後，雙方尚能和平相處，到了 1837 年緬甸新王撒拉瓦底
(Tharrawaddy Min) 登基，拒不履行前王與東印度公司所簽之約，對公司
所派駐緬行政官的地位亦不予尊重，英商在仰光時受干擾，乃多次請求
印度總督出面交涉，迄達爾侯洗督印，決採強硬政策，時緬王亦已由帕

干繼承。英方代表藍姆白 (Lambert) 要求緬王賠償英商損失，並撤換仰光總督。緬王為避免戰爭，答允派員與英談判，進行無結果。藍姆白以緬王有意拖延，即逕自宣布以海軍封鎖仰光，迫使緬王就範。達爾侯洗認可藍姆白的緊急措施並進行全面備戰。同時以最後通牒致送緬王，要求賠款十萬英鎊，限 1852 年 10 月以前分期付清，緬王不允，第二次英緬之戰遂於 1852 年 4 月開始。英軍節節勝利，不一月相繼占領仰光、馬塔班 (Martaban) 與巴辛諸地。達爾侯洗親赴仰光督戰，續取卜諾美與庇古，迫緬王將下緬甸之地合併與東印度公司，緬王不允。是年 12 月達爾侯洗遂逕行宣布合併下緬甸為東印度公司直轄領土，派菲利 (Phayre) 為緬督，駐守下緬甸。

第二次英緬之戰未爆發前，倘使緬王能早知英謀緬甸之亟，去其虛驕，整軍經武，全力戒備，則尚不致失敗如是之快，但緬王不知接受教訓，尚文過飾非，對於《揚達坡條約》，尚誣稱為英人之失敗。其官方對於此事之記載有云：「在 1186 至 1187 年（緬甸紀年）之間，有西洋人入境滋事，占仰光、卜諾美，深入揚達坡，我主體恤生民，不願大動干戈。洋人入緬，耗資甚鉅，至揚達坡後，款盡乞憐，我主大發慈悲，賜款使退出緬境。」可見其毫無明恥教戰的意念。

達爾侯洗是一個積極的擴張主義者，他不放過任何一個兼併領土的機會，第二次英緬之戰，使東印度公司囊括了孟加拉灣以東，從吉大港到新加坡的所有海岸線周邊地區。整個緬甸之淪亡，雖尚待第三次的英緬之戰，但他已為取得整個緬甸打下了基戰。錫克之戰，解除了東印度公司在印度本土的最大威脅，使公司得以從錫克手中奪得旁遮普省。為了進一步的安全，以及進窺中國，他又在 1850 年兼併了錫金。錫金介於不丹與尼泊爾之間，是西藏的屬地，地方雖小，卻是入藏的戰略要地，控制了錫金便可進窺西藏。他又在離印之前，匆匆宣布兼併了烏督，理由是烏督王虐待人民，為了人民的生命財產獲得保障，遂將其收為東印度公司所有，以便能改革政治，從事建設，使邦民同享自由幸福的生活。

按照錫克、緬甸、錫金和烏督等過去與東印度公司所分別簽訂的條約，均係相約互不侵犯，然而達爾侯洗一個一個予以兼併，顯然是違反了條約義務。但是他總是解釋為保障這些土邦的人民，究竟在英國外來勢力的保護之下，能否真正獲得了保障，仍然有待事實證明，但有一點是很清楚的，即印度上述的土邦不復再有它們自己的統治者，而係一個一個被英國所吞併，就政治的意義來說，是被英國東印度公司所滅亡。

達爾侯洗為了建設英帝國在印度的統治，他也從事各項凡足以加強統治的建樹，例如有線電話的鋪設、陸軍的建制、公共工程部的設立、開鑿接通恆河的運河、設計全印度的鐵路系統等，均有顯著的貢獻。任何他認為應該做的工作，就不計譭譽，全力以赴，當然也難免開罪許多人，並引來嚴酷的批評。對於那些歪曲事實和眼光短淺的惡意批評，他常感痛心，可是他在惡毒批評之下仍然貫徹他的工作，從不氣餒，也絕不改變。他的健康甚壞，但他集中所有的精力，為他所效忠的帝國而工作。總之，不論他的同僚如何批評，達爾侯洗對英帝國而言，是一個傑出的總督，一位開疆闢土的忠實帝國主義者。

十八、大暴亂與印度的滅亡

1856 年 2 月，甘寧 (Viscount Canning) 接替達爾侯洗出任印度總督。甘寧的父親喬治甘寧 (George Canning) 曾於 1827 年擔任過英國的首相。甘寧受命前往印度前，係英國的郵政總長，具有相當的行政經驗，時年四十四歲。達爾侯洗交卸職務時，認為印度局勢大致平靜，但事實上各地的情勢相當緊張，而且暗中的反英情緒高漲，不過達爾侯洗不曾察覺。他的大部分注意力都集中在旁遮普一帶，至於其他地方都沒有採取嚴密的防範措施，一般的軍、政負責人也都沒有料到大暴亂即將到來。

英國東印度公司自 1600 年成立以後，假經商貿易之名進入印度半島，用掠奪剝削的方式，壓榨印度人民，繼而以武力蠶食印度的國土，在這個古老的國家裡，帶來了政治、經濟、社會及軍事上的各種劇變。

公司當局實際是英國政府派遣的殖民官員，但名義上仍是商營性質。公司派駐各地的管理人員，也良莠不齊，其實大都是抱著帝國主義者的征服態度，魚肉當地人民。長時期以來，英國人的暴政，連他們自己稍有見識的人，也認為是所有國家中最惡劣的統治者，所以印度民間的仇恨，已經是一天天的增長，最後終於爆發了 1857 年的大暴亂。這一次大暴亂的結果，不僅結束了東印度公司的命運，同時也滅亡了印度，使印度變成英國女皇直接統治的殖民國家。

1.大暴亂的近因

分析大暴亂的近因，可從政治、經濟、社會、軍事等四方面來觀察。就政治方面言，達爾侯洗總督八年任期之內，對印度土邦實行兼併占領與武裝壓迫的政策，使原有的印度統治階層，因疑懼而憤恨。英人視蒙兀兒王為敝屣，廢烏督的回教王公，由英人直接統治，引起了回教籍統治階級的切膚之痛。突然停止印度教籍王公拉拉沙赫甫 (Nana Sahib) 的年津，又使印度教的統治勢力也不滿。印回兩教的政治領袖們，因此暗中推動反英運動。大暴亂未爆發前的幾個月，在北部印度的回教村莊以及印度教兵營之中，發生有傳餅與送蓮花的情事。有人持六個麥餅送給村長，要他同樣做六個麥餅又送給鄰村的村長，相送不已，達數月方止。此餅最初自何處開始，不得而知。印度兵營之中，也發生傳遞蓮花的事，有人送蓮花一朵交兵營中的官長，官長接蓮花後凝視良久，並不言語，再轉交他人，直至全營均已傳畢，再轉送鄰營軍隊。究竟此種傳遞有何特殊意義不得而知。也許傳餅是喚起回教徒的團結精神；傳蓮花引發印度士兵對祖國之懷念，當時並無證據。然而此種神祕舉動，含有政治意味，應無疑義。

其次就經濟的觀點來看，印度人民和社會上的既得利益集團，也均不滿東印度公司的剝削政策。英國人用機器大量生產的產品，運往印度各地傾銷，使原有的手工業倒閉，工人失業日多，成為社會上極不安定的分子。達爾侯洗為進行各項建設，任內曾大量沒收地主土地，無半分

補償。各地的大地主又往往同時是各地方的政治領導人物，他們的既得利益被奪，自然群起怨尤，尤以在烏督地區，東印度公司將烏督王公廢棄後並逐出官舍，種種刺激，更鼓勵其伺機而動。

　　說到宗教上的原因，尤其普遍深遠。一般的印度人對東印度公司引進的基督教文明，深感震驚，他們看到火車與電話，認為是作弄人的巫術，看到英國人利用統治勢力要來廢除幾千年來習以為常的階級制度，認定是故意侮辱他們的宗教，而且鼓吹寡婦可以再嫁，更是怒不可遏。基本上他們對基督教的教義與不拜偶像等教規，有著極大的排斥力量，而各地的宗教領袖，因感地位動搖，權利被奪，所以極易糾合群眾，誓死反對。

　　最後談到軍事上的原因，也不是一朝一夕所造成的。東印度公司開疆闢土，在印度連年作戰，所需兵員大半是來自印度本土。過去這些僱傭兵在英國軍官指揮之下，聯合作戰，尚能效忠公司。後來由於英緬之戰、錫克之戰等連年苦役，死傷頗大，漸感不滿。他們多次要求增加薪餉，未獲准許，不滿之心，益為增加。且軍中英國軍官的升遷與調遣，常不按年資與能力，失去印軍的信心。到了甘寧就任總督之後，曾命令孟加拉軍團待命出征，而此一軍團實際上是由旁遮普與西北邊省的士兵組成，他們不慣海上行軍，又畏懼英國軍官的嚴厲統治，深恐調赴國外作戰，當時的英國將領卻未能察覺此點，一意孤行。又加上英籍軍隊的數量因死傷日漸減少，印籍部隊日益增多，暴亂前二十三萬八千部隊中，英籍者僅占百分之十六，其餘二十萬人均為印度僱傭兵，而且重要戰略要地如德里、阿拉哈巴德等地也由印軍把守。同時英國參加克里米亞戰爭與對中國之戰，在印度的兵力空虛，因而印度部隊自認其地位重要，也不怕少數英國軍官的勢力，所以謀反之心，益為膽壯。

　　有了上述的種種原因與條件，暴亂幾乎隨時會發生，就在 1857 年因英方更新部隊裝備，採用一種新式的翁費德式 (Enfield) 步鎗，乃觸發兵變而串連成全國性的大暴亂。因為新式步鎗塗有一種油脂，目的在保護

鎗械，並無他種作用，但軍中有人指出，這種油脂含有牛油、豬油的成分，豬油是回教軍隊的忌物，認其不潔，有瀆神明；牛油是印度教士兵認為神的膏油。英國人配發這種油脂令士兵使用，明明是故意侮辱印度教士兵，也是開罪回教士兵，所以兵營之中一片憤怒，是年 5 月 10 日即爆發了反英的兵變。

2.大暴亂經過

　　大暴亂係由距德里四十英里的梅諾底 (Meerut) 兵營印度教軍隊首先發難。他們鎗殺英國軍官，釋放獄中囚犯，並縱火燒燬兵營。英國部隊長逃往德里，當時德里並無英軍駐守，亂兵跟進，城內印軍響應，即占領德里。回教居民紛紛參加，搜尋英人殺戮。第二天火焚軍械處，並宣布擁蒙兀兒老皇巴罕多為皇帝，在德里即位，以為號召。一個月之內，德里附近各印軍皆加入暴亂，聲勢浩大。7 月初外路英軍趕至，攻占了城北高地，死守待援。印軍三萬猛攻英軍，至 9 月仍未能下，14 日對印軍總攻，占領克什米爾門，激戰一週，英將戰死，始將德里克復。英軍入城時，濫殺無辜作為報復，在印人腦海中，留下慘痛回憶。德里皇帝被英軍俘虜，放逐仰光，蒙兀兒帝國從此永不再起。

　　暴亂除德里一區外，另有兩地最為激烈，一在考坡爾 (Cawnpore)，一在洛克腦 (Lucknow)。考坡爾方面有英軍四百名，眷屬六百人。亂兵係

圖 26：印度大暴亂

由居住該處的前瑪拉撒王裔拉拉沙赫甫所領導。此人原係退休後居家，因達爾侯洗總督停發年津，故起而加入暴亂，印軍擁之為王。7 月 9 日印軍猛攻英軍，激戰十八日不支乞降，允英軍乘船撤退，英軍棄械登船後，舟至江心，印兵開鎗掃射，脫逃生還者僅四人，所有英籍婦孺被俘後均遭殺戮，屍體則拋入水井。至 11 月英方大軍來攻，暴亂敉平。英人為紀念殉難婦孺，特在考坡爾城中豎立女像碑，以示痛念。洛克腦方面，英方原有駐軍千人，及印兵七百，亂軍來攻時，英軍全力死守，數日後隊長陣亡，副隊長繼續指揮抵抗，自 5 月至 9 月猶未屈服。年底英本國援軍趕到，由總司令堪培爾 (Sir Colin Campbell) 親自督戰，協同尼泊爾友軍激戰至 1858 年 3 月，方將洛克腦收復。

　　除上述德里、考坡爾與洛克腦三處的主力戰外，中部印度及烏督方面亦有亂兵，但均為堪培爾率軍漸次掃平。至於孟加拉、旁遮普等處因守將及政府應付得宜，未曾參與暴亂，而錫克及尼泊爾且曾助英軍平亂，奏功不小。

3.大暴亂失敗原因

　　暴亂初起，印軍五倍於英軍，且民間反英情緒高漲，印軍又在本土作戰，得地利之便，何以不出兩年，竟被英人所平服，其主要原因為印方缺乏鮮明的政治號召與組織領導，加以裝備不如英軍，無統一的指揮號令，故為英方所各個擊破。詳細研究：㈠這次暴亂，臨時以德里皇帝為號召，實不如高舉反英旗幟，更為鮮明有力。且發難之時，上層並無總的領導，只是各地揭竿而起，互不相關，互不協調，因之民族意識的熱潮，不能匯成巨力。反之，英人由總督調度指揮，號令一致，英本國更迅速支援，各地守軍亦多忠勇不屈，堅守待援，能戰能守，使各路援軍及時趕到，得以亂平。㈡印軍武器，仍多使用舊式毛瑟鎗，英軍則已改用翁費德式新鎗，戰鬥力英強於印。㈢印軍在作戰時，不知利用快速通訊交通設備，如通訊、火車，反之英軍能充分利用各項設備，戰情準確迅速，調度亦較靈活。㈣暴亂發難後，英方能取得一部分土邦王公的

支持，他們不僅拒未參與暴亂，且派兵助英平亂，一則由於英方的懷柔
手段成功，再則幾個擁有兵力的土邦原與德里皇帝有仇，如錫克、尼泊
爾及海德拉巴等皆左祖英軍。㈤亂區人民固不喜英人統治，但亂軍之來，
燒殺擄掠，肆無忌憚，其禍更甚於英軍，故民心逐漸遠離，終至偏向英
方，尋求保護。就整個情勢而言，蒙兀兒王朝治下的軍、政勢力，同屬
外來統治者，與印度絕大多數人民並無利害一致與血肉相聯關係，無人
願付出犧牲為蒙兀兒王朝而戰。因而力量強大之英國殖民勢力乃取蒙兀
兒回教王朝而代之。

4.大暴亂的影響與印度的滅亡

　　1857 至 1858 年的大暴亂，已被東印度公司敉平。由於這次的大暴
亂，結束了蒙兀兒王朝的統治，結束了東印度公司的存在，也帶來了印
度名副其實的滅亡。從此，印度成為英國所統治的殖民地，它的影響是
極大而深遠的。

　　1858 年 8 月 2 日，英皇簽署由保守黨內閣提出經國會所通過的《改
革印度政府法》(*An Act for the Better Government of India*)。9 月 1 日東
印度公司董事會舉行了最後一次的會議，決定將公司所管轄的「這一片
廣大的國土及其在印度的萬千人員，作為禮物呈獻與英國女皇陛下並直
接統治，希望女皇悅納，也請記住公司以往所作的一切貢獻和其成功的
經驗。」董事會又通過對全體服務人員予以獎勉：「本公司極感榮幸，能
將我們這樣龐大世所未有的軍、政人員，全部轉移為女皇陛下服務。能
為本公司建立此種軍、政體系的政府，絕不會像一般人所指摘的是軟弱
無能的笨拙政府。他們之中，雖然有人出身寒微，來自農舍或陋巷，
雖然沒有受過良好的教育，或者抵達印度時身上一文不名，連一封介紹
的推薦信也沒有，但是只因為他們的才華，所以到後來也在公司中擔任
顯要的職務，表現卓越，像那些擁有輝煌經驗與高貴地位的同仁一樣。」

　　依據新法所組成的印度政府，由總督代表英皇成為印度最高的統治
者，稱為副皇 (Viceroy)，英屬十一省設省督，由總督任命，直接統治。

另外不屬各省的印度土邦，形式上保持半獨立的地位，但每一土邦各派
行政專員一人，在王公之上，代表總督行使太上皇權 (Paramouncy)。在
英國內閣中設印度事務大臣 (Secretary of State for India) 為內閣的閣員，
並設印度事務局 (Council of India) 處理有關行政事務，以替代過去的東
印度公司董事會。

　　1858 年 11 月 1 日，英女皇維多利亞滅亡印度的詔書，在阿拉哈巴
德及印度其他大城市所舉行的大典中正式告示：

> 奉天承運，大不列顛與愛爾蘭聯合王國，及歐洲、亞洲、非洲、
> 美洲、澳洲所有殖民地與屬地的維多利亞女皇陛下，基於各種重
> 大的理由，經過國會上議院與下議院集會一致決議，同意接受在
> 此以前由東印度公司所掌管，現在交託給我們的印度領土上的政
> 府。現在，根據此一轉移，並經上述的同意，我們正式宣布接管
> 了這一政府，並鄭重昭告這一領土內我們的臣民，必須要忠實地，
> 效忠於我們和我們的後裔與繼承者，服從由此以後只要我們認為
> 適當，在任何時候，由我們所任命的，用我們的名義，並代表我
> 們的，管理這一領土上的政府。
> 基於對表弟甘寧伯爵所表現的忠心與才能，以及經由對他的信愛，
> 已經鄭重選擇並正式任命他，甘寧伯爵為上述我們領土內和領土
> 上的第一任總督，用我們的名義來管理政府，並用我們的名義，
> 代表我們，依照經由我們的主要大臣們所下達的命令和規定，來
> 執行任務。
> 對於目前服務於東印度公司各軍、政單位的工作人員，決定依照
> 我們的需要，以及有關法令的規定，予以認可。
> 對於印度各土邦的王公們，我們現在宣布，所有他們和東印度公
> 司或經由公司授權所簽訂的條約或協定，我們均予以接受並維持
> 有效，也希望他們方面能採取同樣態度。

我們絕不容許對我們領土主權的侵犯，我們也無意擴張已經擁有的領土和主權。

我們將尊重本地王公的權利、尊嚴與榮譽，亦如對我們本國的皇室，希望他們像我們所有的臣民一般，由於政通人和，能享受繁榮與社會的進步。

對於我們印度領土上的本地臣民，藉著神的恩惠，我們一定忠實履行我們應盡的義務，亦如我們對其他的臣民一般。

我們堅守基督教的信仰並感謝宗教所給予我們的啟迪，因此樂於宣布，我們絕不將我們的宗教信仰，強加於我們的臣民，也絕不因為他們所持各種不同的信仰而有差別待遇，均將依法給予公正平等的保護，我們一定要嚴格約束有關的官員，用最大的容忍，絕不去干預人民的宗教信仰和崇拜的方式。

所有我們的臣民，不分種族、信仰，只需其教育、能力與勇於負責的精神，符合相關規定，均有自由、公平參與公職工作的機會。

我們瞭解並且尊重印度本地人民十分珍愛他們祖先所留下的土地，我們將依法保護他們的有關權益，並兼顧國家的需要，因此我們在立法和執法時，將特別注意舊有的權益和印度的慣例與風俗。

我們譴責那些蠱惑群眾發動這次叛亂的野心分子，我們平亂的強大力量已在戰場上展示，我們願意寬恕所有被裹脅盲從而能悔過自新的人。

現在有一個省區已請求停止流血暴動並恢復印度自治領的和平，我們已同意總督在適當條件下，赦免絕大多數在這次不快暴亂中反抗政府的人，懲辦那些無可寬恕的人，我們已然批准了總督的建議，同時宣布下述的補充規定：

「寬恕所有冒犯者，除非他們直接參與謀殺不列顛臣民，這是依法不能赦免的。

凡明知其為殺人犯或為首叛亂或從事煽動而仍提供庇護者，可免死罪，但應依其所受蠱惑之情況與程度予以量刑。

凡持械反對政府及皇室尊嚴者，只需放下武器，即准其自由返鄉，不咎既往。

上項規定之有效時間，將延至 1858 年 12 月 31 日為止。」

求神祝福，在國內秩序恢復之後，我們一定忠心誠意地，促進印度的工業發展，從事各項公益事業的建設，並為了所有臣民的利益來治理印度。他們的繁榮就是我們的力量；他們獲得的滿足便是我們的安全；他們能知所感激的也就是我們最好的報酬。願萬能的神給我們以及各級官員以力量，來實現我們造福印度人民的願望。

The Text of Queen's Proclamation

Victoria, by the Grace of God of the United Kingdom of Great Britain and Ireland, and of the Colonies and Dependencies thereof in Europe, Asia, Africa, America, and Australia.

Queen, Defender of the Faith.

Whereas, for divers weighty reasons, we have resolved, by and with the advice and consent of the Lords Spiritual and Temporal, and Commons, in Parliament assembled, to take upon ourselves the government of the territories in India, herebefore administered in trust for us by the Honourable East India Company.

Now, therefore, we do by these presents notify and declare that, by the advice and consent aforesaid, we have taken upon ourselves the said government and we hereby call upon all our subjects within the said territories to be faithful, and to bear true allegiance to us, our heirs and successors, and to submit Themselves to the authority of those whom we may hereafter, from time to time, see fit to appoint to administer the government of our Said territories, in our Name and on our behalf.

And we, reposing especial trust and confidence in the loyalty, ability, and judgement of our right trusty and well-beloved cousin Charles John Viscount Canning, do hereby and constitute and point him, the Said Viscount Canning, to be our first Viceroy and Governor General in and over our said territories, and to administer the government thereof in our name, and generally to act in our name and on our behalf, subject to such orders and regulations as he Shall, from time to time, receive through one of our Principal Secretaries of State.

And we hereby confirm in their several offices, civil and military, all persons now employed in the Service of the Honourable East India Company, subject to our future pleasure, and to such laws and regulations as may hereafter be enacted.

We hereby announce to the native princes of India that all treaties and engagements made with them by or under the authority of the East India Company are by us accepted, and will be scrupulously maintained, and we look for the like observance on their part.

We desire no extension of our present territorial possessions and, while we permit no aggression upon our dominions or our rights to be attempted with impunity, we shall sanction no encroachment on those of others.

We shall respect the rights, dignity and honour of native princes as our own; and we desire that they, as well as our own subjects, should enjoy that prosperity and that social advancement which can only be secured by internal peace and good government.

We hold our serves bound to the natives of our Indian territories by the same abligations of duty which bind us to our other subjects, and those obligations, by the blessing of Almighty God, we shall faithfully and Conscientiously fill.

Firmly relying ourselves on the truth of Christianity, and acknowledging with gratitude the solace of religion, we disclaim alike the right and the desire to impose our convictions on any of our subjects. We declare it to be our royal will and pleasure that none be in any wise favoured, none molested or disquieted by reason of their religions faith or observances, but that all shall alike enjoy the equal and impartial protection of the law; and we do strictly charge and enjoy all those who may be in authority under us that they abstain from all interference with the religious belief or worship of any of our subjects on pain of our highest displeasure.

And it is our further will that, so far as may be, our subjects, on whatever race or creed, be freely and impartially admitted to office in our service, the duties of which they may be qualified by their education, ability, and integrity duly to discharge.

We know, and respect, the feelings of attachment with which the natives of India regard the lands inherited by them from their ancestors, and we desire to protect them in all rights connected therewith, subject to the equitable demands of the State; and we will that generally in framing and administering the law, due regard be paid to the ancient rights, usages, and customs of India.

We deeply lament the evils and misery which have been brought upon India by the acts of ambitious men, who have deceived their countrymen by false reports, and led them into open rebellion. Our power has been shown by the suppression of that rebellion in the field, we desire to show our mercy by pardoning the offences of those who have been misled, but who desire to return to the path of duty.

Already, in on province, with a desire to stop the further effusion of blood, and to hasten the pacification of our Indian domions, our Viceroy and Govenor General has held our the expectation of pardon, on certain terms, to the great majority of those who, in the late unhappy disturbances have been guilty of offences against Our Government and has declared the punishment which will be inflicted on those whose crimes place them beyond the reach of forgiveness. We approve and confirm the said act of our Viceroy and Governor-General, and do further announce and proclaim as follows:

Our demency will be extended to all affenders, save and expect those who have been, or shall be convicted of having directly taken part in the murder of British subjects. With regard to such the demand, of justice forbid the exercise of mercy.

To those who have willingly given asylum to murders, knowing them to be such, or who may have acted as leaders or instigators of revolt, their lives alone can be guaranted, but in apportioning the penalty due to such persons, full consideration will be given to the circumstances under which they have been induced to throw off their allegiance; and large indulgence will be shown to those whose cuines may appear to have originated in too credulous acceptance of the false reports circulated by designed men.

To all others in arms against the Government we hereby promise unconditional pardon, amnesty, and oblivion of all offences against ourselves, our crown and dignity, on their return to their homes and peaceful pursuits.

It is our pleasure that these terms of grace and amnesty should be extended to all those who comply with these conditions before the first of January next.

When, by the blessing of Providence, internal tranquillity shall be restored, it is our earnest desire to stimulate the peaceful industry of India, to promote works of public utility and improvement, and to administer the government for the benefit of all our subjects resident therein. In their prosperity will be our strength, in their Contentment our security, and in their gratitude our best reward. And may the God of all power grant to us; and to those in authority under us, strength to carry out those our wishes for in good of our people.

　　甘寧總督在 1858 年 11 月 1 日並正式通告:「女皇陛下已宣布她樂於接管在印度的不列顛領土上的政府，總督特宣告自即日起印度政府的一切行動皆係以女皇唯一的名義行之。所有在東印度公司管轄下，擁護英

國權威的任何種族與階級，亦自即日起，均成為唯一女皇的臣民。總督曉諭全體人民，應各盡所能貢獻心力，遵照女皇詔書敬謹實行，對於女皇在印度本地的億萬臣民，總督從現在開始，將不時嚴格要求他們絕對服從並效忠君王的仁慈召喚。」

第六章
英治印度

一、英滅印度

維多利亞女皇已宣布兼為印度皇帝後，大英帝國名副其實的滅亡了印度。在此以前，英國人用東印度公司的名義，蠶食鯨吞，在印度大肆侵略，雖然步步得逞，但仍不無忌憚。如今君臨印度，自然徹頭徹尾充分發揮其統治者的威權，若干政治與軍事的變革，自 1858 年起隨之而來，所謂新建樹等等，不過是美化其殖民統治而已。

有些英國歷史學者稱 1857 至 1858 年的印度大暴亂為叛亂，其實這是錯誤的。因為一般所稱的叛亂，乃係指一國之內的國民企圖用非法的手段改變國體或推翻其合法的政府，但是在印度境內的英商東印度公司只是一個外國的商業機構，並非合法的印度政府，印度人民基於自己國家的利益，群起要來驅逐它，打倒它，實是一種民族意識的表現，實在不能稱之為叛亂。不過勝者為王，敗則為寇，所以英國女皇維多利亞在印度稱皇，而將印度人民的反抗鬥爭稱之為叛亂了。既然認定其為叛亂，自然在亂平之後，就要來大肆懲罰。前述女皇滅亡印度的詔書，雖然一再陳述其將採寬大政策，但是當時在任的總督及其後任者卻採取了非常嚴酷的手段以及種種防範的措施。例如在暴亂中蔓延最廣、戰鬥最激烈的烏督省，其所有私人的土地均被新成立的殖民地政府一紙命令全部沒收。理由是該省的大小地主均參與了「叛亂」。此一措施，當時在倫敦的印度事務大臣艾倫伯勞 (Lord Ellen Borough) 曾一度力持反對意見，但是他的意見沒有被接受，反被免職，而女皇且公開讚揚總督甘寧的行政才能。一項有計畫的宣傳並在印度發動，說甘寧總督「具有偉大的高貴氣

質，雖在極痛苦的情況下，亦從不感情衝動輕下判斷」。「他是如此堅持正直原則，因此絲毫沒有對人報復的心理」。也許他對私人之間的恩怨可一筆勾銷，但對其所統治的殖民地人民卻似乎是視同仇寇，亦由此可知那時英治印度的一般官吏心理了。

　　大暴亂開始於兵變，兵變的近因之一在於東印度公司的僱傭兵不滿歧視待遇，不願連年遠征當砲灰。以孟加拉軍團為例，十二萬八千部隊中竟有十二萬人投入了暴亂，亦即除英籍官兵外，所有印度兵無一不反。他們之中大部分戰死於英國增援部隊的砲火之下，或葬身於尼泊爾邊境的叢林之中，餘則為英軍繳械後正法，故孟加拉兵團已只剩一個空的番號。其他印度兵團的損失亦只有程度的差別，因此需要整個重新整編，而整編的原則，則是依據大暴亂的教訓，處處採取防患未然的措施。第一，在印度境內永遠保持英籍駐軍不可抗禦的優勢，包括其兵力、裝備與後勤補給等，並牢牢控制著戰略要地與戰略交通線，絕不讓印度兵再有稱兵造反的可能。即使在以後的兩次世界大戰中，英國抽調駐在印度的部隊至其他戰場作戰，也是調派印度籍部隊，絕不減少英籍駐印兵力。第二，戰略性的部隊，絕對掌握在英人手中，如砲兵、空軍與海軍，尤其是中校以上的部隊長，一定全部由英國軍官擔任。後來到了印度獨立以後，印度政府建立了國防部，但是初期的三軍總司令與參謀總長，仍不能不轉請英國將領擔任，他們以私人地位受聘為印度政府服務，此非印度政府樂意將軍隊的指揮權交與英國人，實係因印度本國的中下級軍官從未接受過將帥養成的訓練，而將帥的培養又非一朝一夕之功所能成。在獨立後不久，印度和巴基斯坦為爭奪克什米爾而引起戰爭，雙方部隊的總指揮，均係聽命於倫敦統帥部的英國將領，其戰爭的勝負，可以說並不取決於實際的戰鬥，而係操縱於倫敦方面的決策，根本等於是一場沙盤演習，可憐幾十萬軍民的死傷，究竟所為何來？何人得利？也可見英國人老謀深算的厲害。第三，在大暴亂中錫克兵與尼泊爾兵均未加入反英行列，且助英軍平亂而又驍勇善戰，因此殖民地政府的印度國防軍，

係以錫克兵與尼泊爾兵為主力。

　　在軍事上除已作上述妥善的規劃，同時更從全局著眼，作長遠戰略性的部署。英人深知要長保印度，則必須使印度洋與印度半島相互依存。因此積極建立印度洋艦隊，掌握優勢，保持海上的暢通，並控制著印度洋周邊所有戰略要地與戰略交通線，使印度洋成為英國的內湖，以看守印度半島。同時又以印度半島為基地，以支援印度洋上的海空行動，使其成為取之不盡的後勤支援地。另一方面，殖民地政府更從印度半島向北、向西、向東擴張，建立緩衝地復進窺堂奧，以策本身之安全，並圖稱霸遠東太平洋。這一連串戰略性的安排與後續行動，引起遠東國際局勢的大變化，所以印度之亡，非但使印度淪為殖民地，更帶來整個遠東的禍害。

　　早在東印度公司時代，英人已開始在印度推行局部的文官制度 (Indian Civil Service)，以替代早期僅憑簡單推薦即可進入公司的辦法，不過這只是限於英國人才能報名投考，至於印度人則限於充任低級僱員，年薪在八百鎊以下，根本無參加文官考試的資格。到了 1858 年殖民地政府成立，為了實踐維多利亞女皇詔書中的諾言，不分種族，凡屬女皇臣民，均得參與印度境內的公職服務，因此放寬文官考試的規定，印籍男性公民均可應考，但年齡不得超過二十三歲，須往英國應考，考試及格須在英國受訓一年，訓練期滿成績及格，方能派授職位。1859 年再降低年齡為二十二歲，1866 年又再降低為二十一歲，並規定考試及格後須留英受訓兩年，1877 年更限制年齡不得超過十九歲方准報考。年齡的限制如此一再降低，目的即在限制印度人應考。試想以一個十九歲的孩子，要遠涉重洋前往英國，和那些自小即受英國教育的英國人競爭，當然被錄取的機會非常之少，偶爾有一兩個僥倖被取，受訓期中也很容易被剔除，所以真能通過種種難關而被派擔任文官的青年，實在是鳳毛麟角。印度國民對於這種極不公平的文官考試制度，非常不滿，因此有志青年也看不起擔任殖民地政府文官的本國人，罵他們為印奸。但是其中也有

取得文官資格的印度青年，在 1885 年國大黨成立後變成為印度的愛國志
士和革命領袖。例如國大黨早期的元老哥卡里（Gopal Krishna Gokhale，
1866～1915 年），便是甘地所推崇的人物，他是溫和派的領袖，與激進
派的鐵拉克 (Bal Gangadhar Tilak) 同為推動反英運動的革命者，哥卡里
便是文官出身。嚴格的說，文官制度的建立，對於殖民地政府的行政效
率是很有幫助的，但目的不在造福被統治的人民，而是強化英人的高壓
統治。

　　我們在本書討論到《吠陀》文化時，曾特別提到雅利安人定居印度
以後，曾在西元前十五世紀至前七世紀期間，在印度河及恆河流域創造
了相當優美的文化，其中之一便是地方自治的制度。那時地方上的領袖
拉甲，在就職之時必須宣誓，誓辭規定須取悅人民，為人民服務，凡是
不經過祭司與長老監督下宣誓的拉甲，不為大家所承認。其中所謂長老，
即地方士紳，他們有一個組織稱為沙巴，等於小型的議會，另有沙米底
則負責實際事務的辦理，如當地的衛生、交通、治安與公益等，完全是
一種服務性質，與拉甲的管理並無直接關係，它本不具備政府的性質，
只是一種自治團體。這種相沿成俗的古老制度，到了回教王朝在印度建
立，並沒有太多基本上的改變，因為這些都是最基層的地方組織，並不
涉及政府的體系，可以說是並無其名而有其實。以後蒙兀兒帝國崩潰，
由於連年戰爭，民多流徙，這些鄉鎮自治性質的團體，多已不復存在。
英國殖民地政府設法恢復舊時成規，加以改進，但全國各地並不統一，
也缺乏確定的制度。

　　1882 年印度總督利朋 (Lord Ripon) 才頒行《印度自治法》，規定縣以
下的各鄉鎮，應設立鄉鎮公所，由鄉鎮民大會選舉的代表互推鄉鎮長，
管理地方事務。各省實行的情形不一，只有孟加拉省全部完成。利朋總
督最初的構想，也並非真讓印度人民自治，但是印度事務大臣仍然認為
具有危險性，不久之後便在國會提出修改《印度自治法》，規定各鄉鎮民
代表大會應以縣長為主席，而縣長則是聽命於政府的官員，可見鄉村自

治名存實亡了。

　　印度沿海的幾個大都市如加爾各答、孟買與馬德拉斯，其市政的管理機構因三市的情形不同而有不同的發展。就加爾各答來說，在十八世紀末葉，國會授權印度總督，得任命保安官若干人，負責有關治安、衛生與稅收的管理，隨後又加設行政官，督辦市政的建設，但保安官與行政官的職權沒有很明確的劃分。到了 1876 年才設置市議會，議員七十二人，規定其中的三分之二必須民選產生。1882 年民選議員更擴充名額為五十人。1899 年寇松 (Lord Curzon) 總督任內，又將民選議員削減一半，且限定市議會的權力，僅為一般事務的討論及課稅的徵收比率，至於市政的監督權，則劃交另一委員會負責，委員十二人，民選議員四人，政府議員四人，另由政府指派議員以外之官員四人共同組成。至此，人民的權力縮小，市議會形同虛設，變成了行政部門的諮詢機關，已無實權之可言。

　　現代化政府的顯著特徵，在於三點，即重效率，立制度，嚴組織。英人統治印度，為便於控制，自不能不注重政府之現代化，我們可以舉幾椿重要的建設看出他們在統治初期這方面所作的努力。就鐵道的敷設來說，這是強化行政效率最重要的基本建設之一，英人利用當地的人力與財力，曾在印度敷設了三萬六千英里的鐵路，而鐵道管理，亦做到完全如英國國內的標準，經由這些重要的鐵路幹線，在平時加速工商業的需要，使貨暢其流，並便於政令的貫徹，一遇緊急情況發生，則又成為輸送戰鬥部隊的捷徑。其次如森林的保養與開發，也採用最科學的方法。1864 年印度政府特聘請德國的森林專家到印度規劃，1865 年通過《保林法》，1878 年更創辦法蘭當森林學院，專門研究熱帶森林的有關的學問。又如農田灌溉，無疑是農業國家中的主要建設，自 1882 年起英人即全力從事水利建設，尤以在缺水地區，如薩興渠、下秦拉渠、阿格拉運河及恆河下游區的運河等，長達七千餘英里。

　　以上所舉若干民生建設，都是英人以高效率在短期內督造完成的。

至於一般行政效率的提高與各種制度規模的建立，不僅遠超過蒙兀兒王朝時代，而且也替後來獨立了的印度，留下一個良好的基礎。

二、《印度國務院組織法》

為明確制定印度殖民地政府的組織，以適應 1858 年後的新需要，英國國會復於 1861 年通過《印度國務院組織法》(*Indian Councils Act of 1861*)，其要點如下：

㈠1858 年以前，印度總督的行政權與行政地位是逐漸擴大和漸次提高的，並未設立總督所指揮的國務院，係透過行政會議來發號施令，而總督亦為行政會議中之一員。例如 1773 年的《管理法案》，規定行政會議由總督及參事官四人所組成，會議的決定取決於多數，總督亦有投票權，參事官及總督之任期均為五年。到了 1784 年國會又通過《皮特印度法案》，將參事官的人數減少為三人，同時賦予總督對行政會議的決定有否決權。到了 1883 年又以敕令確定印度最高的行政權力機構為印度總督。對於一般政務的處理，由總督依性質臨時分別交辦，可說仍是沒有脫離集體作業的性質。

現在所通過的《印度國務院組織法》，則明確規定總督依事實需要，得將政務分類授權國務委員處理，國務委員向總督負責，不必提出國務會議討論，亦不必向總督請示，如遇重大政務或牽涉其他部門之業務，則由總督決定提出國務會議商討，由總督裁決，已逐步形成行政部門分別負責的政府形態。

㈡總督為制定有關的法律，1833 年敕令中規定在行政會議中特設法制委員一人，由東印度公司職員以外的法律專家擔任，於法律的制定時在行政會議中有發言權，無表決權，實際等於是總督的法律顧問。《印度國務院組織法》則規定，在國務院設六至十二人的立法委員，其中非政府官員不得少於半數，均由總督任命，任期二年，負責法律之制定。但有關公債、預算、宗教事務、國防軍事及土邦政策等項之立法，非經總

督指示，不得逕自提出。所有法案，即使立法委員多數通過，總督仍有最後否決權，且不得與英本國政府或國會制定之有關法規有所抵觸。遇有緊急情況，總督並得頒布緊急命令，具有與法律同等之效力。

上項立法委員雖仍在國務院編組之內，但已具有立法會議之性質，此後依事實之需要與時代之進展，逐漸演變成為民選立法機關。

㈢授權總督得於各省的行政會議中，亦設置類似國務院之立法委員四至八人，其中半數亦規定須由非政府官員擔任，負責一省法規之制定。旁遮普、孟加拉、北方省先後於 1889、1862、1886 年遵照辦理，後亦演變成各省之民選立法機關。

三、新印度的黎明

從 1757 年克來武率軍進占加爾各答，漸次併略了孟加拉，到 1858 年維多利亞女皇君臨印度，在這一個世紀的時間裡，由於東印度公司的強取豪奪，使古老的印度在政治和經濟上，都遭遇著空前的劇變，但也正因為有了這些巨大的衝擊，相反的也激起了印度新生的幼苗，而首先從事此一救亡圖存運動的先驅者，便是印度現代化之父拉甲・拉莫罕・諾伊（Raja Ram Mohan Roy，1772～1833 年）。

諾伊出身印度教的家庭，世代從政，屬於第一階級，出生於 1772 年。也像許多有名望的印度人家一般，很小便已承父母之命結了婚。他曾接受很嚴格的家庭教育，很小的時候，父母便請老師教他波斯文、阿拉伯文與梵文，二十歲時開始學習英文讀基督教的《聖經》。對於英文翻譯本的《聖經》，他覺得意猶未足，而找尋希伯來文及希臘文的原文本來研讀。他看到印度教裡的一些腐敗現象，在 1804 年當他三十二歲的時候，發表了第一篇主張廢除崇拜偶像的文章。這在那時傳統的印度教社會裡，居然敢公開反對入廟膜拜神像，是要受到教會長老們的懲罰，被認為是大逆不道的。諾伊三十九歲的那一年，他親自看到他的嫂嫂在火葬場陪葬而死，受到了極大的震撼，從此決心從事宗教與社會的改革事業，放棄

了優厚的政府官職。

有如歷代印度的哲人，對社會的改革都從宗教入手，因為宗教的信仰，控制著人們的思想；宗教的崇拜，普遍深入於民間的生活；而教會的組織與潛力又極為雄厚，因此談任何社會改革，均不能不獲得宗教方面的同情和支持。直截了當的說，要想改革當時的印度社會，根本就應當先改革宗教，要改革宗教，就應該先從印度教的教義著手。著手之處又在那裡呢？如何才是最有效的途徑呢？又如何使改革適合當時的需要呢？

我們研究諾伊的有關著作和他創辦的事業與鼓吹的主張，不難發現諾伊的目標是追求印度的現代化，在當時的情勢下，這是表面不涉政治，而又阻力較小，確能達到救亡圖存的最基本之途。如何方能達成現代化，首先就需要從傳統的宗教桎梏下，謀思想的解放。若要人們從思想上解放，就需要有現代化的教育與現代化的宗教。因此他不斷鼓吹新式的教育，多次上書印度總督與英皇，請求推行現代化的教育，另方面於 1828 年創立梵社 (Brahman Samaj) 揭櫫崇拜一神、廢除偶像，以替代原有的舊印度教教會。他知道宗教信仰在印度人民心目中有著根深蒂固的基礎，欲去舊布新，絕非一朝一夕之功，其阻止也必然是頑顢的。所以他並不否定宗教，但採用託古改制的方式，告訴國人，古印度也是崇拜一神的，最早的婆羅門教是不設廟宇、不拜偶像的。我們也發現，諾伊對西方的基督教甚具好感，因為在基督教的社會裡，並不妨礙現代化的建設，尤其是各種不人道的習俗，如寡婦陪葬、寡婦不得再嫁等惡習，是不容許存在的。1820 年時著《耶穌的真知灼見，和平與快樂之門》(*The Precepts of Jesus, The Guide to Peace and Happiness*)，極力推崇耶穌的博愛精神及其所宣的真理，因此而觸怒教會領袖，將他逐出教會，然而諾伊並未稍挫，反而更擴大了他的改革運動。

諾伊等少數先知先覺的人物，將西方的自由思想，逐漸注入印度的教育思想界，並開始對印度的傳統思想和社會制度，採取懷疑與批評態

度，因而導發了一種新的動力，鼓勵人們敢於向著未來的世界，大膽假設，細心研究。由於他們的倡導與鼓吹，漸漸蔚成風氣，及於一般的知識分子，最後影響到整個社會。大家渴望著拿新的宗教觀與倫理觀來替代舊的信仰與教條，亦即以理智與判斷替代主觀的信仰、以科學替代玄想、進取替代保守。

諾伊同時也對社會制度、司法制度與言論自由等，提出興革的卓見，到處奔走呼號，替十九世紀中所有印度的革新運動，在思想上先播下了種子，也為印度人民描畫出一個未來印度的光明遠景。有時更提出具體的革新辦法。諾伊那種熱愛自由，普愛人類，提倡科學，致力改革的決心，以及面對惡勢力不屈不撓的奮鬥，頗能凝結印度的新精神，將古老的印度推向一個新的里程碑。

諾伊因為目擊親嫂陪葬的慘狀而決志從事宗教與社會的改革，因此他也著力婦女解放運動，提倡女權，掃除寡婦不得再嫁、寡婦殉葬的惡習。他也反對一夫多妻，主張修訂印度民法，使婦女亦能享受繼承權，並有婚姻自主權。此一主張到了印度獲得獨立自由後，方由國會制成《印度法》(*Hindu Law*)，可見諾伊先見之遠。

諾伊在政治方面的見解，是主張在印度行憲政之治，亦如英國，但並不是脫離英國而獨立。他深信印度人民的聰明才智，絕不次於任何其他的民族。他的中心思想是「自由」，他要求印度人民能獲得基本自由權利的保障。其中對於言論自由的爭取，並曾有相當顯著的成效。1817 年哈定總督頒布《出版法》，管制人民的言論自由，諾伊即向英國的最高法院提出呈訴，到了 1835 年這種束縛印度人民言論自由的法令，終獲廢止。

諾伊致力各方面的改革，雖未能一一身見其成，然而他的真知灼見，無疑是近代印度的明燈，所以被稱為印度的現代化之父。

諾伊時代，英式教育並未見重於印度，一般社會仍是沿襲舊制，以私塾或書院作為傳授知識的地方，並無新學的建立，因為東印度公司當局集中精力於開疆闢土，側重愚民政策，而一般的家庭也缺少對科學的

知識，即使政治經濟之學，也不是普通人所愛好學習的。他們教育子女，偏重文史哲學，包括文字、文法、經史、論理學、哲學與經學，傳授的工具為阿拉伯文、波斯文與梵文，甚少人注意英文，且認為學習英文乃是少數和英國人打交道、為英國人辦事的雕蟲小技，不值得重視，甚至卑視，當然那時對英國以外的西方世界，可以說也是一無所知，十分的隔膜。

諾伊曾極力主張改革印度舊的學制，他的目的是促成印度的現代化，促進印度社會的進步。英國人之中，也有不少人持同樣的主張，不過目的卻並不相同。有些英人在印度鼓吹現代教育，特別是教授英文，為的是改造印度人民的思想，使他們樂於接受英人的統治，提高英國人控制印度的效率。以後的殖民地政府便是採取此種政策，例如他們加意培植當地青年使成為醫師護士，交通通訊人員，乃至律師，都是別有用心的。另一種鼓吹英制教育，尤其是英文教育的人是英國的傳教士們，例如十八世紀末葉在馬德拉斯和孟加拉推廣教會工作的浸信會，就曾在當地創辦了多所英文學院，如果說他們是在進行文化侵略，亦不為過。其中最著名的人物如威廉凱利 (William Carey) 和大衛哈里 (David Hare) 都熱心此項工作。

究竟推行英制教育於印度，是利是弊，也有不同的看法。第一次世界大戰中自南非回到印度鼓吹印度自治的甘地，他就是完全反對英制教育的人物。他曾創辦真理修道院及示範國民學校，其教育宗旨與課程內容，完全是舊式的印度學制。甘地本人曾畢業於倫敦大學，獲得律師考試及格，但是由於他熾熱的民族主義和人道主義的思想，他根本反對引進西方文明的現代化教育，尤其反對英語教育。1917 年 4 月甘地旅行考察到印度南部的馬德拉斯，在馬德拉斯大學發表了一篇有名的講演，他說：「你們像印度其他各地的學生一樣，現在接受教育，是為了從你們之中培養出最好的人才，或者僅僅當它是一個製造公務員或商行買辦的機器呢？或者僅僅為了獲得就業的機會？假如這就是你們接受教育的目的，也是你們的

抱負，那麼要想建設一個美滿的國家，是遙遙無期，難以實現的。也許你們知道，我是決心排斥所謂現代文明的。我要你們不要看歐洲現在所進行的事，但假如你們已有所知，一定便能看出，歐洲是在現代文明的桎梏下呻吟，而還想引進這種文明到印度來，便不得不三思而後行了。有人曾提醒我，說是英國的統治者硬要引進歐洲文明，我們又何能阻止？我認為除非我們自己願意接受，我不相信統治者可以帶一種文化來，就令是他們帶來，我想我們也有足夠的力量抵抗這種文化而不必觸怒他們。每當我想到今天印度的事物，我便不得不說我們是在作政治的自殺，是一群土匪。我感到這些都是外國舶來品，絕不能在這裡生根。但是你們做學生的要當心，千萬不要在思想觀念上接受這種恐怖主義。」

提到語文教育的問題，甘地說：「任何一個民族如拋棄了本國的語文，便不能產生實際的進步。」

由此可知，提倡印度現代化，鼓吹英語文教育，並不一定都是印度領袖們所贊同的。不過在諾伊時代，以及稍後的泰戈爾等，正當英國女皇君臨印度後不久，對於殘酷的殖民統治，那時尚欠深入的瞭解。

與諾伊差不多同時代的印度詩哲泰戈爾（Rabindranath Tagore，1861～1941 年），在他逝世前的幾個月，發表了一篇動人的講演，最足以說明十九世紀中葉印度知識分子的心向，強烈反抗傳統的宗教社會而又對英國社會充滿了傾慕與瞻仰之情。

「當我回顧以往茫茫悠長的歲月時，我清楚地看出了我早年發展經過的情景，我被自己的態度和我國人民在心理上所發生的變化而深受感動，這變化裡面帶著深沉的悲劇成分。

我們和廣大的人類世界直接接觸，是與我們早年所熟悉的英國人民同時代的歷史連接在一起。我們對於這些新來到印度海岸的外來客的觀念，主要是通過他們的偉大文學作品而

圖 27：泰戈爾

形成的。當時供我們學習的著作並不太多，種類亦少，而且非常缺乏科學探討的精神，它們的流傳範圍也是受到很嚴格的限制的。所以當時受過現代教育的人，便不能不從英國的文學作品中去求更多瞭解英國。他們不分晝夜的朗誦著白爾克 (Burke) 的堂皇冠冕的演講辭；馬科萊 (Macaulay) 的搖曳生姿的長句。大家當時的討論，都集中於莎士比亞 (Shakespeare) 的戲劇，拜倫 (Byron) 的詩篇，而尤其是十九世紀英國政治的胸襟廣闊的自由主義為中心的命題。

當時我們曾企圖想獲致我們民族的獨立，而我們對英國人的寬宏大量尚未喪失信心，這種信念在我們領袖們的意識中是那樣的根深蒂固，使得他們希望戰勝者會以他們自己的仁慈來自動為戰敗者鋪平自由的道路。這種信念所根據的事實是：那時的英國為所有那些逃避本國迫害的人，提供了避難之所；那些為了他們的榮譽而受到災難的政治犧牲者，在英國人的手中受到毫無保留的歡迎。英國人性格中自由主義人道精神的表現，給了我很深的印象。因為這個緣因，才使得我們對他們表示崇高的敬意，認為他們民族性格上的這種豁達大度的特性，並不因為他們的帝國主義者的驕矜而受到損害。

大約在這時，當我還是一個兒童住在英國的時候，我曾有機會在議會聽到約翰布萊脫 (John Bright) 的演講，那些講辭中所包含的胸襟廣闊的激昂的自由主義思想，完全超越了狹隘的民族界限，在我的心中的形象是如此的深，甚至在眼前道德淪喪理想幻滅的日子裡，還有一些印象，在我的心中縈環不散。

當然，那種卑鄙的依靠我們統治者慈悲心腸的打算，不是一樁光榮的事。雖然如此，但值得注意的是，甚至在外國人身上顯示出人性的偉大時，我們也是誠心誠意地予以歡迎的。人類最優異的崇高秉賦，原非任何特殊種族或國家所專有，它的範圍可能是沒有限制的，也不可能將它當作埋在地下的窖藏。這就是為什麼過去那薰陶過我們心志的英國文學，甚至到了今天還能夠傳達它的深遠的回音直到我們內心深處的理由。

在我們的兒童時代，那些由英國學識培植出來的有教養的孟加拉人士，都充滿著反抗古老社會的情緒，我們接受了英文中『文明』(civilization) 這個名詞所代表的精神，來代替古老、僵硬的禮法。

在我們自己的家庭中，這種精神的變化是被歡迎的。這是由於它的極端合理和道義上的力量，它的影響在我們生活中一切範圍內都感覺得到。我們生長在那種特別是我們對文學直覺的偏好色彩所籠罩的氣氛中，我很自然地將英文安放在心中最高的地位上。我生命的頭幾章就是這樣度過的。但當我愈來愈發現那些承認過西方文明的最高理想的人，只要一涉及民族利益本身問題時，竟那樣泰然簡單地否認了那些真理的時候，我就懷著痛苦的幻滅之感和他們分道揚鑣了。」

詩哲泰戈爾的話，也幫助我們瞭解了諾伊等致力印度現代化運動者的一般心向。不過，諾伊不止是一位領導時代的思想家，更是一位革命者和實行家。總括前面所已列舉的重點工作，我們可以很肯定地說，諾伊雖然絕口不談革命，甚至他所鼓吹的若干政治主張，僅限於在承認英國統治地位的前提下，爭取印度所應享有的平等待遇和政治改善，並沒有提出要推翻英國殖民政權的任何主張，然而他所孜孜不倦推動的，乃是思想的解放，從宗教、社會和教育的桎梏下謀求解放，實無異對未來印度的獨立革命運動，作了最重要的播種工作。從 1858 年的大暴亂，到 1917 年以甘地所領導爭取印度自由獨立的運動，諾伊可以說是承先啟後，真是當之而無愧。

四、十九世紀初期的印度思想界

一代又一代多少國家的改革事業，皆莫不先有思想界的覺醒，為之前導，而後志士仁人決志行之，繼之以行動。凡事之合乎天理，順乎人情，適應時代潮流，適合人群需要者，則又無不可以掀起波瀾壯闊的改革，最後獲致成功。此種改革或為政治經濟社會的革新，或為民族的革命，其經過的歷程縱有長短之不同，而其必致成功，應無例外。印度的

獨立革命運動，自思想的發軔以至建國初成，亦達一個半世紀，而以鼓吹宗教改革的會社開其端，如梵社、福利社 (Prarthana Samaj)、雅利安社 (Arya Samaj)、苦行社 (Ramakrishna Samaj) 及神學社 (Theosophical Society) 等。這些會社雖表面不談政治，但是我們不能忘記宗教之在印度，不僅其影響擴及整個社會，且更與全盤的政治經濟有其密不可分的關係。因此宗教改革正是思想改革的首要之舉，而且如果不從宗教改革著手，其他社會的與政治的革命，在印度根本無從推動。所以我們有必要對十九世紀初期此等會社的活動，作一綜合的敘述。

1. 梵　社

印度現代化之父諾伊，於 1828 年首創梵社，號召印度人民破除宗教壁壘，凡對神有信仰者，不分教別宗派，均可到他所建立的新教會來祈禱禮拜，而新教堂內並無任何的偶像，只是大家心靈與精神的聚會。梵社所提出的口號為崇拜一神與廢除偶像。因為崇拜一神，不分教別，無形中即消除了因信仰之不同所產生的各種隔閡，而能收團結之效；因為他力主打破偶像的觀念，又無異促使人們從狹隘的思想桎梏中，獲得自由與解放，而致力團結與齊求解放卻是一個被壓迫的民族追求獨立自由所必需的條件。所以梵社除致力印度社會的各種改革，實亦為印度獨立革命運動的始播種者，其影響之深遠，實無法估量。

繼諾伊之後，出來領導梵社的是老泰戈爾 (Debendranath Tagore)，即印度詩哲，國際學院創辦人，諾貝爾文學獎得主泰戈爾 (Rabindranath Tagore) 的父親。老泰戈爾於 1843 年主持梵社，派遣社友前往印度各地吸收同道，並出版刊物，聲明梵社完全是以婆羅門教的《吠陀經》為其圭臬。部分青年社員對此頗表不滿，他們認為六部《吠陀經》中有許多的思想，並不適合時代的需要，不能無所選擇的全盤提倡，那樣便等於完全復古而沒有改革的意義了。老泰戈爾頗能接受年輕社員的意見，遂於 1850 年重新修訂社章，僅摘取《奧義書》中的一神論及萬物一元天人合一論的部分，作為新教會的基本主張。青年社員受到老泰戈爾的鼓勵，

更進一步來推敲，認為《奧義書》中論及的「神」，究竟是泛指一切最美
好之物的假設代名詞，例如「真理」，抑或它本身確係至高無上的全能化
身，具有掌管宇宙的特性，很需要再作深入理智的評鑑，不能隨便對一
個人們自己所假設的觀念，加以形象化，然後再加以崇拜。他們很希望
從這樣的探討中，創立一個嶄新的婆羅門教，因此在各地鼓吹改革的主
張，其中尤以沈氏 (Keshab Chandra Sen) 最為激烈。

最初老泰戈爾是極力支持沈氏的，曾不顧社中許多長老們的反對，
任命沈氏為梵社的理事與執行祕書。但是到了後來，沈氏領導的年輕社
員，態度和主張愈來愈激烈，公開提出不同階級的男女可以通婚，又主
張寡婦可以再嫁，這些進步的意見，原是社會革新運動者所應該堅持貫
徹的主張，但是在當時一般社會中的印度教徒與婆羅門教徒看來，則完
全是離經叛道，不可寬恕的。老泰戈爾的思想也跟不上沈氏等年輕一輩
的躍進，他最後終於運用梵社領導人的地位，解除了沈氏及其同黨在梵
社中所負的責任。

沈氏卻並不因此灰心，1865 年自創印度梵社 (Brahmo Samaj of India)
與舊社相對抗。舊社號召崇拜一神，廢除偶像，但仍保持一部分的傳統
教規；沈氏則認為應該對狹隘的印度教會，進行澈底的改革，使之大眾
化、平民化、社會化。沈氏所自創的新社，力量迅速擴大，社員日多，
分社也不斷增加，社員之中且有女性社員。又由於沈氏的奮鬥不懈，印
度政府於 1872 年正式宣布禁止童婚、禁止一夫多妻，並認可寡婦再嫁為
合法，不同階級可以通婚。沈氏之聲名大噪，被人尊為先知，新社遂取
代了舊社的地位。

社會革新的運動，經沈氏大力推動，已達高潮，但是沈氏的思想中
仍有一些舊的成分，例如他主張婦女解放，卻並不澈底，他提倡婦女教
育，卻反對女子可以接受高等教育，同時他本人已被徒眾奉為偶像，觸
犯了梵社最初反對偶像崇拜的根本主張，因此引起社會上更激進者的反
對，1878 年印度梵社便又分裂出更新的一派。

　　這最新的激進派，稱之為沙達蘭梵社 (Sadharan Brahmo Samaj)，提出了更進一步的社會改革。他們主張女子可以接受大學教育，極力主張印度現代化，喚起印度民眾奮起自救解放。此類合乎需要的主張，甚為大眾尤其是青年們所歡迎，因此沙達蘭梵社不久便取代了沈氏所領導的印度梵社，而成為時代的寵兒了。總計自諾伊創立梵社首創改革，至沙達蘭梵社之主張全面現代化，為時不過五十年，而其思想解放與社會革新二者發展之迅速，在古老的印度社會實屬罕見。也許有人認為僅僅若干觀念的改變與社會陋習的廢除，就花費了半個世紀的寶貴光陰，進度仍嫌太慢。但是我們要知道以印度幅員之廣，守舊之深，宗教之壁壘嚴明，要改變幾千年來的舊傳統、舊觀念與舊制度，短短五十年的時間，應該算是快速的。由此亦可見時代潮流的力量之大，而最先啟導此一思想解放之門者，其識見之遠與毅力之堅，如諾伊與後來的甘地，其在印度歷史上的地位以及對印度人民之貢獻，應是先後媲美，值得大書特書的。

2.福利社

　　福利社亦為沈氏於 1867 年所創立，但他本人卻沒有集中全力來推動，而由他的同志諾拉底 (J. M. G. Ranade) 諸人負責。福利社與印度梵社最大的不同之點，即參加的社員，並不以為他們是從事宗教與社會的改革運動，雖然他們也主張崇拜一神，廢除偶像，而他們的中心工作則是建立社會的福利事業。也可以說他們是興利，而梵社則是除弊，二者應屬相輔相成。福利社在各地創辦了許多育嬰院、孤兒院、寡婦收容所等，看來好像純粹是從事慈善救濟的事業，與思想解放的運動無關宏旨。不過他們卻也有一套革新的理論，大大影響了當時從事社會革新運動的人士，擴大了他們的思想領域和工作方向，對後來的政治革命，也很有啟發作用。

　　我們可以從兩方面來簡要說明諾拉底等的革新理論。第一、革新運動，不應當只著眼於外在的社會，而應同時注意每個人內心的洗鍊。他說：「革新運動者，必須從整個的人著眼，而不可只想到外在的世界。」

「宗教改革與社會革新有不可分的關係，正如同愛神者與愛人者有不可分的關係一般。」「我們在探索各種改革方案的時候，必須先要瞭解所要革新的對象與其他方面的依存關係。例如倘使你發覺我們大家都絲毫沒有政治的自由，而這時要來建立良好的社會制度，那是絕不可能的；反之，在一個不崇尚正義和理性的社會裡，又如何可能享有充分的民權呢？同樣的情形，也絕不可能會有一個健全良好的經濟制度。」「總括來說，假使宗教的觀念趨於卑劣，那麼任何的政治勢力與社會經濟制度，都將無法完成其理想的工作。」「像這些事務間的彼此依存關係，並不是偶然的，而是自然的規律。」諾拉底將心理建設列為首要的工作，就當時印度社會的情形而言，無疑是對講求歐化，追求革新者的一個很好的啟示。我們不能因為它為了適應印度社會的環境，特別重視宗教信仰在心理建設中的重要性，而忽視了它的價值。

　　第二、諾拉底很肯定的指出，印度社會之需要革新，乃是不可抹煞、不能逃避的現實，「有人以為所謂革新，乃是社會中的某些個人，勇於拋棄過去，單憑自己的理智選擇，來從事某一種自以為是的改革。這種看法是不完全的，因為它只注意到某些個人主觀上的想法，而沒有考慮到社會上要求改革的潛力。一位真正的社會改革者，不僅要體察社會的需要，提出鮮明的目標來號召，而且要知道團結群眾的力量，方能推動改革的工作，達到預期的目的。」諾拉底的這一深入觀察，說明了為什麼政治野心家經常借群眾利益之名來掩飾其自私自利的企圖；而真正的改革者又必須取得群眾的擁護，方能達到改革目的的緣因。

　　福利社所倡導的這些理論，比之於所從事的具體社會福利工作，更能影響當時的印度思想界。

3.雅利安社

　　就各種革新會社成立的先後來說，雅利安社次於福利社，於 1875 年由沙拉斯瓦底 (Swami Dayananda Saraswati) 所創，他的口號是回到《吠陀》時代去。在他看來，凡是現代美好的東西，在《吠陀》時代都已孕

育，可惜後人牽強附會，把本來不是屬於《吠陀》時代的東西，硬加了進去，致使對《吠陀》文化反而產生了錯誤的評價。沙拉斯瓦底也主張一神與廢除偶像，他採用通俗的方式宣揚主張，因此也吸引了不少的信徒。不過，沙拉斯瓦底缺乏一位偉大思想家或社會改革者必須具有的廣闊胸襟，更沒有理性的批判精神。他不贊成印度教的傳統，同時也拒不接受所有西方近代文明。在他看來，復古便是維新。雅利安社在旁遮普的勢力頗大。沙拉斯瓦底死後，其徒眾在拉合爾建學院，作為紀念。

4.苦行社

苦行社是以苦行潛修來感召世人的一個教派，以高僧拉瑪克利興拉 (Sri Ramakrishna Paramahamsa) 之名名之，最初原沒有成立會社。拉瑪克利興拉是加爾各答城外達克希呂希瓦 (Dakshineswar) 地方一所印度教保護神廟的高僧，他不曾受過高深的教育，也沒有設壇講道，但是他對神有堅定的信仰，過著刻苦自修的苦行僧生活，當時凡是到他寺院中拜神的人，聽到他那簡短有力的話語指點迷津，無不景從感動，敬謹奉行。他所說的話，並不曾輯印成書，所以孟加拉遠近的善男信女，皆莫不以能親聆教導為滿足。聽眾之中，有一位加爾各答大學的畢業生史瓦密‧維維卡蘭達 (Swami Vivekananda) 與之過從最密。1893 年世界宗教會議在美國芝加哥舉行，維維卡蘭達在會中向西方學者介紹拉瑪克利興拉的思想，引起了國際宗教界的注目。維維卡蘭達回國後即創辦苦行社，以弘揚拉瑪克利興拉的教義。

苦行社的思想可歸納為四點：第一、發揚光大古印度文化的精髓，作為社會改革與宗教改革的動力，主張以《吠陀》時期崇高與純潔的精神為理想，來啟發人性中的善，同時對後來印度教的一部分教義，如保護神派那種積極樂觀的救世精神，也承認它的價值地位，一併予以激揚。第二、普天之下的各種宗教，只是大同之下的小異，各種神祇，也都是同質異名，所以應該都是勸人為善，殊途同歸的。可是世人不察此義，互立門戶，彼此攻訐，實喪失了友愛的宗教本質。第三、社會上種種流

傳已久行之千百年的制度，必有其所以能存在的理由和需要，毋需好高
騖遠，一律要加以廢棄，事實上亦絕不可能，且無此必要；更不必事事
標新立異、另立門戶、徒滋紛擾。所以只要採取溫和漸進的手段，朝著
不變的理想，作持續的努力，久之必能達到革新的目的，而舉辦救苦濟
貧賑災等慈善事業，便是最能贏得同情與支持的實際工作。第四、凡苦
行社的社員，不僅應遵守服務社會的社規，而且應以服務社會為教條，
從實際的社會服務工作中，求得自我精神的提升與解放。

　　維維卡蘭達在國際間宣揚他所堅持的主張，確曾替印度也爭取了不
少的光榮，使西方人對印度的歷史文化，發生了廣泛的興趣。他以一往
無前的精神，一方面激勵國人認識過去的光榮，同時也學習他人的長處；
一方面又倡東西調和之說，以融和各種的宗教。維維卡蘭達尤其強調社
會改革者必須自營力行苦修的生活，對於當時印度的社會風氣與人心，
也發生了振聾發聵的功效。

5. 神學社

　　1875 年布拉瓦茲基夫人 (Mrs. H. P. Blavatsky) 在美國創辦了神學
社，這個組織之與印度社會發生關係，則是由於貝桑夫人（Mrs. Annie
Besant，1847〜1933 年）的影響，更由於貝桑夫人一方面在 1907 年擔任
神學社的會長，而 1917 年她又被選為印度國大黨主席，因此也增加了神
學社在印度思想界的地位。在印度爭取自由獨立的前期歷史中，有不少
傑出的女性，例如甘地的忠實信徒，被稱為印度革命之母，同時也是偉
大詩人的奈都夫人 (Mrs. Naidu) 便是其中之一。但是以一個英國女性，參
與印度早期政治活動且當選為國大黨主席的，卻只有貝桑夫人，雖然她
仍然抱著英國第一的主張，而且與甘地的主張相左，但毫無疑問也曾對
印度的現代化運動有所貢獻。

　　貝桑夫人係於 1847 年生於倫敦，最早傾向於自由主義，後來漸漸改
變，成為費邊社的支持者，1889 年加入神學社，1893 年來到印度，1933
年死於印度的馬德拉斯。貝桑夫人留居印度期間，由宗教改革運動而致

力於教育文化事業，最後獻身於印度自治的奮鬥。今日在印度享有盛名的貝勒拉斯印度教大學 (Banaras Hindu University)，便是貝桑夫人所創立。貝桑夫人認為學生不應該只勞心而不勞力，必須手腦並用，她又主張女子固然應當獲得和男子平等的地位，不過賢妻良母的天職，卻不可拋棄。她提倡解放賤民，主張寡婦可以再嫁，並規定所有神學社社員男不滿二十一歲，女不滿十七歲不得結婚。

貝桑夫人頗贊同苦行社的看法，認為印度的革新，應從整理固有文化遺產，恢復古印度精神著手。她在自傳中曾說：「印度最重要的工作，是要恢復、加強並提倡古印度的宗教文化，它將帶來民族自尊心，對過去光榮的維護心與對未來前途的信心，同時，無疑地必可蔚成愛國的風尚，作重建印度的開始。」

貝桑夫人所領導的神學社，最大的貢獻是致力教育事業，特別是對婦女教育與婦女解放運動，具有劃時代的啟蒙作用，而其鼓舞印度人民恢復民族文化與民族的自信心，也應該是現代印度人所永誌不忘的。

五、國民大會黨的誕生與初期行動

最專制暴虐的統治，常是革命的溫床，這是歷史上屢見不鮮的事實。路易十六的暴政，引發了法國大革命；英國對北美殖民地的不開明統治，導致美國獨立戰爭；滿清的專權與腐敗，催生了孫中山領導的國民革命。那些被指為革命對象的悲劇人物，很少知道革命者用來埋葬他們的墳墓，正是這些人物自己掘成的。至於亡人之國滅人之族的帝國主義者，總是難逃最後失敗的命運，不問他們玩火的手段是如何高明，自由解放的民族怒火，總是無法撲滅的。

前一章裡，我們已經探討過印度知識分子的覺醒，他們曾努力於思想革新和社會改革的運動，不過，當時在社會、宗教、教育和文化等各方面的部分改革，對實際的政治活動，表面上是不發生關係的。除了這一類的會社活動之外，當時也有一種小規模鼓吹政治改革的力量，例如

圖 28：印度國大黨　由印度知識分子組成的國大黨最初是為
了爭取政治權利而成立，之後漸漸成為反對英國殖民統治、爭
取印度獨立的領導團體。

1815 年在孟加拉省創辦的英印協會 (Englo Indian Association)，便是推動
印度政治改革的會社之一。他們頗受歐洲自由主義思想的影響，不滿時
政，後來尤其是因對文官制度不滿所激發的不平之鳴，很受知識分子所
支持。班吶吉案例便是一個明顯的例證。

1. 班吶吉事件

　　班吶吉 (S. Banerjea) 是一名印度青年，他參加文官考試，獲得錄取，
但殖民地政府卻不予錄用，班吶吉提出控訴，法院判定他應受行政部門
任用，但任事不久即被免職。班吶吉因此集中全力，發起一項取消不平
等待遇的運動，並成為這一運動的領袖。1876 年復在加爾各答正式創立
印度協會 (Indian National Association)。他對外宣稱，該一會社的創辦，
係受義大利復國三傑之一馬志尼的影響，希望使它成為印度統一運動的
中心機構。因此他到處吸收社員，特別是中產階級分子，直接向人民呼
籲，以鼓動輿論，造成時勢。

　　1877 年文官考試法再度修改，將印度考生的年齡由二十二歲降為十
九歲，以那時考試的嚴格，十九歲年齡的印度青年，更少有錄取的機會。
由於此項報考年齡限制的修改，引發了印度青年大大的憤慨，認為殖民

地政府是故意歧視並限制印度青年的發展機會。班呐吉把握此一機會，即透過印度協會發起全國性的反抗運動，前後在加爾各答、拉合爾、阿拉哈巴德及德里等地舉行群眾大會，反對文官考試之不公允，激起國民反抗的情緒，喚醒印人團結的意識。班呐吉並往全國各地旅行宣傳，受到熱烈歡迎，結果非常圓滿。班呐吉自述此一運動的情形稱：「這是印度在英國統治之下，我們為了共同的目的，不分宗教、種族，採取一致行動的第一次。從此我們認識了必須樹立目標，方能團結奮鬥。我們之中雖然種族、語言、宗教、風俗習慣不同，但是為了達到政治目的，印度人民是可以聯合一致，團結對外的。」

印度協會並派代表一人前往倫敦，請求國會修改文官考試法，不可歧視印度考生，國會允予迅速考慮。

到了 1883 年英國國會通過《易伯特法案》(*Ilbert Bill*)，取消印度境內英印混血種所享有的司法特權，英印混血兒群起反抗。他們在短期內籌集了十五萬盧比的經費，從事大規模的反抗運動，結果，英國國會不得不將該項法案暫不實施。

班呐吉看到此種情形，深深瞭解除非有永久性的組織和全國性的行動，將無法發動任何實際有效的反抗活動，因此在 1883 年於加爾各答號召舉行一次全印會議，但無結果。當時印度總督多弗林 (Duffrin) 已察知民意的重要，曾表示「我們當前最大的困難，是無從確知真正的民意，因此，假如能夠有一個足以反映民意的機構出現，讓政府從這個機構裡得到足以反映民意的建議，那就更好了」。

2. 休謨發起國大黨

休謨 (A. O. Hume) 是英國在印度的殖民地政府一名文官，退休以後，默察當時印度的情勢，建議創辦一個參議會之類的會議，由政府主辦，每年開會一次，集各方俊彥之士，反映應興應革的意見，供政府參考並增加與會者彼此間的認識。1883 年休謨並正式以書面向多弗林總督提出此一建議，即蒙採納。印度各方的賢達之士亦多贊助，1885 年遂有

國大黨首次全國會議的召開。召開的地點原定加爾各答，後改孟買，時間是這一年聖誕節後第三天，即 12 月 28 日。出席的俊彥共七十人，大抵為各方所推薦並得政府所首肯，休謨以發起人資格，也以西姆拉區的代表地位出席了大會，大家都是自費參加，而以能參加與聞印度的政治為榮，公推當時的名律師波奈吉 (W. C. Bonnerjee) 為主席。同一時間，班吶吉所領導的全印會議也在加爾各答舉行，而所討論的內容與主旨，和國大黨所擬議者相似。因此全印會議便從此合併於國大黨之內（國大黨原名 Indian National Congress 應中譯為全印國民會議）。事實上他們的確每年舉行全國性的會議。早期即以此會議作為意見交換之處所，專供政府參考。但自第一次世界大戰中甘地回到印度積極參與以後，國大黨即演變成獨立運動的大集結、大本營，所以印度各種反英的革命勢力都納入在此一組織之下。一直到了印度於 1950 年頒行憲政以後，國大黨方正式成為普通的政黨，如今也是印度的執政黨，所以本書仍稱為國大黨，以符實際。

　　每年聖誕節前後國大黨所舉行的年會，通常都選在全國各地的大都市舉行，甚能引起社會的重視，而且出席的人數也逐年增加，休謨最初的構想，可以說是初步實現。他在第一次大會的開幕式中致詞時指出大會的宗旨：「直接的是要使為國為民貞忠努力之士得以增加彼此的認識，並商討未來一年中政治上應興應革的事務；間接的是本大會將成為印度議會的雛形，倘使辦理得法，若干年後，必可用事實答覆外界的批評，印度並非不適宜代議政治。」

3. 初期的活動

　　國大黨自 1885 年創立後的最初十五年之中，所作的奮鬥，只是輕描淡寫的批評時政並且不斷向政府要求改善，他們曾通過各種的決議，送請殖民地政府參考。顯然這個時期的活動，絲毫未曾帶有革命的意識。他們所遵循的方向，乃是不背棄大英帝國的統治原則，但要求殖民地政府的改良，使被統治者的聲音，得以下情上達，而其所能運用的手段，

便只有哀求。甘地在《印度自治》一書中描寫這時的情景:「直到那個時候,我們總是以為,要拯救我們的災難、窮困與痛苦,只有向英皇殿前去哀求,如果哀求不得,便只有坐以待之,除非沒有機會再去哀求。」

國大黨當時向殖民地政府所提出的要求,包括:採用代議制的政府制度,在中央與地方推行自治制度;撤消原有的國務院,代以自治政府;促進義務教育與專科教育;削減軍費,裁減印度籍兵員;司法獨立,與行政分離;晉用印度人士為高級行政官吏,每年在印度舉辦文官考試。

初期國大黨在批評政府施政時,亦「適可而止,知難而退」,根本不發生什麼作用。他們每年出席大會,高談闊論,內心之中對英國皇室的效忠與深信英國政治家的自由主義與高貴傳統的本質,可以說是絕無絲毫的懷疑,而他們全力所注意的,便是希望喚起英國政治家的良知,能給予印度以公平合理的待遇。

4.政府態度

殖民地政府對國大黨的態度,最初是完全贊助的,根本就是處於主動輔導的地位,政府官員不僅參加了發起人會議,應該說完全是總督示意創辦的,並且還陸續提出了若干建議性的主張,供大會採納。1886年多弗林總督邀請國大黨全代會的全部代表至總督府參加遊園會,1887年馬德拉斯省督也曾歡宴國大黨代表。殖民地的高級官吏如此對國大黨禮遇,目的是在增加溝通,鼓勵參與,籠絡人心。但是兩者之間的關係很快就有了新的變化,也可以說從二十世紀開始直至英國還政與印,國大黨與殖民地政府之間,一直是處於互相敵視或纏鬥不休的對立狀態。

先說最初批准休謨計畫而創立國大黨的多弗林總督,當他任滿離印前,已經是大大不滿國大黨人之喋喋不休,而認為「他們不過是顯微鏡下的少數」。既然是如此微不足道的少數,自不能代表整個印度的民意,其所提出的主張或要求,也就不必過於重視了。我們必須瞭解,多弗林諸人之授意創立國大黨,是一種政治藝術的運用或可稱為政治把戲和魔術,表示大英帝國是重視被統治者利益的,經由國大黨代表們充分反映

民意，供政府施政作參考，而其主要的目的是鞏固統治者的地位，並非是真的為了被統治者謀利益。同時讓一些喜歡評論時政的印度人，每年集中到一個地方，高談闊論，發洩一番，然後等到來年再作另一次的表演，如此而已。偏偏有些認真的代表們，居然認真提出政治改革的主張，想要影響殖民地政府的地位，自然不能得到絲毫的反應，而國大黨人之漸漸不耐不滿，那也是很自然的現象。1896 年大會中，密脫拉 (R. C. Mitra) 曾謂：「一個國家的才智之士，實為整個國家思想意志的代表，是一般未受教育的廣大群眾的合理發言人。否則，難道我們可以說，一個政府中的外來領導者，對本地人民的需要，難道比本地的才智之士，還更多瞭解嗎？通常我們都知道，勞心者治人，勞力者治於人，難道在印度這個不幸的國度裡，竟可反其道而行？」

　　國大黨人的這種想法，殖民政府事實上不會接受。國大黨只是一個幌子，不是真正的民選議會，在那時它也不具備政黨的地位，可是他們欲指導政府，政府當然拒絕被指導。從這時起，國大黨除了每年一次的年會，同時在年會閉幕期間，也開始設立常設機構，從事組織與宣傳的工作，希望激起輿論，對政府施加壓力，達到憲政改革的目的。除了設在印度的常設機構外，並在英國也設立代表辦事處，而且發行《印度》週刊，闡述要求改革的主張。

　　國大黨早期的活動已如前述，究竟能否收到若干的效果？1890 年與1892 年有關印度事務法案的相繼提出並通過，應可視之為事實的答覆。1890 年的《擴大印度立法會議組織法》，係由布瑞德勞 (Charles Bradlaugh) 議員所提，目的就是擴大印度民間的有識之士，得以參與立法的工作，可以說間接得力於國大黨的持續呼籲與爭取。1892 年的《印度參政會議法》，也是國大黨人多年來所一貫要求的。但除此二者，其他歷屆大會所通過要求改革的決議，則沒有一件曾得到反應，政府根本不予理會。久而久之，國大黨人便加深了對政府的懷疑，繼而反抗，最後結成為力量。他們相信，唯有採取激烈的行動，才能贏得真正的改革。

其中最著名的領導人物便是鐵拉克所領導的激進派。鐵拉克出生於普拉，即瑪拉撒族的家鄉，最頑固保守和古印度教文化的中心。他的個性中充滿了冒險、刺激、前進的因子，永不屈服也永不妥協，唯一的目的就是贏得印度的自由和自治。在甘地未取得在國大黨的領導地位前，鐵拉克曾是國大黨中的實力派。甘地曾讚譽他有如高聳入雲的喜馬拉雅山，使人有仰之彌高的感覺。鐵拉克以「犧牲、服務」取得群眾對他的擁戴。他發動暗殺，煽動暴亂，是一個長於奮戰的組織天才。他說：「一個健全的黨，必須有神祕的領袖，集中的意志和戰鬥的精神。」他主張一切重新改組，永遠和官僚戰鬥，遇到障礙即行剷除，他的目標是為國奉獻，他的精神是服務犧牲，取英人的地位而代之。他的力量來自群眾，來自鄉村，是一個新時代的開創者。

印度本是宗教勢力最大的國家之一，所以各項改革均與宗教有關，國大黨的活動自亦不能例外。在晚近幾個世紀以來，印度社會最大的宗教勢力集團莫過於印度教、回教與錫克教，其中錫克教徒的人數較少，但他們是尚武善戰的教派，在軍中具有強大力量，在民間聚居於旁遮普省，所以其勢不可侮，在政治鬥爭中具有相當影響力量。至於印度教徒與回教徒則更如水火已是多年的世仇。對於國大黨的早期活動，也有不少著名的回教領袖參加了國大黨，主要是因為他們在回教社會中享有卓越的地位，被各方所延攬，但基本上並不熱衷於國大黨所推動的各項工作，尤其是後來甘地領導國大黨的一段時期。這裡面的緣因也很簡單，一般回教徒並不熱心於現代化，他們認為與其追求歐化，不如研究他們自己的回教經典，闡揚回教文化為有效。他們對於英國人的統治雖然極不滿意，但卻不願見印度教徒取英國人而代之，成為印度的統治者。他們又認為國大黨基本上是屬於印度教徒的組織，是為印度教徒的利益而奮鬥的，國大黨不能代表回教徒的利益，所以不願積極參與國大黨的活動。英國人充分瞭解回教徒的一般心向，復極力擴大印回之間的矛盾，使其不能團結在國大黨之內，一致反英，共同奮鬥。另一方面屬於激進

派的印度教徒，對於回教徒本來就有偏見，也不放心和他們攜手合作，因此更予英人以分化離間的機會，雖經甘地多次的親善努力，仍不能使印回之間精誠團結，構成為一個堅強的戰鬥體。

在回教領袖中也有響應印回親善，兩教合作的人士如席爾·阿亥默德 (Sir Syed Ahmad Khan) 等，他們看到一般印度的回教同胞不願接受西化教育，比印度教同胞要落後甚多，殖民地政府中的中下級官員，也多被印度教徒所占有，乃急起直追，鼓吹回教同胞的近代化。1875 年他創辦了阿利迦回教學院（Muhammedan Anglo-Oriental College of Aligarh，1920 年改成 Aligarh Muslim University），成為後來印度最有名的回教大學，便是提倡近代教育，且成效卓著，為印度造就了不少回教方面的人才。阿亥默德本人贊成印回親善，集合了不少同志和甘地合作，被稱為回教中的國民會議派，可是大多數的回教徒並不支持他的政治主張，而另組回盟 (Muslem League) 與國大黨相對抗。事實上，回盟之創立，也可以說是出自英國人的設計，至少是全力支持，孵育而成。

六、民族主義的萌芽階段

二十世紀初期的二十年間，是印度民族主義運動的萌芽階段，大大影響著國大黨後來所領導的革命獨立運動，其所以會有這樣的演變，也可以說是當時印度國內外的時勢潮流所造成。

就內部情勢而言，1905 年寇松總督任內所提出的孟加拉分省問題，乃是促使民族主義萌芽的最具體的事件。孟加拉、奧里薩與比哈爾在行政體制上同屬一省，位居印度半島的東北部，面積達十九萬方英里，人口七千八百萬，富饒甲於全國。英治印度初期，即以該區之加爾各答作為行政中心的總督府所在之地，可見其地位之重要，事實上英國東印度公司之得以逐步吞併印度半島，也是首先控制了孟加拉，而以普拉西一役奠定其霸業基礎的。所以好大喜功而又主張高壓統治的寇松總督就任以後，即特別注意孟加拉省的問題。所謂孟加拉省的分省一事，早在寇

松之前即已在殖民地政府的內部醞釀，當時所考慮的重點在於：孟加拉的幅員過大，對中央而言，很容易造成尾大不掉之局，且置於一個省督治理之下，其力實不足以貫注，而全省居民之中，印、回兩教徒幾各占半數，印度教徒集中於西部，回教徒偏在東部，正可分而治之，使其互相牽制。寇松總督所採取的方案，是將東孟加拉的達卡 (Dacca)、吉大港與諾吉夏益 (Rajshahi) 等區劃出來與相鄰的阿薩密省合併，稱為東孟加拉阿薩密省，而以達卡為省會。西部孟加拉則仍與奧里薩及比哈爾併治於一省。此案由總督府公布並決定執行，因而激起孟加拉人民空前的反抗，而反對最厲者則為印度教徒。他們認為英國人要分割孟加拉省，是為了削弱印度教徒的勢力，英人蓄意破壞孟加拉的完整性，不曾得人民的同意，實已違反了人民的意志，於是堅決反抗。一時民情憤慨，各地均公開舉行反殖民地政府，反英人統治，反對寇松總督等類的群眾大會，可以說是印度真正民意的覺醒。這一事態的重要性，不在於孟加拉之是否應予分治，而在於由此問題所引發的印度民眾敢於公開團結表示反英的情緒；他們所反對者固然是掌握統治權的政府，更重要的乃是矛頭指向外來的異族，所以說是民族主義運動的萌芽。

對於此一群眾運動，甘地在他的名著《印度自治》一書內曾有如下的評述：「在那時一般人民的情緒都很激昂，許多孟加拉的領袖準備犧牲一切，他們認識了自己的力量，所以燃起了燎原的烈火，至今已是不可撲滅而且也沒有撲滅的必要。」「一直到那個時候，我們還是以為，要拯救我們的災難、窮困與痛苦，只有向英皇殿前去哀求，如果哀求不得，便只有坐以待之，除非得有機會再去哀求。但是在孟加拉分省事件後，印度人民知道了即使是哀求，也要有一個力量為後盾。並且要有忍耐犧牲的能力。印度人民無分老少，原先看到英國人時，趕緊悄悄避開，到了如今，再也不懼怕他們了。就是遇著成群結隊的英國人，也絲毫沒有恐懼之心。」由此可見孟加拉分省問題所燃起的反英熊熊烈火，是何等震撼著英國在印度的殖民地政府，而且反英的情緒一天比一天高漲；一天

比一天深入和普遍，這和美國獨立戰爭之前，北美殖民地之反英情緒，恰相類似。

在孟加拉分省問題發生之前，英國官員看待被統治的印度人民根本就不值一文，公開加以鄙視和侮辱。當時英國殖民大臣莫里哀 (Lord Morley) 就曾說：「英國人統治印度，不只是基於政治的才能，而且亦由於種族的優越。」寇松總督更是口沒遮攔，指斥印度人士：「以他們的教養、傳統和民族性，根本不配在英國人所治理的政府之中，擔任要職。」由於此種偏見，所以寇松總督在印期間，採取絕對高壓政策，處處壓抑印度人民，自然容易引發反英的情緒。不過這種情緒上的反抗，在當時仍難導致全面的反抗行動，走上革命獨立的途徑，因為肩負領導責任的人士之間彼此意見相左，根本沒有建立共同的目標，所以也難採取一致的行動，反而便利了殖民地政府得以各個擊破。

一般說來，當時最受推崇的領袖人物之一，便是哥卡里 (Gopal Krishna Gokhale，1866～1915 年)，印度之僕社 (The Servants of India Society) 的創辦人，國大黨溫和派的鉅子。哥卡里於 1889 年即加入國大黨，溫和派的人士都集中在他的旗號下從事政治活動。他的最大貢獻便是創辦印度之僕社，訓練了一批致力國事、犧牲服務、具有宗教精神的人，投入政界。所以參加的人，均需在普那總部訓練三年，必要時且得延長兩年，注重知行並重，手腦並用，哥卡里曾手訂七守則，作為訓練的中心：

㈠國家利益至上，盡心盡意盡力服務國家。

㈡服務國家之時，不可為個人私利打算。

㈢看一切印度人民如兄弟，不計階級，不分信仰。

㈣對於會社所予的報酬應感滿足，不另作賺錢計畫。

㈤必須有最清白的情操。

㈥不可和他人爭意氣。

㈦重視會社的利益，扶助它的發展，絕不可有阻礙會社工作的企圖。

　　印度之僕社吸收不少上流社會的知識分子，在法律範圍之內，在各地從事建設性的政治工作。他們所追求的目標有二：第一是促請政府改革文官制度，使印度人亦得參加，第二是修改印度政府法，俾能為印度人民爭取更多的權利。哥卡里的這類主張，在印度人民看來，過於溫和；在殖民地政府看來卻嫌過激。哥卡里認為寧可用和善的言詞、誠實的手段，去解決最困難的問題，非萬不得已，不用「反抗」的手段。哥卡里所領導的溫和派所望爭取者是在大英帝國的統治下逐步謀求印度的合法權益，只希望改革既存的制度而不是從根本上去否定，因此與殖民地的官員可以合作，始終本著仁愛和犧牲的精神去爭取同情和援助。哥卡里是國大黨當時領導階層中第一個賞識甘地的人。當甘地在南非領導印度僑民以消極抵抗反對南非政府的壓迫的時候，哥卡里在 1910 年國大黨的大會中提出報告，推崇甘地所領導的消極抵抗是「以精神的武器抵抗暴力，以個人的受苦克服強者，以靈魂的力量戰勝殘暴，以善勝惡」。1911 年並親訪南非鼓勵甘地。隨後他又募集十八萬盧比支持甘地在南非的工作。甘地曾將哥卡里比作聖潔的恆河，「那麼磅礡，那麼慈藹，使人人可以接近他，生活在他活水的江河裡」。甘地相信：「哥卡里所做的一切，均係出於一種極純潔的動機與拯救印度的目標，他對於祖國的熱忱是那樣的深切，隨時都準備以身殉國。」哥卡里於 1915 年 2 月病逝印度，他的精神仍然影響著溫和派的人士，不容易接受第一次世界大戰後各地盛行的民族主義思想。

　　當時另一位傑出的俊彥為原籍愛爾蘭的貝桑夫人，曾任 1917 年國大黨主席。夫人初至印度時原為傳教士，後來加入國大黨開始作政治的活動，她是一個善於組織，擅長宣傳的天才，待在印度二十二年已能運用印度的方言和不同的文字，自稱除膚色為白色人種而有別於印度人以外，其餘無一不是和印度人相似。她和印度普通婦女一樣地穿著，說道地的印度方言，也抱著和她們一樣的希望和感觸，她曾有多種著作公開發表，如《印度如何爭取自由》(*How India Wrought for Freedom*)、《印度——一

國家》(*India, a Nation*)、《印度猛醒──社會革新芻議》(*Wake up India: A Plea for Social Reform*)、《祖國的兒女們》(*Children of the Motherland*)等。她曾不斷呼籲英人應予印度以自治:「呀! 偉大、自由而又志得意滿的盎格魯撒克遜民族,你們看不見嗎? 你們聽不懂嗎? 真是完全不知道你們的印度兄弟現在的感慨? 假定你們現在也在外國人統治之下,你們會需要什麼? 印度現在所需要的就是凡屬一個國家所需要的一切。她需要自由正如英國人需要英國自由一般,它要他們自己所選舉出來的人來管理自己的事,開墾自己的土地,開採自己的礦產,鑄造本國的貨幣,在自己的領土範圍之內享有完整的主權,這不是苛求,難道印度人以自己身為亡國奴而感到滿足嗎?」貝桑夫人的言論,已近於民族主義者的要求,較之哥卡里已激進多了,但是她的行動指標仍然不是要推翻英國的殖民統治,她所期待的是好心的英國政治家,能自動為印度鋪平自由的大道,這是何等不可能之事!

　　在國大黨中與溫和派分庭抗禮的是鐵拉克所領導的激進派。有關鐵拉克的主張,前面一節已經扼要說明,值得注意的是,鐵拉克雖然是稱實力派,不畏英人之高壓,但其所可能動員的印度民眾,依然有限,且亦未能提出完整的民族革命理論與實施的具體步驟,不能成為舉國一致的革命領袖,發動全面的反英運動。

　　就上述情勢而論,孟加拉分省問題雖已導致高昂的反英民氣,但當時國大黨內部三大領袖人物之間卻未能和衷共濟,而甘地則初從南非返國,尚在磨礪以須,所以一時也難發動全國性的革命獨立運動,不過由於印度以外各種重大國際衝擊相繼而來,亦促使印度國內的民族主義者同時加速了他們爭取自由平等的自主獨立運動。

七、日俄之戰的刺激

　　1904 至 1905 年的日俄戰爭,主要是在中國的東三省內進行,受損害的是中國;且日俄雙方亦均以攫取東三省為作戰目的,故被犧牲的也

是中國。十九世紀末帝俄即已著手略取東三省之侵略圖謀，修築中東鐵路銜接其西伯利亞鐵路，貫穿中國東北，實為其侵略之主幹。旅順軍港之占用及大連商港之染指，乃其謀取出海暖水港之初步實現。俄人之意，原圖使東北脫離中國之版圖，併為俄之領土，且可進窺朝鮮，威脅日本。反之，日人自甲午戰爭之後，已實際控制朝鮮，刻意經營而意猶未足，蓋其野心在滿蒙，在整個中國大陸，必欲逐步蠶食之，蠶食不成則鯨吞之。是以日俄二者間之爭戰，實肇因已久。雙方戰爭之結果，日勝俄敗，日本以亞洲島國，居然能擊敗兼跨歐亞兩洲的大國帝俄，此事在東南亞被壓迫的弱小民族眼中，固然不齒日本之軍國主義侵略作風，然而對於日本自明治維新後奮力自強所獲致的成果，卻得到了新的啟示。即亞洲民族如能發憤圖強，亦必能自力更生，振作有為，出人頭地。

八、第一次世界大戰的影響

1914 至 1918 年的世界大戰，對亞洲國家的影響也是極為深遠的。

大戰初期協約國節節失利，英法等國激勵其殖民地的人民為了維護世界各國的自由與正義而戰，印度提供了巨大的人力與資源，並分擔了龐大的戰費，在大英帝國的旗幟之下力戰，表現了優異的戰力。此一事實喚醒了印度人民對本身潛力的認識，因而亦據理要求統治者亦應首先在殖民地區推行開明的統治，並逐步開放政權，給予殖民地人民高度的自治。此等合理的要求，殖民政府不能斷然拒絕，因此也不得不提出諾言保證。此種保證到了戰後並未實現，代之而來的卻是比過去更為嚴酷的高壓控制，使印度等殖民地人民大失所望，遂激起狂熱的反帝國主義行動。另一方面由於戰費龐大，英國等平時的工業生產多轉為戰時軍品生產，戰時乃至戰後復員初期乃不得不逐步開放殖民地的工業生產，對其市場與原料的控制，已不復如往日之可以壟斷。印度等殖民地以前對英本國在經濟上可以說是完全依賴，現在卻轉變為英本國對印度之依賴，此種依存關係之改變，顯示著英國如失去了印度的支持，則將淪為二等

國家，印度人民深感自身地位之重要，因而在英印政治關係中，亦大為提高了發言權。

　　其實在大戰初起不久，印度即已受到美國威爾遜總統所提倡的「民族自決」原則之鼓舞。此一政治號召之最初目的，原在爭取更多國家加入協約國陣營，對德宣戰，然而其所揭櫫的正義原則，不啻為全世界所有被壓迫民族的共同呼聲，印度為英國之殖民地，且地大人眾物博，戰時並曾提供巨大戰力，有助於協約國之戰勝德國，其渴望民族自決，脫離大英帝國之統治，自在意料之中。

第七章
甘地與印度獨立革命運動

甘地於 1869 年 10 月 2 日出生於印度西海岸卡西阿瓦邦的坡爾板達城，亦名索達馬坡里，這時正是英國東印度公司滅亡印度以後的第十一年。坡城四周築有堅固的城牆，城外便是阿曼灣 (Sea of Oman)，近邊的巴達山俯視著這座白色的城池。坡城的居民，勤奮而富冒險性，世以務商為業，老早就曾遠航到阿拉伯與非洲沿海，從事海外貿易。坡城就是甘地家的發祥之地，他家世代皆係巨商，但是到了甘地祖父烏塔昌德 (Uttamchand Gandhi) 時，棄商從政。他擔任過卡西阿瓦幾個小邦的首相。烏塔昌德的兒子卡蘭昌德 (Karamchand) 二十五歲時繼承父業為坡邦首相，是一個守正不阿的人。卡蘭昌德兩度喪偶，四十歲時始續娶白娣麗 (Putlibai) 為第四任夫人，他的第一和第二個妻子各留下了一個女兒，白娣麗生下了一個女兒和三個兒子，其中最小的兒子便是甘地。甘地的母親篤信印度教，尤耐勞苦，雨季絕食期間，總是每隔一天便絕食一日，非絕食期間也不過每日一餐。她從不間斷往廟堂禮拜，敦親睦族尤其熱心。

甘地幼年，在坡爾板達入學，小時成績平平但很勤奮，算術課的九九乘法表使他深感吃力，在學校裡他是一個和藹活潑很守規矩但並不受人注意的孩子。七歲與拉甲柯迭 (Rajkot) 商人之女卡斯托巴 (Kasturbai) 訂婚。十二歲入阿富雷德中學 (Alfred High School) 肄業。十三歲和卡斯托巴成婚，這事在他的印象裡，「不過是穿著華麗的衣服，鼓樂喧天，參加一次熱鬧的遊行，吃著豐盛的宴席，接來一位遊伴而已」。

一、甘地出生的時代背景

甘地出生的時代，正是大英帝國君臨印度的初期，一面是殖民地政

府所加於印度的政治與經濟桎梏，步步加緊；一面則是諾伊、老泰戈爾、沈氏、沙拉斯瓦底、拉瑪克利興拉、維維卡蘭達諸人所奔走呼號的現代化運動，已落實到爭取思想自由、致力宗教改革與社會革新的工作。它是一個黑暗的時代，卻隱現著光明遠景；是一個多變劇變的時代，卻已抓住了託古改制作為現代化運動的開端。甘地在這一時代中成長，而又成為這一時代轉捩的開創者，他目擊著國族的淪亡與同胞的痛苦而又承續著印度傳統宗教生活的薰陶，所以他所致力的印度獨立革命運動，適合於印度社會，卻有別於一般國家內革命抗爭的型態。

英國滅亡印度以前，東印度公司所推行的殖民策略，一直是以發展商務為前鋒，至少也是以經商為掩護，漸次由商業的活動，進而為特權的取得，繼之以經濟的投資與剝削，到了殖民地政府成立，自然是肆無忌憚的施展其全面的高壓迫害了。其實早在十八世紀末葉，英國工業革命已很成熟，需要擴充市場，增加原料，毫無抗拒力量的印度，便成為東印度公司搾取的對象。此時公司並未取得印度政權，但由於 1765 年德里的蒙兀兒皇帝已畀予公司孟加拉行政官的名義，故孟加拉實際已落入英人的掌握。在自由貿易的名義下，英國貨物大量向印度湧進傾銷，同時卻將印度產品的出口稅提得很高，使其無法輸往英國。1787 年德干的棉紗輸往英國的尚達三百萬盧比，可是到 1850 年時反而進口了整個英國棉織品的四分之一。英國紡織品的傾銷，摧毀了印度的棉紡業，機器生產掃蕩了印度的土產品，歷來以鄉村工業支持的印度經濟被完全破壞。成千上萬的工人失業，加上自 1770 年起二十二次的大饑荒，更擴大了人為災害的禍害。

東印度公司對印度的策略，是採取蠶食的手段，從沿海地區開始，由點而線，再擴大到面的吞併，一個地區解決了，轉移到另一地區，如此各個擊破，由既成事實再取得合法的承認，所以當 1858 年英政府宣布對印度的統治權時，並非從蒙兀兒皇帝的手中一次接收政權，而是先有了實際控制印度的事實，最後加以正名而已。雖然如此，究竟是一個新

的殖民地政府的出現，所以仍不得不同時宣布了一套保障印度人民權利
和自由的諾言，不過這些保證和諾言，誠如 1876 至 1880 年任印度總督
的雷頓 (Lord Lytton) 所云：「這是絕不可能實現的。」例如維多利亞女皇
在滅亡印度的詔書中指出：凡印度人民不論屬何宗教種族，皆依其教育、
能力及品德，均有服務國家的平等機會，但是殖民地政府成立十三年以
後，尚只有一名印度人得以通過文官考試進入文官部服務。甚至到了
1913 年，百分之八十以上的高級優厚職位，也還是由英國人所占有。英
國人取得印度後，為了便於統治，在行政區劃上也有了一套新的安排，
一面選擇人口密集，物資豐富，交通便捷的地區，設置行省，由英人直
接統治，同時又利用原有各土邦王公的力量，劃分為五百六十三個土邦，
使各邦在名義上均享有獨立的地位，互不干涉，但均直接聽命於皇家政
府的支配，所以印度的幅員雖廣，潛力雖大，卻不易結成團結的整體，
也就難以抗拒英人的統治了。更何況那時印度的知識分子傾心於英國的
憲政之治，均企望印度亦能受到英國治下平等的待遇，而根本毫無推翻
英國殖民地政府之心，印度的經濟命脈、戰略部隊、戰略資源與重要戰
略要地亦皆在英人手中，加上印度本身宗教壁壘森嚴、種族複雜、階級
限制、語文不一，似此情形，又如何能贏得印度的獨立與自由，脫離大
英帝國的統治呢？這便是甘地出生的時代背景。

二、甘地的生平

　　前文已述甘地於十三歲時和卡斯托巴結婚，此後四年之中，甘地的
父親臥病在家，由他侍奉湯藥，十六歲時，老父病逝，甘地夫人生了頭
胎的嬰孩，但三天以後就夭折了。1887 年（十八歲）12 月，甘地參加阿
亥瑪達巴德區會考及格，升入巴壺拉迦 (Bhavnagar) 地方的薩姆達斯學院
(Samaldas College) 就讀，入學不久即感困難，到了第一個學期結束，便
休學回家。以後便有親友勸他前往英國留學。1888 年（十九歲）9 月 4
日，甘地遂從孟買起航，赴英留學。在英三年，先習禮儀三個月，申請

倫敦大學入學考試及格，主修法律。甘地盡量多選學分，認真研讀，他選讀了拉丁文的羅馬法、布朗的英國普通法 (Broom's Common Law of England)、斯乃爾的衡平法 (Snell's Equity)、拉脫與托多的判例彙編 (Leading Cases by Write and Todor)、威廉與艾德華的不動產論 (Real Property by Williams and Edward)、戈帝維的動產論 (Personal Property by Goodeve) 及美里的印度法 (Mayne's Hindu Law) 等，1891 年 6 月甘地通過律師考試，並正式取得英國高等法院的律師註冊證。

　　甘地留英三年所獲至豐，除了法律方面的專業知識，對於其他學術思想也盡可能涉獵有關書籍，並參加各種學術研討會。英國社會像是一所活的大學，當時又是各種新的思潮交相傳播，有如雨後春筍，蔚為奇觀。例如 1893 年獨立工黨成立，蕭伯納等所領導的費邊社 (Fabin Society) 大大宣傳社會主義與科學思想。馬克思《資本論》第一卷的英譯本於 1887 年在英發行，工人階級奉為聖經，馬克思的同學恩格斯在 1885 年帶來了《資本論》第二卷的德文本，當然第三卷亦正在撰寫。1871 年達爾文出版的《物種原始》，這時也已在英國熱烈討論。克魯泡特金的互助論，在十九世紀雜誌上連篇刊載，克氏本人則在英國講學。甘地接觸到這許多新的思潮，大大有助於他思想領域的擴充但卻並不拘泥於任何一種固定的西方思想，因為兒時印度宗教的傳統思想，似已根深蒂固地種下了根基。1891 年 6 月甘地乘輪返國，7 月抵達孟買，一心想以所學呈獻給自己的祖國，但那時的印度社會，對一個取得英國律師資格的印度青年而言，卻無從開展，因為那些可以適用於英國本土的法律條文和案例，卻並不適用於殖民地的印度社會，所以甘地感覺到茫茫人海，根本無立足之地，即使想要謀一教師的職務棲身亦不可得。1893 年 4 月，南非一家印度僑民所開設的公司在印度國內的報紙上徵聘一位法律顧問，年薪一百零五鎊並供來回旅費，甘地應徵前往，從這時起開始了他二十一年的南非苦鬥。南非亦為英國的殖民地，當地的印度僑民因係有色人種，受到雙重的不平等待遇，甘地本著奉獻犧牲的精神和他的法律知識，首先

是為印僑個別解決法律的問題，繼而領導所有印僑，爭取生存的基本權益、組織協會、創辦新村、發行報紙、發動大規模的群眾反抗運動，並代表印僑前往倫敦請願抗議，另一方面他又不斷試驗，採取一種消極抵抗的新政治抗爭方式，用愛心與非暴力來團結群眾，並鼓吹民族自治。甘地堅苦卓絕的人格，不屈不撓的奮鬥，使他不但成為所有印僑的行動和精神領袖，而且也搏得國內同胞的欽敬與推崇（詳請參拙著《甘地與現代印度》卷上）。1913 年（四十四歲）甘地因所主持的學校有學生

圖 29：「不合作運動」　以非暴力為號召的「不合作運動」，常以示威或是靜坐的方式表達其訴求。

品行墮落，甘地自譴，第一次開始絕食，經過七天，學生悔改。1914 年又因學生過失，第二次絕食十四日，1915 年因病回印。行前甘地和他的夫人曾受到熱烈的歡送，甘地在歡送會中答謝致辭道：「我的妻子和我將返回祖國，帶著未完成的工作和抱病的身子。但我仍願用希望的字眼，表達我的心情。我曾一再請求能找到一處適當的地方，可是健康情形不准許我久留，醫生也反對。我現在還沒有向志願隊辭職，假如回國後身體康復，而此地的戰鬥仍在繼續，我打算那時再應召回來。至於我在南非的工作，純係服務性質，談不到什麼貢獻，而我此次回印度去，唯一的心願也是去盡我的義務。我已經在外旅居了二十五年，我的朋友也是我的老師哥卡里曾提醒我，不要談印度問題，因為印度對我幾乎已成了外國。但是我心目中的印度，是尚未被世人所瞭解而醞釀著精神寶藏的國度。這是我的夢想和希望，英國和印度的密切合作，將能產生精神上的鼓舞，並能大有助於世界的進步。」

　　1915 年 1 月 9 日甘地偕夫人乘阿拉伯號輪返抵孟買，幾百名各界名流在等候著歡迎他們，但事實上印度國內的局勢卻是死氣沉沉，令人沮

喪，大家都在問：「下一步該怎麼作?」歐戰仍在繼續，印度在大英帝國的旗幟下參加了保衛大英帝國利益的戰爭，但是印度本身爭取自由的運動，卻看不出一線光明。

激進派的領袖鐵拉克經過了六年長期的監禁（1908～1914 年），並未獲得特赦或減刑，直到最後刑滿，始於 1914 年 6 月 17 日祕密由緬甸的曼德勒 (Mandalay) 押解至普拉，予以開釋。21 日在出席歡迎會中鐵拉克表示：「六年不見天日，今始返回與故舊相聚。我曾被絕對隔離，似欲使我忘記這個世界。然而我並沒有忘記我的同胞，我很高興大家也沒有忘記我。我可以向國人保證，雖然有六年不見面，但不能消滅我對同胞們的熱愛。我願意並準備以我過去同樣的態度，同樣的力量，同樣的關切來為國人服務，雖然在進行的方式上，可能稍有修正。」

貝桑夫人曾回英國為印度鼓吹自治，她的目的並未達到，又再返印度努力工作。她的口號是：「印度效忠的條件是自由」，當時的穆斯林領袖真納 (Muhammad Ali Jinnah) 等人也支持她的主張。她說：「印度並不拿子弟們所流的血、女兒們所流的淚，討價還價要求太多的自由。印度是一個民族，僅要求在帝國之內獲得應有的權力。印度在本次大戰前已曾要求，戰後還會要求，但並非為的報酬，而是它有此權力，這是不容誤解的。」貝桑夫人所發表的言辭，縱然有十分充分的理由，但卻得不到殖民地政府任何的回響，因為殖民地所希望的自由，不是用哀求可以得到的。

甘地回到印度後，於 1916 年出席了在洛克腦所舉行的國大黨大會，他只不過被提名為大會提案審查委員會的委員，事實上他也並不希望來角逐名位，他還需要作較長時間的觀察與瞭解，然後以行動來贏得國人的支持。從 1916 至 1929 年，他用了十三年的時間，來推動一種新的政治抗爭運動，也就是他領導印度獨立革命運動的先期工作。他的工作對象是印度的民眾，他的憑藉就是他個人的精神感召，目的則是印度的自由與獨立。所謂精神感召，就是自苦犧牲，絕食毀身，多次入獄，以感

召民眾參加他所倡導的民事反抗運動，不合作運動及土紡土織運動，拒用英貨運動，所有這些運動都是不流血的非暴力運動，也稱消極抵抗。他曾於 1919 年發動民眾全國罷市舉行哀悼式，以抗議殖民地政府所頒布剝奪人民民主的《羅拉脫法案》；1921 年製成二百萬架手工藝的紡紗車，又曾四次絕食，三次入獄，至 1921 年無形中已成為獨立革命運動的最高統帥。1930 至 1934 年的五年間為甘地發動大規模民事反抗運動時期，其親自率領的食鹽長征，尤為歷史上千古的奇聞。1931 年《甘地歐爾文協定》簽字，甘地信守諾言，暫停反抗運動，頗為一般激進分子所不滿，而國大黨以外對甘地的真理追求運動亦多陽奉陰違，主張修改辦法，甘地乃憤而退出國大黨，以在野之身，努力於鄉村建設運動。

　　1939 年德國攻波蘭，英國對德宣戰，印度在英國旗幟之下參戰，1942 年戰事逼近印度，國大黨人恢復甘地的領導權，展開個別不合作運動。是年 8 月甘地向國大黨中央執行委員會提案「英國人撤退出印度」，一致通過，甘地遂因此被捕第九次入獄，甘地的祕書戴賽 (Mahadev Desa) 亦因陪侍甘地死於獄中。印度全國爆發流血的全面反英抗爭。1944 年甘地在獄中因病獲釋。出獄前甘地夫人亦病逝獄中。1945 年德國投降。1946 年印度成立過渡時期臨時政府，甘地乃專心致力於印回之間的親善與合作。1947 年印度與巴基斯坦兩自治領成立，印人尊甘地為國父。甘地因倡導印回親善，為激進分子於 1948 年 1 月 30 日刺死於德里，享年七十九歲。

三、甘地的思想淵源

　　甘地的思想根源為宗教，其言行多受宗教家救人濟世之熱忱所鼓舞，其政治活動與實踐篤行的宗教生活凝成一片，因其具有宗教家奉獻犧牲的博愛精神，故能忍常人之所不能忍。本來凡是有偉大成就的政治家，可以說無一不有犧牲服務的奉獻精神，但甘地卻能表裡一致，循宗教方式來從事救世救人的政治事業，揆諸中外歷史，罕有其匹。具體說來，

他的思想淵源，可分下列五點來說明：

第一，受佛教思想的影響。佛教的基本教義已於本書第二章中述及。佛教創始於西元前五世紀，係對當時婆羅門教教義與其特權的一種反抗，反對所謂苦修與殺牲獻祭即可超升入天國之說，亦反對婆羅門僧侶即為人神之間的橋樑，以及其人類社會按神之肢體應區分為四種不平等的階級之說，而主張泛愛眾生，無人我之分，求得有生之物的整個解放與廢除一切階級制度。對內則強調無我無常，自求解脫，認定宇宙萬物皆不生不滅，無增無減，只是無限變的現象之流程，執著即苦，滅苦之道，端在斷絕我想，返回本來無我之境地。欲達此境地，須脫離苦樂，營正道生活，循此推演，故有所謂佛家跳出三界外，不在五行中，遠離世俗紅塵，逃避現實的說法。其實佛家之無上要義原不在此，亦非逃離或否定現實，而係特別強調以斷絕凡想後的金剛不壞之身，出污泥而不染，專注愛力，拯救眾生。所以不主張殺牲獻祭，代之以自我犧牲，救贖世人，是最積極而絕非消極的作為，但以其作為無「我」，所以又是無為。甘地深受此種思想的影響。他不主張消極的尋求自我解脫，而主張奉獻犧牲，其絕食毀身，入獄受煉，降低物質需要至最低限度，提高精神生活至最高境界，以服務社會國家，莫不是受佛教思想的影響。

第二，受阿育王思想的影響。本來阿育王的思想，就是根源於佛教思想，但因為阿育王是本出世的泛愛精神，作入世的政治事業，使宗教的理想與現實的政治相結合，而擴大了宗教的現實性與政治的理想化，成為印度歷史上最歌頌的黃金時代，而留下永恆的楷模，故為甘地所深深嚮往。甘地欲拯救印度億萬國民脫離殖民統治下的痛苦，乃效阿育王的仁政愛民，兼愛非攻，福利社會，而主張以追求真理與非暴力的手段，以糾正大英帝國在印度所施行的不義。非暴力之被引用於實際政治，前有阿育王之廢除武備，禁令殺牲，後有甘地之不合作運動，民事反抗與土布運動，而三者又均係基於非暴力，前後媲美。

第三，受印度教毗濕奴派 (Vaishnavism) 的影響。婆羅門教後期（約

在西元前五世紀佛教興起以前），分裂為兩大宗派，一為崇奉宇宙的保護神毗濕奴，一為信仰宇宙的破壞神濕婆，信仰保護神的一派，以後又融合了佛教思想成為印度教中的毗濕奴派。毗濕奴派的《薄伽梵歌》（《摩訶婆羅多》中的一部分，共七百節），就是這一派中的聖典，尼赫魯稱之為「所有已知語文中最美麗的真正哲學之歌」。「《薄伽梵歌》記載一位反戰英雄在大戰中陷入意志消沉、苦惱矛盾時和一位智者的對話，每當人們在危急存亡之際，心靈被憂疑所苦惱，被責任的衝突所困惑時，便格外轉向《薄伽梵歌》尋求光明的導引。甘地曾將他非暴力的堅固之信仰奠基於此。」下面引述幾段智者克利希那 (Krishna) 的話：

「不真實的是不存在的。真實的是永遠存在的。你要知道它是不可毀滅的，是充塞於天地之間的，沒有人能毀滅那不變的（梵）。

身體是要毀滅的，但藏在身體裡面的（梵）是永恆不滅的，不可窺測的。

它是不顯現的、不可思議的、不變的，你知道這個，你便不該悲觀了。

因為生者必死，死者必生，這既不可避免，那麼，還有什麼要悲觀的呢？

對於苦與樂、得與失、成與敗，應同等看待，所以你準備作戰吧，這樣你便不沾染罪惡了。

讓應做的工作成為你的職責。不要去追究工作的果，也不要被工作的果所動搖，更不要被工作所綁綑。

拋棄一切的慾望，無私無慾地自由工作，從不想『我』和『我的』，這樣便會心境寧靜了。

所以不要被空想所苦惱，而當不斷去做你所應做的工作，因為不受牽掛地專注於工作，便會到達最高的境界。

從情感中出來，從恐怖與憤怒中出來，充實自我，照亮自我，用智慧之火來淨化，便會發現自我，進入到自我至大的境界。

所以不要希望什麼，貪求什麼，控制住自己的思想，用身體去工作，

就不會沾染罪垢。

有信仰的人，能控制他的感覺，便得到智慧，得到智慧之後，便立即獲得至高的和平。

一個人，他自制，他寧靜，他的至大至高之我在冷和熱之中、在苦與樂之中、在榮與辱之中，是完全一致的。

一個人，他對愛人、朋友、仇敵、路人、中立者、外邦人、親戚以及罪人與善人都同樣看待，他是超越的。

你，要把心力集中於一點，把思緒和官感都節制著，然後坐在那兒運行自我，便會求得清淨。」

從這幾段話，我們便不難發現甘地在世時那種視富貴如浮雲，無止無休追求真理，從服務犧牲尋求自我解脫，是深受《薄伽梵歌》的影響了。這本聖歌他曾帶著入監獄，從那兒獲得安寧和振作與精神的導引。同樣值得重視的是印度教徒的絕食生活，甘地運用它作為政治抗爭的手段。依照印度教的教規，虔誠的印度教徒，不僅採素食主義，而且在雨季之中，通常在 8 月至 10 月，每隔一天，絕食一日，習以為常。甘地在領導印度國民爭取獨立自由的革命運動中，每遇有重大不能克服的困難時，即宣布絕食若干時日，以喚起群眾的共鳴，「以糾正社會的不義」。甘地認為基於至善為公的動機，以絕食毀身的愛的犧牲，來激發世人包括不義者的心弦，自動糾正社會的不義，是完全合乎非暴力主義者的信仰，可以發生強烈的震撼力量。不過，絕食開始時，一定要宣布絕食的目的，絕食的期限，甚至非達目的，絕不中止，絕食到死 (fast to the death)。絕食期中，除可飲用白開水外，其他食物，均不得食用，同時作日光浴，呼吸新鮮空氣，保持身心的寧靜，靜坐祈禱，多思念人與造福者的關係，不要想到食物，不可有怨憎恨惡之心，如此必能支持較長的時間。但是人體內儲存的熱量究竟有限，不吃不喝兩三天之後，必致體力不支，純靠精神意志力量的支持，而時間愈長，體力愈衰，最後必然臥倒，只剩微弱的呼吸。當此千鈞一髮的一刻，也就是發生強烈震撼世人心弦的時

刻。甘地多次絕食，自三日，一週，十天至二十一天。每次均能引起印
度人民的矚目，乃至舉世的關切。印度人們不期而然的群起響應，奔走
呼號，為挽救甘地的生命，而採取行動，達到甘地所預期的目的，真是
一位革命者智仁勇之大德的身體力行，故能產生莫之能禦的合成心力，
非有置死生於度外的偉大革命情操，何克至此？

第四，受回教思想的影響。回教勢力自阿拉伯半島東入印度，自八
世紀至十六世紀前後橫行於印度者近八百年，回教諸王在印度恣意殺戮，
殘民以逞，構成印、回兩教教徒之間的血海深仇，十六世紀建回教帝國
直至十九世紀英國殖民地政府之建立，兩教間的互相仇殺，從未間斷，
亦為帝國統治者分而治之的謀略施展，提供了有利條件。甘地為推展其
獨立革命運動，首要條件為印人之團結自救，故又必須先謀兩大宗教壁
壘之消除，故而倡導印、回親善。甘地深知消除兩教間之舊仇新恨最有
效的辦法，重在溝通思想觀念，所以對於回教的基本教義，他不僅深入
研究，而且容納回教領袖於國大黨中，提倡回教之現代化。就純宗教的
觀點言，其基本信仰與佛、印兩教亦相契合。最大之不同為教規與禮拜
形式。回教相信真主乃是唯一的、無所不在的、全能的、憐恤世人的、
至高無上的、愛人的創造主。他們認為宇宙萬物之來源，就是真主所創
造化育，絕非自然形成，宇宙間的一切現象，均為全能睿智的真主所安
排，人類僅能在安排之中去瞭解、去運用、去適應，而絕對不能有所新
的創造。就此一觀點而言，與婆羅門教之以梵為至大；佛教之推崇釋迦
牟尼；印度教毘濕奴派之獨崇保護神祇，實相契合。回教也相信人類應
為仁愛的、友善的，《可蘭經》教人為善，「行善的人，無論男女，且為
歸信者，我將使之過舒適的生活，並將照他們最好的行為論賞。」人類應
遠離情慾，全心全意對造物主獻出虔誠的感激之忱。這些基本的信仰，
包括信真主、信未見、信末日復活，可以說乃是崇尚和平親善，互諒與
善信的宗教，甘地說他將這些美好的特質，都吸收入他的宗教信仰之中，
換言之，他相信各種宗教中的善。因此他主張善待回教徒，印回一家，

印回親善。

第五，受近代民族國家思想的影響。十八世紀西歐興起了民族主義的浪潮，人們自認應以他們自己的民族國家為其至高無上的效忠對象。而每一民族都應組成國家，包括所有屬於同一民族裡所居住的土地，並置於一個行政體系之下。在此以前人們對於他們所出生的鄉土，所習以為常的生活方式，及其所組成的政府，產生某種程度的熱愛，但遠不如他們對民族主義所表現的那種狂熱以及其對民族國家的絕對崇敬與敬愛。這是因為民族之構成除了語言、宗教、風俗與習慣等文化的共同背景之外，更加上了血統的深厚淵源。這種思想傳到北美而有美國的獨立，到了十九世紀又傳遍整個歐洲，而於二十世紀普及於亞洲、拉丁美洲與非洲。

無疑的，甘地在英國殖民統治之下成長，親受亡國之痛與極權統治的壓迫之苦，且在留學英倫的少年時代，目擊獨立自由國家的人民所享幸福昌盛的生活，自然興起民族主義的思想與民族國家的熱愛。甘地曾多次表明，他並不仇恨任何個體的英國人，但不能眼見自己同胞受異族外國的壓迫而無動於衷，他也主張國際合作，但不能忘懷先求得自己國家的獨立平等。他希望做到以德報怨，但絕不向統治者哀求憐憫。甘地堅決地反對極權統治，反對帝國主義，反對暴力侵略，反對一民族奴役另一民族。總之，他是一個民族主義者，真正的愛國者。1942 年 7 月 14 日他起草〈英國政權退出印度〉而由在孟買舉行的國大黨中央委員會所通過的決議文裡，充分證明他是如何熱切期盼印度的自由與獨立。他說：「鑑於過去所發生的種種事件，以及印度人民切身的體驗，確證英國在印度的統治，必須立即結束。這不僅由於異族的統治，即使再好，它的本質也是壞的，因為它將對被統治的民族，繼續宰割；而且以一個被綁綑的印度，也絕不能有效防衛本身，而致影響到目前為毀滅人道所進行中的戰爭。因而印度必須自由，不僅是為了印度一國的利益，也是為了世界的安全，為了終止納粹法西斯主義或其他形式的帝國主義，以及此

一民族侵略另一民族，這是很顯然的。」這說明了甘地為一十足的民族主義者。而他所倡導的土紡土織土布運動，用以抵制英國的紡織品，反對西方的物質文明，更無一不是以發揚印度的民族主義精神為基礎。

四、甘地的宗教信仰

甘地有很虔誠的宗教信仰，事實上他更是一位愛國的宗教家，不過他所信仰的，並不限於某一特殊的宗教，他自己的言行，也無意獨創一種新宗教。印度人奉他為半神，也有人提出所謂甘地教，然而實際上他的宗教信仰，乃是兼容並包，一點也不是要把自己安排成一位救世的教主。他曾創辦真理修業院，自任院長，講授真理與非暴力，並在院中力行新生活，但那是為了訓練非暴力運動的幹部，與其說是宗教的修道院，毋寧稱之為革命實踐的研究院，絕對不是與世隔離的修道場所。我們最好是引用他自己所說的話，來說明他的宗教信仰。

甘地出生於印度教家庭，應是一個印度教徒。但是他說：「我所信仰的印度教，不是別於他種宗教的一種宗教，而是包含了我認為在回教、基督教、佛教、拜火教、錫克教中最善的教義的一種信仰。我從事政治工作，也像從事其他工作一樣，是融和在宗教精神之中。真理就是我所信仰的宗教，非暴力便是實現真理的唯一途徑。我是永遠反對暴力的。」

「真理是什麼呢？」甘地解釋道：「真理就是存在，除真理以外，再無其他東西存在，有真理存在之處，便有真知，有真知，便可得福。人生的目的，即在獻身於真理，我們一切的行動，必須合乎真理，真理是人生不可須臾或缺的。真理的工具為非暴力，如果沒有非暴力的精神，絕不能得到真理，真理與非暴力有不可分的關係，就像一枚錢幣的兩面，無所謂正，亦無所謂反，不過非暴力卻常用來作為實現真理的手段。」

談到非暴力的問題，甘地又指出恨是暴力之源，唯有愛才可以制恨。恨可以殺人，愛絕不致死亡，此為愛與恨的最大區別。凡由愛所得到的，將永不消失，因恨而獲得的東西，終究是一種精神的負擔。因為它的恨

惡在不斷增加。人類的責任，就在乎去恨、存愛，而犧牲、自制與紀律，可以助人超脫。

甘地又提出真假宗教的問題，他認為：「真的宗教並不是限於幾項教義教規，或是外表的禮拜，它是信仰神，常與神生活在一起，它是對未來有信心，對真理與非暴力篤信不疑。」「因此，宗教的最高意義，應係包括印度教、回教、基督教等而又比它們更高，我們姑且以真理名之。它是活的真實存在，充塞乎天地之間，能存亡繼絕，永恆不變。我對宗教是非常親切的，但今天的印度卻變得太不宗教化了。我說這話的意思，並非指印度教、回教或錫克教在印度已不興盛，我是說印度離神已經很遠，喪失了追求真理的精神。我如果不是因為認識清楚，知道各種宗教一律平等，尊重他人的宗教，正如我尊重自己所奉的宗教，那麼我將不能在這麼一個戰爭紛擾包圍住的環境中生存。如果不能堅信這一個基本原則，一切外表所持的信仰均將落空。我熟讀印度教的聖經，增加靈修的力量，但我也同樣閱讀《可蘭經》與基督教的《聖經》，以充實我精神的糧食。我吸收一切宗教中的最好的東西。」

我們可以說，甘地所信奉的宗教便是真理，神也就是真理。只要是存心信神，服膺真理，則任何宗教信仰或崇拜任何名稱的神，都是一樣，都無關緊要。它們在稱呼上儘管不同，而實質上並無優劣之分，真假之別。更不致以我之所信者，強人接受。他的宗教信仰是沒有地理界限的，他又相信，宗教的最終目的，是使普天下的人得救，不使一人沉淪，也絕沒有迫使萬人沉淪而一己得救的。最值得重視的一點，是甘地的超人意志力，從他那瘦小身體內所發出來的震撼世人心弦的力量，完全來自他對真理（神）的篤信不疑和身體力行的實踐精神，捨此便一無所有了。

五、甘地論藝術

甘地在絕食期間，有一位從沙地尼克坦 (Sadhiniktan) 來的學生拉瑪旃陀羅 (Ramachandra)，向他請教有關藝術的問題。

拉瑪旃陀羅問道：「不少聰明才智之士愛你敬你，認為你在有意或無意間，都能掌握著民族革命的藝術，這究竟是什麼道理？」

甘地回答道：「關於這一點，我常被人誤解，真是遺憾。凡百事物都有兩方面，一是外在的，一是內在的。在我看來，就看你強調那一方面。我以為外在的部分實毫無意義，它只能有助於內在的部分。所以真正的藝術，都來自內在的表現。外表的形式之所以有價值，是因為它能反映人的內在精神。」

拉瑪旃陀羅趕緊接上去說道：「偉大的藝術家都認為藝術品乃是藝術家內心的激動與不安使成為具體的文字、顏色及構圖等等。」

甘地補充道：「正是如此。這種性質的藝術品，我很欣賞。但是我知道有些自稱為藝術家的人，而且也被人稱之為藝術家，可是他們的作品，根本不是性靈之作。」

「你能舉例嗎？」

「有的。」甘地說：「王爾德 (Oscar Wilde) 便是。我可以舉他為例子。當我在英國的那些日子裡，人們都在討論他的作品，談論他這個人。」

拉瑪旃陀羅說：「我聽人說，王爾德是現代最偉大的自由派藝術家。」

「對，這就是我的困擾。王爾德所看到的最高的藝術品，僅是外在的形式，因此成功地將醜惡也加以美化。一切真實的藝術品，應能幫助人們的心靈，體認內在的自我。就我的情形來說，如果不是反映我內心的一面，我根本不能有任何外在的表現。我敢說在我的生活裡，的確存在著不少的藝術品，雖然你也許看不見你所指的那種藝術品。我的居室，家徒四壁，甚至連屋頂我也去掉。這樣我便能仰望頭上的星辰和無盡的美。看一幅匠心的作品，怎能比得上我看天空閃爍的星星那麼引人入勝呢？這並不是說我完全拒絕欣賞人為的藝術品，但是我個人總感覺到如果拿它和自然之美相比，實在太不合適。人為的作品倘有其價值，那一定是要能提高人類的情操。」

「可是藝術家說，他們能從外在的美看到真理。」拉瑪旃陀羅說道：

「這是可能的嗎?」

「我要將它顛倒過來,」甘地說:「我在真理中,或透過真理,才看到美。一切的真理,不單止是真理的抽象觀念,像真實的面孔,真實的圖畫或歌唱,都是美的。人們常看不見真實之美,視而不見,避之唯恐不及。那一天人們能看得見真理之美,我們的藝術水準便會提高了。」

拉瑪旃陀羅又問道:「美和真理,真理和美能分開嗎?」

甘地道:「我先要問,什麼是美,假如它的意義就像一般人從字義上所瞭解的,那當然可以分開。一個有優美身段姣好面貌的女子,是否就算美人呢?」

拉瑪旃陀羅毫不遲疑地答道:「她當然是美人。」

「假如她有醜惡的性格呢?」甘地問。

拉瑪旃陀羅遲疑了一會兒,然後回答道:「在那種情況下,她的面孔不會是美麗的。美的面孔常常是內在美的反映。真實的藝術家有審美的天才,可以很恰當地表現出來。」

「可是現在你的問題就發生在這裡。」甘地說:「剛才你已經承認僅僅外型不足以造成美的東西。對一個真正的藝術家來說,只有能反映內在美的面孔才是真美。所以我說離開了真便沒有了美。另一方面,真有各種形式的表現,而其外表可能是不美的。蘇格拉底在他的時代據說是最能表達真實的人,然而他卻同時是希臘最醜的男人。在我看來,蘇格拉底是最美的人,因為他整個一生都在追求真理,你知道就是最注重外在美的菲底亞斯 (Phidias) 也欣賞他的真實之美。」

「可是,」拉瑪旃陀羅說:「最美的東西,常常是生活最不美的人所創作。」

「關於這一層,」甘地道:「只能解釋真與不真常常並存;罪與惡也同時存在。一位藝術家的生活,他固然有時可以擁有發掘美的天才,可是他同時卻生活在錯誤中。當他發掘美和真的天才在工作時,他能創造美的藝術品,倘如在他的生活中很少有這種天才的流露,那麼他就很難

得產生藝術品了。」

甘地的話使拉瑪旃陀羅感到困惑，然後他又問道：「如果僅有真的或善的事物才算是美，則無道德價值的事物如何算美呢？」「有無事物的本身，既非真，又無道德價值的呢？例如日出與星月交輝，這又算不算真呢？」

甘地道：「日出與星月交輝是一種自然現象，它使人們想到掌管這一切現象的造物主，它們不僅美，而且真。如其創造之中不包含有真，何能算美呢？我看到日出日落，星月交輝的美景，我自然興起對創造主的崇拜之心。我想從這些偉大的創作來看到神和神的奇妙。如其不能幫助我看到神，那麼這些的現象對我便一無是處，徒資困擾。任何使心靈矇蔽的事物或現象便是一種虛偽或累贅。例如人的身體，有時也會成為永生的障礙。」

拉瑪旃陀羅說道：「我十分感激，聽到你的藝術高論，我已懂得，敬謹接受。你能否把它記下來，作為我們後一代的指南針呢？」

甘地道：「這件事我從未夢想過，原因很簡單，我對藝術是外行，不適合談藝術。我不是學藝術的。雖然它是我基本的信念之一。我不寫或者討論藝術，因我瞭解自己的淺薄。這也就是我的力量。我一生中所盡力的，就是如何在我有限的才力之內來為人服務。我的任務與藝術家不同，我不能取代他們的位置。」

拉瑪旃陀羅然後提出第二個問題道：「你反對所有的機器嗎？」

「我怎能反對，」甘地道：「連我的身體也不過是一個機器而已。紡紗車也是一種機器；一支小牙籤也是機器。我之反對機器，乃是指濫用機器。所謂拯救工人便是如此。他們天天喊救工人，要等工人已成千成萬的失業，被拋棄在馬路上餓死。我也主張節約時間與勞力，但不是為了一部分人而是為了全人類的利益；我也主張集中財富，但不是由少數人所壟斷，而係集中為全體所用。今天的機器是幫助少數百萬富翁騎在大多數人的頭上。動機不在幫助而在壓迫勞工。就因為這個關係，所以

我竭全力反對它。」

「然則，」拉瑪旃陀羅說：「你不是反對使用機器，而是反對今天機器所帶來的明顯的弊害？」

「我毫不遲疑地回答，」甘地說：「正是這樣，我再補充一句，科學的發明，首先就不應再用來作壓榨人們的工具。然後，工人的工作時間才可以縮短，機器對工人們不是壓榨，而是幫助。我並非反對一切的機器，而是有限度的反對。」

拉瑪旃陀羅說：「依你的邏輯解釋，是不是在反對那些複雜的靠動力推動的機器呢？」

「也許是如此，」甘地道：「但我要講清楚一點，我第一個考慮的還是人。機器不當用來使人的肢體作廢。這我也可以舉出許多例外。比方勝家縫紉機就是一個例子。這是許多有益於人的機器發明之一，還包含一段羅曼史。勝家看見他的太太作針黹辛勞，他愛太太，所以發明了這種機器來節省她的勞作。他不僅為他的太太省力，也替所有買得起這種機器的人省了力。」

拉瑪旃陀羅說：「就依這個例子來說，製縫紉機的工廠，也還是要用動力機器呵！」

「不錯，」甘地笑笑道：「依我的社會主義的觀點想來，這種工廠可以國營或由國家管理。為了人類的利益而不是為了追求利潤，以愛而不是以恨作動機。這就是我所爭取的工廠工人條件。當今追求財富的狂妄必須終止，工人們不僅應有賴以維持生活的工資，而且應有適當休息的時間。這就是我所舉的例子。縫紉機的後面有愛，個人才是最應受考慮的。節省勞力是以愛為出發點，以裨益工人為目的，它是基於人道的而絕不是為了要剝削人。在這種情勢下，我也會歡迎紡紗機上改用機製的綻子。並不是說原有的不用了，而是說紡紗工人在一個舊綻子發生了毛病時，就可以拿新的綻子來代替。這樣的代用品，是由於愛而產生，能夠這樣，別的當然便不會再錯。」

第二天早上，拉瑪旃陀羅又有一次談話：「真是主要的，真與美是不可分割的。」

甘地加重語氣道：「首先應該追求的是真。善與美隨著就可加上去。我看耶穌是最崇高的藝術家，因為他看到真理，宣揚真理。穆罕默德也是如此，《可蘭經》便是最好的阿拉伯文學作品。至少學者們是這樣說。我們以追求真理為目的，所以自然能表達得恰到好處，可是耶穌與穆罕默德都不曾寫過藝術。這也就是我所追求的、奮鬥的、至死不渝的真與美。」

拉瑪旃陀羅對甘地所談的機器問題，在邏輯上還感大惑不解，他問：「假如你可以舉勝家縫紉機和紡紗機為例外，那麼，例外要到什麼時候為止呢？」

甘地回答道：「假如它們不是以個人並尊重其人格為目的；假如它們是要使人類的肢體成廢料，那就不能作為例外了。」

拉瑪旃陀羅說道：「我不是指這個意思。我是問，在觀念上，你是否已不再反對一切的機器了？你可以舉勝家縫紉機為例外，是不是腳踏車和汽車也可用作例外呢？」

「不是這樣，」甘地說道：「因為它們不能滿足人類任何的基本需要，因為用汽車快速旅行並非是人類的基本需要。反之，作針線的事，碰巧是人類最基本的需要。就理論上說，我反對所有的機器，連我的身體這個機器也在內，因為它常阻礙我們獲得超脫與永生。就此一理論來說，我當然排斥所有的機器，但機器卻並不因我的排斥而不存在，正如我的身體之存在也是如此，是無可避免的。身體，我告訴過你，也是一種機器，如其阻止人們的解脫，便應該予以排斥。」

「為什麼壞的事物也是不可避免的呢？」拉瑪旃陀羅問道：「歸根結底，藝術家不是也能在真理中或透過真理看得出美嗎？」

「有些藝術家是可能作得到的，」甘地說道：「但正像其他事物一般，我是想到千千萬萬的多數人，你想我們怎能訓練千千萬萬人都能用這樣

方式從真理中發現美呢？所以，先給他們看到真，然後再指點美。我日夜都惦記著奧里薩的災胞，有什麼辦法能使千千萬萬的饑民得食，在我看來這就是最美的。讓我們先求解決生命中最主要的事情，然後其餘的幸福也就有了。」

六、甘地論節育與節慾

　　世界節育運動發起人山格夫人 (Mrs. Margaret Sanger) 於 1936 年 1 月訪問印度，要求謁見甘地。此時甘地正患高血壓症，在瓦爾達靜養，少見外客，而尤不喜與人談節育，但仍接見了山格夫人。「好些提倡節育的女性來徵詢我的意見，老實說，我沒有好的意見，所以你最好去請教旁人。」但山格夫人堅持要知道甘地的看法，甘地道：「節育不能只依照你的方式去進行，還應該想想其他的辦法。」「就舉我的太太作例子吧，我常以她來研究所有的女性。我在南非時認識不少歐洲女性，我很瞭解當地的印度婦女。我和她們一道工作。我常說她們不是丈夫或父母的奴隸，在政治上、在家務中都應該如此。但解救之道，操在她們自己的手中。問題在她們多不能反抗丈夫。當然這是很困難的抗爭，我不責備她們，我要歸咎於男子。男人拿女人當工具。女人也習慣了作工具，覺得這樣作要舒適得多，因為被人拖著向下倒時，順勢倒下去自然容易。我認為在我有生之年，如能使婦女們明白她們本是自由之身，那麼在印度便不需要談節育了。當她們的丈夫意欲『做愛』時，她們只要知道說聲『不』便行了。我不相信男人都是野獸，只要女人知道怎樣去反抗，問題便解決了。我曾教過女性如何去反抗她們的丈夫。真的問題是她們不想反抗。其實一百個婦女中有九十九個並不需要用暴力去反抗。假如一位太太對她的先生說：『不，我不要這個』，他便不會糾纏了。但是一般的女子，並沒有人這樣教過她們。父母通常是不會這樣作的。我知道也有的父母曾勸女婿們不要勉強。我也對若干男子這樣勸告過。我希望女性要瞭解她們基本的反抗權。我現在想一想，她是沒有得到這種權利的。」

山格夫人認為如果夫婦間沒有愛撫，沒有接吻，閨中失和，有的人便會精神崩潰。因為「性愛乃是兩性間的聯繫，它使得夫婦間更能完成彼此的瞭解與精神的和諧」。

甘地道：「如果不計行為後果的痛苦，只求滿足一時的性慾，這不是愛。愛如果是純潔的，就當轉化獸性的衝動並使之規律化。我們對情緒衝動的教育是不夠的。當一個丈夫說：『讓我們不要有孩子，讓我們發生性關係』，這不是獸性又是什麼？假如他們不想再有孩子，何不停止性行為？如將愛看成了獸性需要的滿足，愛就成了情慾。它像食物一樣，如果只為了可口，就是食慾。你吃巧克力糖不是為了充飢。你吃是因為你喜歡，但又問醫生要降低血壓的藥物。也許也會去買醒酒藥，因為威士忌醉昏了頭。既然如此，何苦吃巧克力，何必喝威士忌？」

山格夫人道：「不，我不接受這類的譬喻。」

甘地道：「自然，你不願意接受我的推論，因為你認定不想生育孩子的性行為乃是性靈的需要，這一點我不贊同。」

山格夫人道：「性行為是精神的需要，我認為性行為的本質較其後果更為重要，因為它發生了性的行為而不計後果。我們都知道，絕大多數的小孩都是偶然的因素而生的，父母並沒有存此意念。也有極少數的夫婦是為了想生孩子而有性行為。難道你以為兩個相愛的人生活在一起，彼此愉快，規定每兩年只准有一次性行為，而且是為了生育嗎？你以為這是可能的嗎？」

甘地道：「很榮幸我本人就是這樣，而我也不是唯一這樣作的人。」

山格夫人以為這是不合邏輯的，同樣的一次性行為，為了生育，說它是愛；為了滿足性的需要，便指為肉慾；但事實上兩樣都包含了。甘地馬上插嘴道：他正準備說所有的性行為都是基於肉慾。他舉他自己的生活作例子：「根據我自己的經驗，如單從肉體來看我的太太，我們得不到真實的瞭解。我們的相愛不會達到高峰。我們之間，時常互相熱愛，但當我們一步一步更接近的時候，愈接近，或者說我，便愈變得克制。

在我的太太方面，從來不需要有什麼克制。她也會常表現克制，但她很少反抗我，雖然有時她不願意。所有的時候，當我需要性慾的快感時，我都不能滿足她。一旦當我對性慾的快感生活說聲再見時，我們的整個關係便成了精神的。慾念消逝，愛代替了它。」

甘地的個人經驗，並沒有打動山格夫人，她認為這是理想主義者，不足為訓。「一生之中，只應該有三、四次性行為嗎？」

「為何不能如此教人？」甘地回答道：「多過三、四個小孩，便是不道德，以後夫婦應該分床。如果以此教人，便可相沿成俗。假如社會改革者不能將這種觀念灌輸給人，為何不訂一法律？夫婦有四個小孩，他們已有了足夠的慾樂。有了這許多孩子以後，他們的愛應該轉化為精神的結合，如果孩子死了，他們需要補充，就不妨再同床，為什麼人應該作情感的奴隸而不作其他？當你教他們節制生育，你說這是義務。你說他們如果不這樣作，便是妨礙精神的進化。你甚至沒有提到性行為的限度。你給他們節制生育的知識以後，你沒有對他們說：『就這麼行，不要再走遠。』你要人們有節制地喝，好像他們能辦得到，但我瞭解這是怎麼回事。」

山格夫人一再請甘地無論如何要就節育的本題提供一些意見。無奈地，甘地只得講了一件事。他說至少在婦女月經來以前的十天內，夫婦間絕不應有性行為。

甘地對各種問題所發表的精闢見解，曾有人主張應分類編纂，廣為宣傳，使成一家言，俾印度人民有所遵循，奉為圭臬。甘地立即加以反對。他說：

「並沒有所謂甘地主義之類的東西，我不想在身後留什麼主義，我並沒有獨創新的學說或主義。我只是盡我所能在日常生活中實踐真理，所以並不發生甘地主義或甘地遺教的問題。我對各種問題的見解都不是最後的，明天我可能改變。我沒有新理論貢獻世人。真理與非暴力像山嶽一般的古老。我不過身體力行。我如此行，有時錯誤，從錯誤中學習。

在實行真理與非暴力時，我發現了許許多多生活上的實際問題，得到不少的經驗。我能作的真實，但並非完全的非暴力。有人批評我是真理第一，非暴力其次，為了真理可以犧牲非暴力的原則。但事實是我在追求真理的當中，才發現了非暴力。我們的經典中指出過，沒有任何事物超過真理。他們所說非暴力只是最高的義務。不過，我的看法稍有不同。

　　所謂我的哲學思想，假如可以這麼說，都已包括在我所講過的話中間。但你們不要稱它是甘地主義，這中間沒有甘地主義，也沒有主義。不需要強調，也不必宣傳。文字被摘錄，非我所能阻止，但我希望千萬不可斷章取義。相信簡單真理的朋友，照舊去實行就好了。有人譏笑我的紡車，說待我死後應拿來一併火葬。雖然如此，我還是堅持我對紡車的信心。我推行的所有工作都是植基於非暴力，怎能寫成書去說服人家呢？唯有我的生活才能使人相信。

　　你們也可以說，書籍和報紙的宣傳，能夠幫助推行我所致力的工作。不錯，我已盡力寫了不少的文章，可是能使批評的人接受嗎？所以最好是大家深入鄉村，到群眾中去服務，以你們實際的工作，去喚起大家的共鳴。若有必要，自不妨出版一些工作綱領性質的書籍，但絕不要讓人冷笑，指為空洞的表面文章。」

　　由於甘地和山格夫人曾討論兩性間的問題，許多青年男女便寫信向甘地求教。在之後出版的《神之子民》週刊中，甘地連續發表了下面的幾篇文章：

　　「一位細心閱讀我的文章的同僚，看到我似乎同意安全期節育的方式而感到困惑。我曾明白地告訴這位朋友，所謂安全期節育的辦法，並不表示已駁倒了我素所反對的避孕方式，這是限於多數已婚男女所公開實行的。但是由於此一問題的提出，卻牽涉到許多我們當時原沒有打算討論的問題。事實是我的朋友頗相信安全期的避孕方式，他認為普通人都可能作到適當的節制，正為《吠陀經》所載，必須是夫婦雙方願意要有孩子，才准發生性行為。但我最初的確不是這樣看法。我從經義中瞭

解而不是呆板地記誦經文，我以為夫婦雙方只要是彼此願意，雖不是存心為了生育而發生了性行為，那也不能算是離經叛道。可是經過討論以後，我有了新的發現，經文中的確是要求每一對結婚的男女，也要像苦行僧一般，絕對禁慾。

從這一觀點看來，性交的唯一目的便是生育，絕不許受性的衝動所左右，否則，那便是獸慾了。這一解釋，對一向被認為是無罪的合法的夫婦閨房之樂，實在是很冷酷的。但我不是來討論這個問題，我是來研究印度古聖先賢所論的婚姻科學。他們的理論，也許是不切實際或甚至錯誤的。可是像我這樣的人，根據自己的經驗和志趣，相信《吠陀經》裡面的話，因此也就不能不接受它全部的經義。不管它是怎樣的深奧或難行，但除了接受它的真義，還有什麼其他更好的方法呢？

依照我上面的觀點來看，避孕節育，是極大的錯誤。我用負責的態度寫這一句話。我敬重山格夫人和她的同僚，她盡心盡意為她的理想而奮鬥，使我感動。我知道她很同情那些不需要再有兒女的女性的負擔。我也知道她所提倡的避孕節育法，曾得到許多教會人士、科學家、學者和醫生們的贊助，其中有很多人與我相識，受我敬重。但假如我因此而保留我自己的信心，我就愧對上帝，上帝乃是唯一的真理。我如隱藏信心，假定現在的信心是一個錯誤，我就不會發現自己的錯誤。而且對於那些一向接受我勸告和指導的人，我更不能面對此一節育的問題，不提出我個人的看法。

生育需要控制，乃是主張避孕與反對者共同的目標。自我約束的困難，也是不容否認的。但假如避孕的方法，果為世人所普遍接受，那便是人類道德的最大退步。儘管主張避孕的人可以提出反證，但我還是這樣說。

我相信我並不是超人。真理而不被看作真理，乃是偶然，不能因為偶然的事，而產生懷疑。生活的基本原則，不可因為實行困難而放棄。

自我約束來節育，無疑有困難。可是也還沒有人認真反對它的效用，

或質疑它遠好過避孕的方式。

因此，我全盤接受《吠陀經》裡的教義，絕對控制性行為，並以能控制視同最高的快樂。

生殖器官的功能，就是使夫婦能達到懷孕生育的目的。只有在雙方同意為了生育而不是性衝動時，才應當也才能發生功能。反之，如果不是為了生育，就應該視為非法，應當克制。」

甘地在另一篇文章中又寫道：

「在我們今日社會中，沒有一樣事物，能幫助我們自制。我們所受的教育，就反對自制。父母唯一關切的就是子女結婚，像兔子一樣的多產。女孩盡量使之早婚，不管她道德的利益。婚禮是極盡鋪張宴樂的能事。一家之主的責任，就是為了傳宗接代。這是一種古老的自我沉溺。社交充滿了放縱嬉戲，出版品更是充滿色情的描寫。最新的文學作品，幾乎清一色的鼓勵色情，鄙棄自制。

在上述情形下，節慾難行，有何奇怪呢？倘我們認為自制節育是最好的方式，我們就應當改造環境。先從每一個人自己開始並影響他附近的人。婚姻是神聖的，女子不是洩慾的工具。要維持人性的尊嚴，婚姻的神聖，應當將兩性的結合，看作是為了延續人類的生命。倘使縱慾而生育過多，而致衣履不全，疾病隨身，豈非悲劇？採用避孕節育的方式，固然可減低生育，可是人類在道德生活中，就要遭到極大的損害。婚姻也變得毫無意義了。

根據我自己和同僚們的切身經驗，我說這話。古代的婚姻觀念實有不可抗的力量。婚後的節慾生活，我以為是自然的，不可避免的，而且像結婚本身一樣的簡單。結婚是為了生育，除此如再有性行為，那便是禍水，使男女兩性和後代皆受損害。我們現在瞭解為什麼古代的科學家們，將精液看得如此重要，說它是個人事業的原動力。他們指出只要能完全控制性機能，就可使人在心理、精神與身體上，有極大的神益，能發揮別種生物所不能產生的巨大潛力。

　　大家不要奇怪，世上找不出幾個真能絕對節慾的人。至於平日談節慾的人，也都不完全。他們頂多控制著身體，卻控制不了意念，他們也經不起試探。但是節慾卻並不怎麼困難。主要是在於環境的影響，所以必須對所有引起其他衝動的因素，都加以排除。任何一位男女，都可以作到，但需要下功夫。一個學生在研究科學時，必須孜孜不斷地努力。同樣地，節慾者也應當透澈瞭解生活的科學。」

　　在 3 月 28 日的一篇社論裡，甘地又向年輕一輩提出指導性的意見：

　　「我想回頭再來討論避孕節慾問題。我們的耳朵裡塞滿了這樣的話，說是性的滿足是一種神聖義務，就像負債人有還債的義務，否則便會陷於精神崩潰。滿足性的要求與懷孕乃是兩回事，懷孕乃是偶然，可用避孕的辦法加以避免，除非男女雙方都需要生育。我認為這是最危險的流行觀念，特別是在印度，中產階級的男子，早已濫用生殖機能。假如滿足性的衝動是一種義務，那麼採用各種不自然的方式，也是必須譴責的。讀者應當也知道，許多有名望的人都反對那種沒有節制的性慾生活。否則，同性間也就可以有苟合行為了。我認為所謂以避孕來追求性的滿足的人，根本不瞭解它的害處。我知道學校裡的男生女生所使用的一些祕密避孕方式。用科學避孕的名義來提倡這種邪說，使人慾橫流，使從事改良社會生活的人們，感到加倍的棘手。我要向讀者公開一種祕密，許多學校裡的女生，很有興趣地研閱節育的書報和雜誌，甚至私藏有避孕的工具。對已婚的婦女，更是司空見慣了。婚姻的意義被認為只是求獸慾的滿足，那能再談神聖的目標呢？

　　我毫不懷疑，目前一般提倡避孕節育的人士，用傳教士的精神，介紹避孕方法給那些不願再增加孩子的婦女，說是幫助她們，其實是帶給她們以莫大的禍害。她們並沒有西方婦女那樣的知識水準。而其中最大的害處，便是斲喪了民族的生命，背棄了傳統的道德，妨礙了自然的生機。我們該怎麼說，如果一位莊稼人，將他最好的種子下在石田裡，或者是在最好的田地裡下種但以不結果為條件。神賜給男子以最好的種子，

藏有無限的生命力；神也賜給女子以最好的田地，比世上任何土地都好。男子將最好的種子浪費，當然是罪惡；他應當看它為生命中最珍貴的寶藏。女子接受在她生命的田地裡下種卻任意浪費，這也是罪惡。男子和女子似此濫用寶藏，便將喪失所有。性行為是美好的崇高的，用不著羞恥的，但必須是為了創造繼起的生命。反之如果為了其他的目的，那便是背棄神也是不人道的。過去我們也談避孕，將來也會有人談論，但如真的實行避孕，就是有罪的，可是現在這一代卻以為是值得發揚的美德！使青年的一代，有了極不正確的觀念。希望掌握印度命運的男女青年，千萬別為邪說所誤，要保護神的賜與，好好使用，延續民族的生機。

因此，第一要務就是要印度婦女從精神奴役中解放。要告訴她們珍惜自己的身體，要教她們知道為國家為人類服務之可貴。只要她們為了減少生育為了自己的健康而避孕，那是可恥的。」

七、甘地與中國朋友談非暴力

1938 至 1940 年正是中國對日抗戰期中以及二次世界大戰發生的前後，甘地這時已恢復了他在政治上的積極活動。拉甲柯迭的抗爭，是為了替各土邦的人民爭取民權，並為戰時的反極權統治作準備。抗爭愈艱困，甘地對非暴力的信念也愈堅定，他無時無刻不以維護人類的和平為職志。他有許多極重要的演講和文告，都是在這三年之中發表的。

1938 年最後的一天，甘地在西迦昂接見了來自南非、日本和中國的代表們，他們是剛出席過在潭巴蘭舉行的世界基督教會議。甘地對他們說：「有一位山迭尼克坦國際學院的中國朋友，以前曾要我向中國人民表示一點意見，我那時加以婉謝並說明了原因。假如我僅僅表示同情中國人民的抗爭，自然用不著老遠來問我。我很想能確切地告訴中國人，他們的拯救應經由非暴力的途徑。可是像我這樣一個置身在戰場以外的人，怎能對他們說：『不要那樣，要這樣作呢？』他們絕不會採取新的方式，而且也會對現有的抗爭方式，引起許多的問題，我的話只會增加他們的

不安和困惑。

我對正在作戰的中國朋友們，不好如何措辭，但我很願意今天對諸位講一講。我很想先問你們，所謂文化被毀滅，究竟是什麼涵義？難道說中國的文化就是刻劃在大理石的建築或古代陵寢之上嗎？我不同意這種看法。一個民族的文化是存在於那個民族的心中和靈魂深處。因此唯有構成中國民族生活的一部分和整體的，才算得是獨有的中國文化。所以當你們說，你們的文化和道德正遭逢澈底毀滅的危險，就會使人聯想到你們的新生活運動還只是表面的。例如一般人還想賭博。可見賭博之被禁止，並非是那個社會共同的意向，而是因為要受到法律的制裁，在人們的心中，他們還是繼續在賭博，自然，日本是應當受譴責的，由於它已作或正作的事。日本現在就像一頭豺狼，尋找可吞食的羊。譴責豺狼，無益於羊，羊要當心，不落入豺狼的圈套。

即使只是你們少數人實行非暴力，也能彰顯中國的文化和道德。那怕中國在戰場上失敗了，但最後的結果還是有利於中國，因為它已同時得到了希望和拯救的福音。日本絕不能用刺刀逼人吞服毒藥。可是你們也不能採取以暴制暴的方式來勸服人們勝過試探。不管暴力能否使中國戰勝，但無疑它將絕不能維護中國的道德和文化。

只要你們之中少數人相信我的非暴力，這就是對中國人民的好消息。你們將會告訴中國人民，不管日本所加的物質破壞何等嚴重，卻永不能毀滅中國的文化。還應當教育人民如何抵擋日本人的誘惑。偉大的建築和城池，可能被毀，但那不過是一場悲劇的上演，歷史將會作真實的記錄。假如它們是被日本人所摧毀，那也不過是從時間的嘴裡吐出的一口食物。日本人不能毀滅我們的靈魂。如果中國的靈魂受了傷，那不是日本人所做的。」

在場的中國代表問道：「印度能抵制日貨嗎？」

「我願我能說這是很有希望的，」甘地道：「我們同情你們，但還沒有激發到我們靈魂的深處，否則，我們已經抵制日貨，特別是紡織品。

日本不僅在企圖征服你們，而且也在用廉價的機器產品想征服我們，我們派遣一個醫療團到中國，表示了我們的友情與善意。但這不能使我滿意，因為我知道我們能做得再多一點。我們像你們一樣是大國，假使我們對日本說，我們不再進口一尺日本布，也不出口一磅棉花給日本，我想日本在發動侵略以前，一定要三思而行的。」

接著有一位中國代表又問道：「一個人在未與旁人接觸以前，是不是一定先要自己實行非暴力呢？」

甘地回答：「這是一定的。倘以為自己不先實行非暴力而能在較大的問題上表現出非暴力，那是錯誤的。非暴力就像仁慈，先要在自己家庭中表現。個人需要有非暴力的訓練，一個民族更應當如此。人不能只在自己圈子裡實行非暴力，而對圈子外的人便出之以暴力。否則，他在圈子內所實行的便不是真的非暴力，而僅係一種形式而已。比方說，只有在你遭遇到竊盜或謀殺者的時候，你的非暴力才受到真考驗。你必須選擇是否起而對抗或以愛來感化。與和善的人生活，你的行為不能算非暴力。相互忍讓不是非暴力。一旦你已接受非暴力為生活律，就當用以去向那對你施暴的人實驗，對國家亦復如此。無疑，訓練是必要的。開始的時候很小，只要有決心，其餘便會跟著來。」

另一問題是：「人在實行非暴力的時候，是否會自以為是殉道者或以此自驕？」

「如果存此一念，那便不是非暴力。倘若沒有赤子之心也不能談非暴力，我自己的經驗，在我實行非暴力的時候，我是被一種不可見的力量所導引和支持。如係單憑我自己的意志，那是要失敗的。我第一次入監獄，幾乎昏厥，我曾聽說過監獄的恐怖，但我相信神的保佑，我們的經驗，凡是帶著祈禱的精神入獄，結果一定勝利；反之，只憑一時血氣之勇，便不能支持。當你說靠神賜的力量時，並非是自我憐憫的心情。憐憫乃是有所求於人時才會發生。但在這兒不發生這種問題。」

又有一位中國先生說道：「我是篤信非暴力主義的。八年前我讀了你

的《真理實證》(*The Story of My Experiments with Truth*) 後，我就照著你書裡面的話去實行，隨後我又將你的自傳譯成了中文。不久日本開始了侵略。我的非暴力信仰遇到嚴重的考驗，我發現自己陷於迷惘之中。一方面我感到我不能對我的同胞宣揚非暴力，他們雖然絕不是軍國主義者，但現在他們知道只有用武力去抵抗。這便是他們所知道的唯一方法。我也相信你所說的，『我寧冒使用暴力的危險，而不願見我的同胞苟且偷生』，可是另一方面，當我採取同情的態度，想在這種情況下有所貢獻時，我又發現在精神和物質上，直接或間接地都違背了我所信仰的最高原則。好像我已無法跳出此一迷津，而我卻不能無所事事，但我所做的，不是此路不通，便是那樣不行。我能在人與人的關係上，篤信非暴力不疑，雖然我還沒有做到，但我面對國家的災難時，卻無法堅持我的信心，因為絕大多數的同胞，從沒有聽到過非暴力主義的方法。」

甘地回答道：「你的確遭遇著困難情勢，我也多次遭遇過。波爾戰爭 (Boer Wars) 時，我組織了一個救護隊，站在英國人一邊。在左洛族叛亂時，也同樣這樣作了。第三次是在第一次世界大戰期中，我是篤信非暴力主義的。我的動機都是非暴力。這好像是不足為訓的。但回想我當時的行為，我毫不後悔。我也知道我的非暴力並不因此而削弱。我所實際作的都是純粹基於人道的立場，特別是在左洛族叛亂時。我和我的同僚都獲准去救助左洛族的傷患。我可以說如果沒有我們的救濟，他們中有的人必已死亡。我提到這一點，並不在辯白我當時的參戰，儘管是很間接的。我只是想表示，由於這種經驗，我對左洛族更加願意抱定非暴力的態度，也更加愛護他們。因為從此深深瞭解白種人對有色人種的戰爭，究竟是怎麼一回事。

從這裡可以得到一個教訓，你現在是居於絕對的少數，因此除非讓他們知道，放下武器是大勇，你便不能要他們放下武器。你既不能勸服他們不參戰，你自己就只有澈底實行非暴力，並且拒絕參戰。你應該從心裡去愛日本人。你要考驗自己是否真愛他們，是否不因為他們的惡行

還存有一些恨惡之心。僅僅記住日本人的某些優點而去愛他們，那是不夠的。你要能不管他們的罪行而仍愛他們。假如你的心裡能有這樣對日本人的愛，你就能在你的行為上表現出那種大勇的愛，那是非暴力的最高表現，是你們的中國朋友一定能發現和承認的。你愛日本人卻不是希望日本打勝仗。同時你也不可祈求中國打勝仗。在雙方採用暴力武器作戰的時候，那一方值得勝利，這是很難決定的。所以你只應該祈禱正義的一方勝利。在你保持自己不介入暴力抗爭的時候，卻不可貪生畏死。你應不惜自己的生命，去為你自己的朋友或敵人同樣服務。你要赴湯蹈火，表現出非暴力者的大勇精神。但不可祈禱上天懲罰日本人。如果一個日本士兵或空軍駕駛員落在你們同胞的手中，正陷於生命的危險，你要向你的同胞去求情，必要時用你的生命去保護他。你們知道愛彌麗‧霍甫豪斯 (Emily Hobhouse) 的故事。她雖是一個英國婦人，她勇敢地跑進波爾人聚居的地方，勸他們不要灰心。據說如果不是她軟化了波爾族婦女的心，戰爭很可能相反的發展。她很不喜歡自己的同胞，她沒有說一句讚美的話。當然你們不必仿效她那種敵視本國同胞的態度，那將使非暴力失效。不過你們可以取法她愛敵如友的精神，坦率指出自己國民的弱點。你們的行為，可以影響中國人民，甚至使有些日本人覺得羞恥，而在日本人中為你們講話。

　　你們或者說，這是一件太慢的工作。不錯，在現在這個互相敵視的環境中開始，也許進行很慢。但當你們繼續堅持向前奮鬥時，它會快速進步的。我是一個不負責的樂天派。我的樂觀是建築在相信每一個人均具有無限的可能來實行非暴力。你愈發揮自我，愈能擴大影響，直到克服環境，甚至能使全世界接受。」

　　一位中國朋友又問道：「我是一個相信非暴力的人，不過我常發現，我的行為含有多種的動機，戰爭亦復如此。我們在心中愛敵人便不能戰爭嗎？我們不能打出愛嗎？」

　　甘地回答道：「我們確有許多動機。但那便不是非暴力。暴力可以區

分等級，非暴力卻不能。熱切信仰非暴力，可減少恨惡敵人之心，但不會像你所說的可以打出愛心來。」

最後有一位先生說道：「我坦白地說，我並沒有恨日本人的心思，不過我覺得他們的軍事組織是一個壞東西。我常想最大的需要莫過於真理的教育。我常喜歡兩個國家之間能建立一種友善和平的聯繫。但是我迷惘。我發現眼前很難有成就。」「我們的困難是真誠相信非暴力，卻找不出適當的方法。」

甘地道：「真有這種困難嗎？」「一個人意識到有一樁壞事，困擾著他，他不得不深思考慮，一旦獲得了解脫之法，他就可以告訴旁人。舉行會議或從事組織活動可以，不過收效不大。我以為信仰是可以發揚的，但必須採用不同於暴力手段的方式。你不能經由祈禱使用暴力。但非暴力則必須經由祈禱。非暴力的成功，一定要有對神的存有信心。神有奇妙的安排，也會選擇執行任務的人。」

從 1919 至 1932 年是甘地領導印度獨立革命運動的起潮時間，也就是他嘗試著要用一種突破性的抗爭方式，不經流血戰爭，而能贏得印度殖民地的獨立與自由，這不只是在印度，而且是在人類歷史上從未曾有過的創舉。甘地憑藉著他那熱愛真理，追求真理，實踐真理的不渝信心，以頂天立地的氣概，悲天憫人的胸懷，來從事開天闢地的事業。在此期間，他發動了不合作運動、民事反抗運動、土布運動，以及食鹽長征，都是前無古人的行動。我們研究他所致力的工作，乃是盡可能運用當時印度社會可能激發的潛力，從心理的、社會的與政治的三種層面，將它導引出來，組織起來，一齊投入救亡圖存的偉大愛國救國事業。他激勵印度人民恢復宗教信仰，也就是先從心理建設著手，為求真理的實踐而勇於奉獻犧牲，並由他自己率先實行。他又力倡平等之說，主張打破一切宗教壁壘與傳統階級的限制，而尤以在解放賤民的工作上所花心血最多。甘地曾自比為賤民，與賤民生活在一處，特別編印《神之子民》雜誌，為解放賤民而呼籲。他並曾倡導環境衛生與鄉村建設，主張男女平

等，這些都是很明顯的社會建設工作。倘使我們明瞭在古老的印度社會中，其牢不可破的階級意識與制度，以及根深蒂固的惡習，就知道社會改革之刻不容緩，實與獨立革命運動之能否有效展開，關係密切。一個分裂而又落後的社會，絕不可能發揮共為一個政治理想而群起奮鬥的合成心力。至於政治方面的建設，重在訓練國民自制與自治的能力，因此呼籲國民響應他所推動的各項具體運動，而每一運動的參與者，又必須都能遵守非暴力的原則，忍受物質的犧牲與肉體的折磨，為了國家的自由與參與者精神的解脫。下面扼要敘述甘地所領導的不合作運動、民事反抗運動和食鹽長征。

八、不合作運動

什麼叫做不合作運動？甘地所下的定義是：「撤回自願的合作」，以此作為一種公眾的運動，來達到糾正某種社會的不義。甘地認為在一個國家裡，其政府之所以能代表國家行使統治權，是因為經由合法的方式獲得了大多數人民的授權，而被統治的人民為了本身的利益也願意自動提供合作，亦即盡其國民應盡的義務。如其政府並沒有獲得多數人民的授權，也不代表多數人民的利益，相反地施行暴虐迫害人民的暴政，包括其自訂的各種法令與行政措施，那麼對被奴役的人民而言，便不應與之合作，應撤回自願的合作，絕不履行所謂的國民義務。但是參與不合作運動的人，要嚴格遵守非暴力的原則，不可使用暴力來反抗，要忍受暴力的打擊，自我犧牲，但絕不妥協，絕不服從，誓死反對。甘地深信只要人人以此爭相赴義，風起雲湧，就必能鼓動風潮，造成時勢，迫使暴虐的政權終於無計可施，使印度在一年之內贏得自治。甘地的基本信念是：愛的力量永遠勝過恨，而暴力絕不可恃。他的戰術原則是：以量勝質，以團結對分化，以民族主義對帝國主義，以和平對流血的戰爭。甘地認為殖民地政府所恃者為軍警、監獄與屠殺，無一不是暴力，但不合作運動者視監獄如皇家旅舍，置死生於度外，無所畏懼，而又以德報

怨，視敵如友，不加傷害，他相信少數的英國統治者，終必在真理之前
而軟化撤退。但是當時英國的殖民地官員卻不如此想。駐印總督齊姆士
佛特 (Lord Chelmsford) 曾囑甘地取消不合作運動，因為它是「無用的、
設計惡劣的、內容空洞的、不切實際的幻想」。事實上即使是國大黨內部
的高級同志最初也不易接受甘地的觀念，很多人袖手旁觀。

懷抱著必勝必成信念的甘地，並未因若干同志們的冷淡而灰心喪志，
反而更堅決地策劃發動運動的時機與必要的步驟。

1919 年 1 月，殖民地政府公布了羅拉脫委員會的報告書 (Rowlatt
Committee Report)，其中對歷年孟加拉各地所發生的政府迫害人民事件，
不僅未加譴責，且主張繼續採取更嚴酷的手段來鎮壓。例如未經公開審
訊即行拘捕人民入獄以及地方當局對革命分子任意逮捕等，曾激起全印
人民的反抗。孟買等地工人前後舉行了二百多次的罷工示威，參加者達
十二萬人。革命分子被逮捕的也超過了三萬餘人，局勢極具爆炸性。同
年 11 月印度回教領袖阿里兄弟 (Mohammad Ali. Shankart Ali) 在德里舉
行基拉法特會議 (Khalifat Conference)，反對協約國在歐洲討論第一次世
界大戰的和平條款時，對兼為回教教皇的土耳其皇帝，過於苛刻。因為
大戰期間，英國首相路易喬治為了爭取印度回教徒的合作以加強英軍方
面的戰力，曾保證戰後絕不使回教教皇土耳其皇帝所轄領土招致分割。
但是戰後協約國所提和約，不僅分割了土耳其，而且英國更以委任統治
國的名義，取得土耳其在亞洲部分的領土，因而引起印度回教徒的不滿，
發起反英運動。由於這是為了維護回教教王基拉法特的權益，故此又名
基拉法特運動。

甘地鑑於印、回兩教的人民基於不同的緣因，在同一時間均已激起
反英的怒火，倘能適時提出不合作運動，必可促成印、回聯合陣線，一
致抗英，當為百年難得的機會。因此於 1920 年 9 月號召全國，發動不合
作運動。國大黨於加爾各答所舉行的非常會議中，以一八五五票對一八
七三票獲得通過。決議文係由甘地起草，全文如下：

鑑於印度的帝國的政府，對基拉法特問題，並未履行其對印度回教徒應盡的義務，首相且曾故意違背其曾對回教徒所已作的諾言，因此所有印度的非回教徒，均有義務，經由合法的途徑，盡力協助回教弟兄，使能解除宗教的苦厄。復鑑於1919年4月所發生的事件，上述政府嚴重地忽略了或失敗了去保護旁遮普無辜的人民，並且未對違反軍紀且蹂躪人民的官員，予以懲處，又對業已證實其應負違紀犯罪主責的狄耶，優予寬容。更鑑於國會，特別是上議會在辯論時，背棄印度人民，無絲毫的同情，反支持旁遮普的恐怖暴政，且總督在最近的文告中，也證明其對基拉法特與旁遮普問題，絲毫未採取改革的措施；本大會確認如不糾正上述兩大錯誤，印度將永無寧日，而保持榮譽，防止此類事件再發生的有效途徑，乃是印度自治。

本大會復確認唯有批准並執行最進步的非暴力與不合作政策，直到錯誤糾正，自治建立，否則，別無他途可循。

負製造並代表輿論之責的人們，理應為之首先倡導，而政府權力之鞏固，乃係經由勳位的贈予，學校的控制，法庭與立法會議的運用。當此時機，吾人實不能不作最小的冒險，為達成上述目的，作適當的犧牲。本大會因鄭重建議：

一、退回封號、勳章、榮譽職位，並辭出地方機構中的委派職務。

二、拒絕出席政府各種紀念集會，及其他凡政府官員所主辦或為了他們而主辦的各種官方或半官方的集會。

三、逐漸從公立學校或學院中領回自己的子弟。

四、律師、當事人，逐漸抵制法院，自設仲裁機構，解決爭端。

五、拒絕基於軍事的理由，前往美索不達米亞服勞役。

六、撤回各級革新議會選舉之候選人，選民則拒絕對任何候選人投票，即使原來是國大黨所提名的候選人。

七、抵制外國貨。

鑑於不合作運動乃係重紀律尚犧牲之運動，無紀律，不犧牲，任何民族皆不能真正進步，因此最初應使每一男女及小孩皆能有一機會表現其服從紀律與樂於犧牲的精神。本大會茲建議大規模推行土布運動。目前印度工廠，資金與技術均感貧乏，無法供應全國所需的衣著，可能將長期如此，本大會因主張在每一家庭中，立即恢復手紡手織工藝，千千萬萬的紡織者，由於缺乏勇氣，早已放棄了此一古老而光榮的手工藝。

決議通過後，甘地公開發表談話，認為「根據票決的結果，證明全國需要不合作運動。我的論點已公諸全國，抵制議會、學校與法院。我想再向多數者及少數者說幾句話。對多數者我要說，最大勝利的時候，便是最應當謙虛的時候。多數者的肩頭已擔負起巨大的責任。每一投票贊成我主張的人，如其有子女上學，都必須從政府所辦的學校或學院中，領回他們的子女。如其為律師，即應盡早停止執行業務，並協助建立仲裁法庭。如其為立法會議的候選人，則當退出競選。如其為普通選民，則應拒絕投票。至於所有投票贊成我的代表們，均有義務提倡土布運動，並穿著土布衣服。凡接受非暴力，自我犧牲，願守紀律等原則以推行不合作方案的人，也都應當善待少數、包括不得使用粗暴言語，總期藉身體力行與最光榮的手段，使他們也能接受多數的意見。至於那些少數投反對票的人，或係怯懦，或則由於心理上尚未作好準備。對於這些人，我要說，他們是在一次公平的競賽中失敗了。所以，現在除了心理上的失意外，他們理應今後來支持本案的執行。但如有人認為多數的意見係患有嚴重的錯誤，自行不妨發起反對的運動。不過少數中的絕大部分，事實上已接受民間仲裁與自辦學校的原則，他們所要求的，不過是展緩對立法會議的抵制。目前多數人既主張加速抵制議會，那少數者似亦當協助此一方案之推行。」

為了率先實行此一號召，甘地於 1920 年 8 月 1 日寫信給印度總督，

退還了在南非於 1906 年及 1909 年所獲左洛戰爭勳章與波爾戰爭勳章。
「帝國政府連續採取無恥的，不道德的與不可理喻的態度，我不能再敬
愛像這樣的政府。」

甘地到處旅行，鼓吹不合作運動，並提出三個口號：神至大
(Allah-O-Akbar)、勝利歸於祖國 (Barata Mata-Ki-Ji)、勝利歸於印度教徒
與回教徒 (Hindu-Musalman-Ki-Ji)。

從都市到鄉村，到處像沸騰的滾水，團結抗英的熱度在各地不斷升
高，尼赫魯的父親老尼赫魯，印度最負盛名的大律師，正式宣布從此不
再執行律師義務，三千多名的研究生從研究院自動退學，各地開始出現
了民間自組的仲裁法庭，不再向政府的法院提出訴訟，英國來訪的皇室
要員，所到之處再沒有萬人空巷的熱烈歡迎，而是罷市罷課懸掛黑旗以
示抗議。自辦的國民學校也像雨後春筍一個一個的成立，孩子們不再進
官辦的學校。土布裝的國大黨制服到處流行，人們的心頭感受到一種新
的精神出現了，印度站起來了，大家所懷著的一個目標，就是贏得自治，
必須團結抗英，忍受犧牲。

甘地的活動，使得政府開始感到頭痛。因此發出了警告：主持運動
的領袖們，如其言論足以煽動暴亂，則政府將即予逮捕嚴辦，但甘地卻
認為這一紙公告，反足以證明不合作運動的初步勝利，因此他隨即指示
同志們一旦他被捕後所應採取的行動。

民氣日高，政府的威信日落，革命的燎原之火，愈來愈大。甘地雖
然不斷告誡同志們緩緩推進，唯恐因政府的緊緊壓迫觸發了暴動而一發
不可收拾，然而甘地自身的行動卻並未一刻稍緩。他必須繼續保持高亢
的民氣，因此不合作運動的項目，漸漸由溫和而轉為激烈，與殖民地政
府的對抗也步步升高。日子一天一天的飛逝，全國一致行動的訊號，如
箭在弦，卻熬過了漫長的 1920、1921，直到 1922 年。眼見政府並無意
和談，如是甘地決定下令民間自動焚毀洋裝洋布，拒服兵役，拒絕納稅，
並由甘地向總督提出了最後通牒，於 2 月 1 日並公開發布，限七日內釋

放所有政治犯，保證不再干涉人民的愛國行動，否則，即將發動全面的民事反抗運動 (Civil Disobedience Movement)，接著不久，甘地便被捕下獄了，而他的聲望也因此而愈為高漲。

九、民事反抗運動

1922 年 3 月 10 日甘地以煽亂罪被捕，經審訊後判刑六年，1924 年 1 月 11 日因在獄中患急性盲腸炎，准監外就醫，5 月 2 日以體弱仍需靜養，政府宣布將甘地寬免釋放。此後一段時間，甘地為解救賤民而奔走呼號，全面推進土布運動，並絕食以喚醒國民之團結與遵守非暴力。這些活動表面與政治無關，只能算是社會的改造運動，但是它實際的意義遠超過一般人所能想像。因為甘地已經是反英抗爭的最高統帥，因病出獄之後，未立即開展第二回合的民事反抗運動，至少在體力上是力不從心；但另一方面則繼續保持對群眾的接觸，使高亢的革命氣氛不致下墮，所以又以另一種型態來進行淨化與凝聚力量的活動，毅力之強，心志之苦，自稱是「被擊敗的與卑微的」，其處境的艱難，可想而知，如此一直維持到 1930 年另一反英高潮的掀起，打破沉默，奮勇前進。

1 月 2 日國大黨中常會通過定 1 月 26 日為宣誓獨立日。甘地所起草的獨立誓言全文如下：

> 我們深信享有自由以及經由其勞力所獲的果實並保有生活必需品俾得有充分發展的機會，乃是印度人民以及任何人民不可否認的權利，我們也深信，如果一個政府剝奪其人民的此種權利並予以迫害，則人民就擁有更進一步的權力，改造它或推翻它。英國在印度的政府，不僅剝奪了印度人民的自由，而且破壞了印度的經濟、政治、文化與精神，所以我們認為印度必須擺脫其與英國的關係，達到完全自治或者完全的獨立。
>
> 在經濟上印度被毀壞了，人民納稅的負擔遠超過其收入。我們平

均每天的收入為七派司，不足二便士，而所繳納的重稅中，百分之二十來自田賦，另有三分之一是取自一般窮人。

鄉村工業如手紡手織也被摧毀，使農人至少有四個月賦閒，無所事事，致令手工業的技術一落千丈，亦如旁的國家，早已不再知道手工業的紡織了！

關稅與金融上的剝削如此之重，更增加了勞苦大眾的負擔。英國入口的貨物大量湧進，而入口稅卻是如此之低，且不是用來改善人民的生活，卻用作維持一個龐大的政府官僚機構，再加上外匯的控制，千千萬萬的財富從我們國家剝削來的被帶出去。

政治上，印度的地位，從來不曾如此低落過，沒有一項改革是真給人民以政治權利，我們中最高的也得向外國當局低頭。壓根兒沒有言論與結社的自由。我們海外的僑民長期遭受非人待遇，欲歸不能。在行政上更是愚民統治，大家只有聽那些小書記與小辦事員的話。

文化上，現行的教育制度，斬斷了我們的立國根基，所有的訓練，是要我們接受束縛。

精神上，不准我們有配帶武器的自由，而亡命之徒的外國軍隊占領了我們的土地，使我們毫無反抗的餘地。我們甚至一點兒也不能起而自衛，以抵抗外來的侵略，甚至連保衛身家性命防止盜竊的能力也沒有。

我們認為基於這種種因素所構成的暴力統治，如其長此屈服，那便是斷送人權，違抗神意的一種罪惡。然而，我們承認要爭取自由，必須是經過非暴力的途徑。所以我們準備，就其所能，撤回所有對英國的一切自願聯繫，包括繳納賦稅。我們確信，假如撤回我們自動納稅而不使用暴力，就必能推翻此種殘暴統治。因此我們特莊嚴宣誓，願接受國大黨的領導，共同來爭取完全的自治。

　　從這一獨立宣言，可見甘地所準備發動的民事反抗運動，乃是激勵國民拒絕納稅而不使用暴力。1920 年所發動的不合作運動，例如不參加公職選舉而不使用暴力，那是放棄權利，因為那不是真的選舉權之運用，只是政府假冒為善的幌子。換言之，甘地要國民放棄權利，不盡義務，但不得採取暴力的手段，以癱瘓殖民地政府。這些行為雖可解釋為「非法」，然其所破壞者為「民法」而並沒有觸犯刑法，因此稱之為民事反抗。

　　發動這項歷史性的民事反抗之前，甘地提出了十一項條件，倘使政府能夠接受，他就取消民事反抗。他所要求的是：㈠全面禁酒。㈡恢復一盧比（印幣）合一先令四便士的折換率。㈢降低田賦百分之五十。㈣取消鹽稅。㈤削減軍費至少二分之一。㈥文官減薪一半。㈦對進口布匹採保護關稅。㈧制定成本價格基準法。㈨釋放一切非謀殺案的政治犯。㈩撤消或嚴格管制中央情報局。㈠核發自衛鎗枝執照。「只要能使我們對這些簡單卻重要的條件得到滿足，就不會再有什麼民事反抗了。」總督的答覆是：「我仍堅決希望，即皇家政府將盡其可能求取協調，俾使英國與印度能共同合作解決目前的困難。但同時我也要毫不含糊地宣布，我將充分負起所加於我及我政府的職責，有效的確保法治的尊嚴。」顯然對甘地的十一項條件，絕無意認可，而同時表示了殖民地政府將對甘地的民事反抗採取嚴厲制裁的手段。

　　甘地所提出的條件，對殖民地政府而言，要想照單實行，簡直是異想天開。世上那有帝國主義者不是對殖民地人民橫徵暴斂，生殺由之？但是甘地所要求的，卻也並不過分。例如單就文官待遇而言，總督每天的薪俸是七百盧比，月薪高達兩萬一千盧比，而印度平民平均的收入，每天只有兩安拉（一盧比等於十六安拉），所以總督的收入是印度平民的五千倍。那時英國首相的年俸也不過是五千英鎊，折合月薪每月不過五千四百盧比，英國國民平均收入每月為六十盧比，所以英國首相比英國國民的平均收入，還是不過九十倍。如此說來，總督月薪縱然減半，仍然相當於印度人民平均收入的兩千五百倍，比起英國首相的收入，也還

是高出許多，為何不能減薪呢？難怪甘地要號召獨立，印度人民要起來革命。

剩下的問題是：如何獨立？如何革命？

甘地瞭解：印度人民那時根本沒有發動暴力戰爭起而革命的能力，英國的皇家海軍稱霸世界，控制了印度洋，也控制了印度半島所有的戰略要地與戰略交通線，經濟的能力更是高出印度萬萬倍，在殖民地政府的嚴酷統治之下，手無寸鐵的印度人像一盤散沙，不用說無法發動戰爭，而且也從沒有經由戰爭贏得獨立的意念。過去可能曾如此嘗試過，但那已是歷史的往事，自從 1858 年的流血暴動以後，整個印度就被解除了武裝，精神上尤其是一蹶不振，所以甘地乃號召印度人民進行不流血的戰爭。即民事反抗運動，而且告訴全國人民，只要完全依照他的設計來進行，一年之內便可獲得完全的自治──獨立。

十、食鹽長征

甘地所提出的十一項條件之一，便是取消食鹽稅，廢止公賣，准許人民自由生產運銷。因為食鹽是維持生命人人不可一日缺少的，尤其是勞苦大眾，他們在一天勞動之後，如果得不到食鹽的補充，就會軟弱無力。然而由於食鹽專賣，鹽稅超過了生產成本千倍，人民得不到所需的平價食鹽，這無疑是剝奪了人民生存的權力。因此甘地決定要來破壞《食鹽法》，作為集體民事反抗石破天驚的第一聲，不是為了製鹽圖利，而是為了大家可以活命。美國獨立戰爭的發難，也是選擇食糖與茶葉的專賣，將英國人運來的茶葉箱與糖箱拋入海中。因為北美殖民地的人民，每天所需食用的食糖與茶葉被殖民地政府所控制，因此而掀起北美的獨立戰爭。這是人人所關切而最能激起共鳴的。

如何來破壞《食鹽法》，這是甘地的祕密，但他選擇以孟買海邊的丹地 (Danti) 作為目的地，而準備率領真理修道院的員生前往執行。甘地說：「如果修道院辦不到這一點，那麼十五年來的訓練和我的心血都是白費，

修道院和我自己均將從此消失,這也許對國家、修道院和我都要好一些。」
他對國大黨中常會的同志們說:「等我開始。一旦我能到達目的地,大家
就會知道是怎麼一回事了。」被指為目的地的丹地,從前是燈塔所在,如
今只是一片荒涼的海灘,距修道院約二百四十英里。

依照甘地的計畫,是要挑選一批修道院的員生,「在院裡嚴格遵守紀
律,確信非暴力真理,言行相符而又能視死如歸,置死生於度外」,由甘
地親自率領,步行前往丹地。經過嚴格挑選的七十八名隊員,加上甘地
本人在內,來自旁遮普、古茶拉迭、麻哈拉希脫拉 (Maharashtra)、北方
省、廓欽、信德、契諾拉 (Kerala)、拉甲普塔拉、安居拉 (Audhra)、卡拉
塔克 (Karantak)、孟買、泰米爾藍德 (Tamilnad)、比哈爾、孟加拉、烏迭
卡 (Utkal)、尼泊爾和費吉 (Fiji),其中有回教徒二人,基督教徒一人,賤
民二人,餘均為印度教徒,年齡從十六歲到六十一歲,以甘地的年齡為
最長,可謂地無分南北西東,人不分老幼,具有充分的代表性。

1930 年 3 月 10 日甘地正式宣布:「長征即將開始,現在我要來為你
們分析一件事,讓你們瞭解它的重要性。雖然抗爭還要幾天以後才發生,
可是你們怎敢坦然無懼地集合到這兒來呢?假如你們是面對著刺刀與炸
彈,我想你們是不會來的,可是你們現在並不怕刺刀與炸彈,這是為什
麼?假定我是宣布要發動一次暴力的反英運動,不要說是刺刀與炸彈,
就算是木棍與石頭吧,你們想想看,政府會讓我自由自在地生活到現在
嗎?你們能指出一個例子,在歷史上,英國、美國或者蘇俄,政府能容
忍暴力的反抗嗎?但是今天,殖民地政府就感到躊躇了。你們今天到這
兒來,是因為你們早已熟悉了一個觀念,而且心理作好了準備,我們早
就準備自願入獄。

我要再進一步來分析。假定在印度七十萬個鄉村裡,每一村有十個
人自己動手造鹽,破壞《食鹽法》,你們想政府怎麼辦?那怕是最暴虐的
君王,我看他也不敢用大砲來轟擊這些徒手的和平的民眾。只要你們能
稍稍自制,我看這政府立刻會癱瘓。所以我希望你們能明瞭這一抗爭的

重要意義，大家助一臂之力。如果單單為了好奇心的驅使，你們老遠趕來，便是浪費了時間和精神，如果你們是來為我們和這一次的抗爭祝福，就需要具體的表現（據估計當時有一萬名以上的群眾從各地趕來，參加在真理修道院外面所舉行的祈禱會，聽甘地講話）。我不要你們出錢，我們已有足夠的經費，所以現在不要你們捐獻。當我們傷亡慘重時，不用我講，你們也會自動捐輸的。但我卻需要你們鼓起勇氣，在人力上來支援這一次長期的艱苦抗爭，這可能是我在沙巴瑪底聖河畔最後一次的講演，也可能是我一生中最後一次的講話。

　　我要告訴你們，當我和我的隊員們，中途任何時候被捕，你們應當怎麼辦？希望你們繼續朝向目的地前進。即令我們全體被捕，也要維持和平，我宣誓過絕不使用暴力，不要有任何一個人在憤怒中犯下錯誤。這是我的希望和祈禱。如果我和我的同志們犧牲了，則我們的任務終了。那時便需要國大黨其他的中常委來領導你們。破壞《食鹽法》，可用三種方式進行：凡是可以製鹽的地方，大家去自製食鹽；囤積或出售食鹽，也是破壞了《食鹽法》，還可以從海邊去運走天然的鹽。總之可以用各種手段去破壞食鹽專賣。我只有一條禁令，所有的抗爭，都必需堅持真理與非暴力。我們懷抱著純潔的目標，採取高尚的手段，必能得到神的祝福，相信我們將獲得勝利。」

　　3月12日清晨六時三十分，全世界在注視著，甘地率領著七十八名同志，向丹地踏上了歷史性的長征，後面追隨著無數的群眾。路上灑好了水，滿鋪著綠葉，青枝與鮮花，像慶祝節日一般。甘地芒鞋竹杖，走在行列的最前端邁步向前。老尼赫魯說：「像羅摩旃陀羅赴斯里蘭卡（印度史詩《羅摩耶那》中，記載王子羅摩曾赴斯里蘭卡降魔），甘地的食鹽長征，將永垂千古。」雷艾說：「這正像摩西領著以色列人出埃及。」小尼赫魯說：「今天聖者踏上了遠征的長途。手持著杖，他沿著古茶拉迭灰塵滾滾的大道前進。明亮的眼睛，堅定的步伐，後面跟著他忠實的戰友。他在過去曾有過多次的長征，走過漫長的路程。可是這次的旅途最長，

前面的荊棘也最多。他懷抱著對同胞的赤子之愛，充滿著熾熱的決心，真理之火燃燒著，自由之愛鼓舞著。從他旁邊走過的人，沒有一個不感到生命的振奮，匹夫匹婦也看到了生命的光輝，這是一次漫長的遠征，它要帶來印度的獨立，擺脫奴隸的枷鎖。」

第一天十英里酷熱而又塵土飛揚的路程，在阿斯拉里 (Aslali) 紮營。一百個附近村莊裡的鄉民，帶著鮮花，鼓樂喧天來歡迎甘地和他的同志們。「第一批的同志們，是抱著破釜沉舟的決心的」，甘地向歡迎的群眾說：「鹽法不修改，自治得不到，我不再回修道院。」

六十一歲高齡的甘地，精力驚人，每天走十英里，或者更多一點。然後對群眾大會發表講演。修道院裡的日常生活規律，祈禱、紡紗、寫日記，每一位長征的同志，都照常進行。「我們是一群準備犧牲的朝聖者」，甘地說：「我們能計算出我們每一分鐘的時間。」每天他九時休息，但仍繼續接見訪客。早上大家尚未起床，他已經在處理信件了。清晨四點鐘，有時他坐在矇矓的月光下寫稿，因為油盡燈熄，他不想打攪旁人起來添油。六點鐘大家早禱，隨後向同志們作精神講話並回答問題，然後在六點半起程。

長征繼續向前，甘地謝絕各地送來的慰問品，「我們不能每天超過一般平民平均收入的開支（七派士 Paisa，一盧比等於一百派士），我們自稱是為無衣無食窮苦的同胞而工作，如何能讓每天的費用數十倍於他們每天的收入呢？」「然而我們並非一隊天使，是一群很軟弱的人，容易受試探。因此我要嚴禁不應該有的開支。」

尼赫魯也在不斷要全國的青年，注視著甘地的長征：「朝聖的長征，正勇往直前。諸君，看前面就是戰場，印度的旗幟正在招展，自由的本身也等待著你們的參戰。昨天還說是站在祖國的一邊，今天就遲疑了嗎？在這一場充滿著勇敢和光榮的戰鬥中，你們難道僅以旁觀者自居？忘了你們的國家和同胞正被人所宰割？印度滅亡，誰能存在？印度富強，誰又會受亡國之痛呢？」

全國各地，更多的人，響應著甘地的號召，在國大黨義務幹部的組織下，群起參與就地民事反抗運動，緊張的戰鬥氣氛，像燎原野火，不斷升高擴散。甘地說：「我將一直向前，不管是幾個人或千萬人跟隨我！在我是不能回頭的。我寧可像狗一樣的死倒在路旁，屍骨又讓野狗吞食，也絕不帶著一顆破碎的心返回修道院。」

圖30：尼赫魯與甘地

到了4月5日，從出發日起剛好二十四天，長征者走完了二百四十英里路程，抵達了預定的目的地丹地。

第二天的早禱，安排在4月6日的清晨，甘地十分莊嚴地宣布，如果他被捕，即以泰布咭 (Abbas Tyabji) 為領導人，泰布咭再被捕，由奈都夫人依次遞補。早禱完後，他率領大家至海邊沐浴。然後在八點三十分，他彎腰拾起了一塊鹽，奈都夫人在旁嚷道，「犯法的人！」有幾千人在場目擊著這偉大的一刻。甘地並立刻發表了一項書面聲明道：

「就技術的與儀式的意義言，現在已經破壞了《食鹽法》，任何人皆可破壞《食鹽法》，冒被捕的危險來自製食鹽，在任何適當的地點。我的指示是，所有各地工作同志，應該到處製鹽並自行取回，同時告訴周圍居民，也同樣製鹽，但要讓他們知道這是犯法的。換言之，要讓大家知道鹽稅是怎麼回事以及有關的法令，而目的便在廢除鹽稅。」

運動似野火，在全國燃燒，帕迭爾 (Vallabhbhai Patel) 辭去了議長職務，寫信給總督說：「萬人準備犧牲，百萬人準備入獄。」殖民地感受到嚴重的威脅了，各地出現了私鹽，搜不完，也抓不盡，幾乎人人都是鹽犯，家家藏有私鹽，甘地天天發表講演，不斷在《少年印度》上發表文章，要大家齊起破壞鹽法，因之政府的高壓隨之加緊而且野蠻起來，女

子也被搜身，檢查食鹽。民事反抗運動者遭到刺刀與鎗彈的威脅。甘地寫道：「如果我們希望能支持到最後，我們就應當學習如何接受踐踏與鞭打，讓鐵蹄踏在我們身上，讓皮鞭抽打著我們，全國人民光榮地接受了考驗。」

4月14日小尼赫魯被捕，當天審判，依鹽法判刑半年，民事反抗運動更加猛烈，也發生了軍警開鎗射擊群眾的事，集會遊行也被禁止，人民則繼續檢查洋布店與酒店，甘地夫人率領著修道院的女性員工，也出動查酒。大家都像是沸騰了起來。奉令驅散群眾的印籍軍警拒不開鎗，士兵也被判重刑。甘地稱之為黑暗政權，「假如政府不拘捕人民，也不修改鹽法，則他們將只看到成群的老百姓從容赴義，而毋需拷問。我希望那些迷信暴力的人們，不要妨礙我們非暴力運動的自由。」

形勢劍拔弩張，急轉直下，政府又下令修改出版法，這是針對著國大黨的宣傳刊物與報紙而來的，是針對著甘地而來的。甘地也準備發動另一次搶鹽運動，要人民見官鹽就取，他自己則率領志願隊員，打算前往鹽倉搶鹽。「搶鹽為了活命，不是謀利，有何不可」，等於是逼著政府修改鹽法，不然就逮捕甘地。

5月4日午夜時分，甘地終於被捕，押上囚車，送入了雅爾瓦達的中央監獄。「在深夜裡，他們像賊一般，將甘地偷走。」

甘地被捕，全印激怒。孟買五萬工人罷工，鐵路工人立即加入。全國布商決定抵制英國布，一次十萬人的遊行，使警察也為之束手。不斷有社會名流宣布辭去「榮譽職位」，國大黨在各地的領導人也遭拘捕。印度萬眾一心，站了起來。世界各地有印僑居住的地方，也都紛紛支援響應，英國政府成了眾矢之的。

現在到了決戰關頭，還需要狠狠的一擊，務必迫使英國在印度的殖民地政府修改《食鹽法》，鹽法能夠修改，那就證明民事反抗運動的威力，正如甘地之所預料。

5月21日奈都夫人依照甘地所擬訂的計畫，率領了兩千名志願隊

員，前往距孟買一百五十英里的達拉沙拉鹽倉搶鹽。搶鹽事實上不過是一個號召，隊員們赤手空拳，如何能通過層層的軍警，搶得一顆鹽呢？「甘地的身體被繫囹圄，但他的精神與大家同在。印度的威望握在你們手中。在任何環境下你們不得動武，你們將被打但不得還手，舉手自衛也不行。」甘地的兒子馬利拉・甘地 (Manilal Gandhi) 走在最前面，向鹽倉直仆。鹽倉外面已掘好了壕溝，築好帶刺的鐵絲網，二十四名英國警官指揮著四百名警察在此布陣，警察手持著五英尺長帶鋼尖的木棍，最後一排還有二十五名全副武裝的士兵，站在沙包後面，鎗口瞄準，嚴陣以待。

至鹽倉百碼處，隊員們重新編組，第一組立即涉水過溝，走向鐵絲網，警官喝令止步，但隊員們默默無言，置若罔聞，繼續前行。「突然」，一位在場應約前來採訪的美籍記者密勒 (Miller) 報導道：「一聲令下，印籍的警員用鋼尖木棍，暴風雨似的猛烈擊打著隊員們的頭部。隊員中甚至沒有一個人抱頭逃竄，一個個像被保齡球擊中的靶柱，應聲倒下。從我所站的地方，可以清清楚楚聽到棒打頭顱震人心弦的聲音。在旁觀戰的人們噙著眼淚，屏息而立。每看到志願隊員們被擊中，即發出同情怒號。被敲破了頭刺傷了肩的隊員們，倒在地上，有的失去了知覺，有的還在掙扎著向前爬行，兩三分鐘以後，地上已躺滿著受傷的隊員，一灘灘的鮮血染紅了他們的白色衣服。沒有被擊中的人，仍然靜靜地擠步向前去，直到被打倒。」

就這樣進行，當第一組的人完全倒下來，第二組的人就踏著鮮血補上。「雖然每一個人明明知道，幾分鐘以內，就會被擊倒或打死，但我看不到絲毫畏縮退卻的情狀。他們昂頭挺胸英勇地向前行進，不需任何吶喊助陣，也沒有鼓角助戰，更沒有任何可以用來防範死傷的掩護。警察們衝出來，照樣行事，機械似地，又將第二組隊員們打倒，沒有反擊，沒有搏鬥，只有靜靜地向前走，直到被打倒。倒下去的時候，也沒有聽到憤怒的咒罵，只傳來低微的呻吟。在場搬運傷者的救護擔架太少，我

看到有十八名被抬走,可是地上還躺著四十二名受傷流血的隊員們在等待援救。用來抬移傷患的布毯,盡是鮮血。

一會兒後,戰術改變了。二十五人一組的隊員們,走向前面以後即坐著不動,警察用木棍打他們,已被打倒的人還補上幾棍。鮮血從頭部的大傷口噴出,一批又一批的隊員上前、坐下、被打、躺下,沒有一人還手。最後,也許警察對這些毫不還手的消極抵抗者,打得手軟,他們就改用腳踢的方式。踢隊員們的小腹與睪丸。被踢的人由於劇痛而身體蜷縮著,警察更是火上添油,旁觀的人也幾乎約束不了要衝上去。警察又改變戰法,用手來拖走坐著的隊員,將他們拖到水溝邊踢下去。在我坐著的地方,有一個隊員被拖來拋下,泥水濺滿了我的全身,另一個隊員被踢下去的時候,還被補上一棍。一小時又一小時的過去,流血受傷的隊員不斷被抬走。」

奈都夫人及馬利拉‧甘地均已被捕。帕迭爾說:「任何想調和印度與大英帝國的希望,從此永不再有。」

到了上午十一時,在攝氏四十六度的酷熱下,一切的活動均遲緩了下來。密勒跑進臨時救護站去看,受傷的一共三百一十人,有許多尚未恢復知覺,有的被踢小腹與睪丸,仍在痙攣不已。由於醫藥設備的缺乏,已有兩人死亡。殖民地政府使用各種手段,想截留密勒所發出的電報。「在過去十八年中,我到過二十個國家採訪,目擊過無數次的暴動、巷戰與叛亂,但從沒有看到過像達拉沙拉這樣的恐怖與殘忍。」密勒的現場電訊報導,在美國一千三百五十家報紙上披露,使美國的輿論為之震驚。

甘地在監獄中翻譯了一首卡比爾 (Kabir) 的詩,以記述達拉沙拉之役:

> 心志堅強的人,
> 不辭外在的痛苦,
> 怕苦便是懦弱的可憐蟲。

注意，這一場惡戰，

憤怒，衝動與驕傲

野心，貪婪與情慾，

兇猛地向我們突擊

都是圍攻我們的敵人。

與我們並肩作戰的戰友

卻是自律、真理、寬恕與和平。

看這一場鏖戰，

飛舞在我們手中的劍，

乃是上帝的令名，

沒有懦夫的分兒，

大勇無畏者充當最前鋒。

　　民事反抗運動繼續在推動，事實上反抗運動已進入高潮，同時各地的鎮壓都在加緊。歐爾文總督 (Lord Irvin) 說：「不管我們是如何譴責民事反抗運動，但我們可能會發生嚴重錯誤，假如我們低估了今天在印度的民族主義意識。它不會也不可能得到完全的或永久性的解決，為何只是一味採取高壓政策。」顯然歐爾文總督是主張協商和談以謀求暫時緩和的人。

　　為了執行此一策略，他獲得倫敦方面的首肯，於 1931 年 1 月 25 日印度獨立節前夕，下令釋放甘地及國大黨的所有中常委，並撤消禁止國大黨集會的禁令。「我的政府決定釋放他們，並未附帶任何的條件，因為我們相信要恢復和平，只有經由在無條件的自由氣氛下進行善意的談判。」

　　「我們的行動，便是顯示政府謀求和平的誠意，使政府能依照首相所宣布的方針，即假如民事反抗平息，政府將絕不為難他們。」

　　甘地也在被釋放後發表談話道：「我帶著毫無保留的坦率心情，出了

監獄，沒有絲毫敵意，也不準備有所辯白，我將首先從各種角度來研究目前的情勢以及首相的聲明。」

然後接著是一連串甘地、歐爾文談判。

邱吉爾 (Winston Churchill) 那時還只是一名海軍部長，他已感到不耐，口出惡言道：「這是極其使人驚訝和荒謬的事，瞧那倫敦大學法學院出身的，長於煽動的甘地律師，現在裝成東方人所習見的苦行僧模樣，半裸著身子，居然大踏步走進了總督府，在那兒和我們的皇帝代表，進行杯葛，而他還是繼續在煽動著所謂民事的反抗。」邱吉爾一直是反對印度獨立自由的，但到了第二次世界大戰結束，當他擔任英國首相時，他還是被迫接受了不得不交還政權與印度的現實。

十一、土布萬歲

在甘地所倡導的民事反抗要求的十一項工作中，有一項便是禁止洋布，所謂禁止洋布，便是抵制英國進口的紡織品，他認為這是經濟侵略手段之一，使得印度原有的紡織工業一落萬丈。更深入一層的觀察，他根本反對大規模的機器生產，因為那是資本家壓迫勞工。再進一步分析，甘地是充滿了自然主義傾向的，他羨慕自然，而手紡手織卻正是人們最能以輕微的勞作，與自然相契合的一種生活方式。「手搖紡輪時所發出的那種美妙音樂，以及紡紗者沉浸其中心靈的安寧，那真是人世間最美好的享受。」當然他更是一位愛國者，藉著紡紗織布鼓舞著億萬的印度人民，走向團結為國的一致目標之下，不為謀利，同時卻是幫助他人，至少是充分做到了自服其布。所以他到處大聲疾呼提倡土布，規定國大黨黨員必須每天紡紗，必須穿著土布，尤其是動員全國婦女，參與土布愛國，查禁洋布的工作。

甘地曾用幾個月的時間，深入孟加拉各地，視察土布推廣的工作，孟加拉曾是印度紡織業最發達的地方。「我要你們用紡紗來表現成績，一個有目的的教訓，要你們從紡車裡締造印度的命運。今天，當我搖動紡

紗車時，你們只看到一根紗出來，可是我絕對相信，在我所紡織的無數根紗裡，我是在締造新的印度。我的自信是基於一個瞭解，沒有紡車就沒有自救。所以我要你們每天分出半小時的時間來紡織。」

每逢星期一，是甘地的靜默日，絕食、祈禱，默默的紡紗。每半小時他能紡織一百三十碼棉紗。

在德干有學生們提出了異議，認為要人人紡紗，實是浪費時間與精力，也不懂分工合作的原理。甘地回答道：「我曾吩咐要每個人拿全部時間紡紗嗎？這與分工有何關係。難道吃與喝違背分工原則？我們人人要吃要喝要穿，所以人人要紡紗。你們說這是浪費，又說你們充滿了同胞愛。眼見同胞們無衣無食，你們的同胞愛在那裡？你們知道舐犢情深嗎？你看到鄉村同胞的痛苦，能無動於衷嗎？為他們紡紗，就可以減輕他們的痛苦。一位朋友在大眾之前吹著口哨走過去，使得大家都很高興，這算浪費人力嗎？當然，他可以高喊祖國萬歲，但紡紗卻遠勝過空喊。它是有目的的，可以增產的。目的就是服務社會，而且也是有結果的，也再沒有其他方法，如此簡易可行，能使我們和群眾團結在一起。學生們尤其應當做，因為他們是地上的鹽，他們的生命剛開始，他們能吸收成年人不易吸取的觀念，並有遠大的服務機會。你們也許會想到英國工業的繁榮，可是它是剝削弱小國家的。這一個經濟剝削的枷鎖，比任何我們國內所已看到的束縛都要厲害得多。它使我們全國枯乾，是最致命的手段。」

又有人說，紡紗一點兒也不開心。甘地說：「為什麼要開心？讀《聖經》，讀《可蘭經》，有什麼開心？是義務而不是開心的事。你們看過死人嗎？摸過死人的腳嗎？死人的腳是冰冷僵直的。印度還沒有僵冷，但已氣息奄奄，紡紗就是救印度之死，有什麼開心？」甘地不放棄土布運動的推行，不放過每一個可利用的機會，教導人們如何提倡土布，以濟印度之窮。

當時不少有名望的印度時彥，頗不贊成甘地的土布運動，雖然敬佩

甘地實踐篤行的愛國精神，例如詩哲泰戈爾即曾為文批評甘地。因此甘地不得不寫了一篇很長的文章，來答覆泰戈爾（原載 1925 年 11 月 5 日《少年印度》）。

「阿洽雅・雷近對泰戈爾之反對土紡土織運動，曾予以猛烈的抨擊，並且認為我對此事的寬容態度，也是不應該的。大家要明瞭，詩哲並不低估土布運動的經濟意義。當他發表了反對的意見之後，他已在〈全印達斯紀念基金勸募宣言〉上簽字。他在簽字以前，曾詳細研閱了我們發起此一運動的方案，他又寫信告訴我，他對土布運動所發表的文章，也許會使我不高興。我已早知道將要發生什麼事，但並未使我難過。僅僅不贊同我的主張，怎能就使我不快呢？假如遇有意見不同之事便感不快，那麼人生便會太無意義了。相反地，坦率的批評，會使我高興。因為我們之中的友情將必因此而益覺豐富。友誼之可貴，並不在於事事意見相同。單單為了看法不同，絕不致產生惱怒或痛苦，我看詩哲的批評，一點也沒有這種成分。

我必須再明白地指出，有人認為詩哲的批評，起於嫉妒，這是完全錯誤的。這證明那些人都缺乏涵養。稍稍想一想，便知道這種惡毒的誣衊是毫無根據的。詩哲有什麼地方要嫉妒我呢？嫉妒起於競爭。我一生中從不曾寫過一首好詩，而詩哲所有的，我卻一無所有。我只有欽佩他的偉大。當代也沒有人可以和他媲美。至於我的所謂『地位』，根本和詩人無關，大家都知道，我們所作的完全不同。詩哲生活在他自己所創造的世界和思想領域中，我則不過是分享他人的創造品，來推銷紡織機，詩哲可以隨著他自己的曲調起舞，我只不過要使印度從機器魔掌下獲得解放。詩哲乃是發明家，他創造，他破壞了再創造。我卻只能發現，發現一樣東西便死釘著它。詩哲為世人不斷提供新的可愛的東西；我卻只能從破舊的東西中找出不為人所注意的事物。世人當然崇拜那些能夠獨創新奇事物的偉人；我卻只能死守一角為我的破舊東西拼命工作。這樣說來，我們之中並無競爭，但我坦率地說，我們乃是分工合作。

　　事實上，詩人的批評是帶有詩意的，倘單從文字上去瞭解，那就會感到迷惘。有一位詩人曾歌頌所羅門王的偉大，說他的光輝照耀大地，不像野地裡的一朵小百合花。原意所指，乃係藉自然之美及小百合花的純潔光輝，來反襯所羅門王亦不免有些微的瑕疵。又如《聖經》上所載，富人進天國比駱駝穿過針眼還要難。這話怎解呢？我們都知道駱駝不能穿過針眼，但富人如賈拉卡（Janaka，印度教聖人）卻能進天國。還有詩人們說美麗婦人的牙齒像石榴的種子，但真要使牙齒變成像石榴子，那就糟透了。詩人和畫家常常不得不誇張，好讓真實顯得更突出。因此凡單拿詩人的詩句作為批評的對象，那是不公平的，而且也無益於大眾。

　　詩哲毋需閱讀《少年印度》。他所瞭解的土布運動，都是聽自朋友的轉述。所以他的批評，也難免誇張。例如他認為我所提倡的土布運動，是要叫詩人封筆，農夫棄犁，醫生罷診，律師拋下他們的工作，整天來紡紗織布。這是不正確的。我不過希望大家每天能拿出半小時的時間，貢獻給國家。至於在農村中現在沒有工作可作的男子或婦女，我當然希望他們為了生活而紡織。我想詩人如能紡半小時的紗，他的詩意靈感必更增多。因為它必更能親切地宣洩窮人們的需要與煎熬。

　　詩哲說，紡輪下的印度，將是死氣沉沉，枯燥單調，如屬可能，他會描述。但真理是藉紡輪可使億萬印度人民體驗出印度社會的主要生活與興趣，其中並潛在著團結的意識，這樣的設計和形式，是不錯的。任何人，即令是雙胞胎，也不會完全相同，但人類卻另有其不可分割的共性，在許多種共性之中，共同生活乃是重要的一種。夏卡對此曾有透闢的闡述，他曾提出最合邏輯的，也最自然的一項推論，例如我們只有一個神，一個上帝，一個梵，儘管有著不同的說法乃至邪說異端。我們毋需來辯論：看得見的不一定是真實，隱藏在虛假後面的才是真實。就算兩種情況都是真實吧，假如你願意。我所要講的乃是在差別之中有一同。所以我認為在各種不同的職業之中，人類有一種占最大多數的共同職業。農業不就是人類多數的共同職業嗎？不久以前，紡織也是人類多數的共同職業。王子與庶民

都需要穿衣吃飯，因此便不能不努力來滿足他們共同的需要。王子們也許只有在典禮中作一種象徵性的耕織，但如他對自己忠實並對他的人民也忠實，他便不應當與這些工作分開。歐洲人現正剝削非歐種族，目前不會感到耕織的迫切需要，但這是不能久存的。非歐種族絕不願長期忍受剝削。我已指出一條和平的，人道的，崇高的路。也許不被採納。其結果便只有訴諸戰爭，兩敗俱傷。非歐洲人要擺脫歐洲人的剝削，紡輪便不可缺少。我們要生存，絕不能靠英國進口空氣；我們要吃飯，不能從英國進口糧食；同樣的，我們必需穿衣，卻不能靠英國輸入布匹。我這個主張，自然有它的限度，我不是說孟加拉人不能使用孟買所出產的布匹。假如孟加拉人願意自由自在地自食其力，不剝削其他印度人或外國人的勞力，他們當然應該自行生產。機器自然有它的地位，機器也將繼續生產。但不可讓機器完全取代人類自然的勞力。外國進口的耕耘機很好，但假如有人發明，有一個人能用最新的耕耘機，耕種所有印度的土地，控制整個農業生產，則在其他萬千農民無他業可就時，他們便會挨餓，他們無所事事，像現在有的地方，已經是這樣。我希望鄉村工業建設能夠不斷地改進，但我也知道，除非已能替所有剩餘勞力找到了新的就業機會，否則，如貿然採用機器紡織，那便是有罪的。

愛爾蘭所實行的辦法對我們並無大的幫助，頂多只是讓我們也注意合作經濟的可能性。但印度環境不同，所以合作經濟的型態也有差別。因為印度幅員如此廣大，只有使用紡輪才有出路。甘迦拉罕爵士給我們一種合作農場的模式，但是這個模式不適合每人只有兩三畝地的印度農民。可是如果以紡輪來號召，鼓舞大家合作的精神，在鄉村中推動撲滅瘧疾，改善衛生，保護牛群，乃至排難解紛的工作，那是實際可行的。凡是紡輪轉動的地方，這些的問題都可以設法解決。

我不打算逐點來和詩人辯論。我們中間沒有根本的歧見，我已盡力解釋。詩人的論點，我都可以接受，但我堅持紡輪的主張。他對紡輪的批評，有許多並非我的主張，這一場論爭，並無損於土布運動。」

從這一篇文章，我們可以看出甘地的若干基本思想，土布運動不過其具體實踐之一而已。他相信這是真理，也是藝術，他不過將心中所想的，反映到行動上來而已。因為沒有矯揉做作，沒有虛偽，純出於對同胞對印度的血忱之愛，所以堅持到底。以後到了 1950 年印度獲得獨立，他們所設計的印度國旗，中間就有一個紡紗輪，不僅在紀念民事反抗運動中先烈先賢的犧牲，也表示印度國民對甘地的崇敬，同時也代表著孔雀王朝第三代名王阿育王時代的法輪，顯示甘地的民事反抗與阿育王的泛愛非攻，實有異曲同工之妙。

我們推究何以甘地能有如此偉大的胸襟呢？如果不是懷抱著赤子之心的襟懷，愛人如己，尤其是熱愛著最窮困最被人所不齒的賤民是不易辦到的。為什麼他又能如此超脫，如此不為世俗之務所累，而能保持著出污泥而不染，玉潔冰清的高風亮節呢？這卻也不是容易的事，是從自我的磨煉中得來。1931 年 9 月 27 日，甘地在吉爾德紀念堂 (Gwild Hall) 所發表的一篇〈自願貧窮〉的講演，最足以說明：

「當我發現自己被捲入政治漩渦中時，我常捫心自問，如要不被虛妄、不義及所謂政治上的利益所染，我該怎樣行呢？我清楚得到的結論是：假如我決心為人民服務，我在他們中間生活，瞭解他們的痛苦，我就應當拋棄所有的財富和占有。

我不能不據實告訴你們，當我開始相信這一點時，我並不能立刻辦到，最初的進度很慢。現在回憶起當時的情景，那時內心的抗爭是很痛苦的。但漸漸地，當我看清楚我必得拋棄那些原認為是屬我所有的東西而斷然捨棄時，我感到有一種難言的舒暢。以後每一身外之物在我眼前展現時，也就再不動心了。當我現在述說這一段經驗，我覺得分外的輕鬆，我可以自由自在地來為我的同胞服務，充滿喜悅和安慰。從此，我感到如其有絲毫的占有，反而會不安。

何以會感到不安呢？原因很簡單，假如我為自己占有任何一件東西，我就得費盡心機來保護，我發現有很多人需要它卻得不到。比方說我是

富有的，可是眼看著有那麼多人在飢餓，我勢必只有去請求警察來保護，否則便會被他們搶走。但隨後一想，他們既然需要，為什麼不讓他們拿走？他們並非出於貪心，實在是因為他們的需要大過於我的需要，這時便覺得心緒寧靜了。

我常對自己說，占有是一種罪惡，當我想占有某些東西而又知道旁人也同樣企圖占有時，經驗便告訴我們，要滿足每一個人的占有慾時，那是不可能的。因此可以說唯一能為人所占有的，便是不占有，自願放棄。

在今日的所謂文明世界中，我和你們的基本生活態度有很大的分別。你們的文明是占有的文明。有了一間房子要兩間，有了兩間要三間，愈多愈好。房子有了，然後是傢俱，也是愈多愈好。因此占有愈多，愈代表著你們的文明進步。這個膚淺的看法，也許不太恰當，這只代表我個人的認識。至於我本人的生活態度卻恰恰相反，那就是你所占有的愈少，需要的也愈少，你也愈好。好在何處？不是你個人生活的享受好，而是你有著更好服務人民的條件，你可以貢獻你的一切為人民而服務，包括自己的身體。身體也並不屬於你，上帝可隨時取走。

根據這一個認識，我因此覺得身體也可以貢獻，不是用作追逐肉慾的工具，而是只要醒著的時候，便為人民而服務，對身體尚且如此，身外之物，自然更不必談了。這就是我所說的甘貧樂道。你能拋棄世上一切所有，你已得到了世界最寶貴的東西。」

本此精神，甘地發動民事反抗而被捕入獄，出獄後又以德報怨，與印度總督歐爾文展開一連串的談判。談判結果：暫停民事反抗，英則答允修改《印度政府法》，部分開放地方政權。

甘地與歐爾文簽訂的協定，以公報方式於 1931 年 3 月 5 日發表。

公報說：「民事反抗將不繼續，政府亦將採取相應措施。有效的不繼續民事反抗運動，意指將不得再繼續任何方式的反抗。」

「關於抵制外貨的事，政府的立場是，贊同發展印度工業，作為改善其物質條件，促進工業與經濟建設的一部分。可是在民事反抗運動中，

所抵制者主要是英國貨。此與約集國大黨代表，土邦代表及英國黨政代表，準備在英商討，謀求解決印度憲治地位的精神是不相符合的。因此，停止民事反抗運動便應當同時不再繼續以抵制英貨作為一種政治手段。」

「關於政府所應採取的相應措施，尚包括撤消若干法令與特殊限制；合法處理國大黨的活動程序；失職人員的復職以及撤除軍警的監視等。」同時規定：「凡參與民事反抗運動而未使用暴力，或煽動暴亂但已被捕入獄的所有政治犯，均將釋放。」

關於《食鹽法》部分：「政府在管制食鹽的工作上，不能違背《食鹽法》，也不能在目前財政困難的情況下修改《食鹽法》，但是為了減輕貧苦人民的負擔，政府準備另謀行政補救。事實上已有若干地區實行，即准許人民自採，自製並在其居住範圍內出售食鹽，但不得越區銷售。」此一措施，表面維持了《食鹽法》的具文，但實質上已與原法相去甚遠，例如准許人民得自採、自製、自售食鹽，正為甘地之所主張，而專賣食鹽已是名存實亡了，故此應為民事反抗者之最大勝利。

協定簽字生效後，英國方面著手策劃《印度政府法》的研訂，包括在倫敦舉行英、印圓桌會議，印度方面則暫停民事反抗，自 1931 至 1932 年相互保持著外弛內張的局面。國大黨為了爭取更大更多的自治權，一再表明其必須獲得完全的自治，此與英方設想者大相逕庭。各地濫捕人犯之事仍不斷發生。1932 年 1 月 2 日甘地主持國大黨中常會，主張恢復民事反抗運動，政府乃於 1 月 4 日下令逮捕甘地。8 月 18 日甘地在獄中宣布絕食至死，除非英國改變擬議中的選舉保障名額制。9 月 26 日英方採納了甘地的意見，隔日甘地乃恢復進食。1933 年 5 月又宣布為了呼籲取消賤民階級，無條件絕食二十一天。可是當絕食尚未開始，政府即宣布釋放甘地，但甘地獲釋後仍按預定日期絕食。

1933 年 8 月 1 日，甘地再度被捕，三天以後獲釋，又復被捕，判刑一年。8 月 16 日，甘地在獄中再度宣布絕食至死。8 月 23 日已屆彌留，政府遂宣布無條件釋放。離獄以前甘地恢復進食。1934 年甘地旅行全國，

致力賤民解放運動。6 月 25 日抵達普拉出席歡迎會時，有人投擲炸彈行刺，甘地倖免。8 月 7 日他決定絕食七天，感化那些冥頑不靈的頑固分子，亦由此可以看出，甘地之不斷入獄、獲釋、絕食、進食等毀身救民的奮鬥，以其無益於實際的政治抗爭，而使激進分子包括國大黨同志深感不耐，而因此使甘地萌生退出國大黨的意念。

十二、甘地退出國大黨

甘地的活動與言論，引起外間揣測，他將退出國大黨。甘地對此加以證實，並於 1934 年 9 月 17 日發表聲明如下：

「外間傳聞我準備在形式上退出國大黨，這是不錯的，不過，當中常會及議會小組開會期間，朋友們來瓦爾達看我，勸我在快要召開的國大黨全國代表大會以後，再決定去留，我已同意。潘迭與吉得威建議我仍留在國大黨以內，但不參加實際指導活動；帕迭爾與阿沙德則堅決反對。他們兩人認為這正是我退出國大黨的時候，但另有其他人不以為然。我仔細考慮以後，決定最妥善安全的辦法，是等到 10 月份全代會召開以後，再決定去留。我極想利用此一機會來測驗我的觀察是否正確，即大多數的黨員已厭倦於我的理論和作法，並且認為我繼續留在黨內，不僅不能有助於黨的民主，反足以阻礙它的自然發展，因為我控制了一切，使得黨員不能自由行動。

如其我要測驗我的觀察和印象是否正確，自然，我必須將我獲得這種印象的原因以及我必須退出的理由，明白告知國人。黨員可投票表決，正式表示他們的意見。

我必須扼要地講，在我看來，許多黨員和我本人對前途的看法，有很大的分野。如果不是因為他們對我罕有的效忠，他們所選擇的方向，必定與我分道揚鑣。儘管他們抗議和不滿意我所作的決定，可是從沒有一個領袖能贏得像他們一樣對我的忠誠。如果我再要苛求，那是很不適當的。可是他們的忠誠卻不能使我對彼此間所存的歧見，視若無睹。

事情是這樣的。我將紡紗與土布列為首要工作。多數國大黨員卻視同具文，他們對此毫無信心。黨章中關於黨幹必須紡紗的規定，早已毫無意義，許多人批評我，造成這種陽奉陰違的局面，應該由我負責。我早應考慮到，過去並非因為他們對紡紗的本身有信心，單純的只是表示對我個人的效忠。這個論調尚有辯論的餘地。我的信心仍在增長，假如印度要獲得完全的獨立，經由勞苦大眾與非暴力，則紡紗與土布必須對少數受過教育的人以及千千萬萬陷於半飢餓狀態中失業的人，提供一個運用雙手的機會。紡輪象徵著人類的尊嚴與平等。它是手耕的農場，它是民族的副肺。我們呼吸不靈，因為我們只使用一葉肺，只有極少數的黨員對紡輪有信心。如將紡紗一項從黨章中刪去，就是使黨與群眾失去活的聯繫，如果黨要能代表群眾，就必須嚴格執行黨章已有的規定，而不是刪除它。可是大多數黨員如果失去信心，這一點便不能辦到。

其次說到議會小組的問題。我雖然是不合作運動的創始人，但我完全相信在目前環境中，既沒有全面民事反抗，則在黨內設立議會小組，透過議會以遂行黨的決策，乃是必要的，可是大家對此卻有著極尖銳的不同見解。我很知道，在普拉全代會中我所提出的綱領，曾使許多同僚感受壓力，然而往後他們卻按著個人的意識行事。放棄自己的成見，接受旁人睿智而有經驗的見解，對於組織的發展，乃是必要的。但如經常地被強迫著依循旁人的見解，那就會使人感到難受了。雖然我從不願得到像這種強求的形式，可是我卻不能不承認這一悲劇的事實。許多黨員想抵制我而垂頭喪氣。這是對一個在孕育中的民主最可恥的現象——我這樣說，是完全合於一個最可憐的人的要求，是渴望著並非超過他人，只是經由最大的努力，希望能達到像旁人一樣我們所應有的地位。

我曾表示歡迎社會主義派。他們之中，有不少是受人尊敬，勇於自我犧牲的同志。除此以外，他們所正式發表的主張，卻與我的看法有著基本上的分野。但基於我所能控制的道德立場，我將不至於來阻撓他們所宣布的觀念。儘管很不合我的脾胃，我不會妨礙他們的言論自由。假

如他們得到黨的承認，事實可能，則我便不能再留在國大黨中。因為處於實際對立的地位，這是不可想像的。在我長時期為國家服務以來，雖也參與過若干組織，但從來不接受這樣的地位。

還有關於印度土邦的問題，有些人所主張的政策，完全與我的意見相左。我曾仔細研究考量，但我不能改變我的觀點。

說到賤民問題，我的方式也與他人的見解不一，雖不能與絕大多數黨員的意見相同。在我看來，這主要是宗教與道德的問題。有些人認為我不應該停止民事反抗運動，而來致力於賤民解救的工作。可是我如改作別的工作，我想那是對我自己不真實。

最後是關於非暴力的問題。經過了十四年的考驗，非暴力依然是大多數黨員所遵行的政策，對我則是信條。黨人不再將非暴力看作信條，這不是他們的錯誤。這是由於我解釋不夠透澈，而執行時也常失敗的緣故。我找不出有意的錯誤，但事實是它並沒有成為黨員生活中不可分割的部分。

非暴力的情形是如此，民事反抗更糟。對此我雖有二十七年的抗爭經驗，可是我所瞭解的還是不夠。從事這方面的研究也很困難，因為人們在一生之中，並不是經常發生這種事。它只有在我們自願服從父母、師長，或其他前輩時才會發生。無疑在目前我們之中，我以唯一專家的資格，儘管不很完全，我應當提出一個結論，即在短時內，民事反抗的工作，還只能限於由我一人負責。這是為了減少錯誤，避免不幸，並激發黨員的潛力。可是我感到十分不易使黨人瞭解，雖然他們最近通過了許多有關的決議。

提到在投票時的壓力問題，最聰明的人也不會想到，我所感受的壓力也正和他們相等。為了達到我們共同的目標，雙方都需要解除這種壓力，按著自己的意識去自由行動。

在帕迭拉聲明中，我曾提議暫停民事反抗，要大家注意此一運動的兩項具體目標已經失敗。如果我們有著充分非暴力的精神，我們的表現

便不會如此，政府當然不會不知道。現在當局所採取的一切高壓措施，基本上並不是由於我們已有什麼不良行為，他們無疑是蓄意打擊我們的士氣。但不要以為民事反抗者高人一等。假如我們真是百分之百的非暴力者，一定可以自我證明。可是我們竟不能讓暴力主義者相信我們的決心。反之，我們的同志竟認為自己也有暴力的潛能，不過是沒有使用罷了。因此暴力者便辯稱既然大家都有暴力精神，那麼是否使用，便不過是觀點不同而已。我用不著說，國人曾表現出非暴力的偉大精神和犧牲，但我必須強調，我們還沒有作到表裡如一，言行合一。我的責任是要讓政府和暴力者瞭解，非暴力可以作為一種手段，達到正確的目的，包括爭得自由。

我曾為此畢生奮鬥，我需要完全絕對的行動自由。民事反抗不過是消極抵抗的一部分，但就我看來，都是生活的法則。真理是我神，我追求神只能通過非暴力，不能經由他途。我參加政治活動，也是在追求真理，假如不能使黨人拳拳服膺，深信憑此即能贏得完全獨立，那麼很明顯的，我應當赤手空拳地奮鬥，讓同志們懂得，今天他們不明白的事，將來一定會知道。也可能神會告訴我用更適當的話語或行動來進行此一偉大的事業。機械似的投票或承諾是不適宜的，即令不損及目的本身。

我在前面提到共同目標，但我開始懷疑所有黨員所瞭解的『完全獨立』是否意義相同。我所要求的印度完全獨立，乃是按照英文詞彙的解釋。在我看來，完全自治比完全獨立還好，不過自治一詞不太明白罷了。沒有任何一字一詞能給我們大家都能瞭解的意義。所以，我在不同場合曾將自治作各種不同的解釋。但縱然將所有解釋加在一起，還是不夠完備，不過我不想去作這事。

我提到不易獲得完備的定義，使我想到黨人與我之間所存在的歧見。從1909年起我就說過目的和手段乃是可以交互使用的名詞。所以，手段有多種或甚至矛盾；目的也應有多種或彼此矛盾。我們通常只選擇手段而未選擇目的。但假如我們採用同一的手段有著同一的熱忱，則所追求

的目的也就不必煩心了。許多黨人不注意這一點，在我看來這都是真理。他們只相信為目的可以不擇手段，不管它是什麼樣的手段。

正因如此，所以黨人對目前黨的路線便不清楚，顯然他們口中答應卻並不實行，可是我所能領導大家的便只有廢除賤民、印回團結、禁酒、手紡手織、完全自治、建設鄉村等等，這是我愛我的國家，最能滿足的工作。就我個人來說，我寧可死在印度的鄉村，而不是棄屍西北邊陲。但假如西北邊省的同胞真能實行非暴力並印回合作，那麼他們至少可以做到兩件事。我們一定認為阿富汗外患可怕，但如能實行非暴力，那便不會再有災害發生，我並且希望他們也能手紡手織。我也將盡我的力量去作，不管我是否仍在國大黨以內。

我最後要提到貪污腐化的問題，過去我曾公開說過不知多少次。儘管如此，國大黨今天仍是國內最強大和最有群眾基礎的組織。它有著光榮的犧牲歷史，並在暴風雨中經歷過少有可與其匹敵的奮鬥。黨並表現出無私的純潔，擁有極多的忠貞之士。我如脫黨，一定是很傷痛的；我會選擇這樣作，也一定是感覺到留在黨外，更能對國家作很好的服務。

我提議將我所陳述的意見，歸納成若干具體修正案，送交提案審查委員會去抉擇。第一項修正案，是將黨綱第一條中『合法的和平途徑』一句，改為『真理的非暴力途徑』。因為有人反對我所揭櫫的兩大原則，真理和非暴力，所以我必須作這樣的修正，只要多數黨人仍相信經由真理與非暴力便可達到我們最後的目的，那麼這一項修正案是應該可以接受的。

第二，將黨員每月應納黨費四安拉，改為繳雙股紗八千英尺，其中六十英尺必須自紡。正反面的意見不必再提。如果我們真要能代表勞苦大眾，我們就應該貢獻大家的勞力作為入黨的義務，紡紗是最低的勞作但卻是最高貴的。這也是每一個人輕而易舉的入黨義務，只要每天紡紗半小時。難道對所謂知識階級這是過於嚴格的要求嗎？勞動亦如學習，其本身不就是報酬嗎？如果我們自命為大眾的僕人，我們就應當為大眾

而勞動。我願重複阿里所常說的話，劍是暴力的象徵，紡輪則是非暴力與人道的標誌。我們的國旗上既有紡輪標誌，就證明紡輪是家家戶戶所接受的。如其黨人反對，我們便應從國旗上廢除紡輪；並取消用土布作國旗的規定。否則，那便是可恥的。

第三，我主張凡任何人如不是繼續在黨部登記有案，踐履義務達六個月，並經常用土布衣服者，均將喪失黨內的選舉權。此事只須授權一紀律委員會，在全黨主席及各支部負責人監督之下便可辦理。在選舉時如不是完全用土布衣服，不能算是踐履了基本義務。但此項條款，仍必須全體黨員樂意遵守，才能辦到。

經驗指出，黨雖擁有六千名代表，仍不能說是具有廣泛代表性。事實上，沒有一次大會是全體出席的，而且也沒有一地的代表真是經由選舉產生，因此失去代表意義。所以我又建議將全會代表名額減少為一千名，或每一千名黨員推選代表一人。在擁有三億一千五百萬人口的國家，擁有黨員一百萬人，不能算是奢望。國大黨如朝此努力，便可大大充實陣營。每屆大會對來賓的招待似不必太過鋪張。讓我們承認事實，國大黨的地位，民主與影響，不是由於出席大會代表及來賓的人數眾多，而是由於黨所提供的理念。西方的民主制度在考驗中，假如它已失敗，我們希望印度能提供新的希望。貪污腐化與虛偽，不應視為是現行民主制度下必然產物。它並不代表民主。真正的民主，不能只有少數人表現。不能用強制的方式，不能依託外力，應出自內心。

我在這裡只提到黨章的幾項基本修改。前面文字中尚包含有若干點我將提案修正，但毋需一一贅述。

我恐怕單就已提數案，已不易為出席大會的代表所接受。然而如容我領導黨的政策，我認為各項決議是符合黨的利益和過去所發表過的聲明。任何自願的組織，如其分子不全心全力執行決議，其領袖不能贏得忠實的服從，便不會成功。尤以一個只憑真理與非暴力作為領導方式的領袖，更需要黨員精誠團結，同心同德。所以我所提出的各點，沒有可

絲毫妥協修改的餘地。希望全黨同志冷靜考慮，自作抉擇，慎勿遷就我個人的意見，而致影響大家的判斷。」

大會於 1934 年 10 月 26 日在孟買舉行，甘地所提出的幾項修正案，多數被修正或予保留，因此甘地遂決定退黨。

10 月 28 日當甘地進入會場辭別時，全場八萬人均一致起立，肅默致敬。當場通過下述決議：「本會一致信任甘地領導，並曾殷切期望甘地能改變其退黨的決定。但全黨的努力未能改變甘地的決心，本會迫不得已接受甘地的退黨要求，並對其所作卓越貢獻，深致敬佩，且對其保證在必要時仍願為黨提供卓見，尤感滿意。」

甘地最後致辭稱：「今後我對本黨的興趣，將限於在相當距離內，注視其所堅守的原則。假如我們真實如一，我們必須承認國大黨所採取的主要路線，乃是促進社會、道德與經濟的進步。此一路線之所以正確而發生力量，係因其與政治抗爭不可分，目的在掙脫外人的壓迫枷鎖求取自由，而不是與外國友人斷絕所有關係，亦即重建我與他國的平等地位。我必須再次警告，不要以為土布運動與手紡手織不會推動，它們勢必進行。我後悔當初不曾提出此點作為發動民事反抗的前提。我之退出國大黨可視為應得的懲罰，雖然我過去的疏忽是無意的。我的目的是在助長民事反抗的潛力。反抗既限於民事的，就不應當含有報復的意味。」

甘地聲明中所指社會主義分子反對他，其實指的就是尼赫魯一幫人，那時少年氣盛的小尼赫魯雖然依然崇奉甘地為領袖，但也自命不凡自居為進步的社會主義者，不滿於甘地的純消極抵抗與道德主義。他主張該用暴力時不可自縛雙手；該猛擊敵人時，不可拘泥於道德。以小尼赫魯一家在國大黨中的聲望與地位，他們不能與甘地密切攜手合作，甘地自然只有自行退出國大黨，而大會的表決，更充分證明了甘地自動退出，讓他們放手一搏，乃是明智的抉擇。

十三、《印度政府法》

　　1935 年，《印度政府法》頒行，英政府允許在印度實行地方自治，即有限度的開放政權。國大黨本是反對的，但是卻決定參加各省的省議員競選，希望以選票的多數，獲得在各省執政的機會，從而學習行政經驗，並爭取人民的同情，以擴大黨的社會基礎。

　　1936 年依《印度政府法》舉行選舉，國大黨在費茲埠 (Fitzpur) 開會，通過如下的決議：「本會茲鄭重決議並明白宣布，完全反對 1935 年的《印度政府法》，以及因此而強加於印度人民且曾為印度人民所公開反對的所謂印度憲法。本會認為，任何與憲法合作的行為，都是違背印度爭取自由的抗爭，而且只有更增強英國在印度的帝國主義統治。所以本大會重申不與該憲法合作的一貫立場，且將在議會內外與之抗爭。國大黨不承認，也不會承認殖民地政府掌有所謂外交權，或任何限制印度政治與經濟的權力。任何這種企圖均將遭到印度人民有組織的堅強反抗。國大黨主張在印度建立民主制度，政權屬於人民，政府為人民所控制。但是這種情形必須是經由全民選舉產生了制憲會議，並已受命起草憲法，然後方能實現。」甘地並未出席會議，但於會後發表了一項聲明，支持大會的決議。他說：「如果議案送來，我一定批准。」事實上該項議案是在小尼赫魯的影響之下所通過的。

　　小尼赫魯於 1929 年的 3 月從歐洲旅行返印，他也到了莫斯科，滿腦子充滿著社會主義的思想，一心要改造印度的命運。4 月在全國代表大會中當選國大黨的主席。甘地贊成尼赫魯，但並不支持他的主張。尼赫魯在就職演說中說：「在這一段險惡的艱苦歲月中，我們大家的心，都無時不在想著曾多年領導我們，用高超人格感召我們的偉大導師。由於身體健康的關係，他現在不能全力參加公共活動。我們禱祝他的體力早日復元，而且在我們自私的願望中，只望他能再回到我們中間來。過去我們與他之間有歧見，將來在許多事情上，也還會有歧見。不過大家本著

自己的意志去做事，總是對的。而且我們之間的默契遠比相互間的歧見
更重要更有力。我們共同所作的誓言，目前還在耳中響著，爭取印度的
獨立，拯救印度的貧窮，有誰比甘地更熱心呢？多年以前——好像還是
今天，他教了我們許多的事，無所畏懼，嚴守紀律，為了較大的理想，
勇於自我犧牲等。那些教訓，可能已變成模糊，但我們並沒有忘記，我
們更不能忘記他，是他使我們得以有今天，並將印度從深淵中拔起。我
們共同所作的獨立誓言，需要大家來完成，我們期待他給我們睿智的領
導。但是不管是一位怎樣偉大的領袖，總不能夠靠他一個人負責，所以
大家都應當全心全力負起責任，絕不能袖手旁觀，坐待奇蹟的產生。」

尼赫魯的政策是反對《印度政府法》，但參加依該法所舉行的選舉，
頗類似共產黨一面聯合一面抗爭的兩手策略。1929 年的選舉，國大黨在
各省均大勝。在馬德拉斯、孟買、北方省、中央省、比哈爾及奧里薩，
均取得絕對多數。在阿薩密也贏得一百零八席中的三十五席。整個選舉
中，自由黨掃地出門、民主自治黨落選、大印度教會黨慘敗，回盟雖較
好，但在回民占多數的選區，也僅有百分之四的選票支持回盟與真納。

2 月底，國大黨中常會在瓦爾達開會，通過黨的立法政策，決議文
於下：

> 國大黨對英國帝國主義者的工具，是採取廣泛而基本的不合作政
> 策，除非在情勢需要時作必要的調整。國大黨的目的為完全獨立
> (Complite Independence)，所有活動均朝此努力。國大黨近程的目
> 標是反對新憲法，特別著重於全國所要求的制憲會議。立法部門
> 的國大黨黨員必須牢記，國大黨的政策是不協助其功能，不參與
> 其活動，以防壯大英國在印度的帝國主義。因此不得參加任何官
> 方典禮或官式的社交活動。國大黨員亦不得接受英國政府所授予
> 的封號。國大黨在各省的議會中，應為一極有規律的組織，由其
> 領導人代表全體參與政府或其他部門的談判。所以議員同志於會

期中均必須出席議會，當代表黨參與出席的時候，立法部門的國
大黨議員同志，均穿著土布制服。省議員同志未得中央常務委員
會的批准，不得與議會中其他黨派結盟。所有黨員同志均應執行
黨的競選宣言與土地政策決議。在現有法令及總督特權規定之下，
死結是注定了的，當執行國大黨政策時，不必予以規避。

　　3月19日，國大黨中常會並正式決議，凡國大黨取得絕對多數議席
的省區，國大黨籍議員可接受省級部長職位，但必須省督同意不以行政
命令干涉議會。這也是甘地的主張，藉合作的方式來達到不合作。

十四、甘地社與國大黨

　　各省選舉以後，國大黨多數人的注意力，開始集中到參加政府工作
的問題，但甘地本人卻專心於他所領導的鄉村建設運動，而以甘地社
(Gandhi Seva Sangh) 作為策動的中心，因此頗引起一般人的誤解。甘地
為此特在該社社員大會發表了一篇極重要的演講：

　　「開玩笑的人說，甘地社與國大黨變成了兩個互相敵對的組織。其
實甘地社只不過負責推動國大黨的建設方案，它怎麼能反對國大黨呢？
它純粹是國大黨的一個分支機構。至於國大黨則是不斷發展的組織。要
在國內能代表更多的人民。它曾宣稱代表印度三億人民，但是甘地社卻
不代表任何人，也許可以說它是代表真理與非暴力，社員們都能信守它
所揭櫫的原則。所以社員們除了代表他自己，不再代表任何人，反之國
大黨的黨員卻代表著許多人。同時有許多社員又是國大黨的黨員。所以
誰開始開這一個玩笑，他就是騙人的，大家不應當以訛傳訛。

　　不過有一點我卻想提出，那就是為什麼不改另一個名稱呢？你們將
我的名字冠在社的前面，是因為你們像我一樣，曾保證奉行真理與非暴
力。1920 到 1921 年的國大黨工作綱領，也是根據真理和非暴力，是大
家保證執行的。我今天對真理與非暴力的信念，比過去更堅強，但假如

它是暗淡的，你們準備怎麼辦呢？你們會拋棄現所推動的建設運動嗎？或是只因為我相信它便繼續相信呢？如屬前者，那就根本不需要扯上我的名字；如屬後者，那麼你們只是崇拜一個人而不是追求一個理想。我可以告訴你們，崇拜任何一個個人，不能提高或降低你們的地位。但假如是醉心於一種理想，那麼即使我所倡導的，便沒有關係了。因為你們服膺一種理想，乃是經過了理智的考慮，而且願意為它而奮鬥。但如果不實行，那就毫無意義。比方我們雖吃下許多食物，但是不能消化吸收，那就對身體無益，反而有害了。不消化的理想比不消化的食物更有害，因為前者損害我們的心靈，而且無藥可醫，但後者只不過使我們的身體感覺不舒服，也是容易醫治的。

所以我呼籲大家考慮我的建議。你們今天約我來參加討論，這是對的。你們可以反覆問我，看看我的信心是否和 1920 年時一樣堅定。我可以告訴大家，我的信念是歷久彌堅。不過，千萬別將我個人的成分摻雜在內，假如只是慕名而來，那是很危險的。

還有一個更嚴重的危險問題，我發現你們將本社用來作派系鬥爭。遇有任何困難，你們便說《少年印度》、《神之子民》上是這麼說的。事實上，我所寫的文章將隨著我的身體而故化，只有我所作的事才能永存。最近我曾說過，如果你們不能信守非暴力，那麼我所寫的任何東西，其實都毫無意義。

在這個星期中，我希望你們本著我所講的精神要能面對現實。我對真理與非暴力的信心，與時俱增。我不僅將終身信守不渝，而且也是不斷精進。我每天獲得新的啟示，因此我能不斷提出新的口號和行動方案。這並非是說我搖擺不定，而是說這一個機構應該是一個有生命的組織，能夠不斷滋長。我要你們隨我成長。我不管我走以後會發生什麼變化，但我總希望這一個組織能夠日新又新。所以，大家應該忘記我，不要將我的名字放在會社一起，不要記著我，要記著我所揭櫫的原則。身體力行，勇敢地面對一切。」

　　社長麻希洛瓦拉 (Kishorlal G. Mashruwala) 提到凡已參加立法會議的同志是否仍得為本會會員的問題，引起了熱烈的討論。對立的見解似乎很尖銳。帕迭爾贊成，卜拉沙德與社長則堅決反對。這問題係從不同觀點來討論。接受建設方案的社員能否進入立法會議？該社的前身原是黨中的抵制議會派，怎能讓社員自己進入立法會議呢？這種作法豈非違背了真理與非暴力？甘地讓大家反覆辯論後發表了他的看法：

　　「讓我告訴你們，抵制議會不是一成不變的原則，這與真理與非暴力的原則是不同的。我現在已不像過去一般的反對，但也並非退回到我原來的立場。這純粹是戰略的問題，我只是說在必要時這是迫切需要的。1920 年時，我難道不是不合作主義者嗎？是的，我現在依然是不合作主義者。但大家忘記了，我也是合作主義者，就是為了合作而不合作。我曾說過，假如我能用合作的方式將國家帶向前走，我一定合作。我現在指示進入議會，不是提供合作，而是要求合作。

　　如果卜利瑪本 (Premabehn) 所說的真是那麼嚴重，我一定要告訴她，根據我的經驗，結論恰恰相反。我深深相信，如果不是我堅信真理與非暴力，別人將不會重視我的政治活動。我最先的動機是追求真理，隨後才發現非暴力。在學校裡我是一個白癡，我開始作律師時，不過是二流角色。我在南非的同事們，並不佩服我的律師才能，可是當他們發現我在任何情況下都不離棄真理時，他們跟從了我。我回印度參與國事時，不是靠政治手腕或卓越的才能吸引國人。在占巴朗抗爭時，當地的農民並不知道有國大黨，也不知道我的同僚卜拉沙德和卜拉吉契蕭里 (Brajkishore)，同時我也沒有打出國大黨的招牌。卜利瑪本說在她工作的地區，人們一點兒也不懂什麼叫做真理或非暴力，但他們知道自治。我要說他們其實也不瞭解自治的真義。他們知道賤民，他們懂得紡紗，但不瞭解政治。我們相信他們根本不懂什麼是議會。他們所關心的，是誰能給他麵包或麵粉。在占巴朗你們可以很容易地得到選票，由於過去為他們所作的工作，並沒有拿政治或國大黨困擾他們。

如果你們之中有人也認為真理與非暴力如果離開了政治，便毫無意義，我可要告誡你們，真理與非暴力是最有力量的，遠勝過世間一般的事物。政治離開了真理與非暴力，便一文不值。真理和非暴力是神的象徵，我們作任何事情，如果離開了神，便毫無價值。我們所作的一點點事，或是什麼制度，總會消逝，但真理與非暴力卻是永存。如果說我有絲毫力量和影響，那便是因為我五十年來追隨真理與非暴力的緣故。而且每天給我的新啟示和力量，如果我完全離開了它，我根本也用不著和你們辯論了。」

甘地這一段話，並非鼓勵甘地社的社員都去競選入議會，但他認為如果參加競選，就不必畏縮。因為他是要去擴大影響，從事真理與非暴力的抗爭，是要為人民服務而不是追求個人的私利。議會是一個誘惑的陷阱，像一杯烈酒，但堅守真理與非暴力的人，必能經得起考驗。

政黨之成立，原為實現參與者的共同政治理想，即甘地所稱是為了實現真理。但是當客觀情勢發展到某種情勢，例如威逼或利誘，黨員們往往便不能堅持共同的理想，而墮入了陷阱之中。這時期一部分醉心於個人名利的國大黨人參加了議會，去實現他們的所謂理想，另一部分追隨甘地的人則致力於鄉村建設工作，視富貴如浮雲，棄名利如敝屣，二者之不能相容，應屬很自然的現象。甘地對此未作正面的否認，而仍舊是苦口婆心，勸那些所謂開玩笑的人應堅守真理與非暴力。

十五、甘地與戴季陶談非暴力

1936 年 8 月，中國黨國元老戴季陶先生訪問印度，會見了甘地，不巧正是甘地靜默的日子。甘地用筆談表示：「我非常抱歉在我極痛苦的時候接見你。我甚至不能打破靜默，不能和你交談。」戴先生堅持請甘地就如何驅逐日本侵略的事，發表一點意見。甘地仍舊用筆談回答道：「我確實不知道我目前對這一問題能發表什麼意見。我的方法是這樣的呆板，完全不適合你們的鬥爭。你們也絕不會立刻改變你們的作法。一個武裝

了的民族，絕不可能立刻放下武器改以非暴力作武器。」戴先生認為即使是甘地所主張的非暴力，也不妨談談，因為「中國人民並不反對非暴力。他們只是從事自衛的戰爭，我們的敵人並非日本人民，而只是日本的軍閥。」甘地用筆回答道：「不過，自我所加的約束，不會持久，當真正到了危急的時候。這是不可避免的。在戰爭中不會有愛。因此我們無法不得到這樣的結論，如果不是完全的非暴力，那便是純粹的暴力。」

關於戴先生所提出的問題，甘地在這一年的 12 月接見世界基督教領袖時，又自動的提到。他說：「中國人並不打算侵略旁的民族。中國也沒有領土野心。真的，也許是中國還沒有準備好這種侵略；也許它所表現的和平乃是偽裝。但不管怎麼說，中國不是實行的非暴力。它能英勇地對日抗戰，就證明中國從沒有非暴力的意向。說它只是為了保護本身，就非暴力的原則來看，這不算是回答。所以當考驗到來時，它經不起考驗。這不是批評中國。我願中國抗戰勝利。就大家所接受的標準來衡量，中國的抗戰也是完全正確的。不過就非暴力主義者的立場來觀察，我必須說，以一個擁有四億人口的中國，來對付一個開化了的日本，還是不得不使用日本人同樣的手段，抵抗日本的侵略，我以為這是不適當的。假如中國人有我這種非暴力的觀念，那就毋需擁有像日本那種最新的毀滅機構。中國人可以告訴日本人。『帶著你所有的毀滅機構來吧，我們準備拿兩億人對付你，可是剩下的兩億人，是絕不會屈膝的。』倘使中國人真是這樣作了，日本人就會變成中國的奴隸。

曾有人反對這種理論，認為猶太人可以實行非暴力來抵抗，是因為被迫害的猶太人與迫害者直接接觸，可是在中國，日本人是使用長距離的飛機與大砲。用飛機大砲殺人的人，根本不知道何人是怎樣地被他所殺。非暴力怎能在一場不見人的空戰中發生作用呢？這問題的回答是，在毀滅他人的炸彈後面，有著人類的手在操作，在手的後面還有一顆人心在指揮它行動。所有執行恐怖政策的人，都是假定這種恐怖發揮到充分的程度，便能強使對方的意志屈服。但是假定有一種人，決心不屈服

於暴君的意志，也不採用暴君同樣的手段來反擊，那時暴君便會感覺到他的恐怖手段實是不發生絲毫作用了。如果有足夠的食物去填塞暴君的嘴，總有一天他會感覺到不能消化。假如世界上所有的老鼠開會決定，牠們不再怕貓，大家跑進貓嘴，那時老鼠便都能活命了。我曾看到貓捉老鼠。貓兒並不是一開始就咬死老鼠，而是張牙舞爪地搬弄著牠，然後放下來，但是當老鼠打算逃跑時，立刻便再撲過去，如此繼續著，一直到老鼠被活活地嚇死。如果老鼠不逃，貓兒便無精打彩。我的非暴力，乃是當我要強迫我太太屈服時學來的。她一面堅決抗拒我的意志，一面則對我的粗暴無知逆來順受，我原以為生來就是要統治她的，現在感到無地自容，最後她成了我的非暴力老師。我在南非所倡導的消極抵抗，實際是得自她的身教。」

非暴力可以說是最高意志力的發揮到了極致，所憑藉者純粹為無私的道德勇氣，應該是智、仁、勇三大德的揉合，所以個人實行比較容易，因為實行者需要聖人的高超品格和涵養。倘以之期勉於一個民族，實行集體的非暴力，也許能見效於一時，卻無法持久，因為聖人之道並非人人可行。縱然在甘地親自領導之下，當時的印度也仍然出現暴力的反抗，這也是甘地之所以退出國大黨的主要原因。甘地深切瞭解中國艱苦抗戰之不得已，實在他也無法告訴我們如何用非暴力去迎擊瘋狂的日本侵略者。1924年中國戰區最高統帥蔣委員長訪問印度時，同樣的問題也再度提出討論。蔣委員長對甘地說：「你的消極抵抗，其實不止是消極的。」「不過像日本這樣兇暴的敵人，絕不會看重消極抵抗，甚至也不容許你宣揚非暴力。」甘地回答道：「我所能說明的是：神將會指引我如何去適應未來的情況。所以我雖不能肯定地講怎樣抵抗侵略，但我相信神必會引導我。」甘地所說的話，其實在印度已曾遭遇到不知所措的困境。

十六、甘地對付共產黨

1938年的最後一週，國大黨在德里召開中全會。關於保障人民自由

一案，中央常會所提的決議文，是由甘地所起草，但左派分子激烈反對。原決議文於下：「最近發現有許多人，包括少數的國大黨黨員在內，竟假借自由的名義，任意燒殺搶掠，實行暴力的階級抗爭。還有幾份報紙故作不實的報導，企圖挑起教派間的衝突。我們要喚起國人注意，我們爭取自由，並不包括自由地煽動暴亂或歪曲宣傳。因此本黨對爭取人民的政策雖仍未變，但將基於一貫的立場，支持國大黨所組織的地方政府得採取各種措施，以保護人民的生命財產。」當大會討論本案時，左派分子退席以示抗議。國大黨是一個反英抗爭的大結合，所以其中包含了各種不同的政治團體。會後，有不少共產黨徒也去訪晤了甘地。

　　他們對甘地說：「我們坦白的說，我們對你所持的立場，並不瞭解。我們反對你，並非因為你常和我們不同，而是因為我們不知道你的心理，認為你的行動曖昧，不可信任。假如我們瞭解你，便容易相信，所以我們來看你。也許你如果瞭解我們，則你對我們的看法，可能也要修改。例如大會討論人民自由一案時，我們退席，便是很好的說明。」

　　「我很不喜歡你們退席抗議的事，」甘地老實告訴他們，「它是否表示你們要國大黨也容忍暴力？」

　　「不，」有一個共產黨徒回答道：「我們曾經一再說明白，我們並不要你寬恕暴動，或容忍暴力煽動。但使我們感到困擾的是：國大黨參加政府以後，放寬了人民的自由，不過實際扼殺自由的，卻是國大黨籍的部長們。我們不得不認為這樣的濫用自由，僅僅為了提供幾個部長們的方便，他們和過去的官僚，簡直是一模一樣。」

　　甘地回答道：「我很高興你們能來看我，因為你們找到了真正的起草人。我必須承認，決議文是我親自起草的。它是根據無可爭辯的事實作成的結論。但是你們應該從我所用的措辭中看得出來，它不過是幫助部長們避免對那些煽動暴亂或參與暴動的人採取制裁行動。既不希望部長們採取行動，就應當喚起國人提高警覺，使輿論反對鼓吹暴力的演講、文章或行動。決議文只是補充法律的行動。我要你們接受我的保證，我

絕不許任何一個部長違反國大黨的決議去干涉人民的自由。假如你們討厭查理 (C. Rajagopalachari)，我預備讓你們充分滿意或要他辭職。」

另一個共產黨徒回答道：「這使我們感到迷惑。你說過容許採取嚴厲的手段去制裁煽動暴力的人。難道國大黨黨員可以使用政府暴力去制裁所謂煽動暴亂的人嗎？」

甘地回答道：「這個問題很不好回答，不過，我早有了一個答覆，就是政府不應當使用暴力。不過，假如有一個人殺了一個小孩，搶走他的玩具，那時我剝奪這人的自由，不讓他再犯，我這種行動不能稱之為暴力，但假如我能採取的行動帶有報復性，那就算是使用了暴力。我必須再說明我的立場。你們不能自相矛盾。假定真有人演講，鼓吹暴動，那麼國大黨或國大黨組成的政府便不能不密切注意。我是主張由國大黨來處理，決議案的目的也就在此。自然，你們對中常會所搜集到的證據，會認為不足和不能採信。如果是這樣，你們可以要求調查證據，同時接受決議但以中常會所提證據可信為條件。假如你們承認煽動暴亂的演講或文字並沒有拿爭取自由作幌子，當然便不必退席抗議。當然，那些幹了這些事的朋友，也一定知道在國大黨執政的省區裡，現已享受到過去從未有過的言論與出版自由。」

共產黨徒改變了主題對甘地道：「還是換湯不換藥。總之我們不能和那些基本上一直反對我們的人協調。我們已接受了國大黨紀律的管制。我們加入國大黨，因為它是唯一能發展人民運動的組織。如果我們有偏差，便會被趕出人民的行列。作為一個人民的黨，我們必須和人民一道行動，否則便只有退出。另一方面，這些部長們卻總是騎在人民的頭上，絲毫不受民主的影響。我們並不是教條主義者。只要告訴我們立刻實行怎樣作。我們的動機可能不同，但我們的工作卻很有分量。」

「你們也應當承認，」甘地道：「決議文或我寫的文章，都並沒有指明是社會主義者或共產主義者，用暴力危害了人民的自由。暴力並非是一黨的專利品。我瞭解國大黨黨員，他們既非社會主義者也非共產主義

者，他們只是獻身於消除暴力的工作。我也知道社會主義者或共產主義者，他們不會傷害一隻蒼蠅，他們只相信生產工具應該屬於全體。我認為我也和他們的這種主張相同。但現在我並不想到我自己，我只想到旁人，而我是瞭解他們的。

然而你們所說的，對我已經很清楚，就是你們不像我一般，重視所用的手段。但我深知你們的理由。我們站在十字路口。假如可能，我想在你們心裡占一角地位。但是你們之中已有人坦白告訴我，這是不可能的，因為你們是從相反的角度來觀察事物。你們所能作的，最多是容忍我，因為你們相信我還有犧牲的能力，可以影響群眾。現在，我提一項具體的建議。你們當中任何一人或是全體，到我這兒來，詳細考察我，研閱我所有的文件和信札，向我提出問題，然後再決定你們準備應付我的方式。我沒有絲毫祕密。我的任務只是使每一個印度人民懂得我所持的和平方式。能夠作到這樣，我們就能有完全的獨立。」

十七、火網交織前的印度

1939 年 9 月 3 日，德軍攻入波蘭、英國對德宣戰，同日印度總督以兼為印度副皇的地位宣布印度亦進入戰爭狀態，應負起作戰責任，並束邀全印各方領袖會商。甘地遂於 9 月 5 日發表一項聲明於次：

「在德里，有人請我過回教節，當時有大批群眾，在外面高呼『甘地最後勝利』，『我們不要任何的諒解』。這天正是我的靜默日，我只對著他們微笑，他們也向我笑著。他們是在示威遊行，警告我不得和副皇達成任何的諒解。同時我也收到國大黨一個區黨部的來信，對我作出同樣的警告。可是這些人都不瞭解我。撇開這個不談，我想我應該讓大家都知道我與副皇會談的經過。

我知道我無權代表任何人發言，除了替我自己講話。事實上我也沒有得到中常會任何的指示。我得到一個約談的電報，就馬上動身。而且以我這種不負責的非暴力的態度，我知道我不能反映全國國民的意志，

假如我真的這樣作，那就很糟糕。所以，根本不發生協商或諒解的問題，我看他也不是約我磋商。我空手從副皇府出來，沒有任何協議，公開的或者祕密的。如有協議，那應該是國大黨與政府之間的事。

將我在國大黨中的地位解釋清楚以後，我告訴副皇，基於人道主義的立場，我同情英法兩國。我也告訴他當我想到倫敦可能遭遇的破壞，而無法抑制內心的激動。我的眼前就像看到了英國國會和西敏寺的被摧毀而震驚。我幾乎已變成不能鎮定的。我內心陷入深深的矛盾，何以神准許這樣的惡行。我的非暴力變得毫無用處。但經過一整天的內省後，我得到了答案，不是神或者非暴力無用，無用的乃是人類。我必須不失落信心再試一試。

因此，不管它明知無效果，我早就在 7 月 23 日寫過一封信給希特勒：

『朋友們敦促我為了人道寫信給你。但我拒絕了他們的請求，因為我感覺我的任何信都會是很冒昧的。不過，有些事告訴我，我不該計較，我一定要提出呼籲，不管它有無價值。這是十分明顯的，你是今天世上唯一能阻止戰爭的人，戰爭將使人類降到野蠻的地位。難道你認為不管你追求的目標是什麼，都值得付出這樣的代價嗎？你願否聽一個人的呼籲，他完全摒棄戰爭的方式卻並非沒有相當收穫的呢？無論如何，我得請你原諒，如果我寫信給你是錯誤的。』

即使在今天，我還是願意他能聽從理智以及所有有思想的人的呼籲，德國人也不除外。我不信德國人只知倫敦等大城市為了免於殘忍的轟炸不得不進行疏散，卻不想到同樣的毀滅可能降在德國人自己的頭上。我現在不是只想到拯救印度的問題。無疑，印度會自由的，不過，如果英法滅亡了，或者德國被毀滅了，自由對我們又有什麼價值呢？

可是看來希特勒似乎不相信有神，只知有暴力，正如張伯倫所說的，希特勒不聽其他的東西。在這種空前的災禍之前，國大黨和其他負責的印度人，個別的或集體的，必須來決定，印度在這恐怖的場合中，該怎樣做？』

　　9 月 8 日，甘地回西迦昂，收到波蘭前總理、名鋼琴家巴特斯基 (Ignacy Jan Paderewski) 的一封電報道：「代表保衛自由抵抗暴政的國家，我向你——世上最偉大的道德權威——呼籲，運用你的影響力，為我們波蘭人民，爭取同情與友情。」甘地覆電道：「我全心全意同情為自由而奮鬥的波蘭人民。但我直率的說，我的話沒有力量。我願我能停止這一場勢必蔓延整個歐洲的瘋狂毀滅。我是屬於喪失了獨立正在向帝國主義者爭取自由的印度，印度採取的是非暴力主義手段。雖然我們的抗爭手段證明有效，但離勝利之日尚遠。所以，我們能作的，只有為勇敢的波蘭人民祈禱，俾能早日脫離恐怖的考驗，並能有力量忍受折磨，它本身就使人不寒而慄。他們的目標正確，他們必操勝算。因神常常是高舉正義。」

　　三天以後，甘地又寫了一篇社論，題為〈我的同情〉：

　　「我與副皇會談後所發表的聲明，引起各方不同的反應。有人說這簡直是廢話，也有人認為頗具政治家風度，還有許多程度不同的批評。就批評者的觀點而言，他們的話都是對的；但就絕對的觀點，在這兒是指我的觀點而言，他們又都是錯的。他們所寫並非要旁人而是要讓他們自己滿意。我對所寫的每一句話，我都負責，它不具備政治的價值，不過是每一人道主義者所應有的表示。觀念的溝通，是不能被阻止的。

　　曾有一封信向我作精神上的抗議並要我回信。我不抄附原信，因為其中一段，連我也看不懂。但不難揣度他全文的意義。主要的論點是說：『如果你為倫敦的國會和西敏寺被毀而流淚，為什麼不對德國之可能被毀而流淚？你同情英法何以不同情德國？上次大戰改劃了德國的地圖，現在希特勒剛好是一個答覆。如果你是一個德國人，擁有像希特勒這樣的國力，而你又像世人一般是相信報復主義的，你也會像希特勒一樣的作法。納粹可能很壞。我們不完全瞭解它。我們所看到的文件是片面的。但我告訴你，希特勒和張伯倫並無區別。如果讓張伯倫處在希特勒的地位，他也沒有旁的路可走。你拿張伯倫比希特勒說希特勒不好，這是不

公平的。難道英國之對待印度，會比希特勒在同樣環境下對待其他地區的方式要好嗎？希特勒不過是英、法舊帝國主義者的小學生。我在想你在副皇府中的情感戰勝了理智。」

沒有人比我更詳盡地譴責過英國的不當。沒有人比我更有效抵抗過英國。我所追求的和我所有的抵抗力量並未改變。但說和作必有理由，不說和不作也是如此。

在消極抵抗的字彙裡，沒有仇敵一詞。但因為我不打算替消極抵抗者編一部新字典，所以我在舊的詞句中加上新的意義。一個消極抵抗者愛仇敵勝過朋友。他沒有仇敵。作為一個消極抵抗者，就是真理追求者，我必須願英國好運。我對德國的態度，是不相干的。不過，在聲明中我也曾說，我絕不在毀滅的德國之上來建立我國的自由。我將為德國文物之可能同被摧毀而傷感。但是希特勒不需要我的同情。就眼前的情形說，英國過去的壞處，德國過去的好處，都不相干，不管怎樣，也不管列強過去做了些什麼，總之，我的結論是，希特勒應該負發動戰爭的責任。我不是按他所提的要求來判斷。很可能他要求德國合併但澤是沒有問題的，假如但澤的日耳曼人願意放棄他們獨立地位。也許他要求取得波蘭走廊是對的。但我要質問，為什麼希特勒不將世事訴諸公正的仲裁？經由當事人說反對仲裁，這是不足採信的。那怕是賊，他也有時會向同夥提出正確的告誡。我想我說的是對的，全世界都急於想要希特勒將他的要求訴諸公斷。如果希特勒蠻幹能達到目的，也不能證明他的要求合理。這只能說人類還是霸道橫行。我們人類雖改變了外表，卻沒有改變獸性。

我希望批評我的人明瞭，我之所以同情英法，並非是基於感情的激動，或者在神經過敏，我的同情出自五十年深藏我內心的非暴力泉源。我並不說我同情英法所下的判斷無可厚非，但我認為我是基於理智的。我希望站在我同一觀點的人支持我的看法。究應如何表達，那是另一問題。就我個人來說，我只有祈禱。所以我告訴副皇，我的同情沒有實際的價值，因為我不能對實際遭受毀滅的人有所助益。」

9月10日大印度教會黨通過一項決議，支持英國作戰以保衛印度，但盼擴大中央政府，並多徵募印度兵員。

9月18日回盟決議，對過去兩年的聯省自治深表不滿，除非能予回教徒以公平待遇，或徵詢回盟意見以制定新憲法，否則，任何形式的應變措施，均不能獲得回盟在戰爭上的支持與合作。

9月14日國大黨中常會也通過了一項決議，由尼赫魯起草，原案稱：「不列顛政府已宣布印度為交戰國，頒布了緊急命令，通過了印度政府修正案，採取了許多其他具有長遠影響的措施，大大影響了印度人民，並限制了各省政府的權力和活動。這都是沒有經過印度人民的同意而作的，印度人民對這些問題的看法，都被不列顛政府所忽略。中常會認為這些發展都是十分嚴重的。

國大黨曾一再表示不贊成法西斯、納粹的理論和制度，以及他們那種歌頌戰爭與暴力和迫害人權的作法。法西斯和納粹，充分顯示了帝國主義的擴張，這是國大黨多年來所努力反對的。所以中常會毫不遲疑地譴責德國納粹政府對波蘭最近的侵略，並同情所有抵抗侵略的人。

國大黨曾進一步說明過，印度對和、戰的問題，必須由印度人民決定，不容外來的勢力將決定強加在他們頭上，印度人民也絕不允將他們的資源，被用作達到帝國主義的目的。如果需要合作，那就必須立於平等的基礎上，為了對雙方有益的目標，經由相互的同意。印度絕不讓自己聯繫在一場所謂民主自由之戰中，而它本身既不民主，有限的自由也被剝奪。

中常會知道英、法兩國政府，已宣布為爭取民主自由並結束侵略而戰。但最近的歷史事實充分顯示，它們所說的話和所揭櫫的理想，常與實際的行動與動機背道而馳。

如果這一次大戰的結果，是保持帝國主義的掠奪物、殖民地、投資利益與特權的現狀，那麼與印度毫不相干。然而，如真是為了民主，以及基於民主的世界秩序而戰，那麼，對印度當然有很大的關係。如果大

不列顛是為了維護並擴大民主而戰，它就應該在它自己的所有範圍內，先結束帝國主義，在印度建立充分的民主，印度人民有權充分自決，經由制憲會議制定自己的憲法，不受外來的干涉，自行策定他們自己的政策……。今日整個歐洲所面對的危機，不僅限於歐洲，而是全人類的危機，它不會像其他危機或戰爭一樣地渡過，而不觸及今日世界的主要結構。它將改變世界。印度是一個難題。因為印度是受現代帝國主義侵略的顯著例子。如果忽略此一重大問題，世界任何的改革都不會成功。在任何世界組織中，印度以其巨大的資源，必定有重要的表現，但印度必須是一自由的國家，才能這樣作，它的潛力才能為此偉大的目標而發揮。自由在今日不可分，如仍想在世界任何一地維持帝國主義的統治，就不可避免地導致新禍亂。

中常會已注意到印度有許多土邦的王公們，頗醉心於歐洲的民主目標，聲稱將努力以赴，但假如他們真嚮慕外國的民主，就應該首先在他們的土邦以內先實行民主政治，而目前卻是採取專制的統治。在印度的英國政府，應對此負大部分的責任，這從去年土邦內發生的一切，可以證明。這種作風是完全違背英國所稱為民主與世界新秩序而戰的精神的。

就過去的事例檢討，中常會看不出有任何走向民主與自決的意向，也找不出任何證明，謂不列顛政府已在或準備在這一基礎上努力。中常會不能讓他們自己聯繫或作出任何合作來支持一個按照帝國主義方式進行的戰爭，來強化在印度的帝國主義統治。然而，鑑於事態的嚴重，以及過去數日內所發生的出人意想的急激變化，中常會不想就此作最後的決定，以便能更加瞭解事態的真相、真正的目的，以及印度在目前和未來的地位。所以，中常會希望不列顛政府能明確宣布作戰目的對民主及帝國主義與世界新秩序的關係，特別是，這些目的將如何適用於今日及未來的印度。任何宣言的實際考驗是它對目前能否適用，因為現在乃是決定今天行動的依據，同時也將塑造未來。

中常會願宣布印度人民與德國人、日本人或他國人民無爭。他們並

不期望某一民族對另一民族的勝利，或是得到一個苛刻的和平。他們只
希望能見到所有國家所有人民的真民主勝利，希望能見到一個免於暴力
與帝國主義壓迫的自由世界。

　　中常會誠懇地呼籲印度人民停止內爭與矛盾,在這千鈞一髮的時候,
隨時戒備,加強團結,表現出一個統一的民族精神,冷靜地提出目標,
決心在大自由的世界中,爭取印度的自由。」

　　甘地於 9 月 15 日就國大黨中常會所通過的決議,也發表了一項他個
人的聲明:

　　「常會對時局所發表的聲明,事先曾經過四天的研討。原稿係請尼
赫魯執筆,與會諸委員均充分自由發言。我發現我的看法沒有人附議,
我主張任何對英國的可能援助,都應該是無條件的。這只有在非暴力的
基礎上才能辦得到。但是中常會卻需要負起很大的責任。他們認為不能
採純非暴力的態度。他們以為印度還沒有準備好推行非暴力的足夠精神
力量來利用敵人的弱點,不過在結論中,他們也列舉理由,表示對英國
人民的關切。

　　起草聲明的尼赫魯先生,算得是一位藝術家。他雖然不能揚棄對帝
國主義者的厭惡之感,可是他也是英國人的朋友。自然,他的思想和行
為,英國味比印度味更多。他和英國人在一道比和印度自己的同胞相處
更顯得自然。他是一位人道主義者,嫉惡如仇,因此,儘管他是一位民
族主義者,但是他的民族主義卻受到國際主義的好的影響。他的聲明,
不止是對不列顛政府和人民,對自己的同胞,也是對所有像印度一般被
壓迫民族的宣言。他要中常會不僅考慮印度本身自由的問題,也要顧到
所有被壓迫民族的自由。

　　中常會通過上項決議的同時,尼赫魯並要求由他指定一個三人委員
會,密切注視未來的發展並隨時處理,委員會由他召集。

　　我希望中常會的聲明,能得黨內各方面的支持。即使再堅強的同志,
也不會感到聲明無力。在國家歷史斷續的關頭,我相信如果需要採取行

動，則必定是堅強的行動。如果在這時還為小故自相矛盾衝突，那是可恥的。如其中常會有所重大決定，當然需要全黨一致的支持。我希望其他黨派人士，盡可能也能同樣以行動要求英國政府作出明確的政治目標。在不列顛治下的自由和獨立的民族，承認印度獨立，我認為正符合英國民主的號召。否則，除非是基於非暴力的措施，不然便不能得到子國自願的合作與支持。

現在唯一的需要，是英國政治家必須經過一次精神的革新，說得更明白一些，需要英國政府以忠誠的行動來表現它的確有實行民主的誠意，大不列顛需要拖一個不樂意的印度進入戰場，還是要一個合作的盟友來共同保衛真民主呢？國大黨的支持，對英、法都極有神益。不管暴力何等兇猛，不管非暴力何等不完善，國大黨誓將運用非暴力而戰。」

十八、印度在考驗中

副皇邀約了五十名印度各方領袖會談，其中包括甘地、卜拉沙德、尼赫魯、鮑斯、帕迭爾及真納諸人。1939 年 9 月 25 日，甘地赴西姆拉途中，在火車上寫了一篇〈難題〉的文章：

「一位有地位的國大黨黨員，如此問道：『㈠對這次大戰與非暴力，你個人的態度如何？㈡和你對上次大戰的態度是相同還是不同？㈢你怎能拿你的非暴力去配合國大黨的政策，在目前危機中，國大黨的政策是非暴力為基礎的。㈣在反戰或阻止戰爭的工作中，你的具體計畫是怎樣？』

這些問題，還包括著認為我是矛盾的，不可思議的，一連串其他善意的質問。其實都是老話，在他們看來處處問得有理，在我看來，卻無一是處。因此，不能不承認，我與他們之間是有分歧的。我想頂多也不過如此。我寫這篇文章時，我絕沒有想到我過去所講的話。我並不想就某一特殊問題設法來使我前後所講的話一致，我的目的只是為真理辯白，當它在任何有此必要的時候。結果是我從真理中發展真理；我毋需作不必要的記憶，因為當我無法不拿過去五十年以前所講的話和最近所說的

話相比時，我根本沒有發現不符合之處。朋友們如果一定認為我前後矛盾，便不妨取舊去新。但在選擇之前，最好再仔細比較研究一番。

說到我是不可思議一點，我要請朋友們相信，我從來不壓抑自己的思想，當它發生聯想關係的時候。有時我想短一點，有時則被迫要我對我所忽略的問題發表一點意見。

舉一個典型的例子。有一位朋友，在他和我之間，精神上從沒有絲毫保留，他會這樣地寫道：『在印度並非不可能成為戰場的時候，甘地是否準備要我們敞開胸膛迎上敵人的利劍呢？一會兒以前，我敢保證他會這樣作，可是現在我卻沒有這種自信了。』

我很願向他保證，不管我最近寫了些什麼，他仍然可以相信我會這樣作的，就像從前一樣，也像我勸捷克人、阿比西尼亞人所作的一樣。我的非暴力是基礎深厚的。比科學家所知道的任何堅實的東西還要結實。可惜的是，我清楚知道它還沒有在我們同胞中發展到這種程度。假如已經有了，神一定會指示我如何來應付每日目擊的各種地方性暴力事件。我這樣說，並不是什麼自大，而只是要說明完善的非暴力實是被低估了它的威力。

現在我要很簡單地答覆上面提到的問題：

㈠我個人對此次大戰的反應，認為比上次的大戰更為可怖。以前我沒有今天這樣憂傷。不過，更大的恐怖，也阻止我不會像前次大戰一樣去自動投軍，說也奇怪，我是完全同情同盟國的。這一場戰爭，分成了兩個壁壘，一個是西方世界所標榜的民主，一面是納粹法西斯的極權統治。蘇俄所表現的雖然很痛苦，但讓我們希望著，這種不自然的聯合，結果能產生一個愉快的，出於意外的收穫，至於最後的形態，現在卻無人可以預料。除非同盟國家民心士氣瓦解，但一點兒沒有這種跡象，這一場大戰將可用來結束一切的戰爭，至少是我們今天所看到的仇恨型的戰爭。我有一個希望，即印度雖然內部困難甚多，但在追求並保證一個更完善的民主秩序之中，必能作有效的貢獻。這當然要看國大黨的中常

會在未來的世局中最後所採取的行動。我們都是這一舞臺上的角色。我的陣式已經擺出。不管我以中常會一個卑微領導人的地位，或者假如我也能用同樣的力量來影響政府，我的領導一定是不折不扣地，將二者配合在非暴力的基礎之上，儘管我們的非暴力還不夠完善。顯然我不能強力進行。我只能運用神所賦予我的力量。

㈡我想我在答覆第一個問題時，已經包含了第二個問題的答案。

㈢暴力亦如非暴力，有許多不同的程度。中常會並沒有在基本上揚棄了非暴力，卻也沒有忠誠地接受非暴力。我認為國大黨大部分的黨員從未曾清楚地懂得非暴力，在面對外來的危機之中，他們要用非暴力作抵抗的武器。他們已曾學習在一個全面的非暴力抗爭中，可以成功地抗拒不列顛政府。但沒有受過拿非暴力對抗其他方面的訓練。例如，國大黨黨員便不知道如何使用非暴力去應付群眾的暴動。根據實際經驗而言，辯論是最後的。假如我拋棄我最好的同志，因為他們不能追隨我擴大使用非暴力，那麼我也不能達到非暴力的目的。因此，我仍舊維持對他們的信心，他們所採取的暴力手段，將是極其窄狹的，短暫的。

㈣我沒有具體的方案。對我而言，這也是新戰場。我只不過對手段不再選擇而已。不管我是否能和中常會的委員們或者與副皇密切合作，總之，我的方案一定是純粹非暴力的。所以，我現在進行的工作，也就是方案的一部分。其他的部分將會不斷提出，像我過去對其他工作的計畫一樣。有名的不合作運動決議，是在 1920 年加爾各答大會開幕後二十四小時以內提出來的，食鹽長征的計畫亦復如此。第一次民事抵抗後稱消極抵抗在 1906 年約翰尼斯堡為反對歧視亞洲人法案而偶然想到的。我去參加會議時，還沒有想到它是在會議時產生的。而現在還在繼續擴展。假如神授我以充分的權力——但神從來沒有這樣作——我會立刻命令英國人放下武器，准許殖民地自由。如果不管世界極權統治者幹些什麼壞事，英國人都不加抵抗地捨身成仁，那麼他們在歷史上也就成為非暴力的英雄了。我然後要印度人追隨英國人的榜樣，攜手合作。由此而凝結

成的團結，便是流他們自己的血而不是敵人的血所造成的。只可惜我並沒有這種權力。非暴力是慢慢成長的，慢而結實。即使被人誤解，我也還是要按照我心中微弱的聲音去作。」

同一天，甘地寫了另一篇文章〈印度是一軍國嗎?〉答覆印軍總司令的廣播：

「我必須整個駁斥印度是一軍國的論點。感謝神，印度並不是。也許總司令對這一名詞的解釋，另有所指而非我所知。是否他的印度乃是由他所統率的國防軍所組成? 在我看來，一個國家的成長，國防軍占著極小不重要的地位。不必提醒我，軍隊撤退，生命便沒有保障。生命本不能避免危險，不管有無軍隊。搶掠、謀殺、匪盜、突襲，都不是軍隊所能阻止的，通常只有在事態發生後，軍隊才採取行動。當然莊嚴的總司令是以軍人的身分來看任何事物。可是我和千千萬萬的印度人卻一點也與軍事的精神毫不接觸。過去印度有武士階級，但不重要。他們和群眾很少關係。在這兒我們毋需討論他們對印度的貢獻。我所要講的，就我所能影響的，我認為，說印度是軍國是錯誤的，在世界所有的國家中，印度是最少軍力的。雖然我沒有能使中常會在這緊要關頭，保持對非暴力的信心，以之為拯救人類免於浩劫的決定性途徑，但是我仍然希望印度國民不對戰神低頭，而能完全依靠他們自己承受苦難的力量，挽救國家的光榮。波蘭毫不遲疑的軍事抵抗，曾否在優勢的德軍俄軍攻擊下獲得救贖? 如果波蘭面對死亡不採報復，不用武器，是否會比現在的命運更悲慘? 是否進攻的軍隊，會對一個武裝的波蘭更為兇猛? 很可能侵略者深藏的人性，會使他們減少對無辜者的濫施屠殺。

世界所有的組織中，只有國大黨最適於採取一種較好的，也是唯一的，真實生活的方式。它的非暴力成績將徒勞無功，當印度已從目前的恐懼中驚醒，卻不能給世界從血洗中獲救的榜樣。像現在這樣浪費人力物力將不會終止，如果印度不能負起應變的責任，使人們知道，保持人類尊嚴的最好方法並不是報復。我毫不懷疑。如果能訓練千千萬萬的人

作野獸似的屠殺，自然更容易教他們順乎人性維持非暴力。無論如何，假若總司令放遠眼光，他應該可以發現印度不是軍國主義而是愛好和平的國家。

我也並不熱衷期待印度軍人接受了現代軍事訓練、帶回來高速度的精神後，會有什麼大作為。速度並不是生活的目的，人能看得更多，生活得更充實，是在盡自己義務的時候。」

9月26日，甘地參加了副皇的會談以後，乘車返瓦爾達。火車途中，又寫了一篇〈印回團結〉的文章：

「上次我赴西姆拉時，曾注意到有人嚴厲批評國大黨的報刊，指責這些報刊曾攻擊回盟及其所有的活動。我沒有親眼讀到，因為我很少接觸這些報章，不過偶爾翻閱。假如真有這種情形，自然應當禁止。回盟是一個偉大的組織，主席真納一度是國大黨的傑出人物，是國大黨新起的希望。他與威靈頓 (Lord Willington) 的一場鬥爭，不應忘記。孟買國大黨支部的真納紀念堂，說明了他對國大黨的貢獻，以及國大黨黨員對他的傾慕。在基拉法特大抗爭時代，不少回盟的領袖們曾和國大黨密切合作。我不相信，這些舊日的同志們心裡會怨恨同僚，他們今天的演講和文章都可以證明。因此，如果國大黨的報刊批評回盟和它的黨員，那便是不對的。國大黨須給演講人、寫稿人一點約束，在他們提到回盟的時候。他們必須相信遲早，愈早愈好，印回之間會出現不是表面的而是實際的永久團結。

阿里的兒子查希德 (Zahid) 在西姆拉會見我說：『我們一定不可吵架。血濃如水。我們屬於同一血統。你必須為團結而奮鬥。』其他回教朋友在這次旅程中也和我談到：『你必須促成團結，只有你能夠。如果在你有生之年不能得到團結，便只有聽神的安排了。』

所有這一切，將我捧得太高了。但我知道這其實使我感到卑微。我但願神能賜我力量可以作到朋友們所希望的事。我向他們保證，沒有一天我不是在為團結而祈禱。這不是我缺乏意志和努力，非得眼睜睜看著

相互的仇恨。我沒有喪失希望，在我有生之年，必能看到不止印回之間而且是所有教派之間的真團結。如我知道有什麼法子可以辦到，我一定決心而且有能力排除萬難，促成團結。我更瞭解最簡易的捷徑莫過於非暴力。有些回教朋友們說，回教徒絕不肯採納道地的非暴力。因為他們認為暴力亦如非暴力同樣的合法，不同場合採取不同的手段，更毋需援用《可蘭經》來解釋。這是世界有史以來就這樣作的。不過，我也聽許多回教朋友們說過，《可蘭經》教人採取非暴力。它強調忍耐勝過報復。回教 (Islam) 這個字就是和平的意思，也就是非暴力。一位傑出的回教徒巴達希·罕 (Badshah Khan) 便接受了非暴力為信條。誰也不能說他沒有信守教條，但我卻不能厚顏地說我信守了教條。如果我們的行為有所分別，那絕不是種類而是程度的分別。不過，我以為《可蘭經》有無非暴力的信條，這是不必辯論的。

我認為充分採用非暴力，只需一方面能辦到就行了，自然，如果雙方都能辦到，那是再好沒有。和旁人和平相處，乃是最自然的常道。可是大家卻忽略了，只要非暴力便會有和平。不幸，現在的印度教徒尚不知充分發揮非暴力的功效，雖然他們心裡存此一念，卻無能運用這一計策——我寧稱之為藝術——來勝過他們所指回教徒的暴力。假如說雙方都採用暴力來攻擊防衛，竟能獲得和平，那麼我也願意在有生之年看到這種和平。那只是武裝的和平，隨時會崩潰。這是歐洲式的和平，現在大戰已臨，還有人追求這種和平嗎？

回教朋友們對我希望很高，可能現在會承認我的無能為力，儘管過去我作了，現在還在作。他們也應該看到我的中心工作是在至少教印度教徒學習非暴力的藝術，除非我也能帶回教徒到阿里兄弟們在基拉法特時代的地位。他們常對我說：『那怕印度教徒將我碎屍萬段，我們還是會愛他們，他們是我們的骨肉。』已死的巴里 (Maulana Abdul Bari) 常說：『印度回教徒永不忘記在歷史上最危急的時候，印度教徒所給我們的無條件支持。』我相信今天的回教徒和印度教徒的心都像過去一樣。不過時

代變了，我們的態度也跟著變了。我一點也不懷疑，總有一日我們的心會聯結起來的。今天我們所不能辦到的，明天神會辦到。為了那一天我工作、生活、祈禱。」

甘地回到西迦昂，有人送上一份英國上院辯論印度問題的路透社新聞稿，印度事務部長賽蘭德 (Lord Zetland) 在答辯中強調國大黨的要求是不幸的。甘地就此發表聲明道：「我原不打算參與這一場過時的辯論。但我必須指出國大黨與人無涉，與人無爭，半世紀來代表著印度人民，別無對手。它既不反對回教徒的利益，也不反對土邦人民的利益。它只求不列顛政府說明作戰的目的。如果不列顛是為全體的自由而戰，那麼它派在印度的代表就應當清清楚楚地交代出來，印度的自由，自然包括在作戰目的之內。至於具體內容，應由印度人民自己決定。賽蘭德爵士說國大黨在不列顛生死存亡之秋提出作戰目的的要求，是不妥當的，但我認為他的話是錯誤的。我以為國大黨作此要求，既不過分，也很合理，唯有一個自由了的印度的援助才有價值。國大黨有權知道他們可以告訴人民作戰的目的，是使印度獲得獨立，亦如英國一般。所以，我以作為英國朋友的地位，呼籲英國政治家，忘記過去帝國主義者的語言，給它所壓迫的民族，寫下新的一頁。」

所有甘地所發表的文字，頗受到多方的非難。甘地曾就此寫道：

「下面的信是一位朋友寫給我的：『在《神之子民》週刊中，你說速度不是生活的目的。人可以看得更多，生活得更真實，當他步行著去盡義務的時候，可是你卻說自己是在赴西姆拉的火車途中。我看即使你再幽默，也不能將「乘火車赴西姆拉途中」的事實，用來支持你所說的人步行著去盡義務，看得更多，生活得更真實。』

這位朋友過去總是相信我的方法，是我的有力支持者，可是現在我卻變成不值一文了。其實他也應該有足夠的幽默之感，不難瞭解我所說的話。我得明白告訴朋友們，在我寫那篇短文時，我也意識到了這一點。我可以毫不費力地避免提及我在某處寫某一段文章，可是我卻都一一註

明，就在要讓讀者明瞭我與我的理想之間的鴻溝。請大家留意一項事實，雖然我的文章中現出破綻，給我的朋友以指責的口實，但我自信我是在盡力過我理想的生活。如果我倡議奔赴理想，我也必須讓世人明瞭我的缺點與特點，使我不致假冒為善，也使我提醒自己為實現理想而奮鬥。這位朋友所指出的矛盾，正是理想與現實之間常不能協調的矛盾。理想如果實現了，便不再成為理想。愉快就存在於追求而不在實現理想的時候。因為當我向前進展的時候，我們可以看到更多也更清晰。

　　好吧，我們現在來談談朋友們對我的嘲笑。我老實告訴朋友們和我的讀者，我之所以那樣寫，實是由於我無論坐火車或汽車，都感到不如步行愉快。如果所有的鐵道和公路被毀，人們都得走路，我也並不認為有什麼了不得，當然病人和婦孺那是例外。我不能單憑想像，而應切實追求一種文化，在那兒有車階級變成毫無意義，鐵路也沒有地位。如果這世界恢復到往日一樣的大，我絕不會感到不快。我在 1909 年寫《印度自治》一書，以後再版多次並被譯成了許多種外國文字。魏迪亞女士 (Shrimati Sophia Wadia) 去年要我在即將發行的最新版本上作一篇序文，我有機會將原書仔細再讀一遍。讀者們會知道，我不能修正任何的觀點。我也不想修改文字。這是由古茶拉迭文譯出的一個好譯本。大家要懂得我寫這本小冊子的目的，本來很簡單，簡單得被人指為愚笨，但絕不是要大家回到黑暗世紀去，而是要大家能看到甘貧樂道之美。我曾以此作為我的理想。我自己將永不能達到，所以也不能強求國人辦到。可是現代生活變化之大，空中的飛行，慾望的擴增等等，對我都沒有興趣。它們使人心枯竭，它們使人遠離造物主，其實神就在我們心中。

　　所以，當我坐上每小時四十英里的火車時，我就感到這是罪惡，因我的工作是在七百戶人家的西迦昂村以及我可步行去的附近村莊裡。但我是一個非常實際的人，我不避免火車旅行或為了顯示愚昧固執而拒絕汽車。請讀者們瞭解，在賤民運動期中，我曾提議在那一年的旅行中都步行，並請薩卡先生 (Thakar Bapa) 為我安排。他不聽從。一路上我們遭

遇到許多次的暴力示威遊行。有兩次我們幾乎重傷斃命。當我們到達普里 (Puri) 時，聽說前面會發生血洗。因此我停下來堅持改為步行。薩卡只得答應了我。那些乘火車、汽車趕著去示威遊行的人，卻再也無法碰上我們這些每天只走八英里十英里的人。這是我在整個旅行中最有效的地方。沿途反應最好，我們實際的收穫也最多。示威者也毫無辦法。他們並不是真想殺死我，而只是掀起緊張局勢。可是他們這些人卻無法對付我們這群非暴力抵抗者，步行著執行神的使命，知道神會保護我們，而毫無懼色。」

1940 年 10 月，甘地七十一歲誕辰，人們聚會慶賀，甘地寫了一篇〈謝〉文，呼籲同志們支持他畢生所致力的工作。

10 月 10 日，甘地發表一篇社論，指明中常會和他之間的歧見：

「我和中常會委員們長談的結果，發現他們對非暴力的估價，只限於作為對抗英國政府的武器。但我卻相信所有國大黨的黨員們都極欣賞過去二十多年當中，運用非暴力與世界最強的帝國主義抗爭之合於邏輯的結果。不過像非暴力這種偉大的實驗當中，很少發生假定的問題。過去我自己也常回答這一類的問題，我說當我們實際獲得獨立以後，我們將會知道能否採用非暴力保衛我們的國家。可是，這問題到了今天，已不是假定了，因為不管英國政府是否作有利於印度的宣告，國大黨必須決定一旦印度遭受侵略時，當如何抵抗。國大黨與英國政府之間能不能取得協議，那是另外一回事，國大黨卻不能不說明白，用非暴力抑或暴力以抵抗侵略。

就我對中常會的觀察，委員們都以為現在印度還沒有準備好採用非暴力以抵抗武裝的侵略。

這是一個悲劇。很顯然抵抗敵人進攻的方法，應該和趕走敵人的方法相配合，而前者當然比較容易得多。然而事實上我們過去所採取的，是弱者似的消極抵抗，而不是一個強者的非暴力抵抗。因此，在這緊要關頭，竟沒有人敢響應非暴力的方式。所以，中常會說他們還沒有考慮

好應採取的步驟。情勢的嚴重是這樣，如果中常會決定採用武裝暴力來保衛印度，那麼過去二十多年國大黨黨員所接受的非暴力訓練便等於徒勞。而將來的歷史家，一定會將印度不曾好好武裝的悲劇責任，放在領導非暴力抗爭的我身上。歷史家們會說，我應該早能看到，印度只能從事弱者的消極抵抗，而不能作強者的非暴力抵抗，我應該使國大黨黨員早接受軍事訓練。

我的觀念是印度基於種種理由，可以接受真的非暴力，因此我從不曾鼓吹或支持武裝的訓練。相反的，我全力反對這種想法或作法。就是眼前，我也並不反悔過去。我有不變的信心，世界各國中只有印度能學習非暴力藝術，那怕就在今天來考驗，我也相信必會有成千成萬的人，寧死也不會對侵略者以牙還牙。我一再要大家忍受痛苦乃至遭槍斃。在食鹽運動中，不是有成千的志士，遭受了非任何戰士所能忍受的犧牲和痛苦？我看印度在抵抗外來侵略時，必能作同樣英勇的表現，所不同的只是範圍大小之分而已。

有一件事是不能忘記的。一個非武裝的印度，將不會受到毒氣或轟炸的攻擊。有了馬其諾防線，才會有齊格林防線。用現在的方式保衛印度是必需的，因為印度是英國的附庸。自由的印度，不會有敵國。只要我們的同胞學習了能堅決說一聲『不』的藝術並能言行一致，我敢說，沒有人會進攻我們。我們的經濟的發展方式，將引不起侵略者的興趣。

有些同志會說，除了英國，印度在邊界上還可能遭遇到像印度類似國情的國家所攻擊。這當然是對的。所以我現在只對國大黨的同志們講話，如果被人攻打，準備如何應付？除非我們已準備為信仰而死，否則，我們絕不能使整個印度接受我們的信條。

相反方向的動作，使我毛骨悚然。北部的回教徒，錫克教徒與尼泊爾人，已大批地武裝了起來，只要南部與中部一帶也跟著武裝起來，那麼號稱代表群眾的國大黨，便得要和他們競賽了。國大黨將不得不對一個龐大的軍事預算也參與其議。甚至有很多事根本毋需國大黨同意。所

以國大黨是否同流合污，這將有極大的分別。全世界都在看印度能不能
有特殊表現。如果國大黨也披上大家一樣的武裝，國大黨便將在群眾中
消失。國大黨之所以能享有盛名，就因為它採取非暴力作政治武器。如
果國大黨能以非暴力的代表資格協助盟國，它將提高盟邦的地位和權力，
在決定戰爭最後命運時，會發生極有價值的作用。可是中常會的委員們，
卻勇敢地誠實地表示不能實踐非暴力。

所以，我的立場只限於我自己。我必須再尋找是否尚有人跟我走。
假如真只有我一人，那麼我就必須設法改變。不過，不管多少，我必須
宣布我的信心，印度就算是為了保衛邊疆，最好也還是完全放棄暴力。
因為印度參加武裝競賽，就等於自殺。印度既喪失了非暴力，整個世界
便再無希望了。我必須保持過去半世紀我所堅守的信條，希望最後印度
會服膺非暴力，保持人類的尊嚴，不要自己墮落。」

十九、林里資哥督印

林里資哥 (Lord Linlithgow) 在 1936 年的 10 月接任印度總督，他在
10 月 17 日宣布，可以採納回盟得代表印度回教徒的主張，他重申英國
首相對印度參戰的目的，他保證印度將可在自治領的基礎上獲得自由，
故戰後可重新考慮 1935 年的《印度政府法》。他又提議組織一個資政會，
代表整個印度，配合輿論，支持作戰。這些條件原是 1920 年代印度各方
所要求的，可是現在已不能使印度滿足了。

甘地認為這種聲明，實毫無意義，反不如不宣布為好。它十足反映
英國分而治之的傳統策略，國大黨決定不能同流合污。甘地在答覆倫敦
《新聞記事報》的詢問時，曾這樣說：「國大黨所要求的，不是要英國答
允印度獨立，而是警告英國，這一場對抗希特勒的大戰，是否包括為了
保衛印度在內的民主政治。這與印度想要獨立無關。印度的要求，顯遭
誤解，總督提議舉行一次圓桌會議，出席的人彼此都不知道旁人對總督
說了一些什麼話，而他卻要根據這些討論作出一個共同的聲明。如果政

府是想來衡量國大黨及其他政治團體的力量，很清楚的，國大黨不會適合政府的標準。國大黨員有更遠大的使命。國大黨可在道義上支持不列顛，這是它獨有的唯一可能的幫助。而且除非英國政府證明了它的政治道德是健全的，否則，國大黨便不會在道義上支持。我願不列顛政府要弄清楚，不是印度來哀求獨立。國大黨要不列顛政府說他們不反對印度獨立。印回衝突及其他問題，的確存在。但癥結在戰後英國願否站立一邊，讓印度用自己的方法，來解決它自己的困難。這便是為什麼國大黨提議成立民選制憲會議來制訂印度憲法的原因。不幸的事已經發生了，國大黨中常會的決議是很溫和的，而且還有補救的希望。英國是否承認這是一個錯誤，或者堅持到底，硬說印度殖民地政府從不做錯呢？國大黨不會停止的，直到它所追求的完全獨立，達到目的。」

10 月 24 日，甘地宣布國大黨中常會已授權他得隨時恢復民事反抗運動：

「使敵人失敗的最好方法，莫過於欺騙敵人並利用其弱點。但在消極抵抗者看來，任何的失敗，首先來自我們自己內部。英國政府拒不作我們所期待的聲明，實由於國大黨黨員和組織上的弱點。

最大的弱點，便是我們不懂得非暴力的奧妙和它的運用。其他的弱點都由此而來。當我們口喊非暴力的時候，心中其實是存著暴力。這樣政府便知道我們之所以主張非暴力，實際是由於我們不能組織有效的暴力。而且我們在自己當中，隨處使用暴力，例如教派的抗爭，就是我們不遵守中常會的指示。我們也組織各種團體，為的是爭權奪利，國大黨自然難辭其咎。我們不團結的原因，固然可歸罪於政府，但這並沒有好處。我們早知道在 1920 年時政府就採取分而治之的手段，可是我們那時卻還是辦到了印回團結。我們正因為懂得了政府的這一套手法，才能作到團結。

我們現在的弱點是驚人的。它使國大黨不能充分提高它應有的地位，而使我們的非暴力成了諷刺的對象。假如我的分析是對的，那麼我們便

可以很肯定的說，挽救之道不在外來情勢有無轉變，主要是靠我們自己。所以我們必須整頓組織，使它夠清白，夠堅強，受人的敬重。要強化我們的非暴力抗爭，而不是在我們追求獨立的路途中，向旁人去散播一些可怕的謠言。

常會的決議，如可看成國大黨爭取印度自由的證明，那麼也應該是對黨紀與非暴力的考驗。決議中雖未明言，但已將處理民事反抗的工作，放在我的手中。這不是由我批准的問題，我從來沒有過，我只願並只知要多數的黨員服從黨的指示。因此除非黨員能嚴格服從黨紀，否則，民事反抗不能恢復的。

我們現在面對著生死的抗爭，暴力包圍著我們，國家民族正遭遇著嚴重的考驗。如果國大黨不相信非暴力，不能寬恕英國人和反對國大黨的人，就應當公開拋棄非暴力並解散現在的中常會。這樣便不會引起大亂。否則，既要維持現在的中常會而又不信任他們，那就要發生大的問題了。我看除非印度確守非暴力與真理，否則，印度是不能獨立的。如我所率領的士兵不相信我交給他們所使用的武器，我這個統帥是無能為力的。我也像任何人一樣視國賊為仇敵，我更不能忍受異族的長期統治，但是我並不恨惡英國人。如果我不能協助同盟國作戰，我也將不損害它們。雖然不列顛政府嚴重地使國大黨失望，使我失望，但我絕不趁火打劫，落井下石。」

甘地在這時期，曾受到多方面的批評與責難，甚至有人公開表示懷疑他的私生活，因此他不得不就此作了一個簡短的答辯：

「兩天前，我收到一封由四個古茶拉迭人簽名的來信，還附了一份剪報，它的目的之一，是要對我盡其污衊之能事，那家報紙自稱為印度教的機關報。他們對我所作的許多指責，大多係根據我的自讚文字加以斷章取義。其中，尤以說我荒淫無度最為顯著。他們指我提倡節慾乃是披上了一件掩飾荒淫的外衣。可憐的蘇西娜‧拉雅 (Sushila Nayyar) 也被公開拖進到這種無聊的誹謗中，說她替我按摩、沐浴是犯罪，但事實是

她的確作得最好，可是這些事一點兒祕密也沒有，在一個半小時的時間中，我有時就睡著了，有時我也傳麻罕德維、帕麗娜或其他同僚來商談公事。

這些指責，就我所知，係開始於我積極推動反對賤民運動的時候。我當時將它納入在國大黨的中心工作中，主張應准許賤民出席各種群眾集會並可就讀於真理修道院。隨後誹謗即隨之俱來。有一位很有地位的英國人也加入了他們的行列，曾公開挑剔我對女性的交往太自由，將我的純潔當成了罪證。在這群議論中，也有幾個印度人參加。圓桌會議時，美國新聞記者也用極冷酷的漫畫來描繪。密娜本 (Mirabehn) 隨侍著我，因此變成了攻擊的對象。湯甫生 (Edward Thompson) 先生很瞭解他們這一群而且在幕後操縱著，竟然將我寫給蒲麗媽本・堪培克 (Premabehn Kantak) 的信，也用作指責我不貞的憑證。蒲麗媽本是我修道院裡的一位畢業生，成績優異。她常問我關於節慾和其他的問題。我給她詳細解答。她認為這可能有助於大眾，因此得到我的准許而加以印行。我認為這都是絕對純潔的。

此後，我就不再重視這些指責了。但是湯甫生的談話以及那幾個古茶拉迭人的來信，說明所附剪報不過是一個例子，故此我不得不加以辯正。在這一方面，我的私人生活並無半點祕密。我承認我的弱點。如果我真是好色荒淫，我也有勇氣坦白承認。當我在 1906 年決定從此節慾，終止和我妻子的性生活時，我曾經過充分考驗，決心以我全部精力貢獻給國家。從那時起，開始了我的公開生活。我記不起我曾和我妻子或其他女性閉門同睡或同處，除了在《少年印度》雜誌中我的文章裡所提到的幾次。對我來說，那是黑夜，但我一再說過，我自己雖然軟弱，神卻救了我。我並不以自己的德性自豪。但萬能的神拯救了我，讓我為神而服務。

從那一天起，我就開始了節慾。我們的自由也開始了。我的妻子變成了自由人，不再以我為主人聽我的支配，我也從肉慾工具中解放出來，

而毋需要我妻子來滿足我。沒有其他女人在同樣的意義上吸引我，除了我妻子。我忠於我的妻子，忠於我對我母親所作的誓言，絕不作其他女人的奴隸。但是由於我對節慾所抱的態度，所有的女性在我眼中，都是某人的母親、姊妹或女兒。在芳列克斯新村中，有不少女人和我一道生活。有的是我從印度接往南非的親屬，有的是同僚的太太或眷屬。其中包括維斯特一家和其他幾位英國人。維斯特一家除維斯特先生外，還有他的妹妹，他的妻子和岳母。

由於我的天性，我不喜歡敝帚自珍，所以曾將節慾的生活介紹給芳列克斯新村中的其他家庭。他們都很贊成，有的並且澈底實行。我的節慾與傳統的方式不同。我自己訂有若干規律。但我從來不相信為了節慾就要與所有女性斷絕關係。那種強制的方式，不管如何堅貞，我看毫無意義。所以，由於工作關係的兩性自然接觸，我從來不加限制，所以我也很高興，在南非時期中許多姊妹們都完全信任我。當我要她們參加民事反抗運動時，她們也都欣然同意參加。我發現我最宜於為女性服務。回到印度以後，我也同樣受到女性同胞的接納，我的心為她們開著，她們極願意和我合作。回教籍的女子們從不在我面前戴上面紗。我在修道院睡覺的地方，旁邊都是女性，因為她們感覺和我在一道時樣樣安全，大家不要忘記，修道院裡沒有私室的設置。

如我對女性荒淫，即使在此鰥居生活中，我仍有勇氣承認。我不相信自由相愛——祕密或者公開。我看公開的自由作愛，是苟合，祕密作愛是懦夫。」

6月17日，法國向希特勒投降，第二天，甘地寫了一篇〈如何抵抗希特勒主義〉，他說在南非發動民事反抗運動時，曾有人畫了一幅卡通，有一架摩托車開來，卻遇著一隻象躺在路中間不動，雙方僵持著。摩托車被認為是不可抗拒的，偏巧象是不移動的。這便是暴力對非暴力，結果是非暴力獲勝。他認為不可拿暴力去對抗暴力，只有非暴力才是希特勒的剋星。6月21日，國大黨中常會通過一項決議，表示法國所遭逢的

悲劇可能重演於印度，因此已不能再等待，必須採取應有的步驟，不管它是否為暴力抑非暴力。至於甘地的偉大抱負，可由他自己去提倡。6月24日甘地發表了一篇社論，題為〈雙方的高興與痛心〉：「我高興，因為我能經得住這一分打擊。有勇氣單獨奮鬥。我痛心，因為我已喪失了多年來曾由我領導奮鬥有如昨日同志的影響力量。」6月29日及7月1日，印度總督兩度約見甘地會談。會後甘地提出三個問題要印度人民慎重考慮。第一是印度是否接受自治領的地位。甘地認為戰後的英國，將絕不可能維持像過去幾百年來的地位，而甘地所要的乃是印度的完全獨立。第二是如何應付外來侵略的問題。他認為一個國家之內絕不容私有軍隊，因此要組織軍隊，就必須正式投效印度軍隊，但那需要印度完全獨立與非暴力的結束。國大黨必須慎作抉擇。第三個問題是參加中央行政會議的問題。政府現在準備擴大行政機構，國大黨人有機會作部長，但那是要他們去共同負責為英國作戰。這個誘惑似乎是不可抗拒的。不過，甘地卻希望國大黨能夠拒絕誘惑。

7月3日，甘地發表了一則著名的對每一個英國人的公開呼籲：

「1896年，我代表已到南非的印度勞工和小本商人，向每一個在南非的英國人提出呼籲，曾發生了效力。然而，不管就我的觀點看來當時我所奮鬥的目標是何等重要，但如以之和現在我所要呼籲的相比，那就顯得渺小了。我要向每一位英國人呼籲，不問他是在什麼地方，接受非暴力以代替使用戰爭方式來解決國與國間的糾紛。你們的政治家曾宣告這次的戰爭是為了民主而戰。你們心裡都明白當然還有很多理由可以提出來。我建議在這次戰後，不管它是怎樣結束，將來不再以一種民主來代表另一種民主。這次的戰爭，是人類苦難的積累，也是警告。說它是苦難，只要看所採用的空前殘酷手段，也不分武裝部隊與平民，無一人一物得以倖免就可明白。欺詐成了藝術。英國要保衛弱國，但一國又一國被滅亡，至少在目前是如此。說它是一種警告，是警告世人如不接受教訓，將驅使人類都變成禽獸。戰爭爆發時，我曾明記著《聖經》裡面

的預言，我沒有勇氣說話。但現在神賜我力量，還來得及講話。

我呼籲停止衝突，並非由於你們疲於作戰，而是因為基本上戰爭就是壞的。你們想殺納粹，但如不採用不同的手段，你們絕無法消滅納粹。你們的士兵就像德國人一樣的在作毀滅的工作。所不同的，只是你們還沒有德國人那樣澈底。真是這樣，不久你們就要趕上德國人的殘忍野蠻了。否則，你們便不能贏得勝利。換言之，你們必須比德國人更殘忍。但是不管你們奮鬥的目標何等崇高，總不能拿來為殘忍的屠殺作維護。我以為用任何非人道的手段所達到的目的，都不會是合於正義的。

我不要英國戰敗，我也不希望英國憑殘暴的力量獲勝。你們具有血肉之勇，已毋需再證明，是否你們的思想，也需要證明是夠殘忍的呢？我希望你們不必和德國人在這方面競爭。我建議你們採取一種更偉大更勇敢的方式。我要你們改拿非暴力的武器，去和納粹奮鬥。你們必須放下現持的武器，它們不能救人類。你們可以請希特勒和墨索里尼進入現在由你們所控制的國家，你們也可以讓德國人踏上你們的美麗寶島，占用你們的建築物，即使要你們的家，也不妨讓出。如果他們不讓你們安全撤退，就讓你們自己和婦女與孩子任他們屠殺，但絕不可喪失心志，也不要對他們效忠。

我這種非暴力與不合作的方法，在印度實行時，是相當有成效的。你們派駐印度的代表會否認我的話。如果他們當真否認，我會覺得他們可憐。他們將會告訴你們，說我們的不合作並非完全非暴力，而是出於恨。如果他們提出證明，我絕不否認。如果真作了澈底的非暴力，如果不合作是因為對你們充滿善意，我敢說你們這些自命為印度主人的人，早已能運用我們這種無敵的武器，去與德國和義大利的朋友周旋。當然，過去幾個月的歐洲史也將完全不同，也可少流許多無辜者的血。

我向你們提出這種呼籲，並非空中樓閣，過去五十年我曾一再實行這種科學的非暴力。我曾將它運用到各方面，經濟的、政治的和各種社會的問題。我還不知道有行不通的地方。我承認我是一位狂熱的真理追

求者，真理就是神，在我追求真理時，我發現了非暴力。傳播真理，就是我的使命，除此以外，我再沒有其他的使命。

我自認是英國人的朋友，有一時期，我還熱愛著你們的帝國。我以為它是造福印度的。當我後來發現它所作的並不是有利於印度，我就採用非暴力來對抗帝國主義。不管我的國家未來的命運如何，我還是照樣愛你們，不變初衷。我的非暴力，需要無邊際的愛，你們便是其中重要的部分。基於這種愛，我才向你們呼籲。

願神對我所講的每一個字都賜予力量。從這封信的第一個字到最後一個字，都是本著神的名而寫的。希望你們的政治家能有智慧和勇敢，響應我的呼籲。我曾告訴副皇，如果你們的政府，採取實際步驟來實行我所提出的目標，那麼我將提供所有的力量，聽命為你們而服務。」

甘地的善意呼籲，並未引起廣泛的反應，其時英國正瀕於被德國攻擊的威脅，英倫各報並未全文披露甘地的信。印度副皇曾代表英國政府覆信道：「非常欣賞你的動機。不過他們不認為你所提出的政策，使他們有考慮的可能，因為整個帝國，都決心取得戰爭的勝利。」

7月3日，國大黨中常會在德里召開緊急會議，提出一項新建議，要求在印度立即成立中央臨時政府，並與各省政府密切合作。這樣才能動員一切組織的力量，共起衛國。否則，任何使用於防衛的物質與精神的力量，都不是出於印度的自願，亦即不是基於自由的意志，因此也就不能發生實際有效的作用。這一決議案的精神，是遠離甘地的非暴力主張的。

甘地在第二天，即針對上述決議，發表了下面的書面聲明：

「我剛看到新聞，中常會的不適當決議，已交各報發表了。決議案是當著我的面通過的，但在沒有正式公開發布消息前，我不想說話。五天的會議期間，如果大家猜想它是在爭吵中進行，那是完全錯誤的。他們必須肩負起大責重任。從邏輯上講，這次決議案，沒有離開拉姆迦決議，但在精神上無疑是背道而馳的。文字本身是很少變化的，但精神變了。直到目前，國大黨基於種種理由，它的政策是：絕不參戰。但這不

是中常會的立場。在這緊要關頭，每個人都要能獨立判斷。五天的會期，是反省檢討的時間。我曾起草了一項決議文，幾乎所有出席的人都認為是最恰當的，只要他們還相信非暴力，還能真實地反映黨員選民的意見。可是有的人一樣也沒有，有的人則缺乏信心。其中只有罕沙希布是態度明朗的。所以他決定不再留在黨內。罕沙希布有他的特殊使命和任務。中常會也同意他辭職。他離開黨以後，為黨所作的工作，遠超過了我的預料。誰又能說今天喪失了信心的同志，不會在離黨以後，恢復信心並加強對黨的服務呢？

　　查理是決議案的起草人。他和我都瞭解自己的立場。他的堅毅和勇敢，促使他改變。如果我阻止他，我想他不會把提案提出來。不過，他不認為這就是遠離了非暴力。至少他確信自己所主張的也是非暴力，甚至要求我也接受他的看法。但這是不能的。我一方面鼓勵他將提案公開提出，讓大家瞭解；同時我也不能撤回我自己的主張。我知道我已不能掌握中常會，那麼如果我的立場不為大家所接受，便只有採納查理的建議了。經過他的運用與說服，最後他獲得了多數的支持。常會並且決定公布決議文。」

二十、有條件的非暴力

　　根據印度防衛法，反戰犯被捕的人數不斷增加，左派分子的活動也更加激烈。鮑斯 (Subhash Chandra Bose) 所領導的挺進社 (All India Forward Bloc) 是一個中心，鮑斯本人也被政府逮捕。甘地認為鮑斯雖兩任國大黨主席而且勇於犧牲，但不能因此而抗議他被逮捕。他欲獨行其是，他當然有權採取他自信最佳的途徑，如果這樣就能贏得印度的自治，誰也願意接受他的領導，不過，他的方法是錯誤的。接著不久，罕沙希布也正式辭去中常會委員的職務，甘地讚揚這是他忠於非暴力主義的信仰。

　　7 月底，中執會在普拉開會，批准了中常會所已通過的議案。說明

國大黨仍然願嚴格遵守非暴力的原則，爭取印度的獨立，不過，在目前環境下，卻不能採用非暴力來保衛印度。甘地沒有出席中執會，事後他在 8 月 5 日的聲明裡表示，查理的提案和支持查理提案的人，就要受到嚴重的考驗。查理已經越了軌，他卻指甘地離了譜，只有未來才可以證明誰是對的。

8 月 8 日，印度總督林里資哥發表一項聲明，表示英國政府的贊助制訂一項印度的新憲法，「基本上由印度人自己負責」。只是在目前英國正作生死存亡鬥爭的時候，不宜討論此事。一等大戰結束，印度便可舉行制憲會議，而任何有關的主張，政府均將歡迎。目前，先行擴大中央行政會議及中央指導戰爭會議，希望各黨派領袖均能合作，以加強印度的戰力，為取得印度在不列顛聯邦內自由和平等的地位開路。

國大黨對政府這一聲明，認為無考慮必要。回盟卻堅持印回分治原則，作為制訂印度憲法的基礎。大印度教會黨贊同參與中央作戰指導會議，並同意印度在戰後先取得自治領的地位。

甘地在 8 月 13 日，向倫敦的《新聞記事報》發表了下面談話：「我已退出國大黨實際政治活動，我盡量忍耐不評述總督的聲明。但英國及印度若干朋友，極盼我能表示一點意見。我認為總督的聲明，更加深了印度的混亂，也擴大了國大黨所代表的印度與英國之間的距離。站在國大黨以外來看，印度也不歡迎這個聲明。我唯恐民主正被破壞。如果英國不給印度正義，英國便不能以高舉正義自豪。印度痼疾已深，絕非假心假意的辦法所能挽救的。」

總督的聲明，無異是對國大黨德里決議的答覆，證明此路不通，因此中執會於 9 月 15 日在孟買召開臨時全體會議，要求甘地重新出來領導，通過了甘地所起草的決議：

「本黨中執會絕不接受一種剝削印度人民天賦人權，禁止印度言論自由並繼續奴役印度人民的政策。英國政府強制執行此種政策的結果，已迫使本黨不得不為了維護印度人民的光榮與基本權利起而鬥爭。本黨

保證在甘地領導下通過非暴力途徑以爭取印度自由。在展開此一運動的嚴重關頭，本會決請甘地指導本黨將要採取的行動。普拉大會所批准的德里決議，使甘地無法履行任務，應予以廢棄。

本大會同情英國和所有捲入戰爭漩渦的國家的人民。本黨黨員對英國國民在危難中所表現的堅苦卓絕精神，表示欽佩。我們對英人並無惡意，作為一個消極抵抗者，自然也無意做任何使英人為難的事。不過這種自我約束並非要導致自我滅亡。本黨將堅持非暴力爭取印度完全自由的政策。然而眼前將不恢復非暴力抵抗，除非已到了維護人民自由所必需的程度。

由於一般人士對本黨所推行的非暴力政策，已發生誤解，本大會特別重申貫徹此一政策的決心，不問過去有何導致此種誤解的決議。本會確信並實行非暴力政策，不僅可用於爭取印度自治的鬥爭，而且能適用於未來自由的印度。本大會鑑於最近世局的演變，確信拯救人類之道，唯有澈底全面裁軍，建立符合正義的政治與經濟新秩序。一個自由的印度將全力支持全面裁軍並願起帶頭的作用。當然，這需要外在的因素與內在的條件配合，但印度的國策必將是堅持裁軍。有效的裁軍與廢止戰爭建立和平，必須消除戰爭的原因與國際的衝突。其中最基本的就是不能由一個國家壓迫另一個國家；以一個民族剝削另一個民族。印度將為此而奮鬥，亦即為印度的自由獨立而奮鬥。這樣的自由，將與其他自由的國家，同為世界的進步與和平，攜手合作。」

決議案通過以後，主席請甘地致辭，他首先用印度語發言：「我所擔任的責任，恐怕是我一生中從未肩負過的最大的一次。我現在對未來的結局如何，毫無概念。但過去五十年的經驗，已訓練我不必去關心結果。我所應當關切的只是手段。只要我確信手段是純潔的，信心便會領我前進。一切的恐懼，必在信心前消失。一經開始，便不再回頭。」隨後他便用英語致辭：

「我知道你們用很大的耐心聽我講話。今天我要特別感謝你們，原

因很簡單，我說了許多你們所不高興的事。但我並不想使大家面對著前面的艱鉅工作感到不快。我之所以不厭其煩，反覆講解，是因為我必須挑起重擔。我今天並沒有準備講稿。想到那裡，就講到那裡。

先講我考慮了許久的一個問題。戰爭剛一爆發，我到西姆拉去看總督，第二天以我個人的名義而不是代表任何人，發表了一項聲明。現在有一位朋友提醒我，假如我能堅持那個聲明裡所採取的立場那該多麼好，即使國大黨不跟我走。如今在這要負起大責的前夕，他祈禱神能指引我守住原有的立場並且引退。我很尊重這位朋友的意見。我並沒有忘記當初那個聲明，但我也不覺得有絲毫的歉意。如果再有這種事情發生——歷史常會重演——而我剛好又再去看總督，我還會發表同樣的聲明。

我雖然僅以個人地位發言，但在我內心深處，自然有著國大黨。總督也絕不會只因為我是甘地，就來找我。在他的記事本裡，沒有甘地的地位，掌握大權的人，根本不理會個人。他找我是他認為我可以代表國大黨的意見，我能說服黨員。

我從原有的地位撤退，並非以我個人而是以黨員的身分告退，因為我甚至連一個黨員也不能說服。好在你們有一個中常會的組織，委員會坦白、勇敢地告訴了我，雖然我發表了那個聲明，可是他們並不樂意接受。他們說過去曾有過痛苦的經驗，所以他們不能採取那樣的立場。緊接著開戰後不久，你們便通過了後來的決議。作為代表的一分子，我也同意了那項決議，不過我曾告訴他們，假如我能說服大家，那麼我最初所提出的立場，實是最好的選擇。當時如果強迫中常會接受我的意見，相信他們也會照辦，但這樣作太機械化了。我的聲明，並沒有欺騙總督或任何人，而是從心底直接說出來的。那並不是故意做作，而只是對世界、對總督和國大黨，揭開我內心的祕密。如果我的話得不到共鳴，那麼它對總督、英國或印度，都不會發生絲毫的作用。如果我不能使國大黨瞭解我的態度，當然不能前進。

以上是說明這次決議案的背景。我曾多次說過，我絕不能在千鈞一

髮的時候，去使英國人或英國政府為難，因為我這樣做，那就是不忠於消極抵抗，不忠於非暴力和真理，這些都是我所珍愛的，那時我絕不能這樣做，而那個人就是現在站在你們前面要肩負消極抵抗重任的人。為什麼？因為現在時候到了。過去我在軟弱中將不道德當作道德，但是道德的本身，如去其內涵，除去獻身以赴的理想，就成為不道德了。我感覺到如果我不幫助國大黨來挑起重擔，我便是對自己不忠。

我認為我們現在採取這樣的步驟，不只是為黨，也是為整個印度服務，而且還不限於對印度。歷史將會記載——英國人有一天會重視我現在的聲明——我們其實也是在協助英國民族，他們將會發現我們已盡了作鹽的責任（編按：《聖經》中記載，人是地上的鹽，用來防止、醫治土地的敗壞）。我們也像他們一樣地勇敢，足以自豪。我常自稱為英國人的好朋友，但如果出於誤解，或為了避免觸怒英國人，或者旁人所設想的其他原因，使我不敢提出警告；現在自我克制的道德變成了不道德，它將毀滅國大黨，將完全毀滅發揮自我克制的那種精神，那麼我便要被指控對英國人未盡朋友之責和有罪了。

我說這些話，不只單為國大黨，也為所有企求國家自由的人——回教徒、帕西族、基督教徒乃至反對國大黨的人——只要他們尚忠於印度的理想。如果我現在再說不為難英國人，那便是虛偽。我絕不再重複這樣的話。這種話就像他們說奉神的旨意而行的口頭禪一般，毫無內容，對救贖及道德，有什麼作用呢？如果在民族歷史絕續之交，還要說這種廢話，那就是對我自己不忠了。

本決議案的主要文字，是我的意見，然後送尼赫魯起草。以往我慣為黨內文件的起草人，現在他代替了我的地位。如果我們要使非暴力抵抗達到預期的目的，他認為這是不可避免的。中常會接受了文字上的補充，而涵義大家也很明瞭。結論是——如果政府宣布：讓國大黨進行反戰宣傳並宣揚非暴力政策，而政府則管作戰的事，那麼我們便不發動民事反抗。

我並不要英國戰敗或屈辱。我聽到聖保羅教堂被毀，感到傷心，就像我如果聽到卡西印度教廟或朱瑪清真寺被毀一樣的難過。我願以自己的生命去保衛卡西印度教廟，朱瑪清真寺及聖保羅教堂，但我不想犧牲對方的生命。這便是我與英國人民的主要不同之點。

然而我是同情他們的。英國人、國大黨人，凡聽得見我說話聲音的人，不要誤解了我所同情的地方。這並不是我愛英國人，恨德國人。我並不認為德國特別壞。我們都是血肉之軀，都是人類社會的一分子。我不以為有差別。我不能說印度人特別優越。我們都有著同樣的善與惡。人道不是水壩，不能彼此流通。也許大家分散在一千個房間裡，但彼此是相通的。我絕不說，印度就是一切，讓世界其他部分消滅吧。那不是我的主張。印度應該與世界其他國家一般，都生活得很好。若要印度能維持完整，並保有自由，唯有善待其他所有的人而不是限於只善待生活在印度的人。拿小國來比，印度夠大，可是拿整個世界，整個宇宙來說，又怎麼樣呢？

大家不要錯估我個人，我需要保全個人不受干擾。如我喪失了自己，還能談什麼為印度，英國或全人類服務呢？我個人的自由，就像國家自由，而且包含在國家自由之內。我的自由和大家的自由是一樣的，並沒有再多一點。如果我的自由遭受危險，你們的自由也同樣危險。我自認有自由站在孟買的馬路上說，我與這次大戰無關，因為我不相信這次的戰爭，也不相信目前在歐洲所進行的自相殘殺。我佩服勇敢，但這樣的勇敢有什麼用呢？我敢說他們是無知的、盲目的，不知為何而戰。這是我對歐洲戰爭的看法。我不可能參戰，我也不要國大黨這樣做。

我所將要做的，是謀和平。如果英國人民早已承認不是國大黨而是整個印度要求獨立，而國內其他黨派也能與國大黨合作，我們早就可以光榮地致力於國際和平的偉業了。這是我的野心。但是今天我知道這是白日夢。我生活在我自己的園地裡，描繪出一個充滿人性的世界，而不是虛偽的世界。依社會主義者的辭彙，這是一個新的社會結構和新秩序。

我還想到一個令人驚奇的新世界，如果你們也喜歡作白日夢，一定會像我一般的發狂嚮往。

如果我們不當心，國大黨會消逝，國大黨如果消逝，民族精神也跟著喪失。相反地，國大黨人是經過挑選的被一個個逮捕入獄。眼看著同志們被帶走，這不是消極的抵抗。我們應該大家衝進監獄去。歸根結底，印度是一個大監獄。讓我們打破囚籠，跳出這奴役的監獄。摩拉拉·沙希甫 (Maulana Saheb) 曾對錫克教徒們說過：『你們也許可以保衛一位教主，可是對那最大的教主印度，準備怎麼辦？我們必須掙脫枷鎖。』這些話還在我耳裡響著。如果我們要民族的自由，要擴大自由的運動，我說自我約束的道德，今已變成不道德了。那樣的道德約束，絕不能昂揚黨內外的革命精神。

在我沒有弄明白政府的意向以前，我絕不會採取民事反抗或他種手段向政府挑戰。在政府現所已採取的措施中，例如總督聲明，印度事務大臣的聲明以及印度政府的其他行動等等，我發現存有很大的錯誤，不義與摧殘著整個印度的自由。這些意識都包含在決議文裡，雖然文字並不完全和我現在所講的相同，但意義是十分明白的。

為了要完全表白我的立場，我提議請總督約我面談，我相信他會這樣做。我要將我的困難告訴他，將國大黨的困難也告訴他。我去看他是用你們大家的名義。我要告訴他我們現在的立場是：我們不為難你們，也不阻礙你們的作戰。我們走我們的路，你們走你們的，互不干涉，而以非暴力為共同基礎。如果人民跟我們走，他們當然不會再致力於戰爭。反之，不用說，老百姓會努力作戰，我們便不必再賭了。如果你們能取得王公，地主或任何人的協助，你們儘管去做，但也要讓我們的聲音能聽得到。如果你接受我的提議，真是再好不過，錦上添花。你們在生死鬥爭中，還能給我們這種自由，准許印度人民以非暴力的方式反戰，這當然值得驕傲。

人民可以憑理智去選擇最適當的方式反戰。我自己所選擇的方式，

便是依循黨的決定，但我並不要求每一國民都這樣嚴格地做。各人都有他自己的良知，厭惡英國帝國主義統治的人，可以拿這話作理由。不過，一定要是非暴力的，公開而不是祕密地使用言論自由，而且接受我的指揮。你們如果認為這樣做還不夠，就應當否決這個議案。只要大家出錢出力如此宣傳非暴力，我相信暫時不必恢復民事反抗就已經足夠了。如果連這種自由也沒有，那裡還能談自治？那只是永恆束縛。我希望英國人和總督能告訴全世界，他們已經給印度人民的領袖充分言論的自由。然後英國可以自豪地說：『瞧吧，拿我們所做的來判斷吧，我們正在印度作實驗。』

英國對德里決議沒有反應，我認為並不奇怪，他們會說：『在這種時候，盡可不必去管他們的事。將來事實可證明，現在別來麻煩我們。』我瞭解並且同情他們說這樣的話。只要他們的話不會有欺騙，我絕不干預。他們絕不可能給我們自由，如果有自由，必定是由於我們內部的團結合作發生了力量。它絕不是從天上掉下來的，也不是任何人贈送的禮物。我不知旁人如何想，因為我沒有和中常委討論過。諸位想必也瞭解我的底限。

總督或者認為我是一個幻想家。也許我不能達成使命，但我並不爭吵。不過他如果覺得自己沒有辦法，我卻不會這麼想。我可好好站穩自己的立場。我不能坐視洛希荷與拉諾因被捕不問，他們並沒有宣傳暴力，他們只是執行拉姆迦決議。這是他們的光榮處。

我曾盡量約束自己，還要再繼續約束。我不打算現在入獄，也不準備展開民事反抗。我不會將自己置於絕境。在這一場戰役中，我不想入獄。不過，如果政府願意，隨時可帶我走。我不會閉嘴不言，停筆不寫。不過，他們不能因此而捕我，因為印度並沒有反叛。否則，印度就錯了。我在下意識裡，覺得他們不會捕我入獄。

我將向總督說明一切，也許沒有效果，但我從不灰心。我可能是面對著一排死牆，但我充滿著信心與希望，我願總督能答應國大黨的溫和

要求，畀予我們反戰的充分自由。每個人都應享有充分的言論自由，反對帝國主義，反對剝削統治。

我將盡一切可能不用你們的名義採取消極抵抗。將來會怎麼做，我不知道。但我可以肯定地說，集體民事反抗運動是不會有的，因為它不適合這一戰役的特性。我希望所有將採的行動，能切實有效並適合國大黨的傳統。

我常說我並不瞭解國大黨，我已在司瓦格拉木大會中埋葬了我自己。只因為現在國大黨遭遇了困難，所以我挺身而出，又捲入到孟買大會中，而且現在又負起了這個責任。大家給了我信心和力量，我得勇敢地、努力地做。歲月如流，我的體力已大不如前，但我自信我的智慧卻在繼續增長。我不是自誇，但也不是自欺。我答應我將全力以赴。

國大黨內有許多派別。我們的意見並不一致，黨紀也很混亂。一個天天在發展中的組織，這是不可避免的。但如果黨內毫無紀律，組織必然崩潰無疑。你們萬不可說，雖然不相信非暴力，卻加入了國大黨。如果你心中存有暴力，你是怎樣發誓入黨的？我要求大家完全服從非暴力政策。政策不變時，就等於信條，具有和信條同樣的意義。我服膺信條，終生不渝，你們也當如此。如果你脫離國大黨，你便自由了。我們一定要言行一致，表裡如一。如果言不由衷，空談何益？你們的思想應當真誠，然後才能提早實現自治，那怕全世界的人都反對你。你們便毋需每天花費九百萬鎊，也不必燒毀一間屋子，就能得到自治。只要你們忠於政策，我相信不需要做這些事，就能奠定自由的基礎。

現在，談到暴力的問題。如果可能，切勿把方法弄混亂了。這些年來你們已約束自己，還要再約束一些時候。我們這一奮鬥，不是輕而易舉。要知道自我約束，絕不會有所損失。

言論自由與筆桿，是自治的基石。如果基石動搖，就當全力挽救。願神幫助你們。」

9月16日中執會以一九二票對七票通過決議，請甘地恢復領導國大

黨。接著中常會並通過了下面的決議：「由於中執會已通過請甘地繼續領導本黨，本會茲籲請全黨各級組織暫停民事反抗運動，以待甘地新的指示。甘地認為此舉包含三種意義：第一、為準備與總督晤談；第二、藉此考驗黨紀；第三、必要時重新發動民事反抗運動，之前則暫採守法態度。」

甘地所持的立場，前後似有矛盾，自不為外人所瞭解，美國合眾社 (United Press International) 及《倫敦記事報》(*London Chronicle*) 的記者，曾就此提出詢問，下面是幾段主要的問答：

問：「你既要求以非暴力方式，爭取反戰宣傳的言論自由，怎能說不使英國困擾呢？」

答：「因為非暴力是國大黨的信條，包括反對所有的戰爭。因此，國大黨絕不能與任何戰爭合作，這是十分必要的。我所謂的不使英國困擾，係以不妨礙國大黨的存在為先決條件。而民事反抗也嚴格地限於爭取言論自由，所有行動都必須是非暴力的。我認為，國大黨的行動如能獲各方的瞭解，則其最後的效果，仍然有助於英國和世界。」

問：「這是為什麼？」

答：「因為在所有的紛爭中，有一強大的機構，誓為非暴力奮鬥。如其成功，則全世界均能從戰神的魔掌中獲救。」

問：「假如納粹勝利，你想印度的前途如何？」

答：「我所能回答的是，只要我國人民能堅守非暴力，我對印度的前途並不悲觀。但這不是說我願見納粹的勝利。我所感到不安的，是目前大家所採取的辦法，如想擊敗納粹，勢必要付出比納粹更為恐怖的代價。」

問：「鑑於最近在馬拉巴所發生的情形，是否有希望發動一個非暴力的大規模民事反抗呢？」

答：「不是立刻發動。你們當已注意到我的演講。我曾特別說明，我認為目前不適宜發動大規模民事反抗。但這並非說，所有大規模民事反抗，到最後總要變成暴力的。我的國民還沒有失去理性到這個程度，馬

拉巴事件已給我們很好的教訓。」

問：「你的政策是反對美國援助英國飛機和大砲嗎?」

答：「一點也不反對。原因很簡單，因為美國根本不相信國大黨所提倡的非暴力行動。但願美國相信，那樣的話，美國對和平所作的貢獻，當遠比拿飛機、大砲或任何物資援助給英國，更重要得多。如果我從美國友人所收到的信，以及與美國友人對談中所聽到的話，可以看作美國輿論的一些反應，我真希望美國能取代國大黨的地位，出面領導國際裁軍與世界和平的工作。」

問：「你曾表示同情英國人民的苦難，你是否曾想過，你前後所採取的立場並不一致?」

答：「我曾仔細想過，唯恐大家不瞭解，我也已在講演中詳細說明。假如我的立場真的前後矛盾，那也是由於實際的客觀環境發生了變化。我對英國人民的同情，始終如一。英國對德宣戰的時候，我在西姆拉已公開表示，之後我更增加了對英國人民的關切。在西姆拉時，我曾提到為了英國可能遭遇的苦難而悲傷，一年以後，果如所言，而且苦難還在繼續。我的天性，對任何民族遭遇苦難，都感到傷痛，不過這份同情英國的心意，在一年以後的今天，形式上有了改變。對於政府最近所發表的聲明，我還沒有準備說什麼話，不過，我敢說，英國應可承認我們的要求而無損於英國的戰事。我認為在全力進行戰爭與反抗帝國主義二者之間，應當沒有衝突，所以，今天國大黨如果繼續採取不困擾英國的立場，那麼它也將不在此時採取直接行動，爭取獨立。不過，言論自由以及與此相關的行為，乃是民族生活中不可或缺的。而宣揚非暴力以代替戰爭，正是拯救西歐免於屠殺的福音。國大黨如果只是偽裝同情，或是只為了逃避嚴重的後果，而不敢反對非人道的殘殺──它已使歐洲遭殃，如不及時抑止，還要禍延全世界，那麼國大黨便無權自稱為非暴力的組織。我希望我對國大黨政策所解釋的這一聲明，而且是唯一指導原則，不僅能滿足英國的輿論，而且也能約束國大黨，使總督得以認可國大黨

的要求，不只是為了國大黨，也是為了所有爭取言論自由的人士，不管是何人在爭取，只要它不帶有任何形式的暴力。」

二十一、甘地林里資哥會談

9 月 27 日和 30 日，甘地兩度與總督林里資哥在西姆拉會談。總督直截了當告訴甘地道：「你全心全意的反對履行作戰義務，並且曾公開表示過。但我不能讓你向任何人，包括戰士或軍火廠的工人等，進行任何反戰的宣傳，削弱民心士氣。……因為反戰而不危害印度的利益，這完全是不可能的，包括你們所要求的言論自由在內。」

甘地回答道：「我覺得十分遺憾，政府不欣賞國大黨的立場，它只是反映全體人民的需要。人民不願意支持一個為帝國主義利益而戰的戰爭。老實說，印度人民更反對納粹得勝，不過他們不能以參戰的方式來表示反對。你和印度殖民事務大臣都說，我們是自願支持作戰的。這一點必須弄明白。絕大多數的印度人民，對這一戰爭，毫無興趣。納粹主義與英國在印度的統治，他們看不出有任何的區別。如果政府承認了印度所要求的自由，那麼政府就可以說是得到了印度人民的支持。主戰與非戰者之間，本可立於平等的地位，只要他們不相互使用暴力。」

10 月 5 日，甘地發表了下面的歷史性聲明：

「我和總督的往返信件中，已宣布談判破裂。我在回信裡已說過，我將發表一項公開聲明，陳述我在信件中未曾提到的事。

首先，我想說明我對林里資哥總督的觀感。他說話直截了當，清楚扼要。他從不模稜兩可，使你無法瞭解他的本意。他冷靜而極有禮貌地陳述他所作的重大決定，使你聽來並不覺得事態嚴重。他很耐心聆聽你的辯論，我還沒有見過像他這樣的總督或高級官員。他從不粗暴失禮。雖然如此，他卻不易被說服而改變立場。他和你進行會談的題目，早已作好了決定。他很謹慎地並不讓你察覺，可是毫無疑問，他已作的決定，不能改變。他不喜採納旁人的意見，對自己的判斷，非常自信。他不相

信什麼君子協定。我常感覺到自從《甘地歐爾文協定》後，英國人似乎不再對這類的協定發生興趣，他們恣意而為。如果不是基於高度的正義感，就是出自無限的自信心。我想是屬於後者。儘管我們之間存在著極大的歧見，但我們已成了永不可分的朋友。

我對他抱有這樣的觀感，真使我難於啟齒敘述我們之間不可避免的談判破裂。其實接受我的建議，利於英國之處實比有利於印度者還多。

我是以一位代表和朋友的身分，前往西姆拉。作為一個朋友，我向他指出英國政府有些行動使我懷疑。說出來對我是必要的，這樣便可幫助我來決定我的心理態度，這比任何看得見的行動還重要。我覺得總督和印度事務大臣硬要國大黨與土邦王公、回盟，乃至所謂賤民階級取得了協議，才承認印度自由的權利，這對國大黨和印度人民都不公平。我告訴總督，它們分別代表一些特殊階級或宗教集團，國大黨卻不代表任何特殊的階級。它純粹是一個全國性的組織，希望能代表整個印度，並一直主張成立全國性的民選議會，還表示過願意接受回教人民分別選舉的方式，符合回教籍人民的特殊利益。因此，若說回教徒必需要有特殊權力的保證來反對國大黨，那是錯誤的，而錫克教徒的情形，也是如此。

今日的土邦王公，是英國政府為了照顧英國利益而一手製造的，英國人藉此履行所謂的條約義務。我想國大黨現在不急於要英國人毀約，不過，他們卻不能阻止印度的進步，要國大黨和他們取得協議。即使王公們想這樣做，他們也不能自由行動。何況，如果條約規定他們接受英國的保護，同樣也會強制他們保護人民的權利。可是事實證明英國政府根本不過問這一層，否則，土邦人民的生活不至於弄到現在這般悲慘，很可能比英屬印度各省的狀況更糟，我可以舉出許多的例子。

說到所謂的賤民階級，事實上國大黨對他們的關切，遠超過英國政府所做的。何況他們之中又分成許多的支派，究竟誰能代表全體呢？

我和總督談判的目的，就是想能說服英國人，可是我完全失敗了。總督根本不和我辯論，他確信這是最高決策的問題，沒有辯論的餘地。

英國官員們自成一個系統，與外面的事實隔絕。他們保守、冷靜，也不坦白。他們很委婉地拒絕加入任何有爭議的辯論。他們讓你自己去發表滔滔不絕的偉論，而維持自己的立場不變——我想這就是熔爐。不過，對於英國這種作風，我一點也不欣賞。我曾表示希望能衝破這一熔爐，看看它裡面的底牌。但是身為帝國主義者的英國人依舊視若無睹。

我並不承認失敗。我一定繼續奮鬥，務必要使英國人民承認，只有英國的正確政策才能使印度自由，而不是要國大黨去和旁人取得協議。

英國人沒有拿印度當作一個自由的國家，並不是我故意渲染，我不妨舉例說明。就說作戰吧，根據我們和政府取得的協議，支持戰爭要出於志願。總督也答應過要平反冤獄，嚴禁刑求。我的目的就是要講清楚，如果要打仗，就必須師出有名，不帶勉強。我們作戰是要使印度獲得好的待遇，不止從英國，而且從世上所有的國家。

也許有人說，國大黨作戰，是為了奪取政權。我坦白告訴總督，國大黨絕不犧牲國家的利益來爭奪政權。它的唯一目的是救國。因此總督如果組織政黨聯合內閣，國大黨不會反對。但目前的戰時措施，政府只為了帝國主義服務，國大黨是反對的。我們第一步的目標不是即刻獨立，而是爭取生存的權利，亦即自由表達意志的權利，廣義言之，便是言論自由之權。國大黨不只為了本身，也是為所有人而奮鬥，即是它不使用暴力。我認為這一條件，已經答覆了所有人提出的疑問。」

二十二、個別民事反抗運動

10 月 13 日，甘地在瓦爾達向中常會宣布了他的行動方案。兩天以後，緊接著便發表告全國人民書：

「我和中常會討論了三天。討論中，我反覆說明了我所能想到的民事反抗計畫。雖然我負責這一運動，但不經中常會討論，我絕不採取步驟。非暴力行動，必須同志們團結一心，才能奏效。否則便不能維持紀律，貫徹命令。我必須聲明，中常會並不是全體一致的。至少有兩位委員表示不

同的意見。我曾全力去勸服他們，卻沒有成功。不過，他們表示願意服從紀律。他們所提出的異議，是針對民事反抗的範圍和限制兩點。

我提到這一段經過，是要說明有些人對我的計畫失望。我只有勸大家：忍耐等待，以觀後效，盡所能執行命令，不要破壞阻撓。如果你從心裡反對，那麼就照你自己的方式去教導人民。這是最直截了當的辦法，讓人民知道再去選擇。但你卻不能根據黨綱來作違反黨決策的宣傳，這就會引起混亂。參加民事反抗的人數多寡，並不重要，問題是其餘的人必須全力支持。

計畫很簡單。直接行動將由巴維 (Shri Vinoba Bhave) 開始，暫時由他一人去做。既然限於他一人去進行個別民事反抗，其他的人，便不應直接或間接介入。而且這是爭取言論自由，所以群眾們願不願意聽從，應讓他們自己決定。

不過，主要的還是要看政府願意怎麼處理。儘管這是一時的個別民事反抗，但可能由於政府禁止人民去聽講或閱讀他所發表的文章，而引起危機。我想政府當不致自己去找麻煩，雖然他們已做了各種的準備。

我和巴維曾仔細考慮過各種方式，希望能避免不必要的冒險。最大的目的，是要能做到絕對非暴力。因為一個人的暴力行為，公開或者祕密的，都有一定的限度，在它的限度以內，是有效的。但是一個人的非暴力行為，卻可以帶動許多相信非暴力的人。換言之，個人的暴力行為，其影響可以減少到數學上的最小單位；反之，一個人的非暴力行為，卻可影響到無數的人。我能否建立一個非暴力的完美榜樣，現在還未得知。

巴維是誰？為什麼挑選了他？他是一個大學沒有畢業的青年，在 1916 年我回到印度時離開了大學。他是一位梵文學者。真理修道院創辦不久，他便加入了。以後他又離院去專修了一年的梵文。一年以後的同一天，他回到修道院。我還忘記了他應該是那一天回院。他參加院中的每一種鍛鍊。他雖然潛心研讀，可是從不間斷紡紗，他確信紡織運動可以挽救印度，他又協助阿夏兌悅 (Ashadevi) 編輯紡織講義，寫了一本紡織教科書。

他從心底反對『賤民意識』。他和我一樣篤信教派合作，為了研究回教教義，他讀了一年的原文《可蘭經》，所以學習了阿拉伯文，他發現這與接觸回教朋友有很大的幫助。他對自然療法有心得和經驗，他對印度政治獨立有信心，他從不曾出現在政治舞臺，他認為靜悄悄的建設工作，更為有效。而且他也是一位反戰者。

我現在奮鬥的目標，似乎很狹窄，僅限於爭取宣傳反戰的權利。反對戰爭和反對參戰都是意識觀念的問題，但也是基本權利。假如印度是一個獨立國，那麼這種觀念的存在並無害於英國。事實上，按照法律文字的規定，印度是一個獨立國家，所以英國取自印度的東西，不能說是自願的，而是被迫的。這一場生死鬥爭，絕不能憑壓迫他人而獲勝。唯有取得印度人民道義上的支持，他們才能戰勝。主張非暴力的國大黨不會希望英國失敗，但它也不能在軍事上支持英國，因為它自己爭取自由也是採取非暴力的手段。國大黨如畏懼嚴重的後果而不在危急之秋宣揚非暴力，它便會自取滅亡。所以深一層觀察，我們也是在一場生死鬥爭之中。如果我們獲此權利，將會成功；否則，便會失敗，我們也不能憑非暴力得到自治。

我知道印度並不是團結一致的，有一部分人相信暴力，幫助英國人作戰。我們不會去包圍兵營或兵工廠，阻礙他們，不過我們要告訴印度人民，如想經由非暴力自治，就不當以軍事支持英國作戰。

這種反對參戰的言論自由權，我們沒有，所以我們要全力爭取。直接從事此一鬥爭的人，由我挑選，其他國大黨的工作除非受到政府干涉，否則一切照常。

有一個問題問到我本人，既然如此重視民事反抗的素質，為何我自己不去做。我已說過，這不像以前的情況，我不自己發動，有很多的理由可以假定：如我被捕，勢必使政府困擾。我想置身監獄以外來處理任何突發的問題。我如入獄，可能解釋為大批黨人入獄的先聲。而且我也不知道未來的情況如何，不知道政府的計畫。以及下一步應當如何走。

我是有信仰的人，我相信神。走一步已經夠了。下一步的走法，到時神會指示我。誰知道我會不會是一個能為英印兩國帶來和平，乃至替全世人締造和平的使者。凡相信我所信仰的不是羞恥，而是比我現在所寫的事實更偉大、真實的人，將不以我這最後的願望為虛妄。」

二十三、歷史性的鬥爭

1940 年 10 月 17 日，巴維在瓦爾達附近的波拉村 (Paunar) 發表反戰演講，掀起了個別民事反抗運動的第一聲。此後三天，巴維徒步往附近鄉村作同樣的演講。10 月 21 日被捕，判處徒刑三月。

政府對報界嚴加封鎖，不准發表巴維的演講與活動新聞，完全禁止刊登反戰消息。10 月 18 日，《神之子民》及其他兩個姊妹刊，也接到了政府的通知。甘地在 10 月 24 日發表了一項聲明道：

「如我必須將有關消極抵抗的文字都送經新德里審查，我不能自由執行編者的任務。我所主編的三個週刊，都是為了追求真理，而不是單為了某一方面的利益。如果稿件隨時受到事先的檢查，便不能達到原來的目的了。新聞自由乃是我們所珍愛的權利，它與民事反抗無關。政府逮捕巴維的企圖非常明白，我不想說什麼，因為這是必然的結果。可是新聞自由卻是另外一回事，所以我對政府實施新聞檢查的命令，不能緘默，這麼做的後果也是可以想見的。

我要對三個週刊的無數讀者致歉。下星期，我將告訴讀者，我們是否暫時停刊或無限期關閉。我仍然希望不會就此關閉，而我的恐懼也是多餘的。反之，我也將告訴讀者，我們的行動並不是消極抵抗。現在的消極抵抗仍將照常。我不會貿然作重大決定，我還沒有準備下一步的行動。而且我在過去的聲明中也多次提到，每一消極抵抗的行動，都是獨立的。這次政府對新聞自由所加的限制，正說明了我們的工作達到效果。我們的每一行動就是希望政府來制裁，直到制裁的人最後疲於奔命，而我們消極抵抗的目的也就達到了。因此不管我下一次是否採取行動，什

麼時候行動，對大家來說，是無關緊要的。關心這事的人，只要照著我原有的指示去做。我相信——而且我的信心曾經過無數考驗——一種經過洗鍊、有節制的思想，遠比講和寫的力量更大，思想所產生的力量，能克服任何困難。大家要好好運用這種力量。我們每一個人就是一張活的報紙，我們的嘴都能傳述好的消息。這並不是說大家信口開河，而是要傳播可靠的新聞。這是政府所不能禁止的，是最廉價的報紙，也是任何政府無法封鎖的。但是大家一定要弄清楚傳播的新聞屬真，切不可隨便亂說。大家要問清楚消息的來源，而且要使每一家在沒開門讀晨報以前，就已經知道了正確的消息。那些報紙都登載一些歪曲的片面之辭，毫無一讀的價值。因為像我現在所發表的這種書面聲明，可能都無法披露出來。這是專制政府下必然的生活，不管它是外國或本國的統治者。」

11 月 10 日，《神之子民》週刊終於向讀者告別停刊：「大家一定已經看到了我在報紙上的啟事。《神之子民》和其他兩個週刊，不得不暫停出版。我原以為停刊一星期後便可恢復出版，但這個希望已成泡影。我此後不能再為大家寫七日談——這是我所最熱心的一欄。在這一欄裡反映出我在一個星期之中最真實的感觸。不過在目前的情勢中，也無法續寫。」

個別民事反抗運動中，繼巴維被捕的是尼赫魯，他原被指定在 11 月 7 日發表反戰演講，但在 10 月 31 日他從瓦爾達訪問甘地回來的途中，在契荷基站 (Chheokhi) 就被捕了。隨後在哥拉克甫 (Gorakhpur) 獄受審，判刑四年。罪名是在 10 月初曾發表過反戰演講。

依原定計畫在 11 月 7 日發表反戰演講的，是布拉赫姆·道塔 (Brahmo Dutt)。他說：「出錢出力幫助英國人作戰是錯誤的，唯一有效的辦法，是循非暴力途徑反戰。」演講完畢，當場被捕，判刑半年。

二十四、恢復集體民事反抗

到了 11 月中旬，運動發展到第二階段，稱之為消極抵抗的代表，從個別的改為團體的，由甘地指定國大黨中常會、中執會、中央及地方議

會中的國大黨籍議員，集體發表反戰演講。過去在各省擔任部長級的黨員同志，也紛紛出現街頭巷尾，高呼反戰的口號，多人被捕。其中第一個發難的是帕迭爾，他在 11 月 17 日被逮捕，許多高級領袖都被關入了監牢。查理到了 12 月 3 日也被捕。甘地隨即下令從 12 月 24 日到第二年的 1 月 4 日暫停消極抵抗十四天以慶祝聖誕節。到了 1940 年年底，計有十一個中央常務委員，一百七十六個中央執行委員，二十九個以前的部長，四百個民意代表，都被拘捕入獄。

1941 年 1 月 5 日起，開始第三階段的鬥爭方式。由各級黨部推薦名單，送交甘地批准，經甘地派遣任務。這些消極抵抗者一經出發，即不回頭，直到被捕為止。他們從一個鄉村走到另一個鄉村，呼著反戰的口號，召集反戰的群眾大會。他們共同的口號是：「用金錢或人力支持英國作戰是最愚笨的事，而唯一有效的反戰方式，乃是非暴力。」1 月底陸續被捕的人數達到了二千二百五十人。

到了 4 月份，又發展至另一新階段。所有各級黨部的中下級幹部均報名參加為志願隊員，消極抵抗的人數超過了兩萬名。仲夏之交，已有兩萬人被捕入獄，有一次有一萬四千人同時被捕。他們各個準備長期住進監獄。奈都夫人稱監獄為皇家大旅社。如果不是甘地加以限制，入獄的人數必更多。這時也有人批評，說這樣的作法，並不能削弱英國的戰力。甘地卻認為消極抵抗的本身，原來就是一種道義的抵制。這是三億五千萬印度人民非暴力組織一種爭取自由的抗爭，誰也不能要他停止。泰戈爾在 4 月 14 日八十誕辰時說：「我再也不可能對那種假面具的文化存絲毫尊敬之心，他們只憑暴力統治，根本不信自由。他們的暴行，已使西方文化中最好的東西蕩然無存，英國人已不再和印度人有人性的契合，他們阻止了印度所有的進步。」

6 月間，國大黨祕書長克里巴拿里 (Acharya Kripalani) 請示甘地後，就個別民事反抗運動發表了十點新的行動指導綱領：㈠任何獲釋出獄的民事反抗運動者應盡可能立即再參加民事反抗。倘因故不能這樣做時，

當向甘地申請除名。㈡申請提出但尚未得到甘地批准的一段時期中，應停止一切私人活動，專心致力於研究十三點建設方案中的任何一項。㈢每一個準備從事消極抵抗的人，每天要記日記，每兩星期送往省黨部看一次，經查明每日行為合格的人，才准參加。㈣名單通過，係按未來的鬥爭性質決定，倘登記好的人認為不能接受約束時，可自由請求退出，並不影響原來在國大黨中的地位。㈤已登記的人，不可再參加地方選舉。㈥原係地方黨部的幹部，因參加運動被捕入獄，獲釋後除非經甘地特准，不得即行參加黨部開會。㈦已開始消極抵抗而尚未被捕的人，也不得參加地方黨部開會。㈧雨季期間，消極抵抗者可以參加外地的消極抵抗工作。㈨消極抵抗者，不論是在本鄉巡迴演講或參加德里的遊行，應每隔兩週送日記給省黨部查閱一次，然後轉報中央。㈩消極抵抗者言談應當和藹，否則，就影響了整個運動的精神和意義。

6月中，德軍攻蘇，整個國際情勢大變。7月，副皇宣布擴大行政會議及國防委員會的組織，以容納印度領袖參加。甘地則認為沒有什麼希望，「它不影響國大黨立場，也不適合國大黨的需要」。同時，《大西洋憲章》正在醞釀，邱吉爾明白宣布，該憲章不適用於印度。「我們的主旨，是使歐洲被納粹所奴役的國家，能恢復主權，獲得自治政府並改善國民生活。故憲章的宣言，並不影響印度、緬甸及其他不列顛帝國部分有關憲治發展的歷次政策性聲明。」甘地對邱吉爾的聲明也不予理睬：「我真誠的相信，我的沉默比任何我的語言都更有力量，歸根結底，行動是一切。我的行動，展示在印度之前，如你喜歡，也可以說是展示在整個世界的面前。」

個別民事反抗運動到了10月間已落入低潮。出獄的很少再接再厲，有的領袖們則公開要求甘地停止，但還有七十二位堅守立場的高級同志，團結在甘地周圍。這時期的國際情勢正在急劇變化。德軍已攻入蘇聯，並指向中東。日本已在中南半島立足，準備最後的猛攻。動員印度的人力資源，因此乃成為軍事上所必需。

　　珍珠港事件前，印度政府在 12 月 3 日發表了一項公報稱：「印度政府對各方熱烈支持作戰以爭取最後勝利的表現，深感滿意，決定將參加或響應民事反抗運動因而被捕的人犯，包括尼赫魯與阿沙德均予以釋放。」甘地對世界即公開聲明道：「在政府採取這一行動以前我曾說過，現在我要再說，我絕不會因此而有絲毫的激動或感奮。……從我做學生的時代起，我就一直表示過是英國人民的朋友。但友情不能使我對英國政府之奴役印度，熟視無睹。印度今天只有被奴役的自由而無平等的自由或完全的獨立。……政府的宣布，並不能療我燙傷，只像吹來一口涼氣。也就在這一基礎上讓我來評論這一次政府的措施。

　　如果印度政府真的滿意印度各方對作戰所作的努力，就應當繼續監禁所有民事反抗的人犯，因為他們恰好證明了政府所說的乃是完全相反。因此我認為政府這樣作的目的，無非是想被釋放的人自動改變他們的態度。我希望政府不久便會夢醒。

　　發動民事反抗運動，並不是沒有經過仔細考慮的，也絕不是出於報復心理。我希望它能繼續，好歹讓英國人及全世界知道它是代表國大黨的，這一個擁有廣大印度群眾的團體，是完全反對參戰的，它並不是想破壞英國戰力使納粹勝利，而是看到了流血的罪惡，絕不能使任何人獲得解救，不管它是戰勝者還是戰敗者，而印度也絕不能經由戰爭而獲得解放。

　　政府宣稱儘管國大黨反戰，他們仍能從印度獲得人力與財力。所以說國大黨的反對，不過是精神上的努力和道義上的表現。關於這一點，我認為十分滿意。因為我深信有了精神和道義上的表現，有朝一日，終必化為無窮的力量，贏得印度的獨立，而不是單單限於某一黨。

　　國大黨的鬥爭，包含了印度的每一基層，現在國大黨主席將要出面來考慮，是否在適當時機，召開中常會或中執會。這兩個機構將要決定國大黨未來的政策。我只是推動民事反抗的一個卑微的器皿。

　　但我對羈押與服刑還要講一句話。聽來很奇怪，服刑的人，據說將

可釋放，但遭羈押而未依法審判的人，反而要繼續扣留，這不知從何說起。我想其中一定有毛病，因此我對政府的這一措施，並不感到愉快。」

過去十四個月當中，有二萬五千人因民事反抗被捕，12 月 4 日起普遍獲得釋放。甘地在 12 月 7 日發表了下面的聲明：

「關於釋放消極抵抗者的事，應該看作是對我們的挑戰，政府常希望我們修改孟買決議。所以我要阿沙德盡早召集中常會或中執會，但在新的決定未取得以前，民事反抗還是要照常繼續。我承認這一運動，由於政府所採取的措施，受到相當打擊，但為了我們最後的目的，我們只有奮鬥到底。不過，會議召開前，中常委和中執委應暫停參加民事反抗。其他的人則不受此限，除了聖誕節和新年可以暫停一天。

說到民事反抗方式的問題，我看還是照原有的辦法。我喜歡這種辦法——它是反對以戰爭作為解決問題的方法。」

二十五、重點工作與守則

12 月 8 日甘地列舉十二項重點工作，呼籲全國人民一致奮起，努力推行，以支持個別民事反抗運動：㈠團結宗教。㈡解放賤民。㈢嚴格禁酒。㈣手紡手織。㈤建設鄉村工業。㈥維護鄉村衛生。㈦推行義務教育。㈧掃除成人文盲。㈨提高婦女地位。㈩注意國民保健。㈪推行國語運動(Hindi)。㈫促進經濟平等。另外，為了動員青年，也特別提出十一項守則：㈠學生不得參加政黨活動，應集中精神努力求學，從事研究，不幹政客的勾當。㈡學生不應介入政治鬥爭。㈢他們必須從事科學化的紡織工作。㈣他們必須穿著鄉村土布衣服。㈤他們不應強制他人唱國歌、掛國旗。㈥他們應從實際生活中表現愛國精神。㈦他們應協助鄰居，參加義務勞動，維持環境衛生，作義務教師。㈧他們應學國語。㈨他們應盡量將所獲新知，轉譯介紹。㈩他們行事為人應光明正大，不可暗中為非作歹。㈪應愛護女同學。這十一條守則，可以說是為青年所倡導的新生活運動。

　　在危機四伏急切等待有所行動的印度國民看來，這些重點工作和守則，對於他們爭取獨立自由的奮鬥，顯然不能發生速效，自然也看不到顯著的收穫。而到了 1941 年年底，珍珠港事變發生，遠東的日本投入了戰爭，戰爭的形勢引起了同盟國家內部政策的調整，印度究竟將何去何從，已不容緩緩推進，不著邊際的在戰爭以外空等。另一方面英國人為了自保，不喪失在印度洋的控制權，因而也加緊了對印度半島的鎮壓。為此國大黨特別發表聲明，指出甘地之堅決不參戰主張，已不能適應需要。甘地也致信給國大黨主席卜拉沙德，要求解除他的領導權。

　　「在討論中，我發現自己有一個嚴重的錯誤，誤解了孟買決議的意義。我以為國大黨是基於非暴力的立場，反對參加現在或所有的戰爭。可是多數中常委卻不認為是基於非暴力的立場。我仔細再讀原決議文，依文字解釋，他們的看法是對的。因此我不能再領導國大黨的非暴力反戰運動。而且我也不能接受因憎恨英國人而拒不參戰的理由。原決議文係表示願意支持政府作戰以換取對印度獨立的保證。如果我相信可憑暴力掙得獨立地位，卻又拒絕付去作戰的代價以換取獨立，那麼我將是不愛國的人。但我所相信的，乃是非暴力可以救印度和世界。我將繼續為此奮鬥，不管有無旁人擁護。所以請你根據孟買決議，解除我的領導權。我將再行挑選與我信仰相同的同志，發表反戰演講，爭取言論自由。」

　　誰都知道，主張支持作戰以換取英國答允印度獨立的，是尼赫魯。對印度獨立的目標而言，他是理想主義者；對如何迫使英國人同意交出政權，他是現實主義者。一般說來，他們兩人奮鬥的目標完全相同，但是採取的途徑則截然不相同。尼赫魯認為採取非暴力或暴力的手段，均無不可，只要能達到獨立的目的，即所謂為目的而不擇手段。甘地則堅持其反戰的非暴力路線，他認為這才是真正切合實際且對印度有利。

　　1942 年 1 月 5 日，國大黨中常會通過下述決議：「中常會接獲甘地的來信，並同意他所提出的觀點，解除孟買決議所加諸他的責任。常會同仁向甘地保證，他所領導的非暴力運動，在印度爭取自治的過程中，

已產生喚起群眾的作用。國大黨將繼續遵循，並將在自由的印度，更擴大其影響。常會籲請國人協助甘地達成使命，包括民事反抗。」

1月10日，甘地出席中執會，發表演講，說明他與尼赫魯之間並無歧見，而且宣布：「我們同僚共事，實有不同的主張。但是我過去曾說過，現在再說給大家聽，尼赫魯將是我的繼承人，而不是查理。尼赫魯認為他不懂我所說的話，他是用外國語對我講話。這也許對也許不對。不過，語言不能阻隔心靈的默契。我只知道我不在的時候，他一定會說我所說的話。」

1942年的年初，對印度而言，不是一個好的開始。甘地被迫交出了國大黨的領導權，只得重新號召一部分信仰他的同志，繼續其反戰的非暴力民事反抗運動，也只能說是盡人事聽天命而已，實在沒有把握究竟能發生多大的作用。如甘地所言，即使是國大黨的同志，也多數不贊同他的主張，又何能期待會產生決定性的影響呢？另一方面，尼赫魯等雖達到了奪權的目的，但究竟該怎麼做，一點把握也沒有，而且幾乎可以說是一籌莫展。整個印度陷在失意與失望之中，何處能帶來一線光明與新的振奮呢？

第八章
到自治之路

一、有朋自遠方來

　　中印兩國唇齒相依，1942 年當印度的獨立革命運動陷於最低潮，甘地也已交出了國大黨領導權之際；孤軍作戰已逾五載的中華民國，卻愈戰愈勇，中國最高領袖蔣委員長並已被推為中國戰區盟軍的最高統帥，擁有對同盟國在亞洲方面的重要發言權。也就是在此關鍵時刻，蔣委員長偕夫人於 1942 年 2 月正式訪問印度。蔣委員長訪印，在中印數千年的交往中，寫下了最重要而光輝的一頁。蔣委員長在中國自身戰事艱危之際，不惜以諍友的態度，於訪問期間，公開向友邦英國的執政當局，提出了嚴正的呼籲：「我希望我們的盟邦英國不久將給印度人民政治實權。」此一正義的有力呼聲，永遠為印度人民所珍惜。

　　蔣委員長伉儷及隨從等一行，包括王寵惠博士、董顯光博士、周至柔將軍、張道藩教育長及商震將軍等，訪印兩週，為印督林里資哥的上賓。委員長伉儷曾訪問德里、加爾各答——詩哲泰戈爾的故居，並曾至西北邊省視巡要塞，又與甘地及回盟主席真納略談，受到印度朝野空前的歡迎。尼赫魯則與委員長伉儷多度長談，一次是單獨的，一次是陪伴國大黨主席阿沙德會面，最後一次則帶著他的大妹潘尼迪夫人（獨立後出任聯合國主席）及他的女兒甘地夫人（Indria Gandhi，後任印度總理），並且隨同委員長伉儷訪問沙地尼克坦 (Shantiniketan) 的國際學院（泰戈爾創辦）。

　　蔣委員長伉儷的歷史性訪問，是在中、英、美三國的領袖默契之下成行的。由於日本之攻擊珍珠港，東南亞岌岌可危，印度國內則反英反

戰運動如火如荼，三國領袖均希望印度能支持同盟國在印度洋作戰，其中邱吉爾還希望蔣委員長能勸服印度領袖勿採過激行動，導致削弱英軍勢力；羅斯福總統盼望蔣委員長此行能探測印度領袖的真正意向及其可能與英達成和解的途徑，蔣委員長則願此行能為戰後的中印兩國奠定緊密合作的基礎，並給予印度人民最大的精神鼓舞。

1942 年 2 月 4 日委員長伉儷的專機自重慶經昆明、臘戌，於 5 日達加爾各答。停留五日後改乘火車於 2 月 9 日赴新德里。印度政府發表正式公報，宣布蔣委員長伉儷訪印消息：「蔣委員長業已抵印，與政府有所商談，並將特別與印度總司令就中印有關的共同事務會商。委員長伉儷留印期間，表示願接見印度有資望的人士。政府深信印度人民必竭誠歡迎此偉大的中華民國的英勇領袖。」印度各地歡迎委員長的緘電都在報上披露。

印度總督林里資哥在新德里總督府舉行盛大歡迎會，宣讀頌辭，充滿著崇敬中國的熱忱，全文於次：

「委員長及夫人閣下，諸位女士先生，最睿智的哲人莫過孔夫子，他曾說過，有朋自遠方來，不亦樂乎？後人能深切體會這話的，莫過於今天在座的我們。我們很光榮的在這愉快的集會裡，能歡迎中國的兩位偉大領袖和他的屬僚。

近二十年來的中國近代史與我們今天的貴賓實不可分，他們樹立勇敢堅毅一貫的榜樣，使中國今天成為文明世界裡的旌旗。

過去的歷史我不用多說，只看最近五年的艱苦與勇敢事蹟：委員長和夫人在自由中國全心全力從事抵抗日本侵略者的光榮；在英國最危急的時候，首相邱吉爾先生曾說過：『必要時，我們得長期作戰，孤軍作戰』，中國已實踐了此種精神，單獨抵抗強大而準備充分的敵人。中國燃起了自由的火炬，在他們所有英勇的戰鬥中，我們的貴賓始終肩負著最重大的責任。

此一責任，目前尚未減輕，但他們已不再是孤軍對敵，而是集合了

盟國間所有的力量與物資，奮發著新的鬥志、新的信心，邁步前進。幾
星期前，蔣委員長閣下擔負起了中國戰區盟軍最高統帥的任務，這戰區
包括緬甸與暹羅，蔣委員長擔負起上項任務後第一件事，即偕夫人訪問
印度，使我們感到光榮。如此殷勤懇切使人鼓舞的情意，足以掃除天然
的障礙，讓我們知道得比以前更清楚，中國和印度是多麼地接近，中國
文化的無價給予，是多麼地豐富，中印兩國都崇尚友愛，都有著文化的
理想，燃著自由的明燈，我們印度更應當向中國那勇敢無私的男女人民
學習，他們忍受著，並且克服了敵人的最大打擊，又為了一個共同的目
的，在共同努力。

　　蔣委員長夫人，我們都知道不僅是中國抗戰的力量，而且也是世界
所景仰的人物，特別是印度，我們聽到過她不辭勞瘁的救濟工作，收卹
難童，撫養戰士的遺孤，我們更知道她常冒著生命的危險，伴著委員長
指揮作戰，她和委員長同來到印度做友誼的訪問，她今天就在我們的中
間，真使我們高興。

　　諸位女士先生，我們已經聽到消息，當我們的敵人已逼近印度東部
國境的時候，中國的戰士毫不遲疑、毫不吝惜的開到了緬甸戰區，為我
們這邊守衛著——這是偉大盟友、兄弟之邦的氣度。那兒是在長沙臺兒
莊有著光榮戰績的戰士，這兒便是這些戰士們的統帥。因此我們必當勇
敢且自信的作戰，知道我們會和中國永遠攜手，安樂與共、榮辱與共，
直到最後勝利到來。請讓我在這裡，引《天路歷程》(*The Pilgrim's Progress
from This World to that Which Is to Come*) 裡面的幾句話：

> 誰纏繞著他，
> 編些憂鬱的故事，
> 該死的是他們自己。
> 他的力量愈增，
> 不會有洩氣的餘地，

會使他心軟。

他專心一致的目標，

是個作奔跑天路的聖者。

　　願神庇佑我們的長官，為中國和其他的強大的盟友，直到敵人在亞洲、在歐洲、在海上，完全被擊潰；直到勝利的旌旗，最後能在晴空自由的飄盪；掃除了一切的專暴與欺凌；今天，當我們走向勝利前夕的時候，沒有比見到為中國自由而戰鬥的兩位領袖更快樂的事情。

　　諸位，讓我們舉杯祝委員長及夫人康健。」

　　林里資哥致辭後，委員長即答辭如下：

　　「總督及夫人閣下，諸位女士、先生：

　　總督閣下剛才給蔣夫人及我本人的許多光榮，使我們深深感奮，尤其對我們個人的事蹟，加以讚揚，充分表示閣下的好意。閣下提到我們過去將近五年來所做的貢獻，其實還沒有做到如我們所想做的，這是中國團結的國民，忠於理想，為民主而首當其衝的戰爭。自從日軍侵入中國國境，我們的國民在崇高的理想、愛國的情緒、無私的精神、堅忍與大度的激勵之下，一致奮起，忍受無比的痛苦與犧牲，相信一個新的世界必將出現，在那裡人人都過著和平與快樂的生活。

　　太平洋戰事爆發後，中印的關係日臻接近，在戰事正在進行中，我很快慰能來我們的盟邦印度作首次的訪問，藉此得知印度的潛力與它對共同目的可作的貢獻。我很高興我已經來了，而且在短暫的時間內，知道了許多。中國有句俚語道：『百聞不如一見』，我很瞭解印度的偉大。

　　總督閣下，對於我們能會晤一事，我深感欣慰，你對印度事務的瞭解是淵博的，你的政治家風度也是深遠的，你的睿智使我獲益不少。總督夫人對社會服務的熱忱，也是我們沒有來印度前，就已知道的，讓我們在此表示敬意。

　　英國的首相邱吉爾先生自從就任後，我和他雖然相隔甚遠，卻保持

著密切的連繫，他常給予我興奮鼓舞。

閣下曾提及緬甸的中國軍隊，當我在重慶與魏菲爾 (Archibald Percival Wavell) 將軍會晤時，我曾應許他，為了抵抗共同侵略者的敵人，中國是樂於合作，願予援助的。我已盡最大可能來履行諾言，也就是忠於盟友的義務。

諸位，讓我們舉杯祝總督及夫人健康。」

蔣委員長在德里時，印度總督林里資哥宣布以2月9日為「中國日」，對中國表示敬意，蔣委員長並曾在德里總督府前廣場，檢閱印軍。德里市民，萬人空巷，爭睹丰采，全印婦女協會，特開歡迎會，由尼赫魯妹妹潘尼迪夫人致歡迎辭，她並陪蔣夫人去阿格拉 (Agra) 遊覽泰姬陵，印度革命之母奈都夫人訪晤蔣夫人後，更稱她是中國復興火炬的化身，當時見過蔣委員長夫婦的德里市民，至今談來，猶讚佩不已。

委員長訪印的消息在官方公報未發表前，即有傳聞，尼赫魯曾接到蔣夫人的信問尼赫魯最近的行止，大家預測，委員長夫婦或可能到印度來。當第二次尼赫魯收到蔣夫人信時，她已經和委員長抵達加爾各答了。這次的訪問，係出於印度政府的邀請，還是出於委員長的主動，印度人民不清楚，不過他們看到了委員長的丰采，又聽到了他的廣播，不難想像此行的特殊任務，是商討共同防務，加強中印友誼，並力促英印雙方以談判的方式，解決印度問題。

委員長和夫人在加爾各答逗留的時間較長，曾由尼赫魯等陪至詩哲泰戈爾的故居遊覽，並參觀泰戈爾創辦的國際學院，泰戈爾的兒子親自招待，委員長和夫人曾對學院的員生演講，蔣夫人的演講辭有這麼一段：「看到諸君年輕的面孔，使我記起我們國內成千成萬的青年學生，記起新中國的勇敢精神，記起他們正遭受著的慘痛經歷。日本在中國發動侵略後，中國千萬的學生，受到轟炸及坦克大砲的威脅，他們的家鄉，他們的課堂，全被摧毀，但是你們知道，他們徒步數千里，前往內地政府準備的地方繼續攻讀。他們使中國覺醒，他們愛國的火炬，高舉得比任

何時代都要明亮。在這片沒有受到日本軍隊蹂躪的淨土上，你們是不容易想像到他們的情況的。」他們又曾參觀中印學會，接受印度友人的溫情，蔣夫人得到一件印度紗麗的贈品，按著印度禮節，還替她在額上畫了一顆紅的吉祥點。

委員長夫婦訪印的時間，一共有兩星期，臨別前在加爾各答廣播電臺，向印度人民發表了一篇充滿著熱情，帶著希望與鼓舞的演講，用中文廣播，由夫人譯成英文廣播，這篇演講成為印度全國所珍惜的最重要歷史文獻之一。講辭如下：「在印度的兩個星期中，我曾和高級的軍政當局及印度友人，就共同防衛侵略的計畫，共同努力的目標，做過坦率的懇談。我們之間有著充分的同情，全盤的瞭解，衷心感到快慰。我的訪問即將結束了，當此臨別前夕，我願向所有印度的友人告別，謝謝你們此次對夫人同我本人的友情。在我短暫的訪問時期中，無法向印度人民表達我所要說的，藉這個機會，向大家說幾句話，表達我對印度關切的熱忱，與平素的期望，也是我心中最誠懇的意思。自從我來到這裡，我覺得非常滿意，所有的人民對於抵抗侵略都有一致的決心，中印兩國共有世界半數以上的人口，邊境綿互達三千英里，兩千年的邦交歷史，只有文化與商業的交往，從無兵戎相見的衝突。

誠然，別無其他地方，我們能找出兩個鄰邦維持和平，達如此長的時間。這足以證明這兩大民族是愛好和平的。今天我們不僅有同樣的利害，而且有著同一命運，因此我們有義務要攜手站在反侵略國家的一邊，並肩作戰，謀致全世界真正的和平。

我們兩個民族共同有著特殊的德性，即為正義真理，而自我犧牲的高尚精神。本此傳統精神，使他們為了救濟人類而不惜毀滅自身，也就是基於此一認識，中國乃能率先豎起反侵略的大旗。並且毫不猶疑地和這次戰爭中的反侵略國家攜手。不僅為了謀致本國的自由，也為著整個人類的正義與自由。

我願向印度的弟兄們進一言，在文化歷史上最艱危的今日，我兩大

民族實應盡最大的力量，為人類的自由而奮鬥，也唯有在一個自由的世界裡，中印兩國的人民方能得到自由。反之，若中印兩大民族有一個得不著自由，則世界絕無真正的自由可言。

今日國際的局勢已明顯地分成兩個壁壘，侵略集團與反侵略集團，凡反對侵略，為本國與人類自由而奮鬥的國家，應當加入反侵略陣營，絕無中間路線可走，也不容長時等待。現在已到了人類前途最危急的時候，這不是一人、一國之爭，也不是一個國家和另一個國家間的特殊糾紛問題，所以凡加入反侵略陣營的國家，並非和某一特殊國家合作，而係與整個陣線合作，因此我們相信，這次太平洋戰爭，是民族主義歷史上的轉振點。然而世界上各民族爭取自由的鬥爭，可能有各種不同的方式，今日反侵略國家所希望的，是印度人民在這新的世紀，能自動地負起一分責任，為維持一個自由的世界，參加當前的戰爭。在這個自由的世界裡，印度必須有它的地位；世界大多數的輿論，都同情印度，這種難能可貴的同情，非物質金錢可能換得的，因此也應當全力保持。

今日的抗爭是自由與奴隸、光明與黑暗、善與惡、抵抗與侵略的抗爭，假使反侵略陣營不幸失敗，世界文明必將倒退至少百年，人類的浩劫也無止盡。

就亞洲來說，日本軍閥的殘暴，實非言語所能形容，臺灣和朝鮮亡於日本後，所受的痛苦可為殷鑑。我們抗戰後，日本軍隊在中國的暴行，可舉 1947 年 12 月南京淪陷為例。一星期內，被日本屠殺的平民，有二十萬人，過去五年中，自由中國的人民，幾乎無日不受到日本飛機砲火的襲擊，凡日軍進攻的地區，老少男女非死即傷。知識分子與青年尤為被注意的對象，因而遭受嚴刑拷打。不僅如此，文化機關、歷史古蹟，乃至日常生活的家具，如炊具、耕犁、工具、家畜等皆被破壞或擄掠。至於日軍占領區內搶劫、縱火、謀殺的事件，更是層出不窮，他們又公開由政府販賣鴉片，設立賭場、妓院，以摧殘人們的精力與精神。這是日人的行為，這是在別的被侵略的國家所不能看到的，我不過是略舉中

外人士所報導的大概而已。

　　當此殘暴與野蠻橫行的時期，中國人民與其兄弟之邦的印度人民，為了人類的文明與自由，實應當一致支持《大西洋憲章》，與聯合國二十六國宣言所明載的原則——和反侵略陣線共同奮鬥。我希望他們能全心全意和中英美蘇四盟國合作，比肩作戰，直到完全勝利，達成今日的使命。

　　最後我誠懇地希望，充分地相信，我們的盟邦英國，不必等待印度人民要求，而能盡快給予他們實際的政治權力，使他們得以充分發揮精神物質的力量。參加作戰，不單是為了替反侵略國家爭取勝利，而且也是他們爭取印度自由的轉捩點。從客觀的立場看來，我覺得那才是智慧之舉，也足以提高英國的地位。」

　　委員長伉儷訪問印度的重要目的之一，是會晤甘地和尼赫魯，所以一到新德里就向印度政府提出，這是依照中國「坐客不拜行客」的道理，但印度總督認為這兩人是反政府的領袖，很不贊成，只允約他們到新德里見面。委員長堅不同意。尼赫魯聽說委員長到了新德里，就從他的家鄉趕來相晤，他的妹妹潘尼迪夫人也一同前來會面。

　　2月13日尼赫魯和他女兒及印度著名女詩人奈都夫人另邀王寵惠、張道藩等遊覽德里近郊的哥托米拉 (Qutab Minar)，在該處一片如茵的草地上，坐著休息。尼赫魯將上裝脫去，只剩下汗衫與背心，他的女兒見此情景，大聲叫嚷，唯恐尼赫魯失禮。尼赫魯不理會他的女兒，立即在草地上表演他的絕技「納頂」，以兩手和頭抵著地，兩腳朝天，全身倒立惹得眾人大笑，只有他女兒眼淚汪汪，大不以為然，但又無可奈何。

　　他表演完了要中國朋友也來一套，張道藩就把幼時即會的「鷂子翻身」也展露一手，兩手著地，抬起左腳向兩邊一翻，仍然站了起來，這時尼赫魯的女兒才破涕為笑。

　　此事後來在國內誤傳，尼赫魯見到委員長，行滾地禮，委員長不知如何還禮，向張道藩看看，所以張也打了一個滾，委員長十分嘉許。這

番話完全是以訛傳訛。

委員長透過尼赫魯的安排，派人與甘地約好，在加爾各答見面。

2 月 20 日，委員長離開新德里前往加爾各答，甘地也從司瓦格拉木趕到。委員長派張道藩和駐印領事保君健代表他到加爾各答的前一站去歡迎，甘地就在這一個小站下車。若到大站，歡迎他的群眾太多，不容易控制時間。

下車後張道藩陪甘地同乘小轎車進入市區，住進甘地好友比拉 (Birla) 的家裡。張回行館報告委員長，委員長伉儷立即乘車到比拉家拜訪甘地。

正式會談從 21 日起，先由董顯光翻譯，張道藩記錄。大部分的時間，甘地向委員長說明他的消極抵抗與不合作運動，同時為委員長伉儷作紡紗示範。他說：「這是無聲的，不殺傷人的，可以救人的武器。」蔣夫人也搖了搖紡紗機，對甘地說：「你得教教我。」甘地說：「你到司瓦格拉木來，我一定教你。讓委員長派你留在印度作大使，我收你作乾女兒。」

有半小時的時間，他們的談話由董顯光翻譯。甘地提議道：「尊夫人的英語說得那樣的好，聲音又非常美妙，你同我這樣一個平民晤談，可否不透過官式翻譯，請尊夫人為我們翻譯，讓我多有機會聽聽她美妙的聲音。」

夫人回答道：「現在，就是現在嗎？瑪罕的瑪咭（Mahatimaji，對甘地的尊稱，偉大的長者），這太糟糕了。我現在才知道大家都被你所屈服。我的先生是非常嚴格的。過去每當艱深不易翻譯，不能表達他的原意時，他就一定要我翻譯。不過最近一年來，我比較輕鬆一點了。有譯員可以代勞。」「那麼你不是一位賢內助了。」甘地開玩笑似的說。「自然，」夫人回答道：「他不是和一個譯員結婚，他是和一位女性結婚。」蔣夫人知道甘地恐怕有重要的話要說，不願意有較多的人聽見，於是就請董顯光去辦別的要事，而由她自己來翻譯。甘地方面由他的祕書戴賽作記錄，中方由張道藩記錄，開始了重要的討論。談話自上午起，每談一刻鐘，頂

多談二十分鐘，就休息一下。因甘地年高體弱，不能長談。

委員長認為印度推行不合作運動是好的，其他國家如果在印度同樣的環境，也可以採用。委員長對日本侵略中國的惡行，極為憤怒，而且指出如果日本進攻印度，印度也必遭遇和中國一樣的悲慘命運。「你的消極抵抗，其實不只是消極的，」委員長說：「不過像日本這樣兇暴的敵人，絕不會看重消極抵抗，甚至也不容許你宣揚非暴力。」

「我所能說的是，」甘地道：「神將會指引我如何去適應未來的情況。所以我雖不能肯定地講怎樣抵抗侵略，但我相信上帝必會引導我。我這話自然不會使你感到滿意。我想請你到司瓦格拉木來，我們可以仔細地談。不過，這個請求似乎是不可能的，因為你不可能久留。」

「誰知道，」蔣夫人說：「我們遲早可能會再來。反正加爾各答到重慶，不過是十二小時的飛行。」

「那時，你們一定要至少留住一個月。」至此貴賓們與甘地分手道別，共談了六個多小時。

委員長伉儷訪印期間，尼赫魯成為訪問團的座上客，委員長沒有旁的客人時，他就陪侍在一側談話，來了客人，他就和團員們在一起，好像是中國訪問團的團員之一。委員長曾指定張道藩多與他討論有關政黨的問題。

據張道藩記載：尼赫魯認為本黨有一位軍事政治天才的偉大領袖，值得慶幸，但是他批評我們國民黨很不民主。不像英美的政黨，又不像蘇俄的共產黨，我們所說的訓政，他認為不能稱為民主。

二、英國開始採取行動

蔣委員長訪印，預示著印度政局有進一步的新發展，更由於珍珠港事件後，太平洋戰事已引起了美國方面最大的關切。英國戰時內閣保守黨首相邱吉爾便於 2 月 24 日在下議院宣布，特命掌璽大臣克利浦斯爵士 (Sir Stafford Cripps) 往印談判。克氏曾於 1939 年訪問過印度，留下了極

好的印象，他在英國內閣中的地位，僅次於邱吉爾，他是同情印度的，是進步的人物，尤其他剛自莫斯科返國，在倫敦的聲望正高。在處理英印關係的事務上，當然他是聰明的，他的態度溫和，很有耐性，派他到印度來談判，是再好不過的人選。他說：「我有機會到印度去，是我最高興的事，只要英國政府能採取一個適當的政策，相信印度是可以贊成的。唯一的條件就是英國要有決心。」3 月 23 日克利浦斯便在渴望自由獨立的印度人民的期待之下，到達印度首都德里；帶來了英國戰時內閣解決印度問題的方案，以協商於印度各領袖。

　　方案的內容於下：

　　㈠為停止爭端，應立即採取步驟，依本方案之規定，在印度成立民選機構，以制定印度新憲法。

　　㈡制定印度各土邦參加上項制憲會議之法則。

　　㈢英國政府將接受並履行該項憲法。但是，1.任何英屬省分，如不願接受此一新憲法時，可准其維持現在的地位。並將另訂辦法，俾此等省分他日希望加入時可以參加。2.英國政府與上項制憲機構將成立一協定，詳細規定由英國轉移全部責任給印度所發生的必須事項，並將根據英國政府為保障少數種族宗教團體利益的各種措施，制定條例，但對將來印度決定與大英聯邦內各國關係的權力並無限制。印度土邦中或有願意遵行此項新憲法的，則英國政府與土邦的條約規定，勢必由於新局勢的需要加以修改。

　　㈣倘非印度各主要集團的領袖，於爭端停止前皆同意另提出別種組織方案，則擬議中的制憲團體當循下列方式組織之：印度內部爭端平息後，各省即分別舉行選舉，新選出的省議會下院，作為各省選舉中央制憲會議的唯一機構。其方式，應用比例選舉制。制憲會議的人數，將為各省選舉機構人數的十分之一，印度各土邦亦當如英屬印度一般，依其人口比例，任命代表，參加制憲團體，且享有同等的權利。

　　㈤當此印度面臨危局，而新憲法尚未訂立之時，英國政府無疑地將

負起全部責任。掌管、統制、指揮印度的國防事務，因其為世界戰爭的一環，但組織軍隊，激勵士氣，動員物質的事務，則將由印度政府，在印度人民合作之下，負起責任。克利浦斯到達德里的第三天，即約見國大黨主席阿沙德，說明方案的全部內容。阿沙德即決定召開中常會，加以研討。克氏並且和甘地會晤，聽取意見。甘地說道：「假使你的提議不過是如此，何必勞駕到印度來。老實說，如果這就是你全部的方案，我勸你趁早搭下一班飛機回去吧。」克利浦斯答道：「讓我考慮考慮。」

國大黨中常會將方案內容詳細研討後，即於 4 月 2 日通知克利浦斯，表示不能接受。並提出尤以國防一點最不能同意。克利浦斯請求將此項拒絕接受的消息，暫緩發表，並於 4 日提出關於國防一點的另一方案，說明軍隊總司令應仍為總督行政會議中的戰事閣員。掌握一切作戰事務，另於行政會議中，設置國防部，由印籍人士擔任，負責公共關係，復員與戰後建設，能源供應，出席遠東區供應委員會，軍隊撫卹，軍糧供應，非技術性的軍事教育，印送軍方所需書刊，負責駐印盟軍情報的交換及各種福利工作等，大體上為一聯勤司令部，不管作戰，也沒有兵權，僅負責提供後勤支援，以應英軍需要。此一建議，又為國大黨的中常會所否決。否決的案文，應約翰遜上校的請求，又未發表。他並且提出一項建議案如下：㈠國防部應由印度閣員負責，但總司令的職權不容侵犯，㈡成立作戰部，負責國防部所未辦理的事務。克利浦斯並於同日約見尼赫魯交換意見。中常會對於約翰遜的建議，也沒有接受，乃於 4 月 10 日正式發表拒絕接受方案的公報。

甘地的主張，是要英國人從印度撤退，恢復印度的自由，然後以自由獨立國家的地位，抵抗日本的入侵。但這一主張勢必損及盟國在遠東的全盤戰略，因此他在 6 月 14 日寫信給中國戰區盟軍最高統帥蔣委員長和美國的羅斯福總統，解釋印度革命黨人所擬採取的行動，希望獲得中美兩國的諒解。甘地致蔣委員長緘全文於下：

「親愛的委員長：

我永遠不能忘記在加爾各答和閣下及高貴的夫人五小時的懇切會談。我永遠嚮往於為自由而鬥爭的閣下。而那一次的會見和談話，又使為貴國和貴國的問題對我更加接近。很久以前，在 1905 至 1913 年之間，當我還在南非的時候，我就曾與約翰尼斯堡的華僑們接觸。最初我只知道華僑也是當地的外僑，以後在南非的印僑消極抵抗運動中，我們都變成了同志。在摩里西斯我也和華僑們有聯繫。我很佩服華僑們的勤奮與團結。以後回到印度，我有一位很要好的中國朋友和我同住過好幾年，我們都喜歡他。

我是如此深深嚮往著貴國的偉大，正像我的同胞們一樣，都同情貴國的勤苦奮鬥。我們的朋友尼赫魯，他熱愛中國逾恆，也可以說是由於愛他自己的國家，因此我和他都密切地關心著貴國在鬥爭中的一切發展。

因為我們有這樣一種對貴國的感情，又由於我們懇切希望貴我兩國能夠更加接近，並且為彼此利益合作。所以我必須向閣下說明我要求英國政府自印度撤退，絕對沒有削弱印度抵抗日本的防務，或妨害閣下奮鬥之意。印度絕不向任何侵略者屈服，也決心加以反抗。我絕不會冒天下之不韙犧牲貴國的自由來獲得印度的自由。我從沒有想過這樣的事，因為我很明白，印度不能用這種方式贏得自由，日本無論是控制了中國或印度，均將危害他國及世界和平。這樣的控制，必需排除，所以我亟望印度能自然且適當的負起應負的責任。

不過，我們現在是被束縛著，無法動彈。印度已看到了馬來亞、新加坡和緬甸相繼淪陷。我們必須接受悲慘的教訓，全力防阻悲劇重演。

但除非我們獲得自由，便無能為力，眼見同樣的情形在印度發生，使印度和貴國同遭苦難，我實在不忍再見悲劇重演。

我們的合理請求，一再遭英國拒絕，克利浦斯最近的印度之行，在印度所留下的創痕猶新。因此我們振臂高呼要英國人從印度撤退，讓我們自己來照顧，讓我們協助貴國。

我曾對閣下講過，我相信非暴力，只要印度舉國一致，一定能發生極大的力量。我的信念與時俱增。不過今天整個的印度，卻還沒有建立這種信心，自由印度的政府，將要有印度各方面的人士共同組成。

現在我們是無能為力的、憤怒的。印度軍隊中大部分士兵是受經濟壓迫而投軍。他們不知為何而戰，更稱不上是國家的軍隊。我們之中，真願意採用非暴力或暴力的方式，為印度和貴國而戰的人，在外國鐵蹄之下，根本不能發揮力量。但我們的人民確信一旦印度獲得自由，必能做出決定性的貢獻，不只為自己，也為貴國和世界和平。許多像我一樣的人，都深深感覺到，在我們能夠打開一條出路的時候，我們不應該守株待兔，這便是我籲請英國立刻解除目前英印兩國間不自然關係的最初緣因。

除非我們做此努力，否則印度人民勢將走入嚴重危險的歧途。很可能他們會偏向日本，以削弱英國在印度的地位。我們並不是乞求外來民主陣營的援助，我們將自力更生，但首須自由，然後方能負起應盡的責任。

說得更明白一些，我們要抵抗日本的侵略。我個人也同意，盟國得以根據條約的承諾，派兵駐印並可利用印度的基地，以抵抗日本的攻擊。

以印度這一新運動創造的新地位，我幾乎用不著再對閣下保證，我絕不會採取匆促的行動。而且我無論採取什麼行動，都必須首先考慮到不要損害貴國或者鼓勵日本侵略貴國或印度。我將順應國際輿論，加強中印防務；我將向印度人民說清楚並與我黨內的同志會商；而我所採取的行動，也一定是非暴力的。我將盡最大

可能避免與英國政府衝突。不過，如果我們追求自由而不可得時，我便將不顧一切來冒險。

貴國抵抗日本的侵略戰爭，並忍受隨之俱來的苦難，將滿五年了。我的心無時不同情著貴國的人民，並敬佩他們為了國家的自由和尊嚴，所做的英勇抵抗和所受的無盡犧牲。我深信這樣的勇敢犧牲，絕不會白費；它們必將帶來勝利的收穫。我向閣下和夫人以及偉大的中國人民，寄予最後勝利的誠摯祝福。我矚望將來一個自由的印度和自由的貴國，能夠友好如兄弟般的合作，為了貴我兩國的幸福，也為了亞洲和世界的幸福。」

7月1日，甘地又致緘美國羅斯福總統，全文於下：

「親愛的朋友：

我曾兩次失去訪問偉大貴國的機會。可是我很幸運有許多友人在貴國，相知或不曾晤面過的。我國有不少同胞或正在接受美國的教育，據我所知還有些人定居在美。梭羅和愛默生 (Thoreau and Emerson) 的著作，我曾獲益不淺。我提到這些事實，說明我與貴國有多少聯繫。對於英國，我毋需多講，不過，儘管我厭惡英國的統治，我卻有很多極親密的英國朋友。我本人也是留學英國學法律的。自然，我願見貴國和英國國運昌隆。所以我現在提議英國不必在印度舉行形式上的公民投票，立刻無保留的從印度撤退，這是最友善的建議。我願印度能對英國以德報怨，不管我的同胞是如何恨惡英國，而能讓億萬印度人民得以負起在此次大戰中應盡的責任。

我個人的立場很明顯，我厭惡戰爭。所以假如我能說服國人，他們必能對光榮的和平，做出最有效和決定性的貢獻。但我知道我國所有的人民對非暴力尚無堅定的信心。然而在外國統治之下，

我們除了作奴隸，絕不能提供任何的貢獻。

國大黨是印度歷史最久、也最龐大的政治組織，它的政策——主要由我領導——是一直根據它的傳統，不困擾英國。英國的政策，經由此次克利浦斯訪印顯露出來，而被多數政黨所拒絕，已使他們張開了眼睛，於是迫使我提出了現在的建議。我確信唯有完全採納我的提議，才能使我們與同盟國共同奮鬥的事業置於穩固的基礎之上。我認為只要印度和非洲還被英國所奴役，只要美國國內還存在著黑人問題，那麼同盟國所揭櫫為自由民主而戰的宣言，都是空喊。但為使問題簡化，我的建議只限於印度，如果印度獲得了自由，其餘的就會跟上，即使不是同時。

為要使我的建議切實可行，我同意如果盟國認為有必要，可以自費駐兵印度，不是鎮壓內部，而是用作抵抗日本侵略並保衛中國。就印度看來，它必須和貴國與英國一樣得到自由。戰時，盟軍可與自由印度政府，不受外力直接或間接干涉所組成的政府，締結條約，留駐印度。

為此建議，我寫信給你，希望得到你的同情。

我希望此信能經由費希先生 (Louis Fischer) 當面交給你。信內如有不明白之處，請隨時告知，我將說明。

最後，我希望你不要將我的信看成是無端的干擾，而當它是一位好心善意的朋友所提出的建議。」

三、英國政權退出去

7月6日，國大黨中常會在瓦爾達開會，14日通過了由甘地起草的〈英國政權退出印度〉的決議，全文於下：

本黨鑑於過去發生的種種事件，以及印度人民切身的經驗，確認

英國在印度的統治，必須立即結束。不僅由於異族的統治，即使再好，它的本質原就是壞的，將對被壓迫的人民繼續宰割。而且一個被綑綁的印度，也絕不能有效的防衛自身，導致影響到目前進行中的毀滅人道的戰爭。因而印度要自由，很明顯的，不僅只為了印度的利益，而且也是為了世界的安全，為了終止納粹法西斯軍國主義或其他形式的帝國主義，以及一民族侵略另一民族。大戰一爆發，本黨即遵循不妨害的政策，且不惜使消極抵抗縮小至最低限度，以示本黨誠意。期望以不妨害政策，換得應有的好感，將實際政權授與人民，使印度對全世界瀕於危境的人類自由，能做最大的貢獻，更期望英國在印度的統治，將因此而不致更加苛刻。

然而此種希望終成泡影，克利浦斯方案的流產，充分表示英國政府對印度的態度，毫無改變。其對印度的掌握，亦絕無放鬆的可能。與克利浦斯談判時，本黨代表曾盡最大的努力，求得一最低限度的符合全國要求的協議，竟不可得。此種挫敗，引起了迅速廣泛的仇英情緒，以及對日本軍事勝利的滿意。中常會對於此種事態的發展，至感關切。倘不立時遏止，必將演變成被動的，招致侵略。本會堅認一切侵略，必予抵抗。向侵略者屈服，無異於使印度淪為宰割的對象。本黨不願使印度蹈馬來亞、新加坡、緬甸的覆轍，誓對強加侵略於印度的日本，或其他外國予以抵抗。本黨將可使目前仇英的情緒，轉為友好。並使印度志願成為爭取各國及各民族集團的共同鬥爭的友伴，只須印度認為自由在握。本黨對於少數集團問題，也已盡最大努力，希望謀致解決方案，但在外人統治之下，已證明為不可能，他們的政策一向是分而治之，唯有在沒有外人統治和干涉之下，使目前的虛妄成為實際，使各地的人民能面對印度本身的問題，求得彼此同意的解決。而企圖博得英人注意與支助的政黨，亦將同時匿跡。

在印度史上，必將有一個空前的改變，王公王子地主有產有錢階級，以田園、工廠等處搾取工人的血汗，變成他們的財富，將來工農們卻反過來成為握有權勢的人，英國從印度撤退之日，我們負責的男女同胞，即當組織臨時政府，包括一切重要的集團，等到制憲會議制定全民接受的憲法，然後自由印度的代表，將與英國代表共商兩國未來的關係，以及如何合作以抵禦侵略。在人民一致的決心與支持之下，有效地制止侵略，實為本黨迫切的期望。本黨主張英國從印度撤退，並無意為難英國、妨害聯合國正在進行中的戰事。更非鼓勵侵略者來到印度，或增加日本對中國的壓力，或任何與軸心國家連繫的國家，本黨更不想削弱盟國的防禦力量，因此本黨同意盟軍在印度駐防，倘有此需要，為了抵抗日本及他方面的侵略，以保障援助中國。

要求英國從印度撤退，並非要所有英國人皆退出印度，當然更不包括那些以印度為家，安分守己的人們。假使這樣的撤退，在友好空氣下完成，則必可成立一安定的臨時政府，和其他盟國政府合作，抵抗侵略，支援中國。

本黨並未忽視此舉的危機，特別在這存亡絕續之交，此等危險是任何一個爭取自由的國家，為了使印度及全球的自由免受更大的危難與摧殘，所必不可免的。

因而吾人雖欲達到此一目的，但尤願再三堅忍，不立即展開行動，且極力避免有所行動，使不致對聯合國有所妨害。本黨矚望英國政府能接受此一合理公允的要求，不僅為印度的利益，亦為英國之利益；並且亦為實現聯合國憲章所明載的自由理想。

假設此種要求不幸失敗，本黨對目前混亂局勢可能蔓延，逐步削弱印度抵禦侵略者的力量，實覺危機四伏。本黨將不惜一切犧牲，運用一切非暴力的力量，與之周旋。自1920年以來，非暴力已成為爭取自由與政治權利的無上方針，而此一未來的廣泛鬥爭，尤

非甘地領導莫屬。茲事體大，本會特決議將此項建議，提交將於1942 年 8 月 7 日在孟買召開的中執會，作最後的決定。

上項歷史性的決議文原文如下：

Events happening from day to day, and the experience that the people of India are passing through, confirm the opinion of Congressmen that British rule in India must end immediately, not merely because foreign domination, even at its best, is an evil in itself and a continuing injury to the subject people but because India in bondage can play no effective part in defending herself and affecting the fortunes of the war that is desolating humanity. The freedom of India is thus necessary not only in the interest of India, but also for the safety of the World and for the ending of Nazism, Fascism, Militarism, and other forms of imperialism, and the aggression of one nation over another.

Ever since the outbreak of the world war, the Congress has steadily pursued a policy, of non-embarrassment. Even at the risk of making its saty agraha ineffective, it deliberately gave it a symbolic character in the hope that this policy of non-embarrassment, carried to its logical extreme, world be duly appreciated, and that real power world be transfered to popular representatives, so as to enable the nation to make its fullest contribution towards the realization of human freedom through out the world, which is in danger of being crushed. It had also hoped that negatively nothing would be done which was calculated to tighten Britain's strangle hold on India.

These hopes have, however, been dashed to pieces. The abortive Cripps proposals showed in the clearest possible manner that these was no change in the British government's attitude towards India, and that the British hold on India was in no way to be relaxed. In the negotiations with Sir Stafford Cirpps, Congress representatives tried their best to achieve a minimum, consistent with the national demand, but to no avail. This frustration has resulted in a rapid and widespread increase of ill will against Baitain and a growing satisfaction at the success of Japanese arms. The Congress working committee view this development with grave apprehension, as this unless checked, will inevitably lead to a passive acceptance of aggression. The Committee hold that all aggression must be resisted for any submission to it must mean degradation of the Indian people and the continuation of their subjection. The Congress is anxious to avoid the experience of Malaya, Singopore and Burma and desires to build up resistance to any aggression on, or any invasion of, India by the Japanese or any foreign power. The Congress would change the present ill will against Britain into good will, and make India a willing partner in joint enterprise securing freedom for the nations and people of the world and in the trials and tribulations which accompany it. This is only possible if India feels the glow of freedom.

The Congress representatives have tried their almost to bring about a solution of the communal triangle. But this has been impossible by the presence of a foreign power whose long record has been to pursue relentlessly the policy of divide and rule.

Only after the ending of foreign domination and intervention can the present unreality give place to reality, and the people of India, belonging to all groups and parties, face India's problems and solve them on a mutually agreed basis. But the present political parties formed chiefly with a view to attrack the attention of and influence the British power, will then probably cease to function. For the first time in India's history the realization will come home that the prince, jagirdars, zamindars and propertied and monied classes, derived their wealth and property from the workers in the fields, factories and elsewhere to whom essentially power and authority must belong. On the withdrawal of British rule from India, responsible men and women of the country will come together to form a provisional government, representative of all important sections of the people of India which will later evolve a scheme by which a constituent assembly can be converted, in order to prepare a constitution for the Government of India acceptable to all sections of the people. Representatives of free India and representatives of great Britain will confer together for the adjustment of future relations and the cooperations of the two countries as allies, in the common task of meeting aggression. It is the earnest desire of the Congress to enable India to resist aggression effectively with the people united will and strength behind it.

In making the proposal for the withdrawal of British rule from India the congress has no desire whatsoever to embarrass great Britain or the allied powers in their prosecution of the war, or in anyway to encourage aggression on India, or increase the pressure on China by the Japanese or any other power associated with the Axis group. Nor does the Congress intended to jeopardize the defensive capability of the allied powers. The Congress, is, therefore, agreeable to the station of the armed forces of the allies in India should they desire, in order to ward off and resist the Japanese or other aggression and to protect and help China.

The proposal of withdrawal of British power from India was never intended to mean the physical withdrawal of all Britishers form India and certainly not of there who would make India their home and live there as citizens and as equals with the others. If such a withdrawal takes place with goodwill it would result in the establishing of a stable provisional government in India, and cooperation between the government and the United Nations in resisting aggression and helping China.

The Congress realizes that there may be risks involved in such a course. Such risks however, have to be faced by any country in order to achieve freedom, and more especially at the present critical juncture, in order to save the country and the large cause of freedom the world over from far greater risks and perils.

And while, therefore, the Congress is impatient to achieve the national purpose, it wishes to take no hasty step and would like to avoid, in so far as is possible, any course of action that might embarrass the United Nations. The Congress would be pleased with the British Power to accept the very reasonable and just proposal herein made, not only in the interest of India, but also that of Britain and of the cause of freedom to which the United Nations proclaim their adherence.

Should, however, this appeal fail. The Congress can't view without the gravest apprehension the continuation of the present state of affairs, involving a progressive deterioration in the situation and the weakening of India's will and power to resist aggression. The Congress will then be reluctantly compelled to utilize all the nonviolent as part of its policy for the vindication of the political rights and liberty and a widespread struggle would inevitably be under the leadership of Mahatma Gandhi. As the issues raised are of the most vital and of far reaching importance to the people of India, as well as to the people of the United Nations the working Committee refer them to the all India Congress Committee for the final decision. For the purpose, the A. I. C. C. will meet in Bombay on August 7 1942.

7月14日國大黨中常會所通過的決議，提交全國代表大會討論後，於8月8日正式通過了如下的決議：

「國大黨全國代表大會，曾仔細研討中常會1942年7月14日決議，以及隨後所發生的各種情勢，包括戰局的演變，英國政府發言人的解釋和印度國內外的批評等，茲經一致表決批准前項決議，並益信其確屬允當。為了印度本身和聯合國目標的勝利，英國政權實必需立刻從印度撤退。如再任其延長，則將使印度地位益低，力量更弱，無以自衛且不能對世界自由有所貢獻。

全會曾逐一檢視中蘇兩國戰場上驚心動魄與犧牲慘重的戰鬥，對中蘇兩國人民為自由所做的英勇抵抗，至表欽敬。似此禍患正方興未已，

所有為自由奮鬥並同情被侵略者的人士，應均有義務來重新檢討同盟國現所執行的不斷挫敗的政策。單憑現行的政策或方法，絕不能轉敗為勝，因過去經驗證明，它們本身就包含了失敗的因素。因為它們並不是以追求全體自由為基礎，而係繼續採取帝國主義手段，壓迫被統治的人民和被殖民的國家。擁有帝國，不僅未能增加統治者的權勢，反而變成了一種負擔和懲罰。印度受現代帝國主義侵略最久，如今已成了考驗英國和聯合國的試金石，同時印度能否獲得自由，也是亞非地區人民是否擁有希望和熱忱的考驗。

因此結束英國在印度的統治，乃是一個重大迫切的問題，關係戰爭的前途和民主自由的勝利。一個自由的印度，發揮其巨大的潛力，對抗納粹與法西斯與帝國主義，當可保證此種勝利。它將不僅在物質上對戰事大有裨益，且將使所有被壓迫者均加入聯合國這一邊，並給予這些印度的友邦，一個全球性的道義和精神領導。印度被束縛，將繼續成為英國帝國主義的象徵，損害了聯合國。

因此要挽救今日的危機，英國政權必須撤退，使印度獨立。任何未來的承諾或保證，都已無濟於事，它們在群眾中不能產生必要的反響。唯有得到自由才能使人民樂於發揮潛力、勇於戰鬥。

全會茲再次強調重申，要求英國政權從印度撤退。印度宣布獨立後，自由的印度將立即組成臨時政府，與聯合國為友，分擔爭取自由鬥爭的義務。臨時政府必須獲得國內各主要黨派的合作，始能組成。它將是一個聯合政府，包括各重要地區人民的代表。它的主要任務是保衛印度，並配合盟軍運用一切武裝力量和非暴力以抵抗侵略。同時致力促進農工福利，實為一切權利的基礎。臨時政府將擬訂制憲會議的方案，制訂全民接受的憲法。依本黨一貫主張，憲法將採聯邦制，各邦享有充分自治，保有適當的權力。印度與各盟國的關係，將與各自由國家的代表會商，為了共同利益及合作抵抗侵略，加以調整。自由能使印度意志集中，力量集中，有效抵抗侵略。

　　印度的自由,將是在外人統治下的亞洲國家獲得自由的象徵和前鋒。緬甸、馬來亞、越南、印尼、伊朗、伊拉克也必能得到完全自由,必須清楚指出,其中現受日本占領的國家,將來必不再受日本或其他外國所統治。

　　本會所最關切者為印度的獨立與防衛印度,要解決今日世界問題,實需自由國家成立一個國際組織,致力和平、安全與促進國際秩序的工作,捨此再無他途。此一組織應保證會員國的自由,阻止侵略或一國剝削他國並保護少數民族,改善落後地區人民生活,開發世界資源,增進人類福祉。經由此一個國防組織之建立,國際裁軍當可實施,各國的陸海空軍已無必要,而由國際武力維持和平防阻侵略。

　　一個獨立的印度,將樂於參加此項保衛世界和平與阻止侵略的工作。

　　一個獨立的印度,將樂於參加此一國際組織,在平等基礎上與各國合作以解決國際問題。

　　此一國際組織將歡迎所有贊同其基本宗旨的國家參加。且鑑於目前正進行的戰爭,故該組織無疑應該且限於聯合國的國家參加。如此則將對戰爭本身,對軸心國人民以及未來的和平發生重大影響。

　　世界現正遭逢空前的戰爭悲劇,各國應能接受教訓,採取適當之步驟,而有關國家仍遲於行動,殊深遺憾。雖明知印度獨立後可有助於協防中國和蘇聯,贏得盟國勝利,英國政府及受錯誤指導之外國輿論居然反對印度獨立。印度絕無意妨礙中蘇兩國為自由而戰或破壞整個聯合國的防衛計畫,蓋中蘇兩國的自由必須維持。但當印度和許多被外國統治的國家,仍繼續為人所奴役,則殊難使印度起而自衛並有所貢獻於聯合國。本黨中常會對英國與其盟國所作的呼籲,至今並無同情的反應,而反對的論調,卻顯示其對印度與世界的需要仍視若無睹,甚至妨礙印度爭取自由的工作,殊不知精神虐待與民族優越感乃是一個具有潛力與正義感的民族所不能忍受的。

　　本會為了世界自由的利益,茲向英國和聯合國再提出最後的呼籲。

壓制一個國家，使其不能發揮自由的意志以反抗帝國主義的政府，並阻止其為本身和人道而奮鬥，實不能自圓其說。因此本大會決定依據過去二十二年的鬥爭經驗，動員所有的力量，發動大規模的民事反抗運動。此一鬥爭，無疑將由甘地領導，故大會敦請甘地對將要採取的步驟負起指導的責任。

大會要求全國同胞，面對艱危，奮勇前進，團結在甘地的領導之下，奉行命令，嚴守紀律，為印度的自由而奮鬥。他們必須謹記，此一運動以非暴力為基礎。在運動進行中，本黨各級組織可能無法活動，指示無從下達，彼時，每一男女同志應即自行根據本黨前發的行動綱領，決定行動。每一同胞，凡願自由並為自由而鬥爭者，應自行抉擇，沿著革命大道前進，無休無止，直到印度的獨立與解放。

最後，本會應鄭重聲明，國大黨發動此項運動，不在為黨爭取權力，一旦權力來臨，將屬於整個印度的人民。」

國大黨全代會通過決議案的當日，印度政府也公布了一項國務會議的決議，以總督名義發表：

「國務會議總督早已獲知在過去若干時日內，國大黨正從事某種非法活動的準備工作，甚且有使用暴力事件，破壞通訊和公用事業，煽動罷工，妨害公務，阻撓役政，政府對此雖曾容忍，望能自動改正，但並無效果。此時面對此項挑釁行為，政府只有被迫起而應付。因政府對人民負責任，對盟邦應盡義務，殊不能在此時討論國大黨所提出之要求，此種要求如被採納，則將使印度變成無政府狀態，使其對人類自由之共同目標所做之努力，全部癱瘓。」

四、甘地夫人病逝獄中

全代會通過歷史性決議後的第二天，星期日凌晨四點鐘，甘地和平日一樣早起祈禱，正準備開始每天的工作，警察局長已帶了拘票來到了門邊。依印度防衛法將甘地、戴賽與米拉本 (Mirabehn) 逮捕，但甘地夫

人與甘地的孫女兒並未包括在內。她們如果願意，自可與甘地同行，但這次她們決定不這樣做。甘地一行在半小時內收拾了幾本隨身書籍即被押往維多利亞火車站，另一批國大黨的全體中常委，則早已被捕在此等待起解了。

甘地等數人，被送往普拉的阿迦汗宮 (Aga Khan Palace) 囚禁，其餘中常委等則關在阿亥瑪德拉迦堡。第二天，甘地夫人因堅持要出席孟買一次群眾集會講演而被捕，也送往甘地處囚禁。七天以後，甘地的祕書戴賽因心臟病突發而死。「他只要能再張眼看我一次，他是不會別我而去的」，可是這位忠心的祕書，甘地多年的密友，再也不能張開眼睛了。

由於戴賽之死，引起全國人民的焦急與憤怒，設想所有他們的革命領袖，一定在獄中遭受嚴刑拷打，因而到處開始了流血暴動，攻打各地的警局，群眾被警察射殺的超過了九百人，而在此後三個月當中，陸續被捕的革命分子已達到了六萬人。邱吉爾首相說：「叛亂已予以全力壓制，援軍陸續開赴印度。在那一國家派駐的歐籍部隊之多，超過了以往英治的任何時期。我相信一定有日本的第五縱隊在作祟，國大黨本身是沒有什麼力量的。」

新年到了，甘地在獄中不斷寫信給政府當局，認為這次被捕是非法的，因為沒有經過正式的審判。抗議自然無效，他決定絕食二十一天。2月9日政府用電話通知甘地：「我們知道你已作此決定，十分抱歉。不過，我們的立場依然未變。在你絕食期間，我們可以給你假釋。如果你不願利用這一機會，那麼所有的責任，都要你自己負擔了。不過，當你在獄中絕食期內，你仍可得到各種醫藥照料，並可自由接見客人，只要事先得到政府許可。同時我們也將在必要時發表新聞公報。」

2月10日，甘地絕食開始之日，政府即發布了一項長達數千字的公報，指甘地堅持在獄中絕食二十一天，並拒絕出獄絕食，這不是政府的過失。甘地這時已是七十四歲高齡，許多人擔心他經不起二十一天的絕食。果然到第四天，便不能支撐起床了。他的心臟益見衰弱，總督派了

三位名醫前來照顧，八天之內體重減輕了十四磅。印度全國人民及各無黨無派領袖與中美等國報界均紛紛呼籲英國政府無條件釋放甘地。十二天以後甘地已入彌留，脈搏十分微弱，醫生們勉強餵甘地喝些橘子水，英國報紙因此出現各種報導。當時印度政府的軍警均嚴陣以待，據說火葬用的檀香木均已準備好了。但到了第十三天開始，甘地的精神漸漸好轉，已能辨認親友。3月3日上午九時終於勝過了二十一天的磨練，從死亡邊緣站住，完成了原定的絕食日程。

又是一年過去，1944年的春天來到。甘地已準備長期住獄，也許從此不須再見天日。在獄中他安心看書寫作。除宗教的書籍以外，他也看莎士比亞、白朗寧、蕭伯納的選集，並且閱讀馬克思、恩格斯、列寧與史達林的著作。他在七十五歲的年齡開始來細讀馬克思《資本論》第一卷。「我可能比他還要寫得好一些，」他說：「自然如果是我有更多時間來研究。不管馬克思對不對，我只知道窮人是被壓迫的，一定要為他們做點事。」甘地並替夫人編些簡易讀本，教她史地與詩歌，但甘地夫人的身體愈來愈衰弱了。戴賽之死，使她哀傷過度，加上甘地二十一天的絕食，夫人日夜操神，更感到不支。政府原打算釋放她出獄就醫，但必須與甘地分開，又是不妥。1月27日，甘地遂寫信給政府：

「好久以前，甘地夫人曾請求監獄長夏上校，准許孟買的馬太醫師替她來診斷。可是並沒有反應。她一再催我是否曾寫信給政府，因此我再要求趕快讓馬太醫師來。同時她還希望派一位印度醫師來看她，我建議政府也答應她的請求。

我曾請求讓卡洛甘地女士(Shri Kanu Gandhi)可常住獄中看護她，不要每隔一天來一次。病人的身體始終不見起色，夜晚特別需要照顧。卡洛甘地女士是最理想的護士，過去也看護過她。她可以彈琴使病人精神好一些，我要求這事能趕快處理。

監獄長說遇有客人來訪時，只准有一個護士在病人的身邊，必要時才准增加。後來又准許可再加一名醫師，我現在要求不要再限制醫護人

員的人數。

對病人來說，自然需要各種的慰藉。我的三個兒子都住在普拉。大兒哈利拉 (Harilal Gandhi) 和我們的關係不大好，可是病人最想念他。昨天他到了卻不准進來，據說沒有得到上面的許可。來探訪的親友，據說都要向孟買政府去登記，監獄長根本無權作決定，只能轉達我們的請求，因此延誤了許多時間，使我們心焦。

我知道甘地夫人是政府手中的病人，雖然我是她的丈夫，也不能說什麼。但我也知道，政府不釋放她，是為了能和我在一起，我能轉達她的請求，因此我所作的建議，應該是政府樂意接受的。她的康復或至少能保持精神的安寧，應該是政府和我共同希望辦到的。」

2月16日，甘地又提出了下面的請求：

「病人夜晚的情形更壞，需要不斷有人照料。我要求有一位印度醫生日夜不離。如果政府不同意，請立即釋放病人出獄，如果二者皆不獲准，那麼我要求不要再讓我看護病人，送我到別的地方監禁，我不能眼睜睜看著病人在痛苦中而毫無照顧。」

2月20日，甘地夫人的病況更加惡化。這時甘地幼子狄瓦達斯帶了盤尼西林來，想替母親注射，但甘地卻反對。「你現在不能醫好你的母親了，不管你帶來的是什麼神奇的特效藥。你如堅持，我可以答應，不過你是會失望的。這兩天她已拒絕任何的藥物甚至滴水不喝。她現在是在神的手中了。如你願意，不妨試一試，不過我是反對的。要記住每隔四或六小時注射一次，是會增加你垂危母親身體的痛苦的。」

大半的時間，甘地守坐在奄奄一息的夫人床邊。2月22日這一對六十四年艱苦與共的患難夫妻，終於永別，她的頭躺在甘地的腿上，嚥下最後一口氣。

對於甘地夫人遺體的安葬，甘地告訴政府這樣辦理：

「她的遺體應交給我兒子與親友公開安葬而不受政府的干涉。如果這一點辦不到，我要求仿照安葬戴賽的辦法，讓我的親友們能來獄中送

葬，倘若這也辦不到，那麼就讓我們同監的人能送她安眠。

我曾擔心，政府會將我老伴的病，當作政治武器，因此我一再懇求能盡量減輕她精神上的痛苦，結果卻辦不到。現在我要求政府對她最後的葬禮，能格外施恩。」

甘地徹夜未眠。第二天阿迦汗宮的大門開放，准許一百五十名親友前來參加葬禮。甘地一直坐在遺體旁邊深思，對一個個前來致哀的親友點點頭。

穿著甘地手紡的潔白紗麗，覆著一床囚犯用的床單，額上點著吉祥點，甘地夫人安詳地像甜睡著。靈床覆著鮮花，由她的兒子和近親抬到宮裡的臨時火葬場，正是戴賽長眠之所。儀式簡單而隆重。先唸《吉他》、《可蘭經》與《聖經》，隨後將遺體放上了木架，甘地淚如泉湧，祭司完成了儀式，引燃了檀香木。甘地喃喃自語道：「夫人，你獲得了解脫，你真是做到了『不努力，毋寧死』。」整整六小時，甘地扶著一根棍子倚在火葬場前，不肯移動，親友們請他不要在烈日下久曬，回宮休息，他也拒絕了。最後才退坐到樹蔭下，默默地望著夫人的遺體慢慢火化。「在這種時候，怎能讓我自己離開我忠誠的老伴呢？我不能想像，沒有她在我身邊，怎樣活下去。她是我的一部分，她的死去，在我生活中，將留下永遠的空虛。我除了她，現在想不到別的。當她彌留時，斷續呼喚我的情景，真是不可思議，像這樣夫婦間的情景，是我倆很少有的。」

甘地自夫人死後，鬱鬱終日，也不知自己能熬得過多久。4月初，阿迦汗宮內瘧疾流行，4月16日政府發表的公報中首次報導甘地也染上了瘧疾，「不過情況還算正常，問題在他的血壓，可能因此而惡化」。

5月5日黃昏，監獄長來通知甘地，從第二天的上午八時起，政府決定無條件釋放甘地以及和他同囚的人。

「你在開玩笑嗎？」甘地問。

「不，我是當真的。如果你高興，不妨在這兒多待一些日子。不過，看守的警衛將於明晨八時全數撤去。你的朋友可自由地來看你，你也可

以往普拉或孟買去看朋友。不過，我個人認為最好不要長住在此。這裡
是軍區，如果成群的人來探望而導致發生不幸，那是你所不樂見的。」

「那麼，假如我在普拉留幾天，我們的火車票怎麼辦呢?」甘地笑著問。

「你離開普拉時，會送你火車票。」

「好吧，讓我在普拉先留三兩天。」

5 月 6 日，清晨五點鐘，早禱完後，甘地寫了一封信給政府，要求
採取措施，使甘地夫人和戴賽長眠之地，得以自由開放，供親友憑弔。

隨後以獄囚的身分，由幾個服侍甘地的人陪伴著，甘地到墓地作了
最後的巡禮。

七時四十分，甘地手持著杖，準備起身離開。監獄長上前止住道:
「瑪罕的瑪咭，請稍候幾分鐘。」時鐘敲了八響，他們才走出了拘留甘地
一年九個月又十五天的監獄。

甘地的釋放，據說是無條件的，但政府公報指出，「完全是基於健康
的理由」。

甘地坐車啟程，他陷入了沉思。「夫人在生時，一直渴望著能早日出
獄。自然，她的死沒有比這再好。夫人和戴賽為了爭取自由而死，他們
雖死猶生。如果死在監獄外，豈能享此光榮?」

第九章
西姆拉會議前後

　　甘地及其夫人相繼被捕，甘地獄中絕食，夫人病逝獄中，全印沸騰。英國政府為了緩和民憤，並圖加緊爭取軍事戰場上的勝利，決定對印改採綏靖政策。在此以前，印督林里資哥卸任，改派魏菲爾將軍督印。魏菲爾於 1943 年 10 月就任後，適逢孟加拉與奧里薩發生大饑荒，因饑荒疫疾而死亡的災民達兩百餘萬人。魏菲爾曾迅速動員各項力量，救濟災民，雖頗獲人民好感，但政治上仍然是一片混亂。6 月 14 日魏菲爾奉英國政府之命，特別宣布其最新解決方案。方案要點為：㈠盼印度各方領袖自擬憲法，因英國政府不能強將一個自治機構加諸印度。但事實上英國政府早已成竹在胸，想塑造一個分裂而不是統一的印度憲制，以便於其分而治之，但又不願背負此罪名，而計誘各方政客，同意印度分治，並自擬新憲法。㈡為了加緊對日本的作戰並開始策劃戰後的經濟建設，政府將盡其所能，根據現行制度，與印度人民及各教派，密切合作，致力推進。㈢為達此目的，中央政府準備改組，除總督及三軍統帥外，所有其他政務委員概由印人擔任，包括印度政治領袖，印度教及回教各占三分之一，外交部長亦擬由印人擔任，派駐海外的代表也將為印籍人士。㈣副皇即將召集會議，商討改組事宜，盼各黨領袖，各省首席部長，均向副皇提出參加新政府的人選名字，作為參考。㈤各省政府亦將比照中央政府的方式，加以調整。㈥上項方案係在現制下最進步且最實際可行的方案，但任何安排均不影響將來永久性的憲法及印度憲法。

一、西姆拉會議

　　依照上述計畫，魏菲爾總督於 6 月 25 日在西姆拉召集各黨派會議。

國大黨由阿沙德主席為代表，甘地自認為不能代表國大黨出席，但他也趕到了西姆拉，以便隨時有所指示。魏菲爾在簡短開幕辭中，寄望此次會議能產生實效，有助於解決印度立憲的複雜問題，但「眼前你們仍須接受我的領導，為了印度政府的利益，我是直接對皇家政府負責的。我請大家相信，我是印度的一位忠實朋友」。

出席會議的各黨派代表，依照總督的建議，都提出了參與中央政府的推薦名單。國大黨以代表整個印度自居，所以參考名單中，除尼赫魯、帕迭爾、卜拉沙德、查理以外，還加列了兩個回教徒阿沙夫阿里 (Asaf Ali) 與阿沙德，一個錫克教徒巴達辛 (Sardar Baldev Singh) 和一個基督徒馬太 (John Matthai)。與國大黨相對抗的回盟，其主席真納，則拒不提出參考名單，他認為這是一個詭計，如果回盟提出了參考名單，那就是等於參加了以國大黨為多數的中央政府，無異已簽訂了回教徒的賣身契。因此西姆拉會議未獲任何具體的結果。

1945 年 7 月 26 日英國舉行第二次世界大戰後的首次大選，工黨獲勝，艾德禮 (Atele) 組閣，勞倫斯 (Pethic Lawrance) 出任印度事務大臣。工黨政府不久即宣布解決印度問題的新方案。㈠英國政府決議促使印度各領袖合作，以期早日建立印度自治政府。㈡年內舉行大選，希望各政黨領袖能出任政府職務。㈢盡速成立制憲會議，以制訂印度的根本大法。㈣各土邦參加制憲機構問題，總督與各邦代表早日決定。㈤英印未來關係，政府考慮以適當條約，重新規定。㈥在此過渡期間，推行印度政治與社會的革新。兩星期以後，日本無條件投降，戰爭結束。印度展望前途，感到無限光明。

工黨政府所宣布的新方案，提出了加速交出政權的具體步驟，可謂相當開明。促成艾德禮內閣採取此種開明政策的主要緣因，不外四點：㈠英國政府於第一次世界大戰期間對印度曾提出種種諾言，而戰後則拒未履行且加緊對印度人民的控制與鎮壓，導致引起全國性的反英運動。現值二次世界大戰之結束，又面臨應否履行戰時諾言的問題，倘故技重

施，勢必再度引發更強烈的反英鬥爭，而英國之國力，今非昔比，非但已乏防守遠東印度洋之實力，且本土備受戰爭的摧殘，絕非短期內所可以復員，故不如以退為進，交還政權與印，或者還能勉強使印度成為大英國協下之自治領，仍為英屬之一員。㈡二次世界大戰標榜為自由正義而戰，亞洲與印度毗鄰的中華民國且孤軍奮戰，被迫應戰，所爭者固然是為了民族的生存，同時也是為世界所有弱小民族之獨立自由而戰。整個東南亞原就是西方殖民帝國主義的勢力範圍，法國之於越南三邦，荷蘭之於印尼，英國之於星馬、緬甸及印度，自然激起民族主義之狂潮，紛紛謀求獨立與解放。英、法、荷蘭既自顧不暇，且多無力自保，而美國自參戰之後，更允諾菲律賓可於戰後獲得獨立地位，故在東南亞發生衝擊作用。英期望阻此日益蓬勃之民族主義潮流，殊不可能，故不如因勢利導，尚可能維持若干既得之經濟與軍事權益。㈢英國在印度洋之優勢地位，已因本國力量之式微而難確保，因此對於印度半島之掌握，既不能單賴印度洋力量之相互共保,故允宜調整對印度洋周邊地區之政策，期能贏取當地人民之合作與支持，亦可視為以退為進策略之活用。㈣戰後亞洲局勢混亂，尤以經濟情勢難於短期之內好轉。各地普遍呈現不滿現實之情緒，而成為共產主義滋長之溫床，英國倘不能以開明政策，予印度自治機會，則代之而起者必為共產勢力之侵入。在地理上共產勢力接近印度，較遠在西歐之英國尤為便捷。彼時亞洲均勢打破，而欲掌握印度，亦不可得。因此工黨政府乃毅然提出解決印局的新方案。這是戰後英國的一件大事，也是英國殖民策略在亞洲不能不被迫修改的重要背景。

　　8月21日印度政府宣布中央與地方議會改選，總督又奉召返倫敦諮商。9月19日英國首相艾德禮廣播：待印度選舉完畢與各方代表磋商後，英國將盡速促成印度的制憲機構，俾即考慮英印關係的最後安排，同時盼中央的政務委員會得以早日組成。

　　9月18日，國大黨中央委員會在孟買舉行，通過下述決議：「依照

1942年8月中央委員會所通過的決議，本黨主張經由民選的制憲會議，制定能為各方所接受的印度憲法。本黨且主張應組成為聯邦，採中央與地方分權制。關於人民基本權利，應列專章，載諸憲法。1942年5月本黨阿拉哈巴德會議曾通過決議，認定任何組成邦或領土，均無退出印聯的自由之權，因其勢必影響國民的健全心理。但印度聯邦將不勉強任何領土的人民，違背其意願，迫其加入印聯。基於此一原則，故本黨允宜全力造成一種情勢，俾不同的單位，得以發展共同的全國性生活。同時在某一地區內亦不宜作重大改變，致產生新的複雜問題。在憲治之內，每一自治單位均得享有充分自治之權。」

10月，國大黨發布十二點競選政綱，其要點如下：㈠印度人民權利機會平等。㈡各教派各集團相互親善容忍。㈢人人得依其聰明才智，盡量發揮。㈣每一地區得發展其個別生活與大範圍內的文化。㈤按語言文字重劃印度省區。㈥為社會被壓迫者爭取自由與平等。㈦所有人民的基本權利，在自由民主的國度中，同受憲法保障。㈧印度應採取聯邦制，各邦享有充分自治權。㈨拯救貧困，提高人民生活。㈩促進工、農業現代化，資源生產及分配均採社會性管制。⑪主張國際間自由國家的聯合。⑫為所有被壓迫民族而奮鬥，消滅任何一地的帝國主義。

12月10日，甘地和魏菲爾會晤，魏菲爾表示印度的問題不簡單，不能單憑標語與方案便可以解決。自印度撤退不是玩魔術，不能也不應使用暴力。暴力與混亂將阻撓印度的進步。許多的黨派都需要協調，一定要能找出一個各方所能接受的方案，所以首先是印度領袖們自己的工作。隨後國大黨中常會通過一項決議，重申非暴力主義，並清黨排除共黨分子。甘地至孟加拉各地視察，他激勵國人：「今天你們不可單靠英國，而是三強。你們不可使用與他們同樣的武器，歸根結底，你們鬥不過原子彈。除非我們能有另一種力量和帝國主義鬥爭，否則世上便不會有和平……同時不要被蘇俄引導入歧路。我們的立國傳統與蘇俄完全不同，歷史也不同。在蘇俄是全民武裝的，印度即使有武器也不會武裝。何況

我們的統治者不會給我們武器。擁有第一流軍備的日本，今天已屈服在戰勝者的腳前。但我們非暴力主義是不會失敗的。我們必須實行真正的非暴力，那怕只有我一個人代表非暴力，我也不會傷心」。

1946 年甘地在孟加拉、馬德拉斯、阿薩密等省旅行演講，繼續宣揚非暴力與解放賤民的主張。這時的印度共產黨與社會黨人已十分活躍，甘地自述與他們的不同之處：「社會主義者與共產主義者說，今日他們不能做到經濟平等。因此他們只有宣傳，他們相信應該煽動仇恨、製造矛盾。他們說如果他們執政，就可以強迫平等。依我的計畫，國家應當照著人民的意志行事，而不是強迫人民屈服於國家的意志。我勸人民接受我的看法，用愛勝恨，用非暴力求得經濟的平等。我並不需要等到整個社會都接受了我的主張才開始實行，我自己首先來做。我並不認為假如我有五十輛汽車或者一千畝地便不能做到經濟平等。我可以將自己的財富減到與窮人相等。這便是過去五十多年我所努力的。所以我曾自誇為共產主義者，儘管我並不拒絕使用富人所供給的車輛與設備。但是我並不占有這些東西，一聲通知就可以立刻交出，只要是為了大眾的需要。」

二、內閣代表團

1946 年 3 月，工黨政府宣布再派內閣代表團 (Cabinet Mission) 至印協商。由商務大臣克利浦斯、印度事務大臣勞倫斯及海軍大臣亞歷山大 (A. V. Alexander) 組成。克利浦斯等於 3 月 23 日抵達新德里。英國首相艾德禮並公開表示：倘使印度領袖願選擇獨立途徑，英政府亦將同意其為憲政發展的最後目標。

新德里在這時變成了國際新聞的總匯。外國新聞記者將一點一滴的消息，用新聞電報迅速拍往英國、美國、法國、中國、南非、澳大利亞、中東與蘇聯。就新聞記者而言，甘地仍是新聞中心。第一次會晤內閣代表團，便拍發了八萬二千字的電訊，但代表團初未提出任何建設性的意見，不過與印度領袖做一般性的接觸。德里充滿了謠言，甚至傳聞將有

教派大衝突之事發生。甘地為此在晚禱會中提出了警告：

「新聞記者變成了流行的疫菌。在東方也像在西方，新聞紙成了聖經，只要一經登載的事，便被看成是真理。比方說，一家報紙報導，宗教仇殺快要發生，德里的刀棍都賣光了，這件新聞使得人人害怕。這是很壞的。另一家報紙，報導著此起彼落的小衝突，說警察袒護印度教徒或者回教徒。市井巷里，因此人人騷動。我要大家不必自相驚擾。相信神的人，不畏懼任何人。

如果真是暴亂發生，有人被殺呢？人人總有一死。我盼望大家到紛擾的群眾當中去，告訴他們當心。有一位朋友曾在談話中對我說，無知的平民自相殘殺，真正應該負責的，還是那些受過高深教育的人，其中有的人在社會居高位。他們在幕後煽起暴亂，應該由這些人出來平抑暴亂，如果必要，犧牲生命。一個小女孩也會大叫大嚷，惹是生非的。但只要沒有人去殺她，一切便見怪不怪。她會活得好好的。信神的人必須發揮他們的力量。」

4月1日甘地到達德里。

甘地的德里之行，是來和有關方面商討內閣代表團來印以後的種種問題，他看到印度的前途充滿著希望，但是他憂慮人們將不能遵守他的非暴力主張。

4月29日，甘地以〈獨立〉為題，寫了一篇社論，發表在《神之子民》週刊：

「朋友們經常要我為獨立下定義。我姑且一試，我夢想中的獨立，乃是人間的天國。我不知道天上如何，我不想知道遙遠的未來。如果眼前夠好，明天也不會太壞。

具體的說，獨立應該是政治的、經濟的和道德的。

政治的獨立，必須撤走任何形式的英軍管制。

經濟的獨立，必須是不再受英國的資本和資本家的剝削，包括印度的合夥人在內。換言之，最卑微的應該與最高貴的平等。這只有資本家

以其技術與資本和最貧弱的人共享才能辦到。

道德的獨立，是必須取消一切的國防軍。我的人間天國不准許以印度兵代替英國兵，國家如靠軍隊保護，其國民的道德力絕不會高。

如果內閣代表團是來推銷貨物的，印度便應當抉擇。如想變成軍國主義，則多年之後，印度可能成為第五等的強國，而毫無貢獻於世界；如其選擇以非暴力為政策，則終必能成為世界第一等的國家，且能以其手創的自由，拯救世上其他被壓迫的民族。」

三、西姆拉商談

1946 年 4 月 27 日，內閣代表團勞倫斯爵士通知國大黨主席阿沙德推派和回盟同等人數的代表四人，與內閣代表團及總督，進行商談。商談的基礎是：英屬印度各省組成聯邦政府，掌理國防、外交與交通，下分印度教徒居多數及回教徒居多數的兩類集團省，各省享有非統屬於聯邦政府的權力。土邦在上述安排中，取得其適當的地位。

國大黨決定由阿沙德、尼赫魯、迦法罕及帕迭爾等四人為代表。中常會及內閣代表團均請甘地參與會外協商。5 月 2 日甘地到達西姆拉會議地點，在晚禱會中發表下述講演：

「我原不知道這次我會到西姆拉來。我們如果信神，便不必事先去問有什麼差遣。我們只要隨時準備回應召喚便夠了。我們不知道明天將會如何，我們已有的計畫是否受挫。所以，最高的智慧，是不要為明天煩惱，只要遵奉神的意旨。

我不想在此討論內閣代表團的事。我希望你們也壓住好奇心，不必討論。讓我們互相監督，同時祈禱。內閣代表團不會超越我們能力所及的地方。如果想得太多，我們便會變成傻瓜。即使他們想走遠一步，我們也消化不了，得不到絲毫好處。所以，代表團如果沒有效果，我也不加責備，反當怪我們自己軟弱。它將可衡量我們自己的力量，我指的是非暴力的力量——我們保證經由非暴力得到自治。

　　許多人，包括我自己在內，都相信這次內閣代表團對印度會做正當事，英國的權勢最後會完全撤退。唯有時間能證明這種信念是否對的。

　　現在來談我準備和大家講的問題。《吠陀經》裡說，人的第一個義務，便是將一切交託神。沒有一樣東西可稱為屬他自己所有，去合法取得他應得的一份，不能多一點。他絕不可擅取屬於旁人的東西：舉我為例。我來這兒，原預備住一間平房，但唯恐你們來此擁擠，不得不請政府設法。雖然政府已指定由我使用，但這並非說我可以隨意使用這所大廈。托爾斯泰曾說過個故事：一個人所需要的土地有多少。魔鬼要試探一個人，就指著周圍一大片土地對他說，一天之內他能跑完多少地方，就將這些地方送給他。此人因此拼命地跑，跑到日落時，剛好跑回到他起步的地方，但他也因力盡而死，結果只用了六英尺的地，就將他埋葬了。所以我今天如果騙自己說能使用這整個的巨廈，那我真成了傻瓜。」

　　甘地到達西姆拉四十八小時以後，就決定將隨侍人員遣返回德里。「我們住在這兒太不適宜。周圍盡是腐化、虛偽的習氣。我除了用壯士斷腕的方式，如何能使他們不受習染呢？在此考驗時期，我將自己完全交託與神。」

　　提到在西姆拉的工作，甘地提出三方面都很困難，特別是內閣代表團本身。他們表明決心不再統治印度，他相信這句話，並勸大家也相信。懷疑是不對的，騙子終歸要失敗。他警告人們別以為大不列顛是在衰微。它是一個強國。我們的恥辱是一小撮的英國人竟統治我們如此久，英國的恥辱則是他們統治了我們。但如果一切都是真的，一切依賴神，我們不必為前途擔憂。

　　5月16日，內閣代表團發表印度方案，主張印度各省合組聯邦，聯邦政府掌管外交、國防、交通、財政；各邦享有充分自由，集團邦得自行組合並有其行政與立法機構，暫以十年為期，先設立過渡時期臨時政府。

　　5月20日，甘地發表其觀感如下：

「內閣代表團及副皇代表皇家政府所發表的正式文件，我已詳細研閱了四天，我的結論是，這是目前英國政府所能提出的最好方案。只要我們仔細研究，可以看出它完全反映我們的弱點。國大黨與回盟沒有、也不能取得協議。倘以為這是英國人的挑撥和分化，那是極端錯誤的。代表團不是來利用我們的矛盾，他們想找出一個最便捷可行結束英國統治的方案。除非有證明，我們不應懷疑他們的公開聲明。勇氣必能制服騙術。

但我不是說，從英國觀點看來是好的，對印度也好。他們最好的，可能是有害的。我希望用下面的話說清楚。

文件起草人已表明他們的意思，他們曾盡量徵詢各方面的意見，策定印度自由的方案。他們的目的是盡速結束英國統治。如他們可以，他們會這樣做，用他們的力量，留下一個團結的印度，而不是彼此鬥爭，激發內戰。無論如何，他們會走。代表團設法使兩黨至西姆拉開會（他們是怎樣被說服的，只有代表團知道），可是並沒有取得一項協議。下山以後，代表團便提出了一個有價值的草案，包括設立一個制憲會議，擬訂印度獨立的憲章，不受英國的管制或干預。這是一項呼籲、一個建議，其中沒有強迫。各省議會可選或不選代表。選出的代表，可參加或拒絕制憲會議。制憲會議開幕後，得不依代表團所建議的原則而自訂憲法，故對任何人或任何黨派均未限制。但在目前的情勢下，則需要兩大政黨分別開會決定。我在寫此文時，曾逐條再讀一遍文件的原稿，我沒有發現它在法律上有任何拘束力。只有榮譽感和現實性，才是僅有的兩個約束力。

至於對英國方面的約束，我想代表團一定認為他們的建議，可以得到政府和國會的批准。代表團有所作為而不占有的作法，是值得稱讚的。但仍須採取必要的步驟來完成。」

甘地盛讚內閣代表團的誠意與成就，但對未來的結果如何，卻歸於未知。6 月 16 日副皇邀約十四人組織臨時政府。國大黨中常會經討論後

於 6 月 26 日由主席致緘副皇表示決議參加擬議中的制憲會議,同時盼能
盡早成立負責的過渡時期政府。6 月 29 日當甘地乘火車赴普拉時,有人
預埋炸彈行刺甘地,但甘地臥車安全。30 日車抵普拉,甘地感慨萬千道:
「這是第七次上蒼保佑我脫離了死神的手。我沒有傷害任何人,我也不
仇恨任何人,為什麼總有人要取我的性命呢? 我真是不懂,但世界就是
這樣的。人生來就是在危險恐怖之中。人的生存就是生死兩種力量的搏
鬥。雖然如此,經過此次事件後,更加強了我可以活到一百二十五歲的
信心。」

四、國大黨中執會的決定

國大黨中執會於 7 月 6 日在孟買舉行,必須對中常會於 6 月 26 日在
德里所通過的決議,有所抉擇,黨內社會主義者反對甚厲。甘地對大會
致辭道:

「我常說人的計畫,要神來成全,神是決定我們命運的最高主宰。
我不像你們,我並不舒暢,只是容忍。據說,我所發表關於內閣代表團
的意見,曾引起國人某些誤解,作為一個真理追求者,我所說的話,就
是說出全部的真理,沒有別的,只有真理。我從不想對你們隱藏什麼。
我厭惡保留。不過,言語充其量只是表達意識的一種媒介。沒有人能將
他的感覺或思想,用言語完全表達,就算是古代的先知,有時也感覺到
語不從心。

我尚未在報上看到我所發表有關內閣代表團提議的意見。我自己不
能看所有的報紙。我僅能就同僚或助手們選給我看的讀物來瀏覽。我發
現我並沒有漏過重要的記載。由於報紙的記載,似乎已造成一種印象,
即我在德里時所說的是一種說法,到這裡又說了另一種相反的意見。我
在德里時的確在一次演講中提到這麼一句,即我早先看到的光明之中,
存在著陰霾。陰霾尚未驅散。如果可能,黑暗加深。如果我能看清楚,
我應該已建議中常會,拒絕了內閣代表團的建議。你們知道我與中常會

委員們的關係。卜拉沙德原可任高等法院的法官，但他寧願作我的代言人。其次是帕迭爾，他的小名據說是我的應聲蟲。他也不計較這些，他甚至認為這是一種榮譽。他是一位意志堅強的人物。他曾習慣吃西餐穿西服，可是自從跟我合作以後，我的話便成了他的法律。但關於這一次的問題，即使是他，也與我的意見不同。他們兩位都告訴我，以前許多問題，我能以理智贏得他們的支持，滿足他們的心志，可是這一次我辦不到了。我回答他們，我的心裡雖然充滿了不如意的事，但我不能說任何的理由，否則，我可以要他們立刻拒絕代表團的建議。我的義務是將我所看到的不如意之處告訴他們，讓他們決定，提高他們的警覺。他們應當仔細研究我的觀點，然後決定取捨。他們研究的結果，幾乎是一致通過，這就是今天向大會所提出來的議案。中常會是你們大家忠實且經得起考驗的僕役，你們不應當隨便否決他們的提案。

我承認建議中的制憲會議並非代表人民的國會，它有許多缺點。但你們是久經戰鬥的戰士。戰士是不怕危險的，而且能夠轉危為安。如果制憲會議有缺點，你們有責任去改革。要接受挑戰而不是消極地拒絕。昨天我聽說拉諾茵認為參加制憲會議是危險的，所以應當否決中常會的建議。我不想接受一位老戰士說這樣的話。達迭有一首歌，其中有一句話使我深深感動：『我們永不會失敗，不！那怕是死亡。』這便是我希望大家對本案所應持的態度。而一位消極抵抗者不知道失敗。

我也不希望一位消極抵抗者說所有英國人所做的都是壞的。英國人不一定都做壞事。他們之中亦如我們，有好人也有壞人。我們自己也難免有缺點。英人之中如果沒有好人，英國便不會有今天的地位。他們來剝削印度，是因為我們自己不團結，讓他們來剝削。在神的世界中，全惡無法存在。魔道雖高，神必獲勝。有人指出，消極抵抗對毫無道德感之人，不發生作用。但如心志堅強，恆久忍耐，必能使頑石點頭，化暴戾為祥和。消極抵抗者可犧牲生命但不屈服。這就是我的口號：『做或死』，但不能解釋為『殺或被殺』。我們要盡力工作，生死以赴。寧死而不動刀，

乃是消極抵抗的界限。如我們早已能身體力行，則吾人的自治必早已獲得。但我們做得不夠。雖然如此，也表現了今日的力量。我記得 1942 年所發生的事。你們會說是由於暗殺和地下活動，才使印度有今天。不錯，暗殺和地下活動曾假國大黨之名而行，但我否認它確有助於革命力量的成長。如謂群眾有力量，那是追求真理而來，不管其是否能澈底執行。我的德薄能鮮，尚且能產生如此力量，倘德高望重者領導，當必更有所成就。

1942 年，人民曾表現熱忱，但革命尚未成功，還需更大的努力。我們已做了不少，但未完成的更多。為此，我們必須堅忍、警惕。你們現在應已瞭解 1942 年所發生的事，何以戛然終止。

今天不是休止的時候，我曾告訴尼赫魯，為了國家他將戴上寶座的冠冕，他已同意。制憲會議不是你們的玫瑰之床，而只是權力之所。你們應當勇敢擔當。

這不是說任何想去的人都可以進去。只有才德能力適合，應當進去的人才去。這不是犧牲的報酬，而是面對一項新的義務，以殉道的精神，開始一件新的服務。

還有你們必須參加制憲會議的另一原因。如果你們問我，假使你們否決制憲會議的提議，或者制憲會議無法召開，我是否發動民事反抗運動或絕食呢？我的答覆是『不』。我相信各行其是。我獨自來到人間，我曾在死亡之谷中獨自跋涉，當時候到來時，我將獨自撤退。我知道即使是我一人來做，我也有發動消極抵抗的力量。我過去曾如此做過。但現在不是民事反抗或絕食的時候。我認為制憲會議的本身就是消極抵抗。這是積極性的消極抵抗。

其次便是建設性的方案，你們從沒有全力推進。如果你們做了，則今天的制憲會議便不會這個樣子。但是消極抵抗者不容等待坐食盡善盡美的美果。他應當盡其所能，去改革、求進步。不問 5 月 16 日所公布的文件有何缺陷，我相信起草文件的人是有誠意的。他們知道他們必走。

他們希望走時很有秩序。為此他們在目前環境下已擬訂最大可能的方案。我不相信他們老遠從英國來欺騙我們。

有一位波蘭太太今天剛寫了一封信告訴我，說是所有住在印度的歐洲人都得到祕密通知，準備離印，因為英國軍隊不能再長久保護他們了。假如真是這樣，他們對我們的反應真是太壞了。如果連一個英國兒童，我們也不能使他們得到安全感，我們還談什麼？如果我們用這種辦法來驅逐歐洲人，那麼一定還有別的事情會發生。我們喊出『印度「撤退」』的口號，並無意味著要加害於人。它只是表示我們不再受人的剝削。

我們不可懦弱，面對艱鉅，應當勇敢、堅信。不要怕被人所騙，追求真理的人，是不會受騙的。不要擔憂我心中的牽掛，它自會撥開雲霧見青天。」

7月7日，中央執行委員會以二百零四票對五十一票批准中常會所已採的步驟。

甘地緊接著在《神之子民》以〈真的危機〉為題發表了下面的社論：

「在孟買兩天的中央執行委員會大會中，我曾留心聽到反對中常會決議的人所發表的意見，但我不認為他們所提的真的是危機。因為一位堅強的消極抵抗者，從不怕對方以欺騙方式所加可見與未見的危機。對任何軍隊而言，真的危機，都來自內部。

反對者不管說得如何天花亂墜，實在達不到目的，假如只是一知半解，偏拗固執，而又缺乏行動，提不出引人入勝的目標。他們最好能在下次會議中提出答覆。

我在這裡的目的，只想指出內在危機。最應警惕的是心志的怠惰。認為國大黨歷盡艱險，締造自由，現在已無事可作了，剩下來只應該是論功行賞，分官分爵，因此乃彼此競爭追逐。這是雙倍的錯誤。國大黨的字典中沒有報酬一辭，入獄本身就是報酬。這是對消極抵抗者的考驗。他們正如無辜的羔羊，目標是屠場。可是現在卻拿入獄作為一紙作官的憑證。這樣便使消極抵抗變成了下賤的職業，就像職業強盜一樣。無怪

乎我各類地下活動的朋友們，過去避免入獄，現在卻當它是玫瑰之床。

反對英國內閣代表團建議案的朋友們，似乎還不明白他們自己的目的何在。難道獨立一定要經過流血革命才能得到，像法國、蘇俄乃至英國一樣嗎？坦白地講，他們得重新開始，要經歷一段危險路程將國大黨改變成這樣一個性質的機構。假如這是全世界所必須採用的，而且是反對國大黨目前已採的路線的，那麼我沒有話可說。我根本反對這種觀念。它是沒有絲毫基礎的。今天黨員的義務，很清楚的是要讓大家瞭解，現在是我們自己管理政治的時候到了。要革新原有的陣營，不許再有非暴力不合作主義。」

這時期有許多人寫信給甘地，要求被提名競選為議員，甘地便公開為文予以拒絕：

「我的郵件中，包含許多想作制憲會議議員的人的來信，這使我吃驚。假定這真是反映多數知識分子的趨向，我真懷疑他們看自己的名位遠比印度獨立還重要。我和審查候選人的事毫無關係，居然有這麼多人寫信給我，中常會委員得到的信之多，那就可想而知了。寫信的人應當知道，我對這些選舉沒有興趣。我並不參加候選人的審查會，我不過從報紙上看到是些什麼人當選了。在委員會作決定的時候，也很少來徵求我的意見。我寫這篇文章的目的，主要是讓大家知道這種病態的存在，而且要提醒寫信的人，切莫對我的影響力量存絲毫的期望。認為這樣的選舉含有教派鬥爭的意義，乃是錯誤的想法，認為每一個人都可以作制憲會議的議員，也是錯誤的想法，認為只要是能做工人運動的人，就可以把握一個服務崗位，而且是很光榮的服務，這也是錯誤的想法。希望藉此賺錢生活，那更是荒謬的想法。制憲會議的議員們，至少要瞭解各國的憲法和議會政府，特別是要懂得印度需要一個什麼樣的憲法。倘以為只要爭到一個議席，那才是真正的服務，便是低劣的念頭，真正的服務，是在議會以外。外面的服務機會，是數不清的多。在爭取獨立的過程中，形成中的制憲會議，誠然占有一個位置，但它所占的地位極小，

而且還要運用恰當；否則，若視為爭權奪利的場所，制憲會議根本無法發生任何的作用，而成為逐鹿獵場了。我坦白承認，制憲會議乃是議會活動必然的發展。過去達斯與老尼赫魯曾打開了我的眼睛，使我認識一個事實，即議會活動在獨立運動中也占有一席之地。我曾全力加以反對，它與純粹的不合作運動是不相容的。可是純粹的不合作，一直沒有辦到過。後來的結果，自然不如理想。如果國大黨各級黨員，均已真正作到了非暴力的不合作，那麼過去根本不會有所謂議會的活動方案。非暴力的不合作也與惡合作，並不是說它與所有的善合作。所以，非暴力的不合作，就它與一個外國政府合作的必要而言，是表明一個本國的政府是基於非暴力的。如果真做到了不合作，我們現在早已得到了非暴力的自治。但這是沒有實現的。在目前的環境下，要再來反對國人所習以為常而且也無法剷除的習慣，乃是徒然的。議會的步驟已經採取，現在來抵制也不適當。但這不是，也永不應當它是一個爭權奪利的逐鹿場，我們必須承認它的界限。

五、回盟方案

前面提到回盟主席真納拒絕參加西姆拉會議，表面所持理由是國大黨出席人數過多，回盟變成了會議中的少數，難於獲致公允的結果。究其實際，回盟根本不願在未來的印度與國大黨並存。真納早曾鼓吹印、回不是同一性質，語言、宗教、風俗習慣皆不相同，因此主張在印度的回教徒應單獨組成一個國家。之所以不參加西姆拉會議，乃是不滿意內閣代表團所提出的方案要點，認為完全忽略了回盟的主張。所以不久即自動提出一項對案，分送印度總督魏菲爾以及國大黨主席，希望以此並提，作為各方討論的基礎。

回盟方案的要點於次：

㈠旁遮普、西北邊省、俾路支、信德、孟加拉、阿薩密等六回教省分，應組成一集團，除外交、國防、及與國防有關之交通事務，得由回

教省集團及印度教徒集團組成之制憲機構聯席會議決定外，其他事務均由該省集團自行辦理。

㈡上述回教省集團，得另行設置制憲機構，制定該集團之憲法，與所屬省區之省憲，並決定省與中央（指巴基斯坦聯邦）事務之劃分及省之自治權力。

㈢制憲會議之選舉方式，必須使回教集團內之各省依其教派的人口比例得到適當之席次。

㈣巴基斯坦聯邦政府及所轄各省之憲法，由制憲會議最後決定後，集團中任何一省之人民如確有欲退出集團之表示提出，則可准其退出。

㈤聯邦應否設置議會應由制憲會議公開討論，聯邦政府有無處理財政之權，亦當由兩制憲會議決定，且不得採用抽稅之方式。

㈥聯邦行政機構及或有之立法機構中，兩類省集團參加人選應相等。

㈦聯邦憲法中涉及教派集團利益之條文，必須印度教集團及回教徒集團出席會議之代表分別以絕大多數通過時，方得認為通過。

㈧聯邦政府對有爭執性之任何決議、法律或行政措施，必須由四分之三的多數同意方得通過施行。

㈨省集團憲法及各省省憲中必須對人民之基本權利及保障宗教文化與影響不同教派之點予以明文規定。

㈩聯邦憲法應規定於十年後，任何一省經省議會之多數通過，得隨時請求重新考慮憲法之內容，並有退出聯邦之自由。

回盟在這方案內將回教徒省明白劃為一集團，即巴基斯坦掌有除國防、外交、及與國防有關之交通以外之一切權力。並在聯邦行政機構中採用四分之三的投票制，無異保有否決權，而將聯邦憲法的期限規定為十年，十年後得重新考慮，並予各省有退出之自由，此十項建議自不為國大黨方面所能同意。

回盟此項建議案的重點，是著重在回教徒居多數的省分應組成一集團，另行成立制憲機構，制訂憲法，如此則無異是主張印、回分治，分

割印度為兩個國家，此自為國大黨所不能同意。包括甘地在內的國大黨領袖，一直以國大黨代表整個印度自居，並追求一個統一的印度，接收英國所交還的政權，如何能贊同真納的分治主張呢？不過問題的關鍵仍在英國。倘使英國堅持一個印度，則回盟的計畫便不能實現；如果英國希望用以退為進的策略，將印度一分二，俾能達到分而治之的目的，則對真納的主張，不過在表面上用作討價還價的藉口而已。

國大黨收到回盟的方案後，也提出了八項原則，表明其堅定的立場。

六、國大黨方案

㈠制憲會議之組織如下：

1.各省之代表，應由各省省議會依其人口比例選出，人數應為各該省省議員整數之五分之一，制憲會議之代表應不限於省議員。

2.各土邦之代表，應按各邦在英印各省中所占人口比例選出，其選舉辦法另訂。

㈡制憲會議須制定聯邦憲法，包括聯邦政府及聯邦議會之組織，及職權，如處理外交、國防、交通、基本權利、金融、關稅、設計及其他有關事務，聯邦政府有處理因推行國務所需財政之權，並得提出預算，於憲政無法推行或遇重大緊急危難時，聯邦政府亦有採取善後措施之權。

㈢除第二項列舉之權外，其他權力屬之各省。

㈣各省得組成若干集團，決定其共同之省務。

㈤聯邦憲法依第二款之規定制定後，各省代表得組成集團，以擬定該集團及所屬省分之憲法。

㈥聯邦憲法中涉及各教派利益之處，必須出席會議之有關教派代表分別以多數通過，方得認為通過，倘無法獲得協議，則取仲裁方式，關於決定何者係與教派利益有關之點，當由議長或聯邦法院決定。

㈦制憲程序上有爭端，亦採仲裁方式決定。

㈧憲法中應規定適當之機構，於某種情況下，得隨時執行修改憲法

之權力，或明白確定十年後此憲法之內容須重新考慮。

　　兩個方案與內閣代表團的最初方案均不相同，多日協商亦無結果。內閣代表團遂宣布談判失敗，並另行提出一項聲明，希望雙方接受，以便組成過渡時期政府。

七、內閣代表團最後聲明

　　內閣代表團的最後聲明於下：

　　㈠回盟要求劃旁遮普、西北邊省、信德、英屬俾路支、孟加拉、阿薩密為獨立的巴基斯坦，無論就地理位置、國防、交通、經濟、任何一點言，皆不如統一的印度為好。即使以人口比例為準，孟加拉與阿薩密兩地的回教人口，不過占百分之五十一・六九，其他百分之四十八・三一為非回教徒，彼等當亦不願受回教政權之統治，亦如回教徒不願接受非回教徒政府統治一般，在旁遮普、西北邊省、信德省、俾路支等省中回教徒雖占百分之六十二・〇七，但非回教徒，其中尤以居於旁遮普之錫克教徒，感覺不合宜，故代表團不主張印回成為兩個國家。

　　㈡關於聯邦憲法之內容，國大黨與回盟均各執一議，代表團認為倘雙方能相忍相讓，則下列建議似可採用：

　　　1.將英印各省和印度土邦組成印度聯邦，有辦理外交、國防、交通及處理三者所需之財政權。

　　　2.印度聯邦設行政和立法兩個機構，由各省和土邦選派代表組成。

　　　3.各省得辦理所有第一項規定以外政務的權力。

　　　4.土邦亦辦理第一項規定以外的邦務。

　　　5.各省得自行組合為若干集團，處理各該集團內各省之共同事務。

　　　6.聯邦與省集團之憲法，規定任何一省每隔十年，得重行考慮其憲法內容由其省議會多數取決之。

　　㈢關於制憲會議代表之產生，為求迅速可行、公允起見，可按下列方式產生：

1.以各省省議會為推選代表之機關。

2.各省代表人數依其人口多寡為比例，每百萬人得產生代表一人。

3.各省中教派席次之比例，應依所占人口之比例為準。

4.各省省議會，選舉制憲會議代表時，得由各教派議員分別選舉。

5.土邦代表之產生辦法另訂。

6.根據此項原則各省應推選代表人數如下：

組　別	省　別	錫　克	非回教徒 席　　次	回教徒 席　次	總　數
1	馬德拉斯	0	45	4	49
1	孟　買	0	19	2	21
1	聯合省	0	47	8	55
1	比哈爾	0	31	5	36
1	中央省	0	16	1	17
1	奧里薩	0	9	0	9
2	西北邊省	0	0	3	3
2	旁遮普	4	8	16	28
2	信　德	0	1	3	4
3	孟加拉	0	27	33	60
3	阿薩密	0	7	3	10
英印各省中共計		4	210	78	292
土邦代表約為					93
共　計					385

附註：第一組中應再加入德里行政區，阿吉米梅瓦拉
　　　區及科克區之代表。
　　　第二組中應加入俾路支代表一人。

7.上述代表產生後總督應立即於德里召開制憲會議。

㈣當制憲會議進行時，為推行政令，應同時成立一各黨同意接受之
過渡時期政府。

㈤希望新獨立的印度將來能仍在不列顛聯邦之內,繼續和英國合作。

　　內閣代表團之聲明發表後，國大黨中常會於 5 月 24 日通過一項決議，對於內閣代表團之聲明，雖願予以同情之考慮，但鑑於其內容與國大黨主張相違背之處甚多，且未提及給予印度獨立之事，及臨時政府過渡時間之長短，至感遺憾。但為了建設一自由獨立之印度，國大黨仍願與其他黨派合作。回盟方面則由真納發表聲明，仍堅持成立巴基斯坦之要求，但對於臨時政府一事只需兩大黨可占相等之席次，願予考慮。可知內閣代表團之聲明，已較之前接近兩黨之構想。

　　此後又經半月磋商，於 6 月 16 日內閣代表團及印度總督發表聯合公報，宣布邀約下列十四人，組織過渡時期政府，職務分配由總督與兩黨領袖商定後，倘被邀的人選因故不能參加，總督得提請他人接替，此十四人名單如下：巴達辛、艾吉里 (Sirn. P. Engineer)、拉姆 (Mr. J. Ram)、尼赫魯、真納、利阿奎阿利罕 (Liaquat Ali Khan)、查理、卜拉沙德、馬赫塔甫 (H. K. Mahtab)、馬太、伊斯邁罕 (Nawab Mahamonad Ismail Khan)、拉齊姆亭 (Sir Najemuddin)、李希脫 (Sardar Abdur Rab Nishtar)、帕迭爾。名單公布後，國大黨中常會於 24 日開會，決定不加接受。因名單中國大黨人選非原來內定之名單，國大黨要求以回教代表一人列入國大黨所應分得之席次內，亦未為代表團所接受。總之國大黨以代表全國各教派各階級各集團自許，不同意於席次中接受兩大黨席次均等之原則。至於參加制憲會議一點，本已加以拒絕，但此時忽又改變原議，決定參加。回盟方面風聞國大黨將提出回盟以外之回教徒一人列入名單，表示堅決反對。

　　僵持至 6 月 27 日，內閣代表團因來印已經三個月，不能再事拖延，遂決定 29 日飛返倫敦，希望各黨仍能作最後之忍讓，如萬一不能取得兩大黨之合作，組織混合政府，則只須有任何一方願意，亦當組織臨時政府，以推行過渡時期政務，進行制憲工作。

　　8 月 6 日，甘地回到西瓦格蘭 (Sevagrani) 出席國大黨中常會。回盟曾決定以 8 月 16 日為「直接行動日」，因此中常會乃通過如下的決議：

「國大黨中常會注意到回盟改變了原來的決議，決定不參加制憲會議，並向外表示國大黨之參加制憲會議也是附有條件的。本會茲鄭重聲明，內閣代表團 5 月 16 日的建議細節，國大黨雖不完全同意，但就整個構想來說，是贊成的。目的在設法消除內部的矛盾，同時求得原案的充實。我們認為省自治是基本的條款，各省均有權決定是否組織集團或加入另一集團。至於原方案究應作何種解釋，可命將來本黨籍的制憲會議議員去決定。

本會認定制憲會議具有代國民行使主權的地位，即有權制定印度的憲法而不受任何外力或外國的干涉。但就其對國內而言，自應顧及其本身的地位，力求能保障各有關團體的最大自由，載諸憲會。本會希望回盟及其他黨派，為了國家和他們自己的利益，共襄盛舉。」

由於回盟採取直接行動的結果，各地發生了宗教仇殺和暴動，甘地寫了下面的一篇社論，題作〈暴力有何用處〉：

「如果報紙的報導可信，信德省的部長們以及回盟其他負責的領袖，幾乎都在公開鼓吹暴力。坦白原比偽善好，可是像這樣子的醜行，就應當排除。有一個人說，凡不屬回盟的回教徒便是奸細。另一個人說，印度教徒都是些左道旁門，應該受罪。在加爾各答十足地表現了什麼叫做直接行動。試問誰得到了好處？自然不是回教徒大眾，也不會是服膺伊斯蘭的人，因為伊斯蘭本身就是友善與和平之義。

生活之中，難免有暴行，但絕不會是加爾各答所發生的那種情景，假如報紙記載可靠。不管用何種謀略，巴基斯坦絕不能建築在莫名其妙的暴力基礎之上。我說莫名其妙，是說暴力有時也是有意識的。但在加爾各答所發生的，卻不是這樣。

暴行的結果，只有延長英國的統治。我從文件裡面看到，英國是要在印度和平的狀態下，將政權交還印度手裡。假如我們用得著英國的刀槍，他們是不會走的，就算他們走了，旁的外國人也會取而代之。假如每一次當英國人的刺刀亮出來，我們便得意揚揚地鼓噪，那便是大錯特

錯了。無疑的，有人是在這樣作，我們必須要懸崖勒馬。

最近加爾各答惡名四溢。這幾個月中不知有過多少次的暴動，假如再這樣繼續下去，那就不再是美麗之城而變成死城了。

加爾各答的暴亂是否蔓延，有待負責的領袖們出來阻止。火上添油是容易的，撲滅野火是困難的。難道要以牙還牙，以多數欺凌少數嗎?」

8月27日至30日，國大黨中常會討論在加爾各答所發生的禍亂，通過了下述決議:

「中常會已閱及報紙所載回盟於8月16日在加爾各答採取直接行動所引起的暴亂而深以為憂。我們關切人民生命財產的損失，我們譴責那些以暴力加諸婦孺的暴徒，我們懇切呼籲大家要堅忍不拔。

7月29日，回盟決議採取直接行動，隨後回盟負責人士即在回教徒群眾中，利用傳單、小冊及報紙，煽動暴亂。孟加拉政府宣布以8月16日為公眾假日，似在暗示政府亦暗中慶幸回盟此舉，而對不參加行動的人，不予以保護。

暴徒們拿著刀、劍、鑣、錘子、斧頭，強令市民閉戶罷市，倘有違反，即予格殺。同時搶劫也隨之發生，暴徒們並攜有槍枝，燒殺肆無忌憚，幾天之間，無辜平民死傷盈千，財產損失達千萬盧比以上。

事實上根本沒有警察，甚至交通警察也不見。反之，在8月16日暴亂發生的時候，卻在回教徒的行列中，有騎兵警伴同隨行。警察們並不集合在警局待命，當局只是要人民自己保護自己。

戒嚴令並未嚴格實施，雖然已頒布了兩個晚上，受難的人民沒有交通工具，暴徒們卻開著車子橫行。汽油到處供應給暴徒，搶不走的東西，便縱火焚燒。屍首倒在街頭，或被拋入溝渠。一直到暴亂已鬧得不可收拾，軍隊才出來鎮壓。警察也參加搶掠，印度教徒開始反擊，回教徒也死了不少。但仇殺雖在進行，也有印度教徒庇護回教徒，回教徒保護印度教徒。

中常會注意到其他地區的緊張局勢也在增加，由於加城暴亂的影響，

如不及時撲滅，勢必禍及全國。每一國民均應盡力阻止，每一政府均應
維持和平，保障人民的安全。

鑑於此一事件之不同尋常，中常會建議應立即組織公正調查委員會，
負責追查肇事原因、暴亂經過以及政府事先和事後所採取的措施。

孟加拉政府未能負起維持和平，保障人民生命與財產的責任，中常
會已列入紀錄。中常會認為此一暴亂不僅帶給人民身體的傷害，而且大
大損傷了國民的精神與民族的自尊，必需長期才能恢復。我們呼籲大家
要能寬容並忘記已有的痛苦，同時利用慘痛的教訓，在最近所發生的不
和平關係中，重建教派間友善的關係。我們認為教派仇殺問題，不能經
由報復與暴力來解決，而當互相諒解，友善討論，公平裁判。」

甘地緊接著又發表了一篇社論：

「在描述最近在加爾各答所發生的不幸事件之後，一位記者問道：
『在目前情勢下，我們的義務是什麼？國大黨並沒有提出明白的主張。
非暴力遠水救不了近火，只有眼看著財產被毀滅，每一個印度教徒被殺
光。』

國大黨中常會所通過的決議，已經在各報披露，已盡可能清楚指出
了大家應走的方向，大家不要以為這只是抽象的原則，要知道假如印度
教徒能勇敢地實行非暴力而被犧牲，則整個印度和印度的宗教，必早已
獲得了解救。

事實上，第三勢力便不得走出來干預，那兒的印度教徒和回教徒都
一無所得。假如加爾各答的禍亂蔓延至全印度，則英國或代替英國而來
的外國勢力，便將繼續留駐印度，駐留時間的長短，要看何時能恢復秩
序。在此以前，可能是雙方一場混戰，或者一方面發動攻勢。目前雙方
都不具備現代戰爭的條件，任何一方休想獲勝。但是非暴力卻毋需這些
訓練，它只要大家不嗜殺人，不冤冤相報而能勇敢地面對現實。就是冷
靜的理智，普通的法則；相信法律，學習忍耐，這就是我所說的非暴力
之勇敢。

　　不幸的是，大家對群眾性質的非暴力運動，感到陌生，甚至懷疑它的適應性，以為非暴力只能適用於有經驗的個人，就算是這樣吧，但也總得準備自衛。」

第十章
臨時政府與印回分治

內閣代表團離開印度時的聲明，希望至少能組織一個臨時政府，推行政務，這聲明是迎合國大黨的胃口的，他們知道回盟因為沒有達到巴基斯坦獨立的目的，拒絕和國大黨組織混合的過渡時期政府，顯然也將不熱心於臨時政府，因此國大黨做了一個先發制人的轉變，在7月7日召開的孟買中執會裡，以二百零五票對五十一票通過接受內閣代表團最後一次的聲明，組織臨時政府。授權主席尼赫魯和魏菲爾總督繼續磋商組閣工作，國大黨主席本是阿沙德，因為在內閣代表團和印度領袖談判時，為了緩和回盟的衝突，在西姆拉會議後，即改選了尼赫魯繼任主席，所以組織臨時政府的工作，便由尼赫魯負責接洽。

魏菲爾也曾同樣通知真納，希望回盟合組臨時政府，7月19日回盟中執會果然拒絕參加，並指定8月16日為直接行動日，呼籲全印的回教徒在這一天紀念著沒有達到巴基斯坦的目的，必須直接行動，到了8月15日，印回雜居的加爾各答及錫勒底 (Sylhet) 兩地發生了印回仇殺的暴亂，死傷的人數達七千餘人，印度教徒與回教徒均有死傷，政府不得不派軍隊鎮壓，一週之內暴亂平息，但仇恨的根苗卻愈種愈深。

8月17日，尼赫魯將組閣的名單商定，共計閣員十二人，均為國大黨提出，24日總督同意了，將全部名單宣布，9月2日臨時政府遂宣告正式成立，在印度近代史上開了一個新的紀錄，這十二個人的名字如下：

尼赫魯、帕迭爾、巴達辛、卜拉沙德、伯斯 (Sarat Chandra Bose)、阿赫默德罕 (Shafact Ahmab Khan)、阿里沙希爾 (Syeb Ali Zahur)、馬太、查理、阿沙夫阿里、拉姆、巴巴 (C. H. Bhabha)。以尼赫魯為副主席，主席仍由總督魏菲爾兼任，尼赫魯因為入閣，他在國大黨中的主席職位宣

布由克里巴拿里擔任。

尼赫魯就任後的廣播全文：

「朋友們，同志們──印度萬歲！

六天以前，我和同僚們坐上了印度政府的高位，在這古老的國度裡，出現了一個新的政府，我們稱它臨時政府或過渡時期政府，它是印度走向完全獨立的里程碑，我們收到了世界各地及印度每一角落寄來的祝賀函電，但是對於這個歷史上的大事，我們希望不必慶祝，要沉住氣，我們不過是開始邁步走，離最後的目的仍然遙遠，途中處處會遇到艱難險阻，要走完這一段里程，恐怕不會如一般人所想像的那麼早，這時偶一不慎，或者有一點點的自滿，將損害全局。

加爾各答最近發生的不幸慘劇，使我們痛心，因為兄弟自相殘殺，多少年來我們茹苦含辛所努力掙得的自由，是整個印度的自由，而不是某一組織、某一階級或者某一宗教集團的，我們朝著一個合作的共和國前進，在那裡人人的機會是平等的，都可以得到生活上的同等待遇，為什麼要紛爭，彼此恐怖猜疑呢？

我今天並不想談施政方針，或未來的政策──這些還要等一等──我只想對你們所給我的好意表示感謝，國人對我們的愛，我們是時時渴望著的，特別在未來的艱苦日子。有一個朋友曾給我這樣一個賀電：『驚濤駭浪中，我們國家的第一舵手，祝你能克服一切的風險。』這話使人鼓舞，但是前面的風浪正多，我們國家的這隻船又老又破又走得很慢，不適合時代的急速變化，要是讓別人來做，它將會受到打擊。只是船雖然舊，舟子雖然老，卻有著千萬顆心，千萬隻臂膀，願意支持，因而我們充滿著勇氣、信心，向前航行。

未來的局面已在形成，我們這個古老、可愛的印度，在困苦艱難之中，又要重新來認識它自己，它又年輕了，眼裡洋溢著前進的光輝，相信它自己和它所背負的使命，許多年來它被幽禁著偷偷地飲泣，今天它能夠走出來看這個廣大的世界了，雖然這世界比原來的更糟，充滿著紛

爭和戰爭的思想。

　　成立臨時政府不過是大計畫中的一部分，它還包括即將要召開的制憲會議，為自己獨立的印度制定憲法；也正是為了這可以獲得完全獨立的緣故，我們才參加政府，盡力求能早日實際得到內政與外交的獨立。

　　我們將以自由國家的身分，拿出自己的主張來，出席各種的國際會議，而不是別人的附庸國。我們希望與其他各國發生密切、直接的關係，為新世界的和平與自由共同合作。

　　我們當盡量避免捲入強權政治集團的漩渦。彼此攻擊造成了過去的世界戰爭，也許還要引起將來更大的禍患，我們相信和平與自由是不可分的，一個地方沒有自由，便將危及其他的地方的自由，終至訴諸戰爭，我們特別對解放殖民地或未獨立的國家或民族感到興趣，確認一切民族應在理論與實際上機會均等。

　　我們絕對排棄納粹的『種族優越論』，不論在任何地點，採取任何形式。我們不想統制旁人，也不希望在別的國家內攫得特權，但是我們希望印度的人民，無論到那裡，都能受到平等且互相尊重的待遇，我們不能接受別人對他們的歧視或虐待。

　　世界雖然充滿著紛歧、恨惡與內部的紛爭，但是時代的主流無疑是趨向著日趨合作，及世界聯邦的建立，為了這樣的一個世界，凡自由民族均自由合作，沒有一個階級或集團剝削另一階級或集團的世界，印度願意貢獻它的力量。

　　我們和英國的關係過去在歷史上儘管有糾紛，但是獨立後的印度卻願意和英國及其他不列顛聯邦內的國家合作、友善，不過我們要記住不列顛聯邦內有一個國家現在發生的事情。南非洲以種族主義作國策，我們的人民在那邊英勇的和這些專制者鬥爭，如果我們容忍種族主義，長此以往，無疑將引起更多的糾紛和世界的不安。

　　我們向美國的人民致意，在國際問題的命運上他們總是付出過大部分的力量，我們深信這個巨大的責任將要用來促進世界各地和平和人類

的自由。我們也對另外一個現代世界裡偉大的國家致敬意，蘇聯也曾對世界事務盡過許多責任，它們是我們在亞洲的鄰邦，無疑的我們將有許多共同的任務需要合作。

我們是在亞洲，亞洲民族比其他民族與我們更接近，印度在地理上的位置使它成為西亞南亞及東南亞的樞紐，過去印度的文化曾傳播到這些國家，它們也從各方進入印度，這些接觸將要復甦，將來印度和東南亞及阿富汗、伊朗、阿拉伯諸國將更趨接近，為要增進和這些自由國家的關係，我們必須從本身做起，印度對印度尼西亞為自由所做的奮鬥，至為關切，願它們勝利。

中國這偉大的國家，有著偉大的過去，我們的鄰國，幾千年來都是我們的友邦，這種友誼必須維持增進，我們誠懇的希望中國目前的困難能解脫，得到一個團結民主的中國，在促進世界的和平與進步上做最大的貢獻。

我還沒有提過內政的問題，我也不想在這裡多提，可是我們的內政方針一定是守著這些年來我們所揭櫫的大原則，我們得注意印度國內廣大被人遺忘的平民，使他們得到救贖，提高他們的生活水準，我們仍將繼續反對賤民階級與其他形式人為的不平等，並要特別援助經濟或其他方面落後的同胞，今天千萬人缺衣缺食缺住所，千萬人停在飢餓線上，要滿足這些迫切的需要，是個緊急而艱鉅的工作，我們希望有其他國家的幫助。

一個同樣迫切重大的工作是消弭在印度全國各地作祟的不協和精神，在自相紛歧之中，印度絕不能建設起一個像樣的、渴望已久的自由國家，凡在這塊土地上生活的人民，必須共同生存，合作努力，不問政局的發展有什麼變動，恨惡與暴力不能改變這些基本的事實，也不能停止印度正演變中的轉變。

關於制憲會議裡，區域集團的問題已經有熱烈的討論，我們充分準備也接受了分區集議的原則，來決定集團劃分的問題，要將同僚們和我

自己的主張明白提出，我們絕不以制憲會議作為一個爭吵的機構，或者以一部分人的意見勉強他人接受，那都不是建設一個和諧統一印度的方式，我們當謀求一個能使人同意，為最大多數人樂意支持的完善解決方法。

我們出席制憲會議是帶著熾熱的決心，要在意見相左的問題上尋得大家贊同的共同基礎，因此即使過去有些紛爭，說過一些難聽的話語，我們始終敞開著合作的途徑，我們更希望與我們主張不同的人們，能參加制憲會議，作同樣的貢獻。絕無歧視，也許當我們相會一堂，面對著共同的工作的時候，目前的困難或可減少。

印度在轉變，老的執政者已消逝，我們作一個被動的旁觀者太久了，只是作別人的玩具。今天是我們自己人民作主人的時候了，我們得抉擇自己的歷史，讓我們大家對這工作都投入一分力量，使印度成為我們心中的驕傲，成為強大的國家，成為和平、進步、美善、第一等的國家。

門已經開了，命運落在我們掌握之中，誰勝誰敗可以用不著去管，因為我們必須一起前進，不是全然的成功，便是全然的失敗，前進總是對的，讓我們朝著成功、獨立、自由——四萬萬印度人民共同的目標——前進！印度萬歲！」

一、回盟入閣

國大黨組閣的工作已經完成，中央的行政權都落到了國大黨手裡，回盟知道如果不能將他們的勢力也伸入中央政府，將是一個損失。因此當魏菲爾總督兩次的邀約後，真納在 10 月 13 日便通知魏菲爾：「回盟認為為了回教人民與其他教派的利益，讓中央行政權控制在國大黨一黨的手裡，這是危險的事，同時在內閣裡現已經被迫接受了一批回教徒入閣，他們是不能代表回民的利益的，還加上許多其他用不著說的原因，我們還是決定參加臨時政府，提出五人代表回盟入閣。」

魏菲爾便決定將閣員人數增加二人，另由國大黨已入閣的十二人中

讓出三人共得五個席次，請回盟擔任，這五個位置係財政、商務、郵政航空、衛生、法律五部。

10月15日臨時政府改組，伯斯、阿赫默德罕、阿里沙希爾三人解職，由回盟的閣員填補，並另增設兩部，全部職務的分配如下：

副主席兼外交、聯邦關係部	尼赫魯	印度教
內政、宣傳部、土邦事務部	帕迭爾	印度教
國防部	巴達辛	錫克教
糧食農業部	卜拉沙德	印度教
財政部	利阿奎阿利罕	回盟
工業供應部	馬太	基督教
教育藝術部	查理	印度教
運輸鐵道部	阿沙夫阿里	回教
勞工部	拉姆	賤民
工礦動力部	巴巴	拜火教
商務部	旃多里迦	回盟
衛生部	格薩發阿里罕	回盟
交通部	尼希特	回盟
法律部	蒙達爾	回盟

兩黨混合內閣的臨時政府組成了，第一個難題便是召開制憲會議，國大黨入閣的目的之一，是要制定整個統一的印度憲法；回盟的目的之一卻是參加中央的領導權而並不想加入制憲會議，艾德禮遂於12月初邀尼赫魯、巴達辛、真納、利阿奎阿利罕赴倫敦會談，希望能召開一個舉國一致的制憲會議，制定印度憲法，但真納始終不放棄成立兩個制憲機構的要求，他自始至終所渴望的是獨立的巴基斯坦，談判了幾天，沒有協議，而尼赫魯和巴達辛又須趕回印度出席12月9日開幕的制憲會議，便匆匆離開了倫敦。

英印各省中制憲會議代表選舉的結果，二百九十二人中國大黨占二

百零七席，回盟得七十三席，開幕時回盟的七十三個代表及土邦的代表九十三人都沒有出席，到會的人數只有二百二十一人，可是這二百二十一人已過全體的半數，所以制憲會議還是在新德里開幕了，但第一次大會後，即宣布休會，以等待回盟及土邦代表的參加。

二、艾德禮宣告

至 1947 年 2 月，制憲會議仍休會以待回盟，可是回盟仍不加入，因此尼赫魯寫信給總督魏菲爾，催回盟代表出席會議，否則請其退出臨時政府。魏菲爾向倫敦請示結果，2 月 20 日英國首相艾德禮在下院宣布對印政策，發出了明白清楚的諾言，其要點為：

㈠英國擬於 1948 年 6 月以前，將政權交與印度人組織的政府。

㈡英國暫時保留對印度土邦的統治權，將與各土邦另訂條約。

㈢將魏菲爾調回，派蒙巴頓 (Admiral the Viscount Mountbattan) 繼任印度總督，其任務為將英屬印度的政權交還印人。

新總督蒙巴頓乃於 3 月 24 日到達印度，這位末代的王孫，便是後來印回分治的大導演。

9 月 23 日，中全會批准中常會有關臨時政府的組織，尼赫魯辭去國大黨主席職務，改選克里巴拿里繼任。甘地在大會中致辭，曾提到印共活動的問題。他說：「共產黨徒似乎以作亂為職業，他們之中有些是我的晚輩。可是他們不分是非，不辨真偽。他們自己不承認，但他們的行為的確如此。而且他們是聽從蘇俄的指示，認蘇俄而不是印度作他們的精神領導者。我反對這種依仗外國強權的作法。我甚至說過，那怕是我們現在糧荒，也不應當靠蘇俄接濟糧食。我們應該依賴自己的土地上所能生產的東西，不應當仰賴別人的救濟。否則，我們便不配稱為一個獨立的國家。同樣的情形，在立國的理想上也是如此。依照印度的傳統和環境，向他們學習，這是我所能接受的，但絕不是受他們的控制，我對付共產黨的辦法是，寧可死在他們手裡，但我絕不以同樣手段來報復。」

甘地對自治以後的印度，認為是推廣土布運動的最好時機。他主張由政府禁止機器布進口，並且不准設立新的機器織布廠，他說有了機器織布，便沒有土布。所以如果機器織布廠完全關閉，他是不會嘆息的。有的人主張可以由政府來合營機器織布廠，以免資本家剝削工人。但是甘地也反對這樣作。因為機器織布廠本身就是壞的東西，政府更不應當出資來經營。政府應該鼓勵民間的土布，好讓全國人民使用土布。「但是我知道我的呼籲，像是曠野的孤鴻，已難發生作用，但是我的信心始終不衰。」

臨時政府成立以後，回盟為了取得巴基斯坦的成立，拒不參加制憲會議，也不願加入臨時政府，同時各地的印回衝突日甚一日，甘地憂心如焚。10月12日他向參加晚禱會的聽眾宣布道，在三天以前他有一件事情幾乎鑄成大錯，那是關於國大黨與回盟談判合作的問題。有一個文件，他匆匆忙忙看過以後就點了頭，原以為沒有問題，可是其中的問題很大。幸喜及時補救，所以沒有造成嚴重後果，他說這是他一生中從沒有過的錯誤，也許因為年齡到了七十七，有些昏聵。如果真是這樣，那就不配想活到一百二十五歲。不過他總願意公開認錯，能夠當眾認錯，就能糾正錯誤。

甘地繼續前往孟加拉等地勸導印度人平息紛爭，停止教派鬥爭，旅途經過的地方，群眾叫嚷不休，就是在每天照例舉行的晚禱會裡也是如此，使甘地沒有片刻的安寧，有時不得不用兩手塞住耳朵，但他還是盡量忍耐著，好心好意的勸人和善。

三、中印外交新頁

漫天的雪嶺，一望無垠的流沙，即使遠在兩千年前，也阻隔不了中印兩國人民友情的聯繫，兩大民族出自衷心，由於至誠，在追求真理智識的交往中，只有宗教藝術教育各方面的合作，從不曾有過軍事的衝突。今天展現在我們東亞大陸前面的，是各個民族國家的覺醒，是不可分割

的和平，加以地理上的接近關係，中印兩國的合作，兩相有利；也唯有這兩個國家的合作，方能保障亞洲的繁榮，謀致世界的和平。基於這種認識，印度的獨立運動，中國素寄以深切的同情，而抗戰期中的中國，也常得到印度人民的同情與道義援助，因此當 1946 年 9 月，尼赫魯政府宣布成立，中國即首先將駐印度的專員公署升格為大使館，接著印美雙方也升為大使館，到了 1947 年 2 月，國民政府發表特派學者，清華、中央大學校長羅家倫博士為首任駐印大使，國內輿論界亦對印度友邦的事物重新燃起最大的興趣，對它的前途寄以無限的希望。5 月 3 日羅大使抵達加爾各答，5 日晚間到達新德里，此為世界各國駐印大使蒞任之第一人，呈遞國書後，即為駐印外交團之當然主席，作者本人亦於此時同赴印度，研究其歷史與當代政治並為《中央日報》南京總社駐印特派員。

　　5 月 16 日，羅大使偕隨員等往總督府呈遞國書，由蒙巴頓總督代表英皇接受，蒙巴頓爵士在戰時曾到過我國的戰時首都重慶，他以東南亞盟軍總司令的資格也指揮過我國部隊解放緬甸。中國士兵的英勇，他覺得甚可稱道，在羅大使呈遞國書時，發表了簡單的頌辭，這一篇頌辭頗有歷史意義，全文於下：

　　「閣下。中華民國國民政府主席命本人為中華民國駐印度特命全權大使，向印度皇帝陛下遞呈國書，實為本人最大之榮幸，中國與印度交換外交使節，不特為印度獨立進程之標誌，抑且為中印更須密切合作時代之新頁。

　　遠在二千年前，中國與印度由陸路或由海道在若干時期常有接觸，然此種接觸，從來不曾引起軍事的衝突，而常屬於真理與知識之追求，此余之所樂為稱道也。從西元一世紀以來，中印兩方之高僧學者，不為艱險困苦所阻，遠涉雪嶺流沙，相與尋求宗教與知識之啟悟，其英勇之故事，彰彰俱在，無須追述。即使時至今日，吾人讀至玄奘西行之記載，及其在印度所受熱忱之優禮，感義之情緒，猶不禁洋溢留戀於胸中。

　　吾人雖追溯既往，但對於最近事實之重要性，仍覺不能忘懷。當中

國抵抗日本侵略戰爭劇烈之時，印度不僅予吾人以深切的同情，及道義的支持，且予吾人以實際的援助，與共同的協力，吾人特別感謝印度為吾國在印受訓之數萬武裝部隊，供給適當之地點與各項便利，於吾國飛越駝峰之空運彌感力量單薄之際，更無保留的貢獻一切，為中國開闢陸運路線，使軍用品得以運入後方，完成最後勝利。在今日之場合，余更願提出蔣主席與夫人於 1942 年在印度時所奠定之友誼，及其以後中印間繼續不斷的在科學教育與宗教方面之合作。

余受命為中國首任駐印大使，實屬一大榮譽，吾國全國人民對印度之將來，有充分之信心，且認定東方之智慧與西方政治組織之藝術相輔而行，必獲圓滿之成功，中國與印度共同努力以完成建立世界和平之共同任務。

西元前十二世紀中國周朝興起，文教昌明，當時有兩句古詩稱頌道『周雖舊邦，其命維新』。余願以此兩句古詩，轉贈印度全國人民，作為中國對印度信心與友誼之紀念，當蒙閣下首肯也。

在余履行使命之時，深盼吾國與印度之友誼的連鎖，愈加密切，愈加強固，並深盼閣下與印度政府，屋烏推愛隨時予以教益及協助。」

此時原駐中國的印度專員梅農氏 (K. P. S. Menon) 亦升為大使，梅農氏曾在重慶多年，他首次赴任時，取道新疆甘肅而至重慶，係印度文官出身，至 1948 年調任印度外次，而以新聞記者出身的潘尼卡 (K. M. Panikkar) 繼任駐華大使，潘尼卡和梅農大使同係牛津大學畢業，從事土邦行政工作，並為一有思想而詼諧的政治家和新聞記者，往年任印度阿里迦回教大學 (Aligarh Muslim University) 近代史教授，1925 年創辦國大黨機關報《印度斯坦時報》(*Hindustan Times*) 自主筆政，1939 年任職比卡內爾 (Bikanar) 邦首相，1942 年代表印度土邦王公出席太平洋關係會議。

國大黨中元老奈都夫人是最欣賞潘尼卡才能之人，他在未去中國之前，曾邀羅家倫大使同赴北方省的奈都夫人任所拜會，潘尼卡喜歡寫作，

對詩歌小說也有興趣，他到南京不久後，就在印度發表文章，介紹中國的大詩人李白，他和女兒也都努力學習中文。

以他這樣一位人物接替梅農為中國大使，我國自然沒有不同意的，他在 1948 年 8 月 19 日向南京國民政府呈遞國書，他的頌辭裡有下面的話：「我出任印度大使，自當繼續努力促進兩國間的彼此瞭解與友誼合作，我在努力這項工作的時候，相信可以得到這兩個國家的人民支持，我們在許多方面都有著共同的信念和傳統，中印兩國間是不致引起彼此的嫉妒與紛爭的。」

也許因為他的坦白或者是預感，在呈遞國書的時候就提出中印兩國間不致發生嫉妒與紛爭的話，這不是一句簡單的話，它的後面包括著一些已經發生或者即將發生的不愉快事件，待以後另立一章敘述。

潘尼卡大使在 1949 年春當我國京滬危急之際，曾返國述職一次。

4 月 20 日南京為中共占領，國民政府遷至廣州，通知各國使節也撤退至廣州，這本是國際慣例，潘尼卡大使卻沒有撤退，他留在南京，將使館人員名單及財產清冊一份送與中共政府。一方面印度承認國民政府派遣在新德里的大使，不僅保持外交關係，而且中國大使是駐印各國使節外交團的主席；一方面他們派在中國的大使，卻又不隨國民政府遷移，潘尼卡在北平路的使館裡，過著被看守的生活，他想要去玄武湖一遊，也不方便，潘尼卡先生在京陵城裡被困，直至 1949 年 10 月方偕夫人女公子等返回德里。

四、印回分治

蒙巴頓在率領皇家海軍出戰的時候，即以突擊取勝著稱，他繼任總督不久，即與印、回等各方領袖晤談，提出建議，徵求同意，作成結論，報告倫敦，也可以說他早就成竹在胸。

5 月 8 日，甘地寫信給蒙巴頓，全文如下：

「親愛的朋友──我必須將星期日我們會晤時我所說的，以及限於

時間，還沒有講完的，作一摘要送給你。

㈠不管對方怎麼說，如果英國竟也介入瓜分印度的事，那便是極大的失策。假使瓜分真不可免，也要在英國人撤退以後，基於有關各界的協議，或甚至如真納所言，經過一場決鬥。至於所謂保護少數民族的問題，盡可在意見分歧時，設立仲裁法庭去解決。

㈡同時，臨時政府應由國大黨黨員與國大黨所推薦的人；或者由回盟黨籍的人與回盟所指定的人來組成。像目前這種拼湊的局面，步調不能一致，精神渙散，是對國家有害的。大家都只想多爭席位，令你為難。如此缺乏合作精神，自然不能提高服務的熱忱和行政效率。

㈢此時在西北邊省或任何其他地方舉行公民投票，乃是危險的。你必須面對現實。無論如何，你不能也不應當免去沙希布罕的首席部長職務。請注意，這一條是指如果分治確已無可避免。

㈣我確知在任何情勢下分割孟加拉與旁遮普兩省，都是錯誤的，也是回盟莫須有的理由。這事或其他有關的問題，都應當在英人從印度撤去以後再談。英國權力一天存在於印度，就必須負責保持和平。可是這個機構似乎已經癱瘓了，由於各種希望和失望所造成的緊張局勢。在今後的十三個月中，只要大家注視撤退的事，這些事情當可不再發生，而撤退的時間更可縮短。就英國的占領來看，你，也唯有你，才能辦到。

㈤你的事業和成就，無疑是海軍，如拿現在的工作來說，的確無法比較。不過，你的決斷和明快，曾經幫助你成功，也必有助於目前的工作。

㈥如果你不打算走後留下一片混亂，你必須作一抉擇，要將整個印度政府包括土邦在內，交給一個黨。制憲會議也應賦予適當功能，俾可包括尚未派有回盟或土邦代表在內的地區。

㈦不分割孟加拉和旁遮普，並非忽視該等地區少數民族的利益。在這兩省中，他們已擁有足夠的多數，來維護他們的利益。如其政府不能辦到，省督還能發生制衡作用。

㈧英國撤消在各土邦的太上皇權，如果說土邦從此獨立，那便是對印度的禍害。英人過去所享有的一切權利，都應當自動移交給繼任的政府。如此，則土邦的人民，亦如英屬印度各省的人民，都成了印度的人民。現在的土邦王公，不過是傀儡，是為了保持英國的權勢，由英國所扶植的。王公們對土邦人民所享有的毫無限制的權威，實是英皇之恥。將來的王公們，在新政府的統治下，將只能得到制憲會議所規定的權力。自然，他們不能再有私有軍隊和工廠。他們已有的這些公產，應該全部交給國家，由國家分與大眾共享。我這裡只提到土邦應當這樣作，這封信不便說如何去作。

㈨同樣困難，但並非無法解決的，乃是各級文官的問題。應該教導各級官員們，來適應新政府。他們可能並不左右偏袒，但如存有半點教派觀念，那就當嚴加防範。文官中的英籍人員，也要明瞭，他們現在必須效忠新政府，而不是對過去的大英帝國效忠。所以，以前那種以統治者自居的態度，必須代之為人民服務的心情。

㈩上星期二，我和真納曾在一起歡談了兩個小時又三刻鐘。我們談到非暴力聯合聲明。他很強調對非暴力的信心。他在所起草的書面談話中，也已提到。

㈠我們也談到巴基斯坦和分治問題，我告訴他我像過去一般，堅決反對巴基斯坦。並且向他建議，既然他對非暴力也有信心，就應當使對手方心悅誠服，而不是動不動便喊打。然而，他卻堅決表示，這是毋需討論的問題。實在說來，假如真是非暴力主義者，任何問題都是可以討論的。

阿麗娣・柯 (Raikumairi Amit Kaur) 曾看了這封信的前八段，她要將大意告知尼赫魯。但我沒有在新德里寫好，我是在火車上寫完的。」

25 日中國駐印大使羅家倫博士偕尼赫魯訪問甘地，羅大使向甘地提出了一個問題：「甘地先生，凡百事物都是自然的發展，你以為這個看法怎麼樣？你對前途如何看法？」

甘地回答道:「我是一個忍不住的樂天派,我們活了這些年,苦鬥了這麼久,不會是徒勞無功的,不會一下子變成野蠻人,像目前的情形好像是這樣,你看在孟加拉、比哈爾和旁遮普那種毫無理性的殺戮。但我覺得它正是說明我們正在擺脫外國的枷鎖,一切醜惡的東西都浮現到上面來了。當恆河氾濫時,河水都是污濁,河面都是泥沙,當氾濫平息後,你又會看到悅目的長流。這就是我所希望和努力的。我不願活見印度人變成野蠻。

誰能預見未來呢? 多年以前,我讀過巴特勒 (Joseph Butler) 所寫的《宗教類比論》一書,其中有一處指出,未來乃是過去的一部分,這話我一再思索,頗合我心,因為它和印度的信心相同,我們是本身命運的締造者,我們對現有的事物,能夠改善也能破壞,在這一基礎上就是我們的未來。」

羅大使深思後說:「歷史有時自會重演,因為我們不接受歷史的教訓。」

甘地回答道:「這話只有一半是真理。歷史也許會今日重演。我相信沒有任何事物是一成不變的。人性不提高便會下墜。讓我們希望印度會提昇。否則,沒有其他結局,只有印度甚至整個世界的沉淪。」

1.分治方案

6 月初,蒙巴頓自倫敦飛返德里,帶來了他的精心傑作「分治方案」,於 2 日邀集印度各政黨領袖在新德里總督府開會商討,他們在這個圓頂的大廈裡,決定將印度瓜分為印度與巴基斯坦兩個自治領,當天晚間,蒙巴頓向全印人民發表廣播,宣布此一重大的決定,他說:「我們本希望能實行 1936 年 5 月內閣代表團所擬定的計畫,成立一個統一的印度聯邦,但事實證明這是不可能的,印度一部分的領袖們,堅持分裂為兩個自治領,其他方面的領袖也已經同意,英國政府只是聽從印度領袖們的意思,從旁協助,希望將政權交還與他們,又因為印度的領袖們希望盡早執掌政權,因此英國政府則擬在本年 8 月 15 日以前即將分治的事情弄

妥，我們不久之後，也就要離開印度了。」

分治的方案在 6 月 3 日即行公布，公布的這天，國大黨機關報《印度斯坦時報》出現了一幅大的漫畫，畫著八人共餐而食，分菜的結果，有的掩面大哭，有的拂袖離座，也有的被壓倒在椅下，只有兩人伸手高呼道：「朋友，我們所要的已經到了。」這是指回盟主席真納與祕書長利阿奎阿利罕，這一頓分家飯自然吃得不大愉快，可是蒙巴頓說得好：「這是印度自己領袖們會商的決定，我們不過照著做就是了。」

各政黨的領袖從總督府裡接受了這張分家的契約後，接著便分途召集黨的中央執行會議，來加以決定，印度此時沒有一個全國性的國會來代表人民決定自己的命運，自然只有由各政黨分別商討。

2. 國大黨中執會批准接受

6 月 14 日中執會在德里舉行全體會議，由潘迪 (Pandit Govind Ballabh Pant) 提議，接受 6 月 3 日公布的分治計畫，他認為這項計畫是印度能獲得自由的唯一途徑，倘使大會不能接受，則無異走上政治自殺的末路，阿沙德首先附議，他說：「我們的問題，並非可否接受此一計畫的問題，而是對於目前的大局，應否有一個明快的選擇，國大黨以求得統一的印度聯邦為奮鬥目的，也主張人民自決的原則，不強迫人參加印度聯邦，潘迪和阿沙德的提議，如果從國大黨過去所揭櫫的理想及號召的口號裡找根據，頗不易使反對此一計畫的人折服。很清楚的，這不是理想的結果，這是現實的羅網，國大黨如果要貫徹統一印度的理想，它必須再拿出民事不服從運動的決心來，準備流血廝殺，準備和八千餘萬的回教徒死拚，準備再進監牢，而不受權位的誘惑。奮鬥了六十年的政黨，怎不願意接受這個現成的政權呢？只要接受了這個計畫，國大黨便能以執政黨的地位，代英人而為印度的統治者。況且這個計畫已經是甘地和其他重要領袖所贊同的，還能有第二個甘地、第二個尼赫魯、帕迭爾，在國大黨內部掀起運動，再奮鬥六十年嗎？」

反對接受此一計畫的人以但當 (Mr. P. Tandon) 為首，猛烈地對分治

一點加以抨擊：「中執會必須拒絕此一方案，不能認為中常會已經批准，在大會中否決便損及了中常會的地位，我們如果接受這計畫，便等於向回盟及英國投降，中常會使印度的人民失望，我們有千萬人民的力量作後盾，必須否決它。中常會沒有骨氣、沒有勇氣，竟接受了這個方案。」但當煽動性的演講，使會場中的一些革命老鬥士臉紅，因此首次會議辯論後，不得不請老甘地出來說話了。

甘地在四十分鐘的演講裡，以家長的資格，說服大家接受分治計畫：「倘使現在中執會否決了中常會已作的決定，世界各地的人們將如何批評我們？所有的政黨都已經答應接受了，說出口的話，怎麼能夠收回呢？如果中執會堅決地認為這方案不利於印度，必欲否決，那麼就否決好了。不過否決以後，要有把握能找出另一批新的領導人物，組織中常會，並接替目前政府的工作。」

甘地在大會出現，使反對的人們無法再繼續，便把接受方案的決議通過了。在場人數為二百一十八人，投票贊成的一百五十七人，反對的二十九人，另有三十二人棄權，而甘地這次的出席演講，便成了 1948 年 1 月行刺甘地的罪犯所據的理由之一。

3.回盟接受分治方案

6 月 3 日的分治計畫符合回盟要求成立巴基斯坦的宿願，6 月 9 日回盟中執會開會，立即通過加以接受。

4.大印度教會黨及錫克族的態度

大印度教會黨基於他們一貫的態度，反對印回分治，他們只認定印度為印度人之印度，回教徒係外來的異教徒，必須在印度的統治之下作守法的公民，該黨中執會對印回「分治方案」通過一項決議：「分治不能使印度和平，分治是不公平、不合理的辦法，任何情況之下本會絕不能容許印度分裂為二。國大黨於競選時曾保證求得印度之統一，今不得人民的同意即接受此項瓜分的計畫，所有印度教同胞絕不受國大黨此項決定的約束。」會中並定以 7 月 3 日為反抗此項計畫的抗議日，自此在聯合

省、比哈爾省等發動會員採取直接行動，以反對印回分治。

至於錫克族人，他們四百萬人口恰分居於旁遮普的東西兩部分，倘該省分為巴基斯坦及印度，則四百萬錫克教徒將被迫分屬於兩自治領，他們不是回教徒，也不是印度教徒，為他們自身的利益計，對於分治計畫表示不能輕易接受。其中尤以達達辛罕 (Tara Singh) 所領導的阿卡利 (Akali) 一派，堅決反對。他們要求自成一行政單位，不過其他的錫克領袖如巴達辛則和國大黨尼赫魯較為接近，因此錫克要求自成一單位的計畫，始終沒有實現。

5.英國國會正式通過印回分治方案

經各政黨領袖在德里商妥後，經國大黨與回盟兩大黨的中執會分別通過接受後，英國國會於 1947 年 7 月 5 日正式以印度獨立法案的形式提出討論，7 月 15 日全案通過，7 月 18 日午前十時四十五分，由英皇簽署，頒布施行，這法案便是印回兩自治領成立的張本，也就是蒙巴頓的精心傑作。

6.印度獨立法案

獨立法案一共二十條，附款三則，它的要點如下：

㈠自 1947 年 8 月 15 日起，印度分成為印度與巴基斯坦兩個獨立的自治領。

㈡印度自治領的土地，除方案中另有規定者外，包括英屬各省。

㈢巴基斯坦自治領的土地，係指東孟加拉、西旁遮普、信德、俾路支，又西北邊省及阿薩密之錫勒底區，如將來公民投票贊成加入巴基斯坦，則亦為巴基斯坦之領土，因上述兩地之回教徒占多數。

㈣根據 1935 年印度政府法所設置之孟加拉省，自 1947 年 8 月 15 日起廢除，改置為東孟加拉與西孟加拉兩省，又阿薩密省之錫勒底區公民投票結果如贊成加入孟加拉省，則錫勒底區即可脫離阿薩密省，與東孟加拉省合併。

㈤依 1935 年印度政府法設置之旁遮普，自 1947 年 8 月 15 日起廢

止，改置為東旁遮普與西旁遮普兩省。

㈥兩自治領各設總督一人，由英皇任命，代表英皇執掌各該自治領之政務。

㈦兩自治領宣布成立之日起，英政府即解除對英屬印度各省所負之一切責任，英皇在印度各土邦之宗主權與各土邦或王公所訂立之一切條約協定，所有的職責，所有應盡的權利義務，所享的特權或所予的津貼補助等規定，一律終止。對各部落之實施情形不同，但各土邦或部落內之交通、郵電、關稅等項在新辦法尚未擬訂前，得暫時維持。

㈧1946 年 12 月 9 日成立之印度制憲會議，即印度自治領之制憲會議，西旁遮普、東孟加拉、信德、俾路支，不包括在內，而西北邊省或阿薩密之錫勒底區，將來如決定加入巴基斯坦，亦可不參加印度制憲會議。

巴基斯坦自治領另成立一制憲會議，由西旁遮普、東孟加拉、信德省，或加入巴基斯坦後之西北邊省及阿薩密省之錫勒底區組成。

㈨兩自治領之制憲會議成立後，1947 年 8 月 15 日，英國即將政權還與自治領政府。

這法案中值得注意之點，即後來引起兩自治領間糾紛，導致兵戎相見之事有四點：㈠對於印境土邦未有具體規定，英人撤離後，土邦有充分自由加入任何一自治領，或宣布獨立，因而獨立後的印度和巴基斯坦即為爭奪土邦而發生糾紛。接著不久便發生了克什米爾的爭奪戰（此節以後再提）。㈡對於四百萬錫克教徒被分割為東、西旁遮普，一屬印度，一屬巴基斯坦，隨後引起了大流血慘劇，同時旁遮普和孟加拉分省後，印回雜居之處，開始互相仇殺，為禍之烈，犧牲之大，比之歷史上任何民族的大遷徙都無不及。㈢分家的事務，如軍隊、軍用物資、河流運輸、鐵道連繫、物產的供求，皆發生重大問題，至 1949 年分治後兩年，仍有許多事情分不清楚，本是一家的兄弟，感情因此而惡化。㈣分治的結果使國內偏激人士深深不滿國大黨的主張，故有 1948 年 1 月甘地被刺的結

局。這許多的因素，只就其大者來看，已經深深影響整個印度的每一人民。將來的史家或許還可以有若干的論斷，不是現在可以說得清的。這是歷史的必然性嗎？也許是為了近邊的菊花，而不擬再摘取遠地芳香的玫瑰。

第十一章
印度獨立，甘地證果

　　1947 年 8 月 14 日午夜十二時，半個世界正在睡夢中，印度的國會向睡夢中的世界敲起印度已經得到自由解放的鐘聲，東方出現了一顆新星，沒有經過戰爭贏得了自由獨立，是歷史上罕見的奇蹟，是夜月色溶溶，新德里國會街的國會廣場前，群眾不斷掀起歡樂的狂潮，他們在等候新印度誕生的喜訊，尼赫魯等人決定在 8 月 15 日零時零分國會的開幕式中自行宣布收回政權大典，而不等英人宣布還政，取義於黑夜已完，白晝將至的意思，這原是東方民族一種普遍的心理。

　　接收政權的開國儀式，安排得相當隆重，總督蒙巴頓夫婦沒有出席大典，因為印度人欲表示新印度的誕生並非天賜之福，而係他們奮鬥必然的結果，參加會議的人大都穿著白色的甘地土布衣服。

　　十一時整主席卜拉沙德宣布開會，先由國大黨主席克里巴拿里夫人頌唱印度臨時國歌，隨後卜拉沙德和尼赫魯都有演講。卜拉沙德要國民紀念「那無數知名與無名的男女，帶著笑臉，走向絞架，飲彈成仁，所作的偉大服務與犧牲」。他向甘地致最高的敬意：「過去三十年裡，甘地是我們的明燈，我們的指針，我們的哲人。」

　　尼赫魯道：「在這夜深人靜的時候，在世界睡夢中的時候，印度獲得了新的生命與自由，印度重新認識了自己，重新鑄造了國魂，我們要擦乾每一個眼睛的每一滴眼淚，這不是怨天尤人的時候，我們要加倍努力，為兒孫建設自由的新天地。

　　印度自從有歷史的時候起，它就開始了那無盡的追求，在披荊斬棘的世紀中，充滿著奮鬥與偉大的成功和失敗。不管是好運或逆運，它從未放棄追求，也從沒有喪失它的理想，也就是它力量的源泉。今天，我

們結束了一個壞運的時代，印度重新發現了自己。今天我們所慶賀的成就，僅係邁開了第一步。一個廣泛的機會正等待著我們，獲致更大的勝利與成就。我們夠勇敢聰明，能把握機會，接受未來的考驗嗎？

我們也想到我們的兄弟姊妹，由於政治的界限，和我們分割了，不能在此自由來臨之時，和我們一同享受。他們屬於我們，不管將來怎樣，也還是屬於我們，我們也將分擔他們的不幸，共享他們的安樂。

未來正向我們招手。我們朝何處走，該怎樣做呢？讓老百姓工農大眾得到自由與機會，使貧窮、愚昧與疾病不再見於社會，建設一個繁榮、民主、進步的國家，創立社會、經濟及政治的機構，保證給與每一男女國民均能獲得正義與發達的生活。

我們任重道遠，誰也不能偷閒，直到我們的誓言均已履行，使所有的印度人民，皆能實現其命運，我們是大國的公民，必須勇敢邁進，貫徹到底。我們不管是信奉何種宗教，都是印度兒女，都有同樣的權利、特權與義務。我們不能助長宗教派別鬥爭，狹隘主義，因為一個國家裡的國民如果是胸襟狹窄，則其國將永不能成其偉大。

對世界各國及其人民，我們特別致意，保證與之合作，增進和平、自由與民主。

對印度，我們熱愛的祖國，古老的、永遠的、常新的，我們對它敬禮，我們為它服務。印度萬歲。」

演講完後，他向大會建議十二時敲過鐘以後，零時零分即舉行議員宣誓典禮，並宣布政權已經接收，經大會通過。同時決定以蒙巴頓繼續擔任印度獨立後過渡時期的元首，就在這一瞬間，國會議廳的圓屋頂上傳來了清脆的一聲鐘響，兩響，三響……是自由的鐘聲響了，臺下同時吹起了喇叭，全場激動，議員們用印度語、烏督語、英語，同時高讀誓辭，響成一片，最後女議員梅沙女士代表全印婦女向國會呈獻國旗。

獨立大典中收到了一件唯一的禮物，即中國駐印大使羅家倫所贈送的〈為印度自由而高歌〉的英文詩，用金邊鏡框掛著印製的詩文，上書

印度國會惠存字樣，特由主席在典禮中宣布接收，表示敬謝，詩稿於 8 月 9 日即曾寄一份與尼赫魯，尼氏回信稱：「我親愛的羅博士，謝謝閣下今天的來信，及為印度自由而高歌的詩稿，昨日我拜讀詩稿時，曾面對閣下表示，甚為珍愛此詩，詩句優美，更愛你用那清麗的詩章，宣洩出來的微妙情緒，閣下的詩已送給我們的宣傳部，印發各報，將在 8 月 15 日刊載出來，閣下將中華民國人民美妙的精神，對印度人民真摯的情感，用簡短的詩句表達無遺，請接受我最誠懇的謝意，你最忠實的尼赫魯。」

原詩及譯文如下：

Chant for Indian Freedom

"India Be Free"

Won't That Be,

A Himalayan Dream?

How Fantastic,

How Absured An Idea,

That Never Occured to Me.

Two Scores Ago,

Aged People Seemed to Agree.

"Freedom" A Gentle Voice.

Whishpered That It Should Be The Goal;

It First Straight From

A Ting Body But With A Great Soul.

It Started As A Gentle Wave

But Finally Made The Entire Indian Ocean Roll.

Just As One Wave After Another in The Ocean,

So Moved On National Aspirations Unbound;

Imbued With The Spring Of Freedom.

The Forces Of Revolution Gathered Around.

Suddenly And Incredibly Triumphed Wisdom

Where in East And West Met On A Commonground.

What Miracle,

That Independence Can Be

Without A War!

History Will Tell You

It Has Never Happened Before.

Be Brave, Forward,

Riders On The Chariot of Time!

While Approaching The Mountain Peak,

Redouble Your Efforts to Climb!

Unfailingly Will You Arrive At Your Ideal,

Lofty and Beautiful, Noble and Sublime!

為印度自由而高歌

「印度會自由!」

這不是

一個喜馬拉雅山頭的夢?

是多麼荒謬,

多麼可笑的思想,

從來也不曾到過我心頭!

四十年前,

有年紀的人們談起來,

都能意見相投。

「自由」應當是最後的目標,

一個文弱的聲音低低地在耳邊呼喚;

這聲音最先發自一個偉大的靈魂，

他據有的只是一個渺小的軀幹。

開始只像一線微弱的波紋

最後卻掀起整個印度洋巨浪奔騰！

宛似印度洋後浪驅前浪

民族願望是這般無邊際的飛揚，

陶醉在自由的精神裡

集合一切革命的力量

陡然地不可認識地智慧獲得了勝利，

在智慧裡東方與西方

聚首在共同的立場

好一個奇蹟

獨立而用不著戰爭！

歷史會告訴你，

那曾有過這樣的事情，

站在時代巨輪上的御者，

提高勇氣向前，

加倍你的努力

當你正要逼近山巔，

你一定可以達到你的理想，

崇高，美麗，尊貴，莊嚴！

　　作者之所以將尼赫魯的信和羅家倫的詩都附在此處，乃欲使讀者明瞭中國人民對印度的獨立自由，的確是由衷且毫不偽裝的高興歡欣。

　　獨立大典閉幕後，由卜拉沙德與尼赫魯二人同往總督府，報告蒙巴頓，政權已經接收來了，第二天清早八點鐘，全體閣員即在總督府宣布就職典禮，名單如下：

首相兼外交，公共關係，科學，研究部	尼赫魯
副首相兼內政，宣傳，土邦關係部	帕迭爾
糧食，農業部	卜拉沙德
教育部	阿沙德
鐵道運輸部	馬太
國防部	巴達辛
勞工部	拉姆
商務部	巴巴
交通部	凱得瓦
衛生部	甘荷（女）
法律部	阿比得卡
財政部	基特
工業供應部	莫克基
工礦動力部	葛德基

在這一批的新貴走進堂皇冠冕的辦公大廈裡的時候，當所有的人們在各地歡欣鼓舞慶祝狂歡的時候，老人甘地穿著芒鞋，扶著竹杖，早已離開德里，去印回仇殺最烈的孟加拉省做親善的工作去了。

一、大仇殺大動亂

應該是最歡欣鼓舞共慶自由獨立的日子，印度自治領在新德里，巴基斯坦自治領在喀拉蚩同時成立了，可是 8 月 15 日的「加官」戲還沒有唱完，仇殺的野火卻已燒紅了整個印度的天空。幾天來的歡樂狂潮，淹沒了往日印回仇殺的慘痛教訓，世界方從紛擾中看到印度不流血獲得自由的進步，對它寄以新生的希望，可是這一線微弱的希望，好似怒濤中浮著的一片木塊，被沖擊得無處可依，地獄敞開了大門，無數的惡鬼掌著死亡的火把，將旁遮普、孟加拉、聯合省乃至德里都通通燒了起來。

印度教徒、錫克族人、回教徒彼此成了生死的對頭，印度教的男子，普遍都在頭後結了一個兩寸長的小辮子，錫克族人則是包著頭巾，蓄著

鬍鬚，回教徒則喜歡戴一頂呢帽子，女的則罩有面罩，因此相樣都很顯明。在巴基斯坦境內，凡是蓄著小辮子，包著頭巾，且蓄有鬍鬚的人，便成了被攻擊的對象，「留髮，留鬚，不留頭」；在印度境內，凡是戴著回教徒帽子，罩著面罩的人，也逃不了劫數。在大的城鎮，偏僻的鄉村，只要是印回雜居的地方，都彼此燒殺，他們使用石塊、短刀、木棒、硫酸水瓶、汽油彈，也有使用手鎗的，日夜去尋找犧牲的對象，乘其不備，或用刀子刺穿咽喉；或用炸彈拋入車廂；或將屍體割裂成塊，拋棄郊外；或放火焚燒整個住宅。燒殺之後，繼之又是搶掠擄騙，在學校唸書的小孩子們，躲在深閨的婦女，正在路中趕著馬車、蹲在馬路旁擺著地攤的小販，都無法倖免。作者曾親見一個趕馬車的回教徒，被印度人打死，並且連馬也打死，死了的人、馬和打壞了一個輪子的馬車，都倒在大馬路邊。每一個家庭，每一個時間，都有被燒殺的可能。

這時本是快收割的季節，尤以肥沃的旁遮普五河流域，正是麥黃稻熟，可是播種灌溉流過汗的主人死的死，逃的逃。從東到西，由南到北，騷亂成一團。在這時期財產的損失與人口的死傷，實無法統計，只拿德里城內城外死傷的數目來看，一星期之內，就有兩千人的死傷，這裡還不是受害最嚴重的區域。

要問這是什麼原因呢？雖然宗教信仰不同是重要的因素，但是政治野心家的煽動，與分治法案施行的不當，加上兩方政府的基礎不穩固，卻是釀成大亂的導火線。

為了達成巴基斯坦分治的目的，1946 年 8 月回盟號召直接行動以來，全印各地就開始有印回仇殺的事件，到了分治以後，本來應該可以平息的，但是因為分治方案中沒有人口交換的規定，所以巴基斯坦境內的印度教徒，和印度境內的回教徒，因積恨在心，便相互仇殺起來，彼方一經發動，此方即開始報復。

不贊成分治的大印度教會黨 (Hindu Mahasabha) 及其他地下組織愛國社 (Rashtriya Swayam Sevak Sangh)，他們不願見巴基斯坦的成立，計

畫著要在巴基斯坦剛剛開張的時候，將他們的店鋪搗毀。並且準備在巴方的制憲會場裡，將他們的領袖炸死，推翻此新成立的自治領，使印度能合而為一。因此他們在下層煽動印回仇恨，並發動仇殺的慘劇。還有居住在旁遮普的四百萬錫克教人，他們被分割於巴基斯坦及印度，希望自成一行政單位的目的沒有達到，加之平日與回教徒又素不相容，因而也成了參加動亂的主要分子。

印度是一個普遍貧窮的國家，分治以後既然沒有實行人口交換，就有人從這方面打主意，希望趕走境內的少數民族，而占有遺留下來的財產物品。雙方的政府正忙於清點用具，擇吉開張，且過去不曾有豐富的實際經驗，軍警都控制在英人之手，他們一向是被統治的，現在一旦有燒殺發生，便手忙腳亂窮於應付。

以上這些原因均助長了燒殺的慘劇。

二、德里動搖

德里是印度中央政府所在地，燒殺的暴動在 9 月初蔓延至德里。開始的時候，只在城郊的村落，漸次進到市中心區，最緊張的時候，整個德里都變成了戰場。作者那時正在德里，從 9 月 7 日起，經歷的情形，可以從下面的三節日記中看出大概：

「週末的夜晚，在家中聽見斷續的鎗聲，但我並不十分介意，我想新德里不會有大規模的燒殺，自從 1942 年有過一次暴動後，這裡從不曾有過恐怖的騷擾，這裡是中央政府所在地，有維持治安的軍隊和憲警，況且市中心區除了少數商店銀行外，其餘便是政府機關，印回仇殺是不容易發生的。

9 月 7 日是星期天，清晨六點鐘左右，披閱晨報，知道昨夜在羅蒂路有兩個回教徒被錫克教徒殺死了，還有老德里城也有鎗殺事件。

九點鐘左右，我到國會街去，走到消防隊附近，聽到火警聲，消防車正在裝備，我想一定有暴徒在縱火了，到了國會街街口有兩卡車的印

度武裝警察，從我身旁疾駛而過，就在前邊轉彎的地方停下來了，分向兩旁的馬路搜索戒嚴，我也加速步子走向前去，看到一家回教徒開的食品商店，門和窗櫺全搗毀了，餅乾盒和罐頭散落在門外，五個警員握著鎗向店中搜索進去，五分鐘前剛有人在此搶掠過。

正午回到家中，平日替我送飯的工友形色倉皇地跑來告訴我，市商業區戒嚴，今天沒法去拿飯，他自己也要在當天晚上離開德里，因為他也是回教徒，必須趕到政府設置的收容所裡去逃命，此後我再沒有看見他，過了兩天被遣送往巴基斯坦去了。

下午在我住宅前鐵路的北邊，有暴動縱火，焚燒房舍，一股股的濃煙衝上雲霄，還夾有機關鎗聲，五點鐘左右，除了軍警在市區戒備外，蒙巴頓的衛隊也出動了，遇有搶劫的暴動，立即開鎗射擊。

第三天星期一，我又想跑往市區去看看，妻囑咐我如果不能通過，立刻回家。我走到商業區，戒嚴的部隊說，最好不要去，我出示了印度政府發的記者證，得以通過，街上沒一家店鋪開門，但有人爬在屋頂的平臺上觀看，幾輛小型的坦克車和一隊騎兵在市區巡邏。

十點鐘左右，回到家裡，妻準備上使館去辦公，車上插有中國國旗，我也還看到偶然駛過的幾輛小汽車，每個司機的左邊都坐著一個持鎗的保鑣，鎗口對著馬路，公共汽車、馬車全停了。

正午有一節從孟買開來的火車，停在我家前面的鐵道線上，不停地長嘯，因為前面正在鎗殺，好幾車軍隊趕去彈壓，停了五分鐘，就繼續開走了。午後妻下班回來，她說街上還是死寂沉沉，途中曾看見尼赫魯與國防部長巴達辛正在市區巡視，尼赫魯將兩個無處可躲的小女孩帶到車裡，一同回家去。提著手提機關鎗的士兵及搜索騎兵出動了不少。使館中有一位先生害病，請去診病的醫生，也帶有自衛手鎗，三個回教徒工友也都逃掉了。

到了薄暮時分，天氣轉涼，滿天的烏鴉吱吱喳喳地叫，城東與城西起火，火焰與濃煙看得十分清楚，鎗聲也一陣密過一陣，並且還聽得近

處有呼號的哀鳴，市中心區正遭搶劫，暴徒與軍警混戰中。

這天死傷的人數，據官方公布有兩百人，但也有人說至少有四百餘人，夜晚秋風秋雨交襲，從旁遮普等地逃來德里的難民，有二十萬人，他們都棲身在城內城外的寺院，學校或帳幕裡。

到了第三天，市區已是戰區了，布防有印度步兵第四旅，砲兵一營，和通訊兵團，並有一中隊飛機在天空警戒，暴徒們第一天的目標是回教人商店，隨後是回民集中居住的區域，接著便是在德里有地位的回教徒人員。

市郊德里大學的教務長柯拉其博士，和一部分高級職員都是回教徒，他們的住宅亦在第二天夜晚遭搶劫。參加搶劫的，據友人告訴我還有學生也在內，教務長僅以身免，他從此被趕出了德里大學往巴基斯坦任職去了。

第三天較過去兩天為好，夜晚細雨濛濛，德里市區似又恢復了平靜。」

這一段當時目擊的實錄，其實比仇殺最烈的拉合爾、阿姆利渣、加爾各答等地所發生的慘劇不知要好若干倍。這裡還沒有用火活活燒死全家的慘聞，也還沒有劫掠婦女的事，但對一個掌握政權不到一月的新政府來說，此時也真到了危險萬狀的地步。

三、甘地的和平親善運動

仇殺的野火漫山遍野泛濫於全印，在燒殺劫掠的人間地獄上，要撲滅野火，掃蕩惡鬼，真是千頭萬緒。兩個自治領的政府不得不將所有其他的政務擱置下來，全力來處理這件工作。他們必須用軍隊來鎮壓暴動，動員一切的交通工具從對方境內搶運難民，並遣送難民赴對方的境內，又須收留千萬以上的無衣無食的難民，而最要緊的更是要從人們心中把仇恨的惡苗連根拔出，促成印回的親善。

7 月底仇殺還沒有達到最高潮的時候，甘地已經離開德里了，8 月初他便出現在加爾各答。

　　加爾各答是恆河三角洲的第一大城市，也是印度的最大都市，一向是印回雜居之處，分治後劃歸印度屬西孟加拉省，過去印回歷次的仇殺，加爾各答都是禍亂中心之一，特別以貝屬卡區最嚴重，當甘地到達加城時，貝屬卡區已經是破瓦殘垣，居民四散，沒有人敢在這兒居住。8 月13 日，甘地帶著他的孫女和前任孟加拉省回盟籍的內閣總理蘇拉瓦來到了這人間地獄上，尋找無人居住的空屋，找到了一所回教徒的住宅，他便住了下來。他說生死由個人自己負責，他要蘇拉瓦取得家屬的同意，方讓他同住在一起，因為在這地方隨時都有被殺的危險。

　　甘地帶著這一支幾個人組織的親善團，到暴區周圍視察，他用宗教家的精神去感動瘋狂的群眾，要將清涼的水傾注在狂暴的烈火上，要在魔窟中再建設和平的樂園，他在這裡照例地每天舉行晚禱會，廣布愛的福音，又運用他在黨裡至高無上的力量，使地方當局傾全力制止動亂，他向回教徒呼喊，要他們搬回貝屬卡區來，「回來！回來呵！不要害怕，我和你們共生死！」他的呼聲果然喚回了回教居民，喊醒了印度教徒，凡是他足跡所及之處，均給人留下和平種子，印度教徒回教徒忘記了他們有過生死的鬥爭，在他腳前頂禮膜拜，各人傾吐衷曲，甘地組織了加爾各答的和平委員會，他的住宅便成了和平總部，到了獨立紀念日的這天，加城幸得免於大暴動。

　　然而他覺得親善的程度還不夠，他又不能永住在加城，因為全國其他地方尚有同樣需要他去解救的人民，因此到了 9 月 1 日，他便開始絕食，如果不能獲得印回間的親善，他打算絕食至死，當地的黨政領袖們遂不得不用各種方法，終止暴亂，到了 4 日，甘地絕食七十二小時後，領袖們向甘地具結，願以生命向甘地擔保，使加城不再有仇殺的事件發生，這樣甘地便停止了絕食。

　　隨著加爾各答親善運動的風氣傳開以後，甘地懷著悲天憫人的赤子之心，又動身前往旁遮普，路過德里，德里正在燒殺動亂之中，他就決定留在德里，甘地以賤民自比，從不曾在任何一個地方設有特別的住所，

正如耶穌所說的「鳥有巢，獸有穴，而人子連枕頭的地方也沒有」。他到德里，過去都住在賤民區，一間土磚頭砌成的矮屋子，也不去和他的兒媳同居，他的兒子狄瓦達斯甘地是國大黨機關報《印度斯坦時報》的社長，有自備的寓所，但甘地卻不去打擾他，這次來德里，由帕迭爾替他在城南的阿克巴路五號借到了印度大資本家比拉的一所房子，比拉寓，作為臨時住宅。

9月14日午後六時，作者在比拉寓裡的晚禱會中，見到了甘地，到比拉寓後，便在甘地臥室前面的草地上坐了下來，地上撒著一層薄薄的棉，來出席晚禱會的人都席地而坐，圍在臥室外面的陽臺前，臥室的門是通陽臺的，從開著的門看進去，裡面有電燈、電扇，甘地的孫女兒坐在門檻上，看一本書，門外的小陽臺不過兩英尺高，臺上鋪著潔白的臺布，正中設有一個坐墊，臺前有擴音器，陽臺就像一個大沙發，也有婦人和小孩子爬到陽臺的周圍坐著，這一週以來，大家日夜都在恐懼不安之中，當此夕陽晚照裡，來聽老人安慰的聲音，像清泉洗滌心田，看看周圍左右的人，都很平靜怡然的樣子。

六點半鐘，臥室的電燈熄了，大家抬起頭來，望著臥室的門邊出現了老人甘地，背有點彎曲，兩個梳著辮子的女郎扶著他，她們是甘地的孫女兒，右面的一個拿著一掛念珠、一本記錄本，左面的一個挾著一本聖歌，後面跟著他的孫媳婦手搖著一把小蒲扇，再後面便是過去甘地的祕書，時任印度衛生部長的甘荷小姐，她披著杏黃的紗麗，一串黑的念珠掛齊胸際，她雙鬢已白，還沒有結婚。

甘地赤足緩緩地走到陽臺前，聽眾向他合掌。他盤膝坐在墊子上，只穿一條白土布短褲，褲帶上掛著一隻小掛錶，微微擺動。上身赤膊，胸脯和面色都很紅潤，頭頂禿著有光，左右有幾絲白髮，身體並不太瘦，戴著黑玳瑁眼鏡，蓄著兩撇白鬍髭。

孫女兒將念珠遞給他，孫媳婦拿著一把小蒲扇替他搧風，兩位孫女兒隨後移坐到擴音器前，她倆便是僅有的聖詩班，甘荷小姐盤膝靜默坐

在右後方，宛似一尊女菩薩。

晚禱開始，甘地自己當司儀，要聖詩班唱歌，兩個小姑娘便哼著一種和緩的歌聲，不急不緩地從擴音器裡飄送過來，在詩歌之中，聽眾都低頭靜默，似融和在旋律裡，甘地則數著手中的念珠，全詩一共唱四節，唱到最後一節時，甘地和兩位孫女兒，都拍著手掌。他們唱的是印度教的《薄伽梵歌》。

唱詩完了，開始演講，兩個孫女兒便拿著速記本作筆記，有個大胖子將擴音器移到甘地的嘴邊，甘地還是坐著，用那像紡紗機的咿唔的聲音，發表他對當天視察難民區的感想。

甘地告訴晚禱會聽眾，他巡視了伊德迦和它對面的幾處回教難民營。這兒的回教徒似無怒容，但看來極疲憊軟弱。有一個老人，只剩了一付皮包骨，每一條肋骨都可以看得見，但他的身體有幾處地方被打傷。他旁邊躺著一個女人，雖沒有他這樣老，可是臉色蒼白，也被打傷了。看到這副情景，真使他羞愧。對他而言，所有的男人女人都是一樣的，不論他信什麼宗教。

他曾留意看一看這兒的環境衛生，真是糟透了。在伊德迦所有的水池都乾了，他沒有問難民從何處取水，然而他們總得要活下去。他如果是這兒的監督，有軍警歸他指揮，他一定親自拿起鋤鍬工具，命令軍警一齊動手，讓難民們也跟著來，把這兒弄得適於居住。像現在這樣污濁的地方，不經過澈底整理，是絕不能住人的。不需要錢，只需要有一點點頭腦，一點點衛生常識便行。印度教的難民營也不見得更好。不重清潔是我們國民的通病。作為一個自由國家，能愈早改進愈好。

從難民營的問題，他又想到何以造成這阻礙國家進步問題的原因。為什麼有許多印度教徒和錫克教徒從西旁遮普逃出來？作一個印度教徒或錫克教徒有罪嗎？或是僅因為他們膽小，或是為了在東旁遮普的回教人有問題而給西旁遮普的回教人懲罰？他又想到印度。為什麼德里的回教徒會恐懼而離家逃走？雙方政府都崩潰了嗎？為什麼老百姓都不理會

政府？回教徒持有無照鎗枝。政府應該管理，令其繳回。如果辦不到，應讓位給有能力的人來辦。政府是由人民產生的。讓人民擅自玩法，這是完全錯誤的，不民主的。這樣的無法無天，對巴基斯坦或印度都沒有好處。他現在已到了德里，不去做便只有死。他不願見全國性的自殺，背叛政府。願神助他們早日恢復安寧。

「昨夜，我聽到那柔和且給人生命的淅瀝雨聲，想起千千萬萬的難民同胞，正露宿在老德里的帳幕裡，而我自己卻舒適地躺在走廊上，周圍都有人保護著。只因為有些人，對自己的兄弟，濫施殘暴，致令這許多男男女女和孩子們，無家可歸，忍飢挨餓，有的地方甚至水淹膝蓋。這些都是不可避免的嗎？我內心的回答是絕不是如此。這難道是獨立才滿月的孩子獲得的第一個自由的果實嗎？過去二十四小時裡，這些思想縈環在我的腦際。我的靜默對我有益，我可以靜下來省察。德里的市民瘋了嗎？他們沒有人性了嗎？愛國與自由，對他們已失去意義了嗎？我第一責備印度教徒與錫克教徒，相信大家可以原諒我。為什麼他們不能拔除恨惡之心呢？我願勸德里的回教徒不必懼怕，信賴上帝，將私藏的武器交出來，因為印度教徒與錫克教徒很擔心。自然他們也不是沒有私藏武器，問題只是多少而已。大家還是依靠神，做正直的事；或是依靠武器，保衛自己並反對那些他們必定不能相信的人呢？

我的答覆是堅定的，是可以實現的。即大家要相信政府有能力對付那些做壞事的人，不管他們有多大的武裝力量。同時要信賴政府必能設法賠償他們所失去的財物。政府無能為力的，只是不能使死者復生。德里人民現在已使他們自己無法向巴基斯坦政府爭正義。爭正義的人，自己的手要乾淨。讓印度教徒和錫克教徒向正道上往前一步吧，去請那被迫離家逃亡的回教徒回來。只要他們能勇於走此一步——這是完全合情合理的——則目前的難民問題便可立刻減少。他們將會得到巴基斯坦，不，全世界的重視。他們能使德里，整個印度免於毀滅。在我看來，要交換幾千萬人口的印度教徒、錫克教徒與回教徒，實係不可思議。這是

錯誤的。巴基斯坦有此錯誤，但如果我們堅決反對，自亦無從實現。我將堅持不交換人口的主張，那怕這主張只有我贊成。」

甘地的演講，由全印廣播電臺聯播，演講完畢，再唱一節詩，晚禱會便結束了。

作者問過其他參加晚禱會的人，知道每次的儀式都差不多是這樣，其實這種晚禱會不過是露天的群眾演講會，加上一層宗教色彩而已。參加的人，毫無限制，有時還可以提出問題，這種晚會，因為每天不斷，它的講辭又向全印廣播，等於甘地每天向全國人民作一次勸慰，雖然時間不長，但有一種自然而生的特別親和力，流通於他和全國人民的心靈之間。

除晚禱會外，甘地在德里又不斷前往亂區視察，接見各方面的領袖，因為他的情報最多，接觸最廣，又抱定一個泛愛眾人的願望，並且他可以影響任何一個高級領袖，因此他到德里不久，燒殺的事情也漸漸平息了。

四、最後的絕食

「我們逐漸失去了對德里的掌握」，甘地對一位工作同志說。「假如失去德里，印度也將喪失，接著便會是世界和平的喪失」。像胡賽因博士 (Dr. Zakir Hussain)、蘇亥拉瓦底 (Mr. Shaheed Suhrawardy) 等這樣的人物，都不能像他一樣能夠自由而安全地在德里通行，這是他所不能忍受的。當一個回教徒代表請願團正等著會見時，他立即約集了幾位內閣的重要閣員來和他們共同會商。他也同樣關心巴基斯坦方面被迫害的少數民族。他真願能到那邊去援救他們。可是在德里的回教徒尚且得不著安全保障，他怎有面目到那邊去呢？他感到無能為力，因此很快就決定絕食。沒有一點考慮的餘地，在宣布絕食以前的幾個鐘頭，尼赫魯和帕迭爾剛來談過，但他不採納他們的意見。

1948 年 1 月 12 日，甘地在晚禱會中宣布，決定從 13 日起無限期絕

食，以期謀致各教派間的親善。

「有人依養生之道為健康而絕食，也有人為懺悔自譴而絕食。這些絕食的人，毋需信仰非暴力。然而，有一種絕食，是非暴力者為了糾正社會的不義而被迫採取的步驟，我所要作的，就是屬於這一類，作為一個非暴力者，已別無所選擇。現在已正是時候。

9月9日當我從加爾各答回到德里時，原係過路前往西旁遮普。可是不得不改變了行程。黯淡的德里就像一座死城，當我從火車上走下來時，我所看到的每一個人，都是愁容滿面。即使一向詼諧樂觀從不憂戚的帕迭爾也不例外。我不知道這是為什麼。帕迭爾到月臺上來接我。他立即將印度首都所發生的悲劇告訴我。我立即決定暫留德里，『不做便死』。由於軍警的行動，表面的平靜雖是維持了，但骨子裡卻正是風雨將臨，必有一天會爆發。這樣我才決心做，也許能免致我與死亡為伍。我才使印、回、錫克教的朋友們輸誠相處，但是今天便不存在了。面對這種情形，如尚處之泰然，便不配稱為印度的愛國者了。長期以來，我內心深處已有聲音催我行動，但我充耳不聞，唯恐這是魔鬼的誘惑，或可稱為我本身的懦弱。因為我不喜承認我已無能為力，這是一位消極抵抗者所不應有的現象。絕食乃是消極抵抗者用以替代其本人或對方刀劍的最後武器，對所有每天來看我的回教朋友們，問我究竟他們應當怎樣作的問題，我感到無言以對。我的無能不斷侵蝕著我。但一旦絕食，它們便一掃而光。過去三天中，我為此搥心焦思，但最後得到了結論，我反而感到輕鬆了。任何人，如其是純潔的，則其最寶貴的貢獻，莫如犧牲其生命。我希望並祈求但願我能保有這樣的純真，以證明我採取此一步驟的正確。

我要求你們祝福我的奮鬥，為我祈禱，與我同在。絕食將自明晨的第一次進餐前開始。時間是無限制的。我將僅喝水或鹽水及檸檬汁。當我認為各教派間不是被迫，而是出自內心已恢復和睦相處時，絕食就會停止。彼時必能恢復印度在國際上的地位，和它正在消逝中的聲望。我

個人相信，如印度的國格淪喪，則亦將為如飢如渴的世界喪失了希望。有的朋友們不相信經由絕食的方法可喚醒人類的良知，但他們應給我以行動的自由，亦如他們自己認為應得的自由一樣。不論其是敵抑友，請別對我發怒。有神作我最高的導師，我感到不應再就教旁人而迅速採取行動。如我發現自己錯了，我將毫不遲疑地公開宣布，並即止步。但極少有這種發現錯誤的可能。如確有某種象徵，我斷定其有，來自內心的聲音，它是不能否認的。我希望不要有人為此辯論而能一致予我以支持。假如整個印度響應，或至少整個德里響應，絕食很快便會終止。

　　不過，不管絕食停止是快是慢或永不停止，可千萬不要把它當成一個危機來設法軟化。有人曾批評我過去的若干絕食，認為每一次原不是真正的改善情況，多係受了我絕食的壓力之影響。但態度如果是堅定的，目標又是那麼明顯的，反對又有什麼價值呢？純潔的絕食是一種義務，它的本身就是報酬。我並不打算為了可能帶來的結果而絕食。我這樣作，是因為我必得作。所以，我盼望每一個人都不要動情感來分析我的動機，讓我死，如我必需，安靜地死，如我所望。死亡對我是一種光榮的解脫，比我眼看著印度敗亡，眼看著印度教、回教、錫克教淪喪為好。如果巴基斯坦不給所有宗教信仰不同的人平等地位和生命財產的保障，而印度也照樣糊塗，則毀滅之來，是註定了的。所不同者，回教只是在兩個印度而不是在整個世界消滅。印度教與錫克教在印度以外則別無世界。與我持不同看法的人，我將尊重他們的立場。願我的絕食能喚醒大家而不是使大家麻木。你們只要想一個根本問題，即在這可愛的印度，有它的一個卑微的兒女，夠堅強，夠純潔，採取了這種愉快的步驟。如其兩樣都不夠，活在世上便是多餘的。則他消逝得愈快，愈能有助於減少印度的負荷，對他和所有人都要好些。

　　我求所有朋友們別擠來比拉寓 (Birla House)，也不要來勸服我或為我擔憂。我是在神的手裡。反之，應當個個捫心自問，因為現在是需要大家自省的時候。凡有站在職務崗位上工作的人，應較過去更加好自為

之，這樣也就是幫助了我。絕食是一種自潔的歷程。

我昨天告訴過你們有兩封從安達拉 (Andra) 寄來的信。一封是上了年紀的一位朋友寫的，不是旁人，就是迦諾 (Derhbhakta Konda Venkatappaya Garu)。我且引幾段如下：

『除政治、經濟等很複雜的問題以外，另有一個最大的問題，就是國大黨內部道德之低落。我不敢說其他省區，但就我所在的省區來說，情形的確是很壞。政治權力的滋味，使他們忘了本。好些人都抱定了「一朝權在手，便把令來行」的態度，乘機撈一筆。甚至用錢影響刑庭的判決。至於鄉鎮地方的收稅員，也常受到黨的幹部干擾。忠於職守的官員反而不能安於其位，幾個小報告送上去，他們便被調職了。

在你的領導下，全國曾萬眾一心，爭取自治，如今自治的目標是達到了，可是道德的堤防也在許多鬥士的旁邊崩潰了。他們甚至為了個人目的，不惜和違背國家民族利益的人合作，並將這些人吸收成黨員。情勢每況愈下，國大黨及國大黨政府，聲譽日墜。最近一次安達拉市的選舉結果，可以看出來國大黨是如何地不符人望。根托區 (Guntur) 的選舉，經過多時的籌備，最近突遭馬德拉斯當局限令停止舉行。我記得只有一個委派的市議會在過去十年裡一直還保留到現在，最近這一年來，市政大權完全控制在行政官手裡，聽說政府又正準備指派一批人來接管安達拉市政府。我已年老力衰，只能在院子裡策杖而已，實感無能為力。但我的確不滿省級、區級若干黨部的作風，而且我也並不隱瞞。

國大黨圈子裡腐敗、貪污的行為，以及部長們的軟弱，大大促長了人民的背叛之情。人民開始在說，英國政府反而好得多，他們已在咒罵國大黨。』

讓安達拉及其他省區的人民，想一想這位無私的印度老者說的話。誠如所言，貪污腐敗的確不限於安達拉一省。不過他僅能證實安達拉所發生的事。我們應該警覺。

我的朋友們，有人叫我忍耐。沙達沙赫布 (Sadai Saheb) 正午才來探

望過我。由於是靜默日及因有其他事故，我此刻不能說或寫些什麼。夏卡太忙，也不能來，所以我不能將他們所提出的問題告訴帕迭爾，也為了節省他的時間。」

1 月 13 日，甘地在上午十一時開始絕食。在此之前，照例他看了幾份重要的報紙，並接見了幾位客人。尼赫魯、帕迭爾、阿沙德和他談了許久。絕食開始時，在比拉寓前的草坪上，舉行了一個簡短的祈禱會。少數友人及仰慕甘地的聽眾圍坐一起，先唱〈奇妙十架〉，接著朗誦了《可蘭經》與錫克及印度教的詩篇。

「我有很多反對您現在絕食的話要講，」狄瓦達斯甘地寫道：「我最主要關切的和反對您此時絕食的理由是：您畢竟還是不夠忍耐，而您所負起的使命，最要緊就是能有無限的忍耐。您似乎未想到，由於您不屈不撓的堅毅與忍耐奮鬥，將可有最大的收穫。眼前就已救了幾十萬人的生命，將來必可拯救更多的人。可是您的忍耐似乎突然消逝了。用絕食毀身的方式，勢必不能有維持您生命方式時所作的那種種考慮。所以我懇求您俯允我的哀求，放棄絕食。」

甘地對他兒子的哀求回信道：「我不想隱藏我決定這次絕食是匆忙的。無疑，決定得很快，我所發表的聲明，其性質就在自省與祈禱。所以也不能說是魯莽的。

我不需要聽關於絕食有無意義的爭辯。事實是除了我的忍耐及人道兩點外，我的確已聽取了所有的反對理由。

你的擔憂，正如你的理論，都沒有用。自然，你是我的朋友，就這一方面說，是一位極能深思的朋友。你的關切是很自然的，我悅納，不過你所恃以辯論的理由，恰是反對忍耐，而且不夠深遠。我認為我這一步乃是忍耐的最後語言。難道你以為忍耐就是要毀滅所忍耐的對方，或以忍耐為愚笨嗎？

自從我來德里後，我絕不相信我已得到的成果。這樣作無異自欺。說由於我的奮鬥，救了多少人，單憑人不能判斷，唯有公義的神才能判

斷。對一個從去年 9 月起就開始力持忍耐的人，能說他今天突然失去了忍耐嗎？

就人所能作的來說，只有當他已竭盡所能仍感無能為力時，才會乞求神的幫助。這就是我絕食的內在重要意義。如果你細心研讀《迦金德拉·莫克夏 (Gajendra Maksha) 傳》，你將會同意我所採取的步驟的。

你來信裡的最後一句話，充滿著熱愛的感情，可是你的熱愛卻是出於無知與迷惘。無知不會停止，因為它牽涉到私人間的感情成分，不管它的感情有多麼的深厚。

人在生死邊緣，不能空談為了某種緣故而偷生。掙扎著活下去是一句美麗的話，但其中有漏洞，即掙扎應該是不附有條件的。

現在你該知道為什麼我不能接受你的勸告。神叫我絕食。假如神願意這樣作，只有神能停止。同時，我們大家必須相信，無論神是否保全我的生命，均無不妥，我們只有遵行。讓我們求神在絕食中賜給我力量，庶其不致為了偷生之念而貿然停止絕食。」

表現同樣特點的一封回信，是甘地寫給一位在他絕食開始後不久曾來看過他的錫克朋友：「我的絕食，不在反對任何特殊的個人或團體，根本沒有反對的意味。它是在喚起人們的良知，甚至包括另一自治領內的多數教派在內。我想假如所有的人或某一方面能熱烈響應，則奇蹟是可以出現的。例如，錫克教的朋友倘使支持我，我就完全滿意了。我就準備往旁遮普去住在他們中間，因為他們是勇敢的人，我知道，他們能樹立一個勇敢的非暴力榜樣，給其他人客觀的教訓。」

13 日甘地亦如往日出席了晚禱會。他要大家不必驚訝他居然能走到晚禱會場中來。他說吃過一頓飯以後開始絕食的最初二十四小時以內，對任何人都不會有損害。而且偶爾絕食二十四小時，對每一個人的身體都是有益的。第二天，也許就不能步行到會場中來了。但聽眾們如有興趣，仍不妨按時前來，女孩們將仍舊和大家一道唱詩祈禱，儘管他不能出席。

隨後甘地提到在星期一他所發表的書面談話。在那篇談話裡，他曾說在帕迭爾下面作事的夏卡不能來看他，因為瑪麗賓女士 (Shrimati Manibehn) 說他沒有時間。她隨後告訴甘地，這裡面有些誤會。她只是說當天下午兩點鐘不能來，並不是指其他的時候。甘地說他很抱歉誤會了或是忘記了。他並不認為夏卡整天忙碌有何不對，而且也不願意讓政府機關中辦事的人員老是跑去看私人。事實上，夏卡曾打算換一個時間來看他。他當時提到這椿事，只是為了安慰巴哈瓦坡的難民同胞。

有人提出一個問題：甘地絕食是譴責什麼人。甘地回答他不譴責任何個人或教派。然而他深信如果印度教徒和錫克教徒堅持要趕盡殺絕德里的回教徒，他們自然是背叛了印度和他們的信仰。這事傷害他。

有的人以為甘地只同情回教徒，絕食是為了他們的緣故。他們是對的。可是甘地的一生，從來就是為被壓迫的少數或需要幫助的人而服務，這也是大家都應當作的。巴基斯坦剝奪了印度回教徒的自尊和自信。這使得他作如是想。在這種情勢下，任何人也都喪失了自信。為了鼓舞回教徒面對印度教徒和錫克教徒而能勇敢地站起來，甘地的絕食也可以說是反對回教徒的。就絕食來說，回教朋友也應該像印度教和錫克教朋友們一樣的努力。他們常讚揚尼赫魯和他本人，相反地卻責備帕迭爾。他們怪帕迭爾曾說過和回盟沒有隔日的友誼可談的話。他們不應拿這句話就來責備帕迭爾。大部分的印度教徒也有這種看法。甘地認為回盟的朋友大可不必介意這話，最好是拿行為來證明。大家不要忘了，尼赫魯的作法雖然和帕迭爾不同，可是他承認帕迭爾是他最好的同僚。假如帕迭爾是回教徒的敵人，尼赫魯會要他辭職的。帕迭爾雖不像過去一般被認為是對甘地最唯命是遵的人，但他始終是甘地所尊重的朋友。大家必須瞭解內閣的本質，它是必須對閣員的每一官方行動負責的。他要求大家清心。唯有清心才能互敬互信。他們同屬印度，在權力上印度也屬於他們。他不能為少數人停止絕食。他們必須遠離魔鬼，敬畏神。

錫克教徒和印度教徒的義務是什麼呢？哥諾德夫 (Gurudev) 的詩篇

寫道：「如無人應召，獨行，獨行。」甘地極喜愛這句；當他前往洛卡里
(Noakhali) 時，不斷聽到這歌。他一息尚存，將繼續呼籲印度教徒與錫克
教徒，勇敢地承諾，不理會巴基斯坦幹了些什麼，絕不舉起一個指頭傷
害回教徒。不管如何受苦，絕不再懦弱。

如果德里真是變得安寧了，甘地自會停止絕食。德里是印度的首都。
德里的興衰，他認其為印度和巴基斯坦的興衰。他要德里的回教徒個個
安全，那怕是被大家指為禍首的蘇亥拉瓦底在內。真正的禍首應當清除。
可是蘇亥拉瓦底曾在加爾各答和他共同為了和平而努力，曾將強占印度
教徒房子的回教徒拖出來，曾和甘地同住，也願意參加晚禱會。但甘地
不想讓他在會場中受傷害，他需要蘇亥拉瓦底在德里能絕對安全，亦如
其他回教徒一般，而且應該更顯著。

甘地不管要多久才能建立真正的和平。一天或者一個月，都沒關係。
不可有人以任何言行企圖來誘他提早打破絕食。目的不應是救他的生命，
應該救的是印度和印度的榮譽。當他看到印度的地位沒有降低，他會感
到愉快和驕傲。像最近所發生的一切，他不想再提。

14 日，甘地口授一文寄《神之子民》週刊，係致古荼拉迭的人民。
他寫道：

「我是在星期三的早晨，躺在床上口授此文。這是絕食的第二天，
雖然絕食開始後尚未滿二十四小時。這是《神之子民》截稿的最後一天，
因此我決定用古荼拉迭語，為古荼拉迭的人民，口授此文。

我不認為這次的絕食是普通的絕食。我是經過深思後才決定的，但
不是經由理智的選擇，而係神的意志支配了人的意志，它不是為某一特
殊部分或某一個人，而是為了全體。這後面絕無絲毫怒意，也沒有絲毫
的不可忍耐。但它後面卻存在著一個現實，即此為千載難逢的時機，一
去永不再來。所以，目前留下的唯一大事，即每一印度人都要想一想，
此刻他應盡的義務是什麼。古荼拉迭人也是印度人。所以我寫給古荼拉
迭人的信，也是為所有印度人民寫的。

德里是印度的首邑，所以我們的內心如真不相信所謂兩個民族之說，或不認為印度教徒及回教徒乃係兩個不同的民族，則我們必得承認德里今天的情況，實在不像是我們所稱的印度的首都。德里是永不崩潰之城，古蹟告訴了我們，例如英德拉卜拉沙 (Indraprastha) 及哈斯龐拉坡 (Hastinapur) 便可證明它是印度的心臟。唯有愚人才會相信它只屬於印度教徒或錫克教徒。也許這話聽不順耳，但卻係真理。從柯摩林角到克什米爾，從喀拉蚩到阿薩密的狄不諾迦 (Dibrugarh)，所有印度教徒、回教徒、錫克教徒、帕西族、基督教徒與猶太教徒，所有此一偉大國土上的人民，而以此為其祖國的，對德里都有著同等的權利。無人有權說它只屬於多數教派，而少數教派卻只能像狗一樣的在此寄人籬下。誰的動機最純潔，貢獻最大，誰就應最受重視。有誰要想趕走德里的回教徒，誰就成了德里的第一號公敵，也就是印度的第一號公敵。我們正在向著毀滅的路上走，每一印度的兒女均應全力來挽救它。

那麼，我們應該怎樣作？假如我們真想實現真正的民主，我們就應當把最卑微的人，看作最崇高的人一樣的地位。但前提是所有人都是純潔的或願意淨化的。淨化的功夫應與智慧並行。不許再有人分教派分階級。人人都是平等的，互愛互助的。無人視旁人為賤民。也不再有貧富之分，大家都應該勞動獲取食物，沒有勞心勞力之分。有了這種認識，大家都會願意作清道夫。凡是有頭腦的人，將不會接觸鴉片、酒類或其他刺激物。人人都要終身穿著土布，敬重婦女，依其年齡，視同為母親、姊妹、女兒，不使她們傷心。他們應準備於必要時犧牲自己的生命，但從不可殺害旁人。如果是錫克教徒，則當按照教主的戒令，面對十萬之眾，仍能挺身而出，屹立不移。像這樣的印度兒女，用不著說，當然知道目前該作的是什麼。」

14 日，甘地原已口授一文，準備向晚禱會聽眾宣讀。讀後他又決定還是親自出席演講，他說雖然醫囑不許，但他仍舊要來講話，因為也許第二天他不能再來出席了。他還有精力，他就要使用，雖然醫師要他休

息。他是在神的手中。如神准他活，他就不會死。他不相信神的心軟弱。
接著他繼續講道：

「緘電如雪片飛來，其中有的是向我致賀，能堅定對神信心的。有
的人用熱愛的話語，勸我中止絕食，表示他們願意照著我絕食聲明裡的
指示去作，不分宗教，階級，善待鄰居。我已囑帕里拉君 (Shri Pgarelalji)
選出一部分，交報界發表，它們來自印度教徒、回教徒與錫克教徒。如
果他們所作的保證——有的是代表團體或會社的——確能忠實履行，無
疑將有助於使我得以早日打破絕食。墨麗多娜本女士 (Shrimati
Mridulabehn) 現與巴基斯坦當局及一般回教徒保持接觸，自拉合爾向我
提出一個問題：『此地朋友們極關心甘地的安全，想知道甘地要我們這方
面作些什麼，他希望巴基斯坦的回教朋友作些什麼，包括黨政的領袖在
內。』我很高興回教朋友也關心我的健康，而且透過墨麗多娜本女士，想
知道我要他們作些什麼。對拉合爾關切我並向我提出問題的所有朋友們，
我願意指出我這次的絕食是為了淨化自己，並盼望凡同情我絕食的人，
也都能自省、淨化，不問其是否係服務於巴基斯坦的黨政機關。

你們必已聽到在喀拉蚩有對錫克教徒卑劣攻擊的事。無辜的婦孺被
擄殺，其餘被趕走。現在又有難民車在古茶拉迭被搶的情事。該車係裝
載非回教徒難民自西北邊省開出。不少的男子被殺，婦女被擄。這使我
痛心。要多久的時候，政府才能阻止這種暴行呢？雖然我已絕食，但我
怎能長期維持印度教徒與錫克教徒的忍耐力呢？巴基斯坦必須採取緊急
措施，制止暴行。他們必須自省，必須不停地淨化，直到所有印度教徒
與錫克教徒皆能在巴基斯坦安居樂業。

假使在印度能興起一種自清運動，則巴基斯坦也就會變成白色了。
在那兒，人們將不再追究已往的過錯，不再有畛域觀念，而最卑微的最
少數人，也都能享受如真納所說的平等待遇。能做到這一點，巴基斯坦
將永不滅亡，如若不然，我老實說，我雖不曾說過成立巴基斯坦是罪過，
但今天的情況卻的確是這樣。我要活著看到一個不是紙上的巴基斯坦或

要人們口中的巴基斯坦，而是從回教徒日常生活中所表現的真正巴基斯坦。然後印度的居民將會忘記曾與巴基斯坦之間有過糾葛，而且如果我看的不錯，印度也一定會以仿效巴基斯坦為榮，如果我活著，我也不會讓巴基斯坦擅美於前。我的絕食所要求的，不能低過於此。很慚愧，今天印度人卻學了巴基斯坦的野蠻。

在我年輕尚不懂政治以前，我就夢想著能促成教派的團結。如今我雖是日薄西山，但仍舊憧憬著少年時期夢想的實現。古代預言家說長壽可活到一百二十五歲，也許今世又可看到，但誰又不願冒自己生命的危險求上述夢想的實現呢？那時我們就真可自治了。儘管依地理位置和法律的觀點言，我們在日常生活中是兩個國家，可是誰也不會想到我們是兩個分裂的國家。展現在我前面的這幅遠景，在你我看來，似乎是太美妙了，令人不相信它的真實。然而就像名家筆下的名畫中的小孩，不得到他，我是不會快樂的。我還活著，我要活下去，不折不扣的就是為了這個。讓巴基斯坦的同道們，助我接近此一目標，這是人力辦得到的。目的達到後就不成為目標了。但當最接近時，它依然是努力的目標，不管人家的看法怎樣，我相信我所說的都是好的。我們每一個人都當自清，才配生活在此一未來的新天地裡。當我在 1869 年去遊覽時，我記得我曾看到，不知是在紅堡還是阿格拉堡的城門上，那兒鑴著一首詩，譯出來是說：『如果地上有樂園，就是這兒，就是這兒，就是這兒。』城堡巍峨建築，在我看來，算不上樂園。但我喜愛這首詩能鐫刻在踏進巴基斯坦的每一入境處。在這樂園中，不管是在印度抑巴基斯坦，沒有窮人也沒有乞丐，不分高低，也沒有百萬富翁的資本家或半飢餓狀態的工人，沒有酒類也沒有麻醉品。男女同受尊敬並各保持其清白。對每一婦女，除了自己的妻子，均應不分宗教，依其年齡，視同每一男子的母親、姊妹或女兒。在這兒將不會再有賤民，對所有的宗教也一視同仁。大家都願以自食其力為榮。希望每一聽眾或讀者會原諒我，我躺在床上，曬著陽光，沉醉在這樣的思想裡。讓我向懷疑的人保證，我一點也不急於想盡

快停止絕食。懷疑論者倘願意像我這樣的傻瓜永不停止絕食，那也沒有關係。我甘願按照需要來等待，但如想到大家只為了救我的生命而行動，那就會傷害我。我必須指出，這次絕食是神所鼓舞的，也只有神的意旨，才能讓絕食停止。任何人類的力量，從不曾也不會改變神的意志。」

1月15日所公布的醫訊，說甘地已很衰弱，說話的聲音微小，排泄物呈酸性反應。大家的憂思加深，各地已開始組織和平親善運動。

「喪失了甘地的生命，也就是喪失了印度靈魂。」尼赫魯在德里的演講中，呼籲印人維持和平，拯救甘地。他宣布政府除已採的各種救濟措施之外，並準備在一星期以內，使德里的難民都有居處。

巴基斯坦的難民事務部長迦察法·阿里罕 (Ghazanfar Ali Khan) 也宣稱：「甘地的絕食，應能使印度和巴基斯坦的人們都張開眼睛，看一看他們自己所作的羞恥事。」他認為目前時機已成熟，兩國領袖們應即舉行聯席會議，勇敢而忠誠地設法就此一問題求一根本的解決。

15日的晚禱會，甘地因為太衰弱致不能親往主持，但他仍盼躺在床上能向聽眾說幾句話。隨從將麥克風拿到了床邊，但因為臨時沒有裝妥擴音器，會場仍是聽不到聲音，只得將他口授的話，拿來由旁人宣讀。

甘地說他很抱歉，麥克風不能將他的聲音傳達給會場中的人，早知如此，他就不必對著麥克風講話了，不過，他還是願意說幾句，因為有好些在家裡守在收音機旁的聽眾可以聽到，他知道他們需要聽到慰藉的聲音。他呼籲大家不要去管旁人在作什麼壞事，頂要緊是自省，他相信如果大家自省、自潔的功夫作得深，一定能幫助印度，幫助他們自己，也可以縮短絕食的時間。誰也不必為他擔憂，只要想如何能對國家作最善的貢獻。所有的人，在某一天都會死亡的。無人能逃避死亡。然則為何怕死呢？事實上死亡毋寧是朋友，它可以使人從痛苦中解脫。

甘地在口授的講辭中說：「昨天晚禱會兩小時後，有新聞記者來信，說是有幾處疑團，希望來看我，請我當面解釋，在一整天繁重的工作後，我感到十分疲倦，不能再和他們討論，我囑咐帕麗娜通知他們，請用書

面在第二天早晨提出問題。他們照著作了。下面是第一個問題：「印聯境內沒有任何地方發生騷擾性的事件，你為什麼要絕食？」

　　「大批的暴徒有組織地採取行動，必欲強占回教徒的房產，這不算騷擾算什麼？而且除非警察們施放催淚彈或被迫開鎗射擊，已無法驅散暴徒。難道我還要呆等，讓所有回教徒都被趕盡殺絕嗎？」

　　第二個問題是：「你曾說過，當回教徒跑來向你訴苦：他們感到恐懼不安，他們認為內政部長帕迭爾是反回的。而你卻說沒有什麼好回答。你又說過，帕迭爾已經不再是一個像過去一樣的好好先生。這些事實均足以造成一種印象，即你這一次絕食的主要動機，是要打動帕迭爾的心，亦即對內政部的政策表示不滿。你可否就此加以澄清？」

　　「關於這一點，我感覺我的答覆已經十分清楚，不需要再作解釋。你所提出來的解釋，我壓根兒沒有想到過。如我早知道我所說的話會引起這些誤會，我該老早就講清楚了。許多回教的朋友來指帕迭爾是所謂反回的，我不快、耐心地讓他們講，未加任何解述。現在絕食卻許我可不加保留地講明白，我敢保證，這些批評，要分化帕迭爾與尼赫魯及我的關係，將我們捧上天去，是錯誤的。將帕迭爾孤立，是沒有益處的。帕迭爾常發表過激的演講，無意中傷害了人，其實他的度量是很寬大的。我過去之所以說那些話，為的是讓一位終生莫逆的好友，不要被人低估，我想讓聽話的人不要得到一個印象，以為帕迭爾是一個對我唯唯諾諾的人，正如他所曾謙遜地表示過，所以我補上一句話，帕迭爾的意志堅強，從不對任何人唯唯諾諾。過去，他的確事事聽我的話，他也從不否認。像他這樣一位學有專長且擅長行政才能的人物，之所以在我的領導下開始作政治的活動，那是因為他說他不願意在我已在印度從事救國事業的時候而另唱反調。但當他已握有權勢的時候，他已不能像過去再採用非暴力的手段了。我發現我和一班贊同我主張的人所說的非暴力並不是什麼奇妙的玩意，它不過是消極抵抗的代名詞而已。自然，消極抵抗在統治者的心目中，是毫無分量的。試想，一個軟弱的統治者，他怎能代表

人民呢？他只能使當時在他統治下的人民墮落。但我知道帕迭爾絕不會背叛他的人民。

我詫異，如果大家瞭解我那絕食聲明的背景，還會指我這一次的絕食，是為了要譴責內政部的政策。如果真有這樣的人在懷疑，那麼我老實告訴他，受到損害的不是帕迭爾和我，而是他自己。我不是早就說過嗎？外面來的任何力量是不能貶損任何人的。只有自己才能貶損自己。這話用在此處雖不合適，但它確係真理，可無往而不準。我的絕食，已說得很坦白，就是為了印度境內的少數回教徒，所以也可以說是反對印度境內的印度教徒與錫克教徒以及巴基斯坦境內的回教徒。它也是為了巴基斯坦境內的少數教派和印度境內的少數回教徒。這都是我老早說過的。我不能期望絕食可產生挽救一切危機的力量，假如在精神上它是不完整的，軟弱的，而我的確是如此。絕食乃是為了全體的一種自我淨化的過程，採用任何步驟破壞淨化都是錯誤的。」

第三個問題是：「你的絕食開始在聯合國安理會集會的前夕，而且緊接著喀拉蚩暴亂與古荼拉迭的仇殺，後者是否為國際輿論所重視，尚不得而知，但無疑你的絕食已掩蓋了所有這一切的事件。巴基斯坦出席安理會的代表如不以此為藉口，說瑪罕的瑪咭正絕食以求淨化印度教徒，而那些印度教徒已使得回教徒無法生存，那他就不配充任巴國的代表。可是事實的真相，要經過長時期始能為世人所瞭解。因此你的絕食，這時對我們在安理會的控案，是會發生不利影響的。」

「這個問題不需要詳細的解答。就我所知，我敢說我的絕食已在國際間獲得了正確的印象。國際人士能採取不偏不倚的態度來看印度所發生的事情，不可能曲解我絕食的目的，我是為了所有印度和巴基斯坦的人民。如果巴國男女公民不能堂堂正正的做人，根本無法拯救印度境內的回教徒。所幸巴國境內的回教徒，誠如昨天墨麗多娜本女士問得很清楚，他們已經知道了此一問題的重要性。聯合國知道我的絕食有助於他們作正確的抉擇，能給兩個新的自治領以正確的指導。」

印度政府為了克什米爾糾紛，曾扣住原應按分治辦法分給巴基斯坦的五億五千萬盧比的巨款。1月15日晚，印度政府決定盡速完成此一財政協議，「以消除外間的誤會」。公報指出：「此一決定，乃係政府的貢獻，已盡其最大所能，奉行甘地所主張的非暴力及其所作的崇高奮鬥，並係依循此一偉大國家的光榮傳統，即為善意與和平。」

1月16日的晚禱會照常舉行，但甘地不能出席主持。在宣傳他的口授講辭前，他從臥榻上用擴音器作了簡單的講話。他說他沒有打算這一天還能講話，但他們可以告慰的是，他的微弱聲音已較早一天大了一些。他說不出這是什麼原因，除了神的恩惠。在過去絕食開始後的第四天，從沒有像這一次這麼舒適。如果大家都能切實自省，不斷作淨化的工作，也許他每天都能繼續和大家講話，直到打破絕食的那一天。他並不急於立刻打破絕食。急躁壞事。當一切尚未正常時，他不希望有人來告訴他，說事情都辦好了。假如德里真是名副其實地恢復了和平，則一定會使全國景從。除非印度和巴基斯坦兩自治領能有和平，他不想苟延生命。

甘地在對聽眾的口授講辭中說：「任何一負責的政府改變其內閣所已決定的政策，這絕不是一樁小事。然而我們的政府，從任何一方面講都是負責的，曾經過迅速而反覆的討論，改變了他們原已作的決定。內閣值得全國人民的感謝，從克什米爾到柯摩林角，從喀拉蚩到阿薩密邊區。我知道世上所有國家都會說，像這樣慷慨的抉擇，只有遠見的印度內閣才能提出。這並不是討好回教徒的政策。這項政策，如你願意，可以說是討好自己的。沒有一個內閣，的確足以代表人類一大群人的代表，就貿然採取一種步驟，單單只為了要贏得一些不可想像的群眾的喝采。在危難時期，我們最好的代表們，難道不應當自制，盡其所能，勇敢地搶救一個快要沉下的破船嗎？它是怎樣作此急迫決定的？就是我的絕食。它使一切改觀。沒有我的絕食，政府不能作超越法律所能准許的事。但現在的態度，就印度政府來說，是一個充滿了善意的決定。它給巴基斯坦政府以光榮。它應該帶來光榮的解決，不止限於克什米爾問題，而是

包括兩自治領間所有一切的爭端。為了要主持公道，才有法律的制定。但還有一種公認的原則，在英國曾行之多年，一旦法律有時而窮，社會所公認的原則便可予以補救。不久以前，法庭還分為兩種，一種是普通法庭；一種是公道法庭。如果拿這一觀點來評斷印度政府目前的此一措施，那就不會懷疑到它的不合法了。如果要找先例，我們就可舉大家熟知的麥唐納選舉保障名額案作例子。當時規定印度的選舉，對賤民有保障名額，這不僅是英國內閣一致的決議，而且是第二屆圓桌會議多數贊同的主張，但是由於我前次在雅爾瓦達的獄中絕食，上項規定也就沒有施行。

由於印度政府已作了上述重大的決定，有人就要我打破絕食。我願我自己能這樣作。我知道醫界的朋友們，費了極多的心力與時間，每天替我檢查，已感到情況愈來愈加嚴重，當絕食延長下去的時候。由於腎能功效失靈，他們怕如果再絕食下去，我可能會隨時崩潰。但不管他們的醫術如何高明，我總不會先聽取他們的意見，然後決定打破絕食。我唯一的指導者，獨裁者，便是萬有全能的神。假如神認為我這卑微的軀殼尚可使用，則不管醫師護士小姐怎麼說，神都會讓我再活下去。所以我希望你們相信我，當我說我不怕死，也不怕終生殘廢。不過，我倒真想到醫生們的警告，應能促使那些握有權勢的人能快團結起來。像這一班勇敢的男女，在得來不易的自由之下，實應相信那些那怕是被我們懷疑的敵人。勇敢的人是沒有不信任的。如果德里的印度教徒，回教徒和錫克教徒都能團結一致，任何在印度或巴基斯坦其他地方所發生的仇殺，都不足以影響他們的這種團結，那麼我絕食的目的，便算是達到了。所幸現在兩自治領的人民都已清楚地看出來，絕食的最適當反應，便是維護兩自治領間的友誼，使各教派的人民都能坦然無懼地到對方的境內去。自我淨化所要求的，不能少過於此。如果兩自治領其他地方的人們，都只注意到德里，那是錯誤的。歸根結底，印度的人民並不是超人。我們的政府代表人民，現已不顧一切採取了適當的步驟。只要願意，方法是

很多的。那邊的人願意嗎?」

17 日，晚禱會照常。甘地從病榻旁簡短地說了幾句:「我重複我以前所講過──沒有任何事是受絕食的壓力而作的。過去我留意到有些事是受絕食壓力而作的，絕食打破以後，所作的事情便曇花一現。如果仍有這種事情發生，那便是最大的悲劇。任何情況之下，都不應有此可能。精神的絕食，所需要的，乃是內心的洗鍊。如果出於純真，則雖時過境遷，其內心之明淨，仍保如一。倘係外表的洗鍊，則沒有不再黏塵垢的。內心的洗鍊一旦成功，則除非人死，便不致改易。除了作這種解釋外，絕食可以說再沒有其他的功效。

土邦的王子、王公及各方領袖人物，繼續拍電前來慰問，其中也有從巴基斯坦拍來的電報。這些表示，都是好的，但作為一個與人為善的朋友來說，我以為如果巴基斯坦期望自求多福，長保康樂，就應當坦認其應認的錯誤。

這不是說我不願見出於自願的印巴再結合，但我要排除一種觀念，認為應用武力來和巴基斯坦結合。我希望這一點不被誤解，當我此刻正奄奄一息倒在臥榻之上。我希望所有巴基斯坦的人都能瞭解:如果我是為了怕傷害人們的感情，就不說我心裡所想說的話，那麼我是對巴基斯坦的人民不忠，也不忠於自己。如我估計錯誤，應有人忠告我，如忠告能確使我折服，我一定收回我在此所講的話，但這問題現在不發生。

從任何方面解釋，我的絕食不應視作帶有政治的動機。它係出自良知的呼喚。出自潛在的意識。我找德里許多回教朋友來證明。他們的代表每天來看我，向我報告最新的動態。沒有任何王子、王公，沒有任何印度教徒或錫克教徒或旁人，說是替他們自己或是為了整個印度已作了一件大事，在這我認為最神聖的關頭，他們錯誤地導引我停止了絕食。他們應該瞭解，為了精神的緣故而絕食，我是再愉快也沒有的。這一次的絕食，曾帶來我前此未有的愉快。無人需要破壞這種愉快，除非他能自認他已將撒旦扭轉到上帝這邊來了。」

　　1 月 18 日下午零時三刻，甘地打破了絕食，憂心如焚的印度國民始額手稱慶。當天早上，城裡各方面的代表，包括難民代表及受害最重的三個地區，卡羅壩 (Karol Bagh)、沙布錫曼底 (Sabzi Mandi) 及帕哈甘吉 (Pahagang) 的居民代表，在卜拉沙德的主持下，共同集會，簽署了一項甘地在絕食開始時所要求的七點宣言：

　　「我們願鄭重宣告，這是我們衷心的願望，德里的印度教徒，回教徒和錫克教徒以及其他教派的居民，應和睦相處，親如手足，我們保證將保護回教徒的生命，財產與信仰自由，過去在德里所發生的事件，將不再見。

　　我們向甘地保證，每年一度的回教忠孝節，今年亦如往昔，可照常舉行。

　　回教徒可在卡羅壩、沙布錫曼底、帕哈甘吉及其他任何地點自在自如地生活。

　　回教徒所留下的寺院及現被印度教徒與錫克教徒所占用的寺院，均將遷出交還；又劃定為回教徒所住用的地區，將不強行占用。

　　我們將不反對已離德里的回教徒還鄉，如其自願回來，今後回教徒將可各安生業。

　　我們保證上述諸事的實踐，完全經由我們每人的自動自發，努力達成，絕不假手於軍警。

　　我們要求瑪罕的瑪咭相信我們，放棄絕食，並繼續領導我們，一如往昔。」

　　上項文件遵照甘地的意思，分別用波斯文及德氏拉迦里文書寫。阿沙德亦曾出席會議。德里回教徒則係由拉赫曼 (Hifzur Rahman)、沙一德 (Ahmed Saeed) 及摩拉拉‧哈必布‧拉赫曼 (Maulana Habib-ur-Rahman) 為代表。愛國社與大印度教會黨則由達脫 (Goswami Ganesh Datt)、巴山脫勒 (Basanttal) 與達斯 (Narain Das) 為代表。另有錫克教的代表們多人。他們隨後一共推派了一百名代表，前往比拉寓，到甘地臥室中，要求他

停止絕食。其時尼赫魯已早在場，隨後巴基斯坦駐印專員侯賽因 (Zahid Hussain) 也來了。

卜拉沙德首先向甘地報告，他們早一晚曾在他的家裡集議，決定簽署一項志願書。因當時在場的人，尚缺少幾個單位的代表，所以文件簽妥後，並沒有立刻送來，等會齊了所有代表的簽名後，再來呈獻。當天早晨他們又集會了一次，將簽名手續辦妥了。卜拉沙德說在最後一次集會時，他發現在早一天尚有些躊躇不敢簽署請甘地停止絕食的人，現在也都有了充分的信心和責任感。卜拉沙德係以國大黨主席的身分簽名，他說這是大家一致鄭重的決定。德里的正副行政官庫希德 (Khurshid) 與蘭德哈瓦 (Randhaua) 也代表行政當局簽字。卜拉沙德希望甘地就此停止絕食。

哥甫塔 (Gupta) 君第二個發言，他描述當天在沙布錫曼底印回兩教徒所表現的一幕相互友愛的感人場面。在這裡他看到有一個群眾遊行的行列，其中有一百五十名回教徒，受到當地印度教徒的熱烈歡迎，給他們水果與鮮花。

甘地回答道，聽他們的報告，使他深深感動。不錯，他們已給他所要的。不過如果他們所提供的保證，僅限於德里一隅，而不管其他地方變成怎樣，那麼總有一天他會發現，他們也會感覺到，今天要他打破絕食，將被證明是一個極大的錯誤。舉例來說，報上所載阿拉哈巴德所發生的事情，便是如此。愛國社與大印度教會黨的代表們也已在誓約上簽字，如果他們是真心誠意的，那麼對德里以外所發生的不幸事件，當然不能說是可以另當別論的。假如存此念頭，那就是欺騙了神。德里是印度的心臟所在，今天聚集在這兒的代表們，又都是德里的精華。如果還不能讓印度的人民都瞭解印度教徒、錫克教徒與回教徒應親如手足，則兩個新自治領的前途，將是可悲的。似此同室操戈，印度斯坦還能有前途嗎？

甘地說至此處，感情十分激動，他的話由帕麗娜和拉雅爾大聲地再

複述了一遍。然後他又接著講話，要大家捫心自問，免得將來後悔今天所採取的步驟。此刻他們需要在極冷靜的思考下作最勇敢的承諾。他們應該對所提供的保證，清清楚楚地瞭解。它是要大家將德里所作到的一切，不折不扣地推行於全印各地。當然這不是一天的時間就可以辦妥的。不過，以前他們是臉向撒旦的，如今已向神親近了。如果他們心裡並不接受他剛才所講的，或者認為是不能完全辦到的，就該當面告訴他。

最大的錯誤觀念，莫過於只以為印度是屬於印度教徒的，沒有回教徒生存的餘地；或認為巴基斯坦是只屬於回教徒的，而印度教徒與錫克教徒均無容身之地。甘地希望難民們都能瞭解：只有德里能照他所希望的辦妥，巴基斯坦境內才有辦法。他警告大家，他不是一個怕再來一次絕食的人，假如事後他發現被他們所騙，或是發現是自欺而過早打破了絕食。所以，他們應當面對現實，百分之百地認真。他又叫回教徒的代表們，他們是常來看望他的，告訴他是否他們滿意德里現在的情況，就此打破絕食。

隨後甘地又特別對回教徒說了幾句話，他問是否回教徒仍有什麼懷疑之處，不敢拿印度當作他們的國家。今天是不得已而寄居在印度教徒中，將來總得有一天要走的。他希望他們千萬不要存此念頭。同樣的情形，如果有任何一個印度教徒，猶把回教徒當野蠻人或外國人看，那他就是褻瀆了神，犯了最大的罪，是不配在這誓約上簽字的。

隨後甘地提到一本書，是在帕沆拉時一位回教朋友贈給他的。作者在這本書裡寫道，根據《可蘭經》的記載，印度教徒比毒蛇還要可怕，只有入地獄。因此使用一切所有的力量來加速印度教徒此一末日之到來，不僅是無罪的，而且是神所悅納的。他相信任何信神的回教徒，絕不致首肯或甚至暗中同情這種說法。有人指印度教徒是拜偶像的人，但他們所拜的並非泥塑石鑄的偶像，而是內在的神，缺此則任何物質均不能存在。如果有人真以為他在偶像中看到了神，旁人也大可不必去吹毛求疵，因為他所看到的不過是一種幻覺，除了他自己以外，旁人是不會相信的。

我們對旁人的宗教信仰與禮拜，應有寬許的雅量。同樣的情形，如果有人拿《可蘭經》或錫克經當作是神，那又何必去非難呢？

最後在結論中甘地指出，如果大家能踐履今天的諾言，他們就應該讓他離開德里前往巴基斯坦。當他不在時，所有願意還鄉從巴基斯坦來的難民，他們應該一律歡迎。就巴基斯坦來說，這不會是一件高興的事，有這麼些有用的公民要離開；正如印度教徒不會高興讓許多有精巧手藝的回教徒離開印度一樣。優異的技藝不是一天學成的，是積世代傳統經驗而成的。這將是雙方的損失，聰明人是不會願意這樣作的。

甘地再度要大家檢討，不可自欺欺人，此刻要他打破絕食而內心卻並不同意他所說的話。

阿沙德被指定發言，他認為就簽署誓約的事來說，只限於德里的代表們。但他卻不能不就甘地所提出的那本書說幾句話，因為這牽涉到回教教義的問題。他以為該書作者是在曲解《可蘭經》。他隨即引述一段經文，其中明明指示回教弟兄們應視天下人為兄弟，不問其種族與信仰。甘地所提到的那一段解釋，完全是作者歪曲經義，是一部分離經叛道的人的看法。

接著拉赫曼講話，他堅決否認他的同教弟兄不將印度看作是他們的國家，並非迫於形勢不得不暫時寄居於此的。他們三十年來不斷忠於國家的奮鬥，就是鐵證。要他們這時來聲明其對國家民族的忠誠，實係侮辱。他保證如印度遭受侵略，他們必將起而衛國，戰至最後一人。他們曾不止一次地說過，凡不願這樣作的人，盡可到巴基斯坦去。提到最近所發生的事，他認為甘地的絕食，已使德里的風氣改觀。他們十分滿意目前的改變，過去是相互間深惡痛絕，如今卻是和衷共濟。行政當局在誓約上也簽了字，他們相信其必將一一實踐，雖然也許需要一些時間，所以他追隨卜拉沙德，懇求甘地打破絕食。

接著是達脫代表大印度教會黨與愛國社講話。巴基斯坦駐印高級專員胡賽因也發表了意見。他說巴基斯坦的人民都極關心甘地的健康，每

天都有人寄信來探詢。他們都希望以現在的情勢使甘地回心轉意，打破絕食。假如他個人能有所助力，他一定照辦，巴基斯坦的人民也都準備這樣作。

哈巴辛代表錫克教徒也說了話，要求甘地停止絕食。

甘地隨後表示他願打破絕食，接著便用祈禱禮完成了，會中還選讀了幾節印文，回文與帕西文的經典，最後大家朗誦《瑪脫拉經》：「領我們從錯誤到真理，從黑暗入光明，從死亡到永生。」

修道院的幾位院友，接著又唱了一首基督教的聖詩與印度教的聖歌。阿沙德送上一杯果汁，甘地接過來喝了，絕食便宣告停止，所有在場的人，也都分享著鮮果。

甘地從臥床上對著擴音器說，他曾口授了一篇演講，現在可以唸給大家聽。這時是 1 月 18 日下午五時半。

對甘地和所有的人，這天真是一個大好的日子。由於大家的善意，使他能在錫克教主的誕日打破絕食，他覺得十分高興。從絕食開始後，德里市民、巴基斯坦的難胞，以及政府當局所給他的關切，他是永不忘懷的。在加爾各答時，他也得到同樣的經驗。他將絕不忘記沙赫甫為奔走和平所給他的助力，但還有人在懷疑沙赫甫的忠心。他希望大家忘掉過去，愛所有的人，不恨任何人。千千萬萬的回教徒，當然不是個個都係聖人君子，正如印度教徒和錫克教徒一樣，每一教派中，都是良莠不齊的。對那些所謂行為不檢的少數人，是否應存敵意呢？

回教徒遍布世界各地，既然大家抱定與舉世為友的態度，又有什麼理由要仇視回教徒呢？甘地不會算命，但神給他思想和智慧，他知道假如為了某種原因，致令印度的印度教徒與回教徒為敵，那麼必將引起舉世回教徒的憤慨，而印度也就完了。印度，包括兩個新成立的自治領，很快就將淪為外國的殖民地。

甘地接到數不清的善意的祝福，並向他保證德里的印度教徒、回教徒、錫克教徒、帕西族、猶太教徒、基督教徒等，都將如同兄弟般的相

親相愛。他們絕不會再爭吵，巴基斯坦來的難胞，也都這樣的保證。這不是一件小事。假如這種氣氛能繼續保持，則印度一定可得和平，巴基斯坦也不例外。這不是一個人的力量。是所有的人，男的，女的，老的，少的，大家虔誠努力的結果。如果打破絕食的意義不是這樣，那麼他就是錯了，他們會食言而肥，毀掉一切。德里所能作的，整個印度自然也能作；印度有和平，巴基斯坦自然會跟上來。他們不必懼怕，每一個生活在印度教徒與錫克教徒中的回教徒，都應當感覺安全。在此以前，我們是面向撒旦的，從今開始，希望我們都能與神親近。如果他們能這樣作，則印度可以領導世界走向和平。他活著不想再為了別的目的。空口說白話，無濟於事。他們的心中一定要有神。神只有一位，不管人們所用的稱呼是什麼。實現此一真理，世上即無仇恨與暴躁。

　　印度教徒要下決心永戒仇殺。甘地盼望印度教徒與錫克教徒多能讀《可蘭經》，像讀《吉他》與錫克經一樣。他也希望回教徒能同樣尊重印度教與錫克教的經典，亦如尊重《可蘭經》。他們應該瞭解經典的真義，對一切宗教，取同等態度。這是他的理想，也是畢生躬行實踐的。他被稱為是一位聖潔派的印度教徒，不是拜偶像派的印度教徒，但他卻並不反對人們拜偶像。拜偶像的人在偶像中看到神。神是無所不在的。如果說偶像裡顯現的神是錯誤的，何以在《可蘭經》、《吉他》及錫克經等書本中所看到的神，便會是真神呢？這難道不也是拜偶像嗎？我們必須養成對人忍耐與尊敬他人的習慣，就能學到更多的知識。他們應當忘記仇恨，而當生活在和平與默契中。從火車中將人拋下去的野蠻行為，絕不可再發生。人們在印度境內，應均能坦然無懼地自由來往。他不會心安理得停止工作的，除非巴基斯坦境內的印度教徒與錫克教徒獲得同樣的安全保障，從巴基斯坦逃出的人民，樂於返往故土，回教徒則能重返印聯。

　　在口授的演講中，甘地說道：「為了真理，也就是為了神，我開始絕食。不生活在真理中，不見有神。我們常假藉神的名，假冒為善，屠殺

無辜，擄掠迫害，恬不知恥。我不知是否有人亦係藉真理之名作此不義之事。今天我亦以真理為名，打破了絕食。我們的人民所受痛苦之深，實已不堪忍受，卜拉沙德約集了一百名代表，分別代表印度教徒、回教徒、錫克教徒、大印度教會黨、愛國社、以及從旁遮普、信德、西北邊省來的難胞等，其中還包括巴基斯坦駐印高級專員，德里行政首長，自然還有坐著像一尊菩薩般的尼赫魯也在內，齊集我處。卜拉沙德宣讀了一份由這一百個人簽名的文件，要求我不要再加深他們的苦厄，打破絕食。從巴基斯坦及印度各地拍來的無數電報，也提出了同一的願望。我不能拒絕這許多朋友。我不能懷疑他們所提供的保證。他們保證一切教派均當友善相處。失去此種精神，民族便不能存在。

當我寫這篇講稿時，慰勉的電報繼續湧進。但願神能賜我以足夠的心力與忠誠，為我的國家，負起擺在我面前的責任。如果今天所提的諾言，都能實踐，則我向你們保證，我將求神賜給我加倍的精力，使我能獲享長壽，以便為人道而服務。有的人說這種長壽至少可活一百二十五歲，也有人說是一百三十三歲。誓言的內容，已超過我原所預期的，我感激德里市民對我的善意，包括大印度教會黨及愛國社的領袖們在內。從昨天起，成千的難胞們並已為我開始了絕食，我還能說什麼呢？各地寄來的簽名保證書，一天一天的增多，世界各地拍來慰問的電報也不斷送來，那有比這更能證明神是給我以援手的呢？但是文字的保證以外，還有一種精神上的誓言，沒有這一分精神，保證書是毫無意義的。這個精神便是印度和巴基斯坦境內所有各教派間的和睦相處。這兩個國家的情勢真是互為影響，絲毫不可分割的。但願神能像過去六日中一樣，繼續領導我們。」

1月19日，甘地的書面演講提出宣讀了：「謝謝印度及世界各地人士為關切我而拍來的慰問電報。這證明我的步驟正確。自然，我也毫不懷疑。我不懷疑亦如我深信神的真實，神即真理。現在又有不斷的賀電拍來了。朋友們想可原諒我沒有拍電致謝。這是事實上不可能的。我盼

望朋友們不要等候我的覆電。我只想在此舉出兩個電報作例子：一個電報是西旁遮普首席部長拍來的；另一個是波帕邦的首相拍來的。他們正是目前極被人所誤解的兩位。且讓電報本身來回答吧。如果電文是虛偽的，那麼拍電報的人就利用我打破絕食的莊嚴時會，來自欺欺人了。

波帕邦的首相在電報中指出：『你的呼籲所有教派人士內心的默契，不會得不到兩個自治領以內普遍善意支持的，正如任何呼籲印、巴兩國應加強瞭解與友誼一樣。我們在波帕邦，近年本著和協共處，一視同仁的精神，幸而從未發生不幸事件，在這艱困的歲月裡，維持了和平。我們謹向你保證，將繼續本此精神，盡其所能，發揚友愛。』

我現在再引西旁遮普首席部長的全電如下：『西旁遮普政府對你為崇高理想所作的偉大貢獻，謹致虔敬的祝賀。本政府一向堅持全力保衛少數民族生命財產並予以平等待遇的原則。本政府向你保證，將繼續全力以赴。我等亟望印度境內情勢好轉，俾能使你打破絕食。為了挽救像你這樣珍貴的生命，本省的人民，只要能夠作的，一定毫無保留地全部奉獻出我們的力量。』

在這個糊塗一窩蜂的時代裡，我要警告大家，如有任何人也想貿然絕食，並且希望在同樣短的時期內也能發生同樣大的效果，那將是愚笨的。如真有人這樣做，他一定會感到灰心失望，認為絕食是荒誕不經的。絕食的人必須要具備兩項要件，第一是相信神，第二是應神的感召。除了神的感召，還應當謹守正義，長期地念念不忘奮鬥的目標。換言之，絕食前必需作長期的準備，所以不能草率從事。

德里的市民和難胞，任重道遠。大家應該多多接觸，互相信任。昨天我看到了許許多多的回教姊妹，這情景真令人感動。在我一旁的女孩子告訴我，她們坐在比拉寓的院子前躊躇了許久，不知道是否能看到我。她們大多披著面紗。我吩咐讓她們進來。我指出她們在父兄前即可除去面紗，為什麼不能看我也像她們的父兄呢？所有的人立刻都拿下了面紗。回教姊妹們在我面前揭去面紗，這不是第一次。我提到這件事，是要說

明像我自認為如能這樣愛人以道所能做到的事。印度教與錫克教的姊妹們應該去探望回教的姊妹們，建立共同的友誼。她們在節日的時候，應該相互邀請過節。回教的男女孩子們應能進普通的學校，不要只限於就讀於回教的學校，他們也應能共同遊樂。不僅不可再有抵制回教徒的情事發生，而且應勸導他們復工復業。德里如果沒有這許多手藝很優良的回教徒，那是十分可惜的。印度教徒與錫克教徒如果存心要使這些人失業，那是十分悲慘的。一方面當然不容壟斷，可是同時也不得有排斥的情事發生。在我們這一個偉大的國度裡，人人都有其容身之地。現在和平維持會既已組成，絕不好閒著睡覺，像外國有許多掛招牌的委員會一樣。你們希望能讓我繼續活在你們中間，唯一的條件，就是要使印度的所有教派均能和平相處，不是憑藉暴力，而是發揮高度的民胞物與之愛，在世上沒有比愛更能使大家精誠團結的。」

甘地絕食的成功，國際間均予以一致讚揚。法國《世界報》說：「瑪罕的瑪咭‧甘地的祕密武器──遠久以前，福音和先知們所描述的那種精神的潛力 (spiritual violence)──可能將被證明乃係對抗原子彈的最有效武器。他的聲音傳遍至印度以外。在我們西方世界裡，到處充滿著暴力的聲音，人們無法充耳不聞，可是在這許多聲音中，甘地這種超越時代的呼聲，卻是我們所必須聽從的。在原子世紀裡，總有一天，人們會被迫不得不聽從一種聲音，那種聲音豈不就是這個呼聲嗎？」

《世界報》又謂甘地已獲得了在他一生中由絕食所得到的又一次勝利，德里的印度教徒與回教徒提出了和平的誓約。該報的編者指出，在社論中不評述那些常見的卑鄙惡濁的黑暗政治，那是很少有的事，「可是更稀罕的事，乃是他們能在這動亂不安的時代裡，居然也能有機會來撰寫精神可以戰勝暴力的文章。經由甘地，東方世界又給我們一個教訓，即在恨的革命之外還存在著另一種的革命。善良的甘地，聖雄甘地，不是軍閥或政客，再度證明了他自己乃係我們這一時代中最偉大的叛徒。」

巴基斯坦外長沙弗諾茲罕告訴成功湖的安理會說：「由於絕食的結

果，印、巴之間，有一個新的鉅大的友情需要之浪潮，正氾濫於半島上。」

五、甘地證果

甘地致力於印回和平親善的工作，特別是堅持國大黨應避免流血，接受分治計畫，又指示獨立後的印度政府在財政困難的時候，信守協議，撥付巴基斯坦五億五千萬盧比的鉅款，同時以絕食毀身來擔保德里回教徒的安全，這許多事情在偏激狹隘的一部分人看來，簡直是助紂為虐，向巴基斯坦投降，因而恨惡甘地的情緒，已暗中醞釀。若干激烈的大印度教會黨人，並且誤認只要除去了甘地，便能摧毀巴基斯坦，恢復大印度之統一，而當時受盡折磨苦難的印度難民，也可獲得安寧。一個大的政治陰謀，早在 1947 年的 8 月，就已經在納坡里 (Nagpure) 一帶的地下幫派中，開始祕密活動了。其中最重要的是愛國社。

愛國社是大印度教會黨下的一個幫派，自稱其社員有七十萬人，創立於 1925 年，是由一名納坡里的醫生赫其瓦 (K. R. B. R. Hedgaavar) 所創辦。1940 年指定哥爾瓦卡 (M. S. Golwalkar) 為繼承人，此人為印度教大學的動物學教員。他們的結社宗旨都是以維護印度教徒的利益為出發點，強調要喚起人們對古印度之光榮偉大的懷念；撲滅印度教徒間因宗派、地域、階級、語文之不同而產生的分裂現象；激勵人們對國家服務犧牲及無私的熱忱；誘致人們習於有組織的、紀律的、合作的生活；恢復古印度的文化。在他們看來，一千年以前印度已經有了大一統的帝國（指印度教王朝），一萬年以前印度土地上即有了人類的活動。回教王朝與英國殖民地政府合計也不過八百年，在印度源遠流長的歷史中，並非重要的部分。回教徒和英國人都是外來的，必須驅逐或消滅的。印度教徒為了生存，必須排回、排英、尤其不能容許巴基斯坦的存在。

愛國社的總部設於納坡里，即赫其瓦首創該社的地方，社中最神聖不可侵犯的為社旗 (Bhagwa Dhwaj) 是一面番紅色的旗幟，代表整個社的靈魂，所有社員見到社旗，必須行最敬禮，用右手掌向下，平舉至右胸

前，較希特勒國社黨的敬禮，只多轉了一個角度，社員分兩種，年滿十八歲以上，宣誓服從社規的，即可加入為正式會員，誓辭用梵文。未滿十八歲的即按年齡之不同，吸收為兒童隊或少年隊，由社施以各種訓練。社員在集會時，須著制服，白色無領襯衫，黑帽，卡其布短褲。

最基層的組織為小組，社員滿五十人即可以成立，小組之上有分部，區部，支部，按地域的大小而定，每省有一支部，人口滿十萬之地設區部，滿五千人口者設分部。省之上即為總部，總部為高的行政機構，執行一切決議，但總部還是對大頭子負責，大頭子的產生，係指定繼承而不是經過選舉，命令是從上到下的，負責卻是從下向上的，所以大頭子是至高無上，是最後的權威，社中命令或通知，多用口述或專差遞送，社會活動通常不留記載，社員也不納會費，僅每年樂捐一次，所得款項，由各級頭目用私人名義存入銀行。

社員的活動以小組為主，每天早晚必須抽一小時的時間，至指定的地點集會，集會時穿著制服，先祈禱，然後體操，最後傳遞每日命令。因此，社中每有動作，其傳達命令的速度，有意想不到的神速，當1949年7月印度政府准許愛國社再公開活動的消息，在前一日傍晚公布，第二天絕早，在德里就看到成千的騎著自行車的社員，在馬路上呼著口號；當他們的大頭子到達德里火車站時，便有二十五萬人的大會，在那邊集合歡迎著他。因為它組織的嚴密，所以結成一種潛在的力量，除了經常的每日有朝會或晚會外，又由各級負責人指定特別的講師，向社員講解古印度的情形，遇有特別的節日，則臨時通知社員，往郊外作種種活動，據說，在1948年愛國社最反對國大黨執政者及甘地主張的時候，在德里的一次社員群眾大會裡，每一社員都分發有尼赫魯的小紙片畫像，踏在每人的鞋裡，表示憤慨的抗議。當然，這一類的動作，他們是不公開承認的，如同中國民間的傳說中，有謂炸油條就是炸秦檜的故事相類似。雖然，沒有人能找出確鑿的證據，但傳說卻是流傳廣遠。

作者在德里時，曾見著愛國社的大頭子哥爾瓦卡，這個正是四十三

歲壯年的神祕男子，胸前卻掛著尺來長的長鬚，他沒有結婚，而且也不預備結婚，社員就是他的子弟，他將現在社員們的活動，都稱之為文化活動。雖然他並不反對社員加入任何政治集團，但對於現在印度的版圖，他是不同意的，他還是主張印回未分治前的版圖，作為印度的疆域，他強調文化高於一切，個人必須為恢復古印度的文化而服務，個人必須為國家而服從紀律，準備犧牲。凡反對這種文化洗禮的人，便是他們的敵人。因而，主張非暴力與親回的甘地，當然便成了他們的第一號公敵。

1948 年 1 月 20 日，甘地停止絕食後兩天，當出席比拉寅晚禱會時，曾有人投手榴彈謀刺甘地，距他坐處五十碼爆炸，幸未傷人。一個自稱從西旁遮普逃出的印度教難民青年馬丹藍爾 (Mandan Lal) 當場被捕，懷中另有一枚尚未使用的炸彈。當時爆炸聲，遠近皆聞，但甘地坐著未稍驚動。

甘地絕食後體力衰弱，用極微細的聲音，向聽眾們講話。他說德里作了一件大事，他希望所有簽名保障和平的人，是由神和真理作見證。他說曾有一位大印度教會黨的負責人，反對上項保證。他極難過。如果德里的市民及來此的難胞，均能鎮定不受他處的紛擾，他們就能拯救印度和巴基斯坦。德里是一個古城。如果德里能守真道與非暴力，必將使全世界震動。如果他們細細研讀帕迭爾在孟買所發表的演講，就知道帕迭爾、尼赫魯和他本人之間，並無歧見。他們為了同一目的而工作，儘管表現的方式可能不同。他們都不是回教徒的敵人。對回教徒友善亦即對印度友善。他最起碼的希望，是大家不要玩法輕舉妄動。那將是整個社會的末日。他們必須作受人看重的公民，讓政府來執行法律。他們和他們的報紙，不是毫不留情地誇大譴責美國人虐待黑人的野蠻嗎？他們現在這些同樣的行為又能算不是野蠻？

其次甘地提到他曾聲明現在可能會前往巴基斯坦的話。但除非巴基斯坦政府深信他是一個愛好和平的人，是回教徒的朋友，且歡迎他去巴基斯坦，否則此行是不可能實現的。然而，他是否能啟程，無論如何都

得等待醫生的決定。醫師們說他至少要兩星期才能恢復消化機能，至於吃硬的食物，還要更長的時間。目前所進的流質食物包括果汁、菜泥與羊奶，足夠支持一個人的精神活動。

提到印度教及錫克教難民的痛苦遭遇，甘地說尼赫魯正在盡最大可能盡早減輕他們的痛苦。尼赫魯為難胞們的工作，真是焦心苦思，解衣推食。他的寓所已住滿了難胞。作為一個印度的首相，他得招待國賓，國內或國際的友人，但他仍願意讓出若干房間作難民住宿之用。他希望其他部長們或擁有廣廈的人們能起而效法。甘地認為高級領袖們能具此自我犧牲的精神，當獲世界稱許並能縮短無家可歸難民們的痛苦。這將使難民們獲得慰藉，在他們的美好國土上能產生這樣好的偉大人物，擁有如此奇妙的犧牲服務精神。尼赫魯真是國寶，當然還有其他人，不過不如他的顯著。如果他們的領袖們能如此為人民服務，則人民就不當傷害回教徒，因為這等於是傷害了他們的領袖。

1月21日，甘地在晚禱後提到早一天爆炸的事。他得到不少人的殷殷致意關切，並讚佩他當時的鎮定。他以為那是軍事演習，所以一點也不驚慌。他到晚禱會結束後才知道那是炸彈爆發而且是蓄意加害於他。只有神知道面對炸彈應當如何處理。所以，他不值得被人稱許。只有當他被炸中，而尚能面露笑容，毫無責難兇手的意識時，那才算是及格了。他現在所要說的，就是希望大家不可輕視此一誤入歧途的青年。也許他認為甘地是印度教的敵人。經文上不是記載著嗎？如有任何人膽敢破壞宗教，神就會差人去結束他的生命。這段經文有其深義。但是這位青年人必須知道，和他意見不同的人，未必就是壞人。壞人是不能容忍好人的。也沒有人，不論男性或女性，可自認為係替天行道而隨意殺人，就算他被這青年認為是壞人也一樣。

甘地聽說這位青年無家可歸，借住在回教廟裡，如今警察要借住在廟裡的人遷出，他因此發怒。強住在廟裡，已是不對，反抗當局的命令，更是不對。

　　甘地要勸那些替這位青年作後盾的人，不要走入歧途，這不是救印度教的辦法。挽救印度教只有採用他所倡導的方法。他從孩提時起即嚴守印度教。當他害怕時，嫘姆就教他依靠拉瑪。隨後他又曾與基督教、回教等宗教接觸，經過客觀的研究，他仍舊堅信印度教。今天的信仰仍如兒時的堅定。他相信神要用他作為救印度教的器皿，他喜愛、歌頌並樂於執行此任務。無論如何，人在替神服務前，必須繼續信守宗教並深研教義。

　　有錫克教朋友來訪，表白他們與炸彈案無關。甘地知道那青年不是錫克教徒。但他是錫克教徒、回教徒或印度教徒，都無關係，他希望大家都好。他曾囑咐警察局長不要虐待那青年。他們應該說服並爭取他，使其改過從善。他應該使那青年及指引他的人都明白自己的錯誤。因為這事對印度教、對國家都是有害無益的，他不知道他所作的錯了。他們應該原宥他。如有人不同意他的絕食，但為了維持和平，救一個國家的老僕人，則錯誤在他們，而不在拋炸彈的這個年輕人。反之，如他們的確是真心簽約保障和平，則像這樣的年輕人，終久會改變思想的。

　　甘地希望聽眾們仍然來繼續出席晚禱會，不要理會一枚炸彈或是鎗林彈雨。他聽說協助逮捕上述年輕人的是一位目不識丁的可憐婦人。他很高興知道這消息。可見只要是心志堅定而善良，則是否識字，並無關係。對她的勇敢，他致賀忱。

　　隨後甘地提到在絕食時所收到的一封信。寫信人說當他在 1942 年絕食時，國內到處有暴動，倘如今他絕食死了，勢必全面暴動，這豈非不人道？所以寫信人勸他為了人道關係而停止絕食。甘地說當他被關在監獄中，那時的確有暴動，但今天假如單因絕食而死，應不致有此恐懼，然而在絕食開始時，他的確考慮將有暴亂。克里希拉（Lord Krishna，印度教聖人）死前，雅達瓦斯（Yadavas）人就曾自相殘殺。但甘地仍堅信道義的力量。假如人民真變得像雅達瓦斯人一樣的殘暴無理，神看不出再有別的方法，則也就只有將平凡的他當作悲劇的祭品。他將自己完全信

託與神，不再考慮其他後果。但在絕食中他留意看到的，卻給他以希望，印度尚不致如此地自毀其前途。

結論中甘地表示對回教徒已能在德里自由來往，感到滿意。他勸大家繼續自潔，將心獻給真理的神殿。

1月22日，是絕食後第一次甘地能自己步行到晚禱場。他說體力在不斷復元，希望不久就能趨於正常。

甘地接著說有朋友寫信給他，認為尼赫魯等部長們儘管拿公館來收容難民，但難民問題絲毫原封未動。甘地同意部長們的公館頂多只能收養幾千人，但問題不在收容的數量多寡，而在部長們所表現的民胞物與模範。英國人常對英皇為了人民而節食表示感激。所以文明的人，都該稱許並重視領袖們的這種義舉。尼赫魯已為全國作了榜樣。事實的確如此，前來德里的難民日多，這證明他們都認為到了德里便安全得多。尼赫魯的榜樣，證明已為大家所共知，但也同時證明了我們其他人自奉未減。

第二個引起甘地關切的困難問題，是國大黨沒有發揮力量，在過去他們曾提供了無私，簡樸且合於理想的服務。在那些日子，募一千盧比都極困難。如今國大黨政府經管著億萬盧比，他們可以隨意募幾多。難道他們要像舊治時代那樣的濫用嗎？似乎有人認為印度的領袖們與駐外大使們，在用錢生活上，一定要配得上印度獨立的地位，就像獨立的英美國家的官員們一樣。他們認為這種開銷是必需的，一定要維持印度在國際中的地位。但他不作如此想。獨立不在拿開銷、時髦來表現。我們還沒有作到量入為出。我們沒有妙法可打腫臉充胖子。印度在國際上的地位，有賴於崇高的道德，這是消極抵抗所憑以贏得印度獨立的力量。在這方面，印度還沒發現有旁的國家在競爭。他們之中，無論大小，均係以軍備自豪。這是他們的資本。印度只擁有道德資本，應隨著需要而不斷提高。另有人說，國大黨曾自稱為革命黨，但今已執政，就可以懈怠。老百姓批評部長們受薪過高，一般的國大黨黨員等，也想著優厚的待遇，完全不顧到預算。原先月薪一百五十盧比可以過活的人，如今毫

不遲疑地要求支薪五百盧比。這些人總以為如不領高薪，不維持過去文官部官員的排場，便不能稱心快意。這不是服務印度的方式。他們不應當忘記，人的價值並不在於他能賺多少錢，最要緊在能淨化自己，以行動爭取正義。

1月23日為鮑斯冥誕，甘地在晚禱辭中提到他。通常他記不住像這種日子，他也不看重生日或忌辰，他不知道這與其他日子有何不同。但有人向他提醒，正好利用這機會提到鮑斯的生日，雖然這位愛國者是主張暴力，而他卻是反對暴力的。但有一點應該注意，鮑斯是沒有地域觀念或教派觀念的。鮑斯所編練的國防軍，來自印度各地，均對他愛戴如一。曾有一位律師朋友問甘地，印度教的確切定義是什麼。他雖然是一個正統的印度教徒，但無法對此下定義。他已經多年不使用法律名辭了。他也不曾從宗教學裡找到這樣一個定義。但就一個門外漢來講，他可以說印度教就是尊重所有其他宗教的一種宗教。在他看來，鮑斯可算是印度教徒。為了紀念這一位偉大的愛國先驅，大家都應當掃除教派鬥爭的意氣。

近兩天以來，參加晚禱會的人數，愈見增多，特別是在1月25日星期天，到的人最多。甘地指出來自各方面的保證，都說德里的教派衝突情勢，已經穩定，毋需操心了。印度教與回教的朋友都來告訴他，兩教派間均已在努力溝通，人民也在覺醒，如長此鬥爭，大家都不能安寧，這消息使他很高興。鑑於此種情勢的進展，他建議大家再進一步，每一位印度教徒和錫克教徒，至少都帶一位回教徒來參加晚禱會。

其次甘地提到從次日起便要開始慶祝的回教先聖節。在暴亂中，德里的回教聖陵曾受到破壞，現在被毀部分的磚石已經移走。這幾天正在加工修復。在過去，印度教徒和回教徒都要在先聖節來瞻仰聖陵。假如印度教徒仍能帶著和平怡悅的心情，像往日一般地前往瞻仰，那就夠偉大了。他希望回教徒們在前往謁陵時，要妥為採取安全措施，並請少量警察到場維持秩序。並希望他們自己一個個都自行負起維持秩序的責任。

全世界的眼睛都看著他們。全球各地都有電報來，中國、非洲、歐洲和美洲的國家，對他們在德里所表現的一切，都致電表示關切與欽羨。他希望大家都能不負世人的期望。8月15日經由非暴力鬥爭所獲得的政權轉移，在世界史上是一件了不得的大事。但過後就糟了，印度教徒、回教徒、錫克教徒自相殘殺。他想，這應該只是一時的現象，希望不會變成永久的世仇。

甘地盼望不久能讓他前往瓦爾達。但一定要得到大家的支持，保證在他離開時仍能維持平靜。他也想赴巴基斯坦。但就法律的地位來說，巴基斯坦已是外國領土，除非巴基斯坦政府准許，他才能進去。

其次甘地又講到這兩天正在開會的國大黨中執會。他透露會中正在研商依方言重劃省區的問題。尼赫魯與帕迭爾均參加是項會議。國大黨過去已曾採取此項原則，並曾宣布其一旦掌握政權，將依憲治途徑，在增進文化的原則下，重劃省區。但此項劃分，絕不容損及全國機能的統一。自治不是，也不應是分裂，否則各省便可獨行其是，紛紛脫離中央而獨立，如各省均自視為獨立性質，則印度的獨立便毫無意義，自由也必因此而喪失了。

就國大黨看來，印度獨立的性質是建築在地方自治的基礎上。但地方卻從中央獲得力量，正如中央從地方取得權力一樣。如因此而造成偏狹的分省主義，彼此對立，例如泰米爾對安達拉、孟買對卡拉塔克，那就糟了。如各省的方言能充分發揮，則按方言重劃省區有其意義。印度斯坦語將成為全國性的通用語，但不能替代各省自有的方言。它不能像英文一樣，成為各省傳授智識的唯一媒介。它的功能只在促使國民瞭解全國有機的統一關係。國際上不知道有什麼古茶拉迭人、麻哈拉希脫拉人或泰米爾人，只知有印度人。所以我們必須排除畛域觀念，思想行為都作一個印度人。大家有了此一基本信念，則語言重劃省區之事，應給教育與貿易一種動力。

甘地極望大家不必組織劃界委員會來重劃新界。那是外國人的辦法，

為大家所不取的。最好的方式是有關方面自行決定，然後送請首相批可。那才是真正的獨立。交由第三者劃界委員會來辦，這不是獨立。他們必須要能互讓互助。

第二天，甘地的晚禱辭，用書面宣讀：「今天是 1 月 26 日，獨立節。我們曾為渴望的獨立而奮鬥，紀念它是應該的。可是現在我們已獲獨立，卻誤入了歧途。儘管你們不作如是想，我卻是這樣看。

我們今天慶祝什麼？當然不是為了走入歧路。我們有理由為未來的希望而慶祝，希望最壞的日子永不再來，我們已邁上進步的大道，讓鄉下最卑微的人也看得見，他的自我自由了，不再是生來就為大都市賣命，他們憑藉其好好設計的勞動成果，注定了是可以剝削都市居民的，他是地上的鹽，各階層各教派均能平等，多數絕不欺凌少數，不管它是如何的強大。讓我們不要使大家失望灰心。可是像現在這樣無法無天，又怎能不使人灰心呢？這都是我們的弱點所在，勞工應重視自己的力量與尊嚴。資本家與勞工比，既無力量，也無尊嚴，和街上所碰到的任何人，都沒有不同。在一個上軌道的民主社會裡，無法無天或暴亂的事，絕不致發生。在這樣的社會中，盡有合法的途徑伸張正義。任何形式的暴力，均將禁止。像考坡 (Cawnpui) 或其他煤礦區的罷工，這是對整個社會的損失，包括罷工者自己在內。我想不必再提像我曾多次領導過罷工的人，所說的這話，一定不會是假的。如果有人懷疑，他們就不應忘記，那時我們既沒有獨立，也沒有像今天所掌握的立法權力。我在設想，印度是否能不陷入今天東方或西方，都在追逐強權政治或競爭權力的窠臼中。

在結束今天的話以前，讓我們希望著，地理和政治上的分割，不應阻止我們雙方間兄弟般內心的愛與相互的尊敬。」

27 日，甘地接見英國記者馬丁 (Mr. Kingsley Martin) 的訪問。甘地解釋道，嚴格說來，獲得自由的那一刻，並非即係非暴力的那時刻。除非它是經由非暴力獲得的，像最近我們所得到的自由，也許可以這麼講。他發現此一真理，是在赴洛卡里朝聖的時候，從此他不斷向人道述。他

覺得獨立革命時期的非暴力鬥爭，不足為訓，因為我們之所以採用非暴力抵抗白人，實因我們沒有作戰的力量。

隨後甘地回憶道，過去曾在南非反對過的一位百萬富翁，在一次群眾集會裡，他介紹甘地給大家見面，稱之為軟弱的消極抵抗者，因為在那兒的印度人，既無土地，又無權勢。甘地立即起而糾正道，真正的消極抵抗，被人誤解為弱者的武器。但耶穌也曾被人稱為消極抵抗之王。耶穌真是弱者嗎？人們忘記了靈魂的力量，真正消極者所具有的力量，乃是強者的力量。

馬丁又指出，人們以為非暴力是一種好的政治武器，但如遇著像今天克什米爾的情形，或希特勒那種殺人不眨眼的人，這非暴力又將如何使用呢？甘地笑著回答道，他不是政府的負責人，所以不能指導政策；他也從未想到今天的政府是相信非暴力的。他記得阿沙德曾說過：「一旦我們執政，我們就不可能奉行非暴力主張了。」他那時也在笑自己，同時想到托爾斯泰所寫《傻子伊凡》的故事。印度典籍中也有不少這類的故事，他僅提《傻子伊凡》這部書，是想到馬丁可能也讀過的。伊凡堅守非暴力，就王位以後亦復如此。甘地指出真正堅信非暴力的人，他絕不可能自己掌權，他只是從所服務的人民那兒取得權利。有這樣的人，這樣的政府，則組成非暴力的軍隊，那是完全可能的。選民們自己會說：「我們不需要任何軍事的防衛。」

非暴力軍隊將使用清潔的武器，反擊一切的不義或抵抗侵略。「非暴力並不反對人對敵人作戰的權利，所謂敵人是指人所作的惡，而非人類的本身。」甘地接著說假如他是錫罕阿布多拉這樣的領袖，他一定會有這樣一支部隊，但錫罕阿布多拉卻有他自己坦率的看法。

記者提到一項分割克什米爾的建議，即回教徒占多數的地區如旁溪(Punch)劃歸巴基斯坦；克什米爾山谷區則併入印度。甘地對此，毫不遲疑地加以否定。他確認在印度或印度任何一部分，都不能這樣子分割。這種禍例，不應再有。「試以海德拉巴為例，你能將海德拉巴城從整個邦

裡分出來嗎？像這樣的地點，印度有的是，如此分法，勢必將整個印度毀滅。」記者指出海德拉巴的情勢究竟不同，而邊境上的地區，多少帶有特殊性質。但甘地堅持任何的邦，即使位於邊疆，也不當分割或獨立。接著記者便提到吉爾吉迭 (Gilgit) 的問題，甘地說當斯林拉迦 (Srinagar，克邦首邑) 作此糊塗決定時，他正在克什米爾，當地人民正在慶祝該邦併有吉爾吉迭。他聽到這消息很難過，因為他懷疑克什米爾能占有吉爾吉迭多久。對英國人來說，這也是咬的一大口。英國過去的政策，是盡量擴張印度領土的邊疆，實在不是正確聰明的辦法。如果克什米爾併入印度，大體說來那也應該是出於人民的意志，他們會這樣作，他們也知道吉爾吉迭今天不是印度領土的一部分。否則，必有人會喊出重占吉爾吉迭的口號，問題就多了。他說，英國已將印度造成政治上的一個整體，印度必須繼續保持。

在回答巴基斯坦應如何處理部落民族的問題時，甘地道：「我願以一個非暴力主義者的立場接受譴責，去征服部落地區，不是去迫害或殺害他們，而是去替他們服務，你們的傳教士不也常被野人吃掉嗎？」

記者嘆息道：「唉！美國、巴勒斯坦或蘇俄，可惜無甘地！」

甘地笑著道：「那當然更糟！」

在回答旁溪為何不能被併入巴基斯坦時，甘地指出這是不切實際的，印度和西北邊省將戰無寧日，而且這將首開惡例。因為這種袋形地，印度到處皆是，例如西孟加拉省境內的墨希達巴德 (Mushidabad)。印度政府和巴基斯坦政府在政策上的最大不同之處，即在於印度政府不信分裂主義，巴基斯坦則否。甘地舉卡西阿瓦為例。巴基斯坦想肢解卡西阿瓦，併有其中的約拿干德。肢解卡西阿瓦，但事實上它是不可分割的，這豈非不可想像？在他看來，瓜分的政策，根本是錯誤的。他承認有兩位知名人士曾向他提議瓜分克什米爾，但已堅決地答以「不行」。

結論中，甘地要記者在研究問題時，須深刻而不可失之膚淺。他自己所努力工作的，乃是促成印回精神的團結，不僅在印度，而且要在巴

基斯坦，他將繼續朝此努力。

1月27日，甘地寫了一篇文章，題為〈國大黨的地位〉：「印度國大黨，係最早的政治結社，曾歷經多次非暴力的鬥爭，贏得了印度的自由，今天不能就此消滅。國大黨只能與民族共存亡。一個有生命的組織，一定是繼續發展的，不然便已死亡。國大黨爭得了政治自由，仍待爭取經濟自由、社會與道德自由。這些自由較政治自由更難爭取，因為它們是建設性的，不夠刺激顯著。所有建設性的工作，必須團結多數人的心力始克有成。

國大黨在爭取政治自由的鬥爭中，曾作初期必要的貢獻。最艱鉅的工作，尚待完成。就實行民主較困難的一部分來說，無疑已恢復了雖衰落但仍擁有選舉權的村鎮，以大眾民主之名，建立並推翻了若干的機構。我們當如何披荊斬棘前進呢？

國大黨必須放棄那種只著重徵收黨員的辦法，充其量總不會超過一百萬人，到那時也無從辨識。應知道黨有幾百萬不為人所知的徵收員，可能從未被運用。黨應從現在開始配合選民登記的工作，同時進行。不要讓假名字登記，也不要讓合法的名字漏掉。至於黨的本身，它應該是一群替國家服務的僕人，隨時盡其本分工作。

不幸目前大家都集中在爭取城市的黨員，其實應該移其注意力於鄉村，人才下放。這些人應在其周圍，依法登記，為選民服務。當然許多黨派許多人都會這樣作，誰的服務成績最好，誰就勝利。這樣，也只有這樣，國大黨才能恢復其在全國的優越地位。昨天的國大黨，也許不是國家的聰明僕人，但它是神的僕人。讓國大黨現在向國內外宣布，它只是不折不扣的神的僕人。如果它只作權力之爭，總有一天，早晨起來一看，一切完了。謝天謝地，專作權力之爭的，好在尚不止國大黨一黨。

我這裡只是就遠景提出一個開場白，如有時間精力，我希望再為文討論人民公僕應如何提高他們在成年人中的估價。」

兩天以後，甘地又勾畫出國大黨革新的藍圖：「印度雖瓜分為二，但

已憑藉國大黨所提供的方式，爭得了政治的獨立。作為一個宣傳與議會政治的機構，現有組織形式已不適用。印度除了都市以外，尚須繼續為七萬個鄉村，爭取經濟、道德與社會的獨立。民政高過軍權在印度走向民主政治的進步途程中，是必然的。國大黨必須放棄與其他黨派或宗教團體作那些無謂的競爭。為此故國大黨中執會決議廢止現有組織，改成依下述原則改組成為民服務的組織，並有權於必要時加以修改。

　　每五個成年男女的鄉村居民或具鄉村思想的人，得組成一小組。每兩個小組合組成一工作單位，得自選領導人。每一百個小組應另選出五十名初級領導人及中級領導人一名，前者服從後者的指揮。平行的小組應繼續建立，普及全國。所有中級領導人不僅對所在地區服務，且應聯合起來對整個國家服務。必要時，他們當中可再產生一位領袖，以協調並策劃各區的工作。

　　（省區最後的劃分，目前尚未確定，因此上述小組公僕的活動範圍亦未作明確規定，應由將來各小組建立後，再行會商。每一公僕之權力應經由服務而取得。）

　　㈠每一工作者，必須穿著自紡自織或經土布協會認可的土布服，必須絕對戒酒，如係印度教徒，其本人及家屬更應掃除任何形式的賤民觀念，應相信教派團結，機會及地位均等。

　　㈡應與轄區每一鄉村保持個人接觸。

　　㈢應組訓鄉民，並設置一登記員。

　　㈣每日工作必須記載。

　　㈤應使村民合作，作到每一鄉村皆能賴其農工業自給自足。

　　㈥應倡導衛生清潔運動，防止疫病。

　　㈦應教鄉民知養生葬死的最合理方式。

　　㈧應使符合規定的選民，皆能入冊。

　　㈨應鼓勵尚未註冊的成年人取得選舉權。

　　㈩應使其本人不斷自我教育，嫻熟各項法規及黨中決策，俾能負起

任務。

　㈛應與下列民間團體合作：全印紡織者協會，全印鄉村工業協會，神之子民社，印度斯坦服務社。並為其募集基金，從事各種服務工作，尤應著重濟貧捐。」

　1月27日，甘地前往回教聖陵巡禮，深為頹牆殘垣所動。原不想在此講話，但為在場群眾的熱望所感，他說自從聽人講今年將難在此舉行謁陵典，就覺得十分難過。可是今天德里的市民，竟能共起證明謠傳之不真，他認為極滿意。如德里的所有印度教徒，回教徒與錫克教徒皆能廓清雜念，決心停止自相殘殺，讓印度與巴基斯坦像兄弟般的攜手起來，則我們在世界上將會受到極高的評價，而不致被指為係野蠻的殘殺。我們都可知道有兄弟分家的事，但何必分家成為敵人呢？他的答覆是「不會的」。果真如此，全世界都會笑他們傻。他甚至要罵他們是沒有受過教育的。當他停止絕食時，他們曾保證彼此和平相處，親如家人。他們應當現在重申保證。所有宗教，歸根結底，是一個，雖然其外表不同，亦如落葉歸根一樣。樹葉距離樹幹只有遠近之分，但其來源則一。但同時卻沒有兩片樹葉是全同的。它們卻從不互相爭吵。在微風下同時起舞，表現出宜人的諧和。他強調道：「我要你們宣誓，絕不再聽魔鬼的誘惑，絕不放棄和平與友愛的生活。就我個人來說，我從不知什麼叫做教派之爭，我的夢想是願在這麼大國土上的一切人民一切分子都能團結，從孩提時代起，我就這樣想，除非目的達到，我的心靈不知何為休息。」

　甘地警告大家不要被帕拉歧拉 (Parachiuar) 難民營遭過境部落攻擊的消息所困擾。應視之為一項考驗。當然他也曾被此所震驚。可是絕不好在他們的心中，再燃起復仇的火種。他們應當讓自己瞭解，並告訴有關方面，血債不能以血還，這是自殺，而當愛仇敵。「這也許很困難，」他說：「但我不作如是想，這就是我為何停止絕食的原因，我認為，只需德里市民內心純潔，他們便可解決印度的問題。否則，如果他們所作的保證，不是真心真意，而只是想延長像我這種老頭子的生命，那只有加

速我的死亡，而他們反以為是挽救了我。」

1月28日，考兒問道：「爺爺，今天在晚禱會裡，好像有什麼怪聲？」甘地回答道：「沒有。慢著，你這問是在為我擔憂嗎？如我將被一瘋人射死，我一定含笑而終。我內心一定不會發怒。神應該在我內心亦如在我嘴上。你答應我一件事。如果發生這種事，你一定不得流一滴眼淚。」

1月29日，甘地提到從巴洛 (Baunu) 來的四十名難民代表，下午來看過他。他們是在水深火熱中的可憐人。他嘉許他們的領袖。其中一人說道：「他們的痛苦是他引起的，他應該立刻退隱到喜馬拉雅山中去。」甘地問這是誰的命令叫他走。他們之中有的人感到困惑，有的人還要辯下去。但他所能遵循的唯一指示，係來自神，神在他內心深處。代表團中也有女性，他看她們如姊妹。他說每一婦女都是他的姊妹或女兒，她們的痛苦也就是他的痛苦。他問道：「為什麼你們認為我不知道你們所受的苦，不覺得我也有責任呢？」「我不是受任何人差遣來為社會服務，也不接受任何人的命令而停止服務。我所作的，是應神的差遣，聽神的指示。願神指示我該如何作。神也能殺我，如神願意。我相信現在我所作的，是神的旨意。我誠願住入喜馬拉雅山。我在那兒不愁衣、食、住。那將是最寧靜的處所。但我不要那種寧靜。我願從痛苦中求得寧靜。我的喜馬拉雅山就是此地。假如大家都往喜馬拉雅山，那麼就帶我一同去。」

1月29日這天是夠忙的一天。夜晚甘地已感到十分疲勞。他的手臂已酸，但「我必得趕完這稿」，他指著國大黨組織章程的草稿說。九點半方起身就寢。他感到很不安，他對孫女瑪麗 (Manu) 唸了一段印度經文道：「這世上花園裡的春天，幾天就完了；看它展露幾天吧。」

1月30日，星期五早晨，三點半鐘的時候，甘地一如往日起身祈禱。隨後坐下工作，並假寐。八點鐘，稿子已寫完，走過別阿里拉 (Pyarelal)的房間，他將國大黨組織章程草稿交給他，這是昨夜寫好的，囑他細細斟酌。「好好補充，」他說：「因為我是在匆忙中寫成。」

隨後甘地又來問，是否已改好，並吩咐根據他在洛卡里的經驗，準

備一份如何應付馬德拉斯糧食危機的備忘錄。「糧食部頗感驚惶。但我認為像馬德拉斯這種省區，椰子、香蕉遍地，不必說其他硬果了，實在毋需挨餓，只要人民知道如何吸取食物中的營養。」

甘地隨後準備沐浴。沐浴畢，他感到清新多了，隔宿疲勞已去。九點半鐘，當他作完早課，練寫孟加拉字以後即進早餐。食品中包括羊奶、新鮮與煮過的蔬菜、橘子、薑汁與檸檬水，早餐未畢，別阿里拉送上修正後的國大黨章程草稿。他逐一細看補充之點，並改正一項小組領導人數目字的錯誤。

餐後小憩，即接見訪客。有從德里來的回教祭司，他們贊同甘地赴瓦爾達。他告訴他們他將只去一短時期，除非神另有安排或發生了意外。

甘地對貝山 (Bishan) 說：「將重要的信札拿來，我必須今天寫好回信，因為到了明天，可能我永不覆信了。」

信德的一個代表團來謁。他們的痛苦打動了甘地。他向他們提到有人勸他去喜馬拉雅山退休的事。他大笑道，他最好能變成一個雙料的瑪罕的瑪咭，這樣便可以吸引群眾。可是他不需要寧靜，他要的是從黑暗痛苦中找到的力量與慰藉。

六、遇難前後

三點多鐘甘地坐在臥室裡，準備靜坐以前，對他的孫女兒說：「孩子，這個世界多麼奇怪呀！我不知道還有幾多的時候與這些可憐的人們同在。」到了四點鐘，內政部長帕迭爾來看甘地，談話的時間很長，快要到五點鐘了，甘地起身對帕迭爾說：「讓我們走吧！快要到晚禱會的時候了。」帕迭爾辭別告退。五點十分，甘地的孫女兒、孫媳婦替他披好圍毯，像往日一般拿了唸珠聖詩，攙著甘地的左右手，緩緩地走出了臥室。平日他總是從面對著會場門走出來的，這一次卻是從左邊的側門走出，下過石階之後，還要繞一個小的彎子，方能到講臺上去。

室外草坪裡來參加晚禱會的人已等得很久了，有的席地坐著，有的

站在周圍，約有五百人左右，靜靜地等候著。看門的四個警衛遠遠地站在一邊，甘地最不喜歡這些佩鎗帶著武器的武士，自從前次馬丹藍爾在比拉寓投彈後，政府想派保鑣來比拉寓，但甘地拒絕了，如果有人瞞著他作了這事，他知道了一定要不高興的。

五點一刻左右，甘地向著那沙發似的坐壇上走，後面還跟了幾個服侍的人，走了不到六步的樣子，聽眾們讓了一條路出來，並向他合十為禮。甘地也合十還禮，喃喃地向大家說道：「我來遲了。」剛說了這話，人叢裡一個穿卡其制服的印度教徒，後來查明，名叫哥得斯 (Nathuram Vinayak Godse)，迎著甘地走上去，離四步的地方，他也向甘地合十為禮，隨即從懷中掏出一支法製的皮拉塔式自動手鎗，對準甘地一連發射三鎗，兩鎗擊中前胸，一鎗射中腹部，甘地合著兩掌倒下來了，口中微微地說著：「上帝，上帝呀！」鮮紅的血汩汩然淌了出來，軟綿綿的青草地上承受了聖者的身軀，他緊閉著雙眼，費力的抽著氣。

那個行刺的男子並沒有逃跑，有在場的人將他捉住，送將警局裡去。

甘地從草坪裡被抬至臥室中，放在涼床上，這床是他最近一次絕食時用的，血仍是不斷地流，醫生來了，但是醫生沒有回生的力量，到了五時四十五分，甘地的一個近親從室內尖聲叫著：「爸爸完了！」室外焦灼的人們低垂著頭，知道甘地已經再也不能起來了，死年七十九歲。

「甘地爸今日下午五時在比拉寓被暴徒行刺死了，我們的國父死了，永遠地躺下去了。」這聲音從全印度廣播電臺不斷地連續播出來，像一陣疾風暴雨，頓時打擊著德里城暗淡無光，所有的商店關門了，地攤小販急急忙忙捲起什物。

「是真的嗎？」「怎麼不是真的！呀！甘地爸你為什麼得個這樣的下場！」

作者從幾處電話裡知道了這消息的確鑿，立刻趕往阿克巴路的比拉寓去，好幾處地方都是漆黑的，汽車喇叭發瘋地呼號，馬車急雨似的蹄聲，向著皇后道狂奔，在月光下看看行人，都繃緊著臉，趕到比拉寓時，

外面已是一道一道的人牆包圍住了。

尼赫魯這時從屋子裡跑了出來，走到草坪裡，又走了進去，隨後再擠到人堆裡來，他張大著口，兩手不斷地搓著，他爬到擴音器前，告訴大家道：「朋友們，同志們，我們的甘地爸像大樹一般倒下去了，他，他永遠地留下我們了！我們生命中的光輝消逝了……不，我說錯了，因為照射在這一國土上的光輝，並非普通的光，千年之後，在我國，在世界，仍將看到這光，因為它是代表活的真理。」

甘地的遺體停靈在比拉寓的臥室裡，上身仍是赤裸，躺在地板上，胸以下罩了白布，四周滿置著玫瑰花，胸口的鎗傷雖然已經洗出血跡，還很清楚地可以看見，他的面色蒼白慈祥，好像是睡著一般，圍繞著甘地的女孩子們，盤坐成一個圈，唱著他平日愛唱的詩篇，靠著屋子的隔壁，站著政府中許多要人，隨後蒙巴頓、尼赫魯、帕迭爾等就在隔壁房間內會商，決定遵著甘地過去的話，在次日即發喪火葬。

七、河畔火葬

火葬禮選在贊木拉河畔舉行，凡印度人民，凡是願意紀念這位和平老者的人們，每逢 1 月 31 日，可以去河畔江邊，去海灘岸上，遙對水光，獻上你的一瓣心香，追念這不幸慘死在暴徒子彈下的偉大聖雄。

甘地死得太意外，火葬禮舉行得太迫促，許多在德里以外的老同志，老友人，幾乎來不及趕來見他最後的遺容。甘地當年的一位舊同志拉雅女士，到了次日靈車啟行前的五分鐘，方坐飛機趕來德里，走進比拉寓便號啕痛哭，引動其他的人們也喪痛，哭成一團。靈車啟程前，先舉行簡單的儀式，流淚的信徒低唱著甘地生前自己指定的輓歌：「盛飾君衣，毋為時噓，君今行矣，入彼灰土，灰以覆君，君亦其伍，且請沐浴，自擇君衣，前途迢迢，永無歸期。」蒙巴頓此時臂纏黑紗，尼赫魯跪地吻著甘地的遺足。

靈車的行列由比拉寓到贊木拉河畔的火葬場，兩旁均是等待著最後

一次想見甘地遺體的人們，老太婆們用小手絹包著一些的鮮花，緊藏在胸前，看見靈車來了，她們從人叢中掙扎著起來，將鮮花拋過去，熱淚像泉水樣的湧了出來，還有比這更能使人感動的嗎？

五時四十五分恰恰離甘地逝世的二十四小時，靈車運到了拉甲門的贊木拉河邊，移至檀香木砌成的臺上，大祭司夏師底里繞行遺骸一周，領導大家誦詩篇，與贊木拉河的水聲嗚咽相合，檀香木燒起來了，火焰冉冉地上升，周圍的人低頭祝禱著這偉大靈魂的安息。

野地裡的幾個牧人，聽到甘地遇難的消息，絕食了一天，帶了兩瓶純潔的膏油，從二十英里外的地方趕來參加葬禮，他們來得太遲了，只見到幾個看守的兵丁，守著贊木拉河畔聖者火化的殘灰，和剩下未盡的檀香木，在寒月下吐出將熄的紅火。

火葬後第二天，印度政府將骨灰收拾起來，盛在罈子裡，以一部分散葬在印度的幾條大河裡，另一部分送往錫蘭、緬甸等國，中國的西藏也被送去一份，在 5 月間他們派了五十個人的訪問團去散在靠近印度聯合省的西藏馬拉沙諾瓦湖 (Manasarowar Lake) 中。

八、南京的哀悼

聖雄甘地之喪，31 日在中國首都南京亦有廣泛的弔唁，蔣主席伉儷及政府首要，均有電致尼赫魯弔唁，並有首長赴南京印度駐華大使館致唁，先一日甘地遇刺後，駐印大使羅家倫即於半小時內代表蔣主席前往甘地停靈處致唁，次日靈車赴火葬場時，羅又代表蔣主席向此和平聖神十字軍獻花圈，且隨赴火葬場送葬。

蔣主席伉儷對 1942 年在加爾各答與甘地之會，始終懷念不已，故聞甘地遇難，哀痛至極，他們致尼赫魯的唁電如下：「聞甘地先生遇刺身死，無任驚悼，此一代主張非暴力主義，實現人類和平之神聖鬥士，竟遭暴力摧殘，誠世界之悲劇，令人痛心，中國人民及我等，謹向閣下與甘地先生之家屬及國大黨與印度人民，虔致誠懇之弔唁，蔣中正宋美齡。」

　　甘地火葬後，中國依習俗於七日後在南京又舉行大規模的甘地追悼會，各報均有特刊，並著論讚述甘地之偉蹟，追悼會由蔣主席親自主祭，向甘地遺像行最敬之祭禮。

第十二章
英印關係

　　英國於 1858 年滅亡印度，派副皇兼總督常駐印度，行使統治權，其與英國之關係，悉聽命於首相。英國國會於 1895 年通過法案，在內閣設印度事務大臣，負責管制印度政府，直接指揮印度總督，有時甚至越權干預，雖個性強悍的寇松總督亦不能不俯首聽命。印度事務大臣中最攬權自用者莫如莫勒 (Lord Merleg)，國會議員與在印度服務的官員，都甚不滿，要求改革。

　　1907 年國會任命兩印度籍人士為印度評議委員，俾得貢獻意見與事務大臣。1909 年又設立一調查委員會，研究改進。調查報告的建議，認為印度評議會殊無設置必要，應予撤消，國會對此建議予以否決。但補充規定，印度評議委員的資格，應限於卸任印度總督及在印度服務或居留滿十年的印度事務專家。全部評議委員為八至十二人，任期五年。凡撥款、訂約及有關文官事務之規定事項，必須評議會的通過，方得成立，目的在對印度事務大臣予以必要的制衡。但軍事、外交、關稅及發行貨幣與公債的決定權則仍操於印度事務大臣。

　　印度事務大臣的年俸，原規定應由在印度的印度政府支付，自 1919 年起改由英本國政府負擔，以便國會能較多過問印度事務大臣的工作。同時在國會中由上下兩院任命一聯席委員會，審議已向國會提出之有關報告或法案，備供國會之處理。

　　為了強化印度政府與英本國之聯繫並照顧其在英本國之事務，自 1919 年起，由印度政府派一高級行政專員 (High Commisoner) 駐節倫敦。1920 年 8 月 13 日由印度評議會正式以命令行之。此一高級行政專員之性質，頗似印度之駐英大使，由總督任命、指揮，在印度政府支薪，負

責對英採購，提供商情報告，促進印商利益，監護印僑與留英學生，並得代表印度出席有關國際會議。到了 1935 年並補充規定，高級行政專員並得受總督之命，兼為英屬印度一省或一邦或緬甸之駐英代表。

印度事務大臣大權在握固然是高高在上，但是在印度人民心目中，副皇兼印度總督總是至高無上的權威，總督府矗立於新德里，真是氣象萬千而又森嚴無比，所有印度與英國的關係，都是透過此一樞紐，而每當盛典舉行時，副皇乘坐御用車輦，緩緩通過夾道歡呼的群眾，從那高聳的紅色宮牆而來，沿途屏息以待的臣民，看在眼裡，真是威風十足。可是到了印度獲得政權以後，這象徵著太上皇權的總督和副皇府，也就成為印度歷史上的名辭了。英母國和印度的關係也跟著起了根本的變化。

一、末代總督離印

1948 年 6 月 21 日大導演蒙巴頓完成了他的傑作「印回分治」後的第十五個月，君臨印度的末代皇孫，帶著夫人和女兒走出了新德里的總督府，從此結束了英國皇帝在印度的命運。政權都已交還了，誰還留戀這個空位子？說走即走，蒙巴頓咬緊牙關來個痛快乾脆，雖然甘地死了還不過半年，但印度人之喜愛蒙巴頓，對他表示好感，簡直使後來到印度觀光的英國人例如雷登 (Lytton) 爵士也覺得希奇，在總督府的大餐廳裡懸掛著歷代印度總督的油畫像，數到最後便是新掛上的蒙巴頓和他的夫人，正中還嵌著英皇送與印度的一套全金餐具，眨眼之間，都成歷史。

走之前一天，蒙巴頓夫婦巡行新德里全市，有六十萬的市民開會歡送，晚間的總督府酒會有六千人參加，第二天臨走，趕到總督府前再欲最後一見大導演的市民，也有三十萬人，只沒有聽見人喊「英皇萬歲」，「蒙巴頓萬歲」。

二、告別印度國民廣播

以下是蒙巴頓臨別前夕的廣播全文：

「當最初我被指定暫時放棄海軍職務來印度出任最後一個副皇的時候，老實說，我對於這工作相當惶恐，我又想著，一個要轉移政權的副皇在這個複雜的局面之中，也許我能有所貢獻，因為 1943 到 1946 年我曾主持過東南亞盟軍總部的工作，這時期我有一個總部是設在德里的，我來印度任職以後，與實際的問題接觸，更感覺碰到的難題，比我所預想的還要棘手！

在全般的黑暗局勢之中，只有一線光明，——恐怕這也是唯一重要的，我們所能希望的即我所遇見的人，或是政治領袖或其他人士，都有一個決心，一定要找出一個打開僵局的辦法，從我到職之日起，數不清的難處，都逐漸在彼此信任與友好的空氣下得以融解，所有領袖們幫同我來執行任務。

我絕說不出來我當時的感觸，當我接到邀請，謂印度獨立後制憲會議 8 月 14 日午夜的第一個法案即要我擔任印度自由後過渡時期內憲法上的總督，我欣然同意，願擔任至 1948 年 3 月 31 日（此為《印度獨立法案》中規定過渡時期的最後日期），隨後我很榮幸又被請再延任至本年 6 月，究竟在什麼時候對印度最有利，能找到一位印度人士接替我的職位，這問題甚不容易決定，但是我希望我留任的時限到我不能再貢獻的時候為止，不要太長久，致剝奪了印度獲得自由所應享權利，選一個印度自己人來作國家的元首。我真特別高興，現在這擔子選擇了我的朋友查理來接任，他是再好沒有的意中人物。

這是我本人和我的家人不能忘懷的經歷，在過去十五個月印度歷史上重要的時間內，我們得有機會留在印度，印度過去有悠久的歷史，更有未來的光明前途，它也遭遇著許多問題，這些困難是每一個初獲自由的國家所必然遭遇的——不過印度恰在世界嚴重的關頭得到自由，它又占有世界六分之一的人口，因此它的問題也影響得更大。

可是我知道它將可以解決困難，應付難關，印度是注定了在世界要取得高的地位，在國際事務上要有大的貢獻的。

　　印度是世界資源豐富的國家之一，不僅有著地下的礦藏，如煤、鐵、油、錳、及其他重要礦產，不僅是可以開發巨大的水電能力，灌溉農田，而且有著比其他國家更大的富源——它的萬千的印度人民，這些老百姓本有的是傳統的手工技藝，加上近代的技術，還可以繼續訓練，增加最新的技術，印度人是有發明的天才的，現在更可以充分地發揮來造福他們自己的國家，和整個的世界。這種天賦的啟發，當然有待大眾的教育，社會服務和公德精神的培養，這些都不是辦不到的事情，我以為印度最要緊的還是它的民族性。我個人在印度曾經歷過多次的群眾集會——在獨立紀念日，在甘地國葬時，在阿拉哈巴德的博覽會裡，和許多其他盛大的歷史際會，這些場合群眾們所表現的美好的動人的場面，使我永不能忘懷，我好像在我的眼前，正看到未來印度的偉大效力。

　　你們的憲章，在許多偉大的自由人民文獻裡取得了它的地位，好好地善用它吧！歌德說過，他所珍惜的自由，是那準備在日常生活裡能建立的自由，如以為一切美好的理想都寫在你們的憲法裡，就可以幫助你們，這不是事實，唯有拿鐵的意志、決心，去制裁那破壞美好理想者的時候，這才是憲法的表現。

　　我想再說幾句個人的話，來結束我的演講，過去十五個月中，我和我的妻子曾到過每一省和大部分的土邦，我們所到之處，都得到普遍的友情與善待，我的內人從事福利的工作，特別是在難民和被擄的婦女中，她有機會接觸更多的人，比我還多，我知道她對幫助她工作和她合作的各級官員，及她在工作接觸到的各方面人士得到的好意，是十分地感激。

　　將來不管去什麼地方，我們二人在此地所得到的奇妙友情，將不時用一種驕傲至誠的心情來回味，我們必當繼續愛著印度，關心它的前途。」

　　蒙巴頓的這一席話，真像是一個印度好朋友說的，有情感，而且有勉勵，聽來頗使印度人滿意。

　　在蒙巴頓走的前晚，印度政府設宴歡送，首相尼赫魯先生在宴會上說：「十五個月前，我們到巴蘭機場去歡迎新任總督和夫人，明天早上我

們又要去巴蘭機場歡送他們了。十五個月已經過去了，這十五個月好像很長，卻又好似昨天一般，蒙巴頓總督、蒙巴頓夫人和蒙巴頓小姐到了這裡。但你如果拿十五個月裡的經歷和苦樂辛酸想一想，幾乎又過了一世紀那麼久。

我今天在這裡說話頗不容易講，因為我所要講的人，是我們所最親密的朋友，要對我們最親密的人講話，常常感到不知說些什麼好，有人言過其實，也有人文不對題；總之我用不著在這裡對蒙巴頓夫婦多講什麼，最近幾天有許多歡送會，我想有許多稱頌的話都有人講了，這不算什麼重要，蒙巴頓夫婦的行誼，是眾所周知的。

四個鐘頭前，新德里市民有一個空前的歡送會，歡送蒙巴頓總督。目見了這動人的熱烈的情景，我現在要再來講話，只足以減少分量。

我不知道——我頂多只能猜想——蒙巴頓總督本人的感想，但是至少我對這次市民的歡送會，是很感動的，我奇怪為什麼一對英國夫婦會在印度短短的時間內，能博得印度人這麼真摯的好感，這段時期中，自然有成就，但也有哀痛，事實上我常常幻想，最近幾個月所發生的事情，印度人民為什麼能忍耐得住那些掌權的人，比方我自己就是一個，假使我不在政府裡作事，我也很難斷定對我們的政府，我是否可以忍耐得了。

不管成敗如何，事實上政府對此發生的事情是應當負責的，如果是作的不對，政府更應當負責，大體說來，我想至少應該這樣子，即使可以找出一些理由來卸責。因此我感到特別奇怪，在過了許多的困苦艱難之後，總督和夫人在某種意義上是不能說毫無關係的，而印度人民卻仍然這般熱烈的愛戴他們，很明顯的人們並沒有在已經發生的事情上去找錯兒，卻只記著他們兩位是愛印度的，是對印度充滿著信心友情的，他們不屈不撓地工作，任勞任怨地工作，而遇事又都抱著積極的樂觀的態度，印度人民對他們倆所表現出來的友情，甚至比他們對印度表現的友情還要多，總覺得他倆盡了最大的努力，為印度服務。

我們在印度有不少的失敗，不少的缺點，但當我們看到印度的友人

為印度服務的人，我們的心便振奮了，這些以印度為友的人，替印度服務的人，不管他們是誰，不管他們在什麼地方，都是我們的同志。

印度人民認為蒙巴頓總督及夫人無疑地是印度的朋友，替他們服務，因此他們愛戴你們，他們沒有再適當的表示了，也許你們可以收到許多物質上的禮品，這算不了什麼，唯有得到人民的愛戴，這是珍貴的。

閣下和夫人已經親眼看見了，我敢說這真是最有價值的禮品，你們既已看見了，我還能說什麼呢？頂多說幾句我個人的，也可以說不完全是我個人的話。

閣下你在這裡處處表現著你卓越的才能，我們都成為了你的朋友，在歷史的奇遇裡，我們接近了，在歷史的舞臺上，我們扮演了演員的角色。

這一年來，我們究竟作了些什麼，我想任何人都是不容易判斷的，我們太和現實接近了，也許我們鑄了許多錯誤，我們和你，下代的史家將可以評定我們作了些什麼錯的，或者對的事。然而作得對不對，唯一的標準，也許是最正確的標準，是我們存心把事情作對，或者作壞。假使我們是決心用一切的可能作對，即使作得不太好，那也沒有關係。

我不能品評我們自己的動機，但是我相信我們是存心去把事情作好的，所以我們的罪過錯誤，是可以原諒的。

閣下，你來的時候是載譽而來，但是你在這裡卻獲得了更多的榮譽，你在此地的時間正是最艱危的局面，你的令譽卻並未受挫，且立下了卓越的功績，在那些危難的日子裡，我們天天從你那裡得到教益，在失望的時候得到了信心，我確信你所給我們的許多教訓，將常此牢記作為指南針。

對你夫人，我也想說幾句。是神，也許什麼好仙人，賦與了你美麗，智慧，和藹，你使人親切，滿有力量，以你的稟賦，無論到那裡，都是一位偉大的夫人。除此，你還有著特別的涵養，你充滿著對人世間的溫情，隨時隨地都不忘替困苦的人們服務，因此你的人格放出光芒，處處給人溫馨，到過的地方，就帶著希望、勇氣、祝福、同情，印度人民喜

歡你，當你是他們自己人，你要離開他們，他們覺得不樂，這又有什麼奇怪呢？你在難民的營帳裡，醫院裡，及其他地方，不知看到過多少人，他們知道你走了的消息，一定也是難過的。

我也想對蒙巴頓小姐說一句，她離開學校後就到了這裡，她所表現的正如她所賦有的相稱，在印度艱苦的日子，她作了一個大人們能作的工作，我不知道在座的諸君是否都知道她所作的貢獻，但是凡知道她工作的人，都覺得她工作得很好，十分地感激。

我還有未盡的話，自然也是我說過的，我們向你說再會，卻不當它真是送別。蒙巴頓家與我們的關係太深了，是不能分開的，我們希望將來在這裡，或其他地方可以常再見面，不管我們是否能見面，我們總是想念著你們的，我們在這兒沒有比今天新德里市民，也就是印度全國人民所給你們的禮物更好的東西，但是我們內閣的同仁，和各省的省長，仍合送了一件微小的紀念品給你們，這是一個下面鑴有全體內閣同仁及各省省長簽名的盆子，謹附著下面的一句話：

　　『蒙巴頓家離印前夕留念，祝康樂無量，願友情常住。』」

蒙巴頓夫婦偕女公子於 6 月 21 日晨離開了新德里，接著搬進總督府的第一個印度人的總督，為七十歲的查理。

三、新督查理

本書對查理曾有不少記載，他之出任印度憲法上的總督，確不是出人意外之事，他在處理印回糾紛的事務上，在巴基斯坦是比較能得歡迎的人物，從他在國大黨裡過去的歷史及和甘地的私誼，不管他的主張是否是大家過去所贊同的，但是他畢竟算是個元老，在倫敦方面，也是個重臣。總督的職位，並無實權，他在法律上的地位，正如英皇之在英國一般，有名無實，說得好聽，是「垂拱而治」。

查理是從省長調派為印度總督的，係英皇以敕令在白金漢宮宣布，原來的印督是兼為英皇在印的私人代表，稱為副皇的，現在印度已經是

自治領了，副皇的頭銜取消，只剩得個法律上的總督 (Governor-general)。

查理就職日，國民政府蔣總統特去電致賀，電文如下：

「欣聞閣下就任為印度總督，余代表中華民國政府及人民特致衷心的賀意，閣下為甘地一親密之忠友，必能以德化及政治家之精神，導貴國步上諧和建設繁榮之大道。貴國諸領袖之開明無私，謙遜，益以人民之馴樸平和，信能使目前問題迎刃而解，並可對民主政治作人力物力財力之偉大貢獻，余信以閣下之仁民愛物與博學良模，更可使貴國人民日增福樂，印度國響日趨高升，祝閣下與貴國政府福疆無量。」

查理覆電如下：「閣下高貴之賀電，閣下之大使，余之至友，羅家倫博士示余，深為感激。願貴我兩國之邦交與雙方執政者之遠見更益增強，俾能保障世界之和平，雖貴我兩國不能在物質上彼此助益，但吾人精神之友誼，實為豐富，敝國政府及本人對閣下之美意，特表謝忱。」

四、印度與英國的新關係

根據 1947 年的《印度獨立法案》，到 1948 年 6 月，印度自治領的地位必須從新決定，這裡面包含三種可能，第一是維持既存的自治領地位，效忠於伊莉沙白女皇，拜倒在她下面高呼萬歲，這一點倫敦曾下過許多功夫，印度人很不想屈就，要爭個男子漢的獨立地位，自治領不屑為。第二是印度宣布為獨立國，有它自己的總統，取得它應得的地位，而且決然地退出不列顛聯邦，自闢前途，這是一個最好的理想，最稱心快意的打算，緬甸走的就是這一條路，在法理上是沒有困難的，情理上也是應該的，正符合國大黨過去所標榜的理論，但是脫離不列顛聯邦，就等於說印度要孤另另地在國際政治舞臺上，重新覓友，以支持它的活動，不消說，這需要有比過去革命時代還要大的勇氣，同時在國防與經濟上還牽連的發生了許多問題，在國防的建設上，印度一向沒有自己編練的國防軍，分家時不過得了十五萬萬陸軍，高級的軍官又都是英人，至於海軍、空軍，尤須從頭作起，要建設近代化的國防，印度仰仗英國的地

方，事實上必然是很多的；就經濟言，英國納印度於英鎊集團之中，印度的國幣是以英鎊為底子，同時英國負印度的債務，達八萬萬鎊之多，而英人在印度的投資又幾乎壟斷了全部重要的工商業，這一個經濟關係，也決然不是一刀可以斷得了的。第三種可能，印度宣布為獨立國，卻仍然在不列顛聯邦之內，這是個折衷的出路，但法理上是沒有根據的。所謂不列顛聯邦係英皇為主，掌理本土及其所有自治領，所有自治領均須效忠英皇，以英皇為元首，而各自治領間又以聯邦會議 (Commonwealth Conference) 來聯繫彼此間外交貿易交通移民等項的關係。自 1887 年以來，原定每四年召開一次，後改稱為帝國會議，這會議只是諮商的性質，它的決議並不約束所有的分子國，其中最重要的一點，即沒有一個獨立國出席這會議，而這會議卻又是繫聯所謂不列顛聯邦的唯一機構，除此以外便是以英皇為全體共戴的元首，實際上卻是靠著皇家海軍，硬挺的英格蘭銀行，辛辣的外交所鑄成的強權政治，由英國支配一切，時至今日，英國的軍事經濟霸權已讓給了美國。所謂不列顛聯邦，已經是聯不起合不攏的空架子，但是儘管是個空架子，它還是保持著這個舊面目，在還沒有裝修門面前，是不能容許一個獨立的國家，包括在聯邦集團中的，當然英國本國除外。

為決定印度的前途問題，也可以說是整個不列顛聯邦的問題，1948 至 1949 年兩年中，在倫敦舉行了兩次的各自治領首相會議，第二次的會議在 1949 年 4 月 27 日舉行，印度由尼赫魯代表出席，結果由英國及各自治領首相共同發表一聯合公告，修改聯邦組織，作了四項重要的決定。

1.印度的態度

尼赫魯在出席會議之前，得到了國大黨全代會贊普會議 (Jaipure Section of the Congress) 的決議，作為他討價還價的立場，當時全代會所通過的那項決議，其實是中常會事先的決議，也就是尼赫魯諸人預定的結果，決議文如下：「鑑於求得完全的獨立，建設印度名副其實的獨立共和國，使並立於世界各國之林，係最正確之途徑，因而印度與英國及不

列顛聯邦的現存關係，自必須加以修改，但印度極願與世界各國保持關係，只須不損及吾人之自由與獨立，準此，本黨對聯邦內各國為共同福利及世界和平而產生的自由聯繫，自將表示歡迎。」這一個決議的前半段，說明了印度務求成為一獨立國，後半段表示並不反對留於不列顛聯邦之中，剩下來的便只有小節的磋商了。

2.《倫敦宣言》

4 月 27 日，倫敦首相會議的結果，發表了一簡短而重要的宣言，由英國首相及自治領諸首相合同簽署，這宣言雖不具備法案的形式，但卻是不列顛聯邦最高的準繩，由與會各國的議會通過後，即為定案，但不另行製成法律，宣言的重要之點有四：(1)說明目前不列顛聯邦的構成，係以各構成分子國的人民，對英國王冠效忠為骨幹。(2)說明印度已通知其他分子國，將於最近成立為獨立共和國，但仍願作聯邦國中的一員，接受英皇為這聯邦國的象徵。(3)指出其他聯邦國對於印度的意見，完全接受。(4)此等各國此後皆以自由平等的地位，團結於聯邦國之中。宣言中值得注意之點有三：(1)改不列顛聯邦為聯邦國家，將不列顛字樣除掉。(2)將效忠王冠改為以英皇為象徵。(3)認可印度以獨立國的地位成為會員國，大體說來，《倫敦宣言》與贊普決議在精神上是彼此符合的，也就是前面所說的第三種的可能。

3.英皇的地位

在《倫敦宣言》裡，將英皇規定為聯邦各國的象徵 (symbol)，人可以變為象徵，真是匪夷所思的新解釋，英國人為了遷就實際而有意弄得思想含渾，到此可算登峰造極。本來英國所謂王冠乃是統治權與統一性的象徵，現在因為要拉印度留在這聯邦裡作一分子，不能不顧全印度的面子而減少其矛盾——其實這根本的矛盾是無法解除的——於是真的象徵倒不必要印度承認，反把活的人變為象徵。因此獨立後的印度可有它自己的元首，連英皇的生日，印度也將不再慶祝。至於既是一個獨立國家，為什麼又有外國的國王來作象徵，據尼赫魯的解釋，這只是很細微

的事情！總之印度也要留在這大英聯邦國家之內。

4.共同國籍的問題

在討論如何維繫聯邦國家各分子邦的時候，曾經有一套實行共同國籍的辦法，將原來英國臣民的字樣除掉，換以共同國籍，即凡分子國的人民，可以有他本國的國籍，同時還有一共同的聯邦國家國籍，使各分子邦仍然維繫得起來，關於這一點，雖沒有列入正式的《倫敦宣言》中，但彼此有一個共識，即參加的各國，彼此都不認對方為「完全的外國」，他們之中可以根據協定或其他方式，規定彼此的人民可以在對方國土內享受某些「完全是外國」國家人民所不能享的權利，但是這種協定完全是基於平等的自由的選擇，並不帶有強迫的性質。

5.印度制憲會議批准

印度制憲會議，它的任務雖限於議憲，但在議憲成立的國會未成立前，制憲會議便行使國會的權力，尼赫魯將倫敦會議的結果，作成提案，請求批准，經過兩天的辯論終於批准，因此印度的前途便決定了是一個獨立的共和國，但仍留於聯邦國家之中。

第十三章
中印關係

　　研究印度獨立後與中國的關係，仍應追溯歷史上的中印關係。此種關係，主要為宗教與文化的交往，此種交往，廣義言之，雖亦可視為實質外交關係的一部分，但中、印正式建交，卻還是二次世界大戰以後的事。研究中印歷史關係，可大別為四個時期。

　　第一時期：始自中印交通之初，迄於西元十五世紀，其間雖亦有貿易與經濟性的活動，但卻以真理與知識的相互追求為主。第二時期：為英據印度時代，自十七世紀之末，至二十世紀上半葉，以西藏問題為交涉的重心。第三時期：自中國對日抗戰之始，至第二次世界大戰之末，中國與印度半島人民在精神上重新團結。第四時期：自中印、中巴正式建交至 1949 年。

　　在第一時期中，中印交通之始，應在西元前二世紀，時當中國漢代。張騫是最先對印度發生興趣的官員，也影響漢武帝遣使赴印度，其時正在阿育王死後百年，印度已非大一統之局。到了東漢時代以後，我們對印度風土人情的瞭解才逐漸加深，佛學的傳播乃是主要的媒介。佛學傳入中國，始於西元 67 年，距佛陀入滅已五個半世紀，在此以前雖亦有佛學東傳的跡象，但不能認為正式流傳。漢以後至南北朝隋唐乃達到中國佛學的全盛時期，但隋唐佛學已走上中國化，若稱其為中國化的佛學，亦未嘗不可。由於佛學在中國的流傳，間接增進了中印間的關係。其中有三點是影響深遠，值得注意的：第一是高僧學者的訪問印度。中國高僧西往印度，開始於三國時的朱士行（不過他僅到了于闐，尚未進入印境）。據梁啟超先生考證，自三國末年（三世紀末）至唐朝中葉（八世紀），中國前往印度的高僧，不下一百八十七人之多，其中自以玄奘的成就最

大。這些高僧學者不避雪嶺流沙，前往印度，完全是基於一種追求真理和智慧的動機，無絲毫功利之念，他們心目中的中印兩大民族，真是兄弟之邦，了無隔閡。他們的努力，獲得了不朽的成果，其所完成的偉大作品，已成為後代研究佛學與史學的最珍貴資料。尤其是法顯與玄奘諸人，不僅在印度留下了中國高僧聖善的印象，同時更使中國人民因景仰法顯、玄奘，而連帶的對印度也產生了深深嚮慕之情，更加牢固了兩國精神合作的基礎。第二是因偏重佛學，而形成對印度有刻板印象的心理。東漢以後，中國社會對印度形成一種刻板化的心理。提到印度就想到高僧取經，合十如來。各代的學者在研究印度問題時，也只集中注意力於佛學的探討，至於佛學以外有關印度的知識就被忽略了。因此我們對於印度歷代政治、經濟、文物、典章制度等，多缺乏有系統的深入研究。甚至近人中還有不知印度早已非佛教國，佛教徒為數極少的事實，這對於我們今日瞭解中印關係，是一個最值得檢討重視的問題。第三是對於中印交通應有的新認識。早期中印交通，主要係取道新、藏與滇、緬兩線，而以前者較為頻繁。但以新疆、西藏與中國內地交通阻隔，已使人想到火焰山、牛魔王，談虎色變。再要攀越雪嶺高山，自然是更加望而卻步了，總認為中印間的天然屏障，非人力所能克服，可望而不可即。許多人仍停滯在高僧取經的時代裡，卻忽略了我們對中印邊境應有的認識和注意。其實，改善內地對新疆西藏的交通，並非不可能之事。何況航空事業日新月異，邊境至中原，朝發夕至，豈可忽視？

說到中印關係的第二時期，已是英據時代。中共進軍西藏，西藏抗暴革命發生後，作者曾就兩百年來的西藏外患與同時期英俄兩國在印度洋的殖民爭霸作了一次比較有系統的研究。有關過去史實的演變此處不必討論，但對於英人略藏的策略，卻值得在此一提。英國東印度公司於1600年成立，1757年控制了孟加拉，1858年滅亡印度，事實上英人的略藏工作，早在1744年華倫哈斯丁士任印度總督時代即已開始。英人為了確保印度半島的安全，阻止俄帝勢力經波斯灣或孟加拉灣進入印度洋，

杯葛其亞非霸權，同時為了拿印度作基地，進略中國西南隅，因此對於略藏工作，一開始即是作長遠的打算，而且是採取積小勝為大勝，穩紮穩打的方式。直到 1947 年英人交還政權與印度時，其謀藏策略主要之點如下：

　　㈠英人略藏自始至終係以發展商務貿易為名，1744 年首先派遣入藏的白格里 (George Bogle) 即係持東印度公司貿易代表的身分，其後英人逐步取得在藏權益但其駐藏總部仍為貿易辦事處 (Trade Mission)，但英人商業貿易利益之所在，亦即其政治利益所在，其商務貿易的活動，也就是它政治活動所到的地區。例如 1893 年與清廷所訂中英《藏印條約》補遺條款中，規定英貨入藏免稅，而彈藥、武器與鴉片則被列為免稅商品，其野心可知。

　　㈡自印入藏，先撤藩籬。因此尼泊爾、不丹與錫金首先遭受英人併略的厄運，其中尤以錫金地位為入藏咽喉。所以後來英人對藏務的調度部署均以派駐錫金的行政專員負總責。1904 年榮赫鵬率兵攻入拉薩，1910 年誘達賴十三逃入印度，1950 年印度政府製造拉薩事件，趕走中國駐藏辦事處人員，均係以錫金首邑甘托克為調度中心，而與甘托克比鄰的葛倫榜更成為英印政府策動藏變的情報和軍事重點。中共之圖建大喜馬拉雅地區，即係襲取英人故技，圖先取此三小國，中共的登山隊並自埃佛勒斯峰 (Everest) 北麓爬上此一世界高峰，欲與尼泊爾爭取該峰的所有權。

　　㈢英人謀藏，在對外關係上，著重兩點：第一是避免俄國的介入，1907 年的英俄協定，便是劃分英俄在西藏蒙古的勢力範圍，得以獨吞西藏。第二是使西藏和中國疏遠，首倡藏族非漢族，藏人非華人之說，並強調中國在藏僅有宗主權，以此製造西藏的獨立運動，實則納為英國附庸，但不居名。獨立後的印度政府也是學習英人的此一作法，新德里政府承認了西藏傀儡偽組織，同時說中國在藏僅有名義上的宗主權。這正是模仿英國的落伍手法。

㈣英人及後來的印度政府，對藏胞百般爭取，首先是利用宗教關係高捧達賴。1744年英人方開始略藏，兩年後即在印度的孟加拉省撥地建立喇嘛寺；藏胞之入印境者，皆免護照路條；藏境英人建立之軍事通訊郵電設備，開放供藏胞使用，名為給予便利，實則在掌握藏情，而藏官之接受英方聘訪、贈禮，更屬司空見慣，以滿足其需要，加強聯繫。

㈤英人對北部邊防之建設，係假定以西藏為第一線，不丹、錫金、尼泊爾為第二線，然後才是印境以內的國防線。自加爾各答，通往印邊的鐵道，早已鋪雙軌，克什米爾更已成為印度兵力部署最多的地區。同時由於過去中國內地與西藏交通不便，入藏需假道印度，因此對中國人員與物資之入藏，百般泥阻，中國欲與之抗衡，自感困難。

㈥英人之謀藏，常係配合其整個遠東政策，尤與對華政策相呼應。最初是製造既成事實，然後迫取法律承認，英人與中國在全部西藏問題之交涉中，1904年的《拉薩條約》，乃係進入西藏所迫簽的城下之盟（清駐藏大臣有泰未簽字）。1908年的中英修訂《藏印通商章程》，雖納前約為附件，但正文中中國爭回利權不少，此乃唐紹儀外交奮鬥的結果。1954年中共與印立約，即係以此約為骨幹，此約亦為中國唯一承認之合法條約。1914年的《西姆拉條約》，陳貽範僅有草簽，未在正約上簽字，且曾一再表示反對，故不能取得法律的根據。

在第三時期中，中印兩大民族，均在反帝國主義反侵略的鬥爭中，奮勇前進。大家爭取自由獨立的目的相同，而又因國土毗鄰，自然同聲相應，同氣相求，由精神上的瞭解，進而為實際的合作。但當中國國際地位日益提高，已躍居四強之一地位時，印度卻因日軍壓境，在英國安全措施下，反而不得不被迫停止其全國性的革命獨立運動，故彼時印度之視中國，乃無異為黑暗中之明燈，唯一可資依界的良友。尼赫魯曾指出：「印度人民在任何情況下，必仍堅守友誼，此非因中國之自由，對吾人有寶貴之價值，而因中國獲得自由後，印度始可獲得自由，設中國不能獲得自由，則吾人之自由蒙受威脅，而殊少價值可言。」1942年2月

蔣委員長夫婦以中國戰區最高統帥地位訪問印度,公開向英國提出忠告：
「不必等待印度人民要求,而能盡快供給他們以實際的政治權力」,此種
正義的支援,乃成為後來英國內閣代表團赴印談判磋商交還政權與印度
的原始動力之一。至 1946 年 9 月印度臨時政府成立,中國又將 1942 年
所成立的印度專員公署,升格為大使館。同時在聯合國大會中多次支持
印度,出而共同負起重建亞洲和平的責任。

　　在第四時期中,印度、巴基斯坦兩自治領,同於 1947 年 8 月正式成
立。中國駐印大使館即成為駐印度自治領之大使館,同時復與巴基斯坦
建交,以駐印大使兼為駐巴大使。巴基斯坦以不久後發生的克什米爾問
題,認中國偏袒印度,故始終未對中國正式派使,而印度則利用與我友
善關係為掩護,漸次併略錫金、不丹,復納尼泊爾為保護國,以承繼英
國在藏不法權益而自居。最後復撤消對中華民國之承認,轉而承認中共
政權,又遊說美國,促其放棄中華民國,此後在聯大中之屢次主張排我
容納中共,但印度人民與我基本友誼,始終存在。

一、印度獨立後之中印關係

　　在 1948 年年底至 1949 年的上半年,國大黨執政的政府,確實是振
作精神,想作別的國家幾十年都作不了的事,自由已經獲得了,獨立共
和國的地位也爭到了,國內土邦也合併了五百六十餘國,憲法的制定到
1949 年 9 月快到可以全部完成的階段,放眼前途,未嘗不是一片光明,
但是這個新滿兩歲的國家,內部的問題畢竟不是三言兩語可以弄得清楚
的, 人民的生計不能比以前英治時代改善,吏治仍擺棄不了英國殖民地
文官部的那一套作風,老闆固然換了,可是除了一些好聽的言辭和口號
外, 究竟給予了人民多少的實惠呢? 政府知道得很清楚,其實兩年的時
間確也不能平地建設起一個理想的完善的天國,他們太急功求成,太擔
心政權不穩,因而不能平實地埋頭工作,卻在夾縫裡找出了另一條蹊徑,
轉移人民不滿的情緒到那不可即的玫瑰花圃裡去,大踏步地要在亞洲大

陸上爭雄，並且擴疆。

爭雄，何嘗不是奮發圖強的好志氣，假使亞洲果然有一個新興強大的國家，拿王道的精神鼓舞其他弱小民族，齊求獨立，豈非世界之福？戰前的日本不謂不強，可惜它的大東亞共榮圈不過是軍國主義者獨霸的幌子，結果是悲慘地失敗了，戰後四強之一的中國，無疑的是安定亞洲，保障世界和平的主力，不幸紅禍為患，一時不能發揮決定性力量，印度要爭雄於亞洲，乃認定今朝為最好的機會。

爭雄的後面，接著便來了擴疆，這一個「擴疆」的無常，是歷史上多少好大喜功的名君名相所擺脫不開的鎖鍊，印度剛從殖民地的地位翻身過來，而且一向是唱著非暴力主義的，難道新執政的國大黨政府也逃不了這個陷阱？擺在喜馬拉雅山下的三小邦錫金、不丹、尼泊爾，便是一個事實的考驗。

1.錫　金

錫金為英國占有後，直通西藏之門大開，英人治印時代，以錫金為一附屬藩邦，政令仍以錫金王名義行之，英人不過派行政專員監理而已，並未將錫金併入印屬各省。

迄英國還政與印，根據 1947 年獨立法案，所有英國在印所屬各土邦，規定其可以自由行動，英人放棄一切權利義務，各土邦可加入印度，或加入巴基斯坦，或自行獨立，錫金既為一土邦，自亦可自擇前途，但以其地位之重要，印度乃無時不思取得錫金，至 1949 年 6 月，印政府經過長時期準備，以黨、政、軍三方面的壓力，有計畫、有部署地取得錫金政權，而且較英人更進一步，廢除原來的王公制，代以印人執政官，這一幕緊湊的、青出於藍而勝於藍的演出，誠然獲得了一部分人們的喝采，但是國際的輿論，卻將一頂侵略者的帽子加上了國大黨執政的印度政府。

1949 年 6 月 7 日印度政府外交部發表一項新聞公報，宣布自即日起錫金行政權由政府派員接收執行，內容如下：

⑴錫金與印度的政治關係，自 1817 年即曾開始，此後雙方之關係至

1947 年 8 月英國還政與印止，皆根據 1861 年所簽訂之條約，印度接受政權之後，對錫金之政治關係，曾成立一暫行協定，此協定大體言之，係重行舊約中各項規定，直至另定正式新約時為止。

(2)英國於 1947 年還政於印度後，若干政黨在錫金開始活動，其中最大者為錫金之國大黨。1949 年 2 月國大黨於仰坡舉行年會後，該黨一部分領袖為錫金政府逮捕，支持國大黨之人士，即前往甘托克開始騷動，由於印度駐錫金行政專員之調解，得以阻止該黨與錫金王公發生衝突。結果被捕領袖全部釋放，並進行磋商，成立一過渡時期政府，規定國大黨必須參與。至本年 4 月，以國大黨領袖為首席部長，其同僚擔任各部部長之過渡時期政府乃告正式成立。

(3)此項辦法，並未能實際解決問題，國大黨與王公發生糾紛之結果，雖成立過渡時期政府，但雙方之爭端仍繼續存在，據印度駐錫金行政專員報告，錫金已面臨緊急狀態，絕非王公或過渡時期政府所能控制，建議由印度外交部派副部長一人前往錫金料理。

(4)外次吉斯卡博士乃於 5 月杪前往甘托克，渠到達彼處後，對印度政府之報告中指出，王公與過渡時期政府之間，確有重大糾紛，且有引起流血事件之可能，因此建議，該處行政機構既有崩潰可能，印政府應即任命執政官一人前往錫金，接管政務，直至常態恢復。並當通知王公，在執政官未到任前，倘情勢緊急，應即由印度現駐錫金之行政專員立即接管政務，同時，倘事實需要，政府當調派軍隊前往甘托克協助行政人員維持法律與秩序。

(5)印度政府對吉斯卡博士之建議加以採納，業於 6 月 2 日派軍隊一連前往甘托克，6 月 3 日駐錫金行政專員報告，當地情勢已趨惡化，倘印政府不立即接管政務，將可能發生騷亂。6 月 4 日印政府乃命令駐錫金行政專員，即行通知錫金各部部長，渠已奉印度政府之命，接管政務，除非情勢改善。

⑹ 6 月 6 日錫金王公致緘印度行政專員稱政務不能順利推行，除非
印政府加以援助，並請其即行接管政務直至正式執政官由印政府
任命，渠將委以各項必需之權力，以待情勢恢復正常。同日，印
度駐錫金行政專員乃通知錫金政府各部部長，印度政府業已負起
錫金政務之責任即日起生效。

⑺印度政府為保障法律與秩序，不得已採取上項措施。且應王公之
請求，當盡快任命執政官前往主持政務，印政府實無意制止錫金
內部的合法政治活動，或使人民代表與行政機構脫離關係。甚願
錫金之政局，能如印度其他土邦，循和平之方式發展，然而，不
能容許在錫金有破壞法律與秩序之事件發生，印政府熱望此種緊
急措施能早日終止，使錫金政局走向平和穩定。

2.不　丹

1949 年 8 月，印度合併錫金後不出兩月，印政府以繼承英國為不丹
保護者自居，和不丹訂立新約，約中規定，將 1865 年、1913 年及 1942 年
所定每年由英政府致送年金之數額，自十萬盧比增加為五十萬盧比，改
由印政府致送，印不干涉不丹內政，但外交由印主持，兩國間通商貿易
自由，印度並准不丹進出口貨物有假道印境的便利，兩國人民在彼此境
內，得享受和本國人民同等待遇，此一條約於 1949 年 8 月 8 日在新德里
正式公布，不僅認可英人過去侵略的權益為既得權益，加以繼承，而且
進一步，以正式條約納不丹為印之保護國，它的根據是 1910 年英人與終
薩簽立的條約，這條約卻是中國一向未予認可的。

3.尼泊爾

中國對尼泊爾過去在名義上雖為主國，實際上從不干涉，亦未駐兵，
聽其自動納貢稱臣，且本於厚往薄來的意思，對尼泊爾的進貢，總答以
百倍的償額，尼泊爾對中國的感情亦甚好，民間相傳，唐代兩個公主：
一個嫁給西藏的棄宗弄贊，一個嫁與尼泊爾王，始終引以為榮。民國以
來，中國與尼泊爾關係仍如舊好，1947 年尼泊爾王子且曾赴中國向國府

蔣主席致敬。

　　印度方面，對尼泊爾則常攻擊其政治不夠民主，1948 年國大黨贊普大會中，新主席塔馬雅於大會開幕辭中，即抨擊尼泊爾政府過於專制，因尼泊爾不容許國大黨在他們境內作過多的活動,並曾逮捕其領袖,1949 年 7 月，印度社會黨更於德里尼泊爾使館前，示威遊行，印度與尼泊爾正商談一正式條約。

　　根據過去的史實，英人之所以對喜馬拉雅山下諸邦侵逼，目的在撤除西藏的藩籬，他們併錫金，略不丹，定尼泊爾，都是這一種帝國主義的行徑，印度曾嘗過被人統治的滋味，國大黨也清算過英人的罪惡，難道國大黨執政的政府真欲如同英人一樣罪惡嗎? 雖然在爭雄者的心地中，對擴疆一點，自然可以找出許多冠冕堂皇的藉口，但是兩年來國大黨執政者的外交行徑，特別是對喜馬拉雅山下錫金、不丹、尼泊爾三邦的行徑，是很難使人相信，這一個曾經是反侵略，反帝國主義的政府，便是今天併錫金、略不丹，使尼泊爾惴惴不安的政府!

二、進略西藏

　　英人還政於印以後，過去英人治印時代，對中國所為侵略行動，雖以印度為前進基地，其實非印人之過，正可從印度獲得自由後，了結以前英人代為作主之舊賬，重復中印的傳統邦交，彼此合作，為建設亞洲的繁榮及保障世界和平而努力。雙方遠見之士，多年來在這一方面所用的心思，所做的工作，都是建築在這一觀點之上的，可惜到了 1947 年 8 月以後，獲得自由的印度政府似以接受並承繼英國一切既得權益為重，不問其是否有當，而輕輕忽視中印邦交應銳意增進，加以國共內戰益烈，局勢益難，中印間乃日增其不愉快事件，此項事件又以西藏問題為主，以承認中共政權促成其表面化、尖銳化。

1.西藏問題的舊賬

　　前面說過，西藏問題是橫亙在中印兩國間所有問題的核心，這是過

去英人侵略與清朝腐敗匯因造成的惡果，在沒有敘述最近的交涉前，不妨先將過去的陳賬稍一翻閱。

在前文已經述及英人謀藏以攻略錫金、不丹、尼泊爾為第一步及其經過情形，到了 1893 年即跨前一步，升堂入奧，正式問津西藏，根據 1890 年所訂《藏印條約》，再訂中英《藏印續約》，前約中曾規定西藏錫金通商事務，容後續議，並未有印度及英國字樣在內，但英人是最善於根據條文規定作廣泛的解釋的，他們認為錫金既已割讓，錫金即屬印度，而印度亦即英國，因此續約內第一條即聲明，開放西藏境內的亞東，聽任英商前往貿易，由印度隨意派員駐在亞東，從此亞東乃成為英人在藏的前進根據地，自印度而至錫金，自錫金進至亞東，他們的箭頭，是指向拉薩的。

劃錫金與開闢亞東為商埠，為藏人所反對之事，因此不願履行，英國特促中國督促藏方允諾，中國卻又無法使藏方服從，加以當時印度總督寇松好大喜功，以藏方不履行條約為辭，於 1902 年 5 月發兵自錫金進入藏境，並派榮赫鵬率大軍駐於錫金，部署戰事，不久，即攻占江孜，藏軍一千五百名與之力戰，全軍覆沒，英軍再進，渡曲水，攻入拉薩，達賴逃往青海，榮赫鵬遂迫藏僧為城下之盟，於 1904 年 9 月 7 日訂立《拉薩條約》，此約共九條，中國損失主權甚鉅，無異將西藏讓與英人，當時清廷駐藏大臣有泰得政府訓令，未敢簽押，外部並照會英使，請雙方派員會議訂結，英方亦以該約未得中國正式承認，無以杜別國之口，故亦贊同會商。

1905 年清政府派唐紹儀為全權大臣，至加爾各答與英使費利夏開始談判。商談多次，均無協議，主要爭執之點，係唐使力爭中國在西藏有主權，而英使只承認中國在西藏的宗主權，談判遂決裂，第二年，唐紹儀回至北京後，再與英國駐華公使薩道義就印京談判再行開談，成立協議，將榮赫鵬所立《拉薩條約》納入附約，此次協議文共四條，經清政府正式批准，在當時情況下，是個較為有利於我的條約，但在今日看來，

無疑的還是個不平等條約。根據中英互惠平等新約，是應在宣告廢止之例的。

到了 1908 年，清政府根據上項條約附約第三條中規定（1892 年中英條約有更改之處，應另酌辦）特派張蔭棠為全權大臣，至印與英商訂通商章程，正式簽訂《中英續訂藏印通商章程》，此約共十五條。最要之點有五：(1)各商埠事務由中國官吏督飭藏官辦理，英國駐藏商務專員不得自用衛隊，所有治安秩序，由中國警衛維持。(2)劃定商埠界限。(3)指定通商路程，英商入藏不得另繞別道或潛往西藏內部。(4)由中國收回英人從前所建沿途旅舍。(5)關稅未定或已定而尚未開徵時，禁止印茶入藏。此約第十三條中又規定自 1908 年 4 月 20 日簽約之日起，此後每隔十年如有須更改或廢止之意，必須在滿期後半年內通知對方，即每隔十年屆年的 10 月 20 日，倘過期不予通知，則認為繼續有效。清廷處理西藏問題和英方之交涉，至此告一段落。

1913 年中國大局初定，而過去任印度總督的寇松出任英國外務大臣，深知獲取西藏此為時機，乃極力促使中國派遣代表，至印重商藏務，因此有西姆拉會議的舉行，中國出席專使為陳貽範，陳對藏事不甚瞭然，離國至印出席會議時，所得指示為「爭一分，得一分」，毫無確定方針。

陳至西姆拉後，英人百般恫嚇，提出草約十一條，外附款七條，迫陳簽訂，並稱如不簽署，則英將與藏方直接交涉，不再理會中國專使，陳糊塗已極，竟為英方氣勢所脅，乃於草約上「從權劃行」此項約稿，即所謂 1914 年的《西姆拉條約》約稿，其中最損失主權之處有四：(1)劃定中藏邊界，分西藏為內外藏，其藏界幾包括青海全部及川邊一部，中國在藏僅獲有空洞的宗主權名義，且不得在外藏駐官或殖民，英人之意欲將全部西藏及青海與川邊一部盡劃出中國版圖之外。(2)中藏各政府允定彼此不再以藏務議約，此點無異承認西藏獨立，中國不能再過問西藏。(3)准許英國駐藏商務專員設置衛隊。(4)中國政府允定外藏官員由西藏政府自行派用。

　　上項約稿，喪失領土，破壞中國主權之完整，萬非中國所能承認，陳於約稿內擅自簽署的消息，傳至國內，政府對陳嚴為訓斥，故於 1914 年 7 月最後一次正式會議時，陳不敢在正本上簽字，僅由英藏兩方簽字，外交部隨即照會駐華英使，以藏約不得中國政府同意，若英藏簽押萬不能承認，並由駐英公使向英政府嚴正表示同樣態度，而西姆拉會議即告停止，從此次會議後，從未再有正式談判，亦未訂立任何條約，懸案一任擱置。

　　中國抗日戰爭期中，中英為併肩戰友，英國處理印度本身問題之不暇，又以中國國際地位日高，故西藏與中央關係日趨接近，早在 1939 年達賴十四坐床時，中國駐藏辦事處即已能與藏方融洽甚得，藏方亦在首都所在地設立駐京辦事處，抗戰勝利後，兩屆國民大會亦皆有從拉薩派出的西藏代表參加，中華民國憲法中更明定西藏為中國領土的一部分，西藏得享有如其他構成中華民國各部分一般的平等權利，且對西藏的現行制度加以保障。加以中英、中美新約成立後，過去所有不平等條約內英美等所享的特權皆宣布放棄，關於中英雙方對西藏的舊賬，本可以內政之功收外交之效，一筆了了，但是此種機會乃不幸因國內的戰事再起而喪失，1947 年英人撤離印度，印度獲得自由，關於西藏問題，又進入另一種階段。

　　中國與印度因西藏而發生的交涉，印度恆立於主動地位，在印度看來，由他們承繼英人在藏所得的既得權益與認可既成事實為當然合法之事；在我方看來，印度既以反帝國主義的侵略及清算他人罪惡而贏得本國的自由，對於英人在藏所作罪孽，自當摒棄，與中國重新合作，且希望於一適當時機，和印方正式商談。不幸在這一等待的時機中，印度和西藏卻已開始作片面的交涉，最初為商務的、友誼的連繫，進而為政治的活動，到 1949 年 7 月，中國駐藏辦事處被逐，經印返國，中印兩國因西藏問題達到了最不愉快的程度，以下各節便是發生的主要事件。

2.西藏貿易考察團三訪德里

西藏「噶廈」的祕書兼財務處長夏古巴率領的貿易考察團曾於 1948
年 2 月、1949 年 1 月及 2 月，三訪德里，與印度政府有所商洽，該團以
考察貿易為名，因此對外的一切行動，皆以考察貿易為護符，首次離藏
到達德里時，印度即以國賓招待，尼赫魯及總督查理均親自接見，當時
夏古巴等頗希望在印獲得外匯及由他國承認其護照前往歐美，尤其是護
照一項，因中國駐印度大使的活動，英美各國的高級專員與大使均不肯
為其簽證。羅家倫大使力勸其赴南京，夏等見赴他國之企圖一時不能如
願，乃離德里而赴南京。同時亦因當時中國政府局勢尚稱穩定，頗想至
南京觀看風色，並要求給予外匯，夏等至京後，曾要求美金外匯二百萬
元，政府曾贈其美金五萬元，及任其以最廉之官價結購大宗鹽絲，彼等
不滿，後至香港暗中與某國在港武官私自接洽由某國駐港總領事簽發證
件，乃啟程前往美國，抵美後聲言欲會晤杜魯門總統，經國務院加以拒
絕，此後得英國暗中幫助又往英國、法國、瑞士、義大利等國名為考察，
實欲藉此發生外交關係。在倫敦時，艾德禮首相特別予以接見，此貿易
考察團性質之不比平常，當可想見，1948 年底自義大利回到印度，1949
年元旦第二次再訪德里，由印度政府官式招待，抵德里時並有印度外交
部代表到站歡迎。

此次夏古巴再來，除正式拜會印政府首長外，並與商務部、外交部
連續舉行商談，據夏古巴聲稱，談判之事有兩點：第一，因西藏對印度
以外他國之貿易均係印度壟斷包辦，全部由印度政府以印度盧比向其結
匯，而西藏則要求其以美金結匯。初次曾提出商談尚無結果。第二，希
望從印度過境之西藏進出口貨物能獲各種便利。其中是否包括軍火，夏
古巴則拒不作答，因此時，外間傳云，藏政府曾在印訂購軍火甚多，除
此兩點係夏古巴公開答覆外，是否尚有其他接洽，則不得而知，在德里
商談數日後，夏古巴等即往加爾各答，行前告報界，係取道返藏，但不
久又三次再來德里，後來印政府商務部主管向國會報告對外貿易時，提

及印藏貿易談判方知夏古巴等最後一次來德里，係繼續以前未了的談判，商談的詳細情形並未公布，因此亦無從知悉。

但就這三次來德里商談的經過來看，不問其談判內容如何，其不顧西藏係中國領土不能單獨對外發生外交關係，是很明顯的。第一，印度政府實不當以國賓接待西藏貿易考察團，因夏古巴等並無中國政府護照，且非中國政府所派遣或經中國政府所認可者。倘印度尊重友邦地位，自當首先通知中國駐印大使館，或由印度駐華大使館通知中國外交部關於夏等來印的情形。一個國家與另一國家內之地方政府發生外交關係，私相交接這是國際上罕見的事，當然是引起兩國間發生不愉快感情之事。第二，印度接待夏古巴等為國賓，倘係普通旅行過境，或可有所藉口，但印政府竟和藏方代表以祕密行動舉行談判，其外交部回答中國駐印大使之當面勸告，始終支吾其詢問，極力掩飾。此種殊欠光明之舉動，不啻不承認中國在西藏的主權，不承認西藏為中國的領土，嚴格說來，是應該由我方提出嚴重書面抗議的，假使中國政府在首都所在，不得印政府之同意，接待無印度護照，且為印度所不認可的孟買省商務考察團，且與之正式談判，而談判內容既不公開，又不通知印度政府，印度難道不向中國政府提出嚴重之交涉甚至斷絕外交關係嗎？

也許由於過分珍惜中印間傳統的邦交，不願因此而使兩國間發生一道裂痕，中國政府駐印當局僅於夏古巴二訪德里之際向尼赫魯首相以極委婉的辭句，寫了下面的一封半官式的信，尼赫魯首相接到此信時正動身返原籍阿拉哈巴德，乃由外次梅農奉命代覆，兩信的譯文如下：

羅家倫大使致尼赫魯首相緘：「親愛的首相先生：我聽說西藏貿易考察團已回印度，將與印度政府當局有所商談，對於西藏有關的問題，尋求協議。他們此次在歐美考察期中難免受某種帝國主義的企圖，及對中國不友好的論調所影響，因而，在某些場合中，他們曾顯示將有不利於中國的企圖，此種企圖，顯然是與他們所標榜的公開任務毫不相關的，雖然我個人並不相信這種膽大妄為的企圖，能使遠見人士，予以重視。

我深深相信，印度政府基於我兩國間的傳統友誼，負責談判的部門，在商談時必能鄭重注意，倘西藏貿易考察團提出有損中國領土主權的完整時，將不致鼓勵對方而當斷然拒絕討論，任何此種商談之結果，不僅中國政府不予承認，所有中國人民亦將深致痛恨，我以為，那些不願中印兩國和好的人，也未必能利用這個機會，使貴我雙方的感情惡化。

中國政府正在艱難之際，我相信印度政府必已深切瞭解我上面所說的幾點，能採取合作的態度，維持法律與道義的尊嚴。羅家倫，1948 年 12 月 31 日，新德里。」

梅農外次覆緘：「親愛的羅博士：首相先生囑我奉緘閣下 1948 年 12 月 31 日關於西藏貿易考察團的信，業已收到。謹向閣下保證，我們絕無意圖欲與該團討論任何足以損及中國主權領土完整的問題。同時，我們作夢也沒有想到當中國在艱難的時候，來作任何使中國為難的事體。你忠實的梅農，1949 年 1 月 3 日，於新德里外交部。」

3.廢止《中英續訂藏印通商章程》的交涉

根據 1943 年 1 月 13 日中英新約的規定，凡過去中英所訂條約有影響中國主權完整的地方，此後應由兩國政府代表按公認的國際法原則及國際慣例從新商議。1908 年中英所訂的《中英續訂藏印通商章程》便是其中之一，這章程的第十三條中曾規定締約一方如有須更改或廢止之意，此後每隔十年必須通知對方，屆期如不通知，即認為繼續有效，通知時須在滿期後半年內為之。當時簽約的日期是 1908 年 4 月 20 日，至 1948 年 4 月 20 日恰又滿期，故中國政府根據規定，乃於是年 10 月 9 日，向英國、印度及巴基斯坦三國政府分別通知，廢止前項通商章程，這一個舉動是合理的而且也是依據原約的規定的，由於英國已從印度撤退將政權交與印度與巴基斯坦兩自治領，所以分別向三國政府通知，同時聲明此後中國與印巴兩國對西藏或其他問題的交涉，當直接與該兩國政府商洽。

中國照會送與三國政府後，先後都有覆文，從覆文中可以看出三國

對西藏問題的態度，巴基斯坦方面對於中國的要求，完全同意，並且表示願與中國政府發生密切友好的關係，保證和中國合作，增進彼此的邦交；英國方面也同意關於與印巴兩國對西藏或其他問題的交涉，可由中國政府與該兩國政府直接交涉，但認為 1908 年的《中英續訂藏印通商章程》已於 1914 年無形廢止，因是年的《西姆拉條約》第七條中，英藏雙方曾加以載明。至於《西姆拉條約》的未經中國簽字不能生效，英政府發文中並未說明，他們的意思很明顯，一切都可由中國政府和印度及巴基斯坦去商量。

　　印度政府方面的覆文則值得玩味而令人感到意外。他們的意思有兩點：第一，自從印度政府成立之日起，認所有前英屬印度政府與西藏所定條約的全部權利義務皆由印度政府承繼。第二，印度與西藏的關係，當以 1914 年《西姆拉條約》及其通商附則為準，至於 1908 年的《中英續訂藏印通商章程》老早就不曾實行了。印度欲承繼英國在西藏的一切罪惡，欲以《西姆拉條約》為有效，豈不很明顯地說出來了嗎？他們難道不知道《西姆拉條約》是英國帝國主義者加於中國的侵略，欲割裂中國領土，破壞中國主權的完整，而且中國未簽字承認，不能發生效力的嗎？這難道是偉大的甘地先生所曾領導的國大黨在獲得自由後不滿三年，對一個貼鄰的老朋友中國，所應當作、不得不作的事嗎？甘地先生已經過世了，他是不能負責的，印度大多數的人民，他們並不知道這裡面的情形，善良的人民也是不能負責的，然則，誰又應當負責呢？作者覺得這件事情的本身，已經給我們很好的答覆了。

　　從夏古巴等的三訪德里及廢止《中英續訂藏印通商章程》的交涉這兩件事看，誰也知道西藏問題一如印度未獲得自由之前，是存在於中印兩國間的一個愈逼愈急的大問題，但是到它的表面化、尖銳化，卻還是 1949 年 7 月中國駐藏辦事處被迫撤離，假道印度返國的事，關於這一件事情的前後經過，我們就可以來敘述，其中必須提出來的是，下面的材料，均為確實可靠的材料，作者雖然看到祖國國魂的受盡侮辱而忍不住

傷痛（是中國人誰又不傷痛），但絕不敢以莫須有的罪名加諸好人之身，如果不是他們掩蓋不了的舉動已經清清楚楚地擺在光天化日之下。為了使這一事情的真相更容易使人瞭解，在敘述的時候特別引用印度報紙關於此事的記載，假定印度輿論界沒有公開的反應或披露，誰又能想像到在遙遠的拉薩所發生趕走中國中央政府人員的事，會和印度有關係呢？還有一點，達賴活佛的二哥嘉樂頓珠夫婦恰在拉薩事件發生之後，政府被逐人員尚未入印境之前，應印政府之請來德里作印度的貴賓，因為此時此地此人之來，引起世界之注目，因此將他在德里逗留的情形，也留了一點記載。

4.中國駐藏辦事處被逐出藏經過

中國中央政府駐藏辦事處設拉薩，在前清時稱為駐藏大臣，它的任務是冊封藏官，管理噶布倫及其僚屬，督察軍機事務，按清時制度，達賴活佛之下有兩個平行的組織，分掌政教，一為四噶卜倫組成的行政會議，發號施令的機關稱為「噶廈」，相當於各省省政府，秉承達賴活佛的意旨，在駐藏大臣的督察下，辦理政務；一為別蚌寺、色拉寺、噶勒丹寺所組成的聯席會議，專管教務，對「噶廈」的重要決定，也有參與的權利，各種決議如不得三大寺的同意，常窒礙難行。民國成立後，沿襲舊制，僅將駐藏大臣改為駐藏辦事處，設處長一人，代表中央，在藏執行職務，對四噶卜倫組成的行政機關，行文時則稱「噶廈公所」。

中央政府雖在藏設辦事處，但為保持過去的傳統，尊重西藏地方的特殊制度，對藏政從未有何干預之事，實際上不過維持其在藏的主權名義而已。

當時的活佛在前藏者為達賴十四，已坐床多年，尚未秉政，由攝政大扎代行一切，攝政在藏，俗稱藏王，可見其權勢之大，在後藏之活佛為班禪十世，於 1949 年 8 月在西寧坐床，由蒙藏委員會委員長關吉玉親往冊封，但以拉薩發生叛亂，未能入藏。

中央駐藏辦事處處長原為沈宗濂，沈離藏後改以陳錫章為代處長，

常駐拉薩，他國在拉薩設有商務專員的有印度和尼泊爾。印度駐拉薩的商務專員，在英人治印時即為黎吉生 (Richardson)，英人退出印度後，印政府原決定將黎撤換，於 1948 年並派印人哥卡勒 (Gokhale) 以副使名義在黎吉生門下學習，但 1949 年 7 月，印政府忽改變原來決定，將黎吉生再留一年。

1949 年 7 月當國軍與中共軍隊正作生死決鬥，平津京滬失陷，國府播遷廣州，情勢極端緊急之時，拉薩「噶廈公所」以全藏民眾大會決議的招牌，藉口我駐藏辦事處人員中有中共嫌疑分子，限所有中央駐藏人員包括辦事處無線電臺氣象觀察所，國立拉薩小學，附屬醫院等全體撤離拉薩且規定必須假道印度返國，不准取道西康、青海逕回內地，經過情形如下：

1949 年 5 月底 6 月初，拉薩謠言極多，謂藏政府有對漢人不利情勢，陳代處長錫章（以下簡稱陳）曾往訪晤噶卜倫之一索康，據索康云絕無其事，6 月 10 日，索康的父親老索康（任藏方外交處長）赴辦事處看陳，表示數年來，彼此相處很好，希望能將中央在藏工作人員中的共黨分子通知西藏政府，陳即表示：「中央反共，為一貫政策，本人代表中央，不論漢人藏人，發現有共黨分子存在，都當奉告。」

6 月中旬拉薩謠言更熾，盛傳攝政欲謀害達賴，陳即再訪索康，索康稱病，未曾見到，至 6 月 25 日攝政發布命令，從後藏調兵二百名至拉薩，兵到拉薩後，最初一二日尚在街上見到，以後則不見出營房。

此時，藏政府即舉行會議，噶卜倫之一需巴提議謂中央在藏人員，從辦事處起，應一律驅逐出西藏境界，前西藏駐南京代表阿汪賢贊首先贊成，又一前駐南京代表曲批圖丹則認為國民政府已沒有希望，最好將國府所有駐藏人員，好好送出西藏，以後又連續會議多次，至 7 月 8 日乃作了最後決定。自 6 月 25 日至 7 月 8 日這一段時期中藏政府與印商務專員黎吉生曾保持接觸，據某一駐拉薩的外籍人士告陳道：「黎吉生這些時很忙，不知在搞些什麼鬼？主持什麼陰謀？」老索康亦多次訪黎。

　　7月8日下午二時藏政府噶卜倫三人及總堪布請陳至「噶廈」談話，對陳道：「西藏全體僧民大會業經決議，認為凡中央軍政人員所到之處，即共產黨所到之處，西藏方面，現請駐藏辦事處、學校、電臺、醫院，及有重大嫌疑之人，於一週內離開西藏，關於電臺，係黃慕松專使入藏時所帶來，留下至今，最初黃曾表示，將來電臺用過，即轉送西藏政府，現全藏僧民大會雖議決派人接收電臺，但最後仍請臺長決定，或送給西藏政府，或由藏方派人封存。」陳答道：「此事的是非，無庸本人辯白，但本人應即報告中央。」彼方答：「西藏政府已電李代總統，報告一切，無待貴處長報告，且此事係經大會決議，且已派代表六人封閉電臺，貴處長已不能發電。」陳當即要求由西藏電臺代發亦不允許，且謂：「彼此平素感情雖好，但此事係大會議決，噶廈無法變更，況藏人知識有限，倘貴處長堅持己見，致生意外，噶廈實難負責。」陳道：「致電政府報告，係本人當然的職責，並非己見，至於任何意外，不在本人顧慮之中。」

　　同日傍晚，電臺已為僧民大會代表六人，率領藏兵百人包圍並將機器封存，我辦事處與外間連繫，遂行中斷，後陳與電臺臺長商妥決將電臺全部機器拆卸封存運出，藏兵亦未強行接收。

　　第二日（7月9日）晨天尚未亮，辦事處即開始準備撤退工作，此後大部分工作人員都有藏人監視，7月10日，有藏兵排長一人，率兵十名，至陳住處警戒，又派連長一人，排長一人，率兵二十五名至辦事處警戒，再派有招待員至辦事處，說奉政府命來照料保護，並非監視，一切事務均可代辦，對於處內一切行動，也不干預，並負責傳達處內對藏政府一切意見，又派工程處人員代作木箱，派僧官及俗官各一人，代辦烏拉（即公差），凡各機關人員騾馬要多少即給多少，非機關人員，一律由西藏送回青海、西康原籍，其餘人員則經由印度返國，謂去印度路上已有布置，其餘路上無布置，如他們行至中途逃走，毫無辦法。

　　出藏人員由藏方規定共分三批，陳是最後一批，陳請和第一、第二，兩批同行，「噶廈」的答覆是：「你們回去報告陳處長，到亞東，我們將

人交給陳處長。」

8月12日，招待員問陳，是否向達賴辭行，陳經過考慮，即答以「辭行」，「辭行」二字說出後，藏方即下令護送人員。

13日，第一批出發，即藏方所指有重大嫌疑的中共分子，在路甚好，第二批，隔三天出發，均係按預定計畫朝印度方向離藏，第二批人員出發時，招待員對陳道：「西藏政府要請陳處長幫忙，辦理進入印度許可證。」陳答道：「你們看見的，我所有公文印信，都裝了箱，無從辦起。而且我也不會辦，此次是你送走我們，你們應當辦好入印許可證等手續。」他們回去報告後，又對陳說：「印度駐拉薩商務代表處知道你會辦。」陳道：「過去中國人赴印度我是辦過，先向印度駐藏代表處申請，再由他們向印度政府請示，至少要三個月。」

18日印度駐拉薩商務代表黎吉生替陳餞行，菜辦得很好，據印度醫生說，副代表哥卡勒要見陳，黎吉生卻不准許。吃飯的時候，黎吉生曾問陳，曾否打電報向中國駐印度大使館報告。陳道：「我現在無法打電報，只有請你幫忙代打。」黎答道：「你到了江孜，可以向印度電報局發電報，該處電報局是開放的。」結果，陳等離拉薩後，藏方以種種理由，不許經江孜，結果電報始終打不出來。

18日這天，西藏又派僧、俗官各二人，向陳送程儀，除送酥油，麵粉，馬料等外，又送印幣二千盧比藏銀五千兩，其餘辦事處及各機關學校人員，亦各有餽贈，唯數目不等，陳當時曾表示禮物可受，程儀請收回，但送來的官員道奉西藏政府命令，不能帶回。

19日晨九時，陳正式向達賴及攝政大扎辭行，達賴坐殿中攝政坐右，招待員引陳及辦事處李祕書國霖進殿，獻哈達，達賴以雙手加陳之額，隨後坐於殿左，進酥油茶及飯，達賴及攝政始終未開口，後知陳辭行時，達賴根本不曉得陳係返國，攝政只告以陳赴印度度假而已。

19日正午藏政府四噶卜倫設宴餞別全體辦事處人員，翌日，達賴攝政，「噶廈」各派代表一人，又各派私人代表一人，至十里長亭送行，復

派兵百名及軍樂隊排隊送行，中央在藏各機關全體人員，遂離開西藏取道印度返國。

行至亞東，據護送人員稱，入印境手續尚未辦妥，因在亞東再待命兩週，自亞東再行時，陳曾請假道錫金首邑甘托克經葛倫榜入印，始終未獲印方同意，只得另循山徑小道，避開大路不走。為何需在亞東留兩週並不准通過甘托克，其中原因，當只有印方知悉清楚。

撤退人員入印後，自葛倫榜，改乘火車，由我駐印大使館派員照料至加爾各答，羅大使家倫復於 8 月 30 日飛加城，治妥招商局輪船，分批離印返國，以上為此次撤退之經過情形。

5.羅梅三次談話

西藏事變發生以後，印度方面諱莫如深，德里方面知悉此事，是在 7 月 21 日，印度報紙亦有登載，但不詳細，消息來源，有從香港電訊傳來者，有廣州拍來者，亦有從印度政府採訪來者，所載大同小異，因此事印度方面的興趣最大，為借道讓路之人，所以中國駐印大使羅家倫曾於 7 月和印度政府外次梅農有三次談話，看這三次談話裡的扼要之點，可以幫助我們瞭解拉薩叛亂癥結所在。

第一次是羅去印度外交部訪梅農，約好是去談西藏問題。

羅：「想必梅農先生，早已知道了拉薩叛變的事情。」

梅：「知道一點，不太詳細。」

羅：「黎吉生難道沒有詳細報告給印度政府嗎？」

梅：「他有電報來，說西藏以中國政府駐西藏辦事處中有共產黨分子，令其出境。來電中確切說有共黨分子。」

羅：「是指少數人，還是指全體？」

梅：「是指少數人，並非指全體。」

此時羅拿出前西藏辦事處處長沈宗濂託羅轉請梅農代為打聽代處長陳錫章的下落和安全的電報，沈此時因受外交部派來考察東南亞各國館務，尚留加爾各答，而陳錫章太太為女兒出嫁，早已離拉薩來加，知道

拉薩發生叛亂，非常著急，故託沈打聽陳之安全。

羅拿著電報對梅道：「沈宗濂是你的朋友，他託你這件事我特為轉達。」

「可以，可以，」停了一會又說道：「據我所知，陳錫章已經在 17 日離開拉薩。」接下去又說：「西藏送這麼多共產黨來印度，我們真不知道怎麼辦。」歇了一口氣，又重複一句道：「我們全外交部都在憂慮加爾各答的共產黨已經夠多了，再來這些中國共產黨，我們真不知道怎麼辦，只要他們能立刻走，我們印度政府願意給他們通行。」

羅：「我不相信駐藏辦事處人員之中有共產黨，前兩個禮拜沈宗濂過德里，我和他談及西藏辦事處情形，他說他們都是派赴西藏許久的人，我認為就是有一二共產黨在內，也絕不應該牽涉全體。牽涉全體，顯然是別有作用，我想印度政府不會相信誣賴的理由，我不是共產黨，我不願意共黨滲透在西藏，同時，我更不願意共產黨滲透在印度。但是我請你注意，辦事處人員都是中國政府的官吏，他們在印度境內的時候，應當享受友邦官吏的待遇，若是其中有共產黨的話，也應當先由我負責調查，然後再報告與中國政府請示辦理。」

羅和梅作過第一次談話後，在 7 月 25 日向印度報界與通訊社就拉薩叛變情形發表了一段談話，內容於下：「謠傳在中國駐藏辦事處人員中有中共潛伏分子，致為西藏地方當局所逐，據我所知，此乃完全虛構，我不是共產黨，我自然不願看見共產黨滲透在西藏或其他地方，但是這種要在高原的巖石上，釣莫須有的大海紅魚，無乃太天真而幼稚，這在政治上是何等的不聰明。……即使駐藏辦事處有共黨嫌疑分子，西藏政府亦應當向中國的中央政府報告，負責當局自當妥為處理，是不當牽連辦事處裡其他人員的。我並且要指出，辦事處的人員，是中國政府的官員他們都有官員的身分。……西藏為中國領土的一部分，毫無疑問，1946 年及 1948 年在南京舉行的兩次國民大會都有從拉薩派出的西藏代表出席參加，第一屆的國民大會制定了現行的中華民國憲法，不但重申中國政

府在西藏的主權，而且規定西藏與其他構成中華民族各部分一般，完全平等，享受同等權利，還對現行西藏制度，予以保障，可謂優待了。」這一段談話，印度各大報均全篇刊載，當然是一個嚴正的聲明。

7月26日下午羅與梅又有第二次的談話，係梅至中國大使館訪問。

梅：「我最近接到黎吉生的電報，謂陳錫章於本月18日在印度駐拉薩商務專員處赴副代表哥卡勒的餞別宴，19日完成各處辭行的手續，20日離開拉薩，陳離開拉薩時，空氣至為融洽友好，西藏政府並且派有儀仗隊送行。」

羅：「梅農先生，究竟西藏政府要逼走辦事處人員是什麼意思?」

梅：「西藏政府不免有點神經緊張，怕馬步芳被共產黨包圍，向西藏退卻。」

羅：「若是如此，那真矛盾極了，西藏政府一面怕共產黨，一面不惜與反共的中央為敵，我真覺得有點莫名其妙。」

羅此時將他25日對報界的談話稿，給梅看，他對「在高原的巖石上釣莫須有的紅魚，無乃太幼稚而天真，而且在政治上太不聰明」一句，特別帶笑地唸了兩遍，梅隨後即離羅處，走到門邊時忽然又提起來說道：「西藏送這麼多共產黨來，我們不知怎麼辦，因為加爾各答的麻煩已經夠多了，我們不願意再增加麻煩。」

羅正色道：「請你和印度政府不要相信一個愚笨政府假造出來的理由。」

隔了一天，到28日，印度各報載有「印新社」（印度官方通訊社，P.T.I.）發表的一則新聞，初看正像是拉薩發言人的談話，內容如下：「據德里最可靠消息：7月21日香港報載拉薩發生叛亂，殊非事實，因西藏並無叛亂，西藏當局深恐因國民黨在拉薩設有辦事處，而引起共黨的活動侵入，西藏故請中國駐藏辦事處撤離拉薩，刻辦事處人員在西藏當局熱烈歡送的情況下，於友好空氣中，業已離開拉薩，西藏從未承認中國的宗主權，為此，曾時引起兩國間的糾紛。1933年達賴十三圓寂，中國

政府派代表前往弔唁，1939 年達賴十四坐床，中國亦派代表參與，代表團從此留在拉薩。」

這一則新聞若係針對中國駐印大使 7 月 25 日的談話而發，第一，因羅謂西藏叛變，從開始就否認有叛變。第二，因知藉口有共產黨為名而趕走代表團的這件事不當，所以輕輕地在此改變藉口。第三，在和洽友好空氣中陳錫章離開拉薩恰與梅農先生和羅大使第二次談話時之字眼語氣相同。第四，甚至否認中國在西藏的宗主權。第五，稱中國冊封的代表團為慶賀代表團，並且說就是這個代表團留下在拉薩，以此混淆世界之輿論，以為 1939 年的慶賀代表，至現在由西藏政府請他們回去，是名正言順的。

到了 7 月 30 日羅大使和梅農先生又有第三次的談話，係梅農約談。

梅：「西藏辦事處及其他離開拉薩的人一共八十八人，由陳錫章領導，於 20 日離開拉薩，現在快要到印藏邊境了，他們應當每人有一張旅行證件，但是在拉薩的時候，因為電臺不通，陳錫章無法向中國政府請示，所以他不肯發，現在看可否由貴大使致電外交部請示准陳錫章發，或是由貴館發給這種證件，給要入印度境內的人員。」

羅：「我只知道護照，不知道何謂旅行證件，不知道是怎麼一個手續，我卻知道西藏到印度來，並不需要任何護照。」

梅：「西藏人到印度來不要護照？我還不知道哩！其實，我也不知道旅行證件是個什麼格式，可否叫主管司長來我房間裡談一談？」

羅：「不必現在談吧，我要本館錢參事來和他談，他們談好了，我再向本國政府請示。梅農先生，你真相信中國辦事處有共產黨嗎？我不相信，我認定這是愚笨西藏地方政府的藉口。」

梅：「我個人也不相信，若是講思想左傾，各處難免都有，像美國的國務院，我們此地誰能保證沒有？但是這不能說一定是共產黨。」

羅：「對了，這幾天印度報紙屢登載權威方面的消息，解釋西藏的事變，你注意到嗎？」（羅將印新社刊載的一段新聞指給梅看。）

梅：「我還不曾見到。」

羅：「那麼請你看一看。」（並且特別指出否認中國宗主權一點。）「當年英國野心最盛的時候，不過否認中國在西藏的主權，現在獨立後印度的報紙，進一步連中國的宗主權也都否認起來了，你們不免跑快了一點。太過分了一點吧。」

梅：（看了一下這段新聞，良久不能作答。最後復吞吞吐吐地說道）「你看這裡面提到印度政府答應了西藏一切必需的便利，以利中國辦事處人員由印度撤退，這一點，也不很對，我們不過承受西藏放在我們前面的既成事實。」

羅：「既成事實在後，恐怕你們答應在前吧？梅農先生，這幾年來，我們政府對印度盡了最大的誠意，我為了增進中印的邦交，也盡了最大的努力。這種努力，我想你以前也用過心思的（梅農係駐華首席大使），到現在，中國在困難的時候，我不願意中印邦交上和中印民族間發生一道深刻的裂痕，你們不要以為中國共產黨一定會成功，這是一種很淺薄的勢利眼光，假定萬一共產黨會一時的得勢，你應該知道中國共產黨至多不過在我們中國人口中占百分之一的人數，其餘百分之九十九是主張自由民主而反共的，這班人才是印度真正的朋友，我希望印度不要使這廣大的朋友們失望，感覺到以前對印度友誼的心，不過是一種幻覺，這一點是我們中印兩國民族間永久感情是否能夠建立和保持的關鍵，我想大家應該在這點上覺悟！」

第三次的談話，便是這樣地結束了。

6.達賴活佛二哥訪德里

正是拉薩叛亂發生後不久，大家都注視著那釣紅魚的一幕醜劇時，8月1日印度政府的一架雙引擎專機，將達賴活佛的二哥嘉樂頓珠夫婦接到了德里，作印度的上賓，這是一件多麼使人摸不著頭腦的事呀！出生青海的嘉樂君剛在南京國立政治大學肄業了兩年，在徐蚌戰事緊張之際，離開南京準備經印度回拉薩的，但印度總督邀請觀光的專電，卻把

他和他的太太恭迎到德里來了，住著最好的旅館，派著專人招待，還有三個保鑣緊緊跟隨。

抵達德里後，印度總督請他們去會談，尼赫魯首相請吃飯，政府中主要的負責官員都見過，廣播電臺請嘉樂先生用藏語廣播，即使是政府中官員見著他時，也是稱他 Your Excellency，因為看重他是達賴活佛的胞兄哩！

他們被邀來印度觀光是相當久以前的事，還在嘉樂頓珠求學南京的時候，印度駐華大使潘尼卡即曾多次請他們來印度，遊歷一個時期，這次的來，卻是接到了印度總督的電報，方從葛倫榜動身的。

在德里的一個星期之中，印方的官員曾多次告訴這一對少年夫婦：「印度是遵奉甘地的遺教的，我們絕沒有侵略別人的心思，我們對西藏人，尤其是好極了，西藏是那麼一個高原地帶，交通又如此不便，我們何所求呢？所以西藏人們是不要害怕的，我們只知以愛，和非暴力待人，扶助弱小民族。」

嘉樂頓珠夫婦也曾兩次訪晤德里美國駐印大使漢德遜，和我國駐印大使羅家倫先生，作者和這對少年夫婦也曾晤談三次，我們都是穿著中國的衣服，嘉樂夫人是一位極漂亮的蘇州小姐，用我們不假思索的祖國的語言，談國內外的情形，他們體會到此行的不比平常，談吐間雖然拘謹一點，卻很自然地流露著，他們希望國內的局勢好轉，能再回到南京去唸書。

「真覺得好笑，兩個月前當我們從香港經加爾各答去葛倫榜的時候，印度警察局曾不時來麻煩，說我們的護照是填的經印返藏，不能在印久留，又說我太太是中國人，不是西藏人，因為她穿著中國女人的旗袍。」嘉樂先生這樣地說。

「現在，兩個月以後，你們兩位卻成了印度的國賓了！」作者回答他道：「我們很高興能在這裡看到你們，當然更希望你再回中國去。」

照預定的計畫，印政府原打算請他們再遊德里附近的泰姬陵，但 8

日的清晨，卻匆匆飛返葛倫榜去了。據說是因為嘉樂先生的姊夫有電報來，因病囑他早歸，這是 8 月 8 日距西藏噶廈公所通知我國駐藏辦事處撤退，恰恰一個月。為什麼印度政府接送嘉樂頓珠夫婦來德里觀光，如此匆匆，始終還是一個不解的謎！

7.印度報界的反應

自拉薩叛亂的消息，於 7 月 22 日在德里、孟買、加爾各答、阿拉哈巴德等地報紙開始登載後，連日都有各種報導，而且都集中於印度政府與此事之關係，也許因為政府事先沒有關照，所以有的報紙因登載此事竟受到尼赫魯先生的怒罵和印度宣傳部的嚴重處分，現在略引數則報導於下：

一、加爾各答 7 月 30 日《政治家日報》以印度對藏發生興趣，駐錫金行政專員將訪拉薩為題，內稱：「德里 7 月 29 日電：關於近日所傳西藏發生『共黨叛亂』驅走中國代表團之事，權威方面刻已有所解釋，據德里之官方人士稱，數日前西藏政府曾請中國駐拉薩代表團撤離西藏，因代表團中有嫌疑分子與共黨活動有關。同時，曾請印度駐拉薩商務專員黎吉生轉請印度政府准許被逐之中國代表團假道錫金與加爾各答返國，據悉印度對是項請求曾遲遲未決，因此事間接等於印度政府幫同驅逐友邦政府之外交代表，但最後對於藏方請求之各種便利，仍然允准。中國代表團將於兩週內到達印度邊境，從此他國在藏設有官方代表者，僅剩印度，黎吉生君係印外交官員中唯一任職之英國籍官員，本應於本年內退休，但最近政府決定再使其留任一年，而以哥卡勒在其門下學習，並悉印度駐錫金政府專員達雅將於下月初訪問拉薩，官方稱此行為例行訪問。」

二、加爾各答 7 月 27 日《印度斯坦標準報》：「……眾信印度政府以急速行動取得錫金行政權與最近西藏發生之動亂，二者有不可分之關係，印度政府對錫金所採取之步驟，據謂係事先防止從西藏方面滲透某種力量進入印度，西藏僧侶有不少係受蘇聯之影響者。政府中某一高級負責

官員於私人訪晤中曾透露，最近對錫金所採取之行政措施，非僅為補救錫金之政局，且與全印有關。

印度政府派赴西藏之專使，將來對藏局之報告，為各方所密切等待注視者，此間政界人士封鎖邊境之事，亦將在其他數處實行（按此時，印藏電訊暫告中斷，行旅亦不暢通）。但必須候政府專使返國後，所提出之報告，同意此項措施時，方能決定。」

三、7月23日德里《政治家日報》：「據印新社本市訊，印政府對西藏發生共黨支持之叛亂一事，刻尚未獲得報告。目前印度經錫金首府甘托克與拉薩之電訊照通，但僅限於官方者為限，普通電訊自7月9日起，即告中斷，為何僅官方電訊照通，其故不詳。又印度政府國防部在藏之無線電臺，仍照通無阻。」

四、8月6日德里《印度斯坦時報》：「尼赫魯首相於最近一次記者招待會中，答覆詢問時稱：西藏發生變亂之事完全無稽，因彼處根本無變亂。西藏政府基於他們自己的理由，決定送走一部分留居彼處之中國居民，印度適為必經之道，故被請准其過境。」

8月29日德里《政治家日報》：「印度駐錫金行政專員達雅即將前往拉薩訪問，於星期日夜已到德里，向印外交部請示方針。達雅係第一個印籍行政專員，訪問拉薩，自印至拉薩，途程需三星期，達雅赴藏時將攜有尼赫魯首相致達賴活佛之禮物。」

五、8月20日孟買《閃擊報》（按該報因8月2日刊載西藏問題的《德里通訊》，曾受印度政府警告，該文作者並被印政府撤銷記者證，下面一段，係8月20日該報對政府處分的公開答辯）：「……本報8月2日對西藏問題的記載，不過強調指出，當位置重要的西藏，最近發生在國際上有重大影響的政變的時候，印度不宜以一個英國籍官員（按即指印度駐藏代表黎吉生）擔任駐拉薩的政治專員，就人情上講，要他執行尼赫魯的獨立外交政策而不受英美集團利益的影響，是不可能的，不問他究竟幹得怎樣。要他在目前的國際情勢下，作印度駐藏代表團的首腦，

無疑的，使印度避不開嫌疑，一定將引起誤解，正為了這個緣故，印度政府曾決定本年 7 月底即要撤換他，由印籍官員接充，可是恰當西藏發生不承認中國在那裡有了很久歷史的宗主權的時候，印政府突然改變了原來的決定，將他再留任一年，本報在 8 月 2 日的記載裡，曾請政府對此有所解釋。

不幸在這個事情決定之後，英國幾家大的報紙，連續刊登了許多這方面的評述，關於國際問題的記載，他們通常是遵照英國外交部的指示的，例如《泰晤士報》就說，西藏政府是通過黎吉生要求印度政府准許被逐的中國官員假道錫金與加爾各答的，該報顯欲使世人相信，西藏是對這個英國籍的官員信任的，《每日郵報》對於西藏政府此一決定，表示歡迎，而《新政治家民族週刊》更指出，英國在藏及其接鄰地區的利權，可由印度駐拉薩的代表團，得到保障，此間英人所有的唯一報紙《政治家日報》，在本報未發表上述記載的前四天，也已刊載關於黎吉生留任的詳盡報導，對於中國官員的被逐，表示高興。

本報 8 月 2 日的通訊，刊載在上述諸報之後，我們說明印度政府必須對西藏有一個長遠的澈底的政策，我們確批評將黎吉生留任一年的政策之不當，希望政府將為什麼要使黎吉生留任一年的原因，公布出來，同時採取步驟，使外間對此次西藏政變，認為與英美有關的疑問，弄個清楚。

我雖然手邊有確鑿的材料，可以來證明我的記載之不誤，但我仍然要本報編者作最後的決定，而並未完全公布，一則因為我們國內政局的紛擾，恐因此而增加政府的困難，同時，也不想使政府在外交上難堪，我的通訊並無誇大之處，我不過說明西藏並無政變的新聞，那是無稽之談，西藏根本沒有什麼了不起的事，藏政府為了它本身的原因，送走一些中國的居民而已，印度恰在這條路上，被要求讓他們在此通過。」

《閃擊報》的編者並且將印度幾家大報，對於此問題類似的記載，製版登載，認為尼赫魯先生對該報的處分太不公允，他舉出尼赫魯的妹

夫拉吉胡其辛 (Raja Hutheesing) 所主編的報紙，對於西藏問題也嗅著「總有什麼錯兒」，為什麼不見處分他呢？他的報紙曾這樣記載著：「印度今日實應決定對錫金、不丹、尼泊爾與西藏的外交政策，趕走錫金原來的政府與對西藏及尼泊爾的謀略，看來總覺得有什麼錯兒，自由後的印度，只當和旁人友誼的合作，不當去干涉他人的事，然而，我們卻好像老是跟著白宮的路子走！」

8.尼赫魯的兩次聲明

關於西藏叛亂，自中國政府人員撤退後，表面上似已告一段落，這只是表示我們的線被人斷了，西藏成了斷線的風箏，即使對趕走政府人員一事，藏方有後悔的事，但目前也是無可挽回，另一方面，拉薩的局勢卻並未因此而安定，反而隨著這搖搖不定的局勢而更覺彷徨，苦悶不安，11 月初，尼赫魯先生自英訪問歸來，在倫敦記者招待會裡答覆詢問時曾稱，印度一向是承認中國在西藏的宗主權，雖然我們有代表駐在拉薩，不久抵達德里後，又在記者招待會中答覆詢問稱，「印度模模糊糊地承認了中國在西藏的宗主權，但是這個宗主權究竟實行到什麼程度，誰也不知道。」這最後兩次的談話，也還是和 8 月時一般莫測高深！

而同時，印度駐錫金的行政專員自 9 月赴拉薩後，一直未見返任，待他離藏之際，必然更有什麼新奇事物出現在印藏邊境，西藏始終是中國的領土，一寸一分的移易，都不是我們中華民族所能承認的。

上面這一段的中印間的不愉快之事，已經在中印外交上，在國大黨的光輝史上留下了不光榮的痕跡，作者再要在這裡聲明，我之所以述及這一段經過，並非將這筆賬寫在整個國大黨身上，已經殉道的甘地先生，當然更是不須負責的。

下面是 7 月拉薩叛亂時，西藏噶廈公所致我方蔣總裁及行政院院長閻錫山致噶廈公所的來往緘電，一併附錄，留作參考。

西藏全體噶卜倫致蔣總裁緘（藏文漢譯）

蔣總裁中正鈞鑒　敬啟者，西藏全體噶卜倫致緘由，今據全藏民眾大會呈稱：「茲因中央國民黨與共產黨發生內戰，至今尚未平息，中央官兵所在之地，無不發生有共產之宣傳與鼓動，故中央駐藏各機關同仁等，亦難保其萬一，現更盛傳藏境及拉薩區內潛雜共產嫌疑分子者有中國人及巴安人等等之說，而難於分別指定。至於本地乃佛法宏揚聖地之西藏甚恐受其惡黨之侵蔓與毒害，現全藏人眾發生無限恐怖憂愁，而我中藏之悠久檀越情感，內部並無分毫隔閡，為我中藏政局及內部安寧起見，不得不驅盡帶有共產嫌疑之祕密工作人員，因又無法檢查分別，更為杜絕潛雜之計，將駐藏中央辦事處、無線電臺、學校、醫院及其他有嫌疑之人員等，應請限期離藏，各回原籍等情。」茲准將各機關人員由拉至印境之沿途旅費，及一切烏拉支付，應護送官兵，由本政府特別從優隆厚待遇外，其他所有之嫌疑中國人及巴安人等亦派有護送軍隊，即回原籍，該事均已接洽聲明矣。希望我中央政府祈俯念重於實為安靖，並非罔法孟浪，原諒幸甚，感之不盡，特此草緘。
恭候　　　　　國安　　附阿善哈達以佐蕪緘
　　　　　　　　　西藏全體噶卜倫叩藏己丑五月十三日

噶廈於 7 月 18 日以書面通知我國駐藏辦事處陳錫章，請其撤離西藏，全文於下：

中國政府官員陳處長鑒，藏曆五月十三日噶廈對處長所談詳情如下：近來中央國民黨與共產黨兩方面在作戰，而未停息，故駐於拉薩中央官吏如處長及職員等，發生何種危害是難逆知而不能坐視者，並且拉薩近來不比往昔，有嫌疑漢人及巴安人等，在此地新設飯館，時常集會，復於飯館內特築密室，其一切行為必係共產黨人，大規模作祕密工作者，所以此類嫌疑人等以及由各邊疆

混入藏境之徒，分別甚難，為人類安寧，為佛教昌盛區域計，深
恐此項惡習傳播藏地，漢藏有檀越善因，素稱親睦，無嫌無間，
茲顧全漢藏政治地位及保全境中佛教，共產黨祕密工作嫌疑人等，
勢應盡數驅逐，不能留居一人。為避免隱蔽及便於區別起見，駐
藏辦事處官長職員無線電臺辦事人學校教職員醫院人等均須經印
度返中國，至於印度邊界所需車馬旅費，嚮導以及護送軍隊之類，
此次特別由藏政府例外優待，自今日十三起，限於兩星期內應當
啟程，此事業已由藏政府電達中國政府，其抄件已經送覽，現在
復將同類意思繕寫二份，煩為轉達，中國政府之電臺自今日起不
必發電，電臺器材早有贈送藏政府之語，能點交即於今日接收，
必欲運回中國者，亦可飭人幫助裝箱，但必於今日裝箱包裹完竣，
由藏政府運送至印邊，煩通知各方，此事係西藏民眾會議一再請
求，而為穩固漢藏政府逮於永久，請貴處長暨全體職員等於藏曆
五月二十六日前由拉薩起身，不得藉事未了而展期，絕對不能通
融一日，此係大會商定如上述，請處長宏量為懷，抵達中國後請
蔣總裁，李代總統及各首長等顧念漢藏感情，本無嫌怨，使一切
疑竇消釋為幸為禱，　噶廈上。

藏曆己丑年五月二十三日

（民國三十八年七月十八日）

行政院閻院長錫山於8月7日致電藏方，希噶廈撤消前議，原電於
下：

拉薩大扎班智達並轉噶廈公所勛鑒奉代總統李交下葛倫榜轉發 7
月9日噶廈來電以欲防止共產黨混跡西藏，特請求中央駐藏人員
全體撤退，並已通知各該人員在規定限期內返回內地云云。業經
誦悉，查屬行剿共為中央一貫國策，防止共產黨滲入西藏亦為中

央所注及，唯所派駐藏人員均經審慎遴選絕無共產黨潛跡其間，而各該駐藏人員多年來加強中央與西藏之聯繫，並協助地方增益感情，奉公守法，從無越軌行動，此次噶廈既無事實根據，復未來電呈報，竟片面通知各駐藏人員全體撤退，於法於理，殊多未合，希即撤消前議，迅再通知各駐藏人員仍回拉薩，執行職務，以保持中央與西藏之固有關係，並對在藏漢民特加保護是為至要，特此電復查照，行政院院長閻錫山叩。

9.羅大使下旗歸國

1949 年 12 月 30 日正午十二時印度政府背義承認中共偽政權，我政府亦於是日宣布撤館，由我駐印大使羅家倫於同一時刻照會印度政府。1950 年元旦，羅大使召集大使館全體職員及眷屬，並邀約當時旅居新德里的張君勱、查良釗、張大千伉儷及作者與僑領多人在館中舉行中華民國開國典禮。典禮畢羅大使並即席作詩，張大千則揮毫作歲寒圖。羅詩於下：曾吹再滅火，即為不灰人，成旅堪興夏，風雷合轉春。1 月 24 日羅大使於下旗回國前一日，偕查良釗先生及作者前往甘地之火葬場置一花圈，沉默一分鐘，印人方面並有甘地的媳婦及孫女，總督查理之女公子。羅大使感懷傷世，賦詩一首：種豆甯收豆，談禪莫信禪。目窮大千界，勢利在西天。道義春水薄，權謀孽海深。一分鐘靜默，勝過萬篇經。1 月 25 日晨八時，作者送羅大使家倫至新德里威靈頓機場登機，中印關係從此中斷。

三、印度對外的邊界糾紛

印度半島上的邊界問題，包括三部分，一為印巴間之邊界糾紛；一為中共與尼泊爾之邊界糾紛；一為中共與印度間之邊界衝突。關於印巴邊界糾紛，問題不大，1947 年分治時，曾設立有兩自治領劃界委員會，作長期之勘查，予以劃界。在二千五百英里邊界中，已有一千六百英里

劃妥，但仍多下九百英里地區未經劃定，或雖經劃定而發生爭執。1959 年 10 月，經阿育布總統訪印後，兩國即在新德里舉行邊界談判，取得三項協議，即在：㈠相互取捨的原則下，先求東部邊界的劃定。㈡從新釐訂雙方邊防軍應守之基本原則，並確保邊界和平。㈢同意加緊劃界工作並保持密切之合作。此項協議之取得顯係受中共與印發生邊界問題之壓力，間接導致兩國之走向合作禦侮。但印巴間之基本問題不在小地區之邊界糾紛，而在克什米爾糾紛之懸案。

關於尼泊爾與中共之邊界問題，雖與印度並無直接關係，但由於尼泊爾從前附我而今被印度納為附庸，故中共與尼泊爾之邊界問題，亦間接影響印度，事實上問題並不嚴重，爭執地區亦小。1960 年 3 月，尼泊爾首相柯依瑞拉 (B. P. Koirala) 訪問北京，尼泊爾接受中共所提供的一億印幣盧比的無償援助，連同 1956 年經援未用完之四千萬盧比，合計為一億四千萬盧比，此項援助包括設備器材和設計費用。中共得派遣專家和技術人員赴尼協助建設，其來回旅費及薪資由中共負擔。尼國並可派實習生至中國學習技術，費用在援款內支付。在此一經援協定的誘惑下，尼泊爾復與中共簽訂一項所謂《中尼邊界問題協定》。於 3 月 25 日簽字，規定：

㈠依兩國邊界的現有傳統習慣線為基礎，正式予以劃定。

㈡成立雙方人數相等的聯合委員會，進行勘察、樹界與起草條約的工作。

㈢依下列三種不同情況，具體決定兩國邊界：

　1.雙方地圖上，兩國邊界線相符合的地段，即行勘察樹界，線北屬中國，線南屬尼泊爾，此後不得再有異議。

　2.雙方地圖上，邊界線雖然不符，但實際管轄情況無爭議者，應根據實際地形，分水嶺、河谷、山脈，及實際管轄情況，確立邊界線。

　3.雙方地圖上，邊界線既不相符，實際管轄又有不同認識者應查

明實際管轄情況，據平等互讓原則，進行調整。

㈣劃界條約簽訂前，每方在邊界本方二十公里地區內，除了保持行政人員與民警以外，不再派出武裝人員，進行巡邏。

上項所謂邊界協定，仍只是一項空泛的原則，中共的目的在緩和印度半島上的反共情緒，進一步向尼泊爾滲透擴張，而實際勘察劃界的工作，仍須視現有所謂實際管轄情形而定。例如埃佛勒斯峰的歸屬，現就成了問題。

其次說到中印間的邊界衝突，這是一個極端複雜的問題，印度與中華民國斷絕邦交轉而與中共建立外交關係後，乃使此一問題益為尖銳，首先有幾點概念必須提出來說明，即中印邊界問題的背景：

第一、二千英里長的中印邊界在歷史上從未經雙方合法政府正式劃定，僅有所謂習慣線存在，對習慣線的解釋，自有不同的說法。

第二、由於印度半島自 1858 至 1947 年，曾長期受英國殖民地政府的統治，同時並以印度為基地，早從 1744 年東印度公司時代起即開始進行對我西藏及喜馬拉雅地區的分化與併掠，其間英方曾片面與西藏訂有若干協定，並造成印度邊界及西藏地位的特殊化，亦即所謂既成事實，而我在同一時期卻並未能有效地予以阻止，因此在這方面所造成的邊界問題，也就成了所謂習慣化了，但就法律的意義來說，同時站在西藏主權屬我的觀點，當然是不能承認的。

第三、在 1908 年的《中英續訂藏印通商章程》以後，英殖民地政府時代及 1947 年印度收回政權前後，中國與英印政府，從未就西藏問題及中印邊界懸案，簽訂任何條約，但獨立後的印度政府卻以法定承繼英治時代在本區的一切權益的地位，而認為是合法的，如有破壞，則認係破壞印度領土主權的完整。

第四、中共與印度間所發生的邊境衝突，主要是由於中共曾自 1956年 3 月至 1957 年 10 月修築了一條從新疆葉城到西藏噶大克全長一千二百公里的公路，其中有一百八十公里在阿克賽秦 (Aksai Chin) 地區穿越

了印方所指的印屬領土，以及 1959 年 9 月中共曾占領印藏邊境的朗久
(Longu) 問題而引起。但印方所占克什米爾地區，由於克什米爾的地位並
未經由公民投票決定，因此在法律的立場上並不穩固，何況所指一百八
十公里的拉達克地區在習慣上解釋尚有紛歧，而朗久所在的東部邊界也
是劃在麥克馬洪線以南，非我所承認，故其牽強的說法，非常明顯。

　　第五、所謂中印邊界問題，實質上是一政治問題，也是雙方勢力對
比及對外政策始能決定的問題，此一問題的延續發展，將決定中共印度
之間的關係，也是將來我們與印度的重大關鍵問題。

　　現在分三方面來研究此一問題。

1.邊界衝突地區的範圍

　　二千英里長的中印邊界西起阿富汗邊境，東至緬甸，其中僅錫金與
西藏間一段一百一十英里處經 1890 年之中英會議《藏印條約》中第一款
規定以支莫摰山為界（1908 年之《中英藏印通商章程》之附約第一款中
加以確認）。除此而外，全部未經劃定。中共與印度所發生之邊界衝突，
多係二者間高山插雲，人跡罕至，水源給養極難達到的地區，自印度半
島北上，交通困難，須攀登平均高達一萬三千英尺之山區，反之中共據
有西藏高原平均在一萬四千至一萬六千英尺，可視為居高臨下，形勢較
印便利。

　　衝突的地區，主要可分為三部分。

　　⑴第一部分：係新疆、西藏與克什米爾接鄰地區，或稱為西段，自
阿富汗邊境直至西藏，沿線係喀喇崑崙山脈的帶形地帶，縱深自西邊的
五十英里至東邊的一百五十英里。自阿富汗境至阿克賽秦一段，雙方略
有出入，阿克賽秦一段則出入極大，一萬方英里地區，被劃入印境，又
阿克賽秦以南的班公湖 (Pangong) 及斯班角湖 (Spanggur) 區七百五十方
英里及頓疆區 (Demchhog) 均有問題。中共自新疆葉城修至西藏噶大克
的公路，即穿越阿克賽秦境一百八十公里，印方認其係占領其領土，1958
年 9 月、1959 年 7 月、1959 年 10 月印方武裝人員曾三次在此與中共軍

遭遇，被中共扣押遞解出境。

　　(2)第二部分：中段係自西段至尼泊爾邊境，即印度旁遮普省，山地省與西藏接鄰的一段邊界，在歷史上亦從未劃定，包括什布奇山口(Shipki)、司丕提(Spiti)、桑蔥沙(Song Tsungsha)、巴拉霍底(Bara Hoti)、香札馬拉(Sangcha Malla)、拉布提(Lapthal)。

　　(3)第三部分：係自不丹以東，所謂麥克馬洪線至喜馬拉雅山南麓地區，稱為東段邊界。亦即門隅，洛渝和下察隅(Lower Tsayul)三個組成的地區(印度稱為東北邊區公署所轄地，North-East Frontier Agency)。計二萬六千方英里土地。中共軍曾進駐朗久，印認其已侵越領土，此段所包含之範圍最大。

2.雙方所據理由

　　總原則──中共：

　　①印方不接受關於整個中印邊界從未正式劃定，中印之間沒有邊界條約和協定的論斷，但是舉不出任何反駁的事實。

　　②根據國際公認原則，國際邊界線標誌著毗鄰國家在各自領土上行使主權的分界線，它必須由有關國家共同加以規定，因此即使某些部分有比較明顯的天然地形，其起訖和具體位置，也仍需雙方加以共同規定。

　　③甚至是英國，在過去也沒有提出過中印邊界無需正式規定的主張。

　　印方：以習慣和傳統為基礎的中印邊界是沿著天然地形，而且這條習慣傳統邊界的大部分，也是為條約和協定所確定的。整個邊界是固定了的，且係眾所周知的。根據國際慣例，沿著眾所周知的、不變的天然地形如主要分水嶺的習慣邊界，就是劃定了的，不需要進一步的或正式的劃界。印度政府不能同意重劃整個中印邊界。

　　(1)西段部分

　　印方理由：

　　①拉達克與西藏的邊界，從十七世紀以來1687年拉達克得克什米爾之助，擊敗蒙古人後立有石樁為界，就已確定，並得到1842年西藏和克

什米爾所訂條約的確認。條約本身表明中國是條約的一方，這個確定的習慣邊界，是符合印度的劃法。

②上述眾所周知的確定的邊界，雖然沒有劃定，這只是表明沒有在地面上標明。

③十八、十九世紀的中國地圖清楚地表明，新疆從未延伸到崑崙山脈以南，這塊領土的任何部分既非西藏日土宗的一部分，也非新疆的一部分。

④中國政府從不曾在崑崙山脈以南設立哨所，二十世紀以來，克什米爾政府官員，印商在本區自由走動，不曾碰到任何中國人在此管轄。印度巡邏隊且一直於近年在本區定期巡邏。

⑤中國指本區若干地名如阿克賽泰，和喀拉喀什源自維吾爾文，斷為新疆領土，這是錯誤的，事實上新疆和西藏有許多地名卻源於梵文，例如和闐就是從梵文庫斯達拉演變而來。

⑥中國官方 1893 年出版的《中國新地圖和商業地誌》，1919 年出版的《中華郵政輿圖》，都是符合印度地圖所繪的邊界。

⑦以分水嶺作為傳統邊界，是最確鑿不變的，但中國政府卻忽視此一事實。

⑧所稱本區從中國進入較易，從印度進入較難，不能即據此認為係定界的根據。

⑨尼赫魯所著《印度的發現》(*Discovery of India*) 一書之附圖，係書商所附，不能由尼赫魯負責。

中共：

① 1842 年中國西藏地方當局和克什米爾之間所訂立的條約，其中僅提到拉達克和西藏的疆界將維持原狀，各自管理，互不侵犯，根本沒有關於邊界具體的規定或暗示。其後 1899 年英曾建議劃界，無結果。1921～1927 年英政府向西藏又多方交涉劃定拉達克和西藏之間的邊界，亦無結果，1950 年印官方測量局所出版的地圖，亦標明本段界線成為未定界，

且從 1950 年以來，中國人員和物資一直頻繁穿越此一地區，來往新疆西藏之間並曾修築一條縱貫公路，而自稱對此區行使管轄權之印度政府卻長期對此毫無所知。

②十八世紀以來的許多中國地理圖誌，特別是一些有權威的，如 1784 年的《大清一統志》，1842 年的《嘉慶重修大清一統志》，都載明新疆的邊界及干喀拉喀什河河源西南的山脈，這就是喀喇崑崙山脈，和中國地圖邊界的劃法是一樣的。至於 1919 年的《中華郵政輿圖》，這是由當時把持中國郵政事業的英法帝國主義分子，在不徵得中國當局同意下擅自繪製的，只代表帝國主義分子的觀點。

③這個地區大部分屬於中國新疆和闐縣管轄，小部分屬於中國西藏日土宗管轄，歷來是維吾爾族，柯爾克茲族，及西藏西北藏族居民放牧和採鹽的場所，許多地名即係以維吾爾名，如阿克賽秦即係維吾爾白石灘之意。

④從十八世紀中葉起，中國清朝政府即曾設立卡倫（邊卡）行使管轄，進行巡邏，在中華民國成立後一直到解放為止，也經常有部隊在此駐防。

⑤ 1959 年 9 月 10 日，11 月 23 日尼赫魯在聯邦院亦稱：「據我所知，在英國統治期間，這個地區沒有一個人居住，也沒有任何前哨據點。」而印度政府所稱派遣巡邏隊也不過三次，但均被我方所逐。

⑥ 1870 年 Hay Ward 著《東土耳其斯坦略圖》，及 1871 年的印度北部國家略圖的劃法，均接近中國所劃習慣線。

⑦分水嶺並不是國際間劃界的唯一或主要的原則。

⑧本區連接新疆、西藏，南北坡度不大，容易通行，反之其與拉達克間的交通卻隔著高入雲霄的喀喇崑崙山脈，進入這地區是極其困難的。

故就任何觀點、歷史、管轄、地圖、地理位置及居民生活來看，都證明印度所主張的傳統習慣線是沒有根據的。

(2)中段部分

印方理由：中段邊界中共所稱阿里地區 (Ali)，事實上已不存在有糾紛，1954 年中共與印度所簽《西藏貿易通商協定》第六條中即曾指定六處山口為貿易市場，即什布奇山口、司丕提、桑蔥沙、巴拉霍底、香札馬拉、拉布提等，此等地區早為印度政府所管轄，現亦為印政府所管轄。且係按分水嶺劃分的。本條在談判時，中共初稿為「中國政府同意在中國西藏北方阿里地區開放下列山口，作為雙方商人和香客的出入口」，印度當即表示不能同意，改為：「來自印度和西藏西部的商人和香客，得沿著下列途徑所在和山口的道路旅行」，後來雙方協議改為：「雙方商人和香客經由下列山口和道路來往」，這表明了在印度方面看來，沒有遺留任何爭端和問題了。

中共理由：

①在 1954 年的談判中，雙方同意該次會談不涉及邊界問題，因此不能認為該約已劃定邊界，不需談判。

②上述諸地，是在 1954 年中印協定以後，才被印度侵占或侵入。

③西藏地方當局迄今為止，還保存著數世紀以來有關該區的封地文書和土地契約，西藏地方當局歷來在此徵收各種賦稅，有些地方的戶口清冊，還一直保存著。而且這裡的居民全部是中國的藏族。

④中國政府未用武力逐出印方人員，為了維護中印友誼，期待和平談判解決，並非承認這已是印度所有。

⑶東段部分

印方理由：

①不丹以東，麥克馬洪線至喜馬拉雅山南麓地區，一向不屬於中國，直到最近也不在中國管轄之下。

②西元八世紀以前，這一片土地屬於瓦曼 (Varman)，薩拉斯培姆巴和帕拉諸王朝 (Salastambha & Pala)，到了八世紀，這些王朝屈服於撢族的一個支系阿霍姆 (Ahoms) 人的壓力之下。最後到十三世紀，阿霍姆的一個統治者控制了整個王朝，定名為 Ahom，經過轉音變化，現在叫阿

薩密，阿霍姆曾在此統治六百年，直至 1826 年始為英國在印度的權力所取代。阿霍姆統治的最後幾年中，對北部部落的控制削弱了，但是當時印度政府經過幾年又在那裡重新建立了權力，但從未喪失在此地的主權，西藏人從未取得主權。

③十九世紀英屬印度建立了這些部落的權力，這些部落承認英屬印度政府有權在它們的區域裡維持法律和秩序，且從來沒有停止處於英屬印度統治者的中央權力之下。

④中共所提在本區中國政府曾實施管轄權者，是關於達旺 (Tawang) 與瓦弄 (Walong) 兩地。兩地僅本區中極小部分，而且也非中國領土。達旺過去管理權在土王聯村頭人的領袖拉甲手裡，至今達旺尚有西藏寺院，院僧向居民行使宗教權。1914 年 3 月 7 日陳貽範謂：「支付給西藏人的不是通常所理解的稅收，而僅僅是對寺院的捐款，與其說是稅，不如說是慈善捐助。」1914 年 6 月 13 日，中國外長孫寶琦通知北京駐英公使謂：「西藏人自認為對凡有喇嘛教徒居住的所有地方，都有權力，但事實並不是這樣，喇嘛們可能有宗教的權力，但這並不一定意味著這些地方屬於西藏。」

⑤某些西藏家族在本區有過私人的房地產並且徵收租金，這些租金不能意味著係政府稅收，因英藏間根據協定，保護私人房地產權。

⑥ 1853 年英屬印度和門巴族人 (Monbas) 曾立約，如證明門巴族人係藏人，則也同樣證明西藏政府確是在獨立進行談判。

⑦在下察隅（印方所稱 lower Lohit vally）的瓦弄地區，雖有西藏流民存在，但並不證明其屬西藏，渠等曾抵抗西藏當局收稅的企圖。

⑧ 1919 年《中華郵政輿圖》；1925 年北京大學出版了一幅地圖，其所標不丹以東界線大致沿用印度劃法，1938～1952 年印政府測量局未標這段標界，是表示邊界未劃定。

⑨ 1856、1904 年西藏均曾與外國談判立約，從未被中國反對，何以1914 年的邊界協定，即失法律效力呢？當時參與西姆拉會議的英、中、

藏三方代表均在 1913 年 10 月 13 日互換了全權證書，而西藏代表的全權證書，中國代表是認為妥善的。而 1914 年 4 月 27 日中國代表也在《西姆拉條約》的附圖上簽了字，而附圖上的紅線的麥克馬洪線，其與印度相鄰部分自係印度和西藏的邊界，1919 年出版的《中華郵政輿圖》即採用此邊界。

⑩ 1946～1947 年中國政府雖然四度提出抗議，但係指英屬印度管理當局 1943 年在東北邊境特區的一個小地方的行為而提出，當時印度政府回答說：「印度政府在該地區所進行的唯一活動，完全限於在印藏邊界的印度的一邊，該邊界被接受已有三十多年了。」

⑪國民黨政府 1949 年 11 月的抗議，僅僅聲明中國沒有在《西姆拉條約》上簽字，印度對這個抗議沒有答覆。因為不久之後，印度政府就在 1949 年 12 月承認了中華人民共和國，1950 年 8 月致中共照會中提到西藏和印度間被承認了的邊界應該不受侵犯。

⑫西藏人從沒有對 1914 年議定書提出過抗議，他們不止一次地承認這一邊界線的存在。

中共理由：

①麥克馬洪線以南包括門隅、洛渝和下察隅三個組成部分的整個地區，歷來屬於中國。西藏地方當局不僅在門隅行使宗教職權，且行使行政職權。十七世紀中葉五世達賴統一西藏後，即派他的弟子梅若喇嘛和錯那土酋車定末朗客正札，共至門隅建立統治。十八世紀初，西藏地方政府統一了整個門隅，並將全區分為三十二個錯，在門隅的首府達旺建立了達旺細哲的行政管理委員會。在全區派委官吏，並徵收賦稅，和司法權。六世達賴倉央嘉措即出生於門隅地區。

1938 年英國地理學家華德在《皇家中亞細亞學會雜誌》上發表〈阿薩密喜馬拉雅地巴里巴拉的旅行〉一文中，雖稱門隅已於 1913～1914 年割讓給印度（歐陽無畏君稱辛亥革命時，西藏地方當面曾向印度購買價值八十萬盧比的軍火，以無現款可付，遂將門隅地區押給印度，可能係

指此），但華德在同一文內也不得不承認：門隅特別是達旺是在西藏行政系統之內，西藏的管理在 1938 年時還繼續著。

至於下察隅地區，不僅居民為藏人，且歷來屬西藏管轄，1944 年英軍非法占瓦弄，時西藏地方政府亦曾派桑昂曲宗宗本的代表進行交涉，英軍才撤退。

說到洛渝，西藏地方政府在那裡設有廣泛行政機構和徵收賦稅，亦有事實可查。

②印度所指十三世紀阿霍姆王朝曾統治本區之說，毫無根據。印度阿薩密政府 1949 年出版的《英國與阿薩密》一書，第一章和附圖中，可以清楚看出喜馬拉雅山脈以及居住著阿卡人、達夫拉人、阿波人和密閃密人的山麓地帶是在阿薩密邊界以北，而不是在它的境界以內，該書是阿薩密省政府所屬歷史考古研究部出版的。

③說到十九世紀英國和這些地區某些部落所簽協定，那只是互不侵犯或接受經援之類，不能作為該區歸於英國或印度的依據。

④《西姆拉條約》，中國政府沒有簽字，當然不能約束中國政府，而且中國政府一直拒絕承認。而且條約附圖根本沒有標明中印邊界。整個會議中，印度政府也舉不出究竟在那一天討論過，和會議記錄上出現過所謂麥克馬洪線問題。如將附圖上所勾紅線的一部分硬指明為中印邊界，這在會議的全部文件中，是找不到任何文字根據的。

⑤西藏是中國領土的一部分，中國對西藏享有完全的主權，西藏地方當局無權同外國進行談判或簽訂條約。即使是所謂 1904 年的《拉薩條約》，也是經 1906 年中英另訂新約，始納作附件的。

⑥肯定地說明上述地區為中國所有，而為英人所非法強占。

四、從印度半島看西藏問題

第一、自十八世紀世紀以來，在西藏所發生的重大問題，幾無一不與外患有關。西藏主要的外患係來自英俄兩國及今日的印度，但俄以距

離西藏較遠，故先取蒙古，然後經由蒙古與西藏的貿易與宗教關係，掠取西藏，故常被國人所忽略。英國自 1744 年東印度公司總督華倫哈斯丁士時代略西藏的時候起，直至 1947 年英國政權在印度撤退為止，其間英人的種種侵藏行動，史實俱在，盡人皆知，而 1907 年的《英俄條約》，1913 年的《蒙藏密約》，以及自 1881 年俄國特務道濟也夫經由蒙古王公推薦，入藏任達賴十三的玄學老師，在藏長期潛伏，誘藏聯俄制英的事實，均可證明俄人之處心積慮。自英從印度洋撤退，英俄兩國併略西藏的優劣形勢，乃完全易位。說到印度，其擴張的意圖固可從中共與印度邊界糾紛中可以看出，而且單在 1950 年 11 月印度致送中共的照會中，早已暴露無遺了。印度聲稱：急求和平談判解決西藏問題，以及調整西藏在中國宗主權範圍內自治的合法要求，並謂印度雖不望取得在藏的新權利和地位，但基於慣例和協定所保有的權益卻應繼續維持，都是事實的證明。至於除英、俄、印度外，對西藏有其興趣者，仍大有人在。

　　第二、中共與印度半島三國之關係之演變，事實上即是整個國際共黨與自由世界冷戰關係演變的一部分，其明顯的趨勢是：

　　①三國中雖均與中共建立有外交關係，但其中印度中間偏右政策日見強化，尼泊爾則圖中立，總趨勢是有利於自由世界，但印度內部共黨勢力仍不可忽視。

　　②印度半島與印度洋戰略依存關係極為密切。過去英治時代，即係以印度半島作為看守本區之重心，因此全力阻止帝俄勢力經由印度半島進入印度洋，英俄兩國在阿富汗之長期杯葛，即阻止帝俄之出波斯灣。同時運用英在印度洋之海上優勢及半島上之人力與資源，隨時打擊入侵之敵。俄占阿富汗，著眼印度洋。美國過去在本區為避免刺激英人，因此未能積極有所作為，迄艾森豪訪印、巴、阿富汗，始主動從事爭取政治基地之工作。但美國所取政策，對於印度中立主義之立場，仍然不能發生積極扭轉作用。值得注意的是，印度半島乃係中國後衛，其態度之是否轉變，對中國自有關係。

③印度朝野對尼赫魯之外交政策雖交相指責，但其對藏邊之權力主張卻是一致支持的。又印度之反對中共「侵略」並非即等於一般性的「反共」，此點值得注意。

④中國與本區關係，過去以文化和宗教的活動為主，此種活動，雖可視為廣義的外交，但中國與之正式建交換使，則僅限於印度一國且係第二次世界大戰以後的事。研究中國與本區的關係，無論是過去或近代，都不難發現同一現象，即我們常抱持若干理想的原則，卻少講求現實外交的技術，僅從傳統友誼上尋求合作基礎，慷慨予以支援。既缺乏對現代印度的實際瞭解，更無應有的警覺與準備。原則和理想，的確代表中國的傳統立國精神，崇高偉大，不容放棄，可是如果不能同時配合相當靈活的外交運用，則再好的理想和原則，也就失去了它的指導作用。

⑤研究中國自明代以來對東南亞諸國的睦鄰政策，不難發現存亡繼絕，己立立人乃係中國首先倡導於東南亞且得各方順附。今中共襲用和平共存、經濟援助、文化交流的美名，行顛覆、滲透、侵略之實，這是俄國作風，不能代表中國的傳統精神。但我們也必須瞭解，時代在不斷的前進。本區各國已非昔日殖民地時代可比，因此我們在觀念和認識及作法上，也應作適當的調整。本我傳統精神，講求實利外交的技術，不亢不卑的態度，在平等基礎上，重建未來的關係。

⑥中國與三國目前的外交關係雖然中斷，但相互間人民的基本友誼仍然存在。如何相機運用當前的國際形勢，通過非正式的接觸，逐步建立此種歷史性的合作關係，不僅需要，而且可能，但這需要我們有新的觀念和認識以及一整套的作法。

第十四章
印度政黨

　　1947 年英人還政與印以前，所有印度的政治結社，一般說來，都容納在印度國民大會黨 (All India Congress) 的大纛之下，從事獨立革命的奮鬥。嚴格的說，這時期以前，印度尚沒有一個正式的政黨，因為在殖民地政府的統治之下，根本談不到正常的政黨政治活動。殖民地政府原本就不是經由民選產生，它所代表的只是英皇的威權，既非英國式的君主立憲體制，更非民主憲政，因此也就沒有一般所稱的執政黨或在野黨。印度更不是一個獨立國家，不是政治的實體。所以有人說連甘地所領導的國民大會黨也只能算是一種國民革命運動。其實，在 1885 年國民大會黨創立之初，連國民革命也談不到，它只是由英國殖民地政府授意組成，援引一些忠於皇室的印度知名人士，每年集會幾天，提出一些應興應革的意見，供政府參考而已，所以只能算是政府的統治工具，並不具備政黨的形式和實質，它也不是為了革命而組成的。此後一直到了第一次世界大戰以後，甘地從南非回到印度，逐漸取得了國民大會黨的領導權，才使它變成為爭取印度自治的團體。現在印度收回了政權，完全自治，等於是革命完成，這個運動也就終止了。

　　政黨成立的目的，無非在結合政治主張相同的人，以取得政權，實現其共同的政治理想。在印度未能自由獨立以前，大家所努力奮鬥者是對外收回國家的主權。既獲自由之後，則何者來接受此一政權，成為執政者，便成為印度內部的競爭了。國民大會黨原希望憑藉以印度教徒為多數的基礎力量和領導地位，將這一革命的大結合，轉化為接掌政權的執政黨。因而當時極力避免刺激擁有深厚潛力的其他宗教集團，或揭櫫過激的內政改革，甚至在刺殺甘地後已查明為大印度教會黨的愛國社社

員所為，反而公開承認愛國社的合法地位，無非都是為了擴大國大黨的社會基礎，使能以代表全印度自居。但是正因為國大黨兼容並包，反而不能滿足各種社會利益集團的個別利益，因為這些集團的利益常是互相排斥衝突的，尤以各宗教集團的壁壘森嚴，相互敵視，雖以甘地的恢宏氣度，也不能化干戈為玉帛，謀致印、回間的和平相處，而他自己也以身殉道，犧牲在主張暴力的大印度教會黨之手。另一方面，國大黨內部即使原屬甘地嫡派的領導人物之間，對政治的主張，也無法調和，因此由一個大的革命結合，分裂成幾個政黨，在 1947 年後的印度，乃是很自然的演變。

在革命奮鬥時期，和幾大宗教集團並存的，還有社會主義派和左翼集團，它們本也早有了相當基礎，只因為甘地所領導的路線，適合大多數印度人民的需要，甘地個人的聲望又高過一切，它們只得陽奉陰違，隱藏在國大黨的旗幟之下，全力發展基層組織，到了 1947 年以後，自然打著民主政治的招牌，出來自立門戶了。

在這些政黨之中，由於印回分治的結果，屬於回教政治集團的回盟 (Muslim League)，變成了巴基斯坦的執政黨，真納變成了他們的國父，事實上已脫離印度的版圖，另謀發展。其餘的大小政黨，則繼續其擴黨建黨的工作，其中最大的有四個，即國大黨、人民社會黨 (Praja Socialist Party)、大印度教會黨與共產黨 (The Communist Party of India)。

在此四大政黨中，國大黨勢力雄厚，歷史悠久，領導得人，於 1947 年起即成為印度的執政黨，直至 1980 年代，可以說是一黨獨大。人民社會黨乃人民黨與社會黨合併而成，皆係自國大黨分裂而出，但以其主張與國大黨相似，故在國大黨一黨獨大長期執政之下，希望擊敗國大黨起而執政，亦頗不易。大印度教會黨自始反對印巴分治，與國大黨積不相容，故有前述甘地之被刺，由於其主張偏激，發展困難。共產黨在印度有其發展的條件，浸浸成為國大黨之剋星，不過自甘地時代起，國大黨即公開抨擊其流血暴力手段與階級鬥爭，不能引用於印度，所以雖在南

部安達拉邦一度得勢，且在阿薩密邊區建有武裝根據地，但在國大黨全力戒備之下，仍難成為國會中的多數黨。尼赫魯及其繼承人長女英帝娜甘地夫人相繼秉政，均採對外聯共，親蘇媚匪；對內則反共而不假辭色，故印共所能援用的政治資本亦極有限。現在再分別說明四大政黨的情形。

一、國大黨

　　國大黨於 1885 年創立至 1947 年印度獲得自由一段時期中的情形，已見前述各章。1948 年甘地殉道，國大黨為適應新環境並負起執政黨的責任，在尼赫魯的領導下，遂於 1949 年正式改組，清除黨內跨黨分子，並宣布為單一的政黨。依據國大黨黨章的規定，其組黨的主旨在於增進人民福利，提高大眾生活水準，基於政治經濟社會權利之平等與機會均等原則，循和平立法之途徑，建設富強康樂之印度，進而謀致世界之和平。又規定凡年滿十八歲，接受上述宗旨，年納黨費一盧比者，即可申請成為預備黨員；凡具有預備黨員資格二年以上，且合於下列規定者，即可成為正式黨員。其規定之條件為：年滿二十一歲，常著土布衣服，不飲酒，不歧視賤民，未參加其他政黨。據 1950 年第一次大選前之統計，全黨計有預備黨員兩千九百萬，正式黨員一百一十七萬。黨的最高權力機關為全國代表大會。全黨之主席由二十五省之代表就候選人分別投票選舉，任期二年。全國代表大會選舉中央執行委員，大會閉幕期間代行大會職權。復行主席指定若干中央執行委員為中央常務委員，在中央執行委員會閉幕期間，中央常務委員會代行中央執行委員會的職權。

　　1948 年以前，國大黨的重心在甘地，其所領導採群眾路線，他將個人追求真理的工作與黨的革命工作相結合。在革命的修養上，他要求凡革命者必須成為追求真理的鬥士，在黨的紀律上他又嚴格要求全體黨員服膺領袖的領導。但他從不願使用暴力方式，來執行對違紀黨員的制裁。他認為寬恕勝過制裁，「有力量制裁而不予制裁者，方為真正的寬恕」。「能使自己精神受苦，以刺激對方的情感，則必能產生不可抗禦的精神

力量，使對方雖未被制裁，而真能達到制裁的目的」。正以此故，甘地無論其為黨的主席，抑或以在野之身，皆能掌握國大黨，成為全黨的無上權威。

國大黨內的精神領導，於 1948 年 1 月甘地之死而同時消失。其後尼赫魯雖出而負起實質領導責任，但其功利主義的思想，為目的而不擇手段的作風，則已與甘地之風範完全背道而馳。尼赫魯對於古印度孔雀王朝的開國首相柯迭拉的政治思想最為神往。其所撰《印度的發現》一書中，曾一再稱道柯迭拉為印度的馬基維利，對印度的傳統政治思想有卓越的貢獻，在印度歷史中享有很高的地位。關於柯迭拉部分，本書已曾述及。尼赫魯既充滿古代印度功利主義的思想，又復以其早年深受英國本土教育的薰陶，身受亡國之痛而又長期參與獨立革命運動，多次被捕入獄，加以醉心俄式的社會主義，因此執政後遇事從急功好利處下手，以最接近的朋友為潛在的敵人，既聯合又鬥爭，不擇手段，也可以說冰凍三尺非一日之寒，其來有自。國大黨內同時起家的革命夥伴，不值尼赫魯之所為因而分庭抗禮，更是很自然的現象。其中副首相帕迭爾素稱勢力派人物，為右派的翹首，得土邦王公與財閥的擁護，元老的支持，公開不支持尼赫魯的大政方針。常謂他主內，尼赫魯主外，可相互配合，言外之意，內政部分，不容置喙。甘地遇刺身死前，尚與帕迭爾長談，勉其與尼赫魯攜手合作，共謀印度國基之穩固。甘地逝世後，帕迭爾於 1949 年相繼去世，右派失去重心，一派轉入大印度教會黨，另派則繼續留在國大黨內，與尼赫魯抗衡，不過大勢所趨，無法動搖尼赫魯的領導。另一與尼赫魯互不相容之人物為國大黨接收政權時繼尼赫魯為黨主席的克里巴拿里教授。克氏追隨甘地多年，二十世紀初甘地自南非返國剛發動地方鬥爭時，即為其左右手，自稱已得甘地真傳，極力反對尼赫魯的作風與政治路線，但以尼赫魯已大權在握，而國大黨又四分五裂，已難憑藉黨的力量，制衡尼赫魯。1950 年克氏遂被迫憤而退出國大黨，自組人民黨 (Praja's Party)。尼赫魯在外交政策上，標榜中立路線並在亞非集

團中以領袖自居，要作美蘇之橋樑，親蘇而又諂媚中共，因緣時勢，妄圖稱霸亞洲。曾幾何時，中共進兵西藏並越麥克馬洪線，於 1960 年陳兵孟加拉、威脅新德里。尼赫魯受此打擊，於是年國大黨全代會中作政治報告時中風而死。尼赫魯死後黨中領導權，落入其長女英帝娜甘地夫人之手。英帝娜亦標榜社會主義路線，得左派支持，後經先後兩次大選獲勝，掌握政權，至 1981 年仍為印度首相。

二、人民社會黨

人民社會黨為國大黨以外的最大在野黨，前已述及係由人民黨與社會黨合併而成。人民黨係克里巴拿里教授所創，從國大黨分裂而出。社會黨原為國大黨中的社會主義派，1947 年 3 月自組社會黨，領導人物為拉瑞揚 (Jayaprakash Narayan) 與梅太 (Asoka Mehta)。拉瑞揚為留美學生，原籍比哈爾，1919 年自美返印，投身國大黨革命陣營，掌勞工部，極為尼赫魯所賞識。梅太亦係社會黨創始人之一。革命時期四度被捕入獄，原籍孟買，1930 年起即開始從事政治活動。

社會黨人堅主反共，亦反國大黨，實際是反對尼赫魯路線。1947 年該黨坎坡 (Cambol) 會議宣言，曾特別指出：「共產黨是不能與之合作的，他們的目的是要摧毀任何其他黨派，達到一黨獨裁。他們完全聽命於俄共的指揮，作俄共在印度的第五縱隊，他們所努力的是實現極權統治，而我社會黨所追求的乃是建設民主的社會主義政治。我們也反對國大黨，因其係基於資本主義的理論，主張自由企業，使富者益富，貧者益貧，他們從未敢採取勇敢的進步政策。因此，我們主張：㈠迫使政府以立法方式，拯救失業同胞。㈡耕者應有其田，政府沒收土邦王公大地主之土地，不必賠償。㈢推行計畫經濟，歡迎國外投資，大規模企業應收歸國有。㈣實施強迫義務教育與強迫儲蓄。㈤人民之基本自由必須予以法律保障。㈥全面計口配糧。㈦自英人手中收回各種大企業，變為國營。㈧主張建立世界政府，為世界和平而努力。」

社會黨以聯合省及比哈爾省勢力為最大，黨員中又以工人為多，尤以煤礦、鐵道、碼頭、糖業、紡織業工人為最多，發行週刊二十二種，日報一種。

1952 年全印大選結果，人民黨和社會黨都沒有獲勝，反而印度共產黨在人民院（下院）獲得了三十一個席次，儼然成為最多數的少數黨。因此兩黨領袖經過商討後，深認必需合作，乃於 1952 年 9 月合組人民社會黨，以克里巴拿里為黨魁，集兩黨的人望與社會基礎，重新布置在群眾中的力量。他們所揭櫫的政治民主、經濟平等、社會改革與反共反獨裁等主張，頗能贏得社會的好評。除國大黨以外，人民社會黨可算是最有希望的在野黨了。

1959 年 3 月西藏抗暴革命發生，人民社會黨藉此對印共及尼赫魯之親共政策發動猛攻。1959 年 8 月在印共盤踞之柯瑞拉邦全力競選，爭取群眾，終於擊敗印共，與國大黨組成聯合邦政府，初顯聲勢。克里巴拿里並發起支援西藏抗暴運動，組織支援西藏委員會，自任主任委員，並赴美爭取援助，此後在歷次大選中，逐漸取得席位，但仍不足以超前國大黨。

三、大印度教會黨

大印度教會黨係於 1909 年創立於拉合爾，1910 年舉行第一次全印代表大會於阿拉哈巴德。最初成立時，只是印度教徒的一種宗教會社，目的在和 1906 年創立的回教組織回盟相對抗。1940 年經當時的英屬印度政府認可其為合法政黨，並曾推派代表出席圓桌會議。它的基本主張是反英國帝國主義、反回盟、反基督教會、反共產主義，要建立一個以古印度文化為中心的，印度人的印度國，它的理想是孔雀王朝阿育王帝國之重見。

1948 年 12 月正式發表政綱：㈠建立統一的，發揚古印度文化的印度國，並使之富強康樂。㈡印度和巴基斯坦必須重新合併，絕不接受分

治法案。㈢以印度文為國文，印度語為國語。㈣禁宰牛，保護牛。㈤在法律之前人人平等。㈥反對以一個階級壓迫另一個階級。㈦印度行政區域，須按所使用之不同語文，重新劃分。㈧絕對保障言論自由。㈨與其他各國維持友好，促進世界和平與進步。

1950 年普拉會議，復通過重要決議案多件，特別指出國大黨執政之不符民意，即其黨內人士亦深致不滿。要求印巴再行合作，作為全黨一致奮鬥的目標。關於外交政策部分，力主與亞洲各國維持友好關係，但不積極介入各該國內部糾紛，「西藏應維持其成為中、印間之緩衝國地位」，「與中華人民共和國政府保持友好」，「韓國應求統一」，「日本必獲自由」。

1951 年該黨之競選宣言，重申印、巴應予合併，建立包含古印度精神之現代化印度，尤應強調國防建設之重要，但競選結果，大印度教會黨完全失敗。此後各次大選中亦無重大收穫。

四、共產黨

印度共產黨於 1924 年成立。1943 年因贊同英國在印的作戰號召，始經認可為合法政黨。據 1942 年調查，僅有黨員七千名，至 1946 年發展到六萬名，1952 年印度大選時，共黨自稱擁有黨員八萬，其所能控制的全國性社團計有全印職工聯盟，全印農工協會，全印學生同盟。勢力最大的區域為馬德拉斯省的馬拉巴與安達拉區，西孟加拉省與旁遮普省。共主辦有十一種不同文字的地方性週刊。總部原設於孟買，1952 年遷至馬德拉斯，再遷至新德里。

印共黨章中規定其建黨的目的與努力目標為：組織勞工群眾，為反帝國主義的勝利鬥爭，為求得全國真正獨立的農民革命而努力；建立一由工人階級所領導的人民民主國家，實現無產階級專政，並依照馬克思列寧的教條，最後建設成社會主義的社會。

自第二次世界大戰起，印共擴張的策略，可扼要說明如下：㈠戰事

期中，利用英國殖民地政府與國大黨間的矛盾，支持政府參戰，取得合法政黨地位。㈡戰後英人還政與印，利用接收與瓜分的混亂，在全國製造廣泛的動亂事件。㈢尼赫魯政府執政後，全力攻擊其政治、社會、經濟與外交的政策。更抨擊「尼赫魯提出所謂中立外交，實際上只是作投靠英美帝國主義的煙幕，因尼赫魯對戰爭販子與侵略者，壓根兒不敢敵視」。㈣自 1948 年起，開始在西孟加拉、馬德拉斯、孟買、海德拉巴、旁遮普等區極力擴張地下勢力，並在海德拉巴建立「蘇維埃政府」。㈤由於印政府的進剿打擊，印共又遂改變策略，發動全國鐵道工人總罷工、學生罷課，以抵制政府的「不民主」作風。㈥1950 年印度新憲法頒訂，印共聯合其他在野黨派，嚴厲抨擊新憲法不過為國大黨一黨的憲法。㈦及至大選開始，又轉而熱烈競選，以打入議會進行分化為策略。㈧選舉完畢，乃以正式政黨姿態，公開大規模活動，在中央阻撓政府政策之推行，在地方則爭取地方政權的實際掌握。

除上述四大政黨外，另一受人注目之少數黨為 1951 年創立之自由黨 (Swatantra Party)，創辦人為曾接替蒙巴頓任印度總督的國大黨元老查理。反對國大黨政府之干涉人民自由，反尼赫魯之親共中立政策。該黨標榜代表地主、商人及若干反共之知識分子，並圖與旁遮普之錫克教派合作。主張以精神力量對抗唯物主義思想，組東南亞聯合反共陣線以代替中立集團，以及經由合法手段以孤立並削弱共產黨勢力，在國會中尚少席次。

第十五章
建國藍圖

印度制憲會議於 1946 年 12 月 9 日首次集會後，至 1949 年 11 月 26 日完成了全部立憲的工作，並定於 1950 年 1 月 26 日獨立節，根據新憲，正式宣布印度為一獨立民主共和國，這部憲法共二十二篇三百九十五條，八附則，主稿人為印度法律部長，賤民階級領袖阿比德卡博士，印度有著十種以上牢不可破的階級，信奉著彼此敵視的九種以上不同宗教，操二十種以上的語言，要從五百多個各自獨立的大小王國裡，將他們一切的不同，納於一個統一的，現代的民族國家裡，這部憲法的修訂工作，其繁雜是可想像，如果不是因為國大黨籍的議員，在制憲時，操縱著絕大多數的決定性力量，即使再過三年，也很難得到結論，正因為這個緣故，印度的社會黨及其他少數集團，批評新憲法不過是符合統治者的要求，替執政黨穩植根基的工具，但就國內外大多數輿論的反應看來，對新憲還是予以讚揚的多。它的重要內容於下：

一、獨立民主共和國

要求完全的獨立，係六十四年來印度革命的最後目的，因此在憲法的前言中，特別將印度定為獨立民主共和國，使一切國民皆能獲致正義，自由，平等與博愛，它採取了聯邦國的形式，將現有的各省一律改為邦，加上分治後歸併於印度的土邦及其他行政單位，作成印度聯邦 (Union of the Indian States)，但是這些的邦，實際上不過是印聯的分支而已，它們並不能自由地退出聯邦，有如蘇聯的憲法；同時各邦也不容許有邦憲，如美國各州之有它的州憲。新憲中明定的邦如下：

㈠一級邦，即原來的省，共九個邦：阿薩密、孟加拉（即分治後的

西孟加拉省）、比哈爾、孟買、柯夏維達（Koshal Vidarbha，分治後的中央省和比拉）、馬德拉斯、奧里薩、旁遮普（即分治後的東旁遮普省），聯合省。

　　㈡二級邦，即分治後為印度所合併的土邦，共九個邦：海德拉巴、朱麥與克什米爾（Jammu and Kashmir）、馬達巴拉脫（Madhga Bharat）、買蘇里（Mysore）、帕底亞拉與東旁遮普聯邦（Patiala and East Punjab States Union）、拉甲斯坦、蘇拉希脫拉（按分治後曾有五百餘土邦為印度合併，較小的邦，就地理位置已歸併於鄰近的印屬各省，即第一級邦內，也有許多的邦合組成一大邦，如蘇拉希脫拉即其一例，因此雖然歸併的土邦很多，而能正式構成為一單位的，卻只有上述的九邦）。

　　㈢三級邦，即原來的行政區，共有九個邦：阿基米爾、白拔（Bhopal）、比拉斯坡（Bilaspur）、柯芝比哈（Cooch Behar）、德里、喜馬察甫拉德喜（Himachal Pradesh）、廓欽、曼尼坡（Manipur）、脫里普拉（Tripura）。

　　㈣安達曼尼可巴群島（The Andaman and Nicobar Islands），此地因情形特殊，不能納入三級邦而另成一單位。

　　在上述諸邦中，朱麥與克什米爾邦尚成問題，因憲法頒行時，克邦地位尚有待聯合國的調處，雖然克邦王公曾要求加入印聯，但在克邦人民未舉行公民投票前，還不能稱是最後決定，有待後來投票。

二、人民基本權利

　　在這一個項目內，特別值得注意之點有三，一為破除傳統的階級制度，使人人享有平等的一切權利，憲法中有一條，規定不得再有賤民階級的存在，凡有不予賤民以同等權利的事國家應予糾正，賤民亦可請求法院予以平等權利的保障，或要求實施。二為宗教自由的特別保障，無論印度教、回教、錫克教、拜火教及其他教派，人人皆有信仰之自由，並可舉行一切宗教儀禮，不得破壞。三為財產權利之保障，國家不得以任何法律，剝奪或徵收人民合法的財產，除非該項法律附有賠償的規定，

例如海德拉巴王公為世界擁有鑽石珠寶最多的富翁,除非出於他的樂意,政府不予以沒收,又如大資本家達達及比拉, 他們兩家的公司財產達三億美金,政府亦不能以任何法律, 予以剝奪,這在資本主義國家內, 本是很平常之事, 也是社會主義者攻擊最屬的一點,印度貧富相差的程度很大, 在這一個財產保障的規定之下,要真正建設成平等的社會,那是很不容易的。至於其他關於人民基本權利之保障的規定可以比得上任何民主國家的憲法, 很是詳細, 對於婦女, 雖然沒有特別規定,但在各項權利之條文內均聲明是不分男女,所有公民皆可享受的,印度婦女的地位及她們所享受的權益,過去是很不平等的, 例如財產繼承、擇偶、離婚,皆沒有享受的自由。印度政府擬訂的新民法,使女子有財產繼承的權利,有擇偶、離婚的自由, 但社會反對的人, 仍是很多,政府必須以極大魄力, 制訂此項法律, 否則女子所享的憲法中的平等權利, 實際等於無。

三、國策方針

中華民國的憲法中曾有國策方針的一章,印度憲法也有這一部分,這裡面是根據印度國情擬訂的,可以舉出六點為例:㈠國家應特別促進以個人合作為基礎的鄉村工業建設, 這是甘地先生一貫的主張, 手紡手織便是鄉建工業的基礎之一。㈡十年以內,國家應實施免費的義務教育,凡滿十四歲之國民, 必須受滿義務教育。㈢國家應盡一切可能禁酒, 這也是甘地主張之一,印度已有少數省分開始禁酒,印度人很少飲酒,印度教徒且不食肉, 將來要做到禁酒的工作, 並不如他國的困難, 可能遇到的阻礙也比較少。㈣國家將實施同工同酬的制度, 以求平允。此點雖立意甚美, 但缺點頗多, 實行起來, 尤有困難。因為所謂同工, 缺乏適當的標準, 不能因為是同一種工作, 就指為同工, 工作的時間和工作的效率往往是不同的, 即使能有一個同工的標準, 若給與同等的酬報, 也還是不能稱為公允。例如兩個礦工, 作同等的工作, 一個有五個孩子,

一個卻沒有孩子，在此情形下，若給以同等的待遇，則有五個孩子的礦工他的生活一定比那沒有孩子的礦工要差得多，所以同工同酬的制度，不是很理想的制度，何況要作到這一步，已經不是很容易的。㈤國家將使司法與行政逐漸分離，保障司法的獨立與尊嚴。㈥國家將在外交政策上促進國際的和平與安全,同時促進使以仲裁方式解決國際間一切爭端。

四、聯邦政府

印聯將設總統副總統各一人，總統由國會兩院及各邦立法會議之代表聯合選舉之，任期五年，可以連選連任，副總統由聯邦議員互選，兼為聯邦院的議長，國會可以罷免總統，總統亦可解散人民院，總統之下設國務院，相當於內閣，襄助總統處理一切政務，國務院有首相及各部部長，皆由總統任免，對總統負責，國會罷免總統時，兩院中任何一院，皆可提出，但須經三分之二的多數通過，方得成立議案，提交另院審查，倘另院亦以三分之二多數通過，則總統必須去職，此項罷免權之運用，顯係採用我國五權憲法精神，總統在非常情況下,可以命令為緊急措施，具有法律的同等效力，又各邦的首長均由總統任免，對總統負責。

五、聯邦議會

聯邦議會由人民院 (House of the People) 與聯邦院 (Council of States) 兩院組成，人民院議員由全國按人口比例分區選舉，每七十五萬人則可推選議員一人，參與中央政治，全院人數不得超過五百人，聯邦院議員則由各邦立法會議，分別就立法委員中選舉，又總統可於全國知名的學者專家或社會賢達中遴選十二人為聯邦院議員，全院人數至多不得超過二百五十人，相當於人民院議員之半數，人民院每屆任期五年，聯邦院雖無限期，但每隔兩年，議員須退休三分之一。所有法律案，除預決算案僅由人民院可以提出外，其他皆可在任何一院提出，凡兩院通過之法案，須經總統簽署後，成為正式法律。

六、邦政府及邦立法會議

邦政府及邦立法會議依邦的等級之不同而有區別，第一級邦，設邦督一人，由總統任命，對總統負責，邦督下置首席部長一人由邦督經首席部長的同意任命之，各部部長向邦立法會議負連帶責任，各部部長處理邦務時邦督有最後決定權，邦設有邦議會，稱為立法會議 (Legislative Assembly)。馬德拉斯，孟買，孟加拉，聯合省，比哈爾，旁遮普六邦中，設兩院，分別稱之為立法會議 (Legislative Assembly) 與立法院 (Legislative Council)。其他如阿薩密、柯夏維達、奧里薩的立法會議，則只一院，統稱為立法會議。第二級邦因係原來土邦合併而成，其政府組織亦較第一級邦略有不同，即設一「拉甲甫拉莫克」(Rajpramukh) 為行政首領，即原有土邦的王公，各邦亦設有立法會議。第三級邦，每邦設一高級行政專員或副邦督，代表總統，治理邦務，由總統任命，另由政府任命若干人士，或參以民選之代表，組成為一立法機構，代替立法會議的地位，至於第四級邦因情形特殊，由總統按實際需要，任命一行政專員或其他官吏治理。

七、中央與地方的關係

原則上凡有全國性的立法與行政事宜，由中央辦理，其屬於地方性者則由各邦辦理，但各邦的立法及行政措施，皆不得與中央法令牴觸，憲法中對於中央與地方權職的劃分，是採列舉的方式，下列各項立法與行政事宜，是交由聯邦議會與聯邦政府辦理的，一共九十七種：包括國防，外交，宣戰，媾和，鐵道，公路，鑄幣，銀行國際貿易，海運，內河航運，航空，郵電，經國會以法律規定由中央管理之重要工業，國立大學（德里大學，貝勒拉斯印度教大學，阿利甘回教大學），稅收（所得稅，遺產稅，營業稅，關稅，煙草稅，公司稅，新聞稅，指發行與廣告稅），製鹽等項，其交各邦辦理的共六十六種，包括警衛，衛生，地方司

法，救濟，水利，農田，灌溉，森林，漁業，礦工，土地稅，農產稅，娛樂稅，奢侈品稅，境內河運，境內貨物進出口稅等，另有三十六種事務由中央與地方共同辦理者，包括社會保安，保險，工聯，慈善事業，電氣事業等。

八、司法制度

在中央設有聯邦最高法院，包括首席法官及大法官七人，由總統任命，無任期，但規定年滿六十五歲即屆退休年齡，大法官之失職去位，必須經總統先向國會提出，得出席人數三分之二通過，其通過日期且須在提出時的集會時間內，方得由總統以正式命令發布，最高法院將受理聯邦與邦，或邦與邦間的糾紛，受理經高等法院判決後不服的上訴案，並得應人民請求，強制實行憲法對於人民基本權利的保障，最高法院之下，在各邦設有高等法院，法官由總統與最高法院首席法官，及所在地邦督會商後，正式任命，為終身制，年滿六十歲退休，總統並得將一高等法院之法官調往任何他一高等法院為法官。高等法院之下，各邦得設地方法院，法官由邦督任命。

九、考試與選舉

為辦理考選銓敘文武官員，在中央設有聯邦考選委員會，委員長由總統任命，在各邦設有邦考選委員會，委員長由邦督任命，另設考選委員若干人，任期均為六年。考選委員之去職，在中央者必須總統已得最高法院所成立之失職案，在各邦者必須邦督已得高等法院所成立之失職案，分別由總統或邦督以正式命令予以免職。如各邦不另設立邦考選委員會，亦可由邦請求中央考選委員會代為辦理，凡服務於中央或邦之官員，皆須經考選委員會考選。

在中央及各邦另設立有選舉事務所，辦理全國大選舉事務，所長由總統任命，這個選舉事務所與上面的那個考選委員會是沒有關係的。

十、憲法的修改

　　修改憲法，只須國會中任何一院以出席人數三分之二的多數通過，修正案即可依普通法律案方式，送另院表決，如表決結果亦以三分之二多數通過，則可送總統簽署依案修正。此種規定，雖是富於彈性，但在印度這個複雜廣大的國家，初行新憲，是不宜採用剛性憲法的，曾有人主張在行憲後的最初五年內，修改憲法，應使其易於修改，以便改正缺點求其盡善；五年以後則不宜多有修改，以免根本大法過於動搖，但此項規定，過於呆板，結果並未採取。

　　憲法頒行以後，要求得真正的民主和獨立，不是單靠這三百九十五條條文可以辦得了的。第一，必須放棄過去所用的不合作運動，民事不服從運動與消極抵抗。第二，必須欲印度人民不把自己自由，完全攔在幾個領袖的腳前。第三，除了政治上的平等權利要掙得外，更要緊的是將印度傳統的社會、經濟、生活有一個澈底的革新，這最後的一點，是印度社會所最不容易辦到的，也是過去英人所以能統治印度的原因，如果再回想當年休謨在發起組織國大黨時對加爾各答大學學生所說的那番話，那就格外覺得有價值了。

大事年表

78	卡德菲塞斯二世即位。
90	班超大敗大月氏軍。
110	卡德菲塞斯二世死。
120	卡利希卡即位。
162	胡維希卡即位。
220	貴霜王朝傳至瓦索堆瓦一世，分裂瓦解。
255	安達拉王朝覆滅。
320	旃陀羅笈多一世即位，笈多王朝建立。
330	沙摩德拉哥甫塔即位。
380	旃陀羅笈多二世即位。
399～412	法顯旅印。
415	庫馬拉哥甫塔即位。
448	匈奴侵北部印度。
455	夏達哥甫塔就位。
490～770	瓦拉貝王朝。
606	戒日王即位。
608～642	卜拉開心二世在位。
610	西恰羅怯雅斯王朝建立。
620	卜拉開心二世擊敗戒日王。
639	棄宗弄瓚建立拉薩。
640	玄奘訪堪濟。
641	文成公主下嫁棄宗弄瓚。
642	巴拉瓦擊敗西恰羅怯雅斯王朝，稱雄南印。
643	玄奘訪阿薩密。
647	戒日王死。
664	玄奘死。
674	西恰羅怯雅斯擊敗巴拉瓦。

700	阿狄索拉延請婆羅門學者至孟加拉。
712	阿拉伯人征服信德。
731	卡洛基遣使中國。
750	哥帕拉在孟加拉建立帕拉王朝。
757	拉希屈拉庫達推翻西恰羅怯雅斯。
816	古賈拉帕利哈斯遷都哈夏。
840～890	強者之王百賈在位。
973	塔意拉帕建後恰羅怯雅斯王朝。
985	卻拉王朝「王者之王」拉甲拉甲即位。
997	馬罕默德稱王。
1001	馬罕默德擊敗錚帕。
1018～1019	馬罕默德占領卡洛基。
1023～1026	馬罕默德遠征蘇拉希脫拉。
1175～1176	哥爾占墨爾坦。
1178	哥爾被古荼拉迭王公所敗。
1191	第一次塔拉茵之戰。
1192	第二次塔拉茵之戰。
1193～1197	哥爾併略德里、貝拉里斯、比哈爾。
1199～1200	哥爾征服孟加拉。
1206	哥爾王摩罕默德蘇丹死。
	阿依巴克即位為德里蘇丹。
1211	伊托底米希任德里蘇丹。
1266	巴爾班為德里蘇丹。
1290	奴隸王朝覆滅，賈拉羅亭蘇丹即位。
1291	印度北部大饑荒。
1292	蒙古入侵。
1296	賈拉羅亭被謀殺，阿羅亭自任為蘇丹。

1298	阿羅亭屠殺德里蒙古居民。
1325	托拉克即位。
1326～1327	從德里遷都多拉塔巴德。
1340	孟加拉宣布獨立。
1347	德干巴罕曼利王朝蘇丹阿羅亭一世即位。
1358	德干摩罕默德夏一世即位。
1397	費諾茲即位。
1398	鐵木耳入侵印度。
1406～1422	堆瓦拉雅二世在位，繁榮昌盛。
1414～1451	薩伊王朝時期。
1436	阿羅亭二世即位。
1458	德里蘇丹胡馬庸即位。
1498	發現新航路，達迦馬繞南非抵印。
1507～1509	古茶拉迭與葡萄牙海戰。
1510	葡萄牙占領果亞。
1526	拔巴攻印度獲勝。
1529	拔巴席捲北印。
1530	拔巴逝世，胡馬庸繼位。
1539	胡馬庸受挫。
1542	阿克巴大帝生。
1555	胡馬庸復位。
1556	胡馬庸死，阿克巴即位。
1560	阿克巴廢攝政王巴益拉罕。
1572	阿克巴合併古茶拉迭。
1573	阿克巴在古茶拉迭大獲全勝，建勝利之都。
1576	阿克巴略孟加拉。
1594	阿克巴取喀布爾，併克什米爾、奧里薩，取信德、俾路支。

1600	英國東印度公司成立。
1602	荷蘭東印度公司成立。
1605	阿克巴大帝病逝。傑罕基即位。
1606	太子庫斯諾叛變被捕。
1608～1611	英國威廉霍金斯留印。
1611	傑罕基娶奴家罕為后。
1615～1618	英國首任駐印大使諾艾使印。
1622	太子夏家罕叛。
1625	夏家罕投降。
1626	傑罕基失去政權。
1627～1628	傑罕基死，夏家罕即位。
1632	虎格利之役。
1634	阿蘭齊甫任德干總督。
1652	阿蘭齊甫二任德干總督。
1659	阿蘭齊甫篡位自立。
1664	法國東印度公司成立。
1666	夏家罕病逝。
1680	西瓦咭死。
1698	英商公司成立，英國東印度公司的獨占地位不再。
1708	新舊東印度公司公司合併。
1707	阿蘭齊甫死。巴罕多夏即位。
1712	巴罕多夏死，王位戰爭。
1713	法諾克西亞即位。
1719	法諾克西亞被殺，摩罕默德夏即位。
1744	華倫哈斯丁士派白格里入藏。
1748	摩罕默德夏死。英法《阿克斯・拉・夏培里和約》。阿亥馬德夏即位。

1749	英自法軍手中收回馬德拉斯。
1754	阿亥馬德夏被廢。
1754	多布勒克斯被召返法。
1755	克來武、萬桑聯軍攻克加爾各答。
1757	普拉西之戰。
1759	畢堆拉之戰大敗荷軍。
1760	克來武回英。
	瑪拉撒與波斯軍大戰。
	海德阿里控制邁索爾。
1765	克來武返印任孟加拉省督。
1767	英軍擊敗海德阿里。
1772	華倫哈斯丁士任孟加拉總管。
1772～1784	華倫哈斯丁士之各項改革。
1773	華倫哈斯丁士就任印度總督。英國國會通過印度《管理法案》。
1779	英軍與瑪拉撒簽訂《瓦崗協定》。
1782	英軍與瑪拉撒簽訂《薩爾巴條約》。
1785	華倫哈斯丁士辭職回英。
1786	柯華里斯任印度總督。
1790	第三次邁索爾戰爭。
1791	簽訂《薩林迦巴坦條約》。
1793	柯華里斯辭職回英。蕭約翰繼任總督。
1794	馬哈達咭死。
1795	宣判華倫哈斯丁士無罪。
1798	威里斯里任印度總督。
1799	第四次邁索爾戰爭，鐵甫蘇丹死。
1800	拉拉法蘭維斯死。
1801	東印度公司併卡拉迭克與烏督。

1802	東印度公司與瑪拉撒簽《巴辛條約》。
1805	威里斯里奉召回英。康華里斯任印度總督。
1807	明多繼任總督。
1811	東印度公司征服爪哇。
1813	羅頓‧哈斯丁士任印度總督。
1814～1816	尼泊爾錫金戰，尼敗，割大黎、古芒與錫金，割西姆拉與英。
1815	孟加拉英印協會創立。
1816	東印度公司與尼泊爾簽《薩喀里條約》。
1817～1818	東印度公司大舉攻向中部印度。
1818	華倫哈斯丁士死。
1823	羅頓‧哈斯丁士卸任離印。阿姆赫斯脫繼任總督。
1824～1826	第一次英緬戰爭。
1826	英與緬王簽《揚達坡條約》。
	英併阿薩密，包括部分不丹領土。
1828	阿姆赫斯脫辭職，威廉朋迪克繼任總督。
	諾伊創立梵社。
1833	諾伊卒。
1835	英國國會通過廢止印度《出版法》。
1836	奧克蘭任印度總督。
1837	維多利亞女皇登基。
1838	奧克蘭宣布三邊協定。
1839	阿富汗之戰。
1841	阿富汗抗英政變。
1842	英軍從阿富汗撤退。艾倫伯勞任印總督。
1843	合併信德。
	老泰戈爾主持梵社。
1844	艾倫伯勞被免職回英。哈定總督抵印。

1845	第一次錫克之戰。
1848	達爾侯洗任印度總督。第二次錫克之戰。
1849	合併旁遮普。
1850	合併錫金。
1852	第二次英緬之戰，合併上緬甸。
1853	印度第一條鐵路通車。
1856	合併烏督。達爾侯洗離印。
	哈定總督病逝英國。
	甘寧就任印度總督。
1857	大暴亂爆發。
1858	英軍相繼敉平暴亂。英國宣布維多利亞女皇統治印度。
	放寬印度文官制度。
1861	英國國會通過《印度國務院組織法》。
	英迫錫金立城下之盟。
1865	沈氏另創印度梵社。
	不丹殺英人愛頓，英軍入不丹，割比當及葛倫榜與英。
1867	沈氏創辦福利社。
1869	甘地出生於印度西海岸坡爾板達城。
1872	印度政府宣布禁止童婚。
1875	達雅南達創立雅利安社。
	布拉瓦茲基夫人在美創立神學社。
	阿亥默德創立阿利迦回教學院。
1876	班吶吉創立印度協會。
1877	文官考試法再度修改，規定報考年齡降低為十九歲。
1878	印度梵社分裂出沙達蘭梵社。
1882	利朋總督頒行《印度自治法》。
	甘地與卡斯托巴結婚。

1883	英國國會通過《易伯特法案》，取消英印混血享有的司法特權，但遭到抗議，此項法案暫不實施。
1885	國大黨首次大會在孟買舉行。
1886	印度總督多弗林邀國大黨全代會代表參加遊園會。
1887	甘地考入薩姆達斯學院肄業。
1888	甘地赴英留學，入倫敦大學。
1889	哥卡里加入國大黨。
1890	英國國會通過《擴大印度立法會議組織法》。
1891	甘地自倫敦大學畢業並通過律師考試。
1893	甘地赴南非開始律師業務。 中英《藏印條約》，開亞東為商埠。
1895	英國國會通過法案，在內閣設印度事務大臣，負責管制印度政府，直接指揮印度總督。
1904	英發兵入藏，迫訂《拉薩條約》，清駐藏大臣有泰拒未簽字。
1904～1905	日俄戰爭。
1905	寇松總督決定分割孟加拉省。 唐紹儀赴印談判，力爭我在藏主權。
1906	英人慫恿不丹獨立。
1907	國會任命兩印籍人士為印度評議委員，供印度事務大臣諮詢。 英、俄協定，劃分勢力範圍，俄蒙英藏。
1908	《中英續訂藏印通商章程》，為唯一中國與英因藏事簽訂之合法條約。
1909	大印度教會黨成立。 國會補充規定，擴大印度評議委員名額為八至十二人，限任駐印總督及曾在印服務滿十年以上的印度專家充任，評議委員任期五年，凡撥款、訂約、文官任免等，均需評議會通過。
1910	英誘達賴十三逃印。

英納不丹為保護國。

1911　哥卡里訪問南非。

1913　《蒙藏密約》。

為學生犯過，甘地首次絕食自譴。

1914　《西姆拉條約》，陳貽範僅草簽，中國自始拒予承認。

因學生過失，甘地第二次絕食十四日。

第一次世界大戰爆發。

1915　甘地偕夫人自南非返回印度。

哥卡里病逝印度。

1916　甘地首次出席國大黨全國代表大會。

1917　貝桑夫人任國大黨全國委員會主席。

1919　印度政府宣布《羅拉脫法案》。

印度政府派高級行政專員常駐倫敦，以加強英印關係之聯繫，英本國駐印度之高級行政專員，相當於大使職位，直接代表內閣與殖民地政府間有關僑民、商務、學務之事。

1920　8 月甘地退回在南非所獲英頒勳章二座。

9 月甘地號召不合作運動。

1920～1922　緩緩推進不合作運動。

1922　2 月甘地向印度總督致送最後通牒。

3 月甘地被捕，判刑六年。

1924　印度共產黨成立。

5 月獄中抱病，甘地被釋放。

1930　1 月國大黨通過以 1 月 26 日為宣誓獨立日。

3 月甘地率領七十八名同志開始食鹽長征。

4 月 6 日甘地宣布破壞了《食鹽法》。

5 月 4 日甘地被捕。

5 月 21 日奈都夫人與甘地之子同時被捕。

1930～1934	甘地發動民事反抗運動。
1931	1月25日歐爾文總督釋放甘地。
	1月《甘地歐爾文協定》。
	2月甘地倡導紡紗織布與穿著土布運動。
1935	補充規定印度高級行政專員並得代表印度一省或一土邦或緬甸之駐印代表。
1942	蔣委員長以中國戰區最高統帥身分正式訪問印度，籲英盡速將實際政權交還印度。
	1月國大黨解除甘地領導權。
	2月4日盟軍中國戰區最高統帥蔣委員長中正偕夫人及隨員飛抵印度訪問，首站為加爾各答。
	2月9日蔣委員長伉儷抵達德里。
	印度總督林里資哥設國宴盛大歡迎，並宣布以2月9日為中國日。
	2月21日甘地、蔣委員長在加爾各答會談，歷五小時。
	6月14日甘地致緘蔣委員長，解釋印度革命黨人所擬採取的行動。
	7月1日甘地致緘美國總統羅斯福。
	7月14日印度國大黨中常會在瓦爾達通過由甘地起草的〈英國政權退出印度〉的決議。
	8月8日國大黨全國代表大會決議批准中常會7月14日的決定。
	8月9日甘地被捕，囚於普拉的阿迦汗宮。
	8月10日甘地夫人被捕。
	8月17日甘地祕書戴賽病死獄中。
1943	印度總督林里資哥卸職，魏菲爾繼任。
	2月10日甘地宣布絕食二十一日。

中英平等新約，規定過去所訂之約如有影響中國主權者，應依
國際法原則及國際慣例從新商議。

6月14日魏菲爾總督宣布印度政府改制方案。

6月25日魏菲爾邀印度各政團領袖舉行西姆拉會議。

1944　2月22日甘地夫人病逝獄中，第二天火葬於阿迦汗宮內空地。

5月6日甘地釋放，計入獄一年九個月又十五天。

1945　7月英國舉行戰後首次大選，工黨獲勝，艾德禮組閣。

英國工黨政府宣布解決印度問題新方案。

日本向同盟國宣布無條件投降。

8月印度政府宣布中央及地方議會改選。

9月國大黨中央委員會通過對解決印度問題的基本立場。

1946　3月英國內閣代表團抵印。

4月27日內閣代表團與印各方在西姆拉商談。

5月16日內閣代表團發表印度方案。

7月6日甘地向國大黨在孟買所舉行的中執會發表講演，主張
接受印度方案。

7月7日國大黨中執會通過接受印度方案。

內閣代表團發表最後聲明。

6月16日內閣代表團及印度總統發表聯合公報，邀約尼赫魯等
十四人，組過渡時期臨時政府。

9月2日印度臨時政府成立。中國宣布將駐印專員公署升格為
大使館。

12月9日印度制憲會議開幕。

1947　國大黨分裂為國大黨、社會黨、人民黨。

2月艾德禮宣布將魏菲爾調回，派蒙巴頓繼任。

3月蒙巴頓乃於3月24日到達印度。

2月派羅家倫為中國首任駐印大使。

5月16日羅大使呈遞國書，由蒙巴頓接受。

5月25日羅大使偕尼赫魯訪晤甘地。

6月3日蒙巴頓公布印回分治方案，並決定於8月15日將政權交與印度與巴基斯坦兩自治領。

6月14日國大黨中執會在德里舉行，甘地講演後，通過接受印回分治方案。

7月15日英國國會通過《印度獨立法案》。

7月18日英皇簽署《印度獨立法案》，生效實施。

8月15日印度宣布獨立，收回政權。

8~9月甘地在加爾各答亂區致力印回親善工作。

9月印、回仇殺，蔓延至德里。

9月1日甘地宣布絕食七十二小時，呼籲恢復和平，停止暴亂。

1948　1月12日甘地宣布無限期絕食，直到印、回恢復和平相處。

1月18日各方保證和平，甘地恢復進食。

1月20日甘地在寓所遇刺，未曾傷及。

1月30日甘地在德里比拉寓晚禱會中被暴徒射擊三鎗，中彈後與世長辭。

1月31日甘地火葬於贊木拉河畔，七日後中國蔣主席率文武百官在南京舉行甘地追悼會。

5月16日印度制憲會議批准《倫敦宣言》，決定印度為獨立國家並繼續留在聯邦國家之內。

6月蒙巴頓總督卸任，印人查理繼任。

6月21日蒙巴頓離新德里返回英國。

中國通知印政府廢止1908年《中英續訂藏印通商章程》，重訂商約，印政府認應以《西姆拉條約》及其附則為準。7月18日西藏噶廈公所致電行政院閻院長錫山，限期撤退駐藏辦事處人員。

7 月中國駐印大使羅家倫就西藏辦事處人員被逐事，與印度外次（外長為尼赫魯自兼）梅農三次談話。

8 月 1 日達賴二兄嘉樂頓珠夫婦應印度總督查理邀請訪印。

8 月 7 日行政院閻院長錫山電促西藏噶廈公所收回前議。

11 月尼赫魯聲明不承認中國在西藏宗主權。

1949　4 月 27 日倫敦自治領首相會議宣言，改不列顛聯邦為聯邦國協，以英王為象徵，同意印度以獨立國而非自治領的地位，參加為聯邦國協的一分子。

6 月印度政府宣布接管錫金。

8 月印度宣布納不丹為保護國。

國大黨清黨，宣布為單一政黨。

11 月印度制憲會議完成制憲工作。

12 月 30 日印度政府與中華民國政府斷交，我照會印度政府撤館。

1950　1 月 24 日羅大使家倫赴甘地墓獻花圈告別。

1 月 25 日羅大使家倫自印下旗回國。

1 月 26 日印度宣布為獨立共和國，實施憲政。

1951　自由黨成立。

1952　人民黨與社會黨合併為人民社會黨。

1959　9 月中共發兵攻印。

11 月 23 日尼赫魯在國會宣布中國在中印邊界東段從未行使管轄權。

1960　3 月中共與尼泊爾訂《中尼邊界問題協定》。

1962　中印因邊境問題爆發中印邊境戰爭。

1964　尼赫魯病逝。

1965　印度與巴基斯坦因克什米爾問題爆發戰爭。

1966　英帝娜甘地夫人當選內閣總理。

1971	孟加拉獨立。
1973	印度占領錫金。
1975	錫金成為印度的一邦。
1982	亞洲運動會在印度舉行。
1985	廢除遺產稅，促進經濟發展。
1988	印度總理拉吉夫甘地訪問中國。
1991	印度開始從事經濟改革。
1995	加入世界貿易組織。
1996	國大黨大選失利，印度人民黨取代國大黨成為第一大黨。 中華人民共和國主席江澤民訪問印度。
1998	進行核子試驗，遭國際社會強烈譴責及西方國家經濟制裁。
1999	總理瓦杰帕伊 (Vajpayee) 與巴基斯坦總理納瓦茲謝里夫 (Nawaz Sharif) 會晤，簽署《拉合爾宣言》，促進兩國關係正常化。
2000	美國總統柯林頓訪問印度。
2001	印巴雙方武裝衝突不斷，克什米爾緊張局勢上升。
2002	印度教與回教爆發大規模流血衝突，造成一千多人死亡。
2004	大選由國大黨聯合其他十五個盟黨組成的聯合進步聯盟 (UPA) 執政，曼莫漢辛格 (Manmohan Singh) 成為第一個非印度教總理。 南亞大海嘯，造成數以千計的死亡。
2006	美國總統小布希訪問印度，簽署民用核能合作協議。 中華人民共和國主席胡錦濤訪問印度。
2007	普拉蒂巴帕蒂爾 (Pratibha Patil) 成為首位印度女總統。
2008	英國首相戈登布朗訪問印度。

重要參考書目

A. Berredale Keith, *The First British Empire*.

A. C. Banerjee, *Cabinet Mission in India*.

A. C. Banerjee, *The Making of the Indian Constitution*.

A. Mayhew, *Education of India*.

A. T. Ritchie, *Oxford Survey of the British Empire*.

Abdu-L Kadir al Badaoni, *Muntakhabu-t*, translated by Lowe.

Abul-L Fazl, *Ain-i-Akbar*, translated by Blockman and Jarett.

Abul-L Flazl, *Akbarmama*, translated by H. Heveridge.

Alexander Duff, *State of Indigenous Education in Bengal and Bihar*.

Anderson, *The English in Western India*, Bombay & London.

Anonymous, *A History of the Triel of Warren Hastings*.

Archaeological Survey of the Nizanis Dominions, *Hyderabad Archaeological Society*.

Athanasius, *Nihitin India in the Fifteenth Century*.

B. N. Khama, *India in World Politics*.

Bal Krishna, *Commercial Relations between India and England*.

Blitz, *Bombay*, 1948.

Busteed H. E., *Echoes from old Calcutta*.

C. F. Andrew, *Rise and Growth of Congress*.

C. F. Trevelyan, *On the Education of the People of India*.

C. J. Rodgers, *The Square Silver Coins of the Sultans of Kashmir*.

C. J. S. Teignmouth, *Memoir of the Life and Correspondence of John Lord*

Teignmouth.

C. Rajaqopalachari, *The Way Out.*

C. U. Aitchson, *Lord Laurance.*

Colonel Watson, *Bombays Gazetter*, 1896.

Countess of Minto, *Lord Mints in India.*

Cunnighan, *History of the Sihks.*

D. G. Tendulakas, *Mahatma Gandhi.*

Dravidian Architecture, Madras S. P. C. K. Press, 1917.

Dr. Rajendra Prasad, *India Divided.*

Du Jarrie, *Thesaures Rerum Indicarum.*

E. Thomas, *Chronicles of the Pathan Kings of Delhi.*

Edwin Arnold, *The Marquess of Dalhousie.*

Edwin Arnold, *Administration of British India.*

Erskine, *History of India under Babar and Humayeen.*

F. D. Ascold, *Earlly Revenue History of Bengal and the Fifth Report.*

Ferguson, *History of the Eastern and India Archit.*

Firishta & Stewart, *History of Bengal*, 1813.

Fonseca, *Sketch of the City of Goa*, Bombay.

Foster, *Early Travels in India,* Oxford University Press.

Foster, *Sir Thomas Roeś Embassy.*

G. B. Malleson, *French Struggle in India.*

G. B. Walleson, *History of the French in India Grant.*

G. W. Forrest, *Selections of the State Papers in the Foreign Department of the Government of India.*

G. W. Forrest, *Selections from the State Papers of the Governors General, Warren Hastings.*

Gladwin, *History of Hindustan Reign of Janhengir.*

Grant Duff, *History of the Mahrattas.*

Harry Verelst, *A View of the Rise, Progress and Present State of the English Government in Bengal.*

H. G. Keene, *The Fall of the Mongul Empire.*

H. H. Wilson, *Introduction to the Description Catalogue of the Mackenzie*, MSS.

H. H. Wilson, *The Goverment of India.*

H. Havelock, *Narrative of the War in Afganistan.*

H. Krishna Sastri, *The Early Cholas Calcutta*, 1917.

H. M. Durand, *The First Afgan War and its Causes.*

H. Morse Stephens, *Albarqwrque.*

H. S. Cunninghan, *Earl Canning.*

H. Weber, *La Compagnie Francaies des Indes.*

Henry Cousens, *History of Outlines of the Adil Shah Dynasty.*

Henry T. Princep, *The Political and Military Transactions in India during the Administration of the Marquess of Hastings.*

Herbert Cowell, *History and Contribution of the Legislative Authorities of British India.*

Hills S. C., *Three Frenchmen in Bengal.*

Hindustan Standard, *Calcutta*, 1948.

Hindustan Times, *New Delhi*, 1948–1950.

Horace Alexander, *India Since Cripps.*

Ilbert, *The Government of India, Historical Survey.*

Ines E., *A Voyage from England to India.*

J. A. Baird, *Private Letters of the Marquess of Dalhousie.*

J. D. Cunninghan, *A History of the Sikhs.*

J. Malcolm, *The Political History of India.*

J. N. Farquhar, *Modern Religious Movements India.*

J. N. Sarkar, *Aurangzch and His Times*.

J. Nehru, *Discovery of India*.

J. S. King, *The History of the Bahmani Dynasty*, Luzoc London, 1900.

J. W. Kaye, *The History of the War in Afganistan*.

Jadunath Sarkar, *Anecdotes of Aurangzih and Historical Essays*.

Jadunath Sarkar, *History of Aurangzih*, Calcutta.

K. Datta, *An Advanced History of India*.

K. Datta, *An Advanced History of India,* Part III, *Indian Year Book*, 1950, New Delhi.

K. M. Munshi Dr., *Theory and Practice of Social Service in India*.

K. S. Mac Donald, *Rammonhan Ray, the Bengali Religious Reformer*.

L. C. Jain, *Indian Economy during the War*.

L. J. Trotter, *The Earl of Auckland*.

L. W. Bowing, *Haidar Ali and Tipu Sultan*.

Lady Betty Balfour, *The History of Lord Lytton's Indian Administration*.

Lane Poole, *Babar in Rulers of India*.

Lewin B. Bowring, *Haidar Ali and Tipu Sultan*.

Lord Colchester, *The History of the Indian Administration of Lord Ellenbourgh*.

Lt-Col Valentine Blacker, *Memoir of the Operations of the British Army in India during the Mahratta War of 1817–1819*.

M. E. Monckton Johns, *Warren Hastings in Bengal*.

M. Srinivasa Aiyanger, *Tamil Studies*, Madras Guardians Press.

M. Wilhs, *Skctches of the South of India*.

Macauliffe, *The Sikh Religion*.

Mahatma Gandhi, *G. I. O. Government of India*.

Mahatma Gandhi, *My Experiments with Truth*.

Major Ross-of-Bladensberg, *The Marquess of Hastings*.

Major W. Thorn, *Memoir of the War in India Conducted by General Lord Lake and Major General Sir Arthur Wellesley.*

Major Snodgrass, *Marrative of the Burmese War.*

Malabari, *Bombay in the Making*, London.

Mankar, *Life and Explaits of Shivaji.*

Meadows & Tylor, *Manual of the History of India.*

Monier Williams, *Modern India and the Indians.*

Najendranath Chatterjee, *Life of Rammonhan Ray.*

Nizamu-D-din, *Tabakat-i Akbari*, translated by Dowson.

Pallava Antiquities, Vol. 1, London Probsthain, 1916.

Papers Relating to the Cabinet Mission to India, published by the Government of India in 1946.

P. E. Roberts, *History of India to the End of the E. I. Co.*

P. K. Sen, *Biograph of New Faith.*

P. Kaeppelin, *La Compagnie des Indes Orientales.*

P. Sen, *Modern Oriyh Li Herature.*

P. Sitaranayya, *History of the National Congress.*

Pandit Jawaharlal Nehru, *Discovery of India.*

Phayre, *History of Burma.*

R. C. Majundar, *The Sepoy Mutiny and Revolt of 1857.*

R. Coupland, *Report on the Constitutional Problem in India.*

R. Coupland, *The Cripps Mission.*

R. Orme, *A History of the Military Transactions.*

R. Palme Dutt, *India Today.*

Ramand Chatterjee, *Rammonhan Ray and Modern India.*

Rice, *Mysore and Coorg from the Description*, London, 1909.

Rogers and Beveridge, *Janhengir's Authentic Memories.*

Rolinson, *British Beginnings in Western India*, Clarendon Press.

Rowlinson, *History of Bingal*.

S. C. Grier, *The Letters of Warren Hastings to His Wife*.

S. Krishnasavami Aiyangar, *A little Known Chapter of Vijayanagar History*, Madras. S. P. C. K. Press, 1916.

S. N. Bannerjia, *A Nation in the Making*.

S. Nataranjan, *Social Problems*.

Second Viscount Hardinge, *Viscount Hardinge*.

Setanath Tattvabhusan, *Social Reform in Bengal*.

Sewell, *A Forgotten Empire: Vijayanagar*, London, 1900.

Sindorey J. Owen, *Slections of Despatches*.

Sir Charles Gough, *The Sikhs and the Sikh Wars*.

Sir Courtenay, *The Government of India, History Survey*.

Sir G. Forest, *Life of Clife*.

Sir N. G. Chandavarkar, *Speecher and Writings*.

Sir W. W. Hunter, *The Marquess of Dalhourie*.

Sir William Muir, *Records of the Intelligence Department of the Government of the North-West Provinces*.

Smith, *Akbar and the Great Mongul Clarendon Press*.

Speecher of Swami, *Vivekananda*.

Stanley Lane-Poole, *Aurangzib*.

Statesman, *New Delhi*, 1948–1950.

Stewart, *History of Bengal*.

Stewart, *Memories of Janhar*.

Strachey Sir John, *Hastings and Rohilla War*.

Surendranath Sen, *Eighteen Fifteen-Seven*.

T. R. Holmes, *History of the Indian Mutiny*.

T. W. Haig, *Historic Landmarks of the Deecan*, Pioneer Press Allahabhad, 1907.

W. Bolts, *Considerations on Indian Affairs*.

W. F. B. Laurie, *Our Burmese Wars and Relations With Burma*.

W. H. Hutton, *The Marquess Wellesley*.

W. S. Seton-Karr, *The Marque's Cornwallic*.

W. Wedderbun, *A. O. Hume*.

Wheeler J. Talboy, *Earlly Records of British India*.

Whiteway, *The Rise of Portuguese Power in India*, Constable.

William Adam, *Lecture on the Life and Labours of Raja Rommohan Ray*.

Works of, *Rabindranath Togre*.

Zian-din Barani, *Tarikh-i- Firoz Shah. In E. & D. Travels in the Hakluyt Society's Edition of Cathay and the Way Thither*, Yale and Cordier, 1916.

《中央日報》，民國三十七年，南京總社。

吳俊才，《甘地與現代印度》，正中書局。

吳俊才，《印度近代史》，中央文物供應社。

吳俊才，《印度獨立與中印關係》，中印文化協會。

吳俊才，《克什米爾與印巴關係》，中華書局。

吳俊才，《我與印度半島接鄰三國關係之研究》，國防研究院。

吳俊才，《東南亞史》，正中書局。

吳俊才，《最近三百年來之西藏外患》，國防研究院。

趙友培，《文壇先進張道藩》。

西洋近古史

吳圳義／著

在西洋歷史中，「近古」是一個很重要的階段。由於人文主義的興起，「人」的價值逐漸受到重視，神權時代開始走入歷史。文藝復興、宗教改革和資本主義均表現出對個人的尊重。政治方面，法國與英國皆受到革命的挑戰，各國也面臨經濟與社會發展所產生的新問題，對於這些歐洲國家在十七世紀所面臨的危機，本書將有一番深入的探討。

國際史概論

王曾才／著

常言道：「外交是國力的延伸」，可是難道真的「弱國無外交」嗎？十九世紀初的法國，藉由外交官的智慧，成功地在維也納會議中爭取到平等與尊嚴。清季在西力東漸的衝擊下，面臨「三千未有之大變局」，當時清廷對於國際關係與外交的看法又是如何？十八世紀以來，國際關係的變化愈趨複雜，國際政治與外交活動也十分頻繁，本書從世界近現代史的發展脈絡，輔以國際法和國際政治的探究，為您深入淺出地說明國際史的演變。

世界通史（增訂二版）

王曾才／著

本書作者以科際整合的手法及宏觀的史學視野，以流暢的文字敘述並分析自遠古以迄近代的世界歷史發展。內容包括史前文化、埃及和兩河流域的創獲、希臘羅馬的輝煌，以及中古時期後向外擴張並打通東西航路，其後歐洲及西方歷經自我轉型而累積更大的動能，同時亞非和其他地域歷經漸變，到後來在西方衝擊下發生劇變的過程。最後整個地球終於形成「一個世界」。

世界現代史（上）（下）

王曾才／著

本書作者王曾才教授以其清晰的歷史視野和國際觀，為讀者提供了一個體察天下之變的指涉架構。本書分上、下兩冊。上冊所涵蓋的範圍起自第一次世界大戰，終至世界經濟大恐慌和極權政治的興起；下冊始於第二次世界大戰而迄於冷戰結束和蘇聯的崩解。舉凡現代政治、社會、經濟和文化的演變，均有詳盡而有深度的敘述與析論。

日本史（修訂二版）

林明德／著

過去二千年來的中日關係，日本受惠於中國者甚厚，但近百年來，日本報之於中國者極酷。中國飽受日本之害，卻不甚了解日本。本書雖不抹煞日本所受中國文化影響之深，但卻著重日本歷史文化發展的主體性，俾能深入了解日本歷史的獨特發展模式及其文化特徵。

日本通史（增訂二版）

林明德／著

日本人善於模仿，日本文化可說是以先進文化為典範而形成。日本積極的吸取中國文化，與日本固有文化相融和，產生了「和魂洋才」和「國風文化」。直到明治維新時期，才轉而吸收歐美文化。本書闡析日本歷史的發展過程，並探討日本的民族性、階層制度與群體意識等問題，從各層面了解日本的歷史文化。

日本近代史（修訂三版）

林明德／著

日本為何能在短短的數十年內，從廢墟中恢復，一躍而為經濟強國？要瞭解日本近代化成功的因素，勢非對日本近代史有一全盤探討不可。本書起自明治維新，以迄1970年代的經濟發展；除了政治、軍事與經濟外，對文化思想和對外關係亦多著墨，並廣泛探討日本近代史的發展規律和民族性，藉此加深認識日本的文化和社會，增進對近代日本的理解。

近代中日關係史（修訂二版）

林明德／著

日本自明治維新後，即步上歐美帝國主義之後塵，對亞洲大肆侵略，一部近代中日關係史，即在日本大陸政策陰影下發展，飽含中國人辛酸血淚。作者有鑑於此，擬以史家史筆探討近代中日關係之演變發展，激發國人認識日本，重視中日關係之未來發展。

日本史——現代化的東方文明國家　　　　鄭樑生／著

她擁有優雅典美的傳統文化，也有著現代化國家的富強進步。日本從封建的舊式帝國邁向強權之路，任誰也無法阻擋她的發光發亮。她是如何辦到的？值得同樣身為島國民族的我們學習。

韓國史——悲劇的循環與宿命　　　　朱立熙／著

位居東亞大陸與海洋的交接，注定了韓國命運的多舛，在中日兩國的股掌中輾轉，經歷戰亂的波及。然而國家的困窘，卻塑造了堅毅的民族性，愈挫愈勇，也為韓國打開另一扇新世紀之窗。

阿富汗史——文明的碰撞和融合　　　　何　平／編著

什麼？戰神亞歷山大費盡心力才攻下阿富汗！什麼？英國和蘇聯曾經被阿富汗人打得灰頭土臉！沒錯，這些都是阿富汗的光榮歷史！就讓本書一起帶領你我了解不同於電視新聞的阿富汗。

敘利亞史——以阿和平的關鍵國　　　　周　煦／編著

敘利亞，有著與其他阿拉伯國家不同的命運。幾千年來，不同的入侵者先後成為這裡的主人，艱苦的環境和無盡的苦難，讓敘利亞人民除了尋求信仰的慰藉外，也發展出堅忍的民族性，使其終於苦盡甘來。